O VULTO DAS TORRES

LAWRENCE WRIGHT

O vulto das torres
A Al-Qaeda e o caminho até o 11/9

Tradução
Ivo Korytowski

2ª reimpressão

Copyright © 2006 by Lawrence Wright
Esta tradução foi publicada mediante acordo com Alfred A. Knopf, uma divisão da Random House, Inc.

Título original
The looming tower: Al-Qaeda and the road to 9/11

Capa
Elisa Cardoso/ Máquina Estúdio
Kiko Farkas/ Máquina Estúdio

Foto de capa
Chris Steele-Perkins / Magnum Photos

Preparação
Denise Pessoa

Revisão técnica
Paulo Farah

Revisão
Marise S. Leal
Valquíria Della Pozza

Índice remissivo
Luciano Marchiori

Dados Internacionais de Catalogação na Publicação (CIP)
(Câmara Brasileira do Livro, SP, Brasil)

Wright, Lawrence
   O vulto das torres : a Al-Qaeda e o caminho até o 11/9 / Lawrence Wright ; tradução Ivo Korytowski. — São Paulo : Companhia das Letras, 2007.

   Título original: The looming tower : Al-Qaeda and the road to 9/11.
   Bibliografia.
   ISBN 978-85-359-1007-0

   1. Al-Qaeda (Organização) 2. Ataques terroristas de 11 de setembro de 2001 3. Serviço de Inteligência – Estados Unidos 4. Terrorismo – Política governamental – Estados Unidos I. Título.

07-1812   CDD-973.931

Índice para catálogo sistemático:
1. Al-Qaeda : Organização : Ataques terroristas de 11 de setembro : Estados Unidos : História   973.931

[2007]
Todos os direitos desta edição reservados à
EDITORA SCHWARCZ LTDA.
Rua Bandeira Paulista 702 cj. 32
04532-002 — São Paulo — SP
Telefone (11) 3707-3500
Fax (11) 3707-3501
www.companhiadasletras.com.br

Este livro é dedicado à minha família:
Roberta, Caroline, Gordon & Karen

Sumário

Mapa 10
Prólogo 13

1. O mártir 19
2. O Sporting Club 46
3. O fundador 75
4. Mudança 101
5. Os milagres 117
6. A base 141
7. O retorno do herói 166
8. Paraíso 185
9. O vale do Silício 199
10. Paraíso perdido 211
11. O Príncipe das Trevas 227
12. Os meninos espiões 239
13. Hégira 250
14. Pondo a mão na massa 264
15. Pão e água 273
16. "Agora a coisa começa" 291
17. O novo milênio 317

18. *Boom*.. 331
19. O grande casamento.. 365
20. Revelações 396

Personagens principais.. 409
Notas 417
Bibliografia 457
Entrevistas do autor 467
Agradecimentos e notas sobre as fontes 475
Índice remissivo... 485
Créditos das imagens 505

O VULTO DAS TORRES

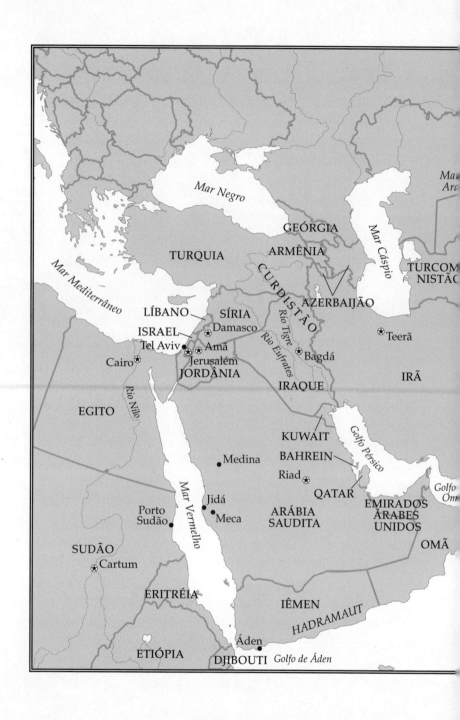

Prólogo

No dia de são Patrício, Daniel Coleman, um agente do escritório de Nova York do Federal Bureau of Investigation [FBI] encarregado dos casos de inteligência estrangeiros, foi de carro até Tysons Corner, Virgínia, para assumir um novo cargo. As calçadas ainda estavam soterradas em montes de neve já cinzenta da nevasca de 1996, ocorrida algumas semanas antes. Coleman entrou numa torre comum de escritórios do governo chamada Gloucester Building e saltou do elevador no quinto andar. Era a Alec Station.

Outras unidades da Central Intelligence Agency [CIA] estão localizadas nos diferentes países em que atuam. A Alec era a primeira unidade "virtual", situada a poucos quilômetros do prédio do quartel-general, em Langley. Num organograma estava marcada como "Vínculos Financeiros Terroristas", uma subseção do centro de contraterrorismo da CIA, mas na prática se dedicava a rastrear as atividades de um só homem, Osama bin Laden, cujo nome havia surgido como o maior financiador do terrorismo. Coleman ouvira falar dele pela primeira vez em 1993, quando uma fonte estrangeira mencionou um "príncipe saudita" que vinha sustentando uma célula de islamitas radicais que tramavam explodir marcos de Nova York, inclusive a sede das Nações Unidas, os túneis Lincoln e Holland e até o número 26 da Federal Plaza, o prédio onde Coleman trabalhava. Agora, três anos depois, o FBI havia enfim arranjado tempo para enviá-lo a fim de examinar as informações compiladas pela CIA e ver se havia motivo para investigação.

A Alec Station já dispunha de 35 volumes de material sobre Bin Laden, que consistia sobretudo em transcrições de conversas telefônicas captadas pela escuta eletrônica da National Security Agency [NSA]. Coleman achou o material repetitivo e inconclusivo. Mesmo assim, abriu uma investigação sobre Bin Laden, para a eventualidade de o "financiador islamita" se revelar algo mais do que isso.

Como muitos agentes, Dan Coleman havia sido treinado para combater a Guerra Fria. Entrou no FBI como arquivista em 1973. Culto e inquiridor, Coleman foi naturalmente atraído para a contra-inteligência. Na década de 1980, concentrou-se em recrutar espiões comunistas na numerosa comunidade diplomática ao redor das Nações Unidas. Um adido da Alemanha Oriental foi um tesouro singular. Em 1990, porém, com a Guerra Fria recém-encerrada, Coleman acabou integrando um esquadrão dedicado ao combate ao terrorismo do Oriente Médio. Pouco em sua formação o preparara para aquela virada — mas aquilo ocorria com o FBI inteiro, que via o terrorismo como um estorvo, não uma ameaça real. Difícil acreditar, naqueles dias tranquilos após a queda do Muro de Berlim, que os Estados Unidos ainda tivessem inimigos reais de pé.

Então, em agosto de 1996, de uma caverna no Afeganistão, Bin Laden declarou guerra aos Estados Unidos. O motivo alegado foi a prolongada presença de forças americanas na Arábia Saudita, cinco anos após a primeira Guerra do Golfo. "Aterrorizá-las, enquanto carregam armas em nossa terra, constitui um direito legítimo e uma obrigação moral", ele afirmou. Supunha falar em nome de todos os muçulmanos, e até dirigiu parte de sua extensa *fatwa* pessoalmente ao então secretário da Defesa americano, William Perry. "Digo-lhe, William, isto: estes jovens amam a morte como você ama a vida. [...] Estes jovens não lhe pedirão explicações. Eles bradarão que não há nada entre nós que precise ser explicado, existe apenas morte e gargantas cortadas."

Além de Coleman, poucos nos Estados Unidos — mesmo no FBI — conheciam o dissidente saudita ou se importavam com ele. Os 35 volumes na Alec Station pintavam o quadro de um bilionário messiânico de família influente e dispersa e intimamente ligada aos governantes do Reino da Arábia Saudita. Ele adquirira renome na *jihad* no Afeganistão contra a ocupação soviética. Coleman estudara história o suficiente para entender as referências, no brado de guerra de Bin Laden, às Cruzadas e às lutas antigas do islã. De fato, um dos aspectos marcantes do documento era que o tempo parecia ter parado mil anos antes. Havia o presente e havia aquela época remota, mas não havia nada no meio. Era como se as Cruzadas prosseguissem no universo de Bin Laden. A intensidade da raiva também era difícil de compreender para Coleman. Que mal fizemos a eles?, ele se indagou.

Coleman mostrou o texto da *fatwa* de Bin Laden a promotores do ministério público americano do distrito sul de Nova York. Aquilo era estranho, bizarro, mas seria um crime? Os advogados se debruçaram sobre a linguagem e encontraram uma lei, raramente invocada, da conspiração sediciosa do tempo da guerra civil, que proíbe instigar a violência e tentar derrubar o governo americano. Parecia um desafio querer aplicá-la a um saudita apátrida numa caverna em Tora Bora, mas, baseado naquela jurisprudência escassa, Coleman abriu um processo criminal contra a figura que se tornaria o homem mais procurado da história do FBI. Ainda estava trabalhando totalmente só.

Alguns meses depois, em novembro de 1996, Coleman viajou para uma base militar americana na Alemanha com dois promotores federais, Kenneth Karas e Patrick Fitzgerald. Ali, num esconderijo, estava um informante sudanês nervoso chamado Jamal al-Fadl, que afirmava ter trabalhado para Bin Laden em Cartum. Coleman trazia um álbum com fotografias dos asseclas conhecidos de Bin Laden, e Fadl rapidamente identificou a maioria. Ele estava contando a sua versão da história, mas ficou claro que conhecia os protagonistas. O problema era que insistia em mentir para os investigadores, enfeitando seu relato, retratando-se como um herói que só queria fazer a coisa certa.

"Então por que você foi embora?", os promotores quiseram saber.

Fadl contou que adorava os Estados Unidos. Havia morado no Brooklyn e falava inglês. Depois disse que fugira para poder escrever um best-seller. Estava tenso e com dificuldade em permanecer sentado. Obviamente, tinha muito mais para contar. Foram necessários vários longos dias para que, enfim, parasse de inventar histórias e admitisse que havia fugido com mais de 100 mil dólares do dinheiro de Bin Laden. Ao fazê-lo, chorava sem parar. Foi o momento crucial do interrogatório. Fadl concordou em testemunhar caso um julgamento viesse a ocorrer, o que parecia improvável, dadas as acusações modestas que os advogados do governo vinham levantando.

Até que, por iniciativa própria, Fadl desatou a falar sobre uma organização chamada Al-Qaeda. Foi a primeira vez que qualquer um dos homens no aposento ouviu o termo. Ele descreveu campos de treinamento e células dormentes. Falou sobre o interesse de Bin Laden em adquirir armas químicas e nucleares. Revelou que a Al-Qaeda fora responsável pelo atentado em 1992 no Iêmen e por treinar os insurgentes que derrubaram os helicópteros americanos na Somália naquele mesmo ano. Forneceu nomes e desenhou um organograma. Os investigadores ficaram pasmos com sua história. Por duas semanas, seis ou sete horas por dia, conferiram os detalhes repetidas vezes, testando a coerência de suas respostas. Ele nunca se contradizia.

Quando Coleman voltou ao FBI, ninguém pareceu particularmente interessado. O depoimento de Fadl era arrepiante, todos concordaram, mas como corroborar o depoimento de um ladrão mentiroso? Além disso, havia outras investigações mais urgentes.

Durante um ano e meio, Dan Coleman continuou sua investigação solitária de Bin Laden. Por estar designado para a Alec Station, o FBI mais ou menos o esqueceu. Valendo-se de grampos telefônicos nas empresas de Bin Laden, Coleman conseguiu traçar um mapa da rede da Al-Qaeda, que se estendia pelo Oriente Médio, África, Europa e Ásia Central. Alarmou-se ao perceber que muitos dos membros da Al-Qaeda tinham vínculos com os Estados Unidos. Ele concluiu que aquela era uma organização terrorista mundial dedicada a destruir os Estados Unidos, mas nem sequer conseguiu que seus superiores respondessem aos seus telefonemas sobre o assunto.

Coleman ficou sozinho refletindo sobre as questões que, mais tarde, ocorreriam a todos. Qual a origem daquele movimento? Por que escolhera atacar os Estados Unidos? E como detê-lo? Era como um técnico de laboratório examinando uma lâmina de um vírus nunca visto. Sob o microscópio, as qualidades letais da Al-Qaeda começaram a se revelar. O grupo era pequeno — apenas 93 membros na época —, mas fazia parte de um movimento radical maior que se alastrava pelo islã, particularmente no mundo árabe. As possibilidades de contágio eram grandes. Os homens que compunham o grupo estavam bem treinados e endurecidos no campo de batalha. Pareciam dispor de amplos recursos. Além do mais, estavam fanaticamente empenhados em sua causa e convencidos de que sairiam vitoriosos. Haviam se reunido por uma filosofia tão irresistível que estavam dispostos — de bom grado — a sacrificar a própria vida por ela. No processo, pretendiam matar o máximo de pessoas possível.

Contudo, o aspecto mais assustador daquela ameaça nova era o fato de que quase ninguém a levava a sério. Era estranha demais, primitiva e exótica demais. Diante da confiança dos americanos na modernidade, na tecnologia e em seus próprios ideais para protegê-los do desfile selvagem da história, os gestos desafiadores de Bin Laden e seus sequazes se afiguravam absurdos e até patéticos. No entanto, a Al-Qaeda não era um mero artefato da Arábia do século VII. Aprendera a usar ferramentas modernas e idéias modernas, o que não surpreendia, já que a história da Al-Qaeda na realidade começara nos Estados Unidos, não tanto tempo atrás.

1. O mártir

Numa cabine de primeira classe de um navio de passageiros fazendo o trajeto de Alexandria, Egito, a Nova York, um escritor e educador frágil, de meia-idade, chamado Sayyid Qutb[1] viveu uma crise de fé. "Devo ir para os Estados Unidos como qualquer estudante normal com uma bolsa de estudos, com que só se come e dorme, ou devo ser especial?", ele se perguntou. "Devo me ater às minhas crenças islâmicas, enfrentando as várias tentações pecaminosas, ou devo me entregar às tentações ao meu redor?"[2] Era novembro de 1948. O novo mundo assomava no horizonte, vitorioso, rico e livre. O viajante deixara para trás o Egito, em frangalhos e lágrimas. Nunca saíra de seu país natal. Nem era de bom grado que o deixava agora.

O solteiro carrancudo era delgado e moreno, testa alta e inclinada e bigode semelhante a um pincel pouco mais estreito que a largura do nariz. Os olhos traíam uma natureza altiva que se ofendia facilmente. Ele sempre evocava um ar de formalidade, preferindo ternos escuros de três peças, apesar do sol abrasador do Egito. Para um homem tão zeloso de sua dignidade, a perspectiva de voltar à sala de aula aos 42 anos pode ter parecido aviltante. No entanto, tendo nascido numa aldeia cercada por muros de barro, no Alto Egito, já havia ultrapassado o modesto objetivo de tornar-se um funcionário público respeitável. As críticas literárias e sociais que escreveu fizeram dele um dos autores mais populares de seu país. Também despertaram a fúria do rei Faruk, o monarca dissoluto do Egito, que assinara uma ordem para a sua prisão. Amigos poderosos e solidários providenciaram sua partida.[3]

Na época, Qutb ocupava um cargo confortável de supervisor no Ministério da Educação. Politicamente, era um nacionalista egípcio fervoroso e anticomunista, posição que o situava nas correntes predominantes da vasta classe média burocrática. As idéias que dariam origem ao que se denominaria fundamentalismo islâmico ainda não estavam completamente formadas em sua mente. Na verdade, ele mais tarde diria que nem mesmo era um homem muito religioso antes de começar aquela viagem,[4] embora tivesse memorizado o Alcorão aos dez anos,[5] e seus escritos haviam recentemente dado uma guinada para temas mais conservadores. Como muitos de seus compatriotas, foi levado a posições radicais pela ocupação britânica e odiava a cumplicidade do enfastiado rei Faruk. O Egito foi varrido por protestos antibritânicos, e facções políticas rebeladas estavam determinadas a expulsar as tropas estrangeiras do país — e talvez o rei também. O que tornava particularmente perigoso aquele desinteressante funcionário público de médio escalão eram seus comentários incisivos e potentes. Ele nunca chegara à linha de frente do cenário literário árabe contemporâneo, fato que o afligiu por toda a carreira. No entanto, do ponto de vista do governo, estava se tornando um inimigo irritantemente importante.

Ele era ocidental em alguns aspectos: os trajes, o gosto por música clássica e filmes de Hollywood. Havia lido, em traduções, as obras de Darwin e Einstein, Byron e Shelley, e mergulhara na literatura francesa, em especial Victor Hugo.[6] Mas, mesmo antes da viagem, preocupava-se com o avanço de uma civilização ocidental dominadora. Apesar da erudição, via o Ocidente como uma única entidade cultural. As distinções entre capitalismo e marxismo, cristianismo e judaísmo, fascismo e democracia eram insignificantes em comparação com a única grande divisão na mente de Qutb: islã e Oriente de um lado, e Ocidente cristão de outro.

Os Estados Unidos, porém, mantinham-se afastados das aventuras coloniais que caracterizaram as relações da Europa com o mundo árabe. Ao final da Segunda Guerra Mundial, haviam superado a divisão política entre colonizadores e colonizados. De fato, era tentador imaginar os Estados Unidos como o paradigma anticolonial: uma nação subjugada que se libertara e sobrepujara, triunfante, os antigos senhores. O poder do país parecia residir em seus valores, e não em noções européias de superioridade cultural ou raças e classes privilegiadas. E, como se diziam uma nação de imigrantes, mantinham relações permeáveis com o resto do mundo. Os árabes, como a maioria dos outros povos, haviam criado suas próprias colônias dentro dos Estados Unidos, e laços de afinidade os aproximavam dos ideais que o país alegava defender.

Desse modo, Qutb, como muitos árabes, sentiu-se chocado e traído pelo apoio do governo americano à causa sionista após a guerra. Enquanto Qutb zarpava do porto de Alexandria, o Egito, com cinco outros exércitos árabes, estava nos estágios finais da derrota na guerra que criou Israel como um Estado judeu dentro do mundo árabe. Os árabes estavam aturdidos, não apenas pela determinação e habilidade dos combatentes israelenses, mas pela incompetência de suas próprias tropas e as decisões desastrosas de seus líderes. A vergonha daquela experiência moldaria o universo intelectual árabe mais profundamente do que qualquer outro evento na história moderna. "Odeio aqueles ocidentais e os desprezo!", escreveu Qutb depois que o presidente Harry Truman apoiou a transferência de 100 mil refugiados judeus para a Palestina. "Todos eles, sem exceção: os ingleses, os franceses, os holandeses e, finalmente, os americanos, em quem tantos confiaram."[7]

O homem na cabine conhecera o amor romântico, especialmente a sua dor. Ele descrevera com algum disfarce, num de seus romances, um relacionamento fracassado. Depois daquilo, virou as costas ao casamento. Alegou que não conseguira encontrar uma noiva adequada entre as mulheres "indecorosas" que se deixavam ver em público,[8] posição que acabou por deixá-lo sozinho e inconsolável na meia-idade. Ainda gostava de mulheres — era íntimo de suas três irmãs —, mas a sexualidade o ameaçava, e ele recuara para uma carapaça de desaprovação, vendo no sexo o principal inimigo da salvação.

A relação mais afetuosa que desfrutou foi com a mãe, Fátima,[9] mulher analfabeta mas devota, que enviou o filho precoce ao Cairo para estudar. O pai morreu em 1933, quando Qutb tinha 27 anos. Nos três anos seguintes, ele lecionou em diferentes postos da província até ser transferido para Heluan, subúrbio próspero do Cairo, e levar o restante da família para viver ali com ele. A mãe superconservadora nunca se adaptou totalmente, sempre vigilante contra a crescente influência estrangeira, bem mais aparente em Heluan do que na aldeia de onde viera. Essa influência deve ter ficado evidente também em seu sofisticado filho.

Enquanto orava na cabine, Sayyid Qutb ainda estava em dúvida quanto à própria identidade. Deveria ser "normal" ou "especial"? Resistir às tentações ou se entregar a elas? Ater-se rigidamente às crenças islâmicas ou trocá-las pelo materialismo e pelo pecado do Ocidente? Como todos os peregrinos, fazia uma viagem dupla: externa, para o mundo maior, e ao mesmo tempo interna, na direção da própria alma. "Decidi ser um verdadeiro muçulmano!", ele concluiu.[10] Mas quase imediatamente se questionou: "Estou sendo honesto ou isso foi um mero capricho?".

Batidas na porta interromperam suas ponderações. Diante da cabine, uma moça, que ele descreveu como magra, alta e "seminua".[11] Ela perguntou em inglês: "Tudo bem se eu for sua convidada esta noite?".

Qutb respondeu que seu quarto tinha apenas uma cama.

"Uma única cama pode conter duas pessoas", ela retrucou.

Consternado, ele fechou a porta na cara da moça. "Ouvi quando ela caiu no assoalho lá fora, e percebi que estava bêbada", lembrou. "Na mesma hora agradeci a Deus por derrotar minha tentação e permitir que eu seguisse meus princípios morais."

Este é o homem, portanto — decente, orgulhoso, atormentado, virtuoso —, cuja genialidade solitária abalaria o islã, ameaçaria regimes em todo o mundo muçulmano e acenaria para uma geração de jovens árabes desenraizados em busca de sentido e propósito para a vida, coisas que encontrariam na *jihad*.

Qutb chegaria ao Porto de Nova York em meio a uma das temporadas de festas mais prósperas que o país já conhecera.[12] No boom do pós-guerra, todo mundo estava ganhando dinheiro — plantadores de batatas de Idaho, montadoras de automóveis de Detroit, banqueiros de Wall Street —, e toda essa riqueza estimulou a confiança no modelo capitalista, tão brutalmente posto à prova durante a Depressão, ainda recente. O desemprego parecia estranho aos americanos: oficialmente, a taxa de desemprego andava abaixo dos 4%, e na prática quem quisesse um emprego encontrava. Metade da riqueza total do mundo estava agora em mãos americanas.[13]

O contraste com o Cairo deve ter sido particularmente amargo, à medida que Qutb perambulava pelas ruas de Nova York, festivamente iluminadas para as festas, as luxuosas vitrines repletas de aparelhos dos quais ele só ouvira falar — televisores, máquinas de lavar —, milagres tecnológicos transbordando de cada loja de departamentos em espantosa abundância. Torres de escritórios e prédios de apartamentos novinhos em folha vinham preenchendo as lacunas da silhueta de Manhattan, entre o Empire State e o Chrysler Building. No centro e em outros distritos, havia grandes projetos em andamento para abrigar as massas de imigrantes.

Em tal ambiente otimista e confiante, sem precedentes em sua mescla de culturas, nada mais normal que o surgimento do símbolo visível de um mundo novo: o complexo das Nações Unidas com vista para o East River. As Nações Unidas constituíam a expressão mais poderosa do internacionalismo determinado que era o legado da guerra, mas a própria cidade já corporificava os sonhos de harmonia universal melhor do que qualquer idéia ou instituição isolada. O mundo vinha acorrendo a Nova York porque era lá que estavam o poder, o dinheiro e a energia cultural transformadora. Quase 1 milhão de russos estavam na cidade, meio milhão de irlandeses e um número igual de alemães — sem mencionar os porto-riquenhos, os dominicanos, os poloneses e os trabalhadores chineses, em grande parte não computados e muitas vezes ilegais, que também encontraram refúgio na acolhedora cidade. A população negra local crescera 50% em apenas oito anos, chegando a 700 mil, e eram refugiados também do racismo do sul dos Estados Unidos. Um quarto dos 8 milhões de nova-iorquinos era de judeus,[14] muitos fugidos da última catástrofe européia. Letras hebraicas cobriam os letreiros de lojas e fábricas no Lower East Side, e o ídiche costumava ser ouvido nas ruas. Aquilo teria sido um desafio para o egípcio de meia-idade que odiava os judeus, mas até deixar seu país ele nunca conhecera nenhum deles.[15] Para muitos nova-iorquinos, talvez para a maioria, a opressão política e econômica fazia parte de sua herança, e a cidade lhes oferecera um refúgio, um lugar para ganhar a vida, constituir família, recomeçar. Por causa disso, a grande emoção que abastecia a metrópole exuberante era a esperança, enquanto o Cairo era uma das capitais do desespero.

Ao mesmo tempo, Nova York era miserável: lotada, nervosa, competitiva, frívola, repleta de avisos de NÃO TEMOS VAGAS. Bêbados roncando bloqueavam as entradas. Cafetões e batedores de carteiras rondavam os quarteirões do centro da cidade, no brilho mórbido de neon das casas noturnas. No Bowery, pensões ofereciam catres por vinte centavos a noite. As ruas laterais, sombrias, eram atravessadas por varais. Gangues de delinqüentes raivosos perambulavam pela periferia como cães selvagens. Para um homem com inglês rudimentar,[16] a cidade apresentava perigos pouco familiares, e a reserva natural de Qutb dificultava ainda mais a comunicação. Ele se sentia desesperadamente saudoso de casa. "Aqui, neste lugar estranho, nesta enorme oficina que chamam de 'o novo mundo', sinto como se meu espírito, pensamentos e corpo vivessem na solidão", escreveu Qutb a um amigo no Cairo.[17] "O que mais preciso aqui é de alguém com quem conversar", escreveu a outro amigo, "conversar sobre outros temas além de dólares, astros do cinema, marcas de carros — uma conversa real sobre as questões do homem, filosofia e alma."

Dois dias após a chegada aos Estados Unidos, Qutb e um egípcio conhecido seu se hospedaram num hotel. "O ascensorista negro gostou de nós porque nossa cor era mais parecida com a dele", Qutb relatou.[18] O ascensorista ofereceu ajuda aos viajantes para encontrarem "entretenimento".

> Ele mencionou exemplos desse "entretenimento", que incluíam perversões. Contou-nos também o que acontecia em alguns daqueles quartos, que podiam abrigar casais de moços ou moças. Pediam que ele trouxesse garrafas de Coca-Cola e nem mudavam de posição quando ele entrava! "Será que não sentem vergonha?", perguntamos. Ele ficou surpreso. "Por quê? Estão apenas se divertindo, satisfazendo seus desejos particulares."

Essa experiência, entre muitas outras, confirmou a visão de Qutb de que a mistura sexual levava inevitavelmente à perversão. Os próprios Estados Unidos tinham sido abalados recentemente por um relatório extenso e profundo intitulado *Sexual behavior in the human male* [Comportamento sexual no macho humano], de Alfred Kinsey e seus colegas da University of Indiana. O tratado de oitocentas páginas, repleto de estatísticas espantosas e comentários surpreendentes, abalou o puritanismo vitoriano remanescente como uma tijolada numa vidraça. Kinsey informou que 37% dos homens americanos pesquisados haviam tido uma experiência homossexual até chegar ao orgasmo, quase metade se entregara ao sexo extraconjugal e 69% haviam pago por sexo com prostitutas. O espelho que Kinsey exibiu aos Estados Unidos revelava um país freneticamente lascivo, mas também confuso, envergonhado, incompetente e espantosamente ignorante. Apesar dos sinais de diversidade e freqüência da atividade sexual, aquela foi uma época nos Estados Unidos em que as questões sexuais praticamente nunca eram discutidas, nem mesmo por médicos. Um pesquisador de Kinsey entrevistou mil casais americanos sem filhos que não tinham a menor idéia do motivo de não conceberem, embora as esposas fossem virgens.[19]

Qutb estava familiarizado com o Relatório Kinsey,[20] mencionando-o em textos posteriores para ilustrar sua visão dos americanos como pouco diferentes de animais: "Um rebanho impulsivo e iludido que só conhece a luxúria e o dinheiro".[21] Um índice desconcertante de divórcios era de esperar de tal sociedade, já que "Cada vez que um marido ou esposa observa uma nova personalidade cintilante, investe em sua direção como se fosse uma moda nova no mundo dos desejos".[22] Os indícios turbulentos de suas próprias lutas internas podem ser ouvidos na diatribe:

> Uma moça olha para você, parecendo uma ninfa encantada ou uma sereia fugidia, mas ao se aproximar você sente apenas o instinto gritante dentro dela, e consegue cheirar seu corpo ardente, não a fragrância de perfume, mas carne, apenas carne. Carne saborosa, é verdade, mas ainda assim carne.

O fim da guerra mundial trouxera a vitória aos Estados Unidos, mas não a segurança. Muitos americanos sentiam que haviam derrotado um inimigo totalitário apenas para deparar com outro bem mais forte e traiçoeiro que o fascismo europeu. "O comunismo está se insinuando inexoravelmente nessas terras destituídas", advertia o jovem pregador Billy Graham, "na China dilacerada pela guerra, na América do Sul agitada, e, a não ser que a religião cristã resgate essas nações das garras dos incréus, os Estados Unidos ficarão sozinhos e isolados do mundo."[23]

A luta contra o comunismo vinha sendo travada também dentro dos Estados Unidos. J. Edgar Hoover, o maquiavélico chefe do FBI, alegava que uma em cada 1814 pessoas nos Estados Unidos era comunista.[24] Sob sua supervisão, o birô passou a dedicar-se quase totalmente à descoberta de sinais de subversão. Quando Qutb chegou aos Estados Unidos, o Comitê de Atividades

Antiamericanas começara a ouvir o depoimento de Whittaker Chambers, editor da revista *Time*. Chambers testemunhou que havia participado de uma célula comunista liderada por Alger Hiss, ex-alto funcionário do governo Truman que era um dos organizadores das Nações Unidas e ocupava então a presidência do Carnegie Endowment for International Peace [Fundo Carnegie para a Paz Internacional]. A atenção do país se concentrou nas audiências, que reforçavam a idéia aterrorizante de que os comunistas espreitavam nas cidades e subúrbios, em "células dormentes". "Eles estão por toda parte", afirmou Tom Clark, então procurador-geral dos Estados Unidos, "em fábricas, escritórios, açougues, nas esquinas, em empresas privadas — e cada um leva consigo os germes da morte à sociedade."[25] Os Estados Unidos se viram diante do perigo de perder não apenas seu sistema político mas também a herança religiosa. O "ateísmo" constituía um aspecto essencial da ameaça comunista, e o país reagiu visceralmente à sensação de que o cristianismo estava sob ataque. "Ou o comunismo deve morrer, ou o cristianismo deve morrer, porque se trata realmente de uma batalha entre Cristo e o anticristo",[26] escreveria Billy Graham alguns anos depois — sentimento que fazia parte do consenso cristão americano predominante na época.

Qutb observou a obsessão que começava a dominar a política americana. Ele próprio era um anticomunista convicto por motivos semelhantes; na verdade, os comunistas eram bem mais ativos e influentes no Egito do que nos Estados Unidos. "Ou bem trilharemos o caminho do islã, ou bem trilharemos o caminho do comunismo",[27] escreveu Qutb no ano anterior a sua chegada aos Estados Unidos, prenunciando a mesma formulação rígida de Billy Graham. Ao mesmo tempo, viu no partido de Lênin um modelo para a política islâmica do futuro — a política que ele inventaria.[28]

Na análise extremada de Qutb, havia pouca diferença entre os sistemas comunista e capitalista. Ambos, ele acreditava, satisfaziam apenas as necessidades materiais da humanidade, deixando o espírito insatisfeito. Ele previu que, quando o trabalhador comum deixasse de sonhar em ficar rico, os Estados Unidos inevitavelmente se voltariam ao comunismo. O cristianismo seria impotente para bloquear essa tendência, porque existe apenas no domínio do espírito — "como uma visão num mundo ideal e puro".[29] O islã, por outro lado, é "um sistema completo",[30] com leis, códigos sociais, regras econômicas, e seu próprio método de governo. Somente o islã oferecia uma fórmula para criar uma sociedade justa e divina. Desse modo, a luta real acabaria se revelando: não seria uma batalha entre capitalismo e comunismo, mas entre o islã e o materialismo. E inevitavelmente o islã prevaleceria.

Com certeza o choque entre o islã e o Ocidente era remoto na mente da maioria dos nova-iorquinos durante a temporada de festas de 1948. Mas, apesar da riqueza nova que inundava a cidade e da autoconfiança que a vitória naturalmente trouxera, reinava uma sensação geral de ansiedade quanto ao futuro. "A cidade, pela primeira vez em sua longa história, é destrutível", observara o ensaísta E. B. White naquele verão. "Um único vôo de aviões não maiores que um bando de gansos pode rapidamente acabar com esta ilha da fantasia, queimar as torres, destruir as pontes, transformar as passagens subterrâneas em câmaras letais, cremar milhões."[31] White escrevia na alvorada da era nuclear, e a sensação de vulnerabilidade era inédita. "Na mente do sonhador pervertido que venha a soltar o raio", ele observou, "Nova York deve ter um encanto constante, irresistível."

Logo após o Ano-Novo, Qutb mudou-se para Washington,[32] onde estudou inglês no Wilson Teachers College.* "A vida em Washington é boa", admitiu em uma carta, "especialmente porque moro perto da biblioteca e dos meus amigos."[33] Ele recebia um estipêndio generoso do governo egípcio. "Um estudante normal consegue viver bem com 180 dólares mensais", escreveu. "Eu, porém, gasto entre 250 e 280 dólares por mês."

Embora Qutb proviesse de uma aldeia no Alto Egito, foi nos Estados Unidos que encontrou "um primitivismo que lembra as eras das selvas e cavernas".[34] Nas reuniões sociais predominavam as conversas superficiais. Mesmo que as pessoas lotassem os museus e concertos, não iam lá para ver nem ouvir, mas pela necessidade frenética, narcisista de ser vistas e ouvidas. Os americanos eram, em geral, demasiado informais, Qutb concluiu. "Estou aqui num restaurante", ele escreveu a um amigo no Cairo, "e à minha frente está esse jovem americano. Na camisa, em vez de gravata, a figura de uma hiena laranja, e nas costas, em vez de colete, o desenho em carvão de um elefante. Tal é o gosto

---

* O Wilson Teachers College fundiu-se com três outras faculdades para formar a University of the District of Columbia em 1977.

americano nas cores. E a música! Deixemos isto para mais tarde."[35] A comida, ele reclamou, "também é estranha". Ele descreve um incidente numa cafeteria de faculdade, quando viu uma mulher americana salpicando sal num melão. Maldoso, ele contou a ela que os egípcios preferiam pimenta. "Ela experimentou, e disse que estava delicioso!", escreveu. "No dia seguinte, contei-lhe que alguns egípcios colocam açúcar no melão, e ela achou gostoso também." Qutb chegou a se queixar até dos cortes de cabelo: "Sempre que vou ao barbeiro, volto para casa e arrumo o cabelo de novo do meu jeito".[36]

Em fevereiro de 1949, Qutb deu entrada no Hospital Universitário George Washington para remover as amígdalas. Ali, uma enfermeira o escandalizou ao listar as qualidades que buscava num amante. Ele já estava prevenido contra o comportamento ousado da mulher americana,

> que conhece muito bem as belezas de seu corpo, de seu rosto, olhos excitantes, lábios cheios, seios protuberantes, nádegas carnudas e pernas esguias. Ela se veste com cores berrantes, que despertam os instintos sexuais mais primitivos, nada escondendo, mas acrescentando a isso o riso empolgante e o olhar ousado.[37]

Pode-se imaginar o objeto irresistível de provocação sexual que ele deve ter sido.

Chegaram notícias do assassinato de Hassan al-Banna, o guia supremo da Sociedade dos Irmãos Muçulmanos, em 12 de fevereiro, no Cairo. Qutb relata que ouviu uma algazarra na rua diante da janela do hospital. Perguntou sobre os motivos da comemoração. "Hoje o inimigo do cristianismo no Oriente foi morto", foi, segundo ele, o que os médicos disseram. "Hoje Hassan al-Banna foi assassinado."[38] É difícil acreditar que os americanos, em 1949, estivessem tão por dentro da política egípcia a ponto de vibrar com a notícia da morte de Banna. O *New York Times* noticiou o assassinato. "Os seguidores do xeique Hassan eram fanáticos por ele, e muitos proclamavam que somente ele seria capaz de salvar os mundos árabe e islâmico", observou o jornal.[39] Mas para Qutb, preso a um leito de hospital num país estranho e distante, a notícia representou um choque profundo.[40] Embora nunca tivessem se encontrado,[41] Qutb e Banna conheciam a fama um do outro. Haviam nascido com diferença de poucos dias, em outubro de 1906, e estudado na mesma escola, Dar al-Ulum, de formação de professores no Cairo, ainda que em épocas diferentes. Como Qutb, Banna era precoce e carismático, mas também um homem de ação. Fundou a Sociedade dos Irmãos Muçulmanos em 1928, com o objetivo de transformar o Egito num Estado islâmico. Em poucos anos a irmandade se espalhara pelo país, e depois pelo mundo árabe, plantando as sementes da insurgência islâmica vindoura.

A voz de Banna foi calada exatamente quando estava sendo publicado o livro de Qutb *Justiça social no islã* — que consolidaria sua reputação de importante pensador islâmico. Qutb se mantivera explicitamente distante da organização criada por Banna, embora tendesse para pontos de vista semelhantes sobre a aplicação política do islã. A morte de seu contemporâneo e rival intelectual, porém, abriu caminho para sua conversão aos Irmãos Muçulmanos. Foi um divisor de águas, tanto na vida de Qutb como no destino da organização. Mas, naquele momento significativo, o herdeiro evidente da liderança do renascimento islâmico estava sozinho, doente, irreconhecível e bem longe de casa.

Na verdade, a presença de Qutb em Washington não passou totalmente despercebida. Uma noite foi recebido na casa de James Heyworth-Dunne, orientalista britânico convertido ao islã, que conversou com Qutb sobre o perigo dos Irmãos Muçulmanos, que segundo ele estariam bloqueando a modernização do mundo muçulmano. "Se os Irmãos Muçulmanos conseguirem subir ao poder, o Egito nunca progredirá e será um obstáculo à civilização",[42] ele teria dito a Qutb. Depois se ofereceu para traduzir o novo livro de Qutb para o inglês e para comprar-lhe os direitos[43] por 10 mil dólares, uma soma fantástica para obra tão obscura. Qutb recusou. Mais tarde, especulou que Heyworth-Dunne estaria tentando recrutá-lo para a CIA. De qualquer modo, ele disse: "Decidi ingressar na irmandade antes mesmo de sair daquela casa".[44]

Greeley, Colorado, era uma comunidade agrícola florescente, a nordeste de Denver, quando Qutb, recuperando-se da cirurgia, chegou para assistir às aulas no Colorado State College of Education,* no verão de 1949. Na época, a faculdade tinha a fama de ser uma das instituições de ensino mais progres-

---

* Hoje University of Northern Colorado.

sistas dos Estados Unidos. Os cursos de verão estavam sempre repletos de professores do mundo todo que vinham fazer pós-graduação e desfrutar o clima fresco e as esplêndidas montanhas vizinhas.[45] De noite, realizavam-se concertos, palestras, workshops e peças teatrais ao ar livre, nos terrenos arborizados da faculdade, que armava lonas de circo para abrigar as turmas excedentes.

Qutb ficou seis meses em Greeley, o maior período que passou em uma cidade americana. Greeley contrastava fortemente com a experiência desagradável que tivera nas agitadas Nova York e Washington. Na verdade, poucos lugares no país deviam parecer tão compatíveis com as aguçadas sensibilidades morais de Qutb. Greeley havia sido fundada em 1870 como uma colônia de temperança por Nathan Meeker, editor de agricultura do *New York Tribune*. Meeker vivera antes no sul de Illinois, perto do Cairo, acima da convergência dos rios Ohio e Mississippi, no "Little Egypt" daquele estado. Passou a acreditar que as maiores civilizações foram fundadas em vales de rios,[46] de modo que criou sua colônia no rico delta entre os rios Cache la Poudre e South Platte. Com a irrigação, Meeker esperava transformar o "grande deserto americano" em um paraíso agrícola — como fizeram os egípcios desde o início da civilização. O editor de Meeker no *Tribune*, Horace Greeley, deu forte apoio à idéia, e a cidade, que recebeu seu nome, logo se tornou uma das comunidades planejadas mais divulgadas da nação.[47]

Os primeiros colonos de Greeley não foram pioneiros jovens, mas pessoas de meia-idade da classe média. Viajavam de trem, não de carroça ou diligência, e carregaram consigo seus valores e padrões. Pretendiam criar uma comunidade que servisse de modelo às cidades do futuro, beneficiando-se das virtudes necessárias a qualquer colono: disposição para o trabalho, retidão moral e temperança.[48] É claro que daquela base emergiria uma civilização purificada e próspera. Na verdade, na época em que Sayyid Qutb saltou do trem, Greeley era o povoado mais abastado entre Denver e Cheyenne.

A sociedade de Greeley girava em torno da vida familiar: nada de bares nem lojas de bebida, e uma igreja parecia surgir em cada esquina. A faculdade ostentava um dos melhores departamentos de música do país, com concertos freqüentes que Qutb, um apreciador de música, deve ter adorado. À noite, educadores ilustres falavam no liceu. James Michener, que ganhara recentemente o prêmio Pulitzer com o romance *Histórias do Pacífico Sul*, retornou para conduzir uma oficina literária na faculdade onde havia estudado e lecionado de 1936 a 1941.[49] Enfim Qutb encontrara uma comunidade que exaltava os mesmos ideais tão valorizados por ele: educação, música, arte, literatura e religião. "A pequena cidade de Greeley, onde resido agora, é bonita, bonita",[50] ele escreveu logo após a chegada. "Cada casa é como uma planta em flor, e as ruas são como alamedas de um jardim. Observamos os proprietários dessas casas dando duro nas horas vagas, regando o quintal e cuidando do jardim. Parecem só fazer isso." O ritmo frenético de vida que Qutb criticara em Nova York estava bem distante. Uma matéria de capa do *Greeley Tribune* naquele verão descrevia o sucesso de uma tartaruga em cruzar uma rua do centro.

Contudo, mesmo em Greeley, correntes perturbadoras fluíam sob a superfície, e Qutb logo as detectou. Um quilômetro e meio ao sul do campus existia uma pequena comunidade de bares e lojas de bebida chamada Garden City.[51] Ali os abstêmios de Greeley não tinham vez. A cidade recebeu seu nome durante a Lei Seca, quando os contrabandistas locais escondiam garrafas de bebida dentro de melancias, vendidas aos alunos da faculdade. Sempre que havia uma festa, os estudantes visitavam "o jardim" para obter um suprimento. Qutb deve ter se impressionado com a disparidade entre a face sóbria de Greeley e o submundo de Garden City. Na verdade, a derrocada do movimento da temperança nos Estados Unidos foi recebida por Qutb com desdém, porque ele acreditava que o país falhara em assumir um compromisso espiritual com a sobriedade, que só um sistema abrangente como o islã conseguiria impor.

Os Estados Unidos tornaram-no fortemente consciente de sua condição de homem de cor. Numa das cidades que visitou (ele não diz qual), testemunhou um negro ser espancado por uma multidão branca. "Bateram nele com os sapatos até seu sangue e sua carne se misturarem na via pública."[52] Pode-se imaginar como aquele viajante de pele escura se sentiu ameaçado. Mesmo o povoado liberal de Greeley vivia tenso devido aos temores raciais. Moravam poucas famílias negras na cidade. A maioria da população índia Ute fora expulsa do estado após uma batalha que deixou catorze cavaleiros mortos e Nathan Meeker, o fundador de Greeley, sem seu escalpo.[53] Na década de 1920, contrataram mão-de-obra mexicana para trabalhar nos campos e matadouros. Embora os avisos proibindo mexicanos de permanecer na cidade à noite tivessem sido retirados, a igreja católica continuava com uma entrada separada para não-brancos, que deviam se sentar no balcão. No bonito parque atrás do tribunal, os anglos se mantinham no lado sul, e os hispânicos, no lado norte.

Os estudantes estrangeiros da faculdade ocupavam um lugar incômodo nesse ambiente racial carregado. Estudantes da África, América Latina e Ásia, bem como alguns havaianos, formavam o núcleo do Clube Internacional, a que Qutb aderiu. A faculdade também abrigava uma comunidade pequena do Oriente Médio, inclusive refugiados palestinos recentes e vários membros da família real iraquiana.[54] Na maior parte, recebiam bom tratamento dos cidadãos de Greeley, que costumavam convidá-los a ir a suas casas para refeições e festas. Certa vez, Qutb e vários amigos foram barrados num cinema porque o proprietário pensou que fossem negros. "Mas somos egípcios", alguém do grupo explicou.[55] O proprietário pediu desculpas e deixou que entrassem, mas Qutb recusou, irritado com o fato de que egípcios negros eram admitidos, mas americanos negros não.

Apesar das tensões da cidade, a faculdade mantinha uma atitude progressista em relação às raças. Durante as sessões do verão, muitos estudantes das faculdades de pedagogia do sul para negros vinham a Greeley, mas poucos estudantes negros estudavam durante o ano letivo regular. Um deles era Jaime McClendon, o astro do futebol americano da escola, membro do Clube Internacional e que dividia o quarto com um palestino. Como os barbeiros de Greeley se recusavam a atendê-lo, tinha de ir de carro até Denver todo mês para cortar o cabelo. Finalmente, vários estudantes árabes acompanharam McClendon à barbearia local e se recusaram a sair até ele ser atendido.[56] Qutb mais tarde escreveria que o "racismo havia derrubado os Estados Unidos do pico até a base da montanha — arrastando o resto da humanidade junto".[57]

A temporada de futebol americano de 1949 foi desanimadora para o Colorado State College of Education. McClendon ficou de fora devido a uma contusão, e o time perdeu todas as partidas, incluindo uma derrota memorável (103x0) para a University of Wyoming. O espetáculo do futebol americano simplesmente confirmou a visão de Qutb de seu primitivismo. "O pé não desempenha nenhuma função no jogo", ele relatou.

> Ao contrário, cada jogador tenta pegar a bola na mão, correr com ela ou lançar a gol, enquanto os jogadores do time adversário procuram impedi-lo de todas as maneiras, inclusive batendo no estômago ou quebrando violentamente seus braços ou pernas. [...] Enquanto isso, os fãs berram: "Quebre o pescoço dele! Rache a sua cabeça!".[58]

Mas eram as mulheres que representavam a verdadeira ameaça àquele egípcio solteiro e solitário. Bem mais que a maioria dos povoados do oeste americano, Greeley expressava uma estética predominantemente feminina. A cidade não havia sido colonizada por mineiros, caçadores de peles ou operários de ferrovias vivendo num mundo quase sem mulheres. Desde o início, Greeley fora povoada por famílias educadas. A influência feminina era evidente nas casas aconchegantes com varandas amplas, nas lojas convenientes e bem-arrumadas, nas escolas públicas bonitas, na arquitetura rebaixada, no clima político relativamente liberal, mas em nenhuma parte se expressava com mais poder do que na própria faculdade. Dos 2135 estudantes matriculados durante o semestre do outono, 42% eram mulheres, numa época em que a média nacional de matrículas femininas era de cerca de 30%. Não havia departamentos de administração ou engenharia. Em vez disso, três grandes cursos dominavam a faculdade: educação, música e teatro. Moças urbanas de Denver e Phoenix, moças do campo, das fazendas e ranchos das planícies, e moças das aldeias nas montanhas — todas elas eram atraídas para a faculdade devido a sua fama nacional e aos direitos concedidos às mulheres no campus. Ali, entre os prédios de tijolos amarelos que abarcavam as grandes áreas públicas, as moças do oeste podiam desfrutar uma liberdade que durante décadas ainda seria negada à maioria das mulheres americanas.

Nessa cidade remota do oeste, Sayyid Qutb havia se mudado para adiante de seu tempo. Ele estava observando mulheres que viviam à frente da maioria de suas contemporâneas em termos dos pressupostos sobre si mesmas e seu lugar na sociedade — portanto, em termos de sua relação com os homens. "A questão da relação sexual é simplesmente biológica", explicou uma das alunas da faculdade a Qutb. "Vocês, orientais, complicam esse assunto simples introduzindo um elemento moral. O garanhão e a égua, o touro e a vaca, o carneiro e a ovelha, o galo e a galinha — nenhum deles pensa nas conseqüências morais quando tem relações sexuais. E assim a vida continua, simples, fácil e despreocupada."[59] O fato de a mulher ser professora tornava aquela afirmação, na opinião de Qutb, ainda mais subversiva, já que ela estaria poluindo gerações de jovens com sua filosofia amoral.

Qutb começou seus estudos no verão, assistindo a um curso elementar de composição inglesa como ouvinte. No outono, sentiu bastante confiança em seu inglês para tentar três cursos de pós-graduação em educação e um em oratória. Estava determinado a dominar a língua, já que acalentava em segredo o sonho de escrever um livro em inglês. Pode-se entender o nível de sua realização examinando o ensaio estranho e um tanto perturbador "O mundo é um menino ingrato!", escrito por ele e publicado na revista literária dos estudantes, *Fulcrum*, no outono de 1949, apenas um ano depois de sua chegada aos Estados Unidos. "Havia uma lenda antiga no Egito", ele escreveu.

> Quando o deus da sabedoria e do conhecimento criou a História, muniu-a de um grande caderno e caneta, e disse: "Saia andando por esta terra e tome nota de tudo que vir ou ouvir". A História seguiu a ordem do deus. Topou com uma mulher sábia e bonita que ensinava delicadamente a um menino.
>
> A História olhou-a com grande espanto e perguntou: "Quem é ela?", erguendo o rosto para o céu.
>
> "É o Egito", seu deus respondeu. "É o Egito, e aquele menininho é o mundo..."
>
> Por que os egípcios antigos tinham essa crença? Porque eram muito avançados e construíram uma grande civilização antes de qualquer outro país. O Egito era um país civilizado quando outros povos viviam em florestas. O Egito ensinou à Grécia, e a Grécia ensinou à Europa.
>
> O que aconteceu quando o menininho cresceu?
>
> Quando cresceu, havia expulsado sua ama-seca, a gentil ama-seca! Ele a golpeou, tentando matá-la. Desculpe. Esta não é uma figura de linguagem. É um fato. Foi isso que realmente aconteceu.
>
> Quando viemos aqui [presume-se que às Nações Unidas] para apelar à Inglaterra por nossos direitos, o mundo ajudou a Inglaterra contra a justiça. Quando viemos aqui apelar contra os judeus, o mundo ajudou os judeus contra a justiça. Durante a guerra entre árabes e judeus, o mundo ajudou os judeus, também.
>
> Oh! Que mundo ingrato! Que menino ingrato!

Qutb era um pouco mais velho que a maioria dos outros estudantes da faculdade, e naturalmente se mantinha um pouco afastado. Há uma foto dele, no boletim do campus, mostrando um exemplar de um de seus livros ao dr. William Ross, o diretor da faculdade. Qutb é identificado como "um escritor egípcio famoso" e "um notável educador", de modo que deve ter recebido alguma atenção respeitosa dos colegas da faculdade, mas socialmente se dava mais com estudantes estrangeiros. Certa vez, os alunos árabes promoveram uma Noite Internacional, em que prepararam comida árabe tradicional, e Qutb fez o papel de anfitrião,[60] explicando cada prato. Normalmente passava grande parte do tempo no quarto ouvindo discos clássicos na vitrola.[61]

Dançavam-se polcas e quadrilhas na cidade várias vezes por semana, e a faculdade convidava bandas de jazz famosas. Duas das canções mais populares naquele ano foram "Some enchanted evening" e "Bali hai", ambas do musical *South Pacific*, baseado no romance de Michener, e deviam estar no ar constantemente em Greeley. A era da *big band* chegava ao fim; o *rock and roll* assomava no horizonte. "O jazz é a música americana criada pelos negros para satisfazer seus instintos primitivos — o amor ao barulho e o apetite sexual", escreveu Qutb, mostrando que não estava imune a pronunciamentos raciais.[62]

> Os americanos não se satisfazem com o jazz senão acompanhado de um canto barulhento. À medida que o volume aumenta, causando uma dor insuportável nos ouvidos, aumenta também o entusiasmo do público, as vozes se elevam, as mãos batem palmas, até não se conseguir ouvir mais nada.

Aos domingos, a faculdade não servia refeição, e os estudantes tinham de se virar. Muitos dos alunos estrangeiros, inclusive muçulmanos como Qutb, visitavam uma das mais de cinqüenta igrejas de Greeley na noite de domingo, quando, após os serviços, serviam uma refeição simples e, às vezes, promoviam um baile. "O salão de dança estava decorado com luzes amarelas, vermelhas e azuis", Qutb recordou certa vez. "O salão agitava-se com a música febril do gramofone. Pernas nuas dançantes enchiam o salão, braços abraçavam cinturas, peitos encontravam peitos, lábios encontravam lábios, e a atmosfera fervilhava de amor."[63] O pastor contemplou essa cena com ar de aprovação, e até diminuiu as luzes para realçar a atmosfera romântica. Depois tocou uma música chamada "Baby, it's cold outside", uma balada maldosa de um filme de Esther Williams daquele verão, *A filha de Netuno*. "O pastor parou para observar seu jovem rebanho balançar ao ritmo daquela canção sedutora, depois foi embora, deixando que desfrutassem aquela noite agradável, inocente", concluiu Qutb, sarcástico.

Em dezembro, suas cartas aos amigos mudaram de tom. Ele começou falando sobre sua "alienação" de alma e corpo.[64] Àquela altura, havia abandonado todos os cursos.

Sayyid Qutb passou mais oito meses nos Estados Unidos, a maior parte na Califórnia. O país que ele percebia era bem diferente da visão dos americanos de sua própria cultura. Na literatura e no cinema, e em especial na mídia nova que era então a televisão, eles se retratavam como sexualmente curiosos, mas inexperientes, enquanto os Estados Unidos de Qutb se assemelhavam mais ao país delineado pelo Relatório Kinsey. Qutb via um deserto espiritual, apesar da quase unanimidade da crença em Deus nos Estados Unidos daquela época. Era fácil ser iludido com a proliferação de igrejas e de livros e festas religiosos, Qutb sustentava; mas o verdadeiro deus americano era o materialismo. "A alma não tem valor para os americanos", escreveu a um amigo. "Uma dissertação de doutorado trata do melhor meio de lavar a louça, que parece mais importante para eles do que a Bíblia ou a religião."[65] Muitos americanos começavam a chegar a conclusões semelhantes. O tema da alienação na vida americana começava a turvar a festa do pós-guerra. Em muitos aspectos, a análise de Qutb, conquanto rígida, era apenas prematura.

A viagem certamente não surtiu o efeito que os amigos no Egito esperavam. Em vez de se tornar liberal com a experiência na América, Qutb voltou ainda mais radical. Ademais, suas impressões negativas, quando publicadas, moldariam profundamente a percepção árabe e muçulmana do Novo Mundo, numa época de grande apreço pelos Estados Unidos e seus valores.

Ele também levou para casa uma raiva nova e permanente sobre a questão racial. "O homem branco na Europa e nos Estados Unidos é nosso inimigo número um", ele declarou.

> O homem branco nos esmaga sob os pés, enquanto ensinamos às nossas crianças sobre sua civilização, seus princípios universais e objetivos nobres. [...] Estamos dotando nossas crianças de admiração e respeito pelo senhor que pisoteia nossa honra e nos escraviza. Em vez disso, plantemos sementes de ódio, aversão e vingança nas almas dessas crianças. Ensinemos a essas crianças, desde cedo, que o homem branco é o inimigo da humanidade, e que devem destruí-lo na primeira oportunidade.[66]

Por mais estranho que pareça, as pessoas que conheceram Qutb nos Estados Unidos dizem que ele parecia gostar do país. Lembram-se dele como tímido e polido, político mas não excessivamente religioso. Uma vez apresentado, nunca esquecia o nome de uma pessoa, e raramente expressava alguma crítica direta ao país hospedeiro. Talvez tenha mantido o menosprezo em segredo até poder exprimi-lo com segurança em casa.

É claro que ele estava escrevendo não só sobre os Estados Unidos. Sua preocupação central era com a modernidade. Os valores modernos — secularismo, racionalidade, democracia, subjetividade, individualismo, mistura dos sexos, tolerância, materialismo — haviam infectado o islã por intermédio da colonização ocidental. Os Estados Unidos agora representavam tudo aquilo. A polêmica de Qutb se dirigia aos egípcios que queriam compatibilizar o islã com o mundo moderno. Ele pretendia mostrar que o islã e a modernidade eram completamente incompatíveis.[67] Seu projeto extraordinário, que ainda estava emergindo, era desmontar toda a estrutura política e filosófica da modernidade e devolver o islã às suas origens impolutas, para ele um estado de unidade divina, a união completa entre Deus e a humanidade. A separação entre o sagrado e o secular, Estado e religião, ciência e teologia, mente e espírito — essas eram as marcas da modernidade que aprisionara o Ocidente. Mas o islã não podia tolerar tais divisões. No islã, ele acreditava, não era possível diminuir a divindade sem destruí-la. O islã era total e inflexível, a palavra final de Deus. Os muçulmanos, encantados com o Ocidente, haviam esquecido esse fato. Só restaurando o islã no centro da vida, das leis e do governo os muçulmanos poderiam ter esperança de reconquistar seu lugar de direito no mundo, como a cultura predominante. Era seu dever, não apenas para consigo mesmos, mas para com Deus.

Qutb voltou ao Cairo num vôo da TWA em 20 de agosto de 1950.[68] Como ele, o país se tornara mais abertamente radical. Assolado por corrupção e assassinatos, humilhado na guerra de 1948 contra Israel, o governo egípcio governava sem respaldo popular, ao capricho da potência de ocupação. Embora os britânicos tivessem nominalmente se retirado do Cairo, concentrando forças na Zona do Canal do Suez, o guante do império ainda pesava sobre a capital irrequieta. Os britânicos estavam presentes nos clubes e hotéis, bares e cinemas, restaurantes europeus e lojas de departamentos daquela cidade sofisticada e decadente. Sob as vaias de seu povo, o obeso rei turco, Faruk, corria pelo Cairo em um de seus duzentos automóveis vermelhos[69] (no país, só seus carros podiam ter essa cor), seduzindo — se é que esse é o termo adequado — mocinhas ou velejando com sua frota de iates até os portos de jogatina da Riviera, onde sua devassidão desafiava os padrões históricos. Enquanto isso, os sinais usuais de desespero — pobreza, desemprego, analfabetismo e doenças — se tornavam incontroláveis. Os governos se mantinham inoperantes enquanto as ações caíam e o dinheiro dos investidores fugia daquele país instável.

Naquele ambiente político podre, uma organização agia sistematicamente no interesse do povo. A Sociedade dos Irmãos Muçulmanos criava seus próprios hospitais, escolas, fábricas e instituições de assistência social. Chegou a formar seu próprio exército e lutar junto com outras tropas árabes na Palestina. Agia menos como contragoverno do que como contra-sociedade, que era na verdade o seu objetivo. O fundador, Hassan al-Banna, se recusava a pensar na organização como um mero partido político; pretendia que ela fosse um desafio à idéia de política como um todo. Banna rejeitava totalmente o modelo ocidental de governo secular e democrático, que contradizia sua noção de governo islâmico universal. "É da natureza do islã dominar, e não ser dominado, impor sua lei sobre todas as nações e estender seu poder ao planeta inteiro",[70] ele escreveu.

O fato de a irmandade representar a única resistência eficaz e organizada à ocupação britânica assegurou sua legitimidade aos olhos da classe média baixa do Egito, que formava o núcleo da militância da irmandade.[71] O governo dissolveu oficialmente a Sociedade dos Irmãos Muçulmanos em 1948, após o assassinato do odiado chefe de polícia Salim Zaki durante um distúrbio na faculdade de medicina da Universidade do Cairo. Mas àquela altura a irmandade contava com mais de 1 milhão de membros e partidários — numa população egípcia total de 18 milhões.[72] Embora a irmandade fosse um movimento de massa, também se organizava intimamente em "famílias" cooperativas — células contendo não mais que cinco membros, conferindo à organização uma qualidade esponjosa e clandestina que acabou se mostrando difícil de detectar e impossível de erradicar.[73]

Havia um lado violento subjacente na Sociedade dos Irmãos Muçulmanos que se enraizaria fortemente no movimento islâmico. Com a aprovação de Banna, um "aparato secreto" se formou dentro da organização. Embora a maior parte da atividade da irmandade visasse aos britânicos e à população judaica declinante do Egito, ela também esteve por trás do ataque a bomba a dois cinemas do Cairo, da morte de um juiz proeminente e do assassinato bem-sucedido — além de várias tentativas — de diversos membros do governo. Na época em que o governo matou Banna, num ato de autoproteção, o aparato secreto constituía uma autoridade poderosa e incontrolável dentro da irmandade.

Em retaliação pelas incursões contra suas bases, forças britânicas atacaram um quartel da polícia na cidade de Ismaília, à beira do canal, atirando à queima-roupa por doze horas e matando cinqüenta recrutas.[74] Logo após tomarem conhecimento do ocorrido, multidões agitadas se formaram nas ruas do Cairo. Queimaram os velhos redutos britânicos do Turf Club e o famoso Shepheard's Hotel. Os incendiários, liderados por membros do aparato secreto dos Irmãos Muçulmanos,[75] cortaram as mangueiras dos carros de bombeiros que chegaram para apagar o fogo, depois passaram para o bairro europeu, queimando todos os cinemas, cassinos, bares e restaurantes no centro da cidade. De manhã, uma grossa nuvem preta de fumaça pairava sobre as ruínas. O saldo era de pelo menos trinta mortos, 750 prédios destruídos, 15 mil pessoas desempregadas e 12 mil sem teto. O Cairo cosmopolita estava morto.

Algo novo iria surgir, porém. Em julho daquele ano, uma junta militar dominada por um coronel carismático do exército, Gamal Abdul Nasser, exilou o rei Faruk em seu iate e assumiu o controle do governo, que caiu sem resistência. Pela primeira vez em 2500 anos, o Egito era governado por egípcios.

Qutb havia retomado o emprego no Ministério da Educação e retornado à casa no subúrbio de Heluan, antigo balneário famoso pelas águas sulfurosas terapêuticas. Ocupava um casarão de dois andares numa rua larga com jacarandás no pátio fronteiro. Encheu uma parede inteira da sala com a coleção de álbuns de música clássica.[76]

Parte do planejamento da revolução havia ocorrido naquele mesmo aposento,[77] onde Nasser e os militares conspiradores se reuniram para se coordenar com os Irmãos Muçulmanos. Vários dos oficiais, inclusive Anwar al-Sadat, o futuro sucessor de Nasser, mantinham laços estreitos com a irmandade. Se a tentativa de golpe falhasse, ela ajudaria na fuga dos oficiais. Na verdade, o governo caiu tão facilmente que a irmandade pouco participou do golpe propriamente dito.

Qutb publicou uma carta aberta aos líderes da revolução aconselhando que a única forma de combater a corrupção moral do antigo regime era impor uma "ditadura justa",[78] concedendo poder político "aos virtuosos somente". Nasser então convidou Qutb para se tornar um consultor do Conselho do Comando Revolucionário.[79] Qutb esperava um cargo no ministério do novo governo, mas, quando lhe ofereceram a opção entre ministro da Educação e gerente-geral da Rádio do Cairo, recusou tanto um quanto outro.[80] Nasser acabou nomeando-o chefe do conselho editorial da revolução, mas Qutb deixou o cargo poucos meses depois. A negociação difícil entre os dois homens refletia a cooperação inicial estreita entre os Irmãos Muçulmanos e os Oficiais Livres numa revolução social que ambas as organizações acreditavam dever controlar. Na verdade, nenhuma das facções tinha respaldo popular para governar.

Numa história que se repetiria sem parar no Oriente Médio, a competição logo se reduziu à escolha entre uma sociedade militar e uma religiosa. Nasser possuía o exército, e a irmandade, as mesquitas. O sonho político de Nasser era um socialismo pan-árabe, moderno, igualitário, secular e industrializado, as vidas individuais dominadas pela presença esmagadora do Estado de bem-estar social. Seu sonho pouco tinha a ver com o governo islâmico teocrático preconizado por Qutb e os Irmãos Muçulmanos. Os islâmicos queriam reformular por completo a sociedade, de cima para baixo, impondo valores islâmicos a todos os aspectos da vida, de modo que todo muçulmano pudesse atingir sua expressão espiritual mais pura.[81] Aquilo só poderia ser realizado pela imposição rigorosa da *sharia*, o código legal extraído do Alcorão e das palavras do profeta Maomé, que governa todos os aspectos da vida. Para os militantes islamitas, menos do que aquilo não era islã, e sim *jahiliyya* — o mundo pagão antes de o profeta receber sua mensagem. Qutb se opunha ao igualitarismo porque o Alcorão afirmava: "Nós os criamos classe sobre classe".[82] Rejeitava o nacionalismo por se opor ao ideal muçulmano de unidade. Em retrospecto, é difícil entender como Qutb e Nasser puderam se equivocar tanto um em relação ao outro. Os únicos pontos em comum entre eles eram a grandeza de suas respectivas visões e a hostilidade ao governo democrático.

Nasser jogou Qutb na prisão pela primeira vez em 1954, mas após três meses permitiu que saísse e se tornasse o editor da revista dos Irmãos Muçulmanos, *Al-Ikhwan al-Muslimin*. Aparentemente Nasser esperava que essa exibição de misericórdia melhorasse sua imagem junto aos militantes islamitas, impedindo que se voltassem contra os objetivos cada vez mais seculares do novo governo. Ele também pode ter acreditado que Qutb ficara mais moderado depois do período na prisão. Como o antigo rei, Nasser sempre subestimava a intransigência dos adversários.

Qutb escreveu vários editoriais duramente críticos preconizando a *jihad* contra os britânicos, ao mesmo tempo que Nasser negociava um tratado que nominalmente encerraria a ocupação. Em agosto de 1954, o governo fechou a revista. Àquela altura, a má vontade entre os Irmãos Muçulmanos e os líderes militares evoluíra para uma oposição fria. Estava claro que Nasser não tinha a menor intenção de instituir a revolução islâmica, apesar de sua divulgadíssima peregrinação a Meca naquele mesmo mês. Qutb, de tão furioso, forjou uma aliança secreta com os comunistas egípcios, num esforço fracassado de derrubar Nasser.[83]

A guerra ideológica em torno do futuro do Egito atingiu o clímax na noite de 26 de outubro de 1954. Nasser discursava para uma multidão enorme numa praça de Alexandria. O país inteiro ouvia o discurso pelo rádio, quando um membro da Sociedade dos Irmãos Muçulmanos avançou e disparou oito tiros contra o presidente egípcio, ferindo um guarda, mas não conseguindo atingir Nasser. Foi o momento crucial do seu governo. Ignorando o caos da multidão em pânico, Nasser continuou falando, em pleno tiroteio. "Podem matar Nasser! Nasser é apenas um dentre muitos!", ele bradou. "Estou vivo e, mesmo que eu morra, todos vocês são Gamal Abdul Nasser!"[84] Se o atirador acertasse, poderia ser aclamado como um herói, mas o erro dotou Nasser de uma popularidade que até então ele nunca desfrutara. Ele imediatamente se aproveitou dela para mandar enforcar seis conspiradores e enviar milhares de outros aos campos de concentração.[85] Qutb foi acusado de ser membro do aparato secreto da Sociedade dos Irmãos Muçulmanos, responsável pela tentativa de assassinato.[86] Nasser achou que tinha esmagado a irmandade de uma vez por todas.

Relatos sobre o sofrimento de Sayyid Qutb na prisão formaram uma espécie de "auto da Paixão" para os fundamentalistas islâmicos. Dizem que ele estava com febre alta quando foi detido;[87] e mesmo assim os oficiais da polícia política do Estado o algemaram e forçaram a caminhar até a prisão. Ele desmaiou várias vezes no percurso. Durante horas compartilhou uma cela com cães bravos, e depois foi espancado em longos períodos de interrogatório. "Os princípios da revolução foram de fato aplicados a nós", ele disse ao levantar a camisa para mostrar ao tribunal as marcas da tortura.[88]

Através das confissões de outros membros da irmandade, a promotoria apresentou um cenário sensacionalista de um plano de tomada do poder,[89] envolvendo a destruição de Alexandria e do Cairo, a dinamitação de todas as pontes sobre o Nilo e numerosos assassinatos — uma campanha de terror sem precedentes, na tentativa de transformar o Egito em uma teocracia primitiva. Mas os depoimentos também demonstraram que a irmandade estava desorganizada demais para levar a cabo qualquer uma daquelas tarefas terríveis. Três juízes altamente parciais, entre eles Anwar al-Sadat, supervisionaram o processo. Condenaram Qutb à prisão perpétua, mas quando sua saúde se deteriorou a sentença foi reduzida para quinze anos.

Qutb sempre foi frágil.[90] Tinha o coração fraco, estômago delicado e ciática, que lhe infligia dor crônica. Após um ataque de pneumonia aos trinta anos, passou a padecer de problemas brônquicos freqüentes. Na prisão sofreu dois ataques cardíacos e sangramento dos pulmões, que pode ter sido efeito de tortura ou tuberculose.[91] Foi transferido para o hospital da prisão em maio de 1955, lá permanecendo os dez anos seguintes, grande parte do tempo escrevendo um comentário lúcido e altamente pessoal, em oito volumes, intitulado *À sombra do Alcorão*, que por si só já lhe garantiria um lugar entre os mais importantes pensadores islâmicos modernos. Mas seus pontos de vista políticos estavam se tornando sombrios.

Alguns membros dos Irmãos Muçulmanos presos fizeram greve, recusando-se a sair das celas. Foram fuzilados, resultando em 23 mortos e 46 feridos. Qutb estava no hospital da prisão quando chegaram os feridos.[92] Abalado e aterrorizado, ele se perguntava como companheiros muçulmanos podiam tratar-se uns aos outros daquela maneira.

Qutb chegou a uma conclusão tipicamente radical: seus carcereiros haviam negado a Deus ao servir Nasser e seu Estado secular. Logo, não eram muçulmanos. Em seu íntimo, Qutb os excomungara da comunidade islâmica. O nome disso em árabe é *takfir*. Mesmo não tendo empregado essa linguagem, o princípio da excomunhão, cuja aplicação justificara tanto derramamento de sangue no decorrer da história do islã, acabava de renascer naquela enfermaria no hospital da prisão.

Por intermédio da família e de amigos, Qutb conseguiu contrabandear para fora, aos pouquinhos, em fragmentos, um manifesto chamado *Marcos* (*Ma'alim fi al-Tariq*). Ele circulou clandestinamente por vários anos na forma de extensas cartas a seu irmão e suas irmãs, ativistas islâmicos. A linguagem das cartas era insistente, arrebatada, íntima e desesperadora. Quando enfim foi publicado, em 1964, o livro foi rapidamente proibido, mas só depois que cinco edições se esgotaram. Qualquer um flagrado com uma cópia podia ser acusado de sublevação. Seu tom apocalíptico ressonante é comparável a *O contrato social*, de Rousseau, ou a *O que fazer?*, de Lênin — com conseqüências igualmente sangrentas.

"A humanidade atualmente está à beira de um precipício", postula Qutb no início.[93] A humanidade está ameaçada não apenas de aniquilação nuclear, mas também pela ausência de valores. O Ocidente perdeu a vitalidade, e o marxismo fracassou. "Nessa conjuntura crucial e desconcertante, a vez do islã e da comunidade muçulmana chegou." Mas antes de liderar, o islã precisa se regenerar.

Qutb divide o mundo em dois grupos, islã e *jahiliyya*, período de ignorância e barbaridade que precedeu o recebimento da mensagem divina pelo profeta Maomé. Qutb emprega o termo englobando toda a vida moderna: hábitos, moral, arte, literatura, direito, e até muito do que se fazia passar por cultura islâmica. Ele não se opunha à tecnologia moderna, mas à adoração da ciência, que ele acreditava ter alienado a humanidade da harmonia natural com a criação. Só uma rejeição completa do racionalismo e dos valores ocidentais oferecia uma tênue esperança de redenção do islã. Eis a escolha: islã puro e primitivo, ou o ocaso da humanidade.

Seu argumento revolucionário situou nominalmente os governos islâmicos na mira da *jihad*. "A comunidade muçulmana há muito deixou de existir", argumenta Qutb. Ela foi "esmagada sob o peso daquelas leis e ensinamentos falsos nem remotamente relacionados aos ensinamentos islâmicos". A humanidade não pode ser salva a menos que os muçulmanos recuperem a glória de sua expressão mais antiga e pura. "Precisamos iniciar o movimento do renascimento islâmico em algum país muçulmano", ele escreveu, de modo a criar um exemplo que acabe conduzindo o islã ao seu destino de domínio mundial. "Deve existir uma vanguarda que parta com essa determinação e depois continue trilhando o caminho", Qutb declarou. "Escrevi *Marcos* para essa vanguarda, que considero uma realidade prestes a se materializar." Essas palavras ecoariam nos ouvidos de gerações de muçulmanos jovens em busca de um papel a desempenhar na história.

Em 1964, o presidente do Iraque, Abdul Salam Aref, persuadiu pessoalmente Nasser a conceder a Qutb a liberdade condicional, e convidou-o para ir ao Iraque, prometendo-lhe um cargo importante no governo. Qutb recusou, alegando que o Egito ainda precisava dele. Imediatamente voltou ao seu casarão em Heluan e começou a conspirar contra o governo revolucionário.

Da prisão, Qutb conseguira restaurar o aparato secreto. O governo da Arábia Saudita, temendo a influência da revolução de Nasser, secretamente supriu o grupo de Qutb com dinheiro e armas, mas informantes se infiltraram no movimento.[94] Dois homens confessaram uma conspiração para derrubar o governo e assassinar figuras públicas, e envolveram Qutb.[95] Apenas seis meses após Qutb deixar a prisão, a polícia política prendeu-o de novo num resort à beira-mar a leste de Alexandria.[96]

O julgamento de Sayyid Qutb e de 42 de seus seguidores começou em 19 de abril de 1966 e durou quase três meses. "Chegou a hora de um muçulmano oferecer sua cabeça para proclamar o nascimento do movimento islâmico", declarou Qutb em tom desafiador quando o julgamento começou.[97] Ele reconheceu, contrariado, que o novo Egito anticolonialista era mais opressivo que o regime que havia substituído. Os juízes pouco se esforçaram para parecer imparciais. Na verdade, o juiz principal muitas vezes assumiu o papel de promotor, e o público, vaiando, incentivava a grande farsa. A única prova real apresentada contra Qutb foi seu livro *Marcos*. Ele recebeu a sentença de morte com gratidão. "Graças a Deus", declarou, "realizei a *jihad* durante quinze anos, até merecer este martírio."[98]

Até o final, Nasser subestimou seu empedernido adversário. Quando manifestantes encheram as ruas do Cairo, protestando contra a execução iminente, Nasser percebeu que Qutb seria mais perigoso morto do que vivo. Ele enviou Sadat até a prisão, onde Qutb o recebeu usando o tradicional pijama de aniagem vermelha dos condenados.[99] Sadat prometeu que, se Qutb apelasse da sentença, Nasser mostraria misericórdia. Na verdade, Nasser estava até disposto a oferecer-lhe o cargo de ministro da Educação novamente.[100] Qutb recusou. Depois sua irmã, Hamida, que também estava na prisão, foi levada até ele. "O movimento islâmico precisa de você", ela implorou. "Anote isto", Qutb respondeu. "Minhas palavras serão mais fortes se me matarem."[101]

Sayyid Qutb foi enforcado após as orações matinais em 29 de agosto de 1966. O governo recusou-se a entregar o corpo à família, temendo que o túmulo se transformasse num santuário para seus seguidores.[102] A ameaça islamita radical parecia ter chegado ao fim. Mas não para a vanguarda de Qutb.

2. O Sporting Club

Ayman al-Zawahiri, o homem que lideraria a vanguarda de Qutb, cresceu num subúrbio tranqüilo de classe média chamado Maadi,[1] oito quilômetros ao sul do caos ruidoso do Cairo. Um ambiente improvável como incubadeira da revolução. Um consórcio de financistas judeus egípcios, pretendendo criar uma espécie de aldeia inglesa em meio às plantações de manga e goiaba e dos povoados de beduínos na margem leste do Nilo, começou a vender lotes na primeira década do século XX. Os empreiteiros regulamentaram tudo, da altura dos muros dos jardins à cor das persianas dos casarões que se sucediam nas ruas. Como Nathan Meeker, fundador de Greeley, os criadores de Maadi sonhavam com uma sociedade utópica, não apenas segura, limpa e ordeira, mas também tolerante e inserida no mundo moderno. Plantaram eucaliptos para afastar moscas e mosquitos, e jardins para perfumar o ar com fragrância de rosas, jasmins e buganvílias. Muitos dos primeiros moradores eram oficiais militares e funcionários públicos britânicos, cujas esposas fundaram clubes de jardinagem e salões literários. Depois deles vieram famílias judias, que no final da Segunda Guerra Mundial constituíam quase um terço da população de Maadi. Após a guerra, Maadi evoluiu para uma mescla de europeus expatriados, homens de negócios e missionários americanos e certo tipo de egípcios — normalmente falantes de francês no jantar e fãs das partidas de críquete.

O centro daquela comunidade cosmopolita era o Maadi Sporting Club. Fundado quando os britânicos ainda ocupavam o Egito, o clube tinha a peculiaridade de admitir também egípcios. Os negócios da comunidade costumavam ser conduzidos no campo de golfe, todo de areia, com dezoito buracos, tendo por pano de fundo as pirâmides de Gizé e o Nilo margeado de palmeiras. Enquanto o chá era servido aos britânicos na sala de estar, garçons núbios equilibrando copos de Nescafé gelado deslizavam entre os paxás e princesas que tomavam banho de sol à beira da piscina. Flamingos pernaltas vadeavam em meio aos lírios do laguinho do jardim. O Maadi Sporting Club tornou-se a expressão ideal da visão que seus fundadores tinham do Egito: sofisticado, secular, etnicamente diversificado, mas fiel às idéias britânicas de classe.

No entanto, as regulamentações minuciosas dos pioneiros não conseguiram resistir à pressão da explosão populacional do Cairo, e na década de 1960 outra Maadi lançou raízes dentro daquela comunidade exótica. A rodovia 9 avançava ao lado da via férrea que separava o lado elegante de Maadi da região *baladi*: a parte nativa da cidade, onde se desenrolava a esqualidez antiga e irreprimível do Egito. Carroças puxadas por burros passavam, nas ruas sem calçamento, por vendedores de amendoim e inhame, que apregoavam suas mercadorias, e por carcaças cobertas de moscas penduradas nos açougues. Nesse lado da cidade vivia também uma pequena parcela da classe média — incluindo professores e burocratas de médio escalão —, atraída pelo ar mais puro de Maadi e pela perspectiva quase impossível de cruzar a ferrovia e ser recebido no clube.

Em 1960, o dr. Mohammed Rabie al-Zawahiri[2] e sua esposa, Umayma, mudaram-se de Heliópolis para Maadi. Rabie e Umayma pertenciam a duas das famílias mais proeminentes do Egito. O clã dos Zawahiri (pronuncia-se *za-ua-hi-ri*) estava em vias de se tornar uma dinastia médica. Rabie era professor de farmacologia da Universidade Ain Shams. Seu irmão, um dermatologista de renome e especialista em doenças venéreas. A tradição que fundaram prosseguiria pela geração seguinte: o obituário do engenheiro Kashif al-Zawahiri, num jornal do Cairo de 1995, mencionou 46 membros da família, 31 dos quais médicos, químicos ou farmacêuticos espalhados pelo mundo árabe e Estados Unidos. Entre os demais incluíam-se um embaixador, um juiz e um membro do Parlamento.

Mas o nome Zawahiri estava associado, acima de tudo, à religião. Em 1929, o tio de Rabie, Mohammed al-Ahmadi al-Zawahiri, tornou-se reitor de Al-Azhar, a universidade milenar no coração do Cairo antigo, até hoje o centro do saber islâmico no Oriente Médio. O líder dessa instituição desfruta de uma espécie de status papal no mundo muçulmano. O imã Mohammed é lembrado como o grande modernizador da instituição, embora fosse muito impopular na época, tendo sido afastado do cargo por greves dos estudantes e do corpo docente, que protestavam contra suas políticas.[3] O pai e o avô de Rabie também foram acadêmicos de Al-Azhar.

Umayma Azzam, a mulher de Rabie, provinha de um clã igualmente ilustre, porém mais rico e político. Seu pai, o dr. Abdul Wahhab Azzam, era presidente da Universidade do Cairo e fundador da Universidade Rei Saud, em Riad. Paralelamente à agitada vida acadêmica, serviu também como embaixador egípcio no Paquistão, no Iêmen e na Arábia Saudita. Foi o intelectual pan-árabe mais proeminente de sua época. O tio de Abdul Azzam havia sido um dos fundadores e o primeiro secretário-geral da Liga Árabe.

Apesar de sua linhagem notável, o professor Zawahiri e Umayma foram morar num apartamento da rua 100, no lado *baladi* da via férrea. Mais tarde, alugaram um dúplex na rua 154, número 10, perto da estação ferroviária. A sociedade de Maadi não lhes interessava. Eles eram religiosos, mas não excessivamente devotos. Umayma andava sem véu, o que não era incomum. Ostentações públicas de devoção religiosa eram raras no Egito então, e quase inexistentes em Maadi. Havia mais igrejas que mesquitas no bairro, e uma próspera sinagoga judaica também.

Os filhos logo encheram o lar dos Zawahiri. O mais velho, Ayman, e a irmã gêmea, Umnya, nasceram em 19 de junho de 1951. Os gêmeos sempre foram os primeiros da classe, até a faculdade de medicina. Uma irmã mais nova, Heba, nascida três anos depois, também se tornou médica. Os dois outros filhos, Mohammed e Hussein, estudaram arquitetura.

Obeso, calvo e ligeiramente vesgo, o pai de Ayman tinha fama de excêntrico e distraído, mas era adorado pelos alunos e pelas crianças do bairro. Passava a maior parte do tempo no laboratório ou no consultório particular.[4] As pesquisas do professor Zawahiri ocasionalmente o levaram à Tchecoslováquia, numa época em que poucos egípcios viajavam devido às restrições cambiais. Ele sempre voltava carregado de brinquedos. Gostava de levar os filhos ao cinema no Maadi Sporting Club, aberto a não-sócios. O jovem Ayman adorava os desenhos e filmes de Disney, exibidos três noites por semana na tela ao ar livre. No verão, a família estendida ia à praia em Alexandria. Entretanto, a vida com salário de professor costumava ser apertada, principalmente com cinco filhos ambiciosos por educar. A família não teve carro até Ayman ficar adulto. Como muitos acadêmicos egípcios, o professor Zawahiri acabou lecionando vários anos fora do Egito — na Argélia — a fim de aumentar sua renda. Para economizar, os Zawahiri criavam galinhas e patos no quintal, e o professor comprava engradados de laranjas e mangas, pois fazia questão de que os filhos comessem frutas como fonte natural de vitamina C. Embora formado em farmácia, opunha-se ao consumo de substâncias químicas.

Para qualquer morador de Maadi nas décadas de 1950 e 1960, havia um padrão social definidor: ser sócio do Maadi Sporting Club. Toda a sociedade local girava em torno dele. Como os Zawahiri nunca aderiram, Ayman seria sempre afastado do centro de poder e status. A família desenvolveu a reputação de conservadora e um tanto atrasada — eles eram tachados de *saídis*, termo alusivo aos habitantes de uma região do Alto Egito que informalmente significa "caipira".

Numa extremidade de Maadi, cercada de verdes campos de esporte e quadras de tênis, ficava a escola secundária particular para meninos Victoria College, construída pelos britânicos. Os alunos assistiam às aulas de terno e gravata. Um de seus graduados mais conhecidos foi um talentoso jogador de críquete chamado Michel Chalhub; depois que se tornou ator de cinema, adotou o nome Omar Sharif.[5] Edward Said, o acadêmico e escritor palestino, freqüentou essa escola, junto com o futuro rei Hussein, da Jordânia.

No entanto, Ayman al-Zawahiri freqüentou a escola secundária pública, um prédio modesto e baixo atrás de um portão verde, na outra extremidade do subúrbio. Era para as crianças do lado pobre da rodovia 9. Os alunos das duas escolas viviam em mundos diferentes e nunca se encontravam, nem mesmo nos esportes. Enquanto o Victoria College avaliava suas realizações educacionais por padrões europeus, a escola pública dava as costas ao Ocidente. Dentro dos limites do portão verde, o pátio da escola era dominado por valentões, e as salas de aula, por tiranos. Um menino fisicamente vulnerável como Ayman tinha de criar estratégias para sobreviver.

Quando criança, Ayman tinha rosto redondo, olhos desconfiados e uma boca insípida que nunca sorria. Rato de biblioteca, destacava-se nos estudos e odiava os esportes violentos — considerava-os "desumanos".[6] Desde cedo era tido como religioso, assistindo com freqüência às preces na mesquita Hussein Sidki, um anexo nada imponente de um grande prédio de apartamentos, com o nome de um ator famoso que renunciara à profissão por considerá-la profana. Sem dúvida, o interesse de Ayman pela religião parecia natural numa família com tantos sábios religiosos famosos, mas contribuiu para sua imagem de pessoa branda e desligada deste mundo.

Ele foi um ótimo aluno e conquistou o respeito de todos os professores. Os colegas o consideravam um "gênio",[7] mas era introspectivo e muitas vezes parecia estar sonhando na aula. Certa vez o diretor do colégio enviou um bilhete ao professor Zawahiri informando que Ayman faltara a um teste. O professor respondeu: "A partir de amanhã, você terá a honra de ser o diretor de Ayman al-Zawahiri. No futuro, se orgulhará disso".[8] De fato, Ayman conseguia ótimas notas com pouco esforço.

Embora quase sempre transmitisse uma imagem de seriedade, em casa Ayman mostrava um lado mais brincalhão. "Quando ria, se sacudia todo — *yanni*, aquilo vinha do fundo", contou seu tio Mahfuz Azzam, advogado em Maadi.

O pai de Ayman morreu em 1995. A mãe, Umayma Azzam, vive até hoje em Maadi, num apartamento confortável sobre uma loja de eletrodomésticos. Cozinheira maravilhosa, ela é famosa pelo *kunafa*: pedaços de massa *phyllo* recheados com queijo e nozes e embebidos em xarope de flor de laranjeira. Umayma nasceu na classe alta fundiária e herdou do pai vários lotes de terra cultivável em Gizé e no Oásis Fayoum, que lhe proporcionam uma renda modesta. Ayman e a mãe compartilhavam um amor intenso pela literatura. Ela memorizava poemas enviados pelo filho — muitas vezes odes de amor a ela.

O tio de Ayman al-Zawahiri, Mahfuz, o patriarca do clã Azzam, observou que, embora Ayman seguisse a tradição médica dos Zawahiri, estava mais próximo do lado materno da família: o lado político. Desde o primeiro Parlamento egípcio, mais de 150 anos atrás, os Azzam participam do governo, mas sempre na oposição. Mahfuz continuou a tradição de resistência, tendo sido preso aos quinze anos por conspirar contra o governo. Em 1945, Mahfuz voltou a ser preso, numa caça a militantes após o assassinato do primeiro-ministro Ahmed Mahir. "Eu mesmo ia fazer o que Ayman fez", ele se vangloriou.

Sayyid Qutb havia sido professor de árabe de Mahfuz Azzam no terceiro ano, em 1936, e Qutb e seu jovem pupilo desenvolveram um vínculo vitalício. Mais tarde, Azzam contribuiu para a revista da Sociedade dos Irmãos Muçulmanos, publicada por Qutb nos primeiros anos da revolução. Então se tornou o advogado pessoal de Qutb, e foi uma das últimas pessoas a vê-lo antes da execução. Azzam entrou no hospital da prisão onde Qutb se preparava para morrer. Qutb estava calmo. Assinou uma procuração para que Azzam desse um destino às suas propriedades. Depois, presenteou-o com seu Alcorão pessoal, onde escreveu uma dedicatória — uma relíquia valiosa de um mártir.

O jovem Ayman al-Zawahiri ouviu repetidamente seu adorado tio Mahfuz contar sobre a pureza do caráter de Qutb e o tormento que ele suportara na prisão. O efeito desses relatos pode ser medido por um incidente ocorrido em meados da década de 1960, quando Ayman e seu irmão Mohammed caminhavam da mesquita para casa, após as orações matinais. O vice-presidente do Egito, Hussein al-Shaffei, parou o carro para oferecer uma carona aos meninos. Shaffei havia sido um dos juízes da repressão aos militantes islamitas em 1954. Os meninos Zawahiri não tinham costume de andar de carro, muito menos com o vice-presidente. Mas Ayman respondeu: "Não queremos carona de um homem que participou dos tribunais que mataram muçulmanos".[9]

Seu desafio altivo à autoridade numa idade tão precoce mostra o destemor pessoal de Zawahiri, seu sentimento de justiça moral e sua total convicção da verdade das próprias crenças — qualidades obstinadas que invariavelmente seriam associadas a ele no futuro e o colocariam em conflito com quase todos com quem topasse. Além disso, seu desprezo pelo governo secular autoritário garantia que seria sempre um proscrito político. Esses traços rebeldes, que poderiam ter sido caóticos em um homem menos disciplinado, foram organizados e direcionados por uma missão permanente em sua vida: pôr em prática a visão de Qutb.

"O regime nasserista entendeu que o movimento islâmico recebeu um golpe mortal com a execução de Sayyid Qutb e seus camaradas", escreveu Zawahiri mais tarde. "Mas a calma superficial, aparente, ocultava uma interação imediata com as idéias de Sayyid Qutb e a formação do núcleo do movimento jihadista islâmico moderno no Egito."[10] De fato, no mesmo ano em que Sayyid Qutb foi para a forca, Ayman al-Zawahiri ajudou a formar uma célula clandestina empenhada em derrubar o governo e criar um Estado islamita. Ele tinha quinze anos.

"Éramos um grupo de estudantes da Escola Secundária de Maadi e outras escolas", declarou depois Zawahiri. Os membros de sua célula costumavam se reunir em casa; às vezes se encontravam em mesquitas e dali rumavam para um parque ou outro local sossegado no bulevar ao longo do Nilo. No início eram cinco, e logo Zawahiri se tornou o emir, ou líder. Ele continuou recrutando com discrição membros novos para uma causa quase sem chance de sucesso, e poderia facilmente ter causado a morte deles. "Nossos meios estavam aquém de nossas aspirações", ele admitiu em depoimento. Mas nunca questionou sua decisão.

A prosperidade e a posição social desfrutadas pelos moradores de Maadi, que antes os protegiam dos caprichos políticos da corte real, agora faziam com que se sentissem visados no Egito revolucionário. Os pais temiam expressar opiniões mesmo diante dos filhos.[11] Ao mesmo tempo, grupos clandestinos como aquele ao qual Zawahiri aderiu pipocavam por todo o país. Constituídos sobretudo de estudantes inquietos e alienados, esses grupos eram pequenos e desorganizados e em grande parte ignoravam uns aos outros. Então veio a guerra de 1967 contra Israel.

Após anos de ataques retóricos a Israel, Nasser exigiu a retirada do Sinai das tropas de paz da ONU e bloqueou o estreito de Tiran aos navios israelenses. Israel reagiu com um ataque preventivo fulminante, que em duas horas destruiu toda a força aérea egípcia. Quando a Jordânia, o Iraque e a Síria aderiram à guerra contra Israel, suas forças aéreas também foram eliminadas na mesma tarde. Nos dias seguintes, Israel capturou todo o Sinai, Jerusalém Oriental, a Cisjordânia e as colinas de Golan, enquanto esmagava as forças dos Estados árabes da linha de frente. Foi um momento psicológico significativo na história do Oriente Médio moderno. A rapidez e a determinação da vitória israelense na Guerra dos Seis Dias humilharam muitos muçulmanos que acreditavam até então que Deus favorecia sua causa. Eles perderam não apenas exércitos e territórios, mas também a fé em seus líderes, em seus países e em si próprios. A atração profunda exercida pelo fundamentalismo islâmico no Egito e em outras nações brotou dessa debacle chocante. Uma voz nova e estridente se fez ouvir nas mesquitas: ela proclamava que a derrota se devia a uma força bem superior ao minúsculo Israel. Deus se voltara contra os muçulmanos. O único caminho de volta a Ele era o retorno à religião pura. A voz respondeu ao desespero com uma fórmula simples: o islã é a solução.

Essa equação trazia o entendimento tácito de que Deus ficara do lado dos judeus. Até o final da Segunda Guerra Mundial, havia no islã poucos precedentes do anti-semitismo que agora vinha deformando a política e a sociedade da região. Os judeus viveram em segurança — conquanto submissos — sob o domínio muçulmano por 1200 anos, gozando de plena liberdade religiosa. Mas na década de 1930, a propaganda nazista, em transmissões de rádio em ondas curtas em árabe, conjugada com difamações de missionários cristãos na região, infectou a área com esse antigo preconceito ocidental. Após a guerra, o Cairo tornou-se um refúgio de nazistas, que assessoravam os militares e o governo. O surgimento do movimento islâmico coincidiu com o declínio do fascismo, mas no Egito eles se sobrepuseram, e o germe passou para um novo portador.

A fundação do Estado de Israel e seu domínio militar crescente puseram em xeque a identidade árabe. Na situação humilhante em que os árabes se encontravam, olharam para Israel e lembraram a época em que o profeta Maomé subjugou os judeus de Medina. Pensaram na grande onda de expansão muçulmana sob a coação das espadas e lanças árabes e se sentiram humilhados pelo contraste entre o passado marcial glorioso e o presente miserável. A história se invertia: os árabes estavam tão divididos, desorganizados e marginalizados quanto nos tempos do *jahiliyya*. Até os judeus os dominavam. A voz nas mesquitas proclamava que os árabes haviam abandonado a única arma que lhes concedia verdadeiro poder: a fé. Restaurados o fervor e a pureza da religião que fizeram a grandeza dos árabes, Deus voltaria a ficar do seu lado.

O alvo principal dos islamitas egípcios foi o regime secular de Nasser. Na terminologia da *jihad*, a prioridade era derrotar o "inimigo próximo" — ou seja, a sociedade muçulmana impura. O "inimigo distante" — o Ocidente — poderia aguardar até o islã se reformar. Para Zawahiri e seus companheiros, isso significava, no mínimo, impor a lei islâmica ao Egito.

Zawahiri também procurou restaurar o califado, o governo dos clérigos islâmicos, formalmente encerrado em 1924 após a dissolução do Império Otomano, mas que já não exercia o poder real desde o século XIII. Uma vez estabelecido o califado, Zawahiri acreditava que o Egito se tornaria um ponto de reunião para o restante do mundo islâmico, liderando-o em uma *jihad* contra o Ocidente. "Então a história daria nova reviravolta, se Deus quisesse", escreveu Zawahiri mais tarde, "na direção oposta, contra o império dos Estados Unidos e o governo judaico mundial."[12]

Nasser morreu de um ataque cardíaco súbito em 1970. Seu sucessor, Anwar al-Sadat, precisando desesperadamente conquistar legitimidade política, logo se pôs a fazer a paz com os islamitas. Denominando-se o "presidente fiel" e "o primeiro homem do islã", Sadat fez uma proposta à Sociedade dos Irmãos Muçulmanos. Em troca de apoio contra os nasseristas e esquerdistas, permitiria que pregassem e defendessem suas idéias, contanto que renunciassem à violência.[13] Ele esvaziou as prisões de islamitas, sem perceber o perigo que representavam ao seu próprio regime, sobretudo os membros mais jovens da irmandade, radicalizados pelos escritos de Sayyid Qutb.

Em outubro de 1973, durante o ramadã, o mês de jejum dos muçulmanos, o Egito e a Síria pegaram Israel de surpresa, com ataques simultâneos através do Canal de Suez para cima do Sinai ocupado e das colinas de Golan. Embora os sírios tenham sido logo rechaçados e o Terceiro Exército egípcio tenha sido salvo apenas pela intervenção da ONU, a guerra foi vista no Egito como uma grande vitória, restaurando a dignidade do país e concedendo a Sadat o triunfo político tão necessário.

Não obstante, a célula clandestina de Zawahiri começou a crescer — contava com quarenta membros em 1974. Zawahiri era agora um jovem alto e esguio, com grandes óculos pretos e um bigode paralelo à linha horizontal da boca. O rosto se afinara, e a linha do cabelo estava recuando. Estudava na faculdade de medicina da Universidade do Cairo, que fervilhava de ativismo islâmico, mas Zawahiri não possuía nenhum dos atributos óbvios de um fanático. Vestia trajes ocidentais — em geral paletó e gravata —, e seu envolvimento político era quase totalmente desconhecido na época, até mesmo por sua família.[14] Para os poucos que conheciam sua militância, Zawahiri era contra a revolução, pelo derramamento de sangue, preferindo uma ação militar súbita e ousada para se apossar inesperadamente das rédeas do governo.

Contudo, ele não ocultava por completo seus sentimentos políticos. O Egito sempre cultivara a tradição de transformar a desgraça política em humor. Uma piada que a família de Zawahiri se lembra de tê-lo ouvido contar na época envolvia uma mulher pobre que carregava seu bebê roliço — em árabe egípcio coloquial, seu *go'alos* — para ver o rei passar no cortejo real. "Queira Deus que um dia você seja visto em tamanha glória", a mulher desejou ao filho. Um oficial militar ouviu-a por acaso. "O que está dizendo?", perguntou. "Ficou maluca?" Mas, vinte anos depois, o mesmo oficial militar viu Sadat desfilar num grande cortejo. "Oh, *go'alos* — você conseguiu!", exclamou o oficial.[15]

No último ano da faculdade de medicina, Zawahiri conduziu pelo campus um jornalista americano, Abdallah Schleifer, que mais tarde se tornou professor de estudos de mídia da Universidade Americana do Cairo. Schleifer foi uma figura desafiadora na vida de Zawahiri. Homem desengonçado, cabelos crespos, quase dois metros de altura, ostentando um cavanhaque que remontava ao seu período *beatnik*, na década de 1950, Schleifer guardava uma semelhança impressionante com o poeta Ezra Pound. Criado numa família de judeus não praticantes de Long Island, após passar por uma fase marxista e fazer amizade com os Panteras Negras e Che Guevara, deparou com a tradição sufista do islã durante uma viagem ao Marrocos em 1962. Um dos significados da palavra "islã" é submissão, e foi o que aconteceu com Schleifer. Ele se converteu, trocou o nome de Marc para Abdallah e passou o resto de sua vida acadêmica no Oriente Médio. Em 1974, quando Schleifer foi pela primeira vez ao Cairo como chefe do escritório da NBC News, o tio de Zawahiri, Mahfuz Azzam, atuou como uma espécie de patrocinador dele. Um judeu americano convertido era uma novidade, e Schleifer, por sua vez, achou Mahfuz fascinante. Imediatamente teve a sensação de que estava sob a proteção de toda a família Azzam.

Schleifer logo percebeu a mudança no movimento estudantil do Egito. Ativistas islâmicos jovens vinham aparecendo nos campi, primeiro na parte sul do país, depois no Cairo. Eles se denominavam Al-Gama'a Al-Islamiyya — o Grupo Islâmico. Encorajado pela aquiescência do governo de Sadat, que o proveu secretamente de armas para que pudesse se defender de quaisquer ataques de marxistas e nasseristas,[16] o Grupo Islâmico radicalizou a maioria das universidades do Egito. Seções diferentes se organizaram dentro dos mesmos moldes dos Irmãos Muçulmanos, em células pequenas denominadas *'anqud* — um cacho de uvas.[17] Em apenas quatro anos, o Grupo Islâmico dominava por completo os campi, e pela primeira vez na memória viva da maioria dos egípcios os estudantes homens deixaram de aparar a barba e as estudantes mulheres puseram o véu.

Schleifer precisava de um guia para entender melhor o panorama. Por intermédio de Mahfuz, Schleifer travou conhecimento com Zawahiri, que concordou em conduzi-lo pelo campus para dar informações longe das câmeras. "Ele era magérrimo, e seus óculos, proeminentes demais", disse Schleifer, que recordou os radicais que conhecera nos Estados Unidos. "Tive a sensação de que assim eram os intelectuais esquerdistas do City College trinta anos antes." Schleifer observou estudantes pintando cartazes para as passeatas e jovens muçulmanas costurando o *hijab*, véu com que as mulheres muçulmanas devotas cobrem a cabeça. Depois, Zawahiri e Schleifer caminharam pelo bulevar através do zoológico do Cairo até a ponte da Universidade. Quando pararam sobre o enorme e lento Nilo, Zawahiri se vangloriou de que fora nas duas faculdades mais elitistas da universidade — a de medicina e a de engenharia — que o movimento islâmico conseguira recrutar mais adeptos. "Não fica impressionado com isso?"

Schleifer foi condescendente. Observou que, nos anos 1960, aquelas mesmas faculdades haviam sido redutos da Juventude Marxista. O movimento islâmico, ele observou, era apenas a última tendência da rebelião dos estudantes. "Escute, Ayman, sou um ex-marxista. Quando você fala, me sinto de volta ao partido. Não me sinto como se estivesse com um muçulmano tradicional." Zawahiri ouviu, polido, mas pareceu intrigado com a crítica de Schleifer.

Schleifer encontrou-se novamente com Zawahiri pouco depois. Era o Eid, a época da festa anual, o dia mais sagrado do ano. Houve um serviço religioso ao ar livre no bonito jardim da mesquita Faruk, em Maadi. Quando Schleifer chegou, viu Zawahiri com um de seus irmãos. Eles foram muito extremados. Estenderam tapetes plásticos de oração e montaram um microfone. O que deveria ser um momento meditativo de cânticos do Alcorão se transformou numa competição desigual entre a congregação e os irmãos Zawahiri com seu microfone. "Percebi que eles estavam introduzindo a fórmula salafista, que não reconhece nenhuma tradição islâmica posterior à época do profeta", Schleifer recordou. "Aquilo matava a poesia. Foi um caos."

Depois se dirigiu a Zawahiri. "Ayman, isso está errado", reclamou Schleifer. Zawahiri começou a explicar, mas Schleifer o interrompeu. "Não vou discutir com você. Sou um sufista, e você, um salafista. Mas você está provocando *fitna*" — termo para a criação de problemas, proibida pelo Alcorão —, "e se quiser fazer isso deve fazê-lo em sua própria mesquita."

Zawahiri respondeu docilmente: "Tem razão, Abdallah".

Enfim os diferentes grupos clandestinos começaram a descobrir uns aos outros. Só no Cairo eram cinco ou seis células, a maioria com menos de dez membros.[18] Quatro delas, incluindo a de Zawahiri, uma das maiores, se fundiram para formar o Jamaat al-Jihad — o Grupo da Jihad, ou simplesmente Al-Jihad.[19] Embora seus objetivos se assemelhassem aos dos islamitas predominantes na Sociedade dos Irmãos Muçulmanos, não tinham nenhuma intenção de agir politicamente para atingi-los. Zawahiri achava que tais esforços contaminavam o ideal do Estado islâmico puro. Ele passou a desprezar os Irmãos Muçulmanos por sua disposição para transigir.

Zawahiri formou-se na faculdade de medicina em 1974 e serviu três anos como cirurgião do exército egípcio, lotado numa base fora do Cairo. Ao concluir o serviço militar, o jovem médico abriu um consultório no mesmo dúplex onde morava com os pais. Estava com quase trinta anos, idade para se casar. Até então, nunca namorara. Dentro da tradição egípcia, seus amigos e parentes começaram a sugerir parceiras adequadas. Zawahiri não estava interessado em romance; queria uma parceira que compartilhasse suas convicções extremistas e estivesse disposta a enfrentar as provações que sua personalidade dogmática tendia a atrair. Uma das possíveis noivas sugeridas a Ayman foi Azza Nowair, filha de um velho amigo da família.

Como os Zawahiri e os Azzam, os Nowair constituíam um clã notável do Cairo. Azza crescera num lar abastado de Maadi. Embora fosse bem pequena — como uma menina —, mostrava uma resolução tremenda. Em outra época e lugar, poderia ter se tornado uma assistente social ou profissional liberal, mas no segundo ano da Universidade do Cairo adotou o *hijab*, alarmando a família com a intensidade de sua recém-descoberta devoção religiosa. "Antes daquilo, seguia a última moda", contou seu irmão mais velho, Essam. "Não queríamos que fosse tão religiosa. Ela começou a rezar muito e ler o Alcorão. E, pouco a pouco, mudou completamente."[20] Logo Azza foi mais longe e vestiu, o *niqab*, véu que cobre todo o rosto da mulher abaixo dos olhos. De acordo com o irmão, Azza passava noites inteiras lendo o Alcorão. Ao acordar de manhã, ele a encontrava sentada no tapete de oração, livro sagrado nas mãos, dormindo profundamente.

O *niqab* impunha uma barreira enorme a uma jovem casadoura, especialmente no segmento da sociedade que ainda sonhava em participar do mundo moderno. Para a maior parte dos amigos de Azza, sua decisão de se velar foi uma negação chocante de sua classe. A recusa em tirar o véu transformou-se num confronto de vontades. "Ela tinha muitos pretendentes, todos da elite, com riqueza e prestígio", seu irmão contou. "Mas quase todos queriam que ela abandonasse o *niqab*. Ela muito calmamente se recusou. Queria alguém que a aceitasse como era. Ayman procurava esse tipo de pessoa."

De acordo com o costume, no primeiro encontro entre Azza e Ayman, Azza levantou o véu por alguns minutos. "Ele viu seu rosto e depois partiu", contou Essam. O casal jovem conversou brevemente numa ocasião posterior, mas aquilo não passou de formalidade. Ayman só voltou a ver o rosto da noiva após a cerimônia de casamento.

Ele causou boa impressão à família Nowair, que se deslumbrou um pouco com sua ascendência distinta, mas se precaveu contra sua devoção. Ainda que polido e agradável, recusava-se a cumprimentar mulheres, e nem sequer olhava para elas se estivessem usando saia. Ele nunca conversou sobre política com a família de Azza, e não se sabe quanto revelou mesmo para ela. De qualquer modo, Azza deve ter aprovado seu ativismo clandestino. Ela contou a uma amiga que sua maior esperança era tornar-se mártir.[21]

O casamento celebrou-se em fevereiro de 1978, no Continental-Savoy Hotel, um resort anglo-egípcio na praça da Ópera do Cairo, que já vivera seus dias de glória mas agora estava em decadência. Segundo o desejo dos noivos, não havia música, e fotografias estavam proibidas. "Foi pseudotradicional", contou Schleifer. "Ficamos na ala masculina, que era muito sombria, pesada, com montes de xícaras de café e ninguém contando piadas."

* * *

"Minha ligação com o Afeganistão começou no verão de 1980 por um golpe do destino", escreveu Zawahiri em sua breve memória, *Cavaleiros sob o estandarte do profeta*.[22] Enquanto Zawahiri substituía outro médico na clínica da Sociedade dos Irmãos Muçulmanos, o diretor perguntou se ele gostaria de acompanhá-lo ao Paquistão para cuidar dos refugiados afegãos. Centenas de milhares vinham fugindo pela fronteira após a recente invasão soviética. Zawahiri imediatamente aceitou. Ele se preocupava secretamente em encontrar uma base segura para a *jihad*, que parecia praticamente impossível no Egito. "O rio Nilo corre por um vale estreito entre dois desertos sem vegetação nem água", observou em seu livro de memórias. "Tal terreno tornava a guerra de guerrilhas no Egito impossível, e como resultado forçava os habitantes desse vale a se submeterem ao governo central, sendo explorados como trabalhadores e compelidos a alistar-se no exército." Talvez o Paquistão ou o Afeganistão viessem a se mostrar locais mais adequados para arregimentar um exército de islamitas radicais, que poderiam depois voltar para conquistar o poder no Egito.

Zawahiri viajou para Peshawar com um anestesiologista e um cirurgião plástico. "Fomos os três primeiros árabes a chegar ali para participar do trabalho humanitário", afirma Zawahiri. Ele passou quatro meses no Paquistão, trabalhando para a Sociedade do Crescente Vermelho, braço islâmico da Cruz Vermelha Internacional.

O nome Peshawar deriva de uma palavra sânscrita que significa "cidade das flores", o que pode ter sido durante o período budista, mas há muito a cidade perdeu qualquer requinte. Situa-se na extremidade leste do desfiladeiro de Khyber, passagem histórica de exércitos invasores desde os dias de Alexandre Magno e Gêngis Khan, que deixaram seus traços genéticos nas feições da população diversificada. Peshawar foi um importante posto avançado do Império Britânico, a última parada antes de um descampado que se estendia até Moscou. Quando os britânicos abandonaram seu acantonamento, em 1947, Peshawar se reduziu a uma cidade agrária modesta mas inquieta. Entretanto, a guerra despertara a cidade antiga, e quando Zawahiri chegou ela pululava de contrabandistas, mercadores de armas e traficantes de ópio.

A cidade também tinha de enfrentar o influxo de afegãos desabrigados e famintos. No final de 1980, 1,4 milhão de refugiados afegãos já estavam no Paquistão — número que quase dobrou no ano seguinte —, e a maioria chegou por Peshawar, procurando abrigo nos acampamentos próximos. Muitos dos refugiados eram vítimas de minas terrestres soviéticas ou do intenso bombardeio de cidades e aldeias, precisando desesperadamente de tratamento médico. Porém, as condições nos hospitais e clínicas eram degradantes, em especial no início da guerra. Zawahiri relatou nas cartas que, às vezes, tinha de esterilizar as feridas com mel.[23]

Escrevendo para a mãe, reclamou da solidão e pediu que ela lhe escrevesse com mais freqüência. Nessas cartas, apelava às vezes para a poesia a fim de expressar seu desespero:

As minhas más ações ela pagou com bondade,
Sem nada pedir em troca...
Que Deus elimine minha inépcia e
A agrade apesar de minhas faltas...
Oh, Deus, tende piedade de um estranho
Que anseia pela visão de sua mãe.[24]

Valendo-se dos contatos com chefes tribais locais, Zawahiri fez várias viagens furtivas através da fronteira com o Afeganistão.[25] Tornou-se um dos primeiros estrangeiros a testemunhar a coragem dos combatentes afegãos pela liberdade, que se denominavam *mujahidin* — os guerreiros santos. Naquele outono, Zawahiri voltou ao Cairo cheio de histórias sobre os "milagres" que vinham ocorrendo na *jihad* contra os soviéticos. Tratava-se de uma guerra pouco conhecida, mesmo no mundo árabe, embora fosse de longe o conflito mais sangrento da década de 1980. Zawahiri começou a percorrer as universidades recrutando para a *jihad*.[26] Deixara crescer a barba e adotara trajes paquistaneses: túnica longa sobre calças folgadas.

Àquela altura, havia apenas um punhado de voluntários árabes, e quando uma delegação de líderes *mujahidin* foi ao Cairo, Zawahiri levou seu tio Mahfuz ao Shepheard's Hotel para conhecê-los. Os dois homens apresentaram aos afegãos uma idéia que Abdallah Schleifer havia proposto. Schleifer estava frustrado com a incapacidade das agências de notícias ocidentais de se aproximar da guerra. Ele pedira a Zawahiri que encontrasse três brilhantes jovens afegãos que pudesse treinar como câmeras. Assim poderiam registrar suas experiências, e Schleifer faria a edição e a narração, mas advertiu Zawahiri: "Se não conseguirmos o bangue-bangue, não vamos conseguir levar ao ar".

Pouco depois, Schleifer fez uma visita a Zawahiri para saber o que acontecera com sua proposta. Achou o amigo estranhamente formal e evasivo. Zawahiri começou dizendo que os americanos eram o inimigo e precisavam ser enfrentados. "Não compreendo", replicou Schleifer. "Você acaba de voltar do Afeganistão, onde está cooperando com os americanos. Agora está dizendo que os Estados Unidos são o inimigo?"

"Certo, estamos aceitando ajuda americana para combater os russos", respondeu Zawahiri, "mas eles são igualmente ruins."

"Como pode fazer uma comparação dessa?", disse Schleifer, indignado. "Há mais liberdade para praticar o islã nos Estados Unidos do que no Egito. E na União Soviética fecharam 50 mil mesquitas!"

"Você não vê isso porque é americano", disse Zawahiri.

Schleifer contou, furioso, que, se estavam ali tendo aquela conversa, era porque a OTAN e o exército americano tinham impedido os soviéticos de dominar a Europa para depois se concentrar no Oriente Médio. A discussão se encerrou num tom ruim. Eles já haviam debatido várias vezes, mas sempre com respeito e senso de humor. Mas agora Schleifer sentira que Zawahiri não falava com ele — dirigia-se a uma multidão.

A oferta de Schleifer de treinar jornalistas afegãos não deu em nada.

Zawahiri fez outra jornada humanitária com a Sociedade do Crescente Vermelho em Peshawar, em março de 1981. Desta vez encurtou a estadia e voltou ao Cairo depois de apenas dois meses. Mais tarde, escreveria que viu a *jihad* afegã como "um curso de treinamento da máxima importância para preparar os *mujahidin* muçulmanos para a sua aguardada batalha contra a superpotência que agora domina sozinha o mundo: os Estados Unidos".[27]

Quando Zawahiri retornou ao seu consultório, em Maadi, o mundo islâmico ainda tremia devido aos terremotos políticos de 1979, que incluíam não apenas a invasão soviética do Afeganistão, mas também o retorno do aiatolá

Ruhollah Khomeini ao Irã e a derrubada do Trono do Pavão — a primeira tomada de poder islamita de sucesso num país grande. Quando Mohammed Reza Pahlevi, o xá exilado do Irã, procurou tratamento para o câncer nos Estados Unidos, o aiatolá incitou turbas de estudantes a atacar a embaixada americana em Teerã. Sadat considerou Khomeini um "louco, lunático [...] que transformou o islã numa palhaçada".[28] Ele convidou o xá doente a fixar residência no Egito, onde o xá morreu no ano seguinte.

Para os muçulmanos em toda parte, Khomeini deu um enfoque novo ao debate com o Ocidente. Em vez de consignar o futuro do islã a um modelo secular e democrático, impôs uma reversão inesperada. Seus sermões embriagantes evocavam a força inflexível do islã de um milênio antes numa linguagem que prenunciava as diatribes revolucionárias de Bin Laden. O alvo específico de sua ira contra o Ocidente era a liberdade. "Sim, somos reacionários, e vocês são intelectuais esclarecidos: vocês, intelectuais, não querem que retrocedamos 1400 anos", ele disse logo após assumir o poder.

> Vocês, que querem liberdade, liberdade para tudo, a liberdade dos partidos, vocês que querem todas as liberdades, vocês intelectuais: liberdade que corromperá nossa juventude, liberdade que abrirá caminho para o opressor, liberdade que arrastará nossa nação para o abismo.[29]

Já na década de 1940, Khomeini havia mostrado sua disposição de lançar mão do terror para humilhar os inimigos identificados do islã, fornecendo cobertura teológica, além de apoio material. "Afirma o islã: tudo de bom existe graças à espada e à sombra da espada! As pessoas só obedecem pela espada! A espada é a chave do paraíso, que só pode ser aberto para os guerreiros santos!"[30]

O fato de Khomeini advir do ramo xiita do islã, e não do sunita predominante no mundo muçulmano fora do Iraque e do Irã, tornou-o uma figura complicada entre os radicais sunitas.* Mesmo assim, a organização de Za-

---

* A comunidade de fiéis dividiu-se após a morte do profeta Maomé, em 632, devido a uma divergência quanto à linha de sucessão. Os que se denominam sunitas apóiam a eleição dos califas, mas outro grupo, que veio a ser a facção xiita, acreditou que o califado deveria ser transmitido aos descendentes do profeta, começando por seu primo e genro, Ali. Desde então, os dois ramos desenvolveram numerosas diferenças teológicas e culturais.

wahiri, Al-Jihad, apoiou a revolução iraniana com panfletos e fitas cassete conclamando todos os grupos islâmicos do Egito a seguir o exemplo iraniano.[31] A transformação da noite para o dia de um país relativamente rico, poderoso e moderno como o Irã em uma teocracia rígida mostrou que o sonho dos islamitas era passível de realização, precipitando seu desejo de agir.

O islamismo era agora um movimento amplo e variado, incluindo aqueles dispostos a atuar dentro de um sistema político, como a Sociedade dos Irmãos Muçulmanos, e aqueles, como Zawahiri, que queriam destruir o Estado e impor uma ditadura religiosa. O objetivo principal da luta dos islamitas era impor a lei islâmica — a *sharia*. Eles acreditam que os quinhentos versículos corânicos que constituem a base da *sharia* são os mandamentos imutáveis de Deus,[32] oferecendo um caminho de volta à era de maior perfeição do profeta e de seus sucessores imediatos — embora o código legal realmente tenha evoluído vários séculos após a morte do profeta. Esses versículos comentam comportamentos tão minuciosos e variados como a reação a alguém que espirra e a permissibilidade de usar jóias de ouro. Também prescrevem punições específicas para certos crimes, como adultério e consumo de álcool, mas não para outros, incluindo o homicídio. Os islamitas afirmam que a *sharia* não pode ser aperfeiçoada, apesar de quinze séculos de mudança social, por emanar direto da mente de Deus. Querem ignorar a longa tradição de opiniões judiciais dos sábios muçulmanos e forjar um sistema legal mais autenticamente islâmico, sem influências ocidentais nem improvisações causadas pelo engajamento com a modernidade. Os modernistas não muçulmanos e islâmicos, por outro lado, argumentam que os princípios da *sharia* refletem os rigorosos códigos beduínos da cultura que deu origem à religião e não são adequados para governar uma sociedade moderna. Sob Sadat, o governo repetidamente jurou se conformar à *sharia*, mas suas ações mostraram quão pouco se podia confiar naquela promessa.

O acordo de paz de Sadat com Israel uniu as diversas facções islamitas. Elas também se irritaram com uma lei nova, patrocinada pela esposa do presidente, Jihan, que concedia às mulheres o direito ao divórcio, privilégio não previsto pelo Alcorão. No que se revelaria seu último discurso, Sadat ridicularizou a vestimenta islâmica das mulheres devotas, que chamou de "tenda", e baniu o *niqab* das universidades.[33] Os radicais reagiram tachando o presidente de herege. A lei islâmica proíbe atacar um governante, exceto quando ele não crê em Deus ou no profeta. A declaração de heresia foi um convite aberto ao assassinato.

Em reação a uma série de protestos orquestrados pelos islamitas, Sadat dissolveu todas as associações religiosas de estudantes, confiscando suas propriedades, e fechou seus acampamentos de verão.[34] Revertendo a antiga posição de tolerar, e até encorajar, aqueles grupos, ele adotou um slogan novo: "Nada de política na religião, e nada de religião na política".[35] Para a mente islamita, difícil imaginar uma formulação mais incendiária.

Zawahiri imaginou não apenas a remoção do chefe de Estado, mas a derrubada completa da ordem existente. Furtivamente, vinha recrutando oficiais das forças armadas egípcias, aguardando o momento em que a Al-Jihad tivesse acumulado força suficiente, em homens e armas, para agir. Seu principal estrategista era Aboud al-Zumar, coronel da inteligência militar que fora herói da guerra de 1973 contra Israel (uma rua do Cairo mudara de nome em sua homenagem). O plano de Zumar: matar os líderes mais importantes do país, capturar o quartel-general do exército e da polícia política do Estado, o prédio da central telefônica e, é claro, o da rádio e televisão, de onde as notícias da revolução islâmica seriam então transmitidas, desencadeando — ele esperava — um levante popular contra a autoridade secular em todo o país.[36] Era, como Zawahiri mais tarde testemunhou, "um plano artístico elaborado".

Outro elemento-chave da célula de Zawahiri foi um ousado comandante de tanques chamado Essam al-Qamari. Devido ao seu valor e inteligência, o major Qamari havia sido repetidamente promovido na frente dos colegas. Zawahiri descreveu-o como "uma pessoa nobre no verdadeiro sentido da palavra. A maior parte dos sofrimentos e sacrifícios que suportou voluntária e calmamente resultou de seu caráter honrado".[37] Embora Zawahiri fosse um membro veterano da célula de Maadi, costumava ceder a Qamari, que tinha um talento natural para o comando — qualidade de que Zawahiri carecia. De fato, Qamari observou que "faltava algo" em Zawahiri, e certa vez alertou-o: "Qualquer que seja o grupo de que você participe, não poderá ser o líder".[38]

Qamari passou a desviar armas e munições de fortes do exército, estocando-as no consultório de Zawahiri, uma sala no andar de baixo do dúplex onde seus pais moravam, em Maadi. Em fevereiro de 1981, quando as armas estavam sendo transferidas da clínica para um depósito, policiais detiveram um jovem que carregava uma mala cheia de armas, boletins militares e mapas mostrando a localização dos tanques de guerra do Cairo. Qamari, percebendo que logo seria implicado, tratou de sumir, mas vários de seus oficiais foram presos. Zawahiri inexplicavelmente não foi importunado.

Até aquelas prisões, o governo egípcio estava persuadido de que o movimento islâmico clandestino havia sido eliminado. Naquele setembro, Sadat ordenou a prisão de mais de 1500 pessoas, incluindo muitos egípcios proeminentes: não apenas militantes islamitas, mas também intelectuais sem nenhuma inclinação religiosa, marxistas, cristãos coptas, líderes estudantis, jornalistas, escritores, médicos do sindicato da Sociedade dos Irmãos Muçulmanos — uma mistura de dissidentes de diferentes setores. A rede deixou escapar Zawahiri, mas capturou a maioria dos outros líderes da Al-Jihad. Entretanto, uma célula militar dentro das fileiras dispersadas da Al-Jihad já pusera em marcha um plano apressado e oportunista. O tenente Khaled Islambouli, de 23 anos, ofereceu-se para matar Sadat quando ele aparecesse numa parada militar que haveria no mês seguinte.

Zawahiri testemunhou que só ouviu falar no plano às nove da manhã de 6 de outubro de 1981, poucas horas antes do horário programado para o assassinato. Um dos membros de sua célula, um farmacêutico, trouxe a notícia. "Fiquei espantado e abalado", contou Zawahiri a seus interrogadores. O farmacêutico achava que eles deviam fazer algo para ajudar no sucesso daquele plano afoito. "Mas respondi: 'O que podemos fazer? Eles querem que a gente dê tiros pelas ruas para sermos presos pela polícia? Não vamos fazer nada.'" Zawahiri voltou a atender seus pacientes. Quando soube, algumas horas depois, que a parada militar prosseguia, supôs que a operação falhara e que todos os envolvidos tivessem sido presos. Foi então à casa de uma das irmãs, que informou que a parada fora interrompida e o presidente partira ileso. A versão verdadeira ainda estava por ser ouvida.

Sadat celebrava o oitavo aniversário da guerra de 1973. Cercado por dignitários, incluindo vários diplomatas americanos e Boutros Boutros-Ghali, futuro secretário-geral das Nações Unidas, Sadat batia continência para as tropas que desfilavam quando um veículo militar deu uma guinada em direção à tribuna onde ele se encontrava. O tenente Islambouli e outros três conspiradores saltaram do veículo e atiraram granadas na tribuna. "Matei o faraó", gritou Islambouli após esvaziar o cartucho da metralhadora no presidente, que continuou desafiadoramente em posição de sentido até ter o corpo crivado de balas.

O anúncio da morte de Sadat, ainda naquele dia, pouco comoveu o mundo árabe, que o considerava um traidor por fazer a paz com Israel. Na opinião de Zawahiri, o assassinato em nada contribuiu para um futuro Estado islâmico. Mas talvez ainda houvesse tempo, no intervalo instável após o evento, de pôr em ação o grande plano. Essam al-Qamari saiu do esconderijo e pediu que Zawahiri o pusesse em contato com o grupo que cometera o assassinato.[39] Às dez da noite, apenas oito horas depois da morte de Sadat, Zawahiri e Qamari encontraram-se com Aboud al-Zumar num carro em frente ao apartamento onde Qamari estava se escondendo. Qamari apresentou uma proposta ousada, desta vez com chances de eliminar o governo inteiro e muitos líderes estrangeiros também: um ataque ao funeral de Sadat. Zumar concordou e pediu a Qamari que lhe fornecesse dez bombas e duas metralhadoras. No dia seguinte, o grupo voltou a se reunir. Qamari trouxe as armas e várias caixas de munição. Enquanto isso, o novo governo, encabeçado por Hosni Mubarak, vinha prendendo milhares de conspiradores potenciais. Aboud al-Zumar foi preso antes que o plano pudesse ser posto em prática.

Zawahiri deve ter percebido que seu nome viria à tona, mas mesmo assim relutou em fugir. Em 23 de outubro, enfim, fez as malas para outra viagem ao Paquistão. Foi se despedir de alguns parentes. Seu irmão Hussein levava-o de carro ao aeroporto quando a polícia os deteve na rodovia Nile Corniche. "Levaram Ayman à delegacia de polícia de Maadi, e ele foi cercado por guardas", recordou seu primo Omar Azzam. "O chefe de polícia deu-lhe um tapa no rosto — e Ayman revidou!" A família vê o incidente com surpresa, não só devido à ousadia da reação de Zawahiri, mas também porque até aquele momento ele nunca, na lembrança dela, recorrera à violência. Zawahiri logo ficou conhecido, entre os demais prisioneiros, como o homem que bateu de volta.

Os policiais saudavam os prisioneiros novos deixando-os nus, algemados e de olhos vendados, e depois espancando-os com pedaços de pau. Humilhados, amedrontados e desorientados, eram atirados em estreitas celas de pedra cuja única luz vinha de uma minúscula janelinha quadrada na porta de ferro. A masmorra havia sido construída no século XII pelo grande conquistador curdo Saladino, com mão-de-obra de cruzados capturados. Fazia parte da Cidadela, uma enorme fortaleza num morro com vista para o Cairo que serviu de sede do governo por setecentos anos.[40]

Os gritos dos companheiros presos que estavam sendo interrogados mantinham muitos homens à beira da loucura, mesmo quando eles próprios não estavam sofrendo tortura. Devido à sua posição, Zawahiri foi vítima de espancamentos freqüentes e outras formas engenhosas e sádicas de punição criadas pela Unidade de Inteligência 75, que supervisionava a inquisição do Egito.

Uma linha de pensamento propõe que a tragédia americana do 11 de setembro nasceu nas prisões do Egito. Defensores dos direitos humanos do Cairo argumentam que a tortura criou uma vontade de vingança, primeiro em Sayyid Qutb e depois em seus seguidores, incluindo Ayman al-Zawahiri. O alvo principal da ira dos prisioneiros foi o governo secular egípcio, mas uma raiva enorme também foi dirigida ao Ocidente, visto como a força capacitadora por trás do regime repressivo. Eles consideram o Ocidente responsável por corromper e humilhar a sociedade islâmica. De fato, o tema da humilhação, a essência da tortura, é importante para compreender a raiva dos islamitas radicais. As prisões do Egito se tornaram uma fábrica de militantes cuja necessidade de desforra — eles chamavam de justiça — era total e absoluta.

Montassir al-Zayyat, advogado islamita que foi preso com Zawahiri e acabou se tornando seu advogado e biógrafo,* sustenta que as experiências traumáticas sofridas por Zawahiri na prisão o transformaram de uma força relativamente moderada na Al-Jihad em um extremista violento e implacável. Zayyat e outras testemunhas observam o que aconteceu em seu relacionamento com Essam al-Qamari, que fora seu amigo próximo e um homem que ele admirava profundamente. Logo após a detenção de Zawahiri, policiais do Ministério do Interior começaram a interrogá-lo acerca do major Qamari, que continuava escapando de suas redes. Ele era agora o homem mais procurado do Egito. Já sobrevivera a um tiroteio com granadas e armas automáticas em que muitos policiais foram mortos ou feridos. Na busca implacável por Qa-

---

* Ele escreveu uma biografia condenatória intitulada *Ayman al-Zawahiri como o conheci*, tirada de circulação pela editora no Cairo devido à pressão dos partidários de Zawahiri.

mari, os policiais expulsaram a distinta família Zawahiri de casa e arrancaram todos os tacos e papéis de parede em busca de indícios. Eles também interceptaram o telefone, apostando que o fugitivo acabaria ligando. Duas semanas depois, veio enfim o telefonema.[41] O autor da chamada identificou-se como "dr. Essam" e pediu para se encontrar com Zawahiri. Qamari ainda não sabia que Zawahiri estava preso, pois o fato vinha sendo mantido em segredo. Um policial, fingindo-se de membro da família, informou ao "dr. Essam" que Zawahiri não estava. O autor da chamada sugeriu: "Diga a ele para vir rezar o *magreb*" — a oração do pôr-do-sol — "comigo", numa mesquita que ambos conheciam.[42]

"Qamari marcara um encontro na estrada para Maadi, mas notou o pessoal da polícia política e escapou de novo", disse Fouad Allam, chefe da unidade antiterrorista do Ministério do Interior na época. Era uma figura afável, voz de baixo profundo, que interrogou quase todos os mais importantes radicais islâmicos desde 1965, quando inquiriu Sayyid Qutb. "Chamei Ayman al-Zawahiri ao meu escritório para propor um plano." Allam achou Zawahiri "retraído e distante. Ele não olha para você ao falar, sinal de polidez no mundo árabe." De acordo com seu tio Mahfuz, Zawahiri já havia sido brutalmente torturado, e chegou ao escritório de Allam usando apenas um pé de sapato, devido a um ferimento no outro pé. Allam providenciara a transferência da linha telefônica de Zawahiri para seu escritório, e manteve Zawahiri ali até que Qamari enfim voltou a ligar. Desta vez Zawahiri atendeu e marcou encontro na mesquita Zawya, em Embaba. Conforme o planejado, Zawahiri foi à mesquita e entregou o amigo.[43]

O próprio Zawahiri não admite esse fato em suas memórias, a não ser indiretamente, quando escreve sobre a "humilhação" da prisão. "A coisa mais brutal no cativeiro é forçar o *mujahid*, sob tortura, a entregar seus companheiros, a destruir o movimento com as próprias mãos, e fornecer segredos seus e dos companheiros ao inimigo."[44]

Perversas, as autoridades prenderam Qamari na mesma cela que Zawahiri, depois que este testemunhou contra ele e treze outros. Qamari foi condenado a dez anos de prisão. "Como sempre, recebeu a notícia com sua calma e frieza singulares", registrou Zawahiri. "Ele até tentou me confortar, dizendo: 'Sinto pena de você pela carga que terá de carregar'." Em 1988, Qamari foi fuzilado pela polícia após fugir da prisão.[45]

* * *

Zawahiri foi o réu número 113 dentre 302 acusados de ajudar ou planejar o assassinato, além de outros crimes (no caso de Zawahiri, tráfico de armas). O tenente Islambouli e 23 outros acusados do assassinato propriamente dito foram julgados em separado. Islambouli e quatro conspiradores foram enforcados. Quase todo militante islamita notável do Egito viu-se implicado na conspiração.* Os demais réus, alguns adolescentes, foram apinhados numa jaula como as de zoológico, que ocupava um dos lados de uma grande sala de audiência improvisada no pavilhão de exposições do Cairo, onde costumam se realizar feiras e convenções. Provinham de diferentes organizações — Al-Jihad, Grupo Islâmico, Sociedade dos Irmãos Muçulmanos — que formavam o núcleo rebelde do movimento islâmico. As agências de notícias internacionais cobriram o julgamento, e Zawahiri, que dentre os réus era quem melhor dominava o inglês, foi designado porta-voz dos prisioneiros.

Um vídeo do dia da abertura do julgamento, 4 de dezembro de 1982, mostra os trezentos réus, iluminados pelas luzes das câmeras de TV, cantando, orando e gritando desesperados para membros de suas famílias. Finalmente, a câmera se detém em Zawahiri, separado do caos, com um ar intenso, solene e concentrado. Aos 31 anos, veste uma túnica branca e traz um xale cinza sobre os ombros.

A um sinal, os outros prisioneiros silenciam, e Zawahiri brada: "Agora queremos falar para o mundo inteiro! Quem somos nós? Por que nos trazem até aqui, e o que queremos dizer? Quanto à primeira pergunta, somos muçulmanos! Somos muçulmanos que acreditam em sua religião! Somos muçulmanos que acreditam em sua religião, tanto na ideologia como na prática, daí termos feito o possível para estabelecer um Estado islâmico e uma sociedade islâmica!".

Os outros réus entoam, em árabe: "Deus é um só!".

Zawahiri continua, numa cadência furiosamente repetitiva: "Não estamos arrependidos, não estamos arrependidos do que fizemos por nossa religião, fizemos um sacrifício, e estamos prontos a fazer mais sacrifícios!".

---

* Um dos irmãos de Zawahiri, Mohammed, foi condenado *in absentia*, mas as acusações foram depois retiradas. O irmão mais novo, Hussein, passou treze meses na prisão, até que as acusações contra ele também foram retiradas.

Os outros gritam: "Deus é um só!".

Zawahiri então diz: "Aqui estamos: a verdadeira frente islâmica e a verdadeira oposição islâmica contra o sionismo, o comunismo e o imperialismo!". Faz uma pausa:

> E agora, como resposta à segunda pergunta, por que nos trazem até aqui? Eles nos trazem aqui por dois motivos! Primeiro, estão tentando abolir o notável movimento islâmico [...] e segundo, para completar a conspiração de evacuar a área em preparação para a infiltração sionista.

Os outros gritam: "Não sacrificaremos o sangue dos muçulmanos pelos americanos e judeus!".

Os prisioneiros tiram os sapatos e levantam as túnicas para mostrar marcas de tortura.[46] Zawahiri denuncia os abusos ocorridos nas

> prisões egípcias sujas [...] onde sofremos o tratamento mais desumano. Ali eles nos chutaram, eles nos espancaram, eles nos bateram com fios elétricos, eles nos aplicaram choques elétricos! Eles nos aplicaram choques elétricos! E usaram cães ferozes! Usaram cães ferozes! E nos penduraram nas ombreiras das portas [ele se inclina para a frente para mostrar] com as mãos amarradas nas costas! Eles prenderam as esposas, as mães, os pais, as irmãs e os filhos!

Os réus entoam: "O exército de Maomé voltará, e derrotaremos os judeus!".

A câmera focaliza um réu, olhos particularmente arregalados, num cafetã verde, que estica os braços pelas barras da jaula, berra e depois desmaia nos braços de um companheiro. Zawahiri recita os nomes de vários prisioneiros que, segundo ele, morreram em conseqüência de tortura. "Então, onde está a democracia?", ele grita. "Onde está a liberdade? Onde estão os direitos humanos? Onde está a justiça? Onde está a justiça? Jamais esqueceremos! Jamais esqueceremos!"

As denúncias de tortura de Zawahiri foram mais tarde confirmadas por exames de corpo de delito, que constataram seis ferimentos em diferentes lugares de seu corpo resultantes de ataques com "instrumento sólido". Zawahiri posteriormente testemunhou num processo contra a Unidade de Inteligência 75, que conduzira os interrogatórios na prisão. Ele teve o respaldo do depoimento de um dos policiais da inteligência, que confessou ter visto Zawahiri na prisão, "cabeça raspada, a dignidade completamente humilhada, sofrendo todo tipo de tortura". O policial prosseguiu dizendo que estava na sala de interrogatório quando outro prisioneiro foi trazido à câmara, mãos e pés acorrentados. Os interrogadores estavam tentando fazer Zawahiri confessar seu envolvimento no assassinato de Sadat. Quando o outro prisioneiro observou: "Como vocês querem que ele confesse, se sabe que a pena é a morte?", Zawahiri respondeu: "A pena de morte é mais branda que a tortura".

O julgamento se estendeu por três anos. Às vezes os réus compareciam todo dia, mas depois podia transcorrer mais de um mês até que voltassem à sala de audiência improvisada. Provinham de diferentes grupos, e muitos nem sequer sabiam da existência de outros até se tornarem companheiros de prisão. Naturalmente começaram a conspirar. Enquanto alguns, animados, planejavam sua reorganização, havia também discussões intensas entre os prisioneiros sobre o fato desanimador de que tantos deles tinham sido detidos, e o movimento, tão rapidamente traído. "Fomos derrotados, e isso nos deixou perdidos",[47] admitiu Zawahiri a um dos companheiros de prisão. Eles passaram vários dias analisando por que as operações clandestinas falharam e como poderiam ter tido êxito. "Ayman me contou que não queria o assassinato de Sadat", recordou Montassir al-Zayyat, companheiro de prisão e depois biógrafo de Zawahiri. "Ele achava que deveriam ter esperado e extirpado o regime pela raiz com um golpe militar. Ele não era esse sanguinário."

Sua educação, ambiente familiar e relativa riqueza fizeram de Zawahiri uma figura notável. Dia sim, dia não, um motorista chegava com comida enviada pela família,[48] que Zawahiri distribuía entre os outros prisioneiros. E também ajudou no hospital da prisão.

Nessa época, Zawahiri esteve frente a frente com o islamita mais conhecido do Egito, o xeique Omar Abdul Rahman, que também fora acusado de conspirador no assassinato de Sadat. Homem estranho e poderoso, cegado pelo diabetes na infância, mas dotado de uma voz comovente e ressonante, o xeique Omar ascendeu nos círculos islâmicos devido a suas denúncias eloqüentes contra Nasser, que o atirou na prisão por oito meses sem abrir processo. Após a morte de Nasser, a influência do xeique cego aumentou, em especial no Alto Egito, onde lecionava teologia na divisão de Asyut da Universidade Al-Azhar. Ele atraiu adeptos entre os estudantes e se tornou o líder do Grupo Islâmico. Alguns jovens islamitas vinham financiando sua militância extorquindo cristãos coptas, que representavam talvez 10% da população egípcia, mas incluíam muitos lojistas e pequenos empresários. Em várias ocasiões, os jovens radicais invadiram casamentos coptas e roubaram os convidados. A teologia da *jihad* requer uma *fatwa* — uma decisão religiosa — a fim de consagrar ações que normalmente seriam consideradas criminosas. O xeique Omar não hesitou em emitir *fatwas* encorajando o assassinato de cristãos e a pilhagem de joalherias coptas, sob a premissa de que um estado de guerra vigorava entre cristãos e muçulmanos.

Depois que Sadat enfim tentou pôr um freio nos islamitas, o xeique cego passou uma temporada de três anos na Arábia Saudita e outros países árabes, onde encontrou patrocinadores ricos para sua causa. Quando voltou ao Egito, em 1980, já não era apenas o conselheiro espiritual do Grupo Islâmico: era seu emir. Numa de suas primeiras *fatwas*, o xeique Omar declarou que um líder herege merecia ser morto pelos fiéis. No julgamento por conspirar no assassinato de Sadat, seu advogado conseguiu convencer o tribunal de que, como o cliente não mencionara o presidente egípcio pelo nome, sua participação fora apenas secundária. Seis meses depois da prisão, o xeique foi solto.

Ainda que os membros das duas organizações islâmicas principais, o Grupo Islâmico e a Al-Jihad, compartilhassem o objetivo comum de derrubar o governo, diferiam frontalmente na ideologia e nas táticas. O xeique cego pregava que toda a humanidade poderia abraçar o islã, e se contentava em espalhar essa mensagem. Zawahiri discordava profundamente. Desconfiado das massas e desprezando qualquer crença além de sua própria versão rigorosa do islã, preferia agir em segredo e de forma unilateral, até o momento em que seu grupo pudesse arrebatar o poder e impor sua visão religiosa totalitária.

O Grupo Islâmico e a Al-Jihad haviam cooperado sob a liderança do xeique Omar, mas os integrantes da Al-Jihad, inclusive Qamari e Zawahiri, queriam um de seus próprios homens à testa do movimento. Na prisão do Cairo, os membros das duas organizações tiveram debates acalorados sobre a melhor maneira de chegar a uma verdadeira revolução islâmica, e discutiram incessantemente sobre quem seria mais indicado para liderá-la. Zawahiri observou que, segundo a *sharia*, o emir não pode ser cego.[49] O xeique Omar replicou que a *sharia* também decreta que o emir não pode ser um prisioneiro. A rivalidade entre os dois homens se tornou extrema. Zayyat tentou moderar os ataques de Zawahiri ao xeique, mas Zawahiri se recusou a voltar atrás. O resultado foi que a Al-Jihad e o Grupo Islâmico se separaram novamente. As duas organizações permaneceriam polarizadas por essas duas personalidades intransigentes.

Zawahiri foi condenado por comércio ilegal de armas e recebeu uma sentença de três anos, já quase totalmente cumprida quando o julgamento terminou. Talvez em recompensa à sua colaboração ao testemunhar contra outros réus, o governo retirou várias acusações adicionais contra ele.

Libertado em 1984, Zawahiri emergiu como um radical endurecido cujas crenças haviam se cristalizado em uma determinação brilhante. Saad Eddin Ibrahim, um sociólogo proeminente da Universidade Americana do Cairo, falou com Zawahiri logo após sua saída da prisão, e notou um pronunciado grau de desconfiança e um desejo incontrolável de vingança, próprio de homens que sofreram abusos na prisão. A tortura pode ter tido outros efeitos imprevistos sobre aqueles homens intensamente religiosos. Muitos disseram que, após serem torturados, tiveram visões de santos no paraíso recebendo-os e da sociedade islâmica justa tornada possível por seu martírio.[50]

Ibrahim realizara um estudo de prisioneiros políticos no Egito na década de 1970. De acordo com essa pesquisa, a maior parte dos recrutas islamitas era de rapazes das aldeias que vieram estudar na cidade grande. A maioria, filhos de burocratas de médio escalão do governo. Ambiciosos, tendiam a ser atraídos para os campos da ciência e da engenharia, que aceitam apenas os estudantes mais qualificados. Não eram a juventude alienada e marginalizada que um sociólogo poderia esperar. Pelo contrário, Ibrahim escreveu, tratava-se de "jovens egípcios exemplares. Se não eram típicos, era porque estavam bem acima da média de sua geração".[51] Ibrahim atribuiu o sucesso do recrutamento dos grupos de militantes islamitas à ênfase na irmandade, no compartilhamento e no apoio espiritual, proporcionando uma "aterrissagem suave" para os migrantes rurais na cidade.

Zawahiri, que lera o estudo na prisão, discordou com veemência. Afirmou que os recrutas respondiam aos ideais islamitas, e não às necessidades sociais que os grupos satisfaziam. "Você trivializou nosso movimento com sua análise mundana", disse a Ibrahim. "Que Deus tenha misericórdia de você."[52]

Ibrahim reagiu ao desafio de Zawahiri lembrando um velho ditado árabe: "Para todos que tentam, existe uma recompensa. Se ele acertar, recebe duas recompensas. Mas se errar, mesmo assim recebe uma recompensa pela tentativa".

Zawahiri sorriu e disse: "Você recebe uma recompensa".

Mais uma vez, o dr. Zawahiri retomou a atividade cirúrgica. No entanto, estava preocupado com as conseqüências políticas de seu depoimento no processo de tortura contra a Unidade de Inteligência 75.[53] Pensou em se candidatar a uma bolsa de cirurgia na Inglaterra.[54] Conseguiu trabalho na clínica Ibn al-Nafis, em Jidá, Arábia Saudita, embora o governo egípcio o tivesse proibido de deixar o país por três anos. Zawahiri obteve um visto de turista para a Tunísia, talvez com passaporte falso.[55] Parecia óbvio que não pretendia voltar. Ele raspara a barba após a soltura, sinal de que estava retornando ao trabalho clandestino.

Quando estava partindo, topou com o amigo Abdallah Schleifer no aeroporto do Cairo. "Aonde você está indo?", perguntou Schleifer.

"Arábia Saudita", Zawahiri confidenciou. Parecia relaxado e feliz.

Os dois homens se abraçaram. "Escute, Ayman, fique fora da política", aconselhou Schleifer.

"Vou ficar", respondeu Zawahiri. "Vou ficar."

3. O fundador

Aos 34 anos, o dr. Ayman al-Zawahiri era uma figura impressionante. Havia sido um revolucionário dedicado e líder de uma célula islamita clandestina por mais da metade de sua vida. Suas habilidades políticas tinham sido afiadas por debates incessantes na prisão, de onde emergiu pio, amargurado e determinado.

Os órgãos de inteligência sauditas afirmam que ele chegou ao reino em 1985 com visto de peregrino, convertido em visto de trabalho.[1] Zawahiri passou cerca de um ano exercendo a medicina na clínica Ibn al-Nafis, em Jidá. Sua irmã Heba, professora de oncologia no Instituto Nacional do Câncer da Universidade do Cairo, contou que durante esse período ele passou na primeira fase do exame para uma bolsa de cirurgia na Inglaterra. Sua mãe e outros membros da família tinham a impressão de que planejava voltar ao Cairo mais tarde, porque continuou pagando o aluguel do consultório em Maadi. Seu irmão Mohammed também estava no reino, trabalhando como arquiteto em Medina.

O advogado de Zawahiri, e ex-companheiro de prisão, Montassir al-Zayyat, passou por Jidá a caminho de Meca, e encontrou Zawahiri sério e abatido. "As cicatrizes deixadas no corpo pela tortura indescritível que sofrera já não lhe causavam dor", escreveu Zayyat mais tarde, "mas seu coração ainda doía por causa dela."² Na opinião de Zayyat, Zawahiri fugira do Egito porque a culpa por trair os amigos oprimia-lhe a consciência. Ao depor contra os companheiros na prisão, Zawahiri perdera o direito à liderança da Al-Jihad.³ Ele buscava um lugar onde se redimir e onde o movimento islâmico radical pudesse conquistar uma cabeça-de-ponte. "A situação no Egito vinha piorando", escreveu Zawahiri mais tarde, "pode-se dizer que estava ficando explosiva."⁴

Jidá era o centro comercial do reino, o porto de entrada dos milhões de peregrinos a caminho de Meca a cada ano. Todo muçulmano capaz de realizar a viagem, denominada *hajj*, deve fazê-lo ao menos uma vez. Alguns que permaneceram deram origem às grandes famílias de banqueiros e mercadores — entre eles, as famílias Bin Mahfuz, Alireza e Khashoggi — cujas raízes remontavam a imigrantes do Iêmen, Pérsia e Turquia. Essa herança cosmopolita distinguia a cidade do interior, cultural e etnicamente isolado. Ali em Jidá, o que importava eram as famílias, e não as tribos, e entre o pequeno número de nomes que dominavam a sociedade de Jidá estava o de Bin Laden.

Zayyat afirma que Zawahiri e Bin Laden se conheceram em Jidá,⁵ o que é provável, embora não exista nenhum registro de seu primeiro encontro. Zawahiri já estivera no Afeganistão duas vezes antes da prisão, e pretendia retornar o mais cedo possível. O canal para o Afeganistão passava direto pelo apartamento de Bin Laden. Qualquer doador de dinheiro ou voluntário para a *jihad* teria conhecido aquele saudita jovem e empreendedor. De qualquer modo, ambos estavam fadados a se conhecer mais cedo ou mais tarde na paisagem íntima da *jihad*.

Em árabe, o nome Jidá significa "avó", e segundo a lenda a cidade se refere a Eva, a avó da raça humana, que se acredita estar enterrada numa espaçosa área murada no bairro operário onde Osama bin Laden cresceu. No século XII, formou-se um culto em torno de sua suposta tumba, que delineava os restos mortais de seu corpo gigante, com cerca de 150 metros de comprimento, marcada por um santuário cupulado onde se situaria seu umbigo. Sir Richard Burton visitou o túmulo em 1853 e topografou suas dimensões, observando: "Se nosso primeiro antepassado mediu 120 passos da cabeça à cintura e oitenta da cintura ao calcanhar, devia ter a aparência de um pato".⁶ Os *wahhabi* — integrantes da seita dogmática que predomina na Arábia Saudita —, que condenam a veneração de túmulos, derrubaram o local em 1928, logo após ocupar Jidá, e atualmente aquele é um típico cemitério *wahhabi*, com longas fileiras de túmulos uniformes e sem identificação, como canteiros sem plantas. O pai de Osama bin Laden foi enterrado ali[7] quando morreu, vítima de um acidente aéreo em 1967, aos 59 anos.[8]

Para entender o tamanho da ambição do filho, temos de avaliar as realizações do pai. Altivo e poderoso, mas humilde na conduta, Mohammed bin Awahd bin Laden foi uma lenda mesmo antes do nascimento de Osama. Ele representou um modelo formidável para um jovem que o idolatrava e esperava igualar, se não ultrapassar, seus empreendimentos. Mohammed nasceu num vale remoto no centro do Iêmen. Essa região, chamada Hadramaut, é conhecida pelas torres etéreas de tijolos de barro, qual castelos de areia, que atingem até doze pavimentos. Essas construções fantásticas proporcionaram aos hadramis a reputação de construtores e arquitetos.[9] Mas o Hadramaut é mais famoso pelas pessoas que o deixaram. Durante milênios trilharam um caminho pelo Quadrante Vazio do sul da Arábia, e depois ao longo das montanhas secas que guardam a costa leste do mar Vermelho e para dentro do Hijaz, a terra onde o islã nasceu. Dali, muitos deles se espalharam pelo Levante e sudeste da Ásia, chegando às Filipinas e formando uma ampla fraternidade de mercadores, homens de negócios e empreiteiros. Uma seca catastrófica, no início da década de 1930, lançou milhares de hadramis para fora de seu país, em busca não apenas de oportunidades, mas da própria sobrevivência. Mohammed estava entre eles. Após passar um breve período na Etiópia,[10] pegou um barco para Jizan,[11] na costa sul da Arábia, e dali juntou-se a uma caravana de camelos rumo a Jidá. Tinha 23 anos quando chegou.

A Arábia em 1931 era um dos lugares mais pobres e desolados do mundo. Ainda não se unificara — o Reino da Arábia Saudita só surgiu formalmente no ano seguinte. O governante desse turbulento império do deserto era Abdul Aziz bin Abdul Rahman bin Faisal al-Saud,* que morava em Riad, num palácio modesto de tijolos de barro. Ele acabara de sufocar uma revolta violenta de um grupo de fanáticos religiosos denominado Ikhwan, precursor direto da Al-Qaeda. Antes eles formavam as tropas de choque do próprio Abdul

---

* Mais conhecido pelos ocidentais como Ibn Saud.

Aziz, massacrando milhares de aldeões inocentes e desarmados em sua campanha para purificar a península em nome do islã.[12] O rei tentou controlar o Ikhwan, impedindo que suas incursões assassinas se espalhassem para os países vizinhos. O Ikhwan já detestava a aliança do rei com a Grã-Bretanha e seu estilo de vida extravagantemente polígamo, mas se voltou de maneira decisiva contra ele devido a sua tentativa de conter a *jihad*, que consideravam ilimitada e obrigatória, um dever para com Deus.

Abdul Aziz teve de obter permissão da comunidade religiosa para controlar os fanáticos assassinos. Aquele foi o momento político definidor da Arábia Saudita moderna. Ao conceder ao rei o poder exclusivo de declarar a *jihad*, os clérigos *wahhabi* reafirmaram sua posição como árbitros do poder numa sociedade altamente religiosa. O rei enfim derrotou o corpo do Ikhwan cameleiro com a ajuda de veículos motorizados, metralhadoras e bombardeiros britânicos. Mas a tensão entre a família real e os fanáticos religiosos fez parte da dinâmica social da Arábia Saudita moderna desde o princípio.

A maior parte dos sauditas rejeita o nome *wahhabi*. Eles se denominam *muwahhidun* ("unitários"), já que a essência de sua crença é a unidade de Deus, ou salafistas, em referência aos seus predecessores (*salaf*), os venerados companheiros do profeta. O fundador do movimento, Mohammed ibn Abdul Wahhab, foi um revivalista do século XVIII que acreditava que os muçulmanos haviam se afastado da religião verdadeira como ela era expressa na era de ouro do profeta e de seus sucessores imediatos. Entre outras inovações teológicas, Abdul Wahhab acreditava que Deus assumia uma forma humana.[13] Ele rejeitou as orações pedindo a intercessão dos santos e expressões de reverência aos mortos, e proibiu os homens muçulmanos de raspar a barba. Aboliu feriados, até o do aniversário do profeta, e seus seguidores destruíram muitos lugares sagrados, que ele considerava ídolos. Atacou as artes como frívolas e perigosas. Autorizou seus seguidores a matar, estuprar ou saquear quem se recusasse a seguir suas injunções.[14]

Outros muçulmanos da Arábia na época consideravam Abdul Wahhab um herege perigoso. Em 1744, expulso do Najd, a parte central da península, ele buscou a proteção de Mohammed bin Saud, o fundador do primeiro Estado saudita. Embora os otomanos logo esmagassem os sauditas, a parceria formada entre Abdul Wahhab e os descendentes de Bin Saud persistiu. A essência de sua interpretação era que não havia diferença entre religião e governo. Os pontos de vista extremistas de Abdul Wahhab sempre fariam parte da tessitura do governo saudita.

Houve um segundo Estado saudita no século XIX, que logo se desintegrou devido às brigas de família. Quando Abdul Aziz levou os sauditas novamente ao poder, no século XX, pela terceira vez, as doutrinas de Abdul Wahhab tornaram-se a religião oficial do Estado, e nenhuma outra forma de devoção islâmica foi permitida. Tudo em nome do profeta, que decretara que deveria haver uma única religião na Arábia. Na visão tacanha dos *wahhabi*, o islã admitia uma só interpretação — o salafismo —, e todas as outras escolas do pensamento muçulmano eram consideradas heréticas.

A carreira de Mohammed bin Laden repetiu o mesmo crescimento gradual e depois subitamente explosivo da Arábia Saudita. Quando ele chegou, em 1931, o reino nascente vivia um estado de declínio econômico perigoso. A principal fonte de receita, o fluxo anual de peregrinos para a *hajj* nas cidades sagradas de Meca e Medina, havia sido refreada pela Grande Depressão, que afetou até a tímida renda da exportação de tâmaras. O futuro do país prometia ser, na melhor das hipóteses, tão sombrio e obscuro como seu passado. A convite do rei desesperado, um geólogo americano, Karl Twitchell, chegara em abril daquele mesmo ano para sondar a existência de água e ouro. Não encontrou nenhum dos dois, mas achou que havia algum potencial para petróleo.[15]

A descoberta de Twitchell abriu caminho para uma sociedade que acabou ficando conhecida como a Arabian American Oil Company — Aramco. Nos anos seguintes, uma pequena colônia de engenheiros e operários petrolíferos abriu um campo de petróleo na Província Oriental. A Aramco foi, no início, um empreendimento modesto, mas a vida econômica do reino era tão limitada que a empresa logo dominou o desenvolvimento do país inteiro. Mohammed bin Laden, que começara como estivador em Jidá,[16] conseguiu um emprego na Aramco, trabalhando como pedreiro em Dhahran.

O primeiro grande boom do petróleo, no início da década de 1950, desencadeou a transformação daquela península estéril. Príncipes do deserto, que tinham vivido até então à base de tâmaras e leite de camelo, de repente estavam atracando seus iates em Mônaco. Mas a riqueza não vinha sendo totalmente dissipada nos cassinos da Riviera, apesar da fama adquirida pelos sauditas de perdulários internacionais. Empreiteiras estrangeiras de grande porte, especialmente a americana Bechtel, trouxeram seu maquinário descomunal para o reino e passaram a construir as estradas, escolas, hospitais, portos e usinas elétricas que dotariam o reino com uma fachada de modernidade. A Aramco encomendou a maioria daqueles projetos iniciais. Nenhum país jamais experimentara transformação tão rápida e avassaladora.

A sorte de Bin Laden começou a melhorar à medida que os engenheiros americanos, pressionados pelo governo saudita a treinar e contratar mais trabalhadores locais, começaram a lhe oferecer projetos simples demais para as empresas maiores. Ele foi rapidamente reconhecido como um construtor exigente e honesto. Homem pequeno e bem-apessoado, tinha um olho de vidro[17] — resultado do soco que levara de uma professora no início da vida escolar.[18] Bin Laden nunca voltou à escola, por isso era analfabeto — "sua assinatura parecia a de uma criança",[19] lembrou um de seus filhos. Mesmo assim, era brilhante com cifras, fazendo cálculos de cabeça com facilidade, e jamais esquecia uma medição. Um americano que o conheceu na década de 1950 descreveu-o como "moreno, amigável e vigoroso".[20] A Aramco iniciou um programa que oferecia aos funcionários uma licença de um ano para tentar a sorte nos negócios.[21] Caso fracassassem, podiam retornar à companhia sem perder sua posição. A Mohammed bin Laden Company foi uma das empresas fundadas sob o patrocínio da Aramco.[22] Bin Laden fazia questão de trabalhar lado a lado com seus homens, criando fortes vínculos de lealdade. "Fui criado como um operário, e adoro o trabalho e a convivência com os operários", ele declarou.[23] "Não fosse meu amor ao trabalho, jamais teria obtido sucesso." Ele também conhecia a importância de manter uma equipe unida, de modo que às vezes aceitava projetos não lucrativos só para manter o emprego de seus homens.[24] Eles o chamavam de *mu'alim*,[25] palavra que significa ao mesmo tempo "artífice" e "professor".

Bin Laden estava restaurando casas em Jidá[26] quando seu trabalho chamou a atenção do ministro das Finanças, o xeique Abdullah bin Suleiman.[27] O ministro elogiou suas habilidades ao rei Abdul Aziz. Anos depois, Osama bin Laden recordaria como seu pai conquistou a estima do velho rei,[28] agora confinado à cadeira de rodas, querendo acrescentar uma rampa para que seu automóvel pudesse subir até o quarto de dormir no segundo andar do palácio Khozam, em Jidá. Quando Mohammed bin Laden terminou o serviço, dirigiu pessoalmente o carro do rei rampa acima para mostrar que ela agüentaria o peso.[29] Em retribuição, o rei concedeu-lhe contratos para construir vários palácios reais novos, inclusive o primeiro edifício de concreto de Riad.[30] O rei acabou nomeando-o ministro honorário de Obras Públicas.[31]

À medida que sua reputação aumentava, Bin Laden foi se tornando cada vez mais íntimo da família real, atendendo aos seus caprichos. Ao contrário dos dirigentes das empresas estrangeiras, não se importava de interromper abruptamente um serviço para começar outro, mostrava-se paciente quando o tesouro real estava vazio e nunca recusava um trabalho. Sua lealdade foi recompensada quando uma empreiteira britânica não cumpriu o projeto de construção de uma estrada entre Jidá e Medina. O ministro das Finanças passou a tarefa para Bin Laden, pelo mesmo valor que teria sido pago à empresa estrangeira.[32]

A Arábia Saudita precisava de estradas. Mesmo na década de 1950, o país dispunha de uma única estrada bem pavimentada, de Riad a Dhahran.[33] Bin Laden olhou para seu rival gigantesco, a Bechtel, e percebeu que, sem equipamentos, jamais conseguiria competir pelos contratos realmente importantes. Pôs-se a adquirir maquinário, e em pouco tempo tornou-se o maior comprador mundial do equipamento de terraplenagem da Caterpillar.[34] Dali em diante, iria construir quase todas as estradas importantes do reino. Seu velho patrocinador, a Aramco, cedia o asfalto sem cobrar nada.[35] Bin Laden mudou-se com a família para Jidá.

Quando Umm Kalthum, a cantora mais popular do mundo árabe, visitou a mesquita do Profeta, em Medina, alarmou-se com as colunas decrépitas e as rachaduras nos tetos abobadados.[36] Começou a arrecadar dinheiro para a restauração, o que irritou o velho rei. Ele ordenou que Bin Laden resolvesse o problema. A mesquita original, de tijolos de barro e troncos de árvore, havia sido construída em 622 e fora ampliada em várias ocasiões, mas não fora projetada para acomodar milhões de peregrinos. Bin Laden triplicou o tamanho da mesquita do Profeta durante a primeira restauração, realizada em 1950. Mas esse foi só o começo da marca de Mohammed bin Laden sobre os lugares sagrados do islã.

Um dos filhos do rei Abdul Aziz, o príncipe Talal, ocupava o cargo de ministro das Finanças na época da restauração da mesquita do Profeta. Ele tentou impor alguma ordem ao processo, mas Bin Laden estava habituado a trabalhar sem supervisão, mantendo as cifras na cabeça e respondendo apenas ao rei. Talal chocou-se ao descobrir que ele nem sequer preenchera os papéis previstos por lei para começar a construção. "Temos de organizar isto!", reclamou Talal.[37] Bin Laden se recusou. Respondeu que trabalharia do jeito dele, ou abandonaria o serviço.

O príncipe Talal decidiu criar um conselho, nominalmente encabeçado pelo próprio rei, a fim de supervisionar a restauração. Depois ofereceu um lugar de conselheiro a Bin Laden. "A rigor não estava certo fazer parte do mesmo corpo que deveria supervisioná-lo", admitiu Talal. "Felizmente ele concordou. Se eu não tivesse cedido, o rei teria me demitido e mantido Bin Laden."

Após a morte de Abdul Aziz, em novembro de 1953, sucedeu-lhe o rei Saud, o filho mais velho, que estabeleceu um padrão de extravagância perdulária, criando, quase sozinho, um novo estereótipo saudita ao dirigir pelas ruas arenosas jogando dinheiro pelos ares.[38] As limitações porventura existentes ao oportunismo real foram desaparecendo, à medida que membros da família real brigavam por todos os contratos, comissões, concessões e privilégios em que pudessem pôr a mão, apesar do fato de já serem generosamente sustentados pelas concessões de petróleo que se outorgaram.

Contudo, aquela estava sendo uma época de ouro para a construção civil. O rei Saud vinha promovendo uma profusão de obras — palácios, universidades, oleodutos, usinas de dessalinização, aeroportos — e a empresa de Bin Laden crescia em ritmo vertiginoso. Em 1984, a sede do governo transferiu-se de Jidá para Riad, o que exigiu a construção de todo um complexo burocrático, bem como embaixadas, hotéis, residências e rodovias que acompanhassem a nova capital. O tesouro estava tão onerado que o governo teve de pagar Bin Laden cedendo-lhe o Hotel al-Yamama,[39] um dos dois hotéis cinco estrelas de Riad na época.

Através de alianças proveitosas com corporações estrangeiras poderosas, Bin Laden começou a diversificar.[40] A Binladen Kaiser tornou-se uma das maiores empresas de engenharia e construção civil do mundo. A Binladen Emco fabricava concreto pré-moldado para mesquitas, hotéis, hospitais e estádios. A Al-Midhar Binladen Development Company prestava consultoria a empresas estrangeiras desejosas de entrar no mercado saudita. A Bin Laden Telecommunications Company representava a Bell Canada, que obteve os almejados contratos governamentais nesse campo. A Saudi Traffic Safety, outra joint venture, era a maior empresa de sinalização horizontal de estradas do mundo.

O império cresceu a ponto de incluir fábricas de tijolos, portas, janelas, materiais isolantes, concreto, andaimes, elevadores e aparelhos de ar-condicionado.

Foi durante esse período que o estilo arquitetônico saudita, monumental, quase stalinista, começou a se firmar. Os espaços imensos, às vezes intimidantes, em concreto protendido anunciavam a chegada de uma potência nova na história. E foi o Saudi Binladin Group,* como a empresa passou a se chamar, que definiu essa estética colossal e altamente ornamental, que atingiu o apogeu na restauração da Grande Mesquita, em Meca[41] — o contrato de construção mais prestigioso que podia ser concedido no reino.

Cercada pelos contrafortes lunares da escarpa Al-Sarawat, que protege a cidade dos olhos dos infiéis, Meca surgiu na interseção de duas antigas rotas de caravanas e serviu de depósito de seda, especiarias e perfumes da Ásia e da África a caminho do Mediterrâneo. Mesmo antes do advento do islã, esse importante centro comercial era considerado um local sagrado em virtude da construção cúbica vazia conhecida como Caaba. Na tradição muçulmana, a Caaba é o centro do planeta, o foco de todas as orações muçulmanas. Segundo a tradição, Adão assentou a primeira pedra, e a estrutura foi reconstruída pelo profeta Ibrahim (Abraão na tradição judaico-cristã) e seu filho Ismael, o antepassado dos árabes, com rocha cinza-azulada dos montes ao redor. Desse modo, Mohammed bin Laden formou uma aliança com o primeiro homem e o criador do monoteísmo.

A restauração da Grande Mesquita levou vinte anos. Mohammed bin Laden não viveria o suficiente para vê-la concluída. Aliás, além dela, o Saudi Binladin Group restauraria também a mesquita do Profeta pela segunda vez, a um custo total superior a 18 bilhões de dólares. O plano original de Bin Laden para a Grande Mesquita é uma obra-prima da administração de multidões, com 41 entradas principais, banheiros para 1440 pessoas e escadas rolantes capazes de transportar 100 mil pessoas por hora. Duas amplas galerias de arcos encerram um colossal pátio aberto. Durante a *hajj*, a mesquita pode acomodar 1 milhão de fiéis ao mesmo tempo. Quase todas as superfícies — inclusive o teto — são feitas de mármore, dotando o prédio de um toque

---

* A empresa muda ligeiramente o nome em diferentes versões inglesas, à semelhança dos membros da família.

final de esplendor frio, impessoal, impressionante: a marca universal da arquitetura religiosa saudita moderna.

O governo do rei Saud foi tão desastroso que, em 1958, o príncipe herdeiro Faisal se apossou do controle do governo. Mais tarde ele revelou que, ao assumir o poder, o tesouro continha menos de cem dólares.[42] Ele não conseguiu arcar com a folha de pagamentos, nem com os juros da dívida do reino. O National Commercial Bank recusou um pedido de empréstimo de Faisal, alegando o histórico de mau pagador do rei Saud. Enquanto o príncipe herdeiro procurava outra instituição disposta a socorrer o governo, Mohammed bin Laden discretamente ofereceu o dinheiro,[43] num gesto que consolidou os laços entre os Bin Laden e a família real, e particularmente entre Faisal e seu principal construtor.

Mohammed bin Laden foi uma das primeiras pessoas a ver o país do alto, e não mais da modesta perspectiva do dorso de um camelo. Ele recebeu autorização especial para voar,[44] atividade proibida para civis, podendo assim inspecionar do ar seus vastos projetos. A maioria dos pilotos que o serviam viera das forças armadas americanas, que tinham começado a treinar as forças sauditas em 1953.[45] O país tem o tamanho da metade oriental dos Estados Unidos, mas na década de 1950 ainda era possível voar do golfo Pérsico — ou golfo Arábico, como os árabes o chamam — até o mar Vermelho sem ver nenhuma marca de civilização, tirante um ou outro caminhão Mercedes atravessando o deserto ao longo das traiçoeiras trilhas de caravanas. As dunas imponentes se achatam, e os uádis se tornam traços imperceptíveis na areia brilhante e amanteigada. Não há rios, nem grandes extensões de água, e são poucas as árvores. O desenvolvimento se limitou, em grande parte, aos campos petrolíferos nas salinas da Província Oriental. Toda a parte inferior do país, uma área do tamanho da França, é chamada de Quadrante Vazio: um grande e proibitivo vazio, o maior deserto de areia do mundo. Sobrevoando a parte central do país, vê-se uma monótona planície saibrosa. Na parte norte, os poucos pilotos da época voavam baixo para ver as ruínas da ferrovia do Hijaz,[46] que as forças árabes, lideradas por T. E. Lawrence, destruíram na Primeira Guerra Mundial.

Quando se voa para oeste, porém, a terra subitamente se eleva, formando a cordilheira de Al-Sarawat, uma barreira montanhosa íngreme que se estende por 1600 quilômetros da Jordânia até a costa sul do Iêmen. Alguns picos da cordilheira ultrapassam os 3 mil metros. A escarpa divide o país em duas metades desiguais, com a porção estreita do oeste, o Hijaz cosmopolita, espremida no espaço entre as montanhas e o mar Vermelho, e isolada da vastidão e espiritualidade radical do interior.

Como uma sentinela no alto da montanha, ergue-se o antigo local de veraneio de Taif. Diferente de qualquer outro lugar na Arábia. A brisa do mar Vermelho colide com a barreira de montanhas, criando uma corrente ascendente refrescante, que banha o planalto com névoa e chuvas súbitas e violentas. No inverno, ocorrem geadas ocasionais. Antes do islã, a região era famosa pelos vinhedos, e depois, por suas pereiras espinhentas e outras árvores frutíferas: pessegueiros, damasqueiros, laranjeiras e romãzeiras. As rosas de Taif têm um aroma tão potente que são usadas para produzir perfumes muito apreciados. Os leões da montanha costumavam espreitar os rebanhos de órix árabe nos campos de lavanda silvestre, mas quando os leões beiraram a extinção devido à caça, a população local de babuínos hamadríades aumentou descontroladamente, invadindo as partes mais altas como uma horda de mendigos exigentes. Foi em Taif, cercada pelos jardins frescos e o perfume de eucalipto, que o velho rei, Abdul Aziz, se recolheu para morrer, em novembro de 1953.

Por duas vezes o destino infeliz fez que Taif se interpusesse no caminho da consolidação da Arábia, primeiro espiritualmente e depois politicamente. Em 630, o profeta Maomé sitiou a cidade murada, que até então resistira à sua autoridade. O líder autorizou as forças muçulmanas a usar uma catapulta para romper as defesas da cidade, embora mulheres e crianças pudessem ser atingidas. (Mais tarde, a Al-Qaeda usaria esse precedente como justificativa para a morte de civis no 11 de setembro, comparando os aviões à catapulta de outrora.)[47] Naquele caso, o cerco fracassou, e Maomé retirou-se da cidade, mas em um ano os líderes do lugar se converteram ao islã, e o último posto avançado do paganismo caiu. E outra vez, em 1924, quando Abdul Aziz travava sua campanha para unificar a Arábia, mesmo tendo se rendido ao Ikhwan[48] a cidade foi saqueada, e mais de trezentos homens foram assassinados, as gargantas cortadas, os corpos atirados nos poços públicos. Com a queda de Taif, o resto do Hijaz ficou vulnerável às forças sauditas.

Após o massacre, Faisal, na época um dos filhos guerreiros adolescentes de Abdul Aziz, liderou os sauditas pela íngreme e serpenteante trilha de caravanas que descia até Meca. Ele teve uma visão de que um dia uma estrada verdadeira ligaria o Hijaz à nação que sua família vinha forjando, ainda que de modo sangrento.[49]

Até Faisal tornar-se rei, porém, uma estrada para Taif continuou sendo um sonho inatingível. A barreira de montanhas desafiava mesmo os métodos mais robustos e sofisticados da construção moderna. Um caminho poderia ser dinamitado através da rocha, mas restava o problema estratégico de levar o equipamento ao local: os buldôzeres, escavadeiras, retroescavadeiras, caminhões basculantes e motoniveladoras necessários à construção moderna. De outro modo a estrada teria de ser construída quase como um túnel, em que um segmento precisa ser completado antes que o próximo possa ser iniciado. Faisal convidou muitas empreiteiras estrangeiras para apresentar uma oferta, mas nenhuma conseguiu descobrir uma maneira de levar a cabo o projeto, nem mesmo com um orçamento astronômico. Foi então que Bin Laden se ofereceu para construir a estrada. Ele até propôs um cronograma.

A solução brilhante de Bin Laden para levar o equipamento ao local foi desmontar as máquinas gigantes e transportar as peças no lombo de burros e camelos.[50] Chegando ao local, os buldôzeres e tratores foram remontados e postos em funcionamento.

Em Taif corre a lenda de que, para determinar o curso da futura rodovia, Bin Laden empurrou um burro até o alto da montanha e seguiu-o enquanto o animal escolhia o caminho de descida.[51] Durante vinte meses,[52] a partir de 1961,[53] ele viveu com seus homens no paredão da montanha, armando pessoalmente as cargas de dinamite[54] e marcando o caminho com giz para os buldôzeres.[55] Apesar do cronograma, o trabalho se arrastava. Vez ou outra, o rei Faisal aparecia para indagar sobre as despesas crescentes, que estouravam o orçamento.[56]

A estrada de duas pistas que Bin Laden construiu desce pela escarpa de granito em longas e sinuosas curvas, passa por aves de rapina voando em círculos, transpõe eras geológicas. Ao longe, o mar Vermelho sublinha o horizonte. Mais além, o litoral estéril do Sudão. A perícia dos operários é evidente nos muros de pedra e pontes que acompanham a trilha de caravanas perto dali. Descendo dois terços da montanha, o granito dá lugar ao basalto, depois ao arenito. A estrada se alarga em quatro pistas e fica menos precipitada; e então finalmente se abre, agora com seis pistas, no solo amarelo do deserto. A estrada de Taif a Meca percorre menos de noventa quilômetros. Quando ela ficou pronta, a Arábia Saudita estava enfim unificada, e Mohammed bin Laden se tornara um herói nacional.

É costume no reino que durante o ramadã os pobres tragam seus pedidos aos príncipes e membros abastados da sociedade — uma expressão particularmente íntima e direta de caridade. Mohammed bin Laden tinha fama de devoto e generoso. Ele pagou a cirurgia na Espanha de um homem que perdera a visão.[57] Em outra ocasião, um homem pediu sua ajuda para abrir um poço para sua aldeia. Bin Laden não só providenciou o poço como também doou uma mesquita. Ele evitava a publicidade que costuma acompanhar tais dádivas notáveis, dizendo que sua intenção era agradar a Deus, e não ganhar fama. "O que lembro é que ele sempre orava pontualmente e inspirava as pessoas em volta a orar", recordou certa vez seu filho Osama. "Não tenho nenhuma lembrança dele fazendo alguma coisa contrária à lei islâmica."[58]

O lado extravagante da natureza de Mohammed bin Laden ficava evidente em relação às mulheres. O islamismo permite que um homem tenha quatro esposas de uma vez, e o divórcio é procedimento simples, ao menos para o homem, que só precisa declarar: "Eu me divorcio de você". Antes de morrer, Mohammed bin Laden oficialmente havia gerado 54 filhos de 22 esposas.[59] O número total de esposas que ele teve é impossível de determinar,[60] já que costumava "casar-se" à tarde para divorciar-se na mesma noite. Um auxiliar ficava de olho para cuidar de qualquer filho deixado pelo caminho.[61] Ele também tinha uma série de concubinas,[62] que permaneciam na residência dos Bin Laden caso lhe dessem filhos. "Meu pai costumava dizer que gerou 25 filhos homens para a *jihad*",[63] lembrou mais tarde Osama, seu 17º filho.[64]

Mohammed já havia arrumado uma esposa síria do porto de Latáquia no início da década de 1950.[65] Viajava para a região com freqüência a negócios, e no verão de 1956 conheceu uma moça de catorze anos[66] chamada Alia Ghanem.[67] Sua família cultivava frutas cítricas em duas pequenas aldeias fora do porto, chamadas Omraneya e Babryon. A região é um centro da seita alawita,[68] um ramo do islamismo xiita com 1,5 milhão de adeptos na Síria, inclusive a família governante, Assad. No islã, o culto alawita é às vezes denegrido por incorporar às suas crenças elementos cristãos, zoroastristas e pagãos. Eles acreditam em reencarnação e em que depois da morte uma pessoa pode se transformar em outro ser ou mesmo numa estrela. Eles também praticam a *taqiyya*, ou dissimulação religiosa: negando, por exemplo, aos leigos, que sejam membros da seita, para poderem se misturar com a população em geral.

Alia juntou-se à família de Bin Laden como a quarta esposa[69] — posição às vezes chamada de "esposa escrava", em especial pelas esposas mais antigas. Aquilo deve ter sido difícil para uma moça de catorze anos, retirada de sua família e introduzida no ambiente altamente restrito imposto por Bin Laden. Em comparação com as outras esposas, Alia era moderna e secular,[70] embora, como todas as esposas de Bin Laden, trajasse véu em público, não deixando sequer os olhos aparecerem pelas várias camadas de linho preto.

O único filho de Mohammed bin Laden e Alia nasceu em Riad em janeiro de 1958,[71] e recebeu o nome de Osama, "o Leão", em homenagem a um dos companheiros do profeta. Quando tinha seis meses, a família estendida inteira mudou-se para a cidade sagrada de Medina, onde Bin Laden estava começando a restauração da mesquita do Profeta. Durante quase toda a infância, porém, Osama viveu em Jidá. Ainda que seu pai fosse agora próspero e estimado, a família ocupava uma casa grande e decrépita em Al-Amariyya, bairro modesto com lojas pequenas e roupas dependuradas em varais nas sacadas. Foi o primeiro subúrbio de Jidá, construído fora dos limites das muralhas da cidade velha. A casa já não existe, foi substituída por uma mesquita, mas o escritório de Mohammed bin Laden, do outro lado da rua, ainda está lá: um sombrio prédio de estuque de um pavimento com uma longa fileira de janelas trancadas. Reflete a modéstia de um homem que detestava a ostentação de riqueza tão característica de países recém-enriquecidos. "Meu pai, que repouse em paz, era muito rigoroso, e não ligava para as aparências", disse Osama.[72] "Nossa casa era de padrão inferior ao das casas da maioria das pessoas que trabalhavam para nós."

Osama passou seus primeiros anos em meio a um bando de crianças na residência do pai. Mohammed administrava a família como uma corporação, cada esposa respondendo por sua divisão. As crianças raramente viam o grande homem, em geral afastado a negócios.[73] Sempre que regressava, chamava-as ao seu escritório e contemplava a vasta prole.[74] Durante as festas islâmicas, beijava-as e dava a cada criança uma moeda de ouro.[75] Afora isso, raramente falava com elas.[76] "Lembro-me de ter recitado um poema para ele, e ele me deu cem riais, uma grande soma na época", recordou Osama.[77] As crianças procuravam agradar-lhe ou fugir dele. Não surpreende que o pai ausente e poderoso despertasse correntes profundas de saudade no filho tímido e esbelto, embora seus contatos fossem raros.

Mohammed costumava receber homens eminentes em sua modesta casa, em especial durante a *hajj*, quando peregrinos do mundo inteiro passavam por Jidá a caminho do culto nos lugares sagrados. À maneira tipicamente saudita, os homens se sentavam descalços no chão atapetado, repousando um braço numa almofada, enquanto os filhos mais novos de Mohammed passavam calados entre eles, servindo tâmaras e despejando café de cardamomo fraco de jarras de prata de bico longo. O patriarca gostava de debates religiosos[78] e reunia os clérigos mais notáveis do reino para discutir pontos de teologia muitas vezes bem obscuros.

Àquela altura, o império da construção civil de Bin Laden se estendia bem além da Arábia Saudita. Um dos principais projetos de Mohammed fora do reino foi a restauração da mesquita de Al-Aqsa, em Jerusalém, o que significava que os três locais mais sagrados do islã traziam sua marca. "Ele reunia os engenheiros e pedia que estimassem o custo do projeto, sem o lucro", Osama declarou mais tarde. "Devido à generosidade de Deus para com ele, às vezes orava em todas as três mesquitas no mesmo dia."[79]

Mohammed bin Laden tinha o costume de casar ex-esposas que lhe tivessem dado filhos com funcionários de sua empresa.[80] As esposas tinham pouca ou nenhuma voz ativa. Às vezes acabavam se casando com alguém de nível social inferior ao que agora consideravam seu — com um motorista, por exemplo —, o que prejudicava o status futuro de seus filhos na família. Alia teve sorte quando Mohammed decidiu se divorciar dela. Ele a concedeu a um de seus executivos, Mohammed al-Attas,[81] um descendente do profeta. Osama tinha quatro ou cinco anos.[82] Ele se mudou com a mãe para um casarão modesto de dois andares na rua Jabal al-Arab, distante alguns quarteirões. A casa, de estuque branco, tinha um pátio pequeno e um portão de ferro de filigrana preto em frente à garagem. No alto do telhado plano, erguia-se uma antena de televisão. Sobre uma das entradas da frente, um toldo de listras marrons e brancas: era a entrada das mulheres. Os homens entravam pelo portão até o pátio.

Logo depois de Osama se mudar para a casa nova, Mohammed bin Laden morreu num desastre de avião a caminho do casamento com outra adolescente.[83] Seu corpo, de tão queimado, só pôde ser identificado pelo relógio de pulso.[84] À época da morte, Mohammed ainda era um homem ativo e vigoroso, com menos de sessenta anos, no auge de sua carreira espantosa. "O rei Faisal disse, quando meu pai morreu, que havia perdido seu braço direito", Osama certa vez observou.[85] Os filhos de Mohammed ainda não tinham idade para controlar o empreendimento da família, de modo que o rei nomeou três curadores que geriram a companhia nos dez anos seguintes.[86] Um dos homens, o xeique Mohammed Saleh Bahareth, também supervisionou a educação dos filhos de Bin Laden. A herança ficou retida até atingirem os 21 anos — de qualquer modo, grande parte do valor estava vinculada à propriedade do império da construção civil criado pelo pai.

O casamento entre Alia e o segundo marido revelou-se duradouro. Attas era calmo e gentil, mas o relacionamento com o enteado ficou um tanto comprometido pelo fato de Osama ser filho de seu patrão. Quanto a Osama, mudou de uma casa cheia de crianças para outra onde ele era a única. Três meios-irmãos e uma meia-irmã mais novos acabariam nascendo, e Osama cuidou deles quase como um segundo pai. "Se seu padrasto queria que algo fosse feito, pedia a Osama", lembrou Khaled Batarfi, que morava do outro lado da rua e se tornou seu companheiro de infância. "Seus irmãos dizem que tinham menos medo do pai do que de Osama." Somente com a mãe Osama retirava a máscara de autoridade. "Ela era a única pessoa com quem ele conversava sobre as pequenas coisas", disse Batarfi, "como o que comera no almoço hoje."

Khaled Batarfi e Osama bin Laden pertenciam à mesma grande tribo, os Kendah, com cerca de 100 mil membros. A tribo se originara no Najd, no coração do reino, mas migrara para o Hadramaut, no Iêmen. "Os Kendah têm fama de ser brilhantes", disse Batarfi. "Geralmente são guerreiros, bem armados, e têm um ar de superioridade." Khaled achou seu novo companheiro de brincadeiras "calmo, tímido, com jeito quase de garota. Era pacífico, mas quando zangado tornava-se assustador."

Osama curtia televisão, especialmente filmes de faroeste. *Bonanza* era seu programa favorito, e ele adorava *Fúria*, seriado sobre um menino e seu sedoso garanhão preto. Nas manhãs de verão, após a oração do amanhecer, os meninos jogavam futebol. Osama era um jogador normal que poderia ter sido melhor se tivesse se concentrado no esporte. Mas sua mente vivia distante.

Após a morte de Mohammed bin Laden, o curador enviou a maior parte dos filhos para estudar no Líbano. Somente Osama permaneceu na Arábia,[87] o que o marcaria para sempre como um dos filhos mais provincianos de Bin Laden, conquanto estudasse na melhor escola de Jidá, chamada Al-Thagr, na estrada para Meca.[88] O rei Faisal criara a escola, no início da década de 1950, para a educação de seus próprios filhos. Mesmo sendo uma escola pública gratuita, seguia padrões elevadíssimos, e o diretor respondia diretamente ao rei. Os estudantes só conseguiam ingressar passando num exame altamente competitivo. O objetivo: ter ali representadas todas as classes da sociedade saudita, com base apenas no mérito. Essa política era seguida com tanto rigor que vários filhos do rei Khalid foram expulsos enquanto ele ainda estava no poder.

Osama fazia parte de uma turma de 68 alunos, dos quais apenas dois eram membros da família real.[89] Cinqüenta de seus colegas de turma chegaram ao doutorado. "Ele era um aluno normal, não excelente", contou Ahmed Badeeb, professor de ciências de Osama por três anos. A vida desses dois homens, Bin Laden e Badeeb, se entrelaçaria de formas inesperadas no futuro: Bin Laden foi atraído pela *jihad*, e Badeeb tornou-se membro do serviço de inteligência saudita.

Todos os estudantes trajavam roupas ocidentais: paletó e gravata durante o inverno, calça e camisa no resto do ano escolar. Osama sobressaía por ser alto, desengonçado e com amadurecimento físico lento. Quando seus colegas de turma começaram a exibir bigodes e cavanhaques, Bin Laden manteve a cara limpa, por ter a barba rala demais. Os professores o achavam tímido, com medo de cometer erros.[90]

Aos catorze anos, Osama viveu um despertar religioso e político. Alguns atribuem a mudança a um carismático professor de ginástica da escola, sírio, membro da Sociedade dos Irmãos Muçulmanos.[91] Osama parou de assistir a filmes de caubóis. Fora da escola, recusava-se a usar trajes ocidentais. Às vezes, sentado diante da televisão, chorava com as notícias da Palestina.[92] "Nos anos de adolescência, continuou o mesmo garoto bom", sua mãe mais tarde relatou. "Mas ele estava mais preocupado, triste e frustrado com a situação na Palestina em particular, e no mundo árabe e muçulmano em geral."[93] Osama tentou explicar seus sentimentos aos amigos e à família, deixando-os desconcertados. "Ele achava que os muçulmanos não estão próximos o suficiente de Alá, e que os jovens muçulmanos estão ocupados demais brincando e se divertindo", concluiu a mãe. Começou a jejuar duas vezes por semana, às segundas e quintas-feiras, seguindo o exemplo do profeta. Ia para a cama logo após a *isha*, a oração do anoitecer.[94] Além das cinco orações diárias, regulava o despertador para a uma da madrugada e orava sozinho todas as noites. Osama tornou-se bem rígido com os meios-irmãos mais jovens, fazendo questão de que acordassem cedo para ir à oração da alvorada na mesquita.

Raramente se zangava, exceto quando questões sexuais afloravam. Quando achou que um dos meios-irmãos vinha flertando com uma empregada, Osama bateu nele. Em outra ocasião, em um café de Beirute, o amigo de um dos irmãos mostrou uma revista pornográfica. Osama deixou claro que nem ele nem os irmãos voltariam a ter qualquer contato com o rapaz. Parece que em nenhum momento da vida entregou-se aos pecados da carne, à conduta venal ou irreverente, às tentações da bebida, cigarro ou jogo. A comida pouco lhe interessava. Adorava aventuras, poesia e poucas coisas além de Deus.

A mãe de Osama observou a evolução de suas convicções religiosas com alarme. Ela confidenciou sua ansiedade à irmã mais jovem, Leila Ghanem. "No início da trajetória dele, como mãe, ela ficou muito preocupada", contou sua irmã mais tarde. "Quando viu que aquela era sua convicção, algo de que ele não abriria mão, ela disse: 'Que Deus o proteja.'"[95]

Certa ocasião, Osama viajava de carro com a família para a Síria, em visita a parentes da mãe, como faziam todo verão. O motorista colocou uma fita cassete da diva egípcia Umm Kalthum. Seu vibrato poderoso expressava tão bem os sentimentos de amor e saudade que muitas vezes levava os ouvintes às lágrimas ou provocava suspiros involuntários de desejo. A letra evocava os antigos versos dos bardos do deserto:

És mais preciosa que meus dias, mais bela que meus sonhos
Traze-me à tua doçura, para longe do universo
Bem, bem longe

Osama indignou-se. Ordenou ao motorista que desligasse a música. O motorista se recusou. "Estamos pagando a você", Osama lembrou. "Se não desligar essa música agora, pode nos levar de volta a Jidá!" Todos no carro, inclusive a mãe e o padrasto, silenciaram em face da raiva de Osama. O motorista cedeu.

Sua devoção intransigente era incomum naquele círculo social elevado, mas muitos sauditas jovens encontravam refúgio em expressões intensas de religiosidade. Expostos a tão poucas formas alternativas de pensamento mesmo sobre o islã, viviam aprisionados num mundo espiritual bidimensional, onde as únicas opções eram tornar-se mais radical, ou menos. O extremismo oferecia suas consolações, como sempre acontece; no caso de Osama, obviamente o protegia dos impulsos sexuais da adolescência. Havia também em sua natureza um romance com a espiritualidade do deserto, humilde e livre de distrações. Ao longo de sua vida, ele ansiaria pela austeridade como um vício: o deserto, a caverna, e seu desejo, ainda não revelado, de morrer anonimamente numa trincheira na guerra. Mas era difícil cultivar essa auto-imagem sendo conduzido pelo reino por um chofer no Mercedes da família.

Ao mesmo tempo, Osama se esforçava para não ser pedante demais. Embora se opusesse aos instrumentos musicais, organizou alguns de seus amigos num grupo de canto a capela. Chegaram a gravar algumas de suas canções sobre a *jihad*, que para eles significava a luta interna pelo aperfeiçoamento, e não a guerra santa. Osama fazia cópias e dava uma fita a cada um. Quando jogavam futebol, Osama levava sanduíches de atum e queijo para os outros jogadores, mesmo em seus dias de jejum. Seu empenho e compostura despertavam respeito. Por recato, abandonou os calções de futebol normais e passou a jogar de calça comprida. Em respeito às suas crenças, os demais jogadores o imitaram.

Eles costumavam jogar nos bairros mais pobres de Jidá. Durante o almoço, mesmo jejuando, Osama dividia seus colegas de time em grupos diferentes, com os nomes dos companheiros do profeta, e testava seus conhecimentos do Alcorão.[96] "O grupo Abu Bakr venceu!", ele exclamava. "Agora, vamos comer bolo."[97]

Osama teve uma adolescência aventureira, escalando montanhas na Turquia e caçando animais de grande porte no Quênia. Na fazenda da família, ao sul de Jidá, ele mantinha um estábulo de cavalos, que chegou a abrigar vinte durante um tempo, inclusive o seu preferido, uma égua chamada Al-Balqa. Gostava de montar a cavalo e atirar, como os caubóis de seus seriados favoritos na televisão.

Osama começou a dirigir cedo, e era veloz. Em meados da década de 1970, aos dezesseis ou dezessete anos, teve um Chrysler branco grande que acabou destruindo atirando-o num canal por acidente. Surpreendentemente não se feriu. Mas depois disso procurou andar mais devagar. Começou a dirigir um jipe Toyota e um Mercedes 280S — o tipo de carro que um homem de negócios saudita respeitável dirigiria. Mas ele ainda tinha dificuldade para não pisar demais no acelerador.

O professor de ciências Ahmed Badeeb observou a mudança em seu jovem e decidido aluno. "Naquela época, Osama estava tentando se afirmar dentro da empresa", disse Badeeb. "Existe uma lei na família Bin Laden que determina que, para ser herdeiro, você tem de provar que é homem." O Saudi Binladin Group tinha um contrato para um projeto grande em Jizan, perto da fronteira com o Iêmen, e Osama queria desesperadamente participar. "Decidi sair da escola para atingir meus objetivos e sonhos", relatou Bin Laden mais tarde. "Fiquei surpreso com a oposição ferrenha à minha decisão, especialmente por parte de minha mãe, que chorou e implorou que eu mudasse de idéia. No final, não houve saída. Não consegui resistir às lágrimas de minha mãe. Tive de voltar e concluir os estudos."[98]

Em 1974, quando ainda cursava o ensino médio, Osama casou-se pela primeira vez. Tinha dezessete anos, enquanto a noiva, Najwa Ghanem, uma prima da aldeia de sua mãe na Síria, tinha catorze. Ela era incomumente alta e muito bonita. Houve uma pequena festa de casamento para os homens da casa de Osama, que não puderam ver a noiva.[99] A futura cunhada de Bin Laden, Carmen, descreveu Najwa como dócil e "constantemente grávida".[100]

Foi também nessa época, na escola secundária, que Bin Laden aderiu à Sociedade dos Irmãos Muçulmanos. A organização era um movimento totalmente clandestino na Arábia Saudita na década de 1970. "Só nerds faziam parte dela", recordou um companheiro da irmandade.[101] Os membros eram adolescentes muito religiosos como Bin Laden, e, embora não conspirassem ativamente contra o governo, suas reuniões eram secretas e se realizavam em residências particulares. O grupo às vezes fazia peregrinações a Meca ou excursões à praia, onde atraíam prosélitos e oravam. "Esperávamos criar um Estado islâmico em qualquer parte", contou Jamal Khashoggi, um amigo de Bin Laden que ingressou na irmandade mais ou menos na mesma época. "Acreditávamos que o primeiro levaria a outro, e aquilo causaria um efeito dominó capaz de mudar a história da humanidade."

Bin Laden ingressou na Universidade Rei Abdul Aziz, em Jidá, em 1976. Estudou economia,[102] mas estava mais envolvido nos assuntos religiosos do campus. "Na faculdade, formei uma associação religiosa de caridade, e dedicávamos muito tempo à interpretação do Alcorão e da *jihad*", disse ele mais tarde.[103]

No primeiro ano da universidade, Bin Laden conheceu Mohammed Jamal Khalifa, outro membro da irmandade, que se tornaria seu melhor amigo. Jamal Khalifa era um ano mais velho que Bin Laden. Jovem gregário que sorria facilmente, Khalifa vinha de uma família de poucas posses, conquanto sua linhagem remontasse ao profeta, o que lhe conferia prestígio na sociedade islâmica independentemente da situação financeira. Ele e Osama jogavam futebol juntos. Alto e veloz, Bin Laden jogava no ataque, sempre na frente. Os dois jovens logo se tornaram inseparáveis.

Nos fins de semana, costumavam ir até o deserto entre Jidá e Meca, geralmente ficando na fazenda da família Bin Laden, um oásis chamado Al-Barood. Para evitar que os beduínos invadissem sua propriedade, Bin Laden ergueu uma cabana minúscula, praticamente só cozinha e banheiro, e começou a criar animais. Mantinha um pequeno rebanho de carneiros e um estábulo com cavalos. Mesmo no verão, costumava tirar os sapatos assim que chegava e andar a pé pela areia escaldante.[104]

"Osama era muito teimoso", contou Khalifa.

> Estávamos andando a cavalo no deserto, e indo bem rápido. Vi areia fina à nossa frente e alertei-o para o perigo — melhor evitá-la. Ele disse que não, e continuou. O cavalo derrapou, e ele caiu. Levantou-se rindo. Outra vez, estávamos andando de jipe. Sempre que via um monte, ele acelerava e passava por cima, mesmo sem sabermos o que havia do outro lado. Realmente, ele nos expôs ao perigo várias vezes.

Aquela foi uma época de questionamento espiritual para ambos. "O islã é diferente de qualquer outra religião; é uma forma de vida", observou Khalifa. "Estávamos tentando entender o que o islã tinha a dizer sobre como comemos, como nos casamos, como conversamos. Líamos Sayyid Qutb. Foi ele quem mais afetou nossa geração." Muitos professores da universidade eram membros da Sociedade dos Irmãos Muçulmanos que haviam sido expulsos do Egito ou da Síria. Traziam consigo a idéia de um islã altamente politizado, que fundia Estado e religião numa teocracia única e abrangente. Bin Laden e Khalifa ficaram interessados porque esses professores pareciam ter a mente mais aberta que os acadêmicos sauditas e estavam dispostos a lhes apresentar os livros que mudariam suas vidas, como *Marcos* e *À sombra do Alcorão*, de Qutb. Toda semana, Mohammed Qutb, o irmão mais novo do mártir, dava uma palestra na faculdade.[105] Ainda que Bin Laden nunca tenha estudado formalmente com Qutb, costumava comparecer às suas palestras públicas. Qutb era muito popular entre os estudantes, que notavam sua conduta calma, embora tivesse também suportado os rigores das prisões de Nasser.

Naquele momento, Mohammed Qutb estava empenhado em defender a reputação do irmão, que sofria ataques dos islamitas moderados. Eles argumentavam que *Marcos* dera força a um grupo novo e mais violento de radicais, especialmente no Egito, que lançava mão dos textos de Sayyid Qutb para justificar ataques contra quem fosse considerado infiel, inclusive outros muçulmanos. Um dos principais críticos de Qutb era Hassan Hudaybi, o guia supremo da Sociedade dos Irmãos Muçulmanos, que publicou seu próprio livro escrito na prisão, *Pregadores, não juízes*, em oposição à sedutora exortação de Qutb ao caos. Na teologia bem mais ortodoxa de Hudaybi, nenhum muçulmano podia negar a fé de outro que tivesse feito a profissão de fé simples: "Deus é um só, e Maomé é seu mensageiro". O debate, surgido nas prisões egípcias com Qutb e Hudaybi, vinha rapidamente se espalhando pelo islã, à medida que os jovens muçulmanos tomavam posição nessa discussão de quem é ou não muçulmano. "Osama leu o livro de Hudaybi em 1978, e conversamos a respeito", recordou Jamal Khalifa. "Osama concordou com ele completamente." Todavia, seus pontos de vista logo mudariam, e seria essa mudança fundamental — da visão tolerante e receptiva do islã de Hudaybi para a visão tacanha e intolerante de Qutb — que abriria as portas ao terror.

Naquele mesmo ano nasceu Abdullah, filho de Osama e Najwa. Era o primeiro de seus onze filhos,[106] e, seguindo uma tradição árabe, os pais passaram a ser chamados de Abu (o pai de) Abdullah e Umm (a mãe de) Abdullah. Ao contrário do próprio pai, Osama era atencioso e brincalhão com os filhos — adorava levar à praia a família em rápido crescimento —, mas era também exigente. Tinha idéias inflexíveis sobre a necessidade de prepará-los para a vida dura que teriam pela frente. Nos fins de semana, levava os filhos e filhas consigo à fazenda para viverem entre camelos e cavalos. Dormiam sob as estrelas, e se fazia frio cavavam um buraco e se cobriam de areia.[107] Bin Laden não permitiu que freqüentassem a escola,[108] preferindo trazer preceptores para casa, de modo a poder supervisionar cada detalhe de sua educação. "Queria torná-los resistentes, e não como as outras crianças", disse Jamal Khalifa. "Ele achava as crianças em geral muito mimadas."

O segundo filho de Bin Laden, Abdul Rahman, nasceu com um defeito congênito raro e mal compreendido chamado hidrocefalia, popularmente conhecido como cabeça-d'água.[109] Resulta do excesso de líquido cefalorraquidiano se formando dentro dos ventrículos cerebrais, acarretando o aumento da cabeça e a redução do cérebro. Após o nascimento, a cabeça continua aumentando, a não ser que o líquido seja drenado. A doença de Abdul Rahman foi tão grave que o próprio Bin Laden levou o bebê ao Reino Unido para tratamento — provavelmente a única viagem que fez ao Ocidente. Quando os médicos informaram que Abdul Rahman necessitaria de um dreno no cérebro, Bin Laden não permitiu que fosse operado. Preferiu retornar ao reino e tratou ele próprio do filho, usando mel, um remédio tradicional para várias doenças.[110] Infelizmente, Abdul Rahman ficou ligeiramente retardado. À medida que foi crescendo, tornou-se propenso a ataques emocionais. Tinha dificuldade de conviver com as outras crianças, especialmente na vida robusta ao ar livre que Bin Laden lhes prescrevia. Com freqüência, chorava para chamar a atenção ou provocava brigas se as coisas não se desenrolassem como ele queria. Mesmo assim, Bin Laden sempre insistiu em incluir Abdul Rahman, tomando um cuidado especial para que ele nunca fosse deixado sozinho.

Jamal Khalifa também queria casar-se. Segundo o costume na Arábia Saudita, o noivo faz um pagamento à família da noiva e mobilia a casa antes que o casamento aconteça. Khalifa encontrou uma jovem adequada, mas não dispunha de dinheiro suficiente para um apartamento. Bin Laden possuía um lote perto da universidade, onde construiu uma casa pequena para o amigo. Infelizmente, a noiva de Khalifa achou a moradia espartana demais.

Bin Laden não se ofendeu. Pelo contrário, teve um gesto ainda mais generoso. Na época, morava na casa da mãe com o padrasto e os filhos deles. Osama e a família ocupavam o térreo, que ele dividiu em dois, construindo uma parede no meio da sala de estar. Ele então convidou Khalifa e a noiva para morarem lá. "Você mora deste lado, e eu morarei do outro", Bin Laden propôs. Khalifa e a esposa viveram ali até ele se graduar na Universidade Rei Abdul Aziz, em 1980.

Quando ainda estavam na universidade, Osama e Jamal tomaram uma resolução. Decidiram praticar a poligamia, que se tornara socialmente inaceitável na Arábia Saudita. "A geração de nossos pais vinha praticando a poligamia de uma forma errada. Não se dava o mesmo tratamento a todas as esposas", Khalifa admitiu. "Às vezes, eles se casavam e se divorciavam no mesmo dia. A mídia egípcia costumava mostrar isso na televisão, o que causava má impressão. Então nós decidimos: 'Vamos praticar isso e mostrar às pessoas que conseguimos fazê-lo de maneira apropriada.'" Em 1982, Bin Laden deu o exemplo casando-se com uma mulher da família Sabar, em Jidá, que descendia do profeta. Altamente instruída, com doutorado em psicologia infantil, ela lecionava na faculdade feminina da Universidade Rei Abdul Aziz. Sete anos mais velha que Osama, deu-lhe um filho, e ficou conhecida como Umm Hamza.[111]

Administrar duas famílias não era fácil, mas Bin Laden não esmoreceu. Ele desenvolveu uma teoria dos vários casamentos. "Uma é bom, como caminhar. Duas é como andar de bicicleta: rápido, mas um pouco instável. Três é um triciclo: estável, mas lento. Mas quando chegamos a quatro, ah! É o ideal. Você consegue ultrapassar todo mundo!"

Osama comprou um velho prédio de apartamentos na esquina das ruas Wadi as-Safa e Wadi Bishah, distante pouco mais de um quilômetro da casa da mãe. As unidades alternavam as cores cinza e pêssego, e todas dispunham de ar-condicionado. Antes existia uma fábrica de massas por perto, e como a numeração dos prédios não é comum no reino, a nova moradia de Bin Laden ficou conhecida como "a casa na rua do macarrão".[112] Ele alojou as duas famílias em unidades separadas. Casou-se de novo alguns anos depois com uma mulher da família Sharif, de Medina, também bastante instruída: obtivera o doutorado em gramática árabe e lecionava na faculdade de educação local. Teriam três filhas e um filho, de modo que essa mulher ficou conhecida como Umm Khaled. A quarta esposa, Umm Ali, veio da família Gilaini, de Meca, e deu-lhe três filhos.

Academicamente medíocre, e sem entusiasmo pela universidade, Bin Laden não seguiria as carreiras respeitáveis, como direito, engenharia ou medicina, que poderiam lhe granjear uma posição independente. Seus irmãos estavam sendo educados nas melhores universidades do mundo, mas para ele o maior exemplo vinha do pai analfabeto. Falava sempre nele e considerava-o um paradigma. Sonhava alcançar um prestígio semelhante, embora vivesse numa cultura que desencorajava a individualidade, ou ao menos a reservava à realeza. Como outras famílias da classe alta saudita, os Bin Laden prosperaram graças à proteção real, que não queriam pôr em risco. Além disso, eram forasteiros — ainda iemenitas aos olhos dos sauditas exclusivistas. O país não tinha sistema político, nem sociedade civil, nem um caminho óbvio para a grandeza. Bin Laden não estudou para ser clérigo, a única alternativa no reino ao poder real. Seu futuro óbvio era permanecer na empresa da família, bem embaixo na lista de precedência, respeitado no âmbito familiar, mas incapaz de deixar realmente sua marca.

Bin Laden continuou insistindo com os irmãos mais velhos para que o deixassem trabalhar na empresa, até que, enfim, lhe ofereceram um emprego de meio período em Mina, no complexo sagrado de Meca. Eles esperavam que o trabalho durasse seis meses, mas Bin Laden declarou: "Quero ser como meu pai. Trabalharei noite e dia, sem descanso".[113] Ainda estava tentando terminar os estudos; assim, após as aulas, corria até Meca, onde sua tarefa era nivelar morros a fim de abrir espaço para rodovias, hotéis e centros de peregrinação novos que o Saudi Binladin Group vinha construindo. Ele insistia em trabalhar diretamente com os operários que deveria supervisionar, e passava muitas horas operando buldôzeres e equipamentos de terraplenagem. Já se tornara incomum ver sauditas realizando trabalhos braçais — a maioria dessas tarefas era executada por expatriados das Filipinas ou do subcontinente indiano —, de modo que a visão do filho magricela do fundador da empresa, empapado de suor e poeira da construção pesada, impressionava. "Lembro, com orgulho, que fui o único membro da família que conseguiu combinar trabalho com um ótimo desempenho na faculdade", Bin Laden mais tarde alardearia.[114] Mas, na verdade, o esquema era impraticável, até para ele. No final do semestre, largou a universidade, faltando um ano para se graduar, e passou a trabalhar em tempo integral na empresa.

Media pouco mais de 1,80 metro[115] — não era o gigante em que depois seria transformado. Um conhecido se lembra de tê-lo encontrado naquele período, antes que a *jihad* mudasse tudo. "Alguém morrera, e fomos dar as nossas condolências", disse o amigo. Aos vinte e poucos anos, Bin Laden era muito bonito, a pele pálida, a barba cheia, os lábios grossos e dilatados. O nariz era longo e complexo, estreito e reto no alto, depois abruptamente se abrindo em duas grandes alas com uma ponta virada para cima. Usava uma tiara preta em torno do véu branco, e sob o véu o cabelo era curto, preto e encaracolado. O jejum e o trabalho pesado o deixaram esquelético. A voz alta e aguda e o jeito recatado e lânguido aumentavam a impressão de fragilidade. "Era confiante e carismático", observou o amigo. Mesmo na presença de sábios religiosos, Bin Laden se apresentava quase como um igual. Falava com uma serenidade impressionante. Todos no aposento ficavam atraídos por ele. "O que me chocou foi o fato de ele vir de uma família tão hierárquica", disse o amigo, "mas ele rompeu a hierarquia."

4. Mudança

O rei Faisal enviou seus filhos aos Estados Unidos para estudar. O mais jovem, Turki, foi mandado para a Lawrenceville School, em Nova Jersey, em 1959, aos catorze anos. Era um colégio particular de elite, mas para Turki foi uma experiência do igualitarismo americano. No primeiro dia, um colega se apresentou dando um tapa no traseiro do príncipe e perguntando seu nome. Quando Turki respondeu, o aluno perguntou: "Como um peru [*turkey*, em inglês] do dia de Ação de Graças?".[1] Ninguém entendia nem ligava para quem ele era, e aquela experiência nova permitiu que fosse alguém novo. Seus colegas de classe o apelidaram de "Turco" ou "Feaslesticks".[2]

Ele era um galã: testa alta, cabelos pretos ondulados e uma fenda profunda no queixo. Tinha os traços aquilinos do pai, mas sem a ferocidade que animava os olhos do velho; seu aspecto era mais interior e pensativo. Embora fosse presidente do Clube Francês, era mais esportista que erudito. Jogou futebol no time escolar e representou a equipe de esgrima de Nova Jersey na Olimpíada Jovem de 1962. Era muito inteligente, mas desconcentrado nos estudos. Depois de se formar no colégio, cursou a faculdade a poucos quilômetros, em Princeton, mas foi reprovado após um semestre. Transferiu-se para a Georgetown University, em Washington, onde em 1964 um dos colegas se aproximou dele e perguntou: "Já ouviu a nova? Seu pai virou rei".[3]

Da distância segura da América, Turki acompanhou o tumulto em seu país, inclusive o socorro financeiro de Mohammed bin Laden: um gesto oportuno que permitiu a Faisal reorganizar e estabilizar o reino durante um período de socialismo árabe crescente, quando a família real poderia perfeitamente ter sido derrubada. O vínculo entre a família real e os Bin Laden foi particularmente forte com os filhos do rei Faisal. Eles jamais esqueceriam o favor que Bin Laden prestou ao seu pai quando este assumiu o trono.

Após a vitória de Israel na Guerra dos Seis Dias, em 1967, todo o mundo árabe mergulhou num estado de desespero. Turki, de tão deprimido, começou a matar aulas, tendo depois que se recuperar no curso de férias. Um de seus colegas de classe, um jovem sociável do Arkansas chamado Bill Clinton, passou quatro horas preparando-o para uma prova de ética.[4] Era 19 de agosto, 21º aniversário de Clinton. Turki obteve um B na matéria, mas abandonou Georgetown logo depois, sem concluir a graduação. Continuou fazendo cursos em Princeton e Cambridge, mas nunca motivado o suficiente para se graduar.

Finalmente, em 1973, retornou ao reino e consultou o pai sobre o que deveria fazer em seguida. O pai entendeu que ele estava pedindo emprego. Ergueu a sobrancelha direita em direção ao céu e respondeu: "Olhe aqui, não arrumei emprego para nenhum de seus irmãos. Vá procurar o seu".[5] É claro que o filho mais novo do rei não tinha com que se preocupar, já que sua posição na vida estava assegurada pela fortuna da família e pelo controle firme do pai sobre os negócios do reino. O tio materno de Turki, o xeique Kamal Adham, ofereceu-lhe um cargo no Ministério das Relações Exteriores. "Eu não tinha nenhum interesse no serviço de inteligência", disse Turki. "Nem mesmo percebi que o cargo era no campo da inteligência. Achei que tivesse a ver com diplomacia." Afável e intelectual, parecia mais talhado para uma profissão que dependesse de jantares cerimoniais e negociações cordiais na quadra de tênis do que para uma que exigia habilidades mais sombrias. Casou-se com a princesa Nouf bint Fahd al-Saud, de um ramo próximo da família real, e se acomodou numa vida nababesca que poucos no planeta poderiam igualar. Mas o rumo da história estava mudando, e a vida serena que ele vinha desfrutando rumava para um cataclismo.

O príncipe Turki voltou à terra natal num período fatídico. Muitos sauditas estavam despreparados para a transformação abrupta sofrida por sua cultura desde o primeiro boom do petróleo. Durante toda a vida, lembravam-se de um país austero em todos os aspectos. A maioria dos sauditas na década de 1950 vivia como seus ancestrais 2 mil anos antes. Poucos na verdade se viam como sauditas, já que o conceito de nacionalidade não significava muito para eles, e o governo praticamente não ocupava nenhum lugar em sua vida prática. Eram tribalistas sem fronteiras. A igualdade imposta pela pobreza e pela falta de esperança criara uma sociedade tão horizontal quanto o solo do deserto. Códigos de conduta tribais, associados às prescrições do Alcorão, haviam governado o pensamento e a ação individuais. Muitos, talvez a maioria, jamais tinham visto um automóvel ou um estrangeiro. A instrução ia pouco além da memorização ritual do Alcorão, e mais que aquilo quase não era necessário. A experiência essencial da vida na península Arábica era que nada mudava. O eterno e o presente eram uma e a mesma coisa.

De repente, esse deserto recebeu uma enxurrada de mudanças: estradas, cidades, escolas, trabalhadores estrangeiros, notas de dólar, e uma percepção nova do mundo e do lugar nele ocupado. O país — e as vidas — dos sauditas tornaram-se estranhos para eles. Lançados no mercado global de idéias e valores, muitos sauditas que buscavam algo de valor em suas próprias tradições encontraram-no nas crenças rigorosas que moldavam sua compreensão do islã. O wahhabismo proporcionava um dique contra o rio avassalador e enfurecido da modernidade. Houve uma sensação geral, não apenas entre os extremistas, de que aquela torrente de progresso vinha erodindo a qualidade essencial da Arábia, que era seu caráter sagrado.

Uma riqueza inimaginável caíra sobre aqueles nômades ascéticos do deserto: uma dádiva de Deus devido à sua devoção, eles genuinamente acreditavam. Paradoxalmente, aquela dádiva vinha solapando cada faceta de sua identidade. Vinte anos depois do primeiro grande boom do petróleo, na década de 1950, a renda saudita média quase se igualava à dos Estados Unidos,[6] aumentando a uma taxa que prometia fazer do reino a maior economia do mundo. Tais expectativas irresistíveis mascaravam o fato de que divisões de classe vinham dilacerando um país que ainda se imaginava uma comunidade tribal estendida. O saudita perdulário tornou-se um estereótipo mundial de ganância, gula, corrupção, hipocrisia, e — ainda mais ofensivo para sua dignidade — uma figura ridícula. O desperdício de fortunas nas mesas de cassinos, a bebedeira, o sexo com prostitutas, a cobiça das mulheres sauditas com seus casacos de visom prateados e sacolas de compras nos Champs-Elysées, a aquisição fortuita de jóias cujo valor podia derrubar economias nacionais, tudo isso entretinha um mundo também abalado pela perspectiva de um futuro em que os sauditas possuiriam praticamente tudo. A ansiedade se aguçou com o embargo do petróleo de 1973, que levou os preços às alturas e criou problemas reais ao governo saudita, que simplesmente não sabia como gastar tanto dinheiro. O desperdício colossal de riqueza, pública e privada, apenas demonstrava o poço de dinheiro em que a Arábia Saudita se transformara — ao menos no que toca à família real.

Eles não só governavam o país, na verdade eram donos dele. Todas as terras não reivindicadas pertenciam ao rei; só ele decidia quem poderia adquirir propriedades. Com a expansão do país, os tios e tias, irmãos e irmãs, sobrinhas, sobrinhos e primos se apossaram dos melhores lotes. Ainda não saciados, os príncipes se interpunham em transações comerciais como "agentes" ou "consultores", arrecadando bilhões em forma de comissões e propinas. O comércio era onerado mesmo com os Al-Saud — a família real — já tendo se apropriado de 30% ou 40% do lucro obtido pelo país com o petróleo, em forma de concessões a membros da família.[7] Al-Saud personificava todas as mudanças venais na identidade saudita, e era natural que seus súditos cogitassem em revolução.

Não obstante, numa sociedade com tão poucas instituições, a família real representava uma força claramente progressista. Em 1960, enfrentando uma resistência poderosa do establishment *wahhabi*, o príncipe herdeiro Faisal introduzira a educação feminina. Dois anos depois, aboliu formalmente a escravidão. Ele persuadiu o presidente John F. Kennedy a enviar forças americanas para proteger o reino durante a guerra de fronteira contra o Iêmen. Trouxe a televisão para o reino, embora um de seus sobrinhos tivesse sido morto ao liderar um protesto contra a inauguração da estação transmissora, em 1965. Agia com mais liberdade que seu predecessor, porque sua própria devoção era indiscutível, mas suspeitava dos extremistas que viviam policiando os pensamentos e ações da sociedade saudita predominante. Do ponto de vista de alguns fiéis fervorosos, a realização mais insidiosa do reinado de Faisal foi cooptar os ulemás — o clero — transformando-os em funcionários do Estado.[8] Ao promover vozes moderadas de preferência às outras, o governo procurou abrandar o radicalismo gerado pela experiência tumultuosa da modernização. Faisal foi um rei tão poderoso que conseguiu impor aquelas mudanças à sociedade num ritmo vertiginoso.

Os filhos ajudaram o rei a consolidar o poder. Turki tornou-se chefe do serviço secreto do reino, e seu irmão mais velho, o príncipe Saud, foi designado ministro do Exterior. Entre esses dois príncipes educados nos Estados Unidos, a Arábia Saudita começou a se afirmar na comunidade mundial. A riqueza estupenda do reino atenuaria a desorientação por causa da mudança rápida e o ressentimento por causa da corrupção real. E a criação de uma elite sofisticada e familiarizada com a tecnologia arejaria essa sociedade profundamente desconfiada e religiosa. Mas em 1975, o rei Faisal foi assassinado pelo sobrinho (o irmão do homem que protestou contra a inauguração da estação de televisão), e aquele futuro promissor morreu com ele.

No início da manhã de 20 de novembro de 1979, Turki foi convocado pelo rei Khaled, o sucessor de seu pai. Turki estava em Túnis com o príncipe herdeiro Fahd participando da cúpula árabe. Tinha 34 anos, e estava prestes a enfrentar a maior crise da história recente da Arábia Saudita.

Naquela madrugada, o idoso imã da Grande Mesquita de Meca, o xeique Mohammed al-Subayil, vinha se preparando para conduzir as orações dos 50 mil muçulmanos reunidos para o dia de encerramento da *hajj*.[9] Ao se aproximar do microfone, foi empurrado para o lado, e tiros ecoaram no templo sagrado. Um bando de insurgentes enfurecidos que se encontravam em meio aos fiéis de repente tirou rifles de sob os mantos. Acorrentaram os portões, prendendo os peregrinos na mesquita, e mataram vários policiais. "A vossa atenção, ó muçulmanos!", um homem de aspecto rude e barba revolta bradou. "*Allahu akhbar!*" — Deus é grande — "O mádi apareceu!"[10]

"O mádi! O mádi!", gritaram os homens armados.

Era o dia de Ano-Novo do ano islâmico de 1400 — a inauguração sangrenta de um novo século turbulento. Segundo algumas tradições orais contestadas do islã, o mádi ("aquele que guia") aparecerá pouco antes do fim dos tempos. O conceito de mádi é controvertido, em especial no islamismo *wahhabi*, uma vez que o Alcorão não menciona esse messias. Reza a tradição que o mádi descenderá do profeta e terá seu nome (Mohammed bin Abdullah), e que aparecerá durante a *hajj*. No final, Jesus voltará e pedirá a seu povo que se converta ao islã. Juntos, Jesus e o mádi combaterão o anticristo e restaurarão a justiça e a paz sobre a Terra.

O homem que alegava ser o mádi era Mohammed Abdullah al-Qahtani, mas o verdadeiro líder da revolta era Juhayman al-Oteibi, um pregador fundamentalista e ex-cabo da guarda nacional. Os dois homens haviam sido presos juntos por sedição, e foi naquela época, segundo alegou Oteibi, que Deus lhe revelara em sonho que Qahtani seria o mádi.

Qahtani foi persuadido pelo sonho de Oteibi de que devia ser o ungido. Quando os dois homens saíram da prisão, Qahtani casou-se com a irmã de Oteibi. Logo começaram a atrair adeptos com sua mensagem messiânica, especialmente jovens estudantes de teologia da Universidade Islâmica de Medina, um centro de radicalismo da Sociedade dos Irmãos Muçulmanos. Graças a doações de adeptos ricos, os discípulos de Oteibi estavam bem armados e treinados. Alguns, como o próprio Oteibi, eram membros da guarda nacional saudita, encarregada de proteger a família real. Seu objetivo: capturar o poder e instituir o governo teocrático, na expectativa do apocalipse iminente.

Jamal Khalifa, que estava morando na casa de Bin Laden na época, costumava ver Oteibi e seus seguidores pregando em diferentes mesquitas, e cometendo erros freqüentes em suas recitações do Alcorão. Bin Laden também os teria visto. As pessoas se espantavam ao ouvi-los falar abertamente contra o governo. Eles chegavam a rasgar notas de rial ao meio, por ostentarem o retrato do rei.

Aquelas eram ações nunca vistas num país tão estritamente controlado. No entanto, havia uma relutância arraigada por parte do governo de confrontar extremistas religiosos. A certa altura, os ulemás interrogaram Oteibi e Qahtani para detectar eventuais sinais de heresia, mas não descobriram nada. Eles foram vistos como uma reaparição tosca dos fanáticos Ikhwan, as tropas de choque do rei Abdul Aziz. Na verdade, Oteibi era neto de um daqueles homens. Ninguém imaginava que representassem uma ameaça real à ordem estabelecida.

Pouco antes que os insurgentes cortassem as linhas telefônicas, um funcionário da organização Bin Laden, ainda restaurando a Grande Mesquita, telefonou à sede da empresa e informou o ocorrido. Um representante da empresa notificou o rei Khaled.[11]

Turki voltou de Túnis a Jidá às nove horas daquela noite e dirigiu seu carro até Meca. A cidade inteira havia sido evacuada, e as ruas estavam fantasmagoricamente vazias. Os holofotes do estádio, que costumavam iluminar a imensa mesquita, estavam desligados, bem como toda a energia, de modo que o prédio avultava qual montanha nas trevas. Turki foi até um hotel onde o aguardava seu tio, o príncipe Sultan, que era o ministro da Defesa. Quando Turki adentrou o hotel, um tiro foi disparado por um dos franco-atiradores rebeldes nos minaretes, estilhaçando a porta de vidro em suas mãos.

Naquela mesma noite, Turki mudou-se para o posto de comando, a cem metros da mesquita, onde permaneceria pelas duas semanas seguintes. A maioria dos reféns havia sido solta, mas um número indeterminado ainda estava preso no templo. Ninguém sabia quantos insurgentes havia lá, de quantas armas dispunham, que tipos de preparativos tinham sido realizados. Cerca de cem seguranças do Ministério do Interior fizeram uma tentativa inicial de retomar a mesquita. Foram imediatamente abatidos a bala.

Forças do exército saudita e da guarda nacional logo se uniram aos seguranças sobreviventes. Mas, para poderem ordenar um ataque militar à mesquita, os príncipes em cena teriam de obter permissão da instituição clerical saudita, e não tinham certeza de que receberiam tal bênção. O Alcorão proíbe qualquer tipo de violência na Grande Mesquita — nem sequer uma planta pode ser arrancada —, de modo que a perspectiva de um tiroteio dentro do ambiente sagrado pôs o governo e os ulemás diante de um dilema. O rei enfrentaria a revolta de seus próprios homens se ordenasse que abrissem fogo dentro do santuário. Por outro lado, se os ulemás recusassem uma *fatwa* sancionando o direito do governo de recuperar a mesquita, pareceriam estar apoiando os rebeldes. O pacto histórico entre a família real e o clero se romperia, e quem poderia divinhar o resultado?

O líder dos ulemás era Abdul Aziz bin Baz, eminente sábio religioso, cego, de setenta anos, mas um homem que desconfiava da ciência e era hostil à modernidade. Ele afirmava que o Sol girava em torno da Terra e que a alunissagem humana jamais ocorrera.[12] Agora Bin Baz se encontrava em posição delicada e comprometedora: Oteibi havia sido seu aluno em Medina.[13] Qualquer que tenha sido a barganha negociada no encontro entre os ulemás e o rei Khaled, o governo saiu-se com uma *fatwa* autorizando o emprego de força letal. Munido daquele decreto, o príncipe Sultan ordenou uma barragem de artilharia seguida de ataques frontais a três dos portões principais. Mas os soldados nem sequer chegaram perto de romper as defesas rebeldes.

Dentro da mesquita estavam quatrocentos ou quinhentos insurgentes, inclusive algumas mulheres e crianças.[14] Eram não só sauditas, mas também iemenitas, kuwaitianos, egípcios e até alguns muçulmanos negros americanos.[15] Nas semanas que antecederam a *hajj*, haviam roubado armas automáticas do arsenal da guarda nacional,[16] contrabandeando-as para dentro da mesquita nos esquifes onde os mortos costumavam ser trazidos para a lavagem ritual.[17] Os rebeldes haviam ocultado armas e munição dentro das centenas de minúsculas câmaras subterrâneas sob o pátio usadas como eremitérios para peregrinos em retiro. Agora estavam bem armados e controlavam posições estratégicas nos andares superiores da mesquita. Franco-atiradores alvejavam forças sauditas sempre que elas apareciam.

No quartel-general de campo, fora da mesquita, reuniram-se vários príncipes veteranos e os generais de serviços rivais, e suas ordens precipitadas, agravadas pela profusão de conselhos contraditórios dos adidos militares dos Estados Unidos e do Paquistão, vinham causando confusão e baixas desnecessárias. No meio do dia, Sultan dirigiu um ataque suicida por helicóptero, em que tropas desceram por cordas até o vasto pátio no centro da mesquita. Foram assassinadas. Nessa hora, o rei pediu ajuda ao jovem príncipe Turki, colocando-o no comando.

Turki elaborou uma estratégia que iria minimizar as baixas e os danos ao santuário. A prioridade eram as informações, e para isso chamou os Bin Laden. Os irmãos dispunham de plantas, do projeto de instalação elétrica e de todos os dados técnicos sobre a mesquita, cruciais para o ataque que Turki tinha em mente.

Salem bin Laden, o mais velho dos irmãos e o cabeça do clã, chegou na capota de um carro brandindo uma metralhadora.[18] Salem era uma pessoa maravilhosa, o contrário do pai devoto, altivo e taciturno. Conhecido no reino pela ousadia e pelo humor surreal, esses traços o tornaram benquisto pelo rei, que o adorava apesar das peças que Salem às vezes pregava nele. Piloto ousado, Salem sobrevoava o acampamento do rei no deserto e fazia tantas piruetas no céu que o rei acabou proibindo-o de voar.* Certa vez, de acordo

---

* Como o pai, Salem morreu num acidente aéreo, pilotando um ultraleve perto de San Antonio, Texas, em 1988.

com a lenda da família, Salem foi operado de hemorróidas, e enviou um vídeo da operação ao rei. Naquela cultura estóica, poucas pessoas — talvez ninguém mais — se permitiriam tamanha irreverência.

Oteibi e seus seguidores controlavam o sistema de comunicação pública da mesquita e vinham se aproveitando dessa oportunidade para irradiar sua mensagem ao mundo. Apesar dos esforços do governo para marginalizar os insurgentes como fanáticos religiosos perturbados pela disseminação de videogames e futebol, as exigências insolentes de Oteibi ecoaram pelas ruas de Meca, eletrizando os cafés e os bares de narguilés do reino.

Oteibi insistiu na adoção de valores islâmicos, não ocidentais, e na ruptura das relações diplomáticas com os países ocidentais, revertendo assim as mudanças que haviam aberto a sociedade à modernidade. A Arábia Saudita que aqueles homens queriam criar ficaria radicalmente isolada. A família real seria derrubada do poder e teria de responder por todo o dinheiro que tomara do povo saudita. Não apenas o rei, mas também os ulemás que apoiaram seu reinado, seriam denunciados como pecadores e injustos. As exportações de petróleo aos Estados Unidos seriam interrompidas, e os consultores estrangeiros civis e militares seriam expulsos da península Arábica. Aquelas exigências prenunciavam as que Osama bin Laden faria quinze anos depois.

Na sexta-feira, o quarto dia do cerco, as forças sauditas haviam retomado os andares superiores da Grande Mesquita e dois dos minaretes. Os clarões da batalha reluziam nos corredores cobertos ao redor da Caaba, e o fedor da morte empesteava o ar. Os corpos dos rebeldes mortos haviam sido mutilados — os rostos, dilacerados a bala por mulheres insurgentes — para evitar que fossem identificados. Um dos corpos que as tropas do governo recuperaram mais ou menos intacto foi o de Mohammed Abdullah al-Qahtani, o suposto mádi, cuja mandíbula havia sido arrancada.[19] Mas nem mesmo a morte do mádi encerrou a rebelião.

Valendo-se de mapas do complexo fornecidos por Salem, Turki supervisionou uma série de sondagens de reconhecimento feitas pelas forças especiais de segurança, que entravam e saíam furtivamente em meio às centenas de portas, recuperando corpos de soldados tombados. Mas Turki queria ver com os próprios olhos. Trocou o manto ministerial pelo uniforme cáqui de um soldado comum. Então, ele e um punhado de homens, inclusive seu irmão, o príncipe Saud, e Salem bin Laden, penetraram na mesquita sagrada.

Encontraram as galerias extensas e o grande adro da mesquita misteriosamente vazios. Turki e seus companheiros descobriram que a tropa principal de rebeldes se refugiara no aglomerado de salas de orações subterrâneas cavadas na lava sob o grande pátio. A colméia subterrânea que os rebeldes agora ocupavam era facilmente defensável. O governo não tinha idéia do tempo que os insurgentes conseguiriam resistir à base de tâmaras e água que haviam armazenado nos depósitos. Tampouco seria possível um ataque àquele labirinto, que oferecia infinitas oportunidades de emboscada. Milhares de soldados e um número ignorado de reféns morreriam. Durante meia hora, os dois filhos de Faisal e o filho mais velho de Mohammed bin Laden rastejaram pelo local, delineando o campo de visão das posições dos rebeldes e suas possíveis linhas de defesa. A sobrevivência do próprio reino dependia do equilíbrio de suas ações, pois, se não conseguissem preservar o local sagrado, perderiam a confiança do povo saudita. Nada no mundo era mais sagrado para esse povo e para os muçulmanos do mundo inteiro do que aquela mesquita. Tratava-se de um campo de batalha surreal. O bombardeio inicial causara danos aterradores. Turki notou que até os pombos haviam fugido. Já nos relatos mais antigos dos peregrinos, os pombos constantemente circunavegavam a mesquita sagrada sempre no sentido anti-horário. Ele teve a impressão de que a devoção da natureza havia sido interrompida por aquele conflito humano sangrento.

Uma das idéias que o governo cogitou foi inundar as câmaras subterrâneas e, depois, eletrocutar todos lá dentro com cabos de alta voltagem. Só que o plano não distinguia os reféns de seus captores. Além disso, Turki percebeu que "seria preciso o mar Vermelho inteiro para enchê-las". Outra idéia foi amarrar selas cheias de explosivos em cães e detoná-las por controle remoto.

Diante da total falta de alternativas, Turki poderia ter pedido auxílio à CIA, que vinha treinando as forças especiais do exército saudita na cidade vizinha de Taif. Mas ele constatara que, quando se tratava de ação imediata, os franceses eram menos complicados que os americanos. Consultou o lendário espião conde Claude Alexandre de Marenches, que havia sido o chefe do serviço secreto francês. Uma presença imponente, dominante, De Marenches recomendou o gás.[20] Turki concordou, mas insistiu que fosse não letal. A idéia era deixar os insurgentes inconscientes. Uma equipe de três unidades de assalto francesas do Groupe d'Intervention de la Gendarmerie Nationale (GIGN) chegou a Meca. Devido à proibição da entrada de não-muçulmanos na cidade sagrada, converteram-se ao islã numa breve cerimônia formal.[21] As unidades bombearam gás para dentro das câmaras subterrâneas, mas, talvez porque as salas estivessem interligadas de forma tão desconcertante, o gás falhou, e a resistência prosseguiu.

Com as baixas aumentando, as forças sauditas cavaram buracos no pátio e atiraram granadas nas salas embaixo, matando indiscriminadamente muitos reféns, mas expulsando os rebeldes restantes para áreas mais abertas, onde podiam ser alvejados por atiradores de elite. Mais de duas semanas depois do início do ataque, os rebeldes sobreviventes enfim se renderam.

Oteibi estava entre eles, parecendo um selvagem com seus cabelos e barba emaranhados, que sobressaíam acintosamente para as câmeras de televisão que gravaram a saída cambaleante dos rebeldes das câmaras subterrâneas. Seu ar desafiador desaparecera ao se encerrar a tragédia. Turki foi vê-lo no hospital, onde seus ferimentos estavam sendo tratados. Oteibi saltou da cama, agarrou a mão do príncipe e beijou-a. "Por favor, peça ao rei Khaled que me perdoe!", ele implorou. "Prometo não fazer isso de novo!"

Turki estava espantado demais para responder de início. "Perdão?", ele enfim disse. "Peça perdão a Deus!"

O governo dividiu Oteibi e 62 de seus discípulos entre oito cidades diferentes, onde, em 9 de janeiro de 1980, foram enforcados — a maior execução da história da Arábia Saudita.

O governo saudita admitiu que 127 de seus homens haviam sido mortos no levante, e 461 estavam feridos. Cerca de uma dúzia de fiéis perdeu a vida, junto com 117 rebeldes. Versões não oficiais, porém, situam o número de mortos acima de 4 mil.[22] De qualquer modo, o reino estava traumatizado. O local mais sagrado do mundo havia sido profanado — por muçulmanos. A autoridade da família real tinha sido desafiada abertamente. Depois daquilo, nada poderia continuar igual. A Arábia Saudita chegara a um ponto em que teria de mudar, mas em qual direção? Rumo à abertura, liberdade, tolerância, modernidade e às idéias ocidentais de progresso democrático, ou rumo a um autoritarismo maior e à repressão religiosa?

Nos primeiros dias do cerco, Osama bin Laden e seu irmão Mahrous foram detidos.[23] Estavam voltando para casa de carro de Al-Barood, a fazenda da família perto da estrada que vai de Jidá a Meca. As autoridades avistaram a trilha de poeira de seu carro saindo do deserto e pensaram que fossem rebeldes em fuga. Na época da detenção, os irmãos afirmaram não saber que o cerco havia acontecido. Ficaram presos por um ou dois dias, mas sua posição social os protegeu. Osama isolou-se em sua casa por uma semana. Ele se opunha a Oteibi e aos salafistas extremistas que o cercavam. No entanto, cinco anos depois, diria a um companheiro *mujahid* em Peshawar que Oteibi e seus seguidores eram muçulmanos verdadeiros, inocentes de qualquer crime.[24]

No mês entre a rendição dos rebeldes e sua execução em massa, um fato novo chocou o mundo islâmico: na véspera do Natal de 1979, tropas soviéticas invadiram o Afeganistão. "Fiquei enfurecido e fui para lá imediatamente", Bin Laden mais tarde afirmou. "Cheguei em poucos dias, antes do final de 1979."[25] De acordo com Jamal Khalifa, até então Bin Laden jamais ouvira falar daquele país, e só fora para lá em 1984, quando teria sido visto pela primeira vez no Paquistão e no Afeganistão. Bin Laden explicou que aquelas viagens anteriores foram "um grande segredo, para que minha família não descobrisse".[26] Ele diz que se tornou um mensageiro, entregando doações de caridade de sauditas ricos. "Eu costumava entregar o dinheiro e voltar logo em seguida, portanto não estava por dentro do que vinha ocorrendo."[27]

A figura mais influente no envolvimento de Bin Laden com a causa afegã foi um carismático sábio e místico palestino chamado Abdullah Azzam. Nascido em Jenin em 1941, Azzam fugiu para a Jordânia depois que Israel capturou a Cisjordânia, em 1967. Foi para a Universidade Al-Azhar, no Cairo, onde obteve um doutorado em jurisprudência islâmica em 1973, dois anos depois de seu amigo Omar Abdul Rahman, o xeique cego.[28] Ingressou então no corpo docente da Universidade da Jordânia, mas seu ativismo palestino fez que fosse demitido em 1980.[29] Logo encontrou um emprego conduzindo orações na mesquita da Universidade Rei Abdul Aziz, em Jidá.

Para jovens muçulmanos agitados como Osama bin Laden, o xeique Abdullah Azzam* corporificava de forma moderna o sacerdote guerreiro — uma figura tão consagrada na tradição islâmica como o samurai no Japão. Azzam

---

* Ele não é parente da família da mãe de Ayman al-Zawahiri, os Azzam do Cairo.

combinava devoção e aprendizado com uma intransigência serena e sangrenta. Seu lema: "*Jihad* e o rifle apenas; nada de negociações, nada de conferências, nada de diálogos".[30] Ao redor do pescoço usava o turbante preto-e-branco palestino — uma lembrança de sua reputação como guerreiro pró-liberdade. Na época da chegada em Jidá, já era conhecido pela coragem e a oratória. Alto e resistente, uma impressionante barba preta claramente bifurcada por dois tufos brancos e olhos escuros que irradiavam convicção, ele hipnotizava o público com sua visão de um islã que dominaria o mundo pela força das armas.

Apesar do número crescente de seguidores, Azzam estava impaciente em Jidá, ansioso por participar da nascente resistência afegã. "A *jihad* para ele era como a água para o peixe", revelou sua esposa, Umm Mohammed.[31] Ele logo encontrou um cargo de professor do Alcorão e de língua árabe na Universidade Islâmica Internacional de Islamabad, Paquistão,[32] mudando-se para lá assim que pôde, em novembro de 1981.[33]

Logo ele estava passando os fins de semana em Peshawar, que se tornara o quartel-general da resistência afegã contra a ocupação soviética. Visitou os campos de refugiados e viu seu sofrimento aterrador. Encontrou-se com os líderes dos *mujahidin* — os "guerreiros santos"—, que fizeram de Peshawar sua base. "Alcancei o Afeganistão e não pude acreditar nos meus olhos", Azzam mais tarde recordaria em seus incontáveis vídeos e nas palestras mundo afora.[34] "Senti como se tivesse renascido." Em suas interpretações, a guerra era primordial, metafísica, travada numa paisagem de milagres. Os afegãos, em seu painel, representam a humanidade num estado de pureza — um povo justo, devoto, pré-industrial — pelejando contra a força brutal, desalmada, mecanizada da modernidade. Nessa guerra, os fiéis recebiam ajuda das mãos invisíveis de anjos. Azzam falou de helicópteros russos sendo laçados com cordas, e afirmou que bandos de pássaros funcionavam como um sistema de radar preventivo, levantando vôo quando os jatos soviéticos ainda sobrevoavam o horizonte.[35] Repetidamente em suas histórias, *mujahidin* descobrem buracos de bala em suas roupas sem ter se ferido, e os corpos dos mártires não se putrefazem, permanecendo puros e com bom cheiro.

A luta do islã, como Qutb definira, e como Azzam acreditava profundamente, era contra *jahiliyya*: o mundo da descrença vigente antes do islã e que continuava corrompendo e solapando os fiéis com a sedução do materialismo, secularismo e igualdade sexual. Ali naquela terra primitiva, tão tolhida pela pobreza, o analfabetismo e os códigos tribais patriarcais, a *jihad* afegã heróica e aparentemente fadada ao fracasso contra o colosso soviético possuía os elementos de um momento grandioso na história. Nas mãos habilidosas do xeique Abdullah Azzam, a lenda dos guerreiros santos afegãos seria embalada e vendida mundo afora.

Azzam voltava a Jidá com freqüência, permanecendo no apartamento de hóspedes de Bin Laden em suas viagens ao reino. Realizou sessões de recrutamento na casa de Bin Laden, onde atraía jovens sauditas com suas descrições do sofrimento dos refugiados e da coragem dos *mujahidin* afegãos. "Vocês *têm* de fazer isso!", ele os exortava. "É seu dever! É preciso deixar tudo e ir!"

Bin Laden venerava Azzam, que representava para ele um modelo do homem que viria a ser. De sua parte, Azzam estava encantado com seu jovem anfitrião bem relacionado e com hábitos monásticos. "Ele vive em sua casa a vida dos pobres", maravilhava-se Azzam. "Nunca vi uma única mesa ou cadeira. Qualquer casa de trabalhador jordaniano ou egípcio era melhor que a casa de Osama. Ao mesmo tempo, se você pedisse 1 milhão de riais para os *mujahidin*, ele preenchia um cheque no ato."[36] Mesmo assim, Azzam ficou um pouco desapontado quando, no escaldante calor saudita, Bin Laden deixou o ar-condicionado desligado. "Se você tem um, por que não usa?", perguntou, petulante.[37] Bin Laden acedeu com relutância ao pedido do hóspede.

Logo Jidá se tornou uma estação de trânsito de rapazes respondendo ao chamado do xeique Abdullah para "se juntarem à caravana" da *jihad* afegã. Agentes pagos procuravam jihadistas potenciais,[38] embolsando metade da soma — normalmente centenas de dólares — que os recrutas recebiam quando aderiam. Peregrinos muçulmanos jovens constituíam alvos especiais. Para levá-los ao front, os agentes prometiam empregos em organizações humanitárias que nunca se concretizavam. Fugitivos da Argélia e Egito entravam clandestinamente no país e recebiam documentos falsos dos órgãos de inteligência sauditas. O Saudi Binladin Group, que mantinha um escritório no Cairo a fim de contratar trabalhadores qualificados para as obras das duas mesquitas sagradas, ficou conhecido como um canal para radicais que quisessem lutar no Afeganistão.[39] É provável que Zawahiri tivesse contato com egípcios que chegavam através de Jidá, tendo sido assim atraído para o círculo de Bin Laden.

Bin Laden abriu uma casa de apoio para os recrutas em trânsito, e chegou a hospedá-los no próprio apartamento.[40] No verão, dirigia acampamentos militares especiais para estudantes do ensino médio e superior.[41] Embora fosse ainda bem jovem, rapidamente emergiu como um talentoso arrecadador de fundos. Pessoas ricas, inclusive membros da família real, contribuíram de bom grado. O governo saudita encorajou os esforços, oferecendo bons descontos na linha aérea nacional para vôos ao Paquistão, o ponto de desembarque para a *jihad*. O príncipe herdeiro Abdullah doou pessoalmente à causa dezenas de caminhões.[42] Foi um esforço nacional empolgante, embora criasse hábitos e associações de caridade que se tornariam depois nocivos. As pessoas que acorriam à *jihad* afegã sentiam o próprio islamismo ameaçado pelo avanço do comunismo. O Afeganistão significava pouco para a maioria, mas a fé do povo afegão significava muito. Elas estavam fixando um limite ao recuo de sua religião, a palavra definitiva de Deus e a única esperança de salvação humana.

Jamal Khalifa deixou-se persuadir totalmente pelos argumentos de Azzam. Mais tarde, falou com o amigo Osama e declarou-se decidido a ir ao Afeganistão. Como sinal de aproximação, Bin Laden propôs que Jamal se casasse com sua irmã favorita, Sheikha. Ela era divorciada e vários anos mais velha que Osama, que vinha cuidando da irmã e de seus três filhos. Como Jamal de início não foi autorizado a vê-la, seu amigo elogiou, com certo exagero, a natureza agradável, o humor e a devoção da irmã.

"Do que você está falando?", Khalifa perguntou. "E se eu for lá para morrer?"

Mas concordou em conhecê-la assim que fosse possível marcar um encontro. Quando a conheceu, achou Sheikha "a melhor mulher que conheci em toda a minha vida". Mas adiou o casamento por um ano, pois poderia sofrer o martírio no Afeganistão.

Bin Laden também quis ir declaradamente ao Afeganistão, mas não conseguiu permissão das autoridades. "O governo saudita pediu oficialmente que eu não entrasse no Afeganistão devido à proximidade entre minha família e a liderança saudita", ele explicou mais tarde. "Ordenaram que eu permanecesse em Peshawar, porque, se os russos me prendessem, teriam uma prova de nossa ação contra a União Soviética. Desobedeci à ordem. Acharam que minha entrada no Afeganistão seria desfavorável para eles. Não dei ouvidos."[43]

Ele teria de desafiar outra autoridade também, ainda mais difícil. Sua mãe proibiu que fosse. Ele implorou por sua permissão, afirmando que iria apenas cuidar das famílias dos *mujahidin*. Disse que telefonaria todo dia. Enfim prometeu: "Não vou nem chegar perto do Afeganistão".[44]

5. Os milagres

Um mês depois da invasão soviética, o príncipe Turki al-Faisal fez uma visita ao Paquistão. Estava chocado com a conquista soviética do Afeganistão, que via como o primeiro passo na marcha rumo às águas mornas do golfo Pérsico. O Paquistão seria a próxima vítima. Ele acreditava que o objetivo final da União Soviética era controlar o estreito de Ormuz, na base do golfo, onde Omã se estende em direção ao Irã como um anzol diante de uma boca aberta. Dali, os soviéticos poderiam controlar a rota de suprimentos dos superpetroleiros que transportavam o petróleo da Arábia Saudita, Iraque, Kuwait e Irã. Quem controlasse o estreito encostaria uma faca na garganta do suprimento mundial de petróleo.

Os colegas de Turki do serviço de inteligência do Paquistão informaram sobre a resistência afegã, levando-o depois aos campos de refugiados na periferia de Peshawar. Turki ficou chocado com a dimensão do sofrimento. Voltou ao reino prometendo enviar mais dinheiro aos *mujahidin*, se bem que acreditasse que aqueles soldados esfarrapados jamais conseguiriam derrotar o Exército Vermelho. "O Afeganistão já era", concluiu. Sua única esperança era protelar a inevitável invasão soviética do Paquistão.

Preocupação semelhante dominava Washington, especialmente Zbigniew Brzezinski, assessor de segurança nacional do governo Carter. Brzezinski, porém, viu a invasão como uma oportunidade. Escreveu para Carter imediatamente, dizendo: "Agora podemos dar à URSS sua própria Guerra do Vietnã."[1] Procurando um aliado para esse esforço, os americanos naturalmente se voltaram para os sauditas — ou seja, para Turki, o príncipe educado nos Estados Unidos que controlava a conta afegã.

Turki tornou-se o homem-chave da aliança secreta entre Estados Unidos e Arábia Saudita para canalizar dinheiro e armas à resistência, através do serviço de inteligência do Paquistão. O programa tinha de ser mantido em sigilo, para não dar aos soviéticos a desculpa que buscavam para invadir o Paquistão. Até o final da guerra, os sauditas igualariam os americanos dólar por dólar, começando com apenas 75 mil dólares, mas chegando a bilhões.

O problema imediato enfrentado por Turki era que os *mujahidin* não passavam de bandos desorganizados. Havia cerca de 170 milícias afegãs armadas em meados da década de 1980.[2] Para controlar o caos, o serviço de inteligência do Paquistão designou seis grandes partidos de refugiados políticos como beneficiários da ajuda. Os refugiados afegãos, em número de 3,27 milhões em 1988, precisavam se inscrever em um dos seis partidos oficiais para ter direito a comida e suprimentos. Os dois maiores, encabeçados por Gulbuddin Hekmatyar e Burhanuddin Rabbani, reuniam cada um 800 mil pessoas em Peshawar sob sua autoridade.[3] Turki forçou a criação de um sétimo partido oficial que representasse melhor os interesses sauditas. A Itihad-e-Islami (União Islâmica) recebeu doações particulares por intermédio de Bin Laden e outros, sendo chefiada por Abdul Rasul Sayyaf.[4] Chefe guerreiro afegão imponente e arrojado, 1,90 metro de altura, sempre coberto com mantas coloridas, Sayyaf falava um excelente árabe clássico aprendido na Universidade Al-Azhar, no Cairo. Suas crenças *wahhabi* estavam fora de sintonia com as tradições sufistas predominantes no Afeganistão antes da guerra, mas estavam bem sintonizadas com os interesses do governo saudita e do seu establishment religioso. Aqueles sete líderes *mujahidin* passaram a ser conhecidos, pela CIA e por outros órgãos de inteligência que eram seus principais mantenedores, como os "sete anões".

Turki viu problemas à frente com os gananciosos e briguentos "anões" e várias vezes insistiu que esses grupos divergentes se unissem sob um comando único. Em 1980, trouxe os líderes *mujahidin* a Meca. Ahmed Badeeb, o auxiliar de Turki, acompanhou-os. Badeeb descobriu a forma mais eficaz de encerrar a discórdia entre os líderes da resistência: trancá-los numa prisão em Taif até que concordassem em escolher Sayyaf — o homem de Turki — como seu líder.[5] Mas, tão logo deixaram o reino, o acordo da prisão se desfez. "Eles voltaram aos hábitos anteriores", lamentou Turki.

O "medo da participação corporal"[6] manteve Bin Laden distante do campo de batalha nos primeiros anos da guerra, fato que mais tarde muito o envergonharia. As viagens ao Paquistão, limitou-as a Lahore e Islamabad, não se aventurando sequer até Peshawar, voltando depois para casa em Jidá. Aquelas excursões freqüentes acabaram lhe custando o emprego. Ao deixar a reconstrução da mesquita do Profeta em Medina, Bin Laden abriu mão de sua participação no lucro:[7] um montante que Abdullah Azzam calculou em 8 milhões de riais, cerca de 2,5 milhões de dólares.

Em 1984, Azzam persuadiu Osama a cruzar a fronteira até Jaji, onde Sayyaf mantinha um acampamento no alto das montanhas sobre um importante posto avançado soviético. "Fiquei surpreso com o estado lastimável do equipamento e de todo o resto: armas, estradas e trincheiras", recordou Bin Laden.[8] "Pedi perdão a Deus todo-poderoso, sentindo que havia pecado por dar ouvidos aos que me aconselharam a não ir para lá. [...] Senti que aquele atraso de quatro anos só poderia ser perdoado se eu me tornasse um mártir."

Às sete da manhã de 26 de junho de 1984, durante o ramadã, a maioria dos *mujahidin* no acampamento de Jaji ainda dormia, já que tinham ficado orando e comendo até tarde da noite depois de jejuar durante o dia. O som de um jato soviético trouxe-os brutalmente de volta à vigília. Os homens mergulharam nas trincheiras. "As montanhas tremiam com o bombardeio", observou Bin Laden,[9] que se chocou com a baixa altitude dos aviões durante o ataque.

> Os mísseis que caíam fora do acampamento faziam um barulho enorme, que encobria o som dos canhões dos *mujahidin*, como se estes não existissem. Lembrando que, quando você ouve apenas esses sons, tem a impressão de que não pode haver nada mais alto! Quanto aos mísseis que caíram dentro do acampamento, graças a Deus não explodiram. Aterrissaram como blocos de ferro. Senti-me mais perto de Deus do que nunca.

Bin Laden recordou que os *mujahidin* derrubaram quatro aviões soviéticos naquela manhã. "Vi com meus próprios olhos os restos mortais de um dos pilotos", ele se admirou. "Três dedos, parte de um nervo, a pele de uma bochecha, uma orelha, o pescoço e a pele das costas. Alguns irmãos afegãos chegaram e tiraram uma foto dele como se fosse um cordeiro sacrificado! Nós aplaudimos." Ele também notou admirado que os afegãos não se deram ao trabalho de saltar para dentro das trincheiras com os árabes amedrontados quando o ataque começou. "Nenhum de nossos irmãos havia se ferido, graças a Deus. Aquela batalha me deu um grande incentivo para continuar na luta. Convenci-me ainda mais de que ninguém iria se ferir a não ser por vontade de Deus."

Bin Laden retornou imediatamente à Arábia Saudita e, antes do final do ramadã, arrecadou uma fortuna para os *mujahidin*: "entre 5 milhões e 10 milhões de dólares", lembrou vagamente Abdullah Azzam.[10] "Não me lembro com certeza." Mais de 2 milhões de dólares vieram de uma das meias-irmãs de Osama. Até então, Bin Laden era visto sobretudo como um acólito promissor do xeique Abdullah, mas de repente ele eclipsou seu guia firmando-se como o principal financiador privado da *jihad*.

Azzam reagiu unindo forças oficialmente com seu pupilo. Em setembro de 1984, durante a *hajj*, os dois homens se encontraram em Meca. Embora se mostrasse tranqüilo e respeitoso, Bin Laden já concebera seu próprio plano. Talvez tivesse surgido naquele ataque em Jaji, quando todos os árabes mergulharam nas trincheiras. Ele observara que os afegãos os tratavam como "convidados louvados", e não como verdadeiros *mujahidin*. Sugeriu a Azzam que "deveríamos assumir a responsabilidade pelos árabes, porque os conhecemos melhor e podemos proporcionar um treinamento mais rigoroso a eles". Os dois homens concordaram em dotar os árabes de um papel mais formal no Afeganistão, embora poucos realmente lutassem na *jihad* àquela altura. Bin Laden resolveu mudar tal realidade, oferecendo passagem, uma residência e ajuda de custo para cada árabe — e sua família — que aderisse às suas forças. Aquilo representava cerca de trezentos dólares por mês para cada família.[11]

Azzam reforçou o anúncio surpreendente de Bin Laden emitindo uma *fatwa* que eletrizou os islamitas por toda parte. Num livro que acabou sendo publicado sob o título *Defesa das terras muçulmanas*, Azzam argumentava que a *jihad* no Afeganistão era obrigatória para todo muçulmano fisicamente apto.* Ele mandou uma cópia preliminar do texto ao xeique Abdul Aziz bin Baz, principal clérigo da Arábia Saudita, que escreveu um prefácio ao livro e pronunciou sua própria *fatwa* de apoio na mesquita da família Bin Laden, em Jidá.

A *fatwa* de Azzam traça uma distinção entre *fard ayn* e *fard kifaya*. O primeiro é uma obrigação religiosa individual que recai sobre todos os muçulmanos, como orar e jejuar. Nenhum bom muçulmano pode se eximir desses deveres. Se infiéis invadem uma terra muçulmana, expulsá-los constitui um *fard ayn* — um dever compulsório — para os muçulmanos locais. Caso falhem, a obrigação se expande para os vizinhos muçulmanos. "Se eles também enfraquecem ou faltam recursos humanos, cabe às pessoas além deles, e às pessoas mais além, marchar avante. Esse processo continua até se tornar *fard ayn* no mundo inteiro." Uma criança não precisa da permissão dos pais, nem um devedor da permissão do credor, nem mesmo uma mulher da permissão do marido para aderir à *jihad* contra o invasor. *Fard kifaya*, por outro lado, é um dever da comunidade. Azzam dá o exemplo de um grupo de pessoas caminhando pela praia. "Elas vêem uma criança que vai se afogar." A criança, ele sugere, é o Afeganistão. Salvar a criança que se afoga constitui uma obrigação de todos os nadadores que presenciam a cena. "Se alguém toma a iniciativa de salvá-la, os demais ficam isentos do pecado. Mas se ninguém se move, todos os nadadores incorrem em pecado." Desse modo, Azzam argumenta que a *jihad* contra os soviéticos é dever de cada muçulmano individualmente, bem como de todo o povo muçulmano, e que todos incorrem em pecado até que o invasor seja rechaçado.

Reforçadas pelo imprimátur de Bin Baz e outros clérigos eminentes, as notícias da *fatwa* circularam imediatamente pelas comunidades islâmicas em toda parte. Ainda que seja verdade que o movimento afegão árabe tenha começado com aqueles dois eventos — o anúncio de Bin Laden do apoio financeiro aos *mujahidin* árabes e a *fatwa* marcante de Azzam —, o fato é que seus esforços iniciais em grande parte fracassaram. Poucos árabes atenderam à

---

* O interessante é que esse ex-guerrilheiro palestino considera o Afeganistão mais importante que a luta palestina contra Israel. A guerra no Afeganistão visava a criar um Estado islâmico, ele diz, enquanto a causa palestina envolvia grupos diferentes, inclusive "comunistas, nacionalistas e muçulmanos modernistas", lutando por um Estado secular.

convocação, e muitos voluntários foram atraídos pelo dinheiro de Bin Laden tanto quanto pela obrigação de defender o islã da maneira prescrita por Azzam.

Assim que retornaram ao Paquistão, Bin Laden e o xeique Abdullah Azzam criaram o que denominaram Birô de Serviços (Maktab al-Khadamat) numa casa que Bin Laden alugara na parte da cidade universitária de Peshawar.[12] Bin Laden fornecia 25 mil dólares mensais para manter o escritório em funcionamento.[13] A casa também servia como hospedaria para *mujahidin* árabes e como sede da revista e editora de Azzam. O Birô de Serviços era essencialmente um repositório para o dinheiro que os dois homens vinham arrecadando, graças aos esforços intensivos de captação de recursos. Jamal Khalifa juntou-se a Bin Laden e Azzam no Birô de Serviços, e eles lutaram para assegurar que as doações, muitas vezes transportadas em malas de dinheiro, realmente chegassem às mãos dos refugiados. A longa participação de Azzam na Sociedade dos Irmãos Muçulmanos garantiu um circuito internacional ao qual recorrer em sua promoção incessante da insurreição. Mesmo assim, seus esforços não se comparavam aos de Bin Laden, que ele chamava de "este homem mandado pelo céu",[14] ligado diretamente à família real saudita e aos petrobilionários do golfo.

Bin Laden também aproveitou sua ligação com o príncipe Turki. Duas vezes ao mês, o chefe do estado-maior de Turki e antigo professor de ciências de Bin Laden, Ahmed Badeeb, viajava até Peshawar a fim de entregar dinheiro aos líderes dos *mujahidin*.[15] O governo saudita contribuía com uma quantia que variava de 350 milhões a 500 milhões de dólares por ano para a *jihad* afegã.[16] O dinheiro era depositado em uma conta bancária na Suíça controlada pelo governo dos Estados Unidos, que o utilizava para apoiar os *mujahidin*. Mas os sauditas também geriam seus próprios programas privados, arrecadando milhões de dólares para seus comandantes protegidos. Mais de um décimo do dinheiro particular serviu para suplementar as atividades não oficiais de Bin Laden.

Turki afirma que conheceu Bin Laden pela primeira vez em 1985 ou 1986 em Peshawar.[17] Eles se encontraram novamente numa festa da embaixada saudita em Islamabad. Bin Laden informava devidamente a Turki as suas atividades, como trazer equipamento pesado e engenheiros para construir fortificações. Ele deu ao príncipe a impressão de tímido, afável, amigável, "quase gentil", e muito útil. Através de Bin Laden, Turki podia recrutar jovens árabes para a *jihad*,[18] bem como fornecer treinamento e doutrinação fora do controle do serviço de inteligência do Paquistão. Além disso, Bin Laden vinha levantando grandes somas de dinheiro não contabilizado — um tesouro a que um agente mais hábil do serviço secreto podia dar um bom destino.

O Birô de Serviços tornou-se uma referência para jovens árabes que apareciam em Peshawar procurando um meio de ir para a guerra. Oferecia àqueles homens — muitas vezes estudantes do ensino médio — hospedarias para se instalarem e encaminhava-os aos campos de treinamento. Num lugar onde lendas mágicas brotavam tão facilmente, Bin Laden logo se tornou parte do folclore da *jihad*. Muitos afegãos árabes juravam fidelidade a Azzam, mas era Bin Laden quem pagava seu aluguel. A riqueza e a caridade logo o distinguiram. Percorria enfermarias de hospitais, uma figura magra e singular, distribuindo cajus e chocolates aos combatentes feridos[19] enquanto anotava cuidadosamente seus nomes e endereços. Construiu uma biblioteca teológica para a edificação dos *mujahidin* que estavam passando o tempo na cidade,[20] e ensinou árabe para ao menos um jovem afegão.[21] Deu dinheiro a Sayyaf para fundar a Universidade de Dawa al-Jihad, nos arredores de Peshawar, nas Áreas Tribais,[22] que se tornaria internacionalmente conhecida como uma academia de treinamento de terroristas. Ele também colaborou com a *Jihad*, uma revista em língua árabe que Azzam publicava.[23] Não era politicamente sofisticado, como alguns outros no Birô de Serviços, mas se mostrava incansável — "um ativista com grande imaginação", observou Abdullah Anas, argelino que trabalhou com ele no Birô de Serviços. "Comia pouquíssimo. Dormia pouquíssimo. Muito generoso. Era capaz de lhe dar suas roupas. Era capaz de lhe dar seu dinheiro."

No entanto, Bin Laden não impressionava muito como líder carismático, especialmente à sombra de Abdullah Azzam. "Ele tinha um sorriso pequeno no rosto e mãos suaves",[24] recordou um endurecido *mujahid* paquistanês. "Parecia que você estava dando a mão a uma moça." Era tímido e sério, e a muitos dava a impressão de ingênuo. Ao rir, cobria a boca com a mão. Um sírio que acabou se tornando confidente de Bin Laden lembrou o primeiro encontro:

> Foi em novembro de 1985. Ele não era famoso na época. Estávamos na sala de orações de uma hospedaria. As pessoas pediram que ele falasse, e ele falou sobre

cavalos. Disse que se você amar um cavalo, ele corresponderá. Era isso que ele tinha na cabeça: cavalos.[25]

O xeique Abdullah chamava o pequeno bando de árabes que se reuniam em Peshawar de "Brigada dos Estrangeiros".[26] Os árabes formavam uma comunidade, abrindo as próprias mesquitas, escolas e jornais. Alguns haviam chegado sem nada nos bolsos a não ser um número de telefone. Graças à subvenção generosa de Bin Laden, muitos se estabeleceram no subúrbio de Hayatabad, uma área de loteamentos na beira das Áreas Tribais, com sobrados providos de todas as conveniências modernas: refrigeradores, máquinas de lavar, secadoras etc.[27] Na verdade, muitos moradores viviam com mais conforto que Bin Laden.

Do outro lado do desfiladeiro de Khyber, a guerra. Os jovens árabes vindos a Peshawar rezavam para que a travessia os levasse ao martírio e ao paraíso. Enquanto matavam tempo, trocavam lendas sobre si, sobre o chamado que atraíra jovens muçulmanos para libertar seus irmãos no Afeganistão. De fato, a guerra vinha sendo travada quase inteiramente pelos próprios afegãos. Apesar da *fatwa* famosa de Azzam e das subvenções de Bin Laden, esses estrangeiros — que passaram a ser conhecidos como afegãos árabes — na guerra contra os soviéticos nunca ultrapassaram 3 mil,[28] e a maioria nem sequer saiu de Peshawar.

Os afegãos árabes eram muitas vezes renegados em seu próprio país, e descobriam que a porta se fechava atrás deles assim que partiam. Outros jovens muçulmanos, estimulados por seu próprio governo a aderir à *jihad*, eram estigmatizados como fanáticos ao fazê-lo. Seria difícil para muitos deles voltar algum dia para casa. Aqueles idealistas abandonados vinham naturalmente procurando um líder. Tinham pouco a que se apegar, exceto a causa e uns aos outros. Como pessoas apátridas, naturalmente se revoltavam contra a própria idéia de Estado. Viam-se como um grupo sem fronteiras incumbido por Deus de defender todo o povo muçulmano. Aquele era exatamente o sonho de Bin Laden.

Em Peshawar, eles adotavam identidades novas. Poucas pessoas na comunidade árabe empregavam o nome verdadeiro, e perguntar por ele era falta de educação. Nesse mundo subterrâneo, um filho muitas vezes não sabia a identidade verdadeira do pai.[29] O codinome costumava refletir o nome do primogênito masculino do *mujahid* ou alguma qualidade adequada à sua personalidade. Um nome jihadista comum, como "Abu Mohammed", poderia ser seguido de sua nacionalidade: "Al-Libi", por exemplo, "o líbio". Um código simples, mas difícil de decifrar, já que era preciso conhecer a reputação de um homem ou sua família para entender a referência.

Era a morte, e não a vitória no Afeganistão, que atraía tantos jovens árabes a Peshawar. O martírio era o produto que Azzam vendia nos livros, panfletos, vídeos e fitas cassete que circulavam em mesquitas e livrarias de língua árabe. "Eu viajava para familiarizar as pessoas com a *jihad*",[30] revelou Azzam, lembrando suas palestras em mesquitas e centros islâmicos ao redor do mundo. "Estávamos procurando saciar a sede de martírio. Continuamos apaixonados por isso." Azzam visitava os Estados Unidos anualmente — Kansas City, St. Louis, Dallas, todo o interior e as cidades grandes também — procurando dinheiro e recrutas entre os jovens muçulmanos fascinados com os mitos que ele desfiava.

Ele contava histórias de *mujahidin* que derrotavam vastas colunas de tropas soviéticas praticamente sem ajuda.[31] Afirmava que alguns dos bravos guerreiros haviam sido atropelados por tanques e sobrevivido; outros levaram tiros, mas as balas não penetraram no corpo. Se a morte advinha, era ainda mais milagrosa. Quando um *mujahid* querido falecera, a ambulância enchera-se de sons de zumbido de abelhas e canto de pássaros, ainda que estivessem no deserto afegão no meio da noite.[32] Corpos de mártires exumados, depois de um ano na tumba, ainda cheiravam bem, e o sangue continuava circulando. O céu e a natureza conspiravam para repelir o invasor ateu. Anjos acorriam à batalha montados em cavalos, e pássaros interceptavam as bombas lançadas, correndo à frente dos jatos para formar uma abóbada protetora sobre os guerreiros. Os relatos de milagres proliferaram, naturalmente, com a disseminação da notícia de que o xeique Abdullah vinha pagando aos *mujahidin* que contassem histórias maravilhosas.[33]

A sedução de uma morte ilustre e cheia de significado era especialmente poderosa nos casos em que a opressão do governo ou a privação econômica suprimiam os prazeres e recompensas da vida. Do Iraque ao Marrocos, os governos árabes haviam sufocado a liberdade e não conseguiam criar riqueza numa época em que a democracia e a renda pessoal vinham aumentando acentuadamente em quase todas as outras partes do globo. A Arábia Saudita, o mais rico do grupo, era um país tão improdutivo que nem mesmo a quantidade extraordinária de petróleo conseguira gerar qualquer outra fonte importante de renda. Na verdade, descontando a receita do petróleo dos países do golfo, 260 milhões de árabes exportavam menos do que os 5 milhões de finlandeses.[34] O radicalismo costuma prosperar no abismo entre expectativas crescentes e oportunidades em queda. Isso é especialmente verdadeiro quando a população é jovem, ociosa e entediada, quando a arte é empobrecida, quando o entretenimento — cinema, teatro, música — é policiado ou inexistente e quando os homens jovens são afastados da presença consoladora e socializante das mulheres. O analfabetismo adulto continuava sendo a norma em muitos países árabes. O desemprego era um dos mais altos do mundo em desenvolvimento. A raiva, o ressentimento e a humilhação incitavam os jovens árabes a buscar soluções dramáticas.

O martírio prometia àqueles jovens uma alternativa ideal a uma vida tão frugal nas recompensas. Uma morte gloriosa atraía o pecador, que seria perdoado, segundo a crença, ao primeiro jorro de sangue, além de contemplar seu lugar no paraíso antes mesmo da morte. Seu sacrifício poderia livrar setenta membros de sua família do fogo do inferno. O mártir pobre será coroado no paraíso com uma jóia mais valiosa do que a própria Terra. E, para os jovens provenientes de culturas onde as mulheres são mantidas afastadas, fora do alcance de alguém sem perspectiva, o martírio oferecia os prazeres conjugais de 72 virgens: as "huris de olhos negros", como o Alcorão as descreve, "castas qual pérolas ocultas". Elas aguardavam o mártir com festins de carne e frutas e taças do vinho mais puro.

O quadro vivo do martírio que Azzam fazia desfilar ante seu público mundial criou o culto da morte que um dia formaria o núcleo da Al-Qaeda. Para os jornalistas que cobriam a guerra, os afegãos árabes constituíam um espetáculo curioso, secundário à luta real, distinguindo-se por sua obsessão pela morte. Quando um combatente tombava, os companheiros o congratulavam e choravam por não terem sido também feridos na batalha. Aquelas cenas davam uma impressão estranha aos demais muçulmanos. Os afegãos vinham combatendo por seu país, não pelo paraíso nem por uma comunidade islâmica idealizada. Para eles, o martírio não era tão prioritário.

Rahimullah Yusufzai, o chefe do escritório em Peshawar do *News*, jornal diário paquistanês, observou um acampamento de afegãos árabes sob ataque em Jalalabad. Os árabes haviam armado tendas brancas pontudas nas linhas de frente, alvos fáceis para os bombardeiros soviéticos. "Por quê?", perguntou o repórter, incrédulo. "Queremos que nos bombardeiem!", responderam os homens. "Queremos morrer!" Eles acreditavam estar respondendo ao chamado de Deus. Se fossem realmente abençoados, Deus os recompensaria com uma morte de mártir. "Gostaria de atacar e ser morto, e depois atacar e ser morto, e depois atacar e ser morto", declarou Bin Laden mais tarde, citando o profeta.[35]

O Alcorão está cheio de referências à *jihad*: algumas relacionadas à luta interior pela perfeição, que o profeta chamou de "*jihad* maior", mas outras ordenam explicitamente aos fiéis: "Matai os idólatras, onde quer que os acheis" e "combatei aqueles que não crêem em Deus [...] até que, submissos, paguem o tributo". Alguns sábios islâmicos explicam essas prescrições dizendo que se aplicam apenas quando a guerra é iniciada pelos infiéis, quando os muçulmanos são perseguidos ou quando o próprio islã sofre ameaça. O Alcorão, observam esses pensadores, também preconiza aos muçulmanos: "Combatei, pela causa de Deus, aqueles que vos combatem; porém não pratiqueis agressão, porque Deus não estima os agressores".

Enfeitiçados pela luta afegã, muitos radicais islamitas passaram a acreditar que a *jihad* nunca cessa. Para eles, a guerra contra a ocupação soviética não passava de uma escaramuça numa guerra eterna. Eles se autodenominavam jihadistas, indicando o papel central da guerra em sua concepção religiosa. Eram a conseqüência natural da exaltação islamita da morte preferencialmente à vida. "Aquele que morre e não combateu e não estava determinado a combater morreu uma morte de *jahiliyya*", declarou Hassan al-Banna, fundador da Sociedade dos Irmãos Muçulmanos.[36] E acrescentou, com uma pitada de misticismo sufista residual: "A morte é arte".

O Alcorão afirma explicitamente: "Não há imposição quanto à religião". Isso parece proibir a guerra contra não-muçulmanos ou muçulmanos com crenças divergentes. Entretanto, Sayyid Qutb desprezou a idéia de que a *jihad* é apenas uma manobra defensiva para proteger a comunidade de fiéis. "O islã não é uma mera 'crença'", ele escreveu. "O islã é uma declaração da liberdade dos homens, abolindo a servidão em relação a outros homens. Assim, ele procura desde o início abolir todos aqueles sistemas e governos baseados no domínio do homem sobre o homem."[37] Qutb argumenta que a vida sem o islã é escravidão;[38] portanto a liberdade real só pode ser atingida depois que o *jahiliyya* for eliminado. Somente quando o governo do homem tiver sido erradicado e a *sharia* imposta não haverá mais imposição quanto à religião, porque só existirá uma opção: o islã.

No entanto, a declaração de *jihad* vinha dividindo a comunidade muçulmana. Não se alcançou o consenso de que a *jihad* no Afeganistão representava uma obrigação religiosa genuína. Na Arábia Saudita, por exemplo, o capítulo local da Sociedade dos Irmãos Muçulmanos recusou-se a cumprir a exigência de enviar seus membros à *jihad*,[39] embora encorajasse o trabalho humanitário no Afeganistão e no Paquistão. Os que partiram em geral não estavam afiliados a nenhuma organização muçulmana tradicional, estando portanto mais abertos à radicalização. Muitos pais sauditas preocupados rumaram até os campos de treinamento para trazer os filhos de volta.[40]

Os idealistas ferrenhos que responderam à mensagem de Azzam viram o Afeganistão como o início da volta do islamismo à predominância internacional, que incluiria não apenas a libertação dos afegãos, mas também a recaptura final de todo o território, da Espanha à China, outrora sob o domínio muçulmano esclarecido, enquanto a Europa chafurdava na Idade Média. Mas a restauração do antigo império seria apenas o primeiro passo. O estágio seguinte: a guerra contra os infiéis, culminando no dia do juízo final.

Os afegãos árabes não eram todos suicidas ou pensadores apocalípticos. Havia também curiosos, combatentes de férias, estudantes em busca de uma forma emocionante de passar seus períodos livres. Outros buscavam um sentido que a vida corriqueira não proporcionava.

"Eu não era um fiel", lembrou Mohammed Loay Baizid, sírio que emigrara para os Estados Unidos. Com 24 anos em 1985, considerava-se um jovem americano de classe média típico, habituado a shopping centers e fastfoods. Ele topou com um panfleto mimeografado de Abdullah Azzam e decidiu que, se milagres ocorriam, precisava vê-los. Estudava engenharia numa faculdade comunitária em Kansas City, Missouri, na época. Ninguém soube lhe informar como chegar até a guerra a partir de Kansas City, de modo que Baizid pegou um avião até Islamabad e telefonou para o número do panfleto. Se Azzam não tivesse atendido, não saberia o que fazer.

Baizid planejava ficar apenas três meses, mas sentiu-se cativado pela estranheza do lugar e a camaradagem de homens que flertavam com o martírio. Suas sobrancelhas pretas expressivas e seus comentários jocosos constantes não combinavam com aquele grupo sério de guerreiros santos. "Fui para o Afeganistão com a mente vazia e um bom coração", ele disse. "Tudo era totalmente estranho. Como se tivesse acabado de nascer, como se fosse uma criança, tendo de aprender tudo de novo. Não seria fácil, depois daquilo, ir embora e retomar a vida normal." Ele adotou o nome jihadista de "Abu Rida al-Suri".

Destreinada mas ávida por ação, a Brigada dos Estrangeiros só sossegou quando Azzam concordou em levá-la ao Afeganistão para juntar forças com o comandante afegão Gulbuddin Hekmatyar, que combatia os soviéticos perto de Jihad Wal. Bin Laden e sessenta árabes atravessaram a fronteira com um só guia afegão. Pensando que rumariam direto para a batalha, haviam enchido os bolsos de passas e grãos-de-bico, quase tudo consumido durante a longa viagem. Começaram a chamar a si mesmos de "Brigada dos Grãos-de-Bico". Em torno das dez daquela noite, chegaram enfim ao acampamento afegão, onde souberam que os soviéticos haviam recuado.

"A presença de vocês não é mais necessária", informou Hekmatyar, impaciente, na manhã seguinte. "Podem voltar."[41]

Azzam imediatamente consentiu, mas Bin Laden e alguns dos outros árabes expressaram seu desalento. "Se eles recuaram, não deveríamos ao menos persegui-los?", indagaram. Azzam montou alguns alvos num poste de cerca para que os homens pudessem praticar tiro ao alvo. Depois, os árabes devolveram as armas a um comandante afegão e pegaram alguns ônibus de volta a Peshawar. Eles começaram a chamar a si mesmos de "Brigada dos Ridículos". Ao chegar, dispersaram-se.

Em 1986, Bin Laden levou suas esposas e filhos para Peshawar,[42] onde se juntaram à pequena mas crescente comunidade de árabes que responderam à *fatwa* do xeique Abdullah Azzam. Estava claro, àquela altura, que os afegãos estavam vencendo a guerra. Admitindo que o Afeganistão era "uma ferida sangrando", Mikhail Gorbachev, o secretário-geral do partido comunista da União Soviética, propôs um cronograma para a retirada completa das tropas soviéticas. Aquele também foi o ano da introdução do Stinger, o míssil portátil de fabricação americana que acabou se mostrando tão mortal para a aviação russa, pendendo decisivamente a balança a favor dos *mujahidin*. Três anos sangrentos ainda decorreriam até os soviéticos enfim se desenredarem, mas mesmo assim a presença de milhares de árabes — raramente mais que algumas centenas no campo de batalha — não fez nenhuma diferença real no desenrolar dos fatos.

Carregamentos de armas afluíam ao porto de Karachi. O serviço de inteligência do Paquistão, que repartia as armas entre os comandantes afegãos, precisava de um repositório, de preferência fora do Paquistão, mas fora também do alcance dos soviéticos. Existe uma parte diferenciada das Áreas Tribais que se projeta no Afeganistão ao longo de uma cadeia de montanhas, a sudoeste do desfiladeiro de Khyber, conhecida como Bico do Papagaio. A encosta norte do Bico do Papagaio é chamada Tora Bora. O nome significa "poeira preta". Remoto e estéril, o lugar é rico em grutas de quartzo e feldspato superduros. Bin Laden ampliou as cavernas e construiu algumas novas para servirem de arsenais.[43] Dali, do emaranhado de grutas de munição que ele construiu para os *mujahidin*, Bin Laden um dia se voltaria contra os Estados Unidos.

Em maio de 1986, Bin Laden liderou um pequeno grupo de árabes para se juntarem às forças afegãs em Jaji, no território controlado por Sayyaf perto da fronteira paquistanesa. Certa noite, as barracas árabes foram atingidas pelo que parecia ser pedras, talvez fragmentos atirados por bombas distantes ocasionais. Quando um cozinheiro iemenita se levantou para preparar a refeição da madrugada, ouviu-se uma explosão enorme. "Deus é grande! Deus é grande!", berrou o cozinheiro. "Minha perna! Minha perna!"[44] Os árabes acordaram e encontraram minas espalhadas pelo acampamento, embora fossem difíceis de ver por causa da cor verde que as fazia desaparecer na grama. Ao evacuarem o local, um míssil teleguiado caiu a poucos metros de Bin Laden. Depois uma explosão enorme no alto da montanha despejou pedregulhos e lascas de madeira sobre os árabes cercados. Alguns se feriram, e um estudante de pós-graduação egípcio morreu. Os árabes entraram em pânico, mas a pior humilhação foi quando as forças afegãs pediram que partissem, já que eram tão inúteis.

Apesar dessa exibição lastimável, Bin Laden financiou o primeiro acampamento permanente todo árabe no final de 1986, também em Jaji.[45] Essa ação o fez entrar em conflito com seu preceptor, Azzam, frontalmente contrário ao plano. Ambos estavam dominados por um sonho poderoso e impraticável. Azzam sonhava eliminar as divisões nacionais que impediam a união do povo muçulmano. Por isso, sempre procurava dispersar os voluntários árabes entre as diferentes tropas afegãs, embora poucos árabes falassem as línguas locais ou tivessem recebido qualquer treinamento prático. Acabavam virando bucha de canhão. Por outro lado, um alvo fixo como o acampamento imaginado por Bin Laden constituía um desperdício de vidas e dinheiro na guerra de guerrilhas de ataques relâmpagos que os afegãos vinham travando. Bin Laden já pensava no futuro da *jihad*, e o acampamento de Jaji foi seu primeiro passo rumo à criação de uma legião árabe capaz de travar uma guerra em qualquer parte. Até então, havia subordinado seu sonho aos objetivos do homem mais velho, mas começava a sentir a força do destino.

Desesperado para impedir a fuga de Bin Laden de sua órbita, Azzam enviou Jamal Khalifa para parlamentar com ele. Ninguém conseguia falar com mais franqueza ou autoridade com Bin Laden do que seu velho amigo e cunhado. Khalifa transpôs a fronteira afegã com Sayyaf, que controlava o território montanhoso ao redor de Jaji. O acampamento ficava num lugar alto, frio e exposto a um vento inclemente. Osama — o Leão — chamava o lugar de Maasada, a "Cova do Leão". Ele se disse inspirado pelos versos do poeta favorito do profeta, Hassan Ibn Thabit,[46] que escreveu sobre outra fortaleza de mesmo nome:

> Quem quiser ouvir o choque das espadas,
> que venha a Maasada,
> onde encontrará homens corajosos dispostos a morrer
> em nome de Deus.

Na época, a versão de Bin Laden de Maasada estava longe do elaborado centro de treinamento nas cavernas em que acabou se transformando. Khalifa havia sido um escoteiro dedicado, e, aos seus olhos experientes, aquele local imundo e desorganizado, oculto sob os pinheiros, estava bem aquém dos padrões mesmo de um acampamento de crianças. Havia um buldôzer, imitações egípcias de Kalashnikovs, morteiros, algumas baterias antiaéreas pequenas compradas nos mercados de Peshawar e foguetes chineses sem lançadores. Para disparar um foguete, o *mujahid* o apoiava numa rocha, prendia um fio e depois o lançava de certa distância — um procedimento loucamente perigoso e impreciso.

Por meio de binóculos, Khalifa inspecionava a base soviética num vale amplo a apenas três quilômetros de distância.[47] Os árabes estavam isolados e vulneráveis. Dispunham de apenas um carro que servia para contrabandear água e suprimentos durante a noite,[48] mas poderiam ser facilmente pegos de surpresa e eliminados. Eles já vinham sendo negligentemente exauridos sob o comando de Bin Laden. Khalifa enfureceu-se com o risco desnecessário e o desperdício de vidas.

Ele permaneceu três dias, conversando com as pessoas ao redor de Bin Laden — a maioria, egípcios associados à Al-Jihad de Zawahiri e estudantes do ensino médio sauditas, incluindo o próprio aluno de Khalifa, Wali Khan, um destaque na cadeira de biologia que ele ministrava em Medina. Khalifa soube que haviam designado Bin Laden — em vez de Azzam ou Sayyaf — como líder. Aquela notícia o aturdiu. Ele jamais pensara no amigo como alguém capaz de buscar o poder.

Khalifa desconfiou que Osama viesse sendo manipulado pelos egípcios. As suspeitas aumentaram quando Abu Ubaydah e Abu Hafs, os altos e imponentes seguranças egípcios de Bin Laden, barraram Khalifa a fim de sondar sua posição política. Começaram comentando como os líderes dos países árabes são *kafrs* — termo que significa "infiéis" ou "incréus", mas quando aplicado a outros muçulmanos indica que são apóstatas que rejeitaram sua religião. Muitos fundamentalistas acreditam que tais traidores deveriam ser mortos. Quando Khalifa discordou, tentaram impedir seu acesso a Bin Laden. Khalifa forçou a entrada; não receberia ordens de estranhos.

Khalifa e Bin Laden dormiram numa trincheira com paredes de lona e telhado de madeira, com terra amontoada em cima. O amigo mostrou-se tão evasivo que Khalifa concluiu que estava escondendo algo. No terceiro dia, Khalifa enfim se abriu: "Todos estão aborrecidos — são contra este lugar", disse. "Mesmo as pessoas que o apóiam. Conversei com elas".

Bin Laden ficou chocado. "Por que não conversam comigo?", perguntou.

"Essa é uma pergunta que você tem de fazer a si mesmo", respondeu Khalifa. "Mas todos no Afeganistão são contra essa idéia!"

Bin Laden reiterou sua intenção de criar uma força árabe que defendesse as causas muçulmanas em toda parte. Era o que vinha tentando fazer naquele acampamento miserável nas montanhas.

"Viemos aqui a fim de ajudar os afegãos, e não para formar nosso próprio partido!", lembrou Khalifa. "Além disso, você não é um militar; portanto, o que está fazendo aqui?"

Durante a conversa, começaram a elevar a voz. Nos dez anos em que se conheciam, jamais haviam discutido. "Esta é a *jihad*!", exclamou Bin Laden. "É assim que queremos ir para o céu!"

Khalifa advertiu-o de sua responsabilidade pela vida daqueles homens. "Você terá de prestar contas a Deus de cada gota do sangue deles. E, como sou seu amigo, não posso aceitar sua permanência. Você tem de partir, ou eu o deixarei.

Bin Laden friamente se recusou. Khalifa deixou o acampamento. Eles nunca mais seriam próximos.

Embora rejeitasse os pedidos de Khalifa e outros, Bin Laden estava preocupado com os repetidos fracassos da brigada árabe e os perigos enfrentados por seus homens na Cova do Leão. "Comecei a pensar em estratégias novas, como cavar cavernas e túneis", ele disse.[49] Pegou emprestado uma série de buldôzeres, carregadores, caminhões basculantes e valetadeiras do Saudi Binladin Group, além de engenheiros versados no assunto,[50] para produzir sete cavernas artificiais,[51] bem disfarçadas e encarapitadas sobre a principal linha de suprimento do Paquistão. Algumas das cavernas teriam uns cem metros de profundidade e oito de altura, servindo de abrigo antiaéreo, dormitório, hospital e depósito de armas.

Os homens de Bin Laden estavam impacientes com as obras e o atormentavam com pedidos de novas oportunidades de atacar os russos. O mais veemente entre eles era um palestino obeso de 45 anos, o xeique Tamim al-Adnani, antigo professor de inglês que se tornara o imã na base da força aérea em Dhahran, Arábia Saudita, até ser expulso devido aos pontos de vista radicais.[52] Homem pálido e corpulento, a barba rala ficando grisalha nas têmporas, o xeique Tamim voltou-se para o circuito das palestras, arrecadando milhões de dólares para os *mujahidin*. Sua erudição e sofisticação intelectual, além do desejo ardente do martírio, dotavam-no de uma autoridade que rivalizava com a de Bin Laden. Abdullah Azzam, que o idolatrava, chamava-o de "a Montanha Sublime".

O xeique Tamim pesava cerca de 180 quilos. Sua corpulência era uma fonte de divertimento para os combatentes árabes jovens, a maioria com menos de dezoito anos.[53] Às vezes, tinham de rebocá-lo com cordas por subidas íngremes nas montanhas, brincando que os cavalos haviam memorizado seu rosto e se recusavam a puxá-lo. Mas a dedicação do xeique Tamim à *jihad* os inspirava. Ele treinava junto com os outros, apesar da idade e da condição física precária. Vivia insistindo com Bin Laden para que lançasse seus homens na batalha, dando voz aos elementos ousados e impetuosos do acampamento que ansiavam pela morte. Bin Laden conseguia contornar o pedido alegando a falta de treinamento dos homens e a necessidade premente de terminar as obras, mas Tamim nunca desistia.

Ao final de março de 1987, Bin Laden retornou à Arábia Saudita, e o xeique Tamim aproveitou a ocasião. Tentou convencer Abu Hajer al-Iraqi, deixado por Bin Laden no comando da Cova do Leão, a atacar um pequeno posto avançado soviético ali perto. Abu Hajer declarou que não tinha autoridade para tomar tal decisão, mas a persistência do xeique Tamim acabou cansando-o, e Abu Hajer, mesmo relutante, consentiu. O xeique logo reuniu de catorze a dezesseis jovens, que empilharam suas armas pesadas num cavalo e começaram a descer a montanha. As armas escorregavam das costas do cavalo para a neve. Tamim não tinha nenhum outro plano além de atacar os soviéticos e recuar imediatamente, e nem sabia direito aonde estava indo. Se os árabes realmente enfrentassem o inimigo em combate armado, o xeique não conseguiria voltar correndo montanha acima com os combatentes jovens e ágeis que o acompanhavam. Como sempre, o plano de Tamim não primava pela cautela.

De súbito, a voz de Abu Hajer estalou no walkie-talkie. Bin Laden retornara, e estava alarmado. Ele ordenou a volta imediata dos homens ao acampamento.

"Diga a ele que não vou voltar", respondeu o xeique Tamim.[54]

Bin Laden pegou o rádio. "Xeique Tamim, volte agora mesmo!", ordenou. "Se não voltar, será um pecador, pois sou seu comandante, e estou ordenando que volte."

Tamim concordou, contrariado, em abrir mão daquele plano de batalha, mas jurou que jejuaria até ter a oportunidade de participar de uma luta. Durante três dias após sua volta à Cova do Leão, recusou-se a comer ou beber. Ficou tão fraco que Bin Laden enfim providenciou uma pequena ação para que Tamim pudesse cumprir sua promessa, ao menos simbolicamente. Permitiu que o xeique subisse num pico e disparasse morteiros e tiros de metralhadora contra o inimigo. Mas o xeique Tamim continuou representando um desafio à autoridade de Bin Laden, já que muitos árabes ficaram do lado dele, alegando que tinham ido até lá para a *jihad*, e não para acampar nas montanhas. "Tive medo de que alguns dos irmãos pudessem voltar ao seu país e contar ao seu pessoal que haviam permanecido aqui por seis meses sem disparar um só tiro", admitiu Bin Laden.[55] "As pessoas poderiam concluir que não precisamos de sua ajuda." Ele tinha de provar que os árabes não eram meros turistas, que seriam capazes de dar uma contribuição real à *jihad* afegã. Dificilmente conseguiria manter homens sob o seu comando se não os deixasse lutar.

Em 17 de abril de 1987, antes que a neve tivesse derretido totalmente, Bin Laden liderou uma força de 120 combatentes para fustigar um posto avançado do governo afegão perto de Khost.[56] Optou por atacar numa sexta-feira, por acreditar que muçulmanos no mundo inteiro estariam orando pelos *mujahidin*.[57] Tanto Sayyaf, o comandante afegão falante de árabe, como Hekmatyar concordaram em dar cobertura de fogo de artilharia. O ataque foi marcado para as seis da tarde: tempo suficiente para uma rápida incursão, seguida da escuridão que os protegeria da aviação soviética, que logo despejaria bombas sobre os atacantes. O xeique Tamim implorou para participar da ação, mas Bin Laden ordenou que permanecesse na Cova do Leão.

A batalha iminente vinha sendo planejada havia meses e tinha sido bem divulgada em Peshawar. "Ouvi falar daquele ataque e decidi aderir", recordou mais tarde Abu Rida, o *mujahid* de Kansas City. "Peguei meu carro. Eu não sabia muita coisa sobre o plano, mas encontrei vários burros e cavalos transportando armas no vale." Quando ele chegou à área de concentração de tropas, viu o caos entre os árabes. Na data marcada para o ataque, nenhuma das posições havia sido suprida de munição, que estava imobilizada num carro no final de uma estrada a alguma distância dali. Os homens transportavam freneticamente foguetes e morteiros nas costas ou nas quatro mulas disponíveis.

Alguns combatentes, de tão exaustos, voltaram furtivamente à Cova do Leão para dormir, e aqueles que ficaram estavam famintos e contrariados porque a comida se esgotara. No último minuto, um dos comandantes descobriu que ninguém havia levado o fio elétrico para ligar os foguetes aos detonadores. Ele despachou um homem a cavalo de volta ao acampamento. Além disso, Bin Laden adoecera — como costumava acontecer antes das batalhas —, embora tentasse manter as aparências diante de seus homens.

O xeique Abdullah Azzam fez um discurso empolgante sobre a necessidade de manter a firmeza, mas, antes que os árabes estivessem prontos para atacar, um soldado do governo afegão soube de seus preparativos e, sozinho, manteve-os imobilizados até o cair da noite com uma metralhadora Gorjunov. Bin Laden ordenou o recuo de suas tropas. Surpreendentemente, um único árabe foi morto e dois ficaram gravemente feridos, mas seu orgulho estava abalado: um só homem os derrotara! Os *mujahidin* afegãos estavam caçoando deles. Como resultado daquele fiasco, os paquistaneses começaram a fechar as hospedarias árabes em Peshawar.[58] Parecia que a malfadada aventura árabe no Afeganistão havia chegado a um fim vergonhoso.

No mês seguinte, um grupo pequeno de árabes engajou-se em outra escaramuça, desta vez planejada por seu comandante militar egípcio Abu Ubaydah, que liderou uma manobra de flanco contra um grupo de tropas soviéticas. "Eram nove além de mim", contou Bin Laden depois.[59] "Ninguém hesitou." Os soviéticos recuaram, e os árabes ficaram eufóricos. Mas sua vitória breve provocou um duro contra-ataque soviético contra a Cova do Leão. De acordo com o relato exagerado de Abdullah Azzam, os soviéticos reuniram entre 9 mil e 10 mil homens — incluídos aí os das forças especiais soviéticas e soldados de linha afegãos — contra apenas setenta *mujahidin*.[60]

O xeique Tamim implorou que Bin Laden o enviasse ao front, mas este replicou que ele era gordo demais para se engajar na luta. Então confiou a Tamim a sala de comunicações numa câmara subterrânea profunda. Os árabes aguardaram até que todo o comboio soviético estivesse ao alcance de seus morteiros. Quando Bin Laden bradou, "*Allahu akhbar!*", os árabes abriram fogo, e os russos, surpresos, recuaram. "Os irmãos estavam num estado de euforia e êxtase total", escreveu Azzam. Eles observaram a chegada das ambulâncias para recolher os soldados tombados, entre eles o comandante militar do distrito de Jaji.

Esperando outro contra-ataque soviético de porte, Bin Laden dividiu sua força pela metade, estacionando 35 homens para guardarem a Cova do Leão. Ele e mais nove avançaram até o alto de um morro, onde observaram duzentas tropas das forças especiais russas rastejando rumo ao acampamento. "De repente, disparos de morteiro começaram a chover sobre nós", disse Bin Laden. Por milagre, os árabes escaparam. Uma hora depois, os russos, confiantes, recomeçaram o avanço. "Quando atingiram o pico, lançamos nosso ataque", continuou Bin Laden. "Alguns deles foram mortos, e o resto fugiu."

Durante semanas, os soviéticos bombardearam a posição dos *mujahidin* em torno da Cova do Leão com morteiros de 120 milímetros e bombas de napalm, que causavam tamanha devastação que Azzam chorava e orava pela segurança dos combatentes. As árvores ardiam, mesmo sob chuva, iluminando a noite. Certa manhã, naquela tempestade de metralha e fogo, o xeique Tamim emergiu da caverna de comunicações, Alcorão na mão, e começou a vagar pela clareira, ignorando os pedidos dos companheiros, enquanto recitava o Alcorão e rezava alto pedindo pelo martírio, os óculos de aro redondo de metal voltados para o céu. O solo tremia, e balas e explosões dilaceravam a floresta à sua volta. Era quase o fim do ramadã, e Tamim acreditava que sua morte em tal ocasião seria especialmente abençoada.

Aquela excursão maluca pareceu ter um efeito calmante sobre os outros. "Logo em seguida fomos alvo de um ataque", relembrou Bin Laden. "Quando os tiros cessaram por uns trinta segundos, contei ao meu pessoal que achava que íamos morrer. Mas, após alguns minutos, os tiros recomeçaram, e li o Alcorão sagrado até nos salvarmos e conseguirmos mudar de lugar. Mal tínhamos avançado setenta metros, fomos de novo atingidos, mas nos sentíamos completamente seguros, como se estivéssemos num quarto com ar-condicionado."

Apesar da bravata, Bin Laden achou que seus homens seriam todos mortos se continuassem ali. Ele tinha de abandonar a Cova do Leão. Era a pior derrota que já havia sofrido. Seus homens ficaram chocados com a decisão. Quando um deles protestou, Bin Laden "gritou comigo e me disse algumas palavras que ouvi pela primeira vez dele".[61] O xeique Tamim bramia e puxava os fios da barba. "Achei que estivesse possesso", lembrou Bin Laden.[62] Ele repreendeu Tamim, acusando-o de pôr em risco todos os combatentes com sua intransigência. "Xeique Tamim, os homens estão no carro", alertou Bin Laden. "Se um único deles for morto, o pecado recairá sobre seu pescoço, e você será responsável pelo sangue deles no dia do juízo final." Aos prantos, o xeique Tamim juntou-se aos demais na van.

Aqueles que ainda conseguiam caminhar seguiram atrás, depois de destruir grande parte da Cova do Leão, de modo que não sobrasse nada para os soviéticos pilharem. Rolaram os canhões para dentro das ravinas e enterraram as armas automáticas. Um dos homens lançou uma granada na despensa. O acampamento que haviam construído com tanto esforço jazia agora em ruínas. Um pequeno pelotão permaneceu atrás para dar cobertura aos guerrilheiros em retirada.

Outra vez, Bin Laden adoecera. "Estava muito cansado, e mal consegui caminhar vinte metros e já precisei parar e beber água. Eu estivera sob forte pressão emocional e física."[63] Seu suplício apenas começara.

Sayyaf estava furioso quando os árabes desgrenhados alcançaram seu acampamento. Àquela altura, ele percebera o valor da Cova do Leão, situada sobre uma rota de caravanas estratégica para o suprimento dos *mujahidin*. Abruptamente, revogou a ordem de Bin Laden e mandou os árabes voltarem. Enviou alguns de seus guerreiros afegãos confiáveis de volta ao acampamento com eles para assegurar a defesa da posição.

Constrangidos e exaustos, os combatentes regressaram à Cova do Leão em grupos de cinco ou dez. O amanhecer encontrou 25 árabes e vinte afegãos reunidos nas ruínas do acampamento, celebrando desanimados o dia de festa do final do ramadã. Praticamente não havia comida, pois a cozinha tinha sido explodida. Cada homem recebeu três limões. Naquela mesma manhã, Bin Laden voltou com dez outros combatentes. Derrotado e relutante em afirmar sua autoridade, deixou seu comandante militar egípcio, Abu Ubaydah, assumir o comando. A visão da destruição desnecessária de seu acampamento por suas próprias mãos deve ter sido insuportável.

Abu Ubaydah decidiu dar-lhe algo que fazer. "Vá proteger o lado esquerdo do acampamento", determinou.[64] "Acho que eles só entrarão por ali, porque é o caminho mais curto."

Bin Laden liderou os homens até um promontório e espalhou-os entre as árvores. Dava para ver uma força russa a apenas setenta metros de distância. Bin Laden ordenou o avanço de seus homens, mas sua voz estava rouca, e os homens não perceberam que estava falando com eles. Ele subiu numa árvore sem folhas para que pudessem ouvi-lo e imediatamente abriu fogo. Uma granada lançada por foguete quase o derrubou da árvore.

Ela passou por mim e explodiu perto, mas simplesmente não fui afetado — na verdade, pela graça de Alá, o exaltado, foi como se eu tivesse sido apenas coberto por um punhado de lama do chão. Desci calmamente e informei aos irmãos que o inimigo estava no eixo central, e não na ala esquerda.[65]

Em outra versão, a experiência de combate mais intensa de Bin Laden soa menos serena. "Houve uma batalha terrível, e acabei meio enterrado no chão, atirando em tudo que visse pela frente."[66]

Bin Laden e seus homens foram imobilizados o dia todo por fogo de morteiro inimigo. "Eu estava a apenas trinta metros dos russos, e eles tentavam me capturar", ele disse. "Estava sob bombardeio, mas sentia tanta paz no coração que adormeci."[67] A história da soneca de Bin Laden costuma ser contada como sinal de sua dignidade sob fogo cerrado. Ele pode simplesmente ter desmaiado. Sofria de pressão baixa, que muitas vezes o deixava zonzo. Sempre carregava uma bolsinha de sal consigo e, toda vez que se sentia tonto molhava um dedo, enfiava-o na bolsinha e depois chupava o sal do dedo para evitar a queda de pressão.[68]

De forma surpreendente, às cinco da tarde, as forças árabes, lideradas por Abu Ubaydah, conseguiram flanquear o inimigo. Sem apoio aéreo, o corpo principal das tropas soviéticas recuou. "Havia apenas nove irmãos contra cem tropas das forças especiais Spetsnaz russas, mas, por puro medo e pânico na densa floresta, os russos não conseguiram perceber o número de irmãos", relatou Bin Laden.[69] "Ao todo, cerca de 35 soldados e oficiais Spetsnaz foram mortos, e o resto fugiu. [...] O moral dos *mujahidin* foi para as alturas, não apenas na nossa área, mas em todo o Afeganistão."

Osama alcançara sua maior vitória logo após a maior derrota. Depois da batalha da Cova do Leão, Abu Ubaydah deu a Bin Laden um troféu tirado de um oficial russo morto: um fuzil de assalto Kalikov AK-74 pequeno, coronha de nogueira e pente de munição vermelho enferrujado, típico da versão avançada da arma para tropas de pára-quedistas.[70] No futuro, sempre estaria sobre seu ombro.

A ação inteira durou três semanas. Foi na verdade travada mais por Sayyaf (que depois tomou a Cova do Leão) do que por Bin Laden, mas os árabes adquiriram uma fama de coragem e temeridade que consolidou sua lenda, ao menos entre eles. A hospedaria árabe rapidamente reabriu em Peshawar. Da perspectiva soviética, a batalha da Cova do Leão foi um momento breve no recuo tático do Afeganistão. Mas na atmosfera religiosa exaltada entre os seguidores de Bin Laden reinava a sensação estonteante de estarem vivendo num mundo sobrenatural, onde a realidade se ajoelhava diante da fé. Para eles, o confronto na Cova do Leão tornou-se a base do mito de que derrotaram a superpotência. Em poucos anos, todo o império soviético se esfacelaria — morto pela ferida que os muçulmanos lhe infligiram no Afeganistão, acreditaram os jihadistas. Àquela altura, eles já haviam criado a vanguarda que deveria prosseguir a batalha. A Al-Qaeda foi concebida no casamento desses pressupostos: a fé é mais forte que armas ou nações, e o bilhete de ingresso para a zona sagrada onde tais milagres ocorrem é a disposição para morrer.

6. A base

Em 1986, milhões de refugiados afegãos haviam acorrido à Província da Fronteira Noroeste do Paquistão, transformando Peshawar, a capital, no principal ponto de encontro da *jihad* contra a invasão soviética. As ruas da cidade, um rebuliço de línguas e costumes nacionais, ganharam um cosmopolitismo estranho e euforizante que lançava seu feitiço sobre quem passasse por lá. Profissionais voluntários da ajuda humanitária, mulás freelances e agentes secretos do mundo inteiro se estabeleceram ali. O fluxo clandestino de dinheiro e armas criou um boom econômico numa cidade que sempre vivera de contrabando. Os tesouros do museu nacional afegão — estatuária, pedras preciosas, antigüidades, até templos budistas inteiros — vinham sendo desviados para o mercado dos contrabandistas, um bazar ao ar livre na periferia da cidade, e para as lojas de suvenires dos hotéis decadentes[1] onde uma multidão de jornalistas internacionais se abrigou para cobrir a guerra. Chefes guerreiros afegãos transferiram suas famílias para a cidade universitária, onde a classe dos profissionais liberais vivia entre eucaliptos e magnólias. Os chefes guerreiros enriqueceram embolsando parte da subvenção que americanos e sauditas vinham fornecendo.[2] Suas rivalidades sanguinárias, além dos bombardeios e assassinatos semanais da KGB e do KHAD (o serviço de inteligência afegão), tornaram o índice de mortalidade dos comandantes afegãos em Peshawar maior do que no campo de batalha.³ Numa cidade que se deslocava em ônibus particulares pintados à mão e fumacentos riquixás motorizados que cortavam o ar qual motosserras, eis que surgiram automóveis Mercedes sedãs e Land Cruiser Toyota novos circulando em meio às carroças puxadas a burro. O ar era um nevoeiro azul de fumaça de diesel. "Peshawar transformou-se no local para onde ia quem não tinha para onde ir", recordou Osama Rushdi, um dos jovens jihadistas egípcios. "Era um ambiente no qual uma pessoa podia ir de um lugar ruim para outro pior, e acabar entrando em desespero."

Encerrado seu contrato com a clínica médica de Jidá, em 1986, o dr. Ayman al-Zawahiri juntou-se à comunidade árabe crescente em Peshawar. Mais corpulento agora do que durante as visitas anteriores, antes dos anos na prisão, vangloriava-se de que o Paquistão era para ele como um "segundo lar",[4] já que passara algum tempo no país na infância, quando o avô materno servira ali como embaixador egípcio. Rapidamente se adaptou ao *shalwar kameez*, vestimenta composta de túnica e calças largas tradicional na região. Seu irmão Mohammed, que o seguia fielmente desde criança, juntou-se a ele em Peshawar. Os irmãos guardavam uma forte semelhança de família, embora Mohammed fosse mais moreno e ligeiramente mais alto e magro que Ayman. Afável e respeitoso, Mohammed organizou o canal financeiro da Al-Jihad, que ia do Cairo ao Paquistão via Arábia Saudita.[5]

Zawahiri montou consultório num hospital do Crescente Vermelho mantido pelo Kuwait, dominado, como a maioria das instituições humanitárias da cidade, por membros da Sociedade dos Irmãos Muçulmanos. Eles o odiavam devido a uma longa diatribe que ele escrevera, intitulada *Colheita amarga*,[6] em que atacava a irmandade por colaborar com regimes infiéis — ou seja, todos os governos árabes. Ele se referiu à irmandade como "uma ferramenta em mãos de tiranos". Exigia que renunciassem publicamente às "constituições e leis humanas, democracia, eleições e parlamento" e declarassem a *jihad* contra os regimes que antes apoiavam. Esse livro, de produção primorosa e editado por particulares, pipocou por toda Peshawar. "Era oferecido de graça", recorda um dos membros da irmandade que trabalhava em Peshawar na época. "Quando você ia comprar comida, o atendente perguntava se queria um exemplar do livro, ou dois."[7]

Outro colega de Zawahiri dos tempos da clandestinidade no Cairo chegara também à cidade: um médico chamado Sayyid Imam, codinome jihadista "dr. Fadl".[8] Trabalhavam no mesmo hospital em Peshawar. Como Zawahiri, o dr. Fadl era um escritor e teórico. Por ser mais velho e ter sido o emir da Al-Jihad durante a prisão de Zawahiri, voltou a assumir o comando da organização. Zawahiri também adotou um nome de guerra: "Dr. Abdul Mu'iz" (em árabe, *abd* significa "escravo", e *mu'iz* significa "o concedente da honra", um dos 99 nomes de Deus). Ele e o dr. Fadl imediatamente passaram a restabelecer a Al-Jihad, recrutando novos membros dentre os *mujahidin* egípcios jovens. De início, denominaram-se Organização da Jihad, depois mudaram o nome outra vez para Jihad Islâmica. Mas aquela continuava sendo a mesma Al-Jihad.

O hospital do Crescente Vermelho, mantido pelo Kuwait, tornou-se o centro de um movimento desagregador dentro da comunidade árabe afegã.[9] Sob a influência de um argelino, o dr. Ahmed el-Wed, conhecido pelo intelecto sanguinário, o hospital se transformou na incubadora de uma nova idéia assassina, que dividiria os *mujahidin* e justificaria a carnificina fratricida que se espalharia pelos países árabes muçulmanos logo após a guerra afegã.[10]

A heresia do *takfir*, ou excomunhão, tem sido um problema no islã desde seus primórdios. Em meados do século VII, um grupo conhecido como os caridjitas revoltou-se contra o reinado de Ali, o quarto califa. A questão específica que desencadeou a rebelião foi a decisão de Ali de chegar a um acordo com um oponente político, em vez de travar uma guerra fratricida. Os caridjitas decretaram que eram os únicos seguidores da doutrina verdadeira, e quem discordasse seria um apóstata, incluindo o próprio Ali, o genro adorado do profeta, que acabaram assassinando.

No início da década de 1970, aflorou no Egito um grupo chamado Takfir wa Hijira (Excomunhão e Retirada), precursor da Al-Qaeda.[11] Seu líder, Shukri Mustafá, veterano dos campos de concentração egípcios, atraiu algumas centenas de adeptos. Eles leram Qutb e tramaram o dia em que adquiririam força suficiente no exílio para retornar a fim de aniquilar os infiéis e ocasionar o fim dos tempos. Nesse ínterim, vagaram pelo deserto ocidental egípcio, dormindo em grutas nas montanhas.

A imprensa do Cairo apelidou os seguidores de Mustafá de *ahl al-kahf*, "o povo da caverna", em alusão aos sete adormecidos de Éfeso. Essa lenda cristã fala sobre sete pastores que se recusaram a renunciar a sua fé. Como punição, o imperador romano Décio mandou que fossem emparedados dentro de uma caverna num território que hoje pertence à Turquia. Três séculos depois, segundo a lenda, a caverna foi descoberta, e os adormecidos despertaram, julgando ter dormido apenas uma noite. Uma surata, ou capítulo, inteira do Alcorão, "A caverna", refere-se a essa história. À semelhança de Shukri Mustafá, Bin Laden se aferraria à imagística que a caverna evoca para os muçulmanos. Além disso, o *modus operandi* de retiro, preparação e dissimulação que moldaria a cultura das células de adormecidos da Al-Qaeda foi criado pelo Takfir wa Hijira já em 1975.

Dois anos depois, membros do grupo seqüestraram um ex-ministro de Dotações Religiosas no Cairo, o xeique Mohammed al-Dhahabi, erudito humilde e eminente que costumava discursar na Masjid al-Nur, mesquita que Zawahiri freqüentara na juventude.[12] Quando o governo egípcio rejeitou as exigências de dinheiro e publicidade de Shukri Mustafá, este assassinou o velho xeique. O corpo foi encontrado numa rua do Cairo, as mãos atadas nas costas, parte da barba arrancada.

A polícia egípcia rapidamente detêve a maioria dos membros do Takfir wa Hijira e submeteu dezenas deles a julgamento sumário. Shukri Mustafá e outros cinco foram executados. Com isso, o conceito revolucionário de expulsar muçulmanos da religião — justificando assim sua matança — pareceu ter sido extirpado. Mas, no discurso subjacente da *jihad*, uma forma mutante de *takfir* se estabelecera. Ainda estava latente no Alto Egito, onde Shukri Mustafá fizera prosélitos na sua juventude (e onde o dr. Fadl cresceu). Remanescentes do grupo supriram os companheiros de Zawahiri na Al-Jihad de granadas e munição para assassinar Anwar Sadat.[13] Alguns partidários levaram a heresia aos países do norte da África, inclusive a Argélia, onde o dr. Ahmed tomou conhecimento dela.

Takfir é a imagem invertida do islã: reverte os princípios fundamentais, mas conserva a aparência de ortodoxia. O Alcorão determina explicitamente que os muçulmanos não devem matar ninguém, exceto como punição ao homicídio. O assassino de um inocente, adverte o Alcorão, é julgado "como se tivesse assassinado toda a humanidade". A matança de muçulmanos constitui delito ainda pior. Quem cometer tal ato, diz o Alcorão, descobrirá que seu "castigo será o inferno, onde permanecerá eternamente". De que maneira, então, grupos como a Al-Jihad e o Grupo Islâmico podiam justificar o uso de violência contra irmãos muçulmanos para chegar ao poder? Sayyid Qutb apontara o caminho ao declarar que o líder que não impõe a *sharia* no país só pode ser um apóstata. Um dito muito conhecido do profeta afirma que o sangue dos muçulmanos não pode ser derramado, exceto em três casos: como punição por homicídio, por infidelidade conjugal ou pelo afastamento do islã.[14] O devoto Anwar Sadat foi a primeira vítima moderna da lógica invertida do *takfir*.

Os novos *takfiri*, como o dr. Fadl e o dr. Ahmed, estenderam a sentença de morte para englobar, por exemplo, quem se registrasse para votar. A democracia, em sua visão, contrariava o islã, por depositar nas mãos do povo a autoridade que pertence a Deus. Portanto, qualquer votante era um apóstata, e sua vida estava condenada. O mesmo valia para qualquer um que discordasse de sua compreensão austera do islã — inclusive os líderes *mujahidin* que eles haviam apoiado abertamente, e até a população inteira do Afeganistão, considerada infiel por não ser salafista. Os novos *takfiri* se viam no direito de matar praticamente qualquer um que se opusesse a eles; na verdade, encaravam isso como um dever divino.[15]

Até chegar a Peshawar, Zawahiri nunca apoiara o assassinato em massa. Sempre abordara a mudança política como um cirurgião: um golpe de Estado rápido e preciso havia sido seu ideal a vida inteira. Mas, durante o trabalho no hospital do Crescente Vermelho com o dr. Fadl e o dr. Ahmed, as restrições morais que separavam a resistência política do terrorismo tornaram-se mais elásticas. Os amigos e ex-companheiros de prisão notaram uma mudança em sua personalidade. O médico modesto e educado, sempre tão rigoroso nos argumentos, mostrava-se agora estridente, hostil e estranhamente ilógico. Pegava comentários inocentes e os interpretava de forma bizarra e maldosa. Talvez pela primeira vez na vida adulta, Ayman al-Zawahiri enfrentava uma crise de identidade.

Numa vida tão direcionada e cheia de propósito como a de Zawahiri, poucos momentos podem ser considerados divisores de águas. Um deles foi a execução de Sayyid Qutb, quando Zawahiri tinha quinze anos. Na verdade, aquele foi o ponto de origem de tudo o que se seguiu. A tortura, em vez de mudar Zawahiri, purificou sua determinação. Cada passo de sua vida esteve a serviço do objetivo de instalar um governo islâmico no Egito com o mínimo derramamento de sangue. Mas a doutrina *takfiri* o abalara. Os *takfiri* convenceram-se de que a salvação de toda a humanidade estava do outro lado do território moral, no que sempre havia sido o domínio certo dos condenados. Eles enfrentariam o risco para suas almas eternas por assumir a autoridade divina de decidir quem era um verdadeiro muçulmano e quem não era, quem deveria viver e quem deveria morrer.

Zawahiri achava-se diante dessa linha divisória. Por um lado, estendia-se diante dele o processo gradual de reconstruir seu movimento no exílio, aguardando pela oportunidade, se é que algum dia ela chegaria, de voltar ao Egito e assumir o controle. Esse era o objetivo de sua vida. Mas era apenas um pequeno passo rumo ao apocalipse, que parecia tão mais acessível quando ele via o outro lado da linha divisória. Ali, na outra margem do que ele provavelmente sabia ser um mar de sangue, residia a promessa da restauração universal do verdadeiro islã.

Nos dez anos seguintes, Zawahiri seria impelido em ambas as direções. A opção egípcia: a Al-Jihad, que ele havia criado e definido. A opção universal ainda não recebera um nome, mas já vinha tomando forma: se chamaria Al-Qaeda.

A mulher de Zawahiri, Azza, tornou-se dona-de-casa em Hayatabad, Paquistão, onde muitos outros árabes estavam morando. As esposas dos membros da Al-Jihad mantinham-se à parte, trajando *abayas* pretos e cobrindo o rosto em público. Os Zawahiri alugaram um casarão com quatro quartos e mantinham um deles sempre vago para os muitos visitantes que passavam por lá. "Quando sobrava dinheiro, doavam aos necessitados", contou Essam, o irmão de Azza. "Eles se contentavam com bem pouco."

A mãe de Azza, Nabila Galal, visitou a filha e Ayman no Paquistão em três ocasiões. Ela trouxe caixas de brinquedos Fisher-Price para os netos.[16] Achava que eram "uma família anormalmente unida, que sempre seguia junta como uma unidade".[17] Mas o homem escolhido por sua filha devota ainda a perturbava. Ele parecia estar sempre atraindo a esposa e os filhos cada vez mais fundo para o perigo. Nabila não conseguia impedir essa queda fatal, iniciada em 1981, quando Zawahiri foi para a prisão justamente ao nascer seu primeiro bebê, Fátima. Nabila cuidou da filha e da neta até ele sair da prisão, três anos mais tarde. Depois que Zawahiri fugiu do Egito e passou a viver em Jidá, Nabila, como uma boa avó, veio assistir ao nascimento de Umayma, que recebeu o nome da mãe de Zawahiri. Durante aquelas visitas, Azza confessava em particular para a mãe a falta que sentia do Egito e de sua família. Nabila preocupava-se cada vez mais com o rumo que a vida de Azza vinha tomando.

Um dia, recebi uma carta de Azza e senti uma dor enorme ao ler suas palavras. Ela escreveu que viajaria ao Paquistão com o marido. Eu preferia que ela não fosse, mas sabia que ninguém pode impedir o destino. Ela tinha plena consciência dos direitos do marido e de seus deveres para com ele, razão pela qual o seguiria até o fim do mundo.

Em Peshawar, Azza deu à luz Nabila, xará da mãe, em 1986, e uma quarta filha, Khadija, no ano seguinte. Em 1988, nasceu o único filho homem dos Zawahiri, Mohammed, de modo que Ayman enfim recebeu a honra de ser chamado Abu Mohammed. Nabila fez sua última visita logo após o nascimento. Ela jamais esqueceria a imagem de Azza e suas filhas esperando no aeroporto, todas trajando *hijab* e sorrindo para ela. Foi a última vez que as viu.

Bin Laden às vezes dava palestras no hospital onde Zawahiri trabalhava. Embora os dois homens tivessem objetivos diferentes na época, muitas coisas em comum os aproximavam. Ambos eram homens bem modernos, membros da classe culta e tecnológica, apesar dos pontos de vista religiosos fundamentalistas. Desde cedo, Bin Laden gerenciou equipes grandes de trabalhadores em sofisticados projetos de construção, e sentia-se à vontade no mundo das altas finanças. Zawahiri, sete anos mais velho, era um cirurgião, imerso na ciência contemporânea e na tecnologia médica. Ambos vinham de famílias conhecidas no mundo árabe. Eram calados, devotos e politicamente endurecidos pelos regimes de seus próprios países.

Um atendia à necessidade do outro. Zawahiri precisava de dinheiro e contatos, coisas de que Bin Laden dispunha em abundância. Bin Laden, um idealista dedicado a causas, buscava um rumo, que Zawahiri, um propagandista tarimbado, forneceu. Não eram amigos, mas aliados. Cada um acreditava poder usar o outro, e cada um foi impelido numa direção que nunca pretendeu tomar. O egípcio tinha pouco interesse no Afeganistão, exceto como uma área de preparação para a revolução em seu próprio país. Planejava aproveitar a *jihad* afegã como uma oportunidade de reconstruir sua organização destroçada. Em Bin Laden, encontrou um patrocinador abastado, carismático e flexível. O jovem saudita era um salafista devoto, mas fraco como pensador político. Até conhecer Zawahiri, jamais expressara oposição ao seu próprio governo ou a outros regimes árabes repressivos. Seu interesse principal era expulsar o invasor infiel de um país muçulmano, mas também acalentava um desejo malformado de punir os Estados Unidos e o Ocidente pelo que acreditava serem crimes contra o islã. A dinâmica do relacionamento dos dois homens transformou Zawahiri e Bin Laden em pessoas que, individualmente, nunca teriam sido. Além disso, a organização que viriam a criar, a Al-Qaeda, seria um vetor dessas duas forças, uma egípcia e outra saudita. Cada uma teria de transigir para acomodar os objetivos da outra. Como resultado, a Al-Qaeda tomaria um rumo singular: o da *jihad* global.

Durante uma de suas palestras no hospital, Bin Laden falou da necessidade de boicotar produtos americanos em apoio à causa palestina. Zawahiri alertou-o de que, ao atacar os Estados Unidos, estava navegando em águas perigosas.

> A partir de agora, você deveria mudar a maneira como é protegido. Deveria alterar todo o seu sistema de segurança, porque sua cabeça agora está sendo colocada a prêmio por americanos e judeus, e não apenas por comunistas e russos, pois você está pisando na cabeça da serpente.[18]

Para sustentar sua proposta, Zawahiri ofereceu um quadro disciplinadíssimo de *mujahidin*. Diferiam dos adolescentes e vagabundos que constituíam grande parte da comunidade árabe afegã. Os recrutas de Zawahiri eram médicos, engenheiros e soldados. Estavam habituados a trabalhar em segredo. Muitos passaram pela prisão e já haviam pago um preço terrível por suas crenças. Eles se tornariam os líderes da Al-Qaeda.

Nevava em fevereiro de 1988 quando o cineasta egípcio Essam Deraz e sua equipe reunida às pressas chegaram à Cova do Leão. *Mujahidin* usando bandoleiras e carregando Kalashnikovs guardavam a entrada da caverna principal, sob um penhasco que se projetava. A visão das câmeras de vídeo os alarmou. Deraz explicou que tinha permissão de Bin Laden para visitar a Cova do Leão e filmar os árabes, mas ele e sua equipe foram forçados a aguardar do lado de fora por uma hora, num frio de rachar. Enfim um guarda informou que Deraz poderia entrar, mas a equipe teria de ficar do lado fora. Deraz indignado se recusou. "Ou entramos todos ou permanecemos todos aqui fora", ele respondeu.

Em poucos minutos, Zawahiri apareceu, identificando-se como o dr. Abdul Mu'iz. Pediu desculpas pela recepção hostil e convidou os homens para um chá com pão lá dentro. Naquela noite, Deraz dormiu no chão da caverna, ao lado de Zawahiri, que estava ali para supervisionar a construção de um hospital num dos túneis.

Os egípcios mantinham seu próprio acampamento dentro do complexo da Cova do Leão. Bin Laden os incluíra em sua folha de pagamentos, dando a cada homem 4500 riais sauditas (cerca de 1200 dólares) mensais para sustentar a família.[19] Entre os egípcios estava Amin Ali al-Rashidi, que adotara o nome jihadista de "Abu Ubaydah al-Banshiri".[20] Abu Ubaydah era um ex-oficial da polícia cujo irmão participara do assassinato de Sadat. Zawahiri apresentara-o a Bin Laden,[21] que o achou tão insubstituível que fez dele líder militar dos árabes. Abu Ubaydah já adquirira uma reputação de bravura no campo de batalha, combatendo primeiro sob a bandeira de Sayyaf e depois sob a de Bin Laden. Atribuía-se a ele a mítica vitória dos árabes sobre os soviéticos vários meses antes. A Deraz, pareceu tímido qual criança. Depois de Abu Ubaydah, em segundo lugar na hierarquia, vinha outro ex-oficial da polícia, Mohammed Atef, chamado de Abu Hafs.[22] Tinha a pele morena e brilhantes olhos verdes.

Um sujeito temperamental chamado Mohammed Ibrahim Makkawi chegara recentemente esperando receber o comando militar dos afegãos árabes por sua experiência como coronel das forças especiais do exército egípcio.[23] Homem baixo e moreno, Makkawi barbeava o rosto como todo militar, apesar das tantas barbas fundamentalistas à sua volta.[24] "Os demais árabes o odiavam porque agia como um oficial", disse Deraz. Deu a alguns islamitas a impressão de ser perigosamente desequilibrado.[25] Antes de deixar o Cairo, em 1987, Makkawi ficou em dúvida entre ir aos Estados Unidos e ingressar no exército americano e ir ao Afeganistão e travar a *jihad*. Na mesma época, contou a um advogado egípcio sobre um plano de atirar um avião no Parlamento egípcio.[26] Pode ser que Makkawi seja o mesmo homem que adotou o nome de guerra "Saif al-Adl".[27] Somente a determinação comum de derrubar o governo egípcio manteve juntos Makkawi e Zawahiri.

Deraz tornou-se o primeiro biógrafo de Bin Laden. Ele logo percebeu como os egípcios formavam uma barreira em torno do saudita curiosamente passivo, que raramente dava uma opinião própria, preferindo solicitar os pontos de vista de outros em sua companhia. Aquela humildade, aquela aparente simplicidade, da parte de Bin Laden provocou uma reação protetora em muitos, inclusive Deraz. Este alega que procurou deter a influência de seus compatriotas, mas, sempre que tentava falar confidencialmente com Bin Laden, os egípcios cercavam o saudita e o arrastavam para outro aposento. Todos tinham projetos em relação a ele. Deraz achou que Bin Laden tinha potencial para ser "outro Eisenhower", transformando sua fama do tempo de guerra numa vida política pacífica. Mas aquele não era o plano de Zawahiri.

Em maio de 1988, os soviéticos iniciaram uma retirada gradual do Afeganistão, sinalizando o fim da guerra. Aos poucos, Peshawar retornou à situação prosaica de antes, e os líderes *mujahidin* afegãos começaram a estocar armas, preparando-se para enfrentar seus novos inimigos inevitáveis: eles mesmos.

Bin Laden e seus agentes egípcios também estavam perscrutando o futuro. Zawahiri e o dr. Fadl constantemente o supriam de relatórios delineando a perspectiva "islâmica", que refletia suas tendências *takfiri*.[28] Um dos amigos próximos de Bin Laden fez-lhe uma visita em Peshawar durante esse período e foi informado de que Bin Laden não estava disponível porque o "dr. Ayman estava lhe dando uma aula de como se tornar o líder de uma organização internacional".[29]

À medida que treinava Bin Laden para o papel que imaginava para ele, Zawahiri tentava solapar o xeique Abdullah Azzam, seu maior concorrente individual no que dizia respeito à atenção de Bin Laden. "Não sei o que algumas pessoas estão fazendo aqui em Peshawar",[30] queixou-se Azzam ao genro, Abdullah Anas. "Estão falando contra os *mujahidin*. Só têm um objetivo: criar *fitna*"— discórdia — "entre mim e aqueles voluntários." Ele apontava Zawahiri como um dos criadores de problemas.

Azzam reconheceu que o perigo real era o *takfir*. A heresia que infectara a comunidade árabe afegã vinha se espalhando e ameaçava corromper fatalmente a pureza espiritual da *jihad*. A luta era contra os infiéis, pensava Azzam, e não dentro da comunidade da fé, por mais dividida que estivesse. Ele emitiu uma *fatwa* opondo-se ao treinamento de terroristas com dinheiro arrecadado para a resistência afegã,[31] e pregou que a matança intencional de civis, especialmente mulheres e crianças, contrariava o islã.

Todavia, Azzam defendia a formação de uma "vanguarda pioneira" nos termos preconizados por Sayyid Qutb.[32] "Essa vanguarda constitui a base sólida" — *qaeda* — "para a sociedade desejada", escreveu Azzam em abril de 1988. Sobre essa base se ergueria a sociedade islâmica ideal. O Afeganistão era apenas o começo, ele acreditava. "Prosseguiremos a *jihad*, por mais longo que seja o caminho, até o último alento e a última pulsação — ou até vermos a criação do Estado islâmico." As terras que ele avaliou para o futuro da *jihad* incluíam as repúblicas soviéticas ao sul, Bósnia, Filipinas, Caxemira, Ásia Central, Somália, Eritréia e Espanha — toda a extensão do outrora grandioso império islâmico.

Primeiro, porém, vinha a Palestina. Azzam ajudou a criar o Hamas, grupo de resistência palestino, que via como a extensão natural da *jihad* do Afeganistão. Inspirado na Sociedade dos Irmãos Muçulmanos, o Hamas pretendia fornecer um contrapeso islâmico à secular Organização para a Libertação da Palestina de Arafat. Azzam procurou treinar no Afeganistão brigadas de combatentes do Hamas, que depois retornariam para levar adiante a batalha contra Israel.[33]

Os planos de Azzam para a Palestina, porém, contrariavam a intenção de Zawahiri de instigar a revolução dentro de países islâmicos, em especial o Egito. Azzam opunha-se ferozmente à guerra de muçulmanos contra muçulmanos. Com o arrefecimento da guerra contra os soviéticos, a disputa pelo futuro da *jihad* seria definida por aqueles dois homens obstinados. O troféu pelo qual lutavam era um jovem saudita rico e impressionável que acalentava sonhos próprios.

O que Bin Laden queria? Ele não compartilhava as prioridades nem de Zawahiri nem de Azzam. A tragédia da Palestina era o tema constante de seus discursos, mas ele relutava em participar da intifada contra Israel. Como Azzam, Bin Laden odiava Yasser Arafat por ser um secularista.[34] Tampouco lhe agradava a perspectiva da guerra contra governos árabes. Na época, ele imaginava transferir a luta à Caxemira, às Filipinas e particularmente às repúblicas da Ásia Central, onde poderia continuar a *jihad* contra a União Soviética.[35] O interessante era que os Estados Unidos não constavam ainda da lista de ninguém. A vanguarda que ele criaria seria principalmente para combater o comunismo.

Num dia fatídico em Peshawar, 11 de agosto de 1988, o xeique Abdullah Azzam convocou uma reunião para discutirem o futuro da *jihad*.[36] Bin Laden, Abu Hafs, Abu Ubaydah, Abu Hajer, dr. Fadl e Wa'el Julaidan estavam presentes. Aqueles homens, embora unidos por experiências incomuns, mostravam-se profundamente divididos nas metas e filosofias. Um dos objetivos de Azzam era assegurar que, no caso de uma guerra civil afegã, os árabes não se envolveriam. Sua posição anterior de espalhar os árabes entre os diferentes comandantes poderia se mostrar desastrosa se os afegãos começassem a combater entre si. Ele chegara a um acordo com Bin Laden sobre a necessidade de criar um grupo árabe separado, ainda que divergissem no rumo que o grupo deveria tomar. Os *takfiri* — Hafs, Ubaydah e Fadl — estavam mais interessados em assumir o controle do Egito, mas queriam ter influência na aventura mais recente. Abu Hajer, o curdo iraquiano, vivia suspeitando dos egípcios e, em princípio, tendia a opor-se a eles, mas também era o mais militante dentre todos, e era difícil saber qual lado ele apoiaria. Embora Azzam encabeçasse a reunião, os comentários dirigiam-se a Bin Laden, porque todos entendiam que o destino da *jihad* estava em suas mãos, e não nas deles.

De acordo com as anotações resumidas da reunião, os homens começaram com três temas gerais de discussão:[37]

    a) Você ouviu a opinião do xeique Abdullah
        → sabendo que o grupo militar do xeique acabou.
    b) Este projeto futuro é do interesse dos irmãos egípcios.
    c) O próximo estágio é nosso trabalho externo
        → o desacordo está presente
        → as armas são abundantes.

Os homens observaram que fazia mais de um ano que a Cova do Leão tinha sido construída, mas não passava de um campo de treinamento. Os árabes continuavam excluídos da luta real. Os homens admitiram que educar os jovens é importante, mas estava na hora de dar o próximo passo. "Deveríamos nos concentrar na idéia original que nos trouxe aqui", observou Abu Rida com sua letra espremida. "Tudo isto é para começar um projeto novo do zero."

Em resposta, Bin Laden, agora chamado de xeique em reconhecimento ao seu prestígio maior entre os árabes, refletiu sobre sua experiência no Afeganistão até aquele momento:

> Sou um só. Não criamos uma organização, nem um grupo islâmico. Foi um período de um ano e meio — um período de educação, desenvolvimento da confiança, teste dos irmãos que vieram, e um período também de mostrar nosso valor ao mundo islâmico. Embora eu tenha começado todas essas coisas nas circunstâncias mais sombrias e tenha sido período tão breve, obtivemos ganhos enormes.

Ele não fez nenhuma menção a Azzam, o verdadeiro progenitor dos afegãos árabes. Tratava-se da saga de Bin Laden, agora. Pôde-se ouvir pela primeira vez o tom épico que passou a caracterizar seu discurso: o som de um homem no controle do destino.

"Quanto aos nossos irmãos egípcios", continuou Bin Laden, mencionando o que era obviamente um tema controvertido para muitos de seus seguidores, "sua permanência conosco nos piores momentos não pode ser ignorada."

Um dos homens disse então que, embora os objetivos principais dos árabes ainda não tivessem sido atingidos, "trabalhamos com o que tínhamos", mas "perdemos muito tempo".

"Progredimos bem", respondeu Bin Laden, talvez defensivamente. Ele apontou para os "jovens treinados, obedientes e fiéis" que podiam ser prontamente utilizados.

Embora as anotações não reflitam esse fato, optou-se por formar uma nova organização a fim de manter a *jihad* viva após a saída dos soviéticos. É difícil imaginar aqueles homens concordando com alguma coisa, mas apenas Abu Hajer votou contra o novo grupo. Abu Rida sintetizou a reunião afirmando que era necessário traçar um plano dentro de um prazo adequado e encontrar pessoal qualificado para pôr o plano em prática. "Estimativa inicial: em seis meses de Al-Qaeda, 314 irmãos estarão treinados e preparados." Para a maioria dos homens na reunião, foi a primeira vez que o nome Al-Qaeda veio à baila. Os membros do novo grupo seriam escolhidos dentre os recrutas afegãos árabes mais promissores, mas ainda não estava claro o que a organização faria nem aonde iria após a *jihad*. Talvez o próprio Bin Laden não soubesse.

Poucas pessoas no aposento perceberam que a Al-Qaeda já havia sido criada em segredo, alguns meses antes, por um pequeno grupo da confiança de Bin Laden. Medani al-Tayeb,[38] um amigo de Bin Laden de Jidá que se casara com sua sobrinha, aderiu ao grupo em 17 de maio, o dia seguinte ao ramadã, de modo que a reunião organizacional de 11 de agosto apenas trouxe à tona o que já estava secretamente em andamento.

Na manhã do sábado 20 de agosto, os mesmos homens voltaram a reunir-se para criar o que chamaram de Al-Qaeda al-Askariya (a base militar).[39] "A mencionada Al-Qaeda é basicamente uma facção islâmica organizada; seu objetivo é enaltecer a palavra de Deus, tornar sua religião vitoriosa", registrou o secretário nas atas da reunião. Os fundadores dividiram o trabalho militar, como o denominaram, em duas partes: uma "de duração limitada", em que os árabes seriam treinados junto com *mujahidin* afegãos pelo restante da guerra; e outra "de duração aberta", em que "eles entram num campo de testes, e os melhores são escolhidos". Os graduados nesse segundo estágio se tornariam membros da nova entidade: a Al-Qaeda.

O secretário listou os requisitos exigidos daqueles que quisessem aderir à nova organização:

- ser membro da duração aberta
- ser atento e obediente
- ter boas maneiras
- apresentar referências de uma fonte confiável
- seguir os estatutos e as instruções da Al-Qaeda

Além disso, os fundadores redigiram um juramento que os novos membros profeririam ao aderir à Al-Qaeda. "Em nome de Deus e sua aliança juro ouvir e obedecer com disposição aos superiores que estão realizando este trabalho, acordando cedo em tempos de dificuldade e de tranqüilidade."

"A reunião encerrou-se na noite de sábado, 20/8/1988", anotou o secretário. "O trabalho da Al-Qaeda começou em 10/9/1988 com um grupo de quinze irmãos." Na parte inferior da página, o secretário acrescentou: "Até a data de 20/9, o comandante Abu Ubaydah chegou para me informar da existência de trinta irmãos na Al-Qaeda, atendendo aos requisitos, e graças a Deus".

Bin Laden não atribuiu nenhum significado especial ao nome do novo grupo. "O irmão Abu Ubaydah al-Banshiri — que Deus dê descanso à sua alma — formou um acampamento para treinar jovens na luta contra a opressiva, atéia e verdadeiramente terrorista União Soviética", ele afirmou mais tarde.[40] "Chamamos aquele lugar de Al-Qaeda — no sentido de que constituía uma base de treinamento — e foi daí que veio o nome."

Os companheiros de Bin Laden tiveram reações confusas à formação da Al-Qaeda. Abu Rida al-Suri, o *mujahid* de Kansas City, conta que, quando ouviu falar pela primeira vez da legião árabe internacional que Bin Laden estava criando, perguntou, desconfiado, quantos haviam aderido. "Sessenta", mentiu Bin Laden.[41]

"Como você vai transportá-los?", Abu Rida quis saber. "Pela Air France?"

A formação da Al-Qaeda deu aos afegãos árabes algo mais pelo que lutar. Todo empreendimento que surgia na paisagem cultural pouco povoada era contestado, e qualquer cabeça que assomasse acima da multidão constituía um alvo. A *jihad* permanente no Afeganistão tornou-se uma reflexão tardia na guerra de palavras e idéias que vinha sendo travada nas mesquitas. Até o venerável Birô de Serviços, que Bin Laden e Azzam haviam criado para auxiliar os árabes em seu desejo de aderir à *jihad*, foi tachado de fachada da CIA, e Azzam, de títere dos americanos.

Na raiz dessas discussões estava o culpado de sempre: o dinheiro. Peshawar era o funil pelo qual entrava a verba para a *jihad* e o vasto esforço humanitário de ajuda aos refugiados. A principal fonte de recursos — as centenas de milhões de dólares dos Estados Unidos e da Arábia Saudita distribuídas pelo serviço de inteligência do Paquistão a cada ano aos chefes guerreiros afegãos — vinha secando à medida que os soviéticos se preparavam para partir. A escassez apenas aumentou o frenesi em torno do que restou: as agências humanitárias internacionais, as instituições de caridade particulares e os bolsos de Bin Laden.

Desde o princípio, os egípcios que vinham patrocinando Bin Laden viam Azzam como um enorme obstáculo. Ninguém entre os árabes gozava de tamanho prestígio. A maioria dos jovens atraídos pela *jihad* respondia à sua *fatwa*, e reverenciava Azzam. "Ele era um anjo, rezando a noite inteira, clamando e jejuando", lembrou seu antigo auxiliar, Abdullah Anas, que se casou com a filha de Azzam só para ficar próximo de seu conselheiro. Para a maioria dos árabes que passaram por Peshawar, Azzam era o homem mais famoso que já haviam conhecido. Muitos deles — inclusive Bin Laden — tinham passado suas primeiras noites em Peshawar dormindo no gabinete dele. Falavam comovidos de sua sabedoria, generosidade e coragem. Ele passou a personificar o espírito nobre dos afegãos árabes, e sua sombra se estendia ao redor do mundo. Destruir um ícone tão célebre seria uma tarefa traiçoeira.

Os egípcios não eram os únicos interessados em derrubar Azzam. Os sauditas temiam que o líder carismático convertesse seus jovens jihadistas à Sociedade dos Irmãos Muçulmanos. Eles queriam um "corpo independente" confiável — dirigido pelos sauditas — que tratasse dos assuntos dos *mujahidin* sem perder de vista os interesses do reino.[42] Bin Laden e a Al-Qaeda eram vistos como uma alternativa salafista adequada, encabeçada por um filho leal do regime saudita.

Abdullah Anas, o melhor exemplar dos combatentes afegãos árabes, acabara de retornar de Peshawar após lutar ao lado de Ahmed Shah Massoud no norte do Afeganistão. Ficou perplexo ao saber que haveria uma reunião entre os líderes árabes para substituir seu sogro, Abdullah Azzam. Quando Anas conversou com ele a respeito, Azzam assegurou que a eleição era só um jogo de aparências. "As autoridades sauditas não estão satisfeitas com minha ascendência sobre os árabes no Afeganistão", explicou Azzam. "Todo o dinheiro para órfãos, viúvas e escolas vem da Arábia Saudita. Eles estão insatisfeitos vendo os jovens sauditas organizados sob a minha liderança. Temem que venham a fazer parte da Sociedade dos Irmãos Muçulmanos."[43] Os sauditas queriam um de seus próprios homens no comando. Com Osama bin Laden como o novo emir, continuou Azzam, os sauditas se sentiriam seguros. "Eles vão relaxar, porque quando sentem que Osama está fora de controle conseguem detê-lo. Mas eu sou um palestino. Eles não têm como me deter."

Ainda mais difícil para Azzam foi persuadir seu velho amigo, o xeique Tamim, a apoiar aquela proposta. Embora Azzam garantisse que a eleição não passava de uma farsa para obter a aprovação saudita, estava claro que outros na reunião seguiam uma agenda diferente. Eles acaloradamente aproveitaram a ocasião para manchar a reputação de Azzam, acusando-o de roubo, corrupção e má gestão do Birô de Serviços. O xeique Tamim, indignado, voltou-se para Bin Laden: "Diga alguma coisa", exigiu.[44]

"Sou o emir desta reunião", respondeu Bin Laden. "Espere a sua vez."

"Quem lhe disse que você é meu emir?" Tamim pôs-se a chorar. "O xeique Abdullah me convenceu a apoiá-lo, mas como é que você deixa essa gente dizer tais coisas?" Tamim recusou-se a apoiar a votação, que por ampla maioria elegeu Bin Laden o novo líder dos árabes.

Azzam reagiu filosoficamente e com aparente despreocupação. "Osama é limitado", assegurou aos seus partidários. "O que ele pode fazer para organizar as pessoas? Ninguém o conhece! Não se preocupem."[45]

Azzam estava mais enfraquecido do que pensava. Um dos homens de Zawahiri, Abu Abdul Rahman, cidadão canadense de origem egípcia, apresentou uma queixa contra Azzam.[46] Abu Abdul Rahman dirigia um projeto médico e educacional no Afeganistão. Ele afirmou que os homens de Azzam haviam retirado o projeto de suas mãos, confiscando as verbas destinadas a ele. Acusou ainda Azzam de espalhar rumores de que estava tentando vender o projeto humanitário à embaixada americana ou a uma instituição cristã.

As acusações fizeram sensação em Peshawar. Panfletos foram distribuídos e cartazes foram afixados nos muros exigindo que Azzam fosse submetido a julgamento. Lutas irromperam nas mesquitas entre partidários e detratores. Por trás das acusações contra Azzam estavam os médicos *takfiri* do hospital do Crescente Vermelho kuwaitiano: Zawahiri e seus colegas. Eles já haviam conseguido expulsá-lo da liderança da mesquita do hospital,[47] e agora previam animadamente a sua queda. "Logo veremos a mão de Abdullah Azzam cortada em Peshawar", exclamou numa reunião o dr. Ahmed el-Wed, o argelino.[48]

Eles formaram um tribunal para ouvir as acusações, com o dr. Fadl atuando como acusador e juiz. Aquele tribunal *takfiri* já se reunira antes para julgar outro *mujahid* que foi considerado culpado de apostasia. Seu corpo foi encontrado esquartejado dentro de um saco de aniagem numa rua de Peshawar.

No segundo dia de julgamento, após a meia-noite, Bin Laden saiu correndo para apanhar seu amigo saudita mais íntimo, Wa'el Julaidan, acamado com calafrios e febre alta, sofrendo de malária. Bin Laden insistiu que Julaidan viesse imediatamente. "Não podemos confiar nos egípcios", ele declarou.[49] "Juro por Deus que esse pessoal vai matar o dr. Abdullah Azzam se tiver a chance de tomar uma resolução contra ele." Julaidan seguiu Bin Laden de volta à reunião, que durou ainda algumas horas. Os juízes condenaram Azzam e ordenaram que a instituição de caridade retornasse ao controle de Abu Abdul Rahman, mas graças à intervenção de Bin Laden o réu foi poupado da desgraça da mutilação pública. Da perspectiva dos inimigos de Azzam, porém, tratou-se de um veredicto inconcludente, já que lhe permitiu permanecer como líder simbólico, e eles estavam determinados a acabar com Azzam.

O general Boris V. Gromov, comandante das forças soviéticas no Afeganistão, cruzou a ponte da Amizade rumo ao Uzbequistão em 15 de fevereiro de 1989. "Não restou nenhum soldado ou oficial soviético atrás de mim", observou o general. "Nossa estadia de nove anos chega ao fim."[50] Os soviéticos haviam perdido 15 mil vidas[51] e sofrido mais de 30 mil baixas. Entre 1 milhão e 2 milhões de afegãos pereceram,[52] talvez 90% civis. Aldeias foram arrasadas, lavouras e gado destruídos, a paisagem salpicada de minas. Um terço da população abrigou-se em campos de refugiados no Paquistão ou no Irã.[53] O governo comunista afegão permaneceu em Cabul, porém, e a *jihad* entrou num período novo e confuso.

O fim da ocupação coincidiu com um influxo súbito e surpreendente de *mujahidin* árabes, incluindo centenas de sauditas ávidos por fustigar o urso soviético em retirada. De acordo com estatísticas do governo paquistanês, mais de 6 mil árabes chegaram para participar da *jihad* de 1987 a 1993,[54] o dobro do número dos que chegaram para a guerra contra a ocupação soviética. Esses jovens diferiam do núcleo pequeno de fiéis atraídos ao Afeganistão por Abdullah Azzam. Tratava-se de "homens com muito dinheiro e emoções à flor da pele", observou um membro da Al-Qaeda em seu diário.[55] Moços mimados do golfo Pérsico chegaram em excursões, permanecendo em contêineres de carga com ar-condicionado.[56] Supridos com RPGs e Kalashnikovs, podiam disparar para o ar e depois voltar para casa vangloriando-se de sua aventura. Muitos eram estudantes do ensino médio ou universitários, religiosos de última hora, sem nenhum histórico nem ninguém que assegurasse sua idoneidade. O caos e a barbárie, que sempre ameaçaram dominar o movimento, aumentaram substancialmente quando Bin Laden assumiu o comando. Roubos a bancos e assassinatos tornaram-se ainda mais corriqueiros, justificados por alegações religiosas absurdas. Um grupo de *takfiri* chegou a deter o caminhão de uma agência humanitária islâmica, tachando os sauditas de infiéis para justificar a ação.[57]

Agora que se tornara o emir dos árabes, Bin Laden manteve-se acima da competição desordenada por recrutas entre os grupos islâmicos rivais, que se acotovelavam no aeroporto no afã de conduzir os recém-chegados para seus ônibus. A briga era especialmente violenta entre os egípcios. As duas organizações egípcias principais — o Grupo Islâmico, liderado pelo xeique Omar Abdul Rahman, e a Al-Jihad, de Zawahiri — criaram hospedarias concorrentes e começaram a publicar revistas e panfletos cujo objetivo maior era se caluniarem mutuamente. Algumas das acusações do Grupo Islâmico contra Zawahiri eram que ele trocara armas por ouro,[58] depositado num banco suíço, e que era um agente dos americanos — acusação universal de traição. Por sua vez, Zawahiri escreveu um panfleto atacando o xeique Omar, intitulado "O líder cego",[59] em que recapitulou as brigas na prisão pelo controle do movimento islâmico radical. A causa não declarada daqueles ataques caluniosos era a disputa pelo controle de Bin Laden, a galinha dos ovos de ouro saudita. Bin Laden deixou clara a sua preferência concedendo 100 mil dólares à Al-Jihad para iniciar as operações.[60]

Nesse ínterim, uma nova batalha vinha tomando forma em Jalalabad,[61] o ponto de entrada estratégico no lado afegão do desfiladeiro de Khyber, para onde todas as estradas, vales e trilhas convergiam. O adversário já não era a superpotência soviética. Agora era o governo comunista afegão que se recusava a desmoronar, como tantos haviam previsto. (Uma das ironias trágicas da cruzada afegã árabe é ter sido constituída, na sua grande maioria, de muçulmanos que chegavam para combater muçulmanos, e não invasores soviéticos.) O cerco a Jalalabad deveria descer a cortina sobre o governo comunista no Afeganistão. Estimulados pela retirada soviética, os *mujahidin* haviam decidido desferir um ataque frontal à posição afegã. A cidade, situada atrás de um rio e de um amplo corredor de minas russas, era defendida por milhares de tropas do governo afegão, desmoralizadas pelos artigos na imprensa paquistanesa sobre o ataque iminente dos *mujahidin* e a vitória rápida e inevitável que deveria ocorrer.

O ataque inicial aconteceu em março de 1989, com 5 mil a 7 mil *mujahidin* afegãos descendo a rodovia 1.[62] Oito comandantes lideravam os homens, sem contar os árabes, que seguiam Bin Laden. Após invadir o aeroporto, na periferia da cidade, os *mujahidin* recuaram diante de um contra-ataque poderoso. A situação descambou num impasse inesperado, com os diferentes comandantes *mujahidin* envolvidos no cerco recusando-se a coordenar-se mutuamente.

Bin Laden e seus soldados ocuparam uma caverna pequena nas montanhas, quatro quilômetros acima da cidade.[63] Ele tinha menos de duzentos homens sob o seu comando.[64] De novo, estava doente.

Seu biógrafo, Essam Deraz, chegou trazendo um suprimento de vitaminas e doze caixas de Arcalion, remédio que Bin Laden sempre solicitava. Ele disse a Deraz que era para melhorar a concentração. O Arcalion costuma ser prescrito para tratar a redução acentuada da força ou do vigor muscular, que pode ser causada por deficiências vitamínicas ou envenenamento por chumbo, entre outros fatores. A saúde de Bin Laden, tão robusta em sua juventude no deserto, sofrera diversos golpes no ambiente adverso da montanha. Como muitos de seus homens, ele contraíra malária; depois, no inverno rigoroso de 1988-9, quase morreu de pneumonia quando uma nevasca imobilizou, durante alguns dias, o veículo em que ele e vários companheiros viajavam.[65] O cerco prolongado e imprevisto a Jalalabad prejudicou ainda mais sua constituição debilitada, sendo cada vez mais importunado por surtos estranhos de dor nas costas e uma fadiga paralisante.

Zawahiri, que desenvolvera a fama, entre os combatentes árabes, de gênio da medicina,[66] vinha de carro de Peshawar, duas ou três vezes por semana, para tratar dos feridos. Obviamente seu paciente principal era Bin Laden, que precisava de injeções intravenosas de glicose para não desmaiar. Bin Laden permanecia horas deitado no chão da caverna, com dores e incapaz de se mexer. O diagnóstico: pressão baixa, normalmente sintoma de outra doença.*

---

* Uma possibilidade, no caso de Bin Laden, é a doença de Addison,[67] um distúrbio do sistema endócrino marcado por pressão arterial baixa, perda de peso, fadiga muscular, irritabilidade estomacal, dores fortes nas costas, desidratação e um desejo anormal de sal. É pura especulação, mas Bin Laden manifestou todos esses sintomas. Embora a doença seja controlável mediante esteróides, uma crise addisoniana, de que Bin Laden possivelmente estaria sofrendo, pode ser fatal se o paciente não for tratado imediatamente com solução salina e glicose.

Quaisquer que fossem os problemas de saúde de Bin Laden, a amizade entre ele e Zawahiri sempre seria complicada pelo fato de que um entregava a própria vida nas mãos do outro.

Os bombardeiros afegãos faziam vinte ataques por dia,[68] despejando bombas de fragmentação sobre a infantaria dos *mujahidin*. Bin Laden e seus homens estavam protegidos numa trincheira entre duas posições montanhosas. Certa ocasião, Bin Laden aguardava uma transfusão de glicose[69] de Zawahiri, que fincou uma vara de metal no chão para apoiar o frasco e então inseriu o tubo intravenoso no frasco. Bin Laden arregaçou a manga e esperou o médico enfiar a cânula em sua veia. Naquele momento, um bombardeiro rugiu sobre suas cabeças a baixa altitude, e seguiram-se explosões que abalaram as montanhas. Fumaça e poeira cobriram os *mujahidin*, que rastejaram para fora da trincheira para verificar o que havia sido atingido. Constataram que as bombas haviam caído sobre o pico acima deles, mas a chuva de pedras derrubara o suporte da glicose.

Zawahiri calmamente voltou a fixar o suporte e desembaraçou o tubo intravenoso. Apanhou outra cânula esterilizada, mas de novo, tão logo Bin Laden esticou o braço, uma série de explosões arremessou pedras nos homens e destruiu as vigas de madeira que suportavam as paredes da trincheira. As bombas estavam bem acima deles. Os homens deitaram no chão e aguardaram o avião desaparecer. Depois Zawahiri apanhou o suporte e o mesmo frasco de glicose, que desta vez fora arremessado do outro lado da trincheira. Àquela altura, os dois homens estavam concentrados no frasco, "como se fosse uma entidade viva com um segredo", lembrou Deraz.

Um dos homens reclamou com Zawahiri: "Não está vendo? Cada vez que você põe o frasco no suporte, somos bombardeados!".

Zawahiri riu e recusou-se a trocar o frasco de glicose. "É mera coincidência", respondeu. Mas, ao se preparar para inserir a agulha, outra série aterrorizante de explosões abalou a paisagem e jogou os homens no chão, gritando e murmurando versículos do Alcorão. As madeiras que sustentavam o teto desabaram, e da trincheira dava para ver o céu. Depois, ouviu-se um grito de que estavam sendo atacados com gás venenoso. Rapidamente puseram as máscaras antigás. Em meio à fumaça, medo e confusão, Zawahiri pacientemente remontou o suporte de metal e apanhou o frasco de glicose.

Todos na trincheira desataram a gritar: "Jogue esse frasco lá fora! Não toque nele!".

Bin Laden tentou lembrá-los de que presságios funestos são proibidos no islã, mas, quando Zawahiri começou a prender o tubo intravenoso, um dos sauditas se levantou e, em silêncio, arrebatou o frasco de glicose das mãos do médico, atirando-o fora da trincheira. Todos riram, até Bin Laden, mas estavam satisfeitos por se ver livres daquele frasco.

Havia um jovem combatendo ao lado de Bin Laden durante o cerco a Jalalabad chamado Shafiq.[70] Com cerca de 1,50 metro de altura e pesando talvez quarenta quilos, foi um dos poucos sauditas que permaneceram leais desde o início, apesar do séquito de egípcios que cercava seu líder. Jamal Khalifa, seu professor em Medina, lembrou-se de Shafiq como um homem polido e bem-arrumado que largara a escola aos dezesseis anos para aderir à *jihad*. Seu pai logo foi ao Afeganistão a fim de levá-lo de volta para casa. Khalifa ficou chocado ao ver o ex-aluno outra vez na Arábia Saudita. Cabelos emaranhados cobrindo os ombros, trajava sapatos sujos e calças afegãs. O estudante fora completamente transformado, era agora num guerreiro endurecido, ávido por retornar à batalha. Após poucas semanas, Shafiq apanhou seu passaporte onde o pai o escondera e voltou à guerra — uma decisão com conseqüências históricas.

Certo dia, uma sentinela em Jalalabad observou helicópteros do exército afegão atacando a posição árabe, seguidos de tanques e infantaria. Os árabes vinham sendo conduzidos por um *mujahid* traidor, que os entregara. A sentinela avisou aos homens de Bin Laden que evacuassem a caverna onde estavam abrigados, mas àquela altura as unidades armadas estavam perto demais, prontas para aniquilar o posto avançado inteiro.

Bin Laden retirou-se às pressas com o restante dos soldados, exceto Shafiq, que sozinho, com um pequeno morteiro, deu cobertura à retirada. Sem os poucos momentos de alívio proporcionados por Shafiq, Bin Laden provavelmente teria morrido em Jalalabad, junto com seu sonho irrealizado. Oitenta outros árabes morreram ali,[71] incluindo Shafiq, no maior desastre da experiência árabe no Afeganistão.

* * *

A Al-Qaeda realizou sua primeira reunião de recrutamento no campo Faruk, perto de Khost, Afeganistão, pouco depois do desastre em Jalalabad. Faruk era um campo *takfir*,[72] criado por Zawahiri e o dr. Fadl, dedicado inteiramente ao treinamento dos *mujahidin* árabes de elite, adestrados para ingressar no exército particular de Bin Laden. Ainda que a Cova do Leão estivesse do outro lado da montanha, o campo Faruk foi mantido isolado dos outros, para que os homens pudessem ser observados de perto. Os escolhidos eram jovens, devotos e obedientes.[73] Receberam uma bonificação e instruções de se despedir da família.

O conselho de liderança formado para orientar Bin Laden compunha-se principalmente de egípcios, incluindo Zawahiri, Abu Hafs, Abu Ubaydah e o dr. Fadl. Também estavam representados membros da Argélia, Líbia e Omã. A organização abriu um escritório num casarão de dois andares em Hayatabad, subúrbio de Peshawar onde residia a maioria dos árabes.

Os novos recrutas preenchiam formulários em três vias, firmavam o voto de fidelidade a Bin Laden e juravam manter segredo.[74] Em troca, os membros solteiros auferiam um salário de cerca de mil dólares por mês, e os membros casados recebiam 1500 dólares.[75] Todos ganhavam uma passagem de ida e volta para casa uma vez por ano e um mês de férias.[76] Havia um plano de saúde e — para quem mudasse de idéia — um plano de retirada: o soldado que quisesse ir embora recebia 2400 dólares e seguia seu próprio rumo. Desde o início, a Al-Qaeda pareceu uma oportunidade de emprego atraente para homens cuja educação e carreira haviam sido interrompidas pela *jihad*.

Os líderes da Al-Qaeda desenvolveram uma constituição e regulamentos,[77] que descreviam em termos claros as metas utópicas da organização: "Estabelecer a verdade, livrar-se do mal e estabelecer uma nação islâmica". Isso seria alcançado por meio de educação e treinamento militar, bem como coordenando e apoiando movimentos da *jihad* ao redor do mundo. O grupo seria liderado por um comandante que fosse imparcial, resoluto, confiável, paciente e justo; o comandante deveria ter no mínimo sete anos de experiência na *jihad* e, de preferência, nível universitário. Entre seus deveres estavam nomear um conselho de assessores para se reunir mensalmente, criar um orçamento e decidir sobre um plano de ação anual. Pode-se avaliar a ambição da Al-Qaeda examinando sua estrutura burocrática, que incluía comitês para tratar de assuntos militares, política, informação, administração, segurança e vigilância. O comitê militar tinha subseções voltadas ao treinamento, operações, pesquisa e armas nucleares.

Após o fracasso de Jalalabad, os *mujahidin* afegãos sucumbiram a uma guerra civil cataclísmica. Os protagonistas mais fortes desse fratricídio foram Gulbuddin Hekmatyar e Ahmed Shah Massoud, ambos líderes implacáveis e carismáticos, empenhados em criar um governo islâmico no Afeganistão. Hekmatyar, o político mais hábil, era pachtum, da tribo dominante no Paquistão e no Afeganistão. Contava com o apoio do serviço de inteligência do Paquistão, e portanto também dos Estados Unidos e da Arábia Saudita. Massoud, um dos líderes guerrilheiros mais talentosos do século XX, era tajik, da tribo falante de persa que constitui o segundo maior grupo étnico do Afeganistão. Baseado no vale do Panjshir, ao norte de Cabul, Massoud raramente viajava para Peshawar, onde pululavam os serviços de inteligência e a mídia internacional.

A maioria dos árabes ficou do lado de Hekmatyar, exceto Abdullah Anas, genro de Abdullah Azzam. Anas convenceu o xeique a visitar Massoud, para ver pessoalmente que tipo de homem era. A viagem para visitar o "Leão do Panjshir" requeria oito dias de caminhada através de quatro picos até as montanhas Hindu Kush. Ao transporem as montanhas, Azzam refletiu sobre o fiasco de Jalalabad. Lamentou que a *jihad* afegã se transformasse num fracasso desorganizado e desorientado. Os soviéticos partiram, e agora os muçulmanos combatiam uns aos outros.

Massoud e uma guarda de cem homens encontraram-se com eles na fronteira do Paquistão e os conduziram ao vale do Panjshir. Massoud vivia numa caverna com dois quartos: "Como um cigano", disse Anas, que serviu de intérprete para os dois homens. Azzam encantou-se com a modéstia de Massoud e admirou a disciplina de suas tropas, que contrastava fortemente com as demais forças *mujahidin* tão irregulares. "Somos seus soldados", Azzam prometeu.[78] "Nós o estimamos e vamos ajudá-lo."

Ao retornar a Peshawar, Azzam não fez segredo de sua opinião revisada sobre Massoud. Chegou a viajar para a Arábia Saudita e para o Kuwait, proclamando: "Vi a verdadeira *jihad* islâmica. É Massoud!". Hekmatyar enfureceu-se com a mudança de posição de Azzam, que poderia lhe custar o apoio dos financiadores árabes.

Azzam já havia acumulado muitos inimigos de corações sombrios e mãos sanguinárias. Bin Laden implorou a Azzam que permanecesse longe de Peshawar, que se tornara perigosa demais para seu ex-preceptor. Uma sexta-feira, os homens de Hekmatyar descobriram e desativaram uma bomba poderosa na mesquita perto da casa de Azzam.[79] Era uma mina antitanque que havia sido colocada sob o púlpito de onde Azzam conduzia as orações. Se tivesse explodido, centenas de fiéis poderiam ter morrido.

Confuso e desanimado devido à guerra civil entre os *mujahidin*, e ainda sofrendo pelo constrangimento de Jalalabad, Bin Laden voltou à Arábia Saudita para consultar o serviço de inteligência do reino. Queria saber de que lado deveria lutar. O chefe do estado-maior do príncipe Turki, Ahmed Badeeb, aconselhou: "Melhor ir embora".[80]

Antes de deixar Peshawar totalmente, Bin Laden voltou para se despedir de Azzam. A ascensão de Bin Laden deixara Azzam vulnerável, mas de algum modo a amizade sobrevivera. Eles se abraçaram por um longo tempo,[81] e os dois homens derramaram muitas lágrimas, como se soubessem que nunca mais se veriam.

Em 24 de novembro de 1989, Azzam foi de carro para a mesquita com dois de seus filhos, Ibrahim e Mohammed, este último ao volante. Quando Mohammed estava estacionando, uma bomba na beira da estrada, feita de vinte quilos de TNT, explodiu com tamanha força que destroçou o carro.[82] Partes dos corpos foram espalhadas pelas árvores e linhas de transmissão. A perna de um dos filhos de Azzam penetrou pela janela de uma loja a noventa metros de distância. Mas o corpo de Azzam, ao que se diz, foi encontrado repousando pacífico junto a um muro, completamente intacto, nem um pouco desfigurado.

Naquela mesma sexta-feira, nas ruas de Peshawar, o principal rival de Azzam, Ayman al-Zawahiri, espalhava rumores de que Azzam estava trabalhando para os americanos.[83] No dia seguinte, compareceu ao funeral de Azzam, elogiando o xeique martirizado, como fizeram seus muitos outros inimigos triunfantes.

7. O retorno do herói

A fama cria sua própria autoridade, mesmo na Arábia Saudita, onde a humildade é valorizada e o prestígio é cuidadosamente podado entre os que não pertencem à família real. Trata-se de um país que proíbe a exibição pública de retratos, exceto aqueles onipresentes dos rostos dos príncipes governantes, que também dão nome a ruas, hospitais e universidades, açambarcando toda a glória disponível. Assim, quando Bin Laden voltou à sua Jidá, no outono de 1989, apresentou um dilema singular na história saudita moderna. Com apenas 31 anos de idade, comandava um exército internacional de voluntários, de dimensões ignoradas. Acreditando na fábula, promovida pela imprensa saudita, de que sua legião árabe havia derrubado a superpotência, ele chegou com expectativas algo exageradas quanto ao próprio futuro. Só não era mais conhecido do que alguns príncipes e o estrato superior do clero *wahhabi*: foi a primeira celebridade verdadeira do reino.

Ele era rico, embora não para os padrões reais ou mesmo das grandes famílias de mercadores do Hijaz. Sua participação no Saudi Binladin Group na época representava 27 milhões de riais sauditas[1] — pouco mais de 7 milhões de dólares. Também recebia uma parcela do lucro anual da empresa, que variava de meio milhão a 1 milhão de riais ao ano. Osama voltou ao negócio da família, ajudando a construir estradas em Taif e Abha.[2] Mantinha uma casa em Jidá e outra em Medina, cidade que sempre preferira, onde podia estar perto da mesquita do Profeta.

O jovem idealista voltou ao reino com uma sensação de missão divina. Havia arriscado a vida e acreditava ter sido salvo milagrosamente. Partira como seguidor de um guerreiro muçulmano lendário e retornava como o líder inconteste dos afegãos árabes. Seu imponente ar de confiança tornava-se ainda mais sedutor devido à humildade instintiva. Numa época de crescente incerteza dos sauditas quanto à sua identidade no mundo moderno, Bin Laden surgia como um arquétipo imaculado. Sua devoção e postura humilde lembravam a histórica auto-imagem dos sauditas como tímidos e discretos, mas também ferozes e austeros. Alguns de seus jovens admiradores referiam-se a ele como "o Omã de sua época",[3] em alusão a um dos antigos califas, um homem abastado conhecido por sua retidão.

Inevitavelmente, a reputação de Bin Laden lançou uma luz indesejável sobre o comportamento da família real saudita, liderada pelo rei Fahd, famoso pelas bebedeiras e festas nos portos da Riviera Francesa, onde ancorava seu iate de 482 pés e 100 milhões de dólares, o *Abdul Aziz*.[4] A embarcação tinha duas piscinas, um salão de baile, um ginásio de esportes, um teatro, um minijardim, um hospital com unidade de terapia intensiva e duas salas de cirurgia, além de quatro mísseis Stinger americanos. O rei também gostava de voar até Londres em seu jato 747 de 150 milhões de dólares, equipado com chafariz próprio. Perdia milhões nos cassinos naquelas excursões. Certa noite, contrariado com o horário de fechamento dos cassinos imposto pela lei britânica, contratou crupiês particulares de vinte-e-um e roleta, de modo a poder jogar na suíte do hotel a noite inteira.[5] Outros príncipes sauditas seguiram animados o exemplo, em especial seu filho Mohammed, que recebeu mais de 1 bilhão de dólares em propinas, segundo documentos de tribunais britânicos, gastos com "prostitutas, pornografia, frotas de mais de cem carros de alto desempenho, palácios em Cannes e Genebra e requintes como lanchas, jatos alugados, chalés em estações de esqui e jóias".[6]

Os preços do petróleo desabaram em meados da década de 1980, lançando a economia saudita em déficit, mas a família real continuou contraindo "empréstimos" pessoais maciços dos bancos do país, raramente reembolsados. Toda transação comercial de porte requeria "comissões" — propinas — à máfia real para agilizar o contrato. Os príncipes individualmente confiscavam terras e se intrometiam nas empresas privadas. Tudo isso além da dotação mensal secreta, mas substancial, que cada membro da família recebia. "Al-Saud" tornou-se sinônimo de corrupção, hipocrisia e ganância insaciável.

O ataque à Grande Mesquita dez anos antes, porém, despertara a família real para a perspectiva assustadora da revolução. A lição que a família real extraiu daquele impasse sangrento foi que só conseguiria se proteger dos extremistas religiosos fortalecendo-os. Conseqüentemente, os *muttawa*, vigilantes religiosos subsidiados pelo governo, tornaram-se uma presença avassaladora no reino, percorrendo shopping centers e restaurantes conclamando os homens às mesquitas nas horas das orações e vigiando os trajes das mulheres. Um simples tufo de cabelos escapando do *hijab* podia ser castigado com um golpe da bengala que aqueles homens carregavam. No afã de eliminar o pecado e a heresia, invadiam até casas e empresas particulares e travavam uma guerra contra as antenas parabólicas em proliferação, muitas vezes atirando nelas com armas fornecidas pelo governo, de automóveis Chevrolet Suburban também fornecidos pelo governo.[7] Oficialmente conhecidos como representantes do Comitê pela Promoção da Virtude e Prevenção do Vício, os *muttawa* se tornariam o modelo dos talibãs no Afeganistão.

O príncipe Turki contrastava de maneira impressionante com a imagem pública da família real. Cortês, encantador e afável, o tipo de homem que muita gente conhecia e apreciava. Mas era também cauteloso e reservado, e mantinha as diferentes facetas de sua vida tão cuidadosamente separadas que ninguém o conhecia muito bem. Desfrutava as prerrogativas reais de poder, mas dentro do reino vivia de maneira sedutoramente humilde. Ocupava uma casa relativamente modesta, de um pavimento, em Riad com a esposa, a princesa Nouf, e os seis filhos.[8] Nos fins de semana, recolhia-se ao seu rancho no deserto, onde criava ostras.[9] Usava o traje saudita invariável: a túnica branca até o tornozelo, denominada *thobe*, e o turbante quadriculado vermelho. Os fundamentalistas o respeitavam por ser um erudito islâmico, mas ele era também defensor dos direitos das mulheres, de modo que os progressistas o viam como um possível paladino. Dirigia um serviço de inteligência no Oriente Médio, o que costuma ser sinônimo de tortura e assassinato, mas rapidamente adquiriu a reputação de valorizar as mãos limpas. Seu pai foi o rei martirizado; sua mãe adorada, Effat, a única mulher da história saudita a ser chamada de rainha. Tudo aquilo, mais sua juventude e a carreira importante, significava que Turki teria de ser levado em conta quando os netos de Abdul Aziz enfim tivessem a oportunidade de disputar a coroa.

Fora do reino, Turki tinha uma vida diferente. Uma casa em Londres e um apartamento sofisticado em Paris. Cruzava o Mediterrâneo em seu iate, o *Cavaleiro Branco*.[10] Nas salas de estar de Londres e Nova York, tinha fama de apreciar eventualmente um daiquiri de banana,[11] embora não fosse jogador nem beberrão. Por se adaptar com facilidade a vários mundos diferentes, tinha a qualidade de refletir as virtudes que os outros gostariam de ver nele.

A CIA trabalhou diretamente com Turki e seu serviço durante a *jihad* afegã, impressionando-se com sua capacidade de visão, o alcance de seus conhecimentos e sua familiaridade com os costumes americanos. Entre alguns membros da comunidade de inteligência americana, vigorava o pressuposto de que Turki era "o nosso homem em Riad", mas outros o achavam enganador e relutante em compartilhar informações. Essas reações espelhavam o relacionamento espinhoso em que americanos e sauditas se viam emaranhados.

Uma sexta-feira, Turki foi a uma mesquita em Riad cujo imã se manifestara contra certas instituições de caridade femininas, inclusive uma supervisionada por cinco membros da família Faisal. Turki ouvira uma gravação em fita do sermão em que o imã tachara de prostitutas as mulheres dirigentes da instituição. Tratou-se de um rompimento espantoso do acordo antigo entre Al-Saud e o clero *wahhabi*. Na semana seguinte, Turki sentou-se na primeira fila da mesquita, e quando o imã se levantou para falar Turki, furioso, o confrontou. "Este homem difamou minha família!", berrou Turki ao microfone. "Minhas irmãs! Minha nora! Se não provar o que disse, vou processá-lo."[12] Uma testemunha do evento afirma que Turki chegou a ameaçar matar o homem no ato.

Aquela difamação ousada e a reação furiosa do príncipe Turki lançaram o país em tumulto. O governador de Riad, príncipe Salman, mandou prender o imã transgressor. Este rapidamente pediu desculpas, que foram aceitas. Mas Turki percebeu que o equilíbrio de poder entre as duas facções começara a mudar. Muitos em sua família se sentiam intimidados pelo bando religioso que percorria shopping centers e ruas com policiais à sua disposição. A superdevoção dos *muttawa* estava fadada a se voltar contra a flagrante depravação de alguns membros da família real, mas agora eles tinham chegado ao ponto de atacar as obras de caridade de princesas populares e honradas que buscavam defender as causas das mulheres. Obviamente, a família real não podia suportar tal insulto, mas o fato de que aquelas coisas vinham sendo ditas em público demonstrava que os *muttawa* eram ousados o suficiente para pregar a revolução bem debaixo do nariz dos príncipes governantes.

À semelhança da CIA, não cabia ao serviço de inteligência de Turki operar dentro do próprio país. Isso era incumbência do príncipe Naif, o tio truculento de Turki, que dirigia o Ministério do Interior e guardava zeloso o seu território. Turki estava achando a situação no país perigosa demais para ser ignorada, ainda que tivesse de se imiscuir no domínio de Naif. Em segredo, começou a monitorar os *muttawa*. Soube que muitos deles eram ex-presidiários cuja única qualificação profissional era ter memorizado o Alcorão a fim de reduzir a pena.[13] Mas tinham se tornado tão poderosos, acreditava Turki, que agora ameaçavam derrubar o governo.

A vida na Arábia Saudita sempre fora marcada pela abstinência, a submissão e o fervor religioso, mas o domínio dos *muttawa* sufocava as interações sociais e impunha uma ortodoxia nova e perigosa. Durante séculos, as quatro escolas principais de jurisprudência islâmica — Hanafi, Maliki, Shafei e Hanbali — foram ensinadas e estudadas em Meca.[14] Os *wahhabi* ostensivamente se colocavam acima de tais divisões doutrinárias, mas na prática excluíam outras interpretações da religião. O governo proibiu os xiitas, uma minoria substancial na Arábia Saudita, de construir mesquitas novas ou expandir as existentes.[15] Apenas os *wahhabi* gozavam de liberdade de culto.

Não contente em privar o próprio país de qualquer liberdade religiosa, o governo saudita passou a difundir a religião no mundo islâmico, empregando os bilhões de riais arrecadados através do imposto religioso — *zakat* — para construir centenas de mesquitas e colégios e milhares de escolas religiosas ao redor do mundo, providos de imãs e professores *wahhabi*. A Arábia Saudita, que constitui tão-somente 1% da população muçulmana mundial,[16] acabou bancando 90% das despesas de todo o islã,[17] prevalecendo sobre outras tradições da religião.

A música desapareceu do reino. Pouco após o ataque de 1979 contra a Grande Mesquita de Meca, Umm Kalthum e Fayrouz, os pássaros canoros do mundo árabe, foram banidos das estações de TV do reino, já dominadas por homens barbudos debatendo filigranas da lei religiosa. Havia alguns cinemas na Arábia Saudita antes do ataque à mesquita, mas logo foram fechados. Uma sala de concertos magnífica ficou pronta em Riad em 1989, e jamais abrigou um só concerto. A censura sufocava as artes e a literatura, e a vida intelectual, que mal tivera chance de florescer no país jovem, feneceu. A paranóia e o fanatismo naturalmente dominam mentes fechadas e temerosas.

Para os jovens, o futuro naquele ambiente já tão sombrio prometia ainda menos que o presente. Apenas alguns anos antes, a Arábia Saudita estava a caminho de se tornar o país com a maior renda per capita do mundo, graças à profusão da riqueza petrolífera. Agora, o declínio do preço do petróleo frustrava tais expectativas. O governo, que prometera empregos aos graduados em curso superior, retirou suas garantias, criando o fenômeno antes desconhecido do desemprego. O desespero e a ociosidade são companhias perigosas em qualquer cultura, e era inevitável que os jovens buscassem um herói que exprimisse seu desejo de mudança e fornecesse um alvo para sua raiva.

Nem clérigo nem príncipe, Osama bin Laden assumiu esse papel novo, embora não houvesse nenhum precedente no reino de um agente assim tão independente. Ele oferecia uma crítica convencional do apuro do mundo árabe, típica da Sociedade dos Irmãos Muçulmanos: o Ocidente, em particular os Estados Unidos, eram responsáveis pelo fracasso humilhante dos árabes. "Eles atacaram nossos irmãos na Palestina, como atacaram muçulmanos e árabes em outras partes",[18] afirmou Osama numa noite de primavera, na mesquita da família Bin Laden em Jidá, logo após as orações noturnas. "O sangue dos muçulmanos foi derramado. É o cúmulo. [...] Somos vistos como cordeiros, e nos sentimos muito humilhados."

Bin Laden trajava uma túnica branca e um manto cor de camelo transparente sobre os ombros. Falou em tom monocórdio, às vezes sacudindo o dedo indicador longo e ossudo para enfatizar um ponto, mas sua postura era relaxada, e os gestos, vacilantes e lânguidos. Já exibia o olhar messiânico a média distância que caracterizaria seus pronunciamentos posteriores. Diante dele, centenas de homens se sentavam, pernas cruzadas, sobre o tapete. Muitos haviam lutado com ele no Afeganistão e buscavam um novo rumo para a própria vida. O antigo inimigo, a União Soviética, desmoronava, mas os Estados Unidos não pareciam constituir um substituto tão óbvio.

De início, era difícil perceber a base da queixa de Bin Laden. Os Estados Unidos jamais foram uma potência colonial, nem a Arábia Saudita chegara a ser colonizada. É claro que ele falava aos muçulmanos em geral, indignados com o apoio americano a Israel, mas os Estados Unidos haviam sido um aliado decisivo na *jihad* afegã. O sentimento de humilhação por ele expresso estava mais ligado à situação dos muçulmanos no mundo moderno. Suas vidas vinham sendo desvalorizadas, dizia Bin Laden ao público de sua cidade, reforçando a sensação de que outras vidas — vidas ocidentais, americanas — eram mais plenas e mais valiosas.

Bin Laden deu-lhes uma lição de história.

Os Estados Unidos foram ao Vietnã, a milhares de quilômetros de distância, e começaram a bombardeá-lo com aviões. Os americanos só saíram do Vietnã depois de sofrer uma quantidade impressionante de baixas. Mais de 60 mil foram mortos antes que o povo americano protestasse. Os americanos não deixarão de apoiar os judeus na Palestina enquanto não lhes infligirmos golpes graves. Eles não vão parar até travarmos a *jihad* contra eles.

Lá estava ele, na iminência de pregar a violência contra os Estados Unidos, mas subitamente se conteve. "O que é preciso é travar uma guerra econômica contra os Estados Unidos", continuou. "Temos de boicotar todos os produtos americanos. [...] Eles estão pegando o dinheiro que pagamos por esses produtos e dando aos judeus para matarem os nossos irmãos." O homem que adquirira fama no combate aos soviéticos agora invocava Mahatma Gandhi, que derrubara o Império Britânico "boicotando seus produtos e usando trajes não ocidentais". Ele preconizou uma campanha de relações públicas. "Ao vermos qualquer americano, devemos expressar nossas queixas", concluiu brandamente. "Devemos escrever para as embaixadas americanas."

Bin Laden mais tarde diria que os Estados Unidos sempre foram inimigos seus. Ele remontava seu ódio a esse país a 1982, "quando os Estados Unidos permitiram que os israelenses invadissem o Líbano, e a Sexta Frota americana os ajudou".[19] Ele recordou a carnificina:

> Sangue e membros cortados, mulheres e crianças espalhadas por toda parte. Casas destruídas junto com seus ocupantes e prédios demolidos sobre os moradores. [...] A situação era comparável à de um crocodilo atacando uma criança indefesa, a quem só restava gritar.

Essa cena provocara nele um desejo intenso de combater a tirania, ele disse, e um desejo de vingança. "Ao ver aquelas torres demolidas no Líbano, me convenci de que devemos punir o opressor na mesma moeda e devemos destruir torres nos Estados Unidos para que sintam um pouco do que sentimos."

Suas ações na época contrariavam essa postura pública. Em particular, Bin Laden abordou membros da família real, durante a *jihad* afegã, para expressar sua gratidão pela participação americana naquela guerra. O príncipe Bandar bin Sultan, embaixador saudita nos Estados Unidos, lembrava-se de Bin Laden vindo até ele e dizendo: "Obrigado. Obrigado por trazer os americanos para nos ajudar a expulsar os soviéticos secularistas, ateus".[20]

Bin Laden nunca se mostrara um pensador político interessante nem original. Suas análises, até então, não passavam de estereótipos islamitas padrão, sem lastro em nenhuma experiência profunda do Ocidente. Contudo, envolto na mística que se formara em torno dele, Bin Laden ocupava uma posição na sociedade saudita que dava peso aos seus pronunciamentos. O simples fato de sua crítica aos americanos estar sendo proferida — num país onde a expressão era tão restrita — indicava aos demais sauditas que devia haver um consentimento real por detrás da campanha antiamericana que Bin Laden lançara.

Poucos países no mundo eram tão diferentes e no entanto tão dependentes um do outro como os Estados Unidos e a Arábia Saudita.[21] Os americanos desenvolveram a indústria petrolífera saudita; empreiteiras americanas, como a Bechtel, construíram grande parte da infra-estrutura do país; a empresa de Howard Hughes, a Trans World Airlines, desenvolveu a aviação comercial saudita; a Fundação Ford modernizou o governo saudita; o corpo de engenheiros americano construiu as instalações de rádio e televisão do país e supervisionou o desenvolvimento de sua indústria bélica. Nesse ínterim, a Arábia

Saudita enviou seus estudantes mais brilhantes para universidades americanas: mais de 30 mil por ano durante as décadas de 1970 e 1980.[22] Em troca, mais de 200 mil americanos viveram e trabalharam no reino desde a descoberta de petróleo.[23] A Arábia Saudita precisava dos investimentos, gestão, tecnologia e educação americanos para conduzi-la ao mundo moderno. Os Estados Unidos, por sua vez, ficaram cada vez mais dependentes do petróleo saudita para sustentar sua supremacia econômica e militar. Em 1970, os Estados Unidos eram o décimo maior importador de petróleo saudita; uma década depois, eram o número um.[24]

Àquela altura, a Arábia Saudita havia substituído o Irã como o principal aliado americano no golfo Pérsico. O reino dependia das armas e acordos de defesa americanos para sua proteção. Desse modo, a aparente cumplicidade da família real com os crescentes ataques verbais de Bin Laden aos Estados Unidos se afigurava como um paradoxo suicida. Mas, ao se concentrar num inimigo externo, Bin Laden desviava a atenção popular da pilhagem da riqueza petrolífera pelos príncipes e da escalada do fanatismo religioso. Os acontecimentos logo dariam a Bin Laden a desculpa que ele procurava para transformar os Estados Unidos no inimigo de que precisava.

Em 1989, Bin Laden abordou o príncipe Turki com um plano ousado: usar suas tropas árabes irregulares para derrubar o governo marxista do Iêmen do Sul.[25] Bin Laden estava indignado com o governo comunista em sua terra ancestral, e viu uma oportunidade de explorar sua parceria com o governo saudita para livrar a península Arábica de quaisquer influências seculares. Seria a primeira oportunidade de pôr a Al-Qaeda em ação.

A Arábia Saudita sempre tivera uma relação turbulenta com seus vizinhos menores, mais pobres e mais populosos do sul, os Iêmens. Os gêmeos em litígio representavam também um problema estratégico. Estendendo-se pela ponta sul da península Arábica, com o polegar na garganta do mar Vermelho, o Iêmen do Sul era a única entidade marxista do mundo árabe. O Iêmen do Norte era um regime militar pró-Ocidente, mas vivia envolvido em disputas de fronteiras com o reino.

Turki ouviu a oferta de Bin Laden e recusou. "É uma péssima idéia", respondeu. Os sauditas tinham um longo histórico de se meter nos assuntos dos dois Iêmens, de modo que a objeção de Turki não se devia à civilidade. Bin Laden falou de "meus *mujahidin*" e de libertar o Iêmen do Sul dos *kafrs*. A megalomania do gesto de Bin Laden desconcertou Turki.

Pouco depois do encontro de Bin Laden com o chefe da inteligência saudita, os Iêmens do Norte e do Sul chegaram a um acordo inesperado de fusão dos dois países numa entidade única que se chamaria República do Iêmen. Descobrira-se petróleo na mal definida região de fronteira entre as duas nações destituídas, o que proporcionava um incentivo à resolução de suas divergências pela via política, e não pelas armas.

Bin Laden, porém, não aceitou a paz. Ele se convenceu de que os americanos tinham um acordo secreto com os socialistas para criar uma base militar no Iêmen, de modo que decidiu destruir essa aliança patrocinando a guerra de guerrilhas.[26] Logo veteranos iemenitas da *jihad* afegã começaram a aparecer em seu apartamento em Jidá, saindo de lá com maletas cheias de dinheiro para financiar a rebelião.[27]

Ahmed Badeeb, o antigo professor de Bin Laden, foi visitá-lo, sem dúvida instruído por Turki. Bin Laden administrava investimentos em Jidá naquela época. Durante a conversa, Badeeb notou o alto grau de raiva na voz de seu ex-aluno e percebeu que alguma coisa iria acontecer. Bin Laden simplesmente não conseguia engolir o fato de comunistas participarem do governo de coalizão. Ele insistia em impor suas próprias noções indefinidas de um governo islâmico, em vez da solução pacífica e prática com que os Iêmens haviam concordado. Para Bin Laden, a península inteira era sagrada e tinha de ser depurada dos elementos estrangeiros. O fato de seu pai ter nascido no Hadramaut, na parte sul do país, fortalecia o desejo fervoroso de libertar seus concidadãos de qualquer vestígio de governo comunista. Ele fez uma série de viagens à república nascente,[28] discursando em mesquitas para incitar a oposição. Sua brigada Al-Qaeda juntou-se a líderes tribais ao norte para realizar incursões nas cidades do sul e assassinar os líderes socialistas.[29]

Esses ataques assassinos surtiram algum efeito. Com a frágil união correndo o risco de descambar na guerra civil novamente, o novo presidente da República do Iêmen, Ali Abdullah Saleh, viajou à Arábia Saudita para pedir ao rei Fahd que mantivesse Bin Laden sob controle. O rei ordenou firmemente a Bin Laden que ficasse fora dos assuntos do Iêmen. Bin Laden negou que estivesse envolvido, mas logo estava de volta ao Iêmen, proferindo novos discursos e pregando contra os comunistas. O presidente iemenita, frustrado e zangado, retornou à Arábia Saudita para insistir no apelo ao rei Fahd, que não estava habituado a ser desobedecido pelos súditos, e menos ainda a ouvir mentiras. Ele recorreu ao agente da lei da família.

O ministro do Interior, o príncipe Naif, uma figura altiva muitas vezes comparada com J. Edgar Hoover, convocou Bin Laden ao seu escritório. O ministério ocupa um prédio estranho e perturbador — uma pirâmide invertida — que assoma no perímetro do centro de Riad. Colunas de elevadores tubulares pretos se erguem dentro do vasto e desorientador átrio de mármore, que parece especialmente projetado para diminuir quem quer que esteja ali. Bin Laden havia suprido Naif de informações naquele prédio várias vezes durante a *jihad* afegã, mantendo o governo devidamente informado de suas atividades. Ele sempre recebera um tratamento respeitoso no passado, devido a sua família, posição e lealdade à família real demonstrada ao longo dos anos.

Desta vez a coisa foi diferente. Naif falou com ele duramente e exigiu seu passaporte. O príncipe não queria mais saber da política externa pessoal de Bin Laden.

Foi um balde de água fria de realidade, mas Bin Laden se sentiu enganado. "Eu trabalhava em prol do governo saudita!", ele se queixou aos amigos.[30]

Como o país mais rico da região, cercado de vizinhos invejosos, a Arábia Saudita também era o mais apreensivo. Quando o rei Faisal encomendou o primeiro censo do país, em 1969, ficou tão chocado com o número reduzido de habitantes que imediatamente dobrou-o.[31] Desde então, as estatísticas do reino têm sido distorcidas por essa mentira fundamental. Em 1990, a Arábia Saudita alegou possuir uma população de mais de 14 milhões, quase igual à do Iraque, embora o príncipe Turki em particular estimasse a população do reino pouco acima de 5 milhões.[32] Sempre temeroso de ser derrubado e pilhado, o governo saudita gastou bilhões de dólares em armas, comprando os equipamentos mais sofisticados do mercado nos Estados Unidos, Grã-Bretanha, França e China e enriquecendo ainda mais os membros da família real com propinas polpudas. Na década de 1980, o reino construiu um sistema de defesa aérea de 50 bilhões de dólares. O corpo de engenheiros do exército americano mudou seu quartel-general no exterior da Alemanha para a Arábia Saudita a fim de construir bases, escolas e complexos de quartéis-generais para o exército, a força aérea, a marinha e a guarda nacional sauditas.[33] Depois que o Congresso americano aprovou leis proibindo empresas do país de oferecer suborno e propinas a agentes estrangeiros, o governo saudita fechou o maior negócio de armas da história com a Grã-Bretanha. No final da década, o reino deveria estar suficientemente bem equipado para se defender das ameaças diretas de seus vizinhos. Dispunha das armas; faltavam apenas treinamento e tropas — ou seja, um exército verdadeiro.

Em 1990, Bin Laden alertou para o perigo que o tirano assassino do Iraque, Saddam Hussein, representava para a Arábia Saudita. Foi tratado como uma cassandra. "Avisei várias vezes em meus discursos nas mesquitas que Saddam ia entrar no golfo", lamentou Bin Laden. "Ninguém acreditou em mim."[34] Grande parte do mundo árabe estava empolgada com a retórica antiocidental de Saddam e suas ameaças de "queimar metade de Israel"[35] com armas químicas. Ele era especialmente popular na Arábia Saudita, que mantinha relações cordiais com o vizinho do norte. Mesmo assim, Bin Laden prosseguiu a campanha solitária contra Saddam e seu partido secular, o Baath.

Mais uma vez o rei ficou contrariado com Bin Laden, uma situação perigosa para qualquer súdito saudita. O reino havia assinado um pacto de não-agressão com o Iraque,[36] e Saddam assegurara pessoalmente a Fahd que não acalentava nenhuma intenção de invadir o Kuwait,[37] embora estivesse deslocando divisões da guarda republicana para a fronteira. O governo saudita outra vez mandou Bin Laden não se meter onde não era chamado, e reforçou a ameaça enviando a guarda nacional à fazenda de Osama, onde prendeu vários de seus funcionários.[38] Bin Laden protestou ao príncipe herdeiro Abdullah, comandante da guarda nacional, que alegou desconhecer o incidente.

Em 31 de julho, o rei Fahd encabeçou pessoalmente uma reunião com representantes do Iraque e do Kuwait para arbitrar as disputas entre os dois países, envolvendo a posse de campos petrolíferos preciosos na fronteira. Saddam também alegou que a produção elevada do Kuwait vinha derrubando o preço do petróleo e arruinando a economia do Iraque, já quebrada pela guerra desastrosa com o Irã provocada por Saddam em 1980 e encerrada oito anos depois com 1 milhão de baixas. Apesar da mediação do rei, as conversações entre Iraque e Kuwait não deram em nada. Dois dias depois, o formidável exército iraquiano marchou sobre a nação minúscula, e de repente tudo o que existia entre Saddam Hussein e os campos petrolíferos sauditas eram uns poucos quilômetros de areia e as forças armadas sauditas, esplendidamente equipadas, mas amedrontadas e com baixo contingente. Um batalhão da guarda nacional saudita — menos de mil homens — guardava os campos de petróleo.[39]

A família real estava tão chocada que forçou a mídia, controlada pelo governo, a aguardar uma semana antes de anunciar a invasão. Ademais, depois de gastar bilhões de dólares durante anos para cultivar a amizade dos países vizinhos, a família real espantou-se ao constatar seu isolamento no mundo árabe. Os palestinos, sudaneses, argelinos, líbios, tunisianos, iemenitas e até os jordanianos apoiaram abertamente Saddam Hussein.

Com o exército iraquiano pronto para a ação na fronteira saudita, Bin Laden escreveu uma carta ao rei suplicando que não pedisse a proteção dos americanos.[40] A isso seguiu-se uma rodada frenética de contatos com os príncipes mais importantes. A própria família real estava dividida quanto ao melhor rumo a tomar:[41] o príncipe herdeiro Abdullah opunha-se fortemente à ajuda americana, e o príncipe Naif não via nenhuma alternativa óbvia.

No entanto, os americanos já haviam tomado uma decisão. Se após arrebatar o Kuwait Saddam conquistasse a Província Oriental da Arábia Saudita, controlaria o grosso de todo o suprimento de petróleo disponível no mundo. Tratava-se de uma ameaça intolerável à segurança dos Estados Unidos, e não apenas do reino. O secretário da Defesa americano, Dick Cheney, voou para Jidá com uma equipe de assessores, incluindo o general Norman Schwarzkopf, a fim de persuadir o rei a aceitar tropas americanas para defender a Arábia Saudita. Schwarzkopf mostrou imagens de satélite[42] de três divisões blindadas iraquianas dentro do Kuwait, seguidas por tropas terrestres — muito mais homens, ele argumentou, do que o necessário para ocupar um país tão pequeno. Os sauditas dispunham de informações de que vários grupos de reconhecimento iraquianos já haviam cruzado a fronteira saudita.

O príncipe herdeiro Abdullah achou melhor não deixar os americanos entrarem no país, temendo que jamais saíssem. Em nome do presidente dos Estados Unidos, Cheney prometeu que as tropas partiriam assim que a ameaça desaparecesse ou caso o rei solicitasse.[43] Aquela promessa decidiu a questão.

"Venham com tudo o que puderem trazer", implorou o rei. "Venham o mais rápido possível."[44]

No início de setembro, algumas semanas depois do início da chegada das forças americanas, Bin Laden falou com o príncipe Sultan,[45] ministro da Defesa, em companhia de diversos comandantes *mujahidin* afegãos e veteranos sauditas daquele conflito anterior. Foi uma réplica bizarra e aparatosa do encontro com o general Schwarzkopf. Bin Laden trouxe seus próprios mapas da região e apresentou um plano detalhado de ataque, com diagramas e gráficos, indicando trincheiras e armadilhas de areia ao longo da fronteira a serem construídas com o amplo estoque de equipamentos de terraplenagem do Saudi Binladin Group. Além do mais, ele criaria um exército de *mujahidin* constituído de seus companheiros da *jihad* afegã e jovens sauditas desempregados. "Estou pronto para preparar 100 mil combatentes com boa capacidade de luta em três meses", prometeu Bin Laden ao príncipe Sultan.[46] "Você não precisa dos americanos. Você não precisa de nenhuma outra tropa não muçulmana. Seremos suficientes."

"Não há cavernas no Kuwait", observou o príncipe. "O que você fará quando o inimigo atirar mísseis em você com armas químicas e biológicas?"[47]

"Nós o combateremos com fé", respondeu Bin Laden.

Bin Laden também fez essa apresentação ao príncipe Turki, um dos poucos príncipes que concordaram com sua avaliação de Saddam como uma ameaça ao reino. De fato, no decorrer dos anos, Turki fizera várias propostas à CIA de remover Saddam por meios velados,[48] todas elas recusadas. Quando ocorreu a invasão do Kuwait, Turki estava de férias em Washington. Assistia no cinema a *Duro de matar 2* quando foi convocado pela Casa Branca.[49] Passou o resto da noite na CIA, ajudando a coordenar a campanha para expulsar os iraquianos do Kuwait. Em sua opinião, se permitissem que Saddam permanecesse no Kuwait, ele entraria no reino ante a mínima provocação.

Assim, quando Bin Laden o abordou com seu plano, Turki ficou surpreso com a ingenuidade do jovem veterano afegão. Havia apenas 58 mil homens em todo o exército saudita.[50] O Iraque, por outro lado, possuía um exército permanente de quase 1 milhão de homens — o quarto maior exército do mundo —, sem contar reservistas e forças paramilitares. O corpo de blindados de Saddam contava com 5700 tanques, e suas guardas republicanas incluíam as divisões mais temidas e bem treinadas do Oriente Médio. Aquilo não impressionou Bin Laden. "Enxotamos os soviéticos do Afeganistão", ele disse.[51]

O príncipe riu-se, descrente.[52] Pela primeira vez, alarmou-se com as "mudanças radicais" que percebeu na personalidade de Bin Laden.[53] De um "homem calmo, pacífico e educado", cujo único objetivo era ajudar os muçulmanos, tornou-se "uma pessoa que se acreditava capaz de reunir e comandar um exército para libertar o Kuwait. Aquilo revelou sua arrogância e presunção".

Rejeitado pelo governo, Bin Laden voltou-se para o clero em busca de apoio. Sua condenação da ajuda americana baseava-se na observação do profeta antes de morrer: "Não pode haver duas religiões na Arábia". O sentido dessa sentença tem sido discutido desde que foi proferida. O príncipe Turki argumentou que o profeta quis dizer apenas que nenhuma outra religião deveria dominar a península.[54] Mesmo durante a vida do profeta, ele observou, judeus e cristãos percorriam a Arábia. Somente em 641, o vigésimo ano do calendário muçulmano, o califa Omar começou a remover cristãos e judeus nativos de certas partes da Arábia.[55] Eles foram reassentados no Iraque, Síria e Palestina. Desde então, as cidades sagradas de Meca e Medina estão vedadas aos não-muçulmanos. Para Bin Laden e muitos outros islamitas, aquilo não bastava. Eles acreditavam que a proibição do profeta no leito de morte era clara: todos os não-muçulmanos deveriam ser expulsos da península inteira.

Não obstante, reconhecendo o risco representado pelas tropas estrangeiras à sua legitimidade, o governo saudita pressionou o clero a emitir uma *fatwa* apoiando o convite de exércitos não muçulmanos ao reino, sob a justificativa de estarem defendendo o islã. Isso dotaria o governo da cobertura religiosa de que precisava. Bin Laden, furioso, confrontou os clérigos mais graduados. "Isso é inadmissível", disse.[56]

"Meu filho Osama, não podemos discutir essa questão, porque temos medo", respondeu um dos xeiques, apontando para seu pescoço e indicando que sua cabeça seria cortada se ele comentasse o assunto.

Em poucas semanas, meio milhão de soldados americanos afluíram ao reino, uma ocupação que muitos sauditas temeram se tornar permanente. Embora os americanos — e outras forças da coalizão — ficassem estacionados principalmente fora das cidades para não ser vistos, os sauditas se sentiram humilhados com a necessidade de recorrer a cristãos e judeus para defender a terra santa do islã. O fato de muitos daqueles soldados estrangeiros serem mulheres aumentou ainda mais o constrangimento. A fraqueza do Estado saudita e sua dependência abjeta do Ocidente para se proteger foram exibidas diante do mundo, graças aos 1500 jornalistas estrangeiros que baixaram no reino para informar sobre a escalada da guerra.[57] Para um povo tão reservado e tão intensamente religioso, com uma imprensa que estivera sob total controle governamental, o escrutínio foi desorientador — às vezes, ao mesmo tempo vergonhoso e estimulante. Reinava uma atmosfera inflamável de medo, indignação, humilhação e xenofobia, mas, em vez de defenderem seu governo ameaçado, muitos sauditas viram nisso uma oportunidade única de mudá-lo.

Naquele momento delicado da história da Arábia Saudita, com o mundo espiando por suas janelas, os progressistas sauditas sentiram-se suficientemente encorajados a pressionar por sua modesta agenda. Em novembro, 47 mulheres decidiram que estava na hora de mudar a proibição informal às mulheres do reino de dirigir automóveis. As mulheres se encontraram em frente ao supermercado Safeway em Riad, ordenaram que seus motoristas saíssem dos carros e deram um giro desafiador de quinze minutos pela capital. Um policial as deteve, mas não dispunha de nenhum motivo legal para prendê-las. Entretanto, o príncipe Naif imediatamente proibiu a prática, e o clérigo-mor ajudou com uma *fatwa*, tachando as mulheres ao volante de fonte de depravação. Aquelas mulheres perderam o passaporte, e várias delas, professoras na faculdade feminina da Universidade Rei Saud, foram demitidas depois que suas próprias alunas protestaram alegando que não queriam ter aulas com "infiéis".[58]

Em dezembro, reformistas circularam uma petição solicitando o fim da discriminação com base na afiliação tribal, a criação de um conselho tradicional de assessores do rei (denominado *shura*), mais liberdade de imprensa, a introdução de certas leis básicas de governança e algum tipo de supervisão da proliferação de *fatwas* religiosas.

Alguns meses depois, a comunidade religiosa contra-atacou com uma veemente "Carta de exigências".[59] Foi um convite aberto ao controle islâmico do reino, com um ataque mal disfarçado ao predomínio da família real. Os quatrocentos sábios, juízes e professores religiosos que assinaram a carta preconizaram a obediência rigorosa à *sharia* por toda a sociedade, incluindo a proibição do pagamento de juros, a criação de um exército islâmico com treinamento militar universal e a "purificação" da mídia para melhor servir ao islã. Aquela carta chocou a família real mais do que a invasão do Kuwait por Saddam Hussein.[60] Muitas das exigências dos dissidentes religiosos lembravam as dos líderes do ataque de 1979 à Grande Mesquita. Tornaram-se a base da agenda política de Bin Laden para o reino.

A missão americana rapidamente estendeu sua função de proteger a Arábia Saudita para expulsar os iraquianos do Kuwait. A guerra começou em 16 de janeiro de 1991. Àquela altura, a maioria dos sauditas se resignara à presença dos americanos e das tropas de 34 outros países que formaram a coalizão contra o Iraque. Centenas de milhares de cidadãos kuwaitianos haviam se refugiado no reino, e contaram histórias horripilantes sobre a pilhagem de seu país, o seqüestro, tortura e assassinato de civis e o estupro de mulheres kuwaitianas por tropas iraquianas. Quando mísseis Scud iraquianos, ainda que ineficazes, começaram a cair sobre Riad, até os islamitas refrearam a língua. Mas, para muitos sauditas, a presença de "cruzados" estrangeiros — como Bin Laden definiu as tropas da coalizão — no santuário do islã representava uma calamidade maior do que aquela que Saddam vinha infligindo ao Kuwait.

"Esta noite, no Iraque, Saddam caminha em meio às ruínas", pôde se vangloriar o presidente americano George H. W. Bush em 6 de março. "Sua máquina de guerra está esmagada. Sua capacidade de ameaçar com a destruição em massa foi destruída." Embora Saddam permanecesse no poder, aquilo parecia ser de importância secundária perante a exibição da força militar americana e da coalizão internacional que se mobilizou sob o comando dos Estados Unidos. O presidente americano estava exultante. Com a queda da União Soviética seguida daquela vitória relâmpago, a hegemonia americana era indiscutível. Bush discursou no Congresso de seu país:

> Podemos ver um mundo novo se formando, com a perspectiva bem real de uma nova ordem mundial. [...] Um mundo onde as Nações Unidas, livres do impasse da Guerra Fria, estão prontas para realizar a visão histórica de seus fundadores. Um mundo onde a liberdade e o respeito aos direitos humanos encontram seu lugar entre as nações.

Essas palavras, proferidas com tanta esperança, encontraram um ouvinte amargurado em Osama bin Laden. Ele também queria criar uma nova ordem mundial, governada pelos muçulmanos, não ditada pelos Estados Unidos e imposta pelas Nações Unidas. A escala de sua ambição começava a se revelar. Em sua fantasia, ele entraria para a história como o salvador do islã.

Bin Laden realizou uma campanha de alto nível para recuperar o passaporte. Argumentou que precisava voltar ao Paquistão para ajudar como mediador na guerra civil entre os *mujahidin*, que o governo saudita estava interessadíssimo em resolver. "Há um papel que posso desempenhar", ele alegou.[61] Muitos príncipes e xeiques proeminentes intercederam a seu favor. O príncipe Naif acabou voltando atrás e devolvendo os documentos de viagem de Bin Laden, mas só após fazer o guerreiro perturbador assinar uma promessa de não interferir na política da Arábia Saudita ou de qualquer país árabe.

Em março de 1992, Bin Laden chegou a Peshawar. Nos três anos passados desde a sua partida, o governo comunista do Afeganistão conseguira se agarrar ao poder, mas estava na iminência de ser derrubado. Forças *mujahidin* rivais, lideradas por Ahmed Shah Massoud e Gulbuddin Hekmatyar, já estavam engajadas numa luta sangrenta para definir quem iria arrebatar o poder. As grandes potências, que haviam escolhido o Afeganistão como um teatro da batalha existencial entre comunismo e capitalismo, estavam estranhamente ausentes na caótica seqüência da guerra. O príncipe Turki esperava criar um governo provisório no Afeganistão que unisse os comandantes em guerra e estabilizasse o país. Ele liderou as negociações em Peshawar, junto com o primeiro-ministro paquistanês, Nawaz Sharif.

Preocupado com a influência do Irã na fronteira ocidental, Turki inclinava-se a apoiar os elementos sunitas mais intransigentes e fundamentalistas, liderados por Hekmatyar.[62] Bin Laden, por outro lado, tentou desempenhar o papel de mediador honesto. Ele organizou uma teleconferência entre Massoud e Hekmatyar, em que implorou a Hekmatyar que viesse à mesa de negociações. Hekmatyar foi inflexível — sabendo, sem dúvida, que contava com a bênção de Turki. Mas, na calada da noite, as forças de Massoud entraram furtivamente na cidade. Na manhã seguinte, Hekmatyar, surpreso e furioso, lançou foguetes em Cabul e iniciou o cerco à capital. Começava a guerra civil afegã.

Ao se opor a Turki nas negociações, Bin Laden percebeu que havia passado do limite. Contou a alguns companheiros que a Arábia Saudita recrutara agentes secretos paquistaneses para matá-lo.⁶³ As antigas alianças formadas pela *jihad* vinham se desintegrando. Ele e o príncipe Turki passaram a ser antagonistas mortais.

Antes de deixar o Afeganistão, Bin Laden vestiu um disfarce e se internou numa clínica em Karachi com uma doença desconhecida. Seu médico, Zawahiri, estava no Iêmen, mas os dois logo se juntariam de novo.

8. Paraíso

Ainda que a luta nunca tenha cessado após a queda de Cabul, chegara ao fim a *jihad* afegã. Alguns árabes permaneceram, envolvidos na guerra civil, mas a maioria foi embora. Foram em grande parte mal recebidos em sua terra natal, considerados desajustados e extremistas já antes de partir para o Afeganistão. Aqueles mesmos governos haviam incentivado os jovens a rumar para a *jihad*, e subsidiado a viagem, esperando que os criadores de caso acabassem perecendo numa causa perdida. Quase não se pensou na perspectiva do retorno de milhares daqueles jovens, agora treinados em táticas de guerra de guerrilhas e fortalecidos pelo mito de sua vitória. Como quaisquer guerreiros que retornam, trouxeram para casa problemas psicológicos e lembranças com as quais era difícil conviver. Mesmo quem teve pouca experiência real de combate foi doutrinado na cultura do martírio e do *takfir*. Eles desfilavam em torno da mesquita, muitas vezes usando trajes afegãos para indicar seu status especial.

O serviço de inteligência saudita estimou que de 15 mil a 25 mil jovens sauditas tinham sido treinados no Afeganistão,[1] embora outras estimativas sejam bem menores. Os que voltaram ao reino foram conduzidos diretamente à prisão para dois ou três dias de interrogatório.[2] Alguns países simplesmente se recusaram a permitir o retorno dos combatentes. Eles se tornaram apátridas, bandos errantes de mercenários religiosos. Muitos se estabeleceram no Paquistão, casando-se com mulheres locais e aprendendo a falar urdu. Alguns foram lutar na Caxemira, Kosovo, Bósnia ou Chechênia. As cinzas da conflagração afegã estavam se espalhando pelo globo, e logo grande parte do mundo muçulmano estaria em chamas.

Uma pátria nova aguardava os veteranos flutuantes mas ideologicamente carregados. Em junho de 1989, ao mesmo tempo que terminava a *jihad* no Afeganistão, islamitas davam um golpe de Estado contra o governo democrático e civil do Sudão. O líder do golpe foi o general-de-brigada Omar Hassan al-Bashir, mas o principal mentor foi Hassan al-Turabi, um dos personagens mais complexos, originais, carismáticos e tortuosos da África.

Como Bin Laden e Zawahiri, Turabi atribuía as falhas do mundo árabe ao fato de seus governos serem insuficientemente islâmicos e dependentes demais do Ocidente. Mas, ao contrário daqueles outros homens, Turabi era um estudioso do Alcorão familiarizado com a Europa e os Estados Unidos. Como um estudante sudanês, em 1960, perambulou pelos Estados Unidos, hospedando-se com famílias comuns — "até com índios peles-vermelhas e fazendeiros"[3] —, aventura que moldaria sua crítica contundente ao secularismo e ao capitalismo. Concluiu o mestrado em direito na London School of Economics em 1961 e o doutorado em direito na Sorbonne de Paris, três anos depois.

Turabi anteviu a criação de uma comunidade muçulmana internacional — a *ummah* —, com sede no Sudão, que depois se espalharia para outros países, levando a revolução islâmica a um círculo cada vez maior. O Sudão, até então uma periferia cultural no mundo muçulmano, seria o centro intelectual dessa reforma, e Turabi, seu guia espiritual. Para concretizar esse plano, ele abriu as portas de seu país para qualquer muçulmano, independentemente da nacionalidade, sem perguntar nada. Naturalmente, as pessoas que aceitaram o convite passaram, de modo geral, a não ser bem-vindas em nenhum outro lugar.

O governo do Sudão começou a cortejar Bin Laden; enviou-lhe uma carta convite em 1990, e em seguida despachou vários membros do serviço de inteligência sudanês para se encontrarem com ele. Em essência, ofereceram-lhe um país inteiro onde poderia agir livremente. No fim daquele ano, Bin Laden mandou quatro companheiros de confiança para investigarem as oportunidades de negócios prometidas pelo governo sudanês.[4] Turabi fascinou aqueles representantes com sua erudição, e eles voltaram com notícias entusiásticas. "O que você está tentando fazer, isso é o Sudão!",[5] informaram a Bin Laden. "Há pessoas pensantes, profissionais! Você não estará se misturando com cabras."

Logo, outro emissário de Bin Laden apareceu em Cartum com um monte de dinheiro. O sudanês Jamal al-Fadl, membro da Al-Qaeda, alugou uma série de casas e comprou vários lotes de terra que seriam usados para treinamento. A Al-Jihad já operava no Sudão, e Zawahiri forneceu pessoalmente a Fadl 250 mil dólares para comprar uma fazenda ao norte da capital.[6] Os vizinhos começaram a reclamar do barulho de explosões que vinha dos campos não cultivados.

Como um estímulo adicional, o Saudi Binladin Group obteve o contrato para construir um aeroporto em Porto Sudão, trazendo Osama com freqüência ao país a fim de supervisionar a construção.[7] Ele se mudou enfim para Cartum em 1992, voando do Afeganistão com as quatro esposas e — àquela altura — dezessete filhos.[8] Ele também trouxe buldôzeres e outros equipamentos pesados, anunciando a intenção de construir uma estrada de trezentos quilômetros no leste do Sudão, como um presente à nação. O líder do Sudão saudou-o com guirlandas de flores.[9]

Dois homens com sonhos tão semelhantes como Bin Laden e Turabi dificilmente poderiam ser mais diferentes. Contrastando com a concisão e o laconismo de Bin Laden, Turabi era eloqüente e eternamente teórico, um falastrão brilhante. Organizava *soirées* em sua casa, onde, em qualquer noite, chefes de Estado ou clérigos eminentes se encarapitavam nos canapés de veludo verde encostados nas paredes do salão de Turabi, bebendo chá e ouvindo seus monólogos prolongados. Ele conseguia falar sem parar durante horas, incitado pela presença de um público, gesticulando com as duas mãos e pontilhando suas observações espirituosas com risadas nervosas. Delgado e muito moreno, sua cor contrastava com o manto e o turbante brancos imaculados, e o sorriso brilhante, exibindo os dentes, conferia-lhe ainda mais vivacidade.

Quase todo mês Bin Laden comparecia a um daqueles eventos, mais por cortesia do que por curiosidade.[10] Discordava de quase tudo que Turabi dizia, mas não era páreo para o professor em sua sala de estar. O islã que Turabi vinha tentando criar de forma tão radical, antidemocrática, mostrava-se na verdade surpreendentemente progressista. Turabi pregava o fim da antiga divisão entre os ramos sunita e xiita do islã, o que aos olhos de Bin Laden constituía heresia.[11] Turabi falava em integrar a "arte, a música, o canto"[12] à religião, ferindo as suscetibilidades *wahhabi* de Bin Laden. No início da carreira, Turabi construíra sua reputação de pensador islâmico defendendo os direitos das mulheres. Ele achava que as mulheres muçulmanas haviam sofrido um longo retrocesso em comparação com a igualdade relativa que outrora desfrutavam.

> O próprio profeta costumava visitar mulheres, não homens, quando precisava de conselhos. Elas podiam conduzir as orações. Mesmo nas batalhas, elas estavam lá! Na eleição disputada por Omã e Ali para determinar quem seria o sucessor do profeta, elas votaram![13]

Agora que estava enfim vivendo num Estado islâmico radical, Bin Laden formulava perguntas práticas, tais como de que maneira os islamitas pretendiam aplicar a *sharia* ao Sudão, e qual era sua proposta para lidar com os cristãos no sul. Muitas vezes não gostava das respostas. Turabi contou-lhe que a *sharia* seria aplicada gradualmente e apenas aos muçulmanos, que compartilhariam o poder com os cristãos num sistema federativo. Bin Laden permanecia de dez a trinta minutos e depois ia embora. Não via a hora de sair dali. "Esse homem é um Maquiavel", confidenciou aos amigos. "Para ele, tanto faz o método que usa." Embora ainda precisassem um do outro, Turabi e Bin Laden logo passaram a se ver como rivais.

Cartum começou como o período mais feliz da vida adulta de Bin Laden. Ele abriu um pequeno escritório no centro, na rua Mek Nimr, num prédio de um pavimento caindo aos pedaços, com nove salas, teto baixo e um ar-condicionado pesado que gotejava na calçada. Lá fundou a Wadi al-Aqiq, a holding para seus vários empreendimentos, com o nome de um rio de Meca. Do outro lado da rua, o Ministério dos Assuntos Islâmicos ocupava um prédio que havia sido um bordel famoso durante a ocupação britânica. "Osama simplesmente riu quando lhe contei isso", lembrou Issam, o filho de Hassan Turabi.

Bin Laden e Issam tornaram-se amigos devido à paixão comum: equitação. Existem 4 milhões de cavalos no Sudão, um país que depende deles para o transporte e o trabalho nas fazendas, mas os adora para o esporte. Embora tivesse apenas 25 anos quando Bin Laden chegou ao Sudão, Issam já era um dos maiores criadores de cavalos do país, mantendo um estábulo no hipódromo de Cartum. Uma sexta-feira, Bin Laden foi comprar uma égua, e Issam mostrou-lhe os estábulos cheios de moscas. Issam teve uma boa impressão do visitante saudita. "Não era alto, mas era bem-apessoado, os olhos, o nariz... ele era bonito." Bin Laden escolheu um puro-sangue imponente de outro criador, e Issam intermediou a compra sem pedir comissão. Bin Laden estava tão acostumado a ver as pessoas se aproveitando de seu dinheiro que aquela cortesia simplesmente o impressionou. Decidiu alojar seus cavalos com Issam. Acrescentou mais quatro puros-sangues sudaneses para si e comprou para os filhos cerca de dez cavalos locais, que cruzou com alguns cavalos árabes trazidos de avião do reino. Issam desdenhou o que entendeu como um apego romântico de Bin Laden à estirpe nativa. "Aqui estamos tentando atingir o puro-sangue, fugindo do cavalo árabe. Mas ele queria criar um sistema próprio de procriação."

O hipódromo de Cartum é um caos empoeirado. Cães selvagens irrompem na parte central sem grama, perseguindo os cavalos. A tribuna precária se divide em duas: na metade inferior se aglomera o povão, e na metade superior, com visão melhor, a elite social e os proprietários dos cavalos se sentam com relativo conforto. Osama insistia em assistir às corridas na parte de baixo, embora Issam fosse membro do conselho diretor e tivesse direito a um camarote. No Sudão, as corridas são frenéticas, e o público, ruidoso, adora dançar e cantar. O famoso *mujahid* costumava tapar os ouvidos com os dedos sempre que a banda tocava. Para ele, aquilo estragava tudo. Quando pedia às pessoas que parassem de cantar, elas o mandavam lamber sabão.

"Não é por sua culpa que estão tocando música", Issam educadamente lembrava a Bin Laden. "Não foi você que contratou a banda." Bin Laden não sossegava. "A música", ele declarou, "é a flauta do diabo." E acabou deixando de ir às corridas.

Ele comprou um casarão de estuque de três andares num bairro de Cartum chamado Riad. Do outro lado da rua sem calçamento, adquiriu uma hospedaria sem mobília para receber os amigos. Os vizinhos afirmaram que ele recebia cinquenta pessoas por dia,[14] a partir das cinco da tarde, a maioria árabes usando *thobes* até a panturrilha e barbas compridas: um desfile de fundamentalistas. Seus filhos jovens perambulavam descalços por entre o grupo de homens, oferecendo chá de hibisco adocicado. Todo dia ele matava um cordeiro para os visitantes esperados, mas pessoalmente comia pouco, preferindo beliscar o que os convidados deixavam nos pratos,[15] acreditando que aqueles bocados abandonados o fariam cair nas graças de Deus.

Às vezes, Bin Laden fazia piqueniques com os filhos às margens do Nilo, com sanduíches e refrigerantes, e na areia compacta ao longo da orla ensinava-os a dirigir. Bin Laden adotou trajes sudaneses humildes, turbante e manto brancos, e carregava uma bengala típica com castão em forma de V. "Estava se tornando um sudanês", observou Issam. "Parecia que queria ficar aqui para sempre." Bin Laden vivia enfim em paz. Mantinha membros da Al-Qaeda ocupados em seus empreendimentos florescentes, pois não restava muito mais o que fazer. Às sextas-feiras, depois das orações, os dois times de futebol da Al-Qaeda se enfrentavam.[16] Algum treinamento vinha sendo realizado, mas em nível reduzido, principalmente cursos de reciclagem para homens que já haviam estado no Afeganistão. A Al-Qaeda se tornara, em grande parte, uma organização agrícola.

No Sudão, Bin Laden teve a oportunidade de imitar a carreira do pai, de construtor de estradas e homens de negócios. Tratava-se do "grande investidor islâmico",[17] como Turabi o chamou numa recepção oferecida logo depois da chegada de Bin Laden. Embora fosse realmente o maior magnata do Sudão, era praticamente o único. O dinar sudanês vinha despencando, e o governo não conseguia honrar as dívidas. A guerra civil constante entre o norte predominantemente árabe e islâmico e o sul cristão e negro vinha exaurindo o tesouro e espantando os investidores, já alarmados com a confluência de terroristas e a natureza experimental do governo islamita. O fato de Bin Laden estar disposto a investir seu dinheiro naquela economia tornou-o ainda mais estimado. Circulavam rumores exagerados sobre sua riqueza: diziam que estava investindo 350 milhões de dólares — ou mais — no Sudão,[18] o que seria a salvação do país, e que capitalizara um banco com 50 milhões de dólares,[19] quantias muito além de sua capacidade financeira.

Através da Al-Hijira, sua empreiteira, Bin Laden abriu diversas estradas no Sudão, inclusive uma para Porto Sudão. Quando o governo não conseguia pagar-lhe, aceitava terrenos enormes em troca. Um único lote era "maior que o Bahrein",[20] ele se vangloriou aos irmãos. O governo também incluiu no pagamento um curtume em Cartum, onde os empregados de Bin Laden preparavam couro para o mercado italiano.[21] Outro empreendimento de Bin Laden, a Al-Qadurat, importava caminhões e maquinário da Rússia e da Europa Oriental.

Mas era a atividade rural que mexia com sua imaginação. A permuta com o governo tornara-o talvez o maior proprietário de terras do país. Possuía mais de 400 mil hectares[22] no delta do rio Gash, no sudeste do Sudão; um lote grande em Gedarif, a província mais fértil do leste; e outro em Damazine, na margem ocidental do Nilo Azul, perto da fronteira com a Etiópia. Através de sua empresa agrícola, a Al-Thimar al-Mubaraka, Bin Laden desfrutou um quase monopólio das principais culturas de exportação do Sudão: gergelim, milho e goma-arábica.[23] Outras subsidiárias de Bin Laden produziam sorgo, mel, amendoim, frango, gado e melancia. Ele declarou que o Sudão poderia alimentar o mundo inteiro se bem administrado, e para provar sua afirmação mostrou um girassol especial cultivado em Gedarrif. "Poderia constar do *Livro Guinness dos Recordes*", ele contou ao ministro de Estado.

Bin Laden era um empregador relativamente generoso pelos padrões sudaneses, pagando duzentos dólares mensais à maioria dos funcionários, e de mil a 1500 dólares aos gerentes graduados. Impôs técnicas de gestão corporativa à sua organização, exigindo o preenchimento de formulários em três vias para adquirir pneus, por exemplo.[24] Os funcionários membros da Al-Qaeda recebiam um bônus mensal entre cinqüenta e 120 dólares,[25] dependendo do tamanho da família e da nacionalidade — os sauditas recebiam mais, e os sudaneses, menos[26] —, além de moradia e assistência médica grátis. Cerca de quinhentas pessoas trabalhavam para Bin Laden no Sudão,[27] mas no máximo cem eram membros ativos da Al-Qaeda.[28]

Bin Laden evitou se envolver no conflito brutal na região sul do Sudão, que vinha custando ao empobrecido governo sudanês 1 milhão de dólares por dia[29] e acabaria ceifando mais de 1 milhão de vidas. Issam, um veterano, considerava a guerra uma *jihad*, e achou errado o famoso guerreiro islâmico se manter afastado dela. Bin Laden explicou que estava cansado de guerra. Disse que resolveu abandonar a Al-Qaeda e tornar-se fazendeiro.

Ele fez afirmações semelhantes a muitos de seus amigos. Achava-se numa encruzilhada. A vida no Sudão era agradavelmente monótona. De manhã, caminhava até a mesquita local para orar, acompanhado de um grupo de seguidores e admiradores. Demorava-se para estudar com os homens santos, muitas vezes tomando o café-da-manhã com eles antes de ir ao escritório, ou visitar uma das várias fábricas de seu conglomerado, ou subir num trator e arar os campos de suas propriedades gigantescas. Mesmo sendo o comandante de um império em expansão, manteve o hábito da vida inteira de jejuar às segundas e quintas.[30] Antes das orações da sexta-feira, às vezes discursava na mesquita principal de Cartum, instando os companheiros muçulmanos a descobrir as bênçãos da paz.[31]

Um fato irritante não deixava Bin Laden se concentrar tranqüilamente na vida de negócios nem na contemplação espiritual que tanto o atraía: a presença prolongada de tropas americanas na Arábia Saudita. O rei Fahd prometera que os infiéis iriam embora tão logo a guerra terminasse, mas meses depois da derrota do Iraque forças da coalizão continuavam entrincheiradas nas bases aéreas sauditas, monitorando o acordo de cessar-fogo. Bin Laden sofria com o que acreditava ser uma ocupação permanente da terra santa. Alguma providência tinha de ser tomada.

Coincidentemente, as tropas americanas estavam fazendo escala no Iêmen a caminho da Somália. A fome atraíra a atenção internacional, e os Estados Unidos enviaram uma força modesta para proteger os trabalhadores da ajuda humanitária das Nações Unidas da pilhagem dos clãs locais.

No entanto, os estrategistas da Al-Qaeda sentiram-se cercados, e interpretaram aquele fato recente como um ataque direto: os americanos já controlavam o golfo Pérsico e agora usavam a desculpa da fome na Somália para ocupar o Chifre da África. O Iêmen e a Somália eram os portões de acesso ao mar Vermelho, que poderia ser facilmente isolado. Depois de todos os planos acalentados pela Al-Qaeda de espalhar a revolução islâmica, agora eram os Estados Unidos que pareciam estar aumentando sua influência na região, assumindo o controle dos pontos de pressão do mundo árabe e invadindo a arena da Al-Qaeda. O cerco vinha se fechando. O Sudão seria o próximo. Esse pensamento ocorreu numa época em que os Estados Unidos nem sequer tinham ouvido falar da Al-Qaeda, a missão na Somália era vista como um ato de caridade sem recompensa, e o Sudão era irrelevante demais para se preocuparem com ele.

Todas as noites de quinta-feira, os membros da Al-Qaeda se reuniam na hospedaria de Bin Laden em Cartum para ouvir palestras de seus líderes. Numa dessas quintas-feiras, no final de 1992, discutiram a ameaça da expansão da presença americana. A Al-Qaeda como organização terrorista nasceu realmente das decisões que Bin Laden e seu conselho *shura* tomariam nesse breve período em que Bin Laden vinha hesitando — em que a atração da paz era tão forte quanto o brado de guerra da *jihad*.

O conselheiro religioso de Bin Laden era seu amigo íntimo Mamduh Salim, também conhecido como Abu Hajer al-Iraqi,[32] um curdo arrojado e obstinado que impressionava a todos que encontrava. Solene e altivo, cavanhaque aparado e olhos negros penetrantes, Abu Hajer havia sido coronel do exército de Saddam Hussein durante a guerra com o Irã, especializando-se em comunicações, até desertar e fugir para o Irã.[33] Ele e Bin Laden tinham a mesma idade (34 anos em 1992). Haviam trabalhado juntos no Birô de Serviços em Peshawar e combatido juntos no Afeganistão, forjando vínculos tão poderosos que ninguém conseguia separá-los. Ao contrário de quase todos ao redor de Bin Laden no Sudão, Abu Hajer jamais lhe jurou fidelidade: via-se como um igual, e Bin Laden o tratava como tal. Devido a sua devoção e saber, Abu Hajer conduzia as orações. Sua voz, entoando os versículos do Alcorão num estilo iraquiano merencório, de tão sentimental levava Bin Laden às lágrimas.[34]

Além de amigo, Abu Hajer era o imã de Bin Laden. Observe-se que poucos dentre os membros da Al-Qaeda tinham formação religiosa sólida. Apesar do fanatismo, eram essencialmente amadores teológicos. Abu Hajer detinha a maior autoridade espiritual, em virtude de ter memorizado o Alcorão, mas era um engenheiro elétrico, não um clérigo. Não obstante, Bin Laden tornou-o chefe do comitê da *fatwa* da Al-Qaeda: uma escolha fatídica. Com base na autoridade de Abu Hajer, a Al-Qaeda transformou-se do exército anticomunista islâmico originalmente concebido por Bin Laden numa organização terrorista empenhada em atacar os Estados Unidos, a última superpotência restante e a força que, no entender de Bin Laden e Abu Hajer, representava a maior ameaça ao islã.

Por que aqueles homens se voltaram contra os Estados Unidos, um país altamente religioso que tão recentemente havia sido seu aliado no Afeganistão? Em grande parte, por verem naquele país o centro do poder cristão. No passado, a religiosidade dos *mujahidin* muçulmanos e dos líderes cristãos do governo americano representara um vínculo entre eles. De fato, os líderes *mujahidin* foram bastante romantizados na imprensa americana e percorreram igrejas americanas, onde receberam elogios pela coragem espiritual na luta comum contra o marxismo e o ateísmo. Mas o cristianismo — em especial a variedade evangelizadora americana — e o islamismo eram obviamente religiões competitivas. Visto pelos olhos de homens espiritualmente ancorados no século VII, o cristianismo, mais do que um rival, representava o arquiinimigo. Para eles, as Cruzadas constituíam um processo histórico contínuo que só seria resolvido com a vitória final do islã. Eles percebiam, amargurados, a contradição corporificada pelo longo e constante recuo do islã desde os portões de Viena, onde, em 11 de setembro — aquela data agora ressonante — de 1683, o rei da Polônia começou a batalha que reverteu o avanço máximo dos exércitos muçulmanos.[35] Nos trezentos anos seguintes, o islã seria ofuscado pelo crescimento das sociedades cristãs ocidentais. Entretanto, Bin Laden e seus afegãos árabes acreditavam que no Afeganistão tinham virado a maré e que o islã estava de novo em marcha.

Agora eles enfrentavam a maior potência militar, material e cultural já produzida por qualquer civilização. "*Jihad* contra os Estados Unidos?", perguntaram desanimados alguns membros da Al-Qaeda. "Eles sabem tudo sobre nós. Sabem até a marca da nossa cueca."[36] Eles viam quão fracos e divididos estavam seus próprios governos, preservados apenas pela necessidade americana de conservar o status quo. Os oceanos, os céus e até o espaço eram patrulhados pelos americanos. Os Estados Unidos não estavam distantes, estavam por toda parte.

Os economistas da Al-Qaeda apontavam para o "nosso petróleo" que abastecia a expansão desenfreada dos Estados Unidos, sentindo-se como se alguma coisa tivesse sido roubada deles: não o petróleo propriamente, embora Bin Laden achasse que era subvalorizado, mas a regeneração cultural que deveria ter advindo de sua venda. Nas sociedades absolutamente improdutivas onde viviam, fortunas se desfaziam qual neve no deserto. Restava uma sensação geral de traição.

É claro que o petróleo trouxera riqueza para alguns árabes, mas nesse processo de enriquecimento não teriam apenas se tornado mais ocidentais? O consumismo, o vício e o individualismo, que os islamitas radicais viam como símbolos da cultura americana moderna, ameaçavam destruir o islã — a própria idéia de islã — diluindo-o num mundo comercial globalizado, corporativo, interdependente e secular que fazia parte do que aqueles homens designavam como os "Estados Unidos". Mas ao definirem modernidade, progresso, comércio, consumo e até prazer como ataques ocidentais ao islã, os pensadores da Al-Qaeda deixavam pouco na mesa para si mesmos.

Se os Estados Unidos possuíam o futuro, os fundamentalistas islâmicos reivindicavam o passado. Não estavam rejeitando a tecnologia nem a ciência; de fato, muitos dos líderes da Al-Qaeda, como Ayman al-Zawahiri e Abu Hajer, eram eles próprios homens de ciência. Mas eram ambivalentes sobre como a tecnologia enfraquecia o espírito. Isso se refletia no interesse de Bin Laden pelo maquinário de terraplenagem e pela engenharia genética das plantas, por um lado, e em sua rejeição de água gelada, por outro. Ao retornar ao primado da *sharia*, o islã radical podia impor um limite ao Ocidente intruso. Até os valores que os Estados Unidos apregoavam como universalmente desejáveis — democracia, transparência, estado de direito, direitos humanos, separação entre religião e governo — eram desacreditados aos olhos dos jihadistas por serem ocidentais e, portanto, modernos. Constituía dever da Al-Qaeda despertar a nação islâmica para a ameaça representada pelo Ocidente secular e modernizante. Para isso, informou Bin Laden aos seus homens, a Al-Qaeda arrastaria os Estados Unidos a uma guerra com o islã: "Um front de larga escala que eles não consigam controlar".[37]

Movimentos salafistas locais vinham surgindo espontaneamente por todo o mundo árabe e em partes da África e da Ásia. Esses movimentos, embora em grande parte nacionalistas, precisavam de um lugar para se organizar. Encontraram um porto seguro em Cartum e naturalmente se misturaram e aprenderam uns com os outros.

Entre esses grupos estavam as duas principais organizações egípcias, a Al-Jihad de Zawahiri e o Grupo Islâmico do xeique Omar Abdul Rahman, bem como quase todos os outros grupos radicais violentos do Oriente Médio. O grupo palestino Hamas — conhecido por assassinar cidadãos israelenses e torturar e matar palestinos que acreditava estarem colaborando com Israel

— almejava destruir Israel e substituí-lo por um Estado islâmico sunita. Outro grupo palestino, a Organização Abu Nidal, mostrava-se ainda mais violento e rejeicionista, tendo matado mais de novecentas pessoas em vinte países diferentes,[38] visando principalmente aos judeus e aos árabes moderados. Suas operações mais famosas incluem o ataque com metralhadoras contra uma sinagoga em Viena, o ataque com granada a um restaurante parisiense, o ataque a bomba ao escritório da British Airways em Madrid, o seqüestro de um avião da EgyptAir a caminho de Malta e atentados sangrentos nos aeroportos de Roma e Viena. O Hezbollah, que visava criar um Estado xiita revolucionário no Líbano, havia assassinado mais americanos do que qualquer outra organização terrorista na época. Patrocinado pelo Irã, o Hezbollah especializou-se em seqüestrar pessoas e aviões, embora também fosse responsável por uma série de ataques a bomba em Paris. O terrorista mais procurado no mundo, Ilich Ramírez Sánchez, conhecido como "Carlos, o Chacal", também fixou residência em Cartum, dizendo-se negociante de armas francês.[39] Marxista e membro da Frente Popular para a Libertação da Palestina, Carlos havia seqüestrado onze membros do cartel de produtores de petróleo, a OPEP, em Viena em 1975, levando-os de avião à Argélia para exigir resgate. Tendo perdido a fé no comunismo, acreditava agora no islamismo radical como a única força suficientemente implacável para acabar com a dominação cultural e econômica americana. Procurado no mundo inteiro, Carlos podia ser facilmente encontrado, de manhã, bebendo café e comendo croissants no Meridien Hotel de Cartum.

Bin Laden, embora desconfiasse de Turabi — e o odiasse, até —, testou uma das idéias mais progressistas e controvertidas de Turabi: fazer causa comum com os xiitas. A seu pedido, Abu Hajer avisou aos membros da Al-Qaeda que agora só existia um inimigo, o Ocidente, e que as duas seitas principais do islamismo precisavam se unir para destruí-lo. Bin Laden convidou representantes xiitas para falarem à Al-Qaeda e enviou alguns de seus homens mais importantes ao Líbano a fim de treinarem com o grupo Hezbollah, apoiado pelos iranianos. Imad Mugniyah, chefe do serviço de segurança do Hezbollah, veio ao encontro de Bin Laden e concordou em treinar membros da Al-Qaeda em troca de armas.[40] Mugniyah havia planejado os ataques com carros-bomba de 1983 à embaixada americana e aos alojamentos do corpo de fuzileiros navais americano e dos pára-quedistas franceses em Beirute, que mataram mais de trezentos soldados americanos e 58 franceses e resultaram na retirada imediata das forças de paz americanas do Líbano. Aquele precedente deixara uma impressão profunda em Bin Laden: ele percebeu que homens-bomba podiam ter uma eficácia devastadora e que, com todo o seu poder, os Estados Unidos não tinham apetite para o conflito.*

Em 29 de dezembro de 1992, uma bomba explodiu no Mövenpick Hotel, em Áden, Iêmen, e outra explodiu antes da hora no estacionamento de um hotel de luxo próximo, o Goldmohur. Os atacantes queriam atingir tropas americanas a caminho da Somália para participar da Operação Restaurar a Esperança, o esforço internacional para aplacar a fome. Na verdade, os soldados estavam hospedados em outro hotel, longe dali. Bin Laden mais tarde reivindicaria a autoria desse ataque fracassado, que mal foi percebido nos Estados Unidos, já que nenhum americano morreu. As tropas prosseguiram rumo à Somália conforme o programado, mas os líderes da Al-Qaeda, triunfantes, se convenceram de que haviam assustado os americanos e obtido uma vitória fácil.

No entanto, o ataque teve seu preço. Duas pessoas morreram, um turista australiano e um funcionário iemenita do hotel, e várias outras, na maioria iemenitas, ficaram gravemente feridas. Por trás do discurso delirante e autocongratulatório no Sudão, questões morais se impuseram, e os membros da Al-Qaeda começaram a se questionar exatamente em que tipo de organização estavam se transformando.

Numa noite de quinta-feira, Abu Hajer abordou a questão ética de matar pessoas inocentes. Falou aos homens sobre Ibn Tamiyyah, um sábio do século XIII e uma das referências básicas da filosofia *wahhabi*. Em sua época, Tamiyyah confrontou-se com o problema dos mongóis, que devastaram Bagdá, mas depois se converteram ao islamismo. Seria correto vingar-se de compa-

---

* A maior parte do relacionamento da Al-Qaeda com o Irã nasceu por intermédio de Zawahiri. Ali Mohammed contou ao FBI que a Al-Jihad planejara um golpe no Egito em 1990. Zawahiri estudara a derrubada do xá do Irã ocorrida em 1979, e procurou treinamento entre os iranianos. Ele forneceu informações sobre um plano do governo egípcio de atacar várias ilhas do golfo Pérsico reivindicadas tanto pelo Irã como pelos Emirados Árabes Unidos. De acordo com Mohammed, em troca dessa informação, o governo iraniano pagou 2 milhões de dólares a Zawahiri e ajudou-o a treinar membros da Al-Jihad numa tentativa de golpe que nunca chegou a acontecer.

nheiros muçulmanos? Ibn Tamiyyah argumentou que, só por terem feito a profissão de fé, os mongóis ainda não eram verdadeiros fiéis, podendo portanto ser mortos. Ademais, como Abu Hajer explicou aos trinta ou quarenta membros da Al-Qaeda sentados no tapete do salão de Bin Laden, apoiando os cotovelos nas almofadas e bebericando suco de manga, Ibn Tamiyyah havia emitido uma *fatwa* histórica: quem ajudasse os mongóis, comprasse produtos deles, vendesse para eles ou simplesmente estivesse perto deles poderia ser morto também.[41] Se fosse um bom muçulmano, iria para o paraíso; se fosse um mau muçulmano, iria para o inferno, e que o diabo o carregasse. Logo, o turista e o funcionário do hotel que morreram encontrariam a recompensa merecida.

Nascia uma nova visão da Al-Qaeda. As duas *fatwas* de Abu Hajer — a primeira autorizando os ataques a tropas americanas, e a segunda, o assassinato de inocentes — transformaram-na numa organização terrorista global. A Al-Qaeda não se concentraria em combater exércitos, mas em matar civis. O conceito anterior da organização como um exército móvel de *mujahidin* que defenderia as terras muçulmanas sempre que estivessem ameaçadas fora posto de lado em favor de uma política de subversão permanente do Ocidente. A União Soviética estava morta, e o comunismo já não ameaçava as fronteiras do mundo islâmico. Os Estados Unidos eram a única potência capaz de impedir a restauração do antigo califado islâmico, e teriam de ser enfrentados e derrotados.

9. O vale do Silício

No início da manhã, quando o sol batia nas torres do World Trade Center, as sombras gêmeas estendiam-se por toda a ilha de Manhattan. Os prédios tinham sido construídos para ser notados. Eram as duas torres mais altas do mundo quando foram concluídas, em 1972 e 1973, um recorde que não durou muito, já que o ego dos arquitetos está sempre buscando o céu. A vaidade era sua qualidade mais óbvia; afora isso, os prédios eram insípidos e pouco práticos. Os usuários sentiam-se isolados; só voltar para a terra e ir almoçar significava uma descida demorada por vários elevadores e uma vigorosa caminhada pelo átrio até, finalmente, alcançar o cheiro e o barulho tão bem-vindos da cidade. A construção em "tubo" que sustentava aquelas estacas estupendas requeria colunas a apenas 56 centímetros de distância uma da outra, dando a impressão, dentro dos escritórios, de que se estava numa jaula. Mas a vista era gloriosa: as luzes que serpenteavam sem cessar na rodovia New Jersey Turnpike; o porto movimentado com a diminuta Estátua da Liberdade; petroleiros e navios de cruzeiro cortando o horizonte curvo do Atlântico; a costa cinzenta de Long Island; as árvores começando a virar em Connecticut; e Manhattan repousando estendida qual rainha em seu grande leito entre os rios. Tais construções monumentais tendem a se introduzir no subconsciente, a intenção é essa mesma: "Aquelas assombrosas torres simbólicas que falam de liberdade, direitos humanos e humanidade", como Bin Laden as rotulou.[1]

A visão mais impressionante do World Trade Center obtinha-se do outro lado do rio Hudson, em Jersey City. Ali, num bairro conhecido como Little Egypt, seguidores de Omar Abdul Rahman, o xeique cego, conspiravam para derrubar as torres.[2] Abdul Rahman buscou asilo nos Estados Unidos, embora constasse como terrorista na lista de pessoas sob investigação do Departamento de Estado. Como fizera no Egito, ele emitiu uma *fatwa* nos Estados Unidos que permitia a seus seguidores assaltar bancos e matar judeus.[3] Viajou amplamente pelos Estados Unidos e Canadá, incitando milhares de jovens muçulmanos imigrantes com seus sermões, muitas vezes dirigidos contra os americanos, segundo ele "descendentes dos macacos e porcos que vêm se alimentando nas mesas de jantar dos sionistas, comunistas e colonialistas".[4] Conclamou os muçulmanos a atacar o Ocidente, "paralisar os transportes de seus países, arrasá-los, destruir suas economias, queimar suas empresas, eliminar seus lucros, afundar seus navios, derrubar seus aviões, matar seus habitantes no mar, no ar ou na terra".[5]

De fato, seus seguidores vinham maquinando para provocar esse apocalipse. Eles esperavam paralisar Nova York assassinando várias figuras políticas e destruindo muitos de seus marcos mais importantes — a ponte George Washington, os túneis Lincoln e Holland, a Federal Plaza e as Nações Unidas — em ataques simultâneos a bomba. Era uma reação ao apoio americano ao presidente egípcio Hosni Mubarak, que pretendiam matar quando fosse a Nova York. O FBI mais tarde descobriu que Osama bin Laden vinha dando apoio financeiro aos esforços do xeique cego.[6]

Poucos americanos, mesmo na comunidade de inteligência, tinham alguma idéia da rede de islamitas radicais que se desenvolvera dentro do país. O xeique cego poderia perfeitamente falar tanto em marciano quanto em árabe, já que o FBI dispunha de pouquíssimos especialistas em línguas do Oriente Médio, e a polícia local menos ainda. Mesmo que suas ameaças tivessem sido ouvidas e entendidas, a percepção da maior parte dos americanos era ofuscada pelo isolamento geral em relação aos problemas do mundo e turvada pela sensação confortável de que ninguém que vivesse nos Estados Unidos se voltaria contra o país.

Então, em 26 de fevereiro de 1993, uma van Ford Econoline alugada adentrou a enorme garagem no subsolo do World Trade Center.[7] Dentro da van viajava Ramzi Yousef. Não ficou claro se Bin Laden o enviou, mas era um produto do campo de treinamento da Al-Qaeda no Afeganistão, onde aprendera a lidar com bombas. Viera aos Estados Unidos para supervisionar a construção do que o FBI mais tarde descobriu ser o maior dispositivo explosivo improvisado já encontrado pelo birô. Yousef acendeu quatro detonadores de seis metros e fugiu para um ponto de observação ao norte da Canal Street, de onde esperava ver os prédios desabarem.

Yousef era moreno e delgado, um olho meio solto na órbita e marcas de queimadura no rosto e nas mãos, resultado de explosões acidentais. Seu nome verdadeiro era Abdul Basit Mahmoud Abdul Karim. Filho de mãe palestina e pai paquistanês, crescera em Kuwait City e depois estudara engenharia elétrica no País de Gales. Tinha esposa e filho e outro a caminho em Quetta, capital da província paquistanesa do Baluchistão. Não era um muçulmano particularmente devoto — sua motivação principal estava na dedicação à causa palestina e no ódio aos judeus —, mas foi o primeiro terrorista islamita a atacar em solo americano. Mais importante, sua imaginação sombria e grandiosa foi o casulo no qual o movimento se transformaria. Até Yousef chegar aos Estados Unidos, a célula do Brooklyn vinha experimentando bombas de cano rudimentares. Foram a ambição e a habilidade de Yousef que mudaram radicalmente a natureza do terror.

Ao introduzir a bomba no canto sul da garagem, Yousef pretendia derrubar uma torre sobre a outra, demolindo o complexo inteiro e matando o que ele imaginava serem 250 mil pessoas: um número que julgava equivalente à dor que os palestinos haviam sofrido por causa do apoio americano a Israel. Ele esperava maximizar as baixas abarrotando o dispositivo, constituído de nitrato de amônia e óleo combustível, com cianeto de sódio,[8] ou produzindo uma bomba suja com material radioativo contrabandeado da ex-União Soviética,[9] que contaminaria grande parte do sul de Manhattan.

A explosão atingiu seis pavimentos de aço estrutural e cimento, descendo até a estação de trem PATH, sob a garagem, e subindo até o salão de baile do Marriott, acima. O choque foi tamanho que turistas sentiram o solo tremer a mais de 1,5 quilômetro de distância, em Ellis Island.[10] Seis pessoas foram mortas, e 1042 ficaram feridas, gerando o maior número de vítimas hospitalares de qualquer acontecimento da história americana desde a guerra civil.[11] As torres tremeram e balançaram, mas, sólidas, não desabaram. Quando Lewis Schiliro, chefe do escritório do FBI em Nova York na época, examinou a cratera de sessenta metros de largura no coração subterrâneo do pujante complexo, surpreendeu-se e disse a um engenheiro estrutural: "Estes prédios ficarão de pé para sempre".

Yousef voou de volta ao Paquistão e, logo depois daquele atentado, mudou-se para Manila. Ali começou a imaginar planos fantásticos de explodir uma dúzia de aviões de passageiros americanos simultaneamente, assassinar o papa João Paulo II e o presidente Bill Clinton, e derrubar um avião particular na sede da CIA. É interessante observar, naquela data remota, o desejo por parte dos islamitas de realizar ataques complicados e altamente simbólicos, diferentes de tudo já realizado por qualquer outro grupo terrorista. O terrorismo sempre tem algo de teatral, e aqueles eram terroristas cuja ambição dramática não tinha rival. Mas Ramzi Yousef e os seguidores do xeique cego não buscavam apenas chamar a atenção para a causa; queriam humilhar o inimigo, matando o máximo de pessoas possível. Estavam de olho em alvos econômicos vulneráveis que tenderiam a provocar uma reação feroz, e cortejavam mesmo a retaliação como um modo de incitar outros muçulmanos. Não se podia dizer, porém, que tivessem um plano político coerente. A vingança por muitas injustiças variadas era seu tema constante, ainda que a maioria dos conspiradores viesse se aproveitando das liberdades e oportunidades dos Estados Unidos, não concedidas em seus próprios países. Dispunham de uma rede de conspiradores motivados, inflamados e ávidos por atacar. A única coisa que faltava aos terroristas jihadistas para perpetrar um ataque realmente devastador aos Estados Unidos eram as habilidades organizacionais e técnicas empregadas por Ayman al-Zawahiri e a Al-Jihad.

Um mês depois da bomba no World Trade Center, Zawahiri apareceu no circuito de palestras em várias mesquitas da Califórnia.[12] Vinha de Berna, Suíça, onde a Al-Jihad mantinha um aparelho. (O tio de Zawahiri servia como diplomata na Suíça.) Embora tivesse entrado nos Estados Unidos com o nome verdadeiro, Zawahiri viajava sob seu nome de guerra, dr. Abdul Mu'iz, dizendo-se representante do Crescente Vermelho kuwaitiano.[13] Alegou estar arrecadando dinheiro para crianças afegãs feridas por minas terrestres soviéticas do tempo da *jihad*.

Durante anos, os Estados Unidos foram um dos destinos principais de *mujahidin* árabes e afegãos para a arrecadação de recursos. O xeique Abdullah Azzam abriu um caminho por mesquitas do Brooklyn, St. Louis, Kansas City, Seattle, Sacramento, Los Angeles e San Diego — ao todo, 33 cidades nos Estados Unidos abriram filiais da organização de Bin Laden e Azzam, o Birô de Serviços, a fim de apoiar a *jihad*. A guerra contra a União Soviética também produzira uma rede internacional de instituições de caridade, especialmente densa nos Estados Unidos, que permaneceu em operação depois que a União Soviética se estilhaçou e os afegãos se voltaram uns contra os outros. Zawahiri esperava explorar esse rico filão americano em prol da Al-Jihad.

O guia de Zawahiri nos Estados Unidos foi uma figura singular na história da espionagem: Ali Abdelsoud Mohammed. Com 1,85 metro de altura, noventa quilos e forma física excepcional, Mohammed era um adepto das artes marciais[14] e um lingüista experimentado que falava fluentemente inglês, francês e hebraico, além do árabe nativo. Disciplinado, esperto e gregário, tinha uma facilidade acentuada para fazer amigos — o tipo de homem que chegaria ao topo de qualquer organização. Foi major na mesma unidade do exército egípcio que produziu o assassino de Sadat, Khaled Islambouli, e o governo suspeitava, com razão, que fosse um fundamentalista islâmico[15] (ele já era membro da Al-Jihad).[16] Quando o exército egípcio o expulsou, Zawahiri delegou-lhe uma tarefa intimidante: infiltrar-se no serviço secreto americano.

Em 1984, Mohammed, ousado, caminhou até a unidade da CIA no Cairo para oferecer seus serviços.[17] O oficial que o avaliou concluiu que era provavelmente um espião do serviço secreto egípcio.[18] No entanto, Mohammed telegrafou a outras unidades e quartéis-generais para ver se havia algum interesse. A unidade de Frankfurt, que abrigava o escritório iraniano da CIA, respondeu, e logo Ali estava em Hamburgo como novato no serviço de inteligência. Ele entrou numa mesquita associada ao Hezbollah e logo avisou ao clérigo iraniano encarregado que era um espião americano incumbido de infiltrar-se na comunidade. Ele não percebeu que a CIA já havia se infiltrado na mesquita; sua declaração foi imediatamente informada.

A CIA afirma que desligou Mohammed, enviou telegramas tachando-o de altamente suspeito e colocou-o na lista de pessoas sob investigação do Departamento de Estado para impedir que entrasse nos Estados Unidos. Àquela altura, porém, Mohammed já se achava na Califórnia num programa de isenção de visto patrocinado pela própria CIA[19] com o objetivo de proteger bens valiosos ou quem tivesse realizado serviços importantes para o país. Para permanecer nos Estados Unidos, precisaria tornar-se cidadão, de modo que desposou uma mulher da Califórnia, Linda Sanchez, técnica da área médica que ele conhecera num vôo transatlântico para os Estados Unidos.[20]

Um ano após sua chegada, Mohammed voltou à carreira militar, desta vez alistando-se no exército americano. Conseguiu ser designado para o John F. Kennedy Special Warfare Center and School, em Fort Bragg, Carolina do Norte. Embora fosse apenas um sargento de suprimentos, Mohammed causava uma impressão notável, tendo ganhado uma condecoração especial de seu oficial comandante "pelo desempenho excepcional" e conquistado prêmios de forma física em competições contra alguns dos soldados mais bem treinados do mundo. Seus superiores, assombrados, consideravam-no "irrepreensível" e "perfeito".

Talvez o segredo da preservação de sua identidade dupla estivesse no fato de jamais disfarçar suas crenças. Ele começava cada manhã com as orações da alvorada, seguidas de uma corrida longa, ouvindo no walkman o Alcorão, que estava tentando memorizar. Preparava as próprias refeições para assegurar que seguissem as regras dietéticas islâmicas. Além das tarefas militares, cursava um doutorado em estudos islâmicos.[21] O exército americano respeitava tanto seus pontos de vista que pediu que ajudasse a ministrar um curso sobre política e cultura do Oriente Médio e gravasse uma série de vídeos explicando o islamismo a seus colegas soldados. Segundo os registros do serviço militar de Mohammed, ele "preparou e executou mais de quarenta roteiros para equipes cujo destino era o Oriente Médio". Ao mesmo tempo, vinha retirando furtivamente mapas e manuais de treinamento da base a fim de reduzir e copiar na Kinko's.[22] Utilizou esse material para escrever o guia de treinamento de terroristas em vários volumes que se tornou o manual de estratégia da Al-Qaeda. Nos fins de semana, viajava até o Brooklyn e Jersey City, onde treinava militantes islamitas em táticas militares. Entre eles estavam membros da Al-Jihad,[23] incluindo El-Sayyid Nosair, um companheiro egípcio que viria a matar o rabino Meir Kahane, o extremista judeu, em 1990.

Em 1988, Mohammed casualmente informou aos seus superiores que tiraria uma licença para ir "matar russos" no Afeganistão.[24] Ao voltar, mostrou algumas fivelas de cintos que disse ter pego de soldados soviéticos que matara numa emboscada. Na verdade, ele estivera treinando os primeiros voluntários da Al-Qaeda em técnicas de guerra não convencional, tais como seqüestros de pessoas, assassinatos e seqüestros de aviões,[25] que aprendera com as forças especiais americanas.

Mohammed deixou o serviço militar ativo em 1989 e ingressou na reserva do exército americano. Ele e a esposa se fixaram no vale do Silício. Conseguiu um emprego de segurança (de um fornecedor militar que vinha desenvolvendo um dispositivo de acionamento para o sistema de mísseis Trident),[26] embora às vezes desaparecesse por meses, oficialmente para "comprar tapetes"[27] no Paquistão e no Afeganistão. Enquanto isso, continuou tentando se infiltrar no serviço secreto americano. Quando estava na Carolina do Norte, candidatara-se ao cargo de tradutor tanto na CIA como no FBI.

Então, em maio de 1993, um agente do FBI em San José chamado John Zent abordou Mohammed, indagando sobre o tráfico de carteiras de motorista falsas. Ainda esperando ser recrutado pela inteligência americana, Mohammed desviou a conversa para as atividades radicais de uma mesquita local, e contou algumas histórias reveladoras sobre a luta contra os soviéticos no Afeganistão. Devido à natureza militar daquelas revelações, Zent entrou em contato com o Departamento de Defesa, e uma equipe de especialistas em contra-inteligência de Fort Meade, Maryland, veio a San José conversar com Mohammed. Eles espalharam mapas do Afeganistão no chão do escritório de Zent, e Mohammed indicou os campos de treinamento dos *mujahidin*. Mencionou o nome de Osama bin Laden,[28] que, segundo ele, vinha preparando um exército para derrubar o regime saudita. Mohammed também falou sobre uma organização, a Al-Qaeda, que operava campos de treinamento no Sudão. Admitiu até que ele próprio fornecia instruções sobre seqüestro e espionagem aos membros da organização. Os interrogadores aparentemente não aproveitaram essas revelações. Três anos cruciais decorreriam até que outros integrantes do serviço secreto americano ouvissem falar da Al-Qaeda.

Talvez Mohammed tenha revelado esses detalhes devido a uma necessidade psicológica de aumentar sua importância. "Ele se via como um James Bond",[29] observou um investigador do FBI que depois conversou com ele. Mas é mais provável que aquele agente altamente direcionado estivesse procurando cumprir a missão atribuída a ele por Zawahiri de infiltrar-se no serviço secreto americano. A Al-Jihad e a Al-Qaeda ainda eram entidades separadas na primavera de 1993, e Zawahiri ainda não havia aderido à campanha de Bin Laden contra os Estados Unidos. Aparentemente, Zawahiri estava disposto a entregar Bin Laden a fim de obter acesso ao serviço de inteligência americano, beneficiando sua própria organização.

Se o FBI e a equipe de contra-inteligência do Departamento de Defesa tivessem reagido às revelações de Mohammed, teriam posto as mãos em um agente duplo perigosíssimo e supercapacitado. Mohammed revelou abertamente ser um membro de confiança do círculo íntimo de Bin Laden, mas isso nada significava para os investigadores naquela época. O agente Zent preencheu um relatório, que foi enviado à sede do FBI e depois esquecido. Mais tarde, quando o FBI tentou recuperar as anotações da conversa com os especialistas em contra-inteligência de Fort Meade para descobrir o que mais havia sido discutido, o Departamento de Defesa informou que haviam se extraviado.[30]

O dinheiro para a Al-Jihad era sempre escasso. Muitos dos seguidores de Zawahiri tinham família, e todos precisavam de comida e moradia. Alguns descambaram para o roubo e a extorsão para se manter. Zawahiri desaprovava com rigor essas ações: quando membros da Al-Jihad roubaram um adido militar alemão no Iêmen,[31] ele investigou o incidente e expulsou os responsáveis. Mas o problema do dinheiro persistia. Ele esperava arrecadar dinheiro suficiente nos Estados Unidos para manter viva sua organização.

Zawahiri não tinha o carisma nem a fama do xeique cego. Assim, quando apareceu após as orações do pôr-do-sol na mesquita Al-Nur, em Santa Clara, apresentando-se como o dr. Abdul Mu'iz, ninguém sabia quem ele era realmente. Ali Mohammed apresentou-o ao dr. Ali Zaki, um ginecologista de San José, pedindo-lhe que os acompanhasse na excursão do dr. Mu'iz ao vale do Silício. Zaki levou Zawahiri a mesquitas em Sacramento e Stockton. Os dois médicos passaram grande parte do tempo discutindo problemas médicos que Zawahiri encontrara no Afeganistão. "Conversamos sobre as crianças feridas e os fazendeiros mutilados pelas minas russas", recordou Zaki. "Era um médico equilibrado e altamente instruído."

A certa altura, os dois homens tiveram uma discussão sobre o que pareceu a Zaki a visão bitolada de Zawahiri do islã. Como a maioria dos jihadistas, Zawahiri seguia os ensinamentos salafistas de Ibn Tamiyyah, o reformador do século XIII que procurara impor uma interpretação literal do Alcorão. Zaki informou a Zawahiri que ele estava deixando de fora as outras duas correntes do islã: a mística, nascida nos textos de Al-Harith al-Muhasibi, o fundador do sufismo; e a escola racionalista, refletida no pensamento do grande xeique de Al-Azhar, Mohammed Abdu. "Sua espécie de islã jamais prevalecerá no Ocidente, porque a melhor coisa do Ocidente é a liberdade de escolha", disse Zaki. "Aqui você vê o movimento místico se espalhando como fogo, e os salafistas não converteram nem uma única pessoa ao islã!" Zawahiri permaneceu inabalável.

Zaki estimou que, no máximo, as doações resultantes daquelas visitas às mesquitas da Califórnia chegaram a várias centenas de dólares. Ali Mohammed situou a cifra em 2 mil dólares.[32] Qualquer que tenha sido o caso, Zawahiri regressou ao Sudão enfrentando um dilema desanimador: preservar a independência de sua organização auto-suficiente mas em constante apuro financeiro, ou juntar forças formalmente com Bin Laden.

Quando haviam se encontrado, quase uma década antes, Zawahiri era de longe a figura mais poderosa. Tinha uma organização por trás e um objetivo claro: derrubar o governo do Egito. Mas agora Bin Laden, que sempre gozara da vantagem do dinheiro, tinha também sua própria organização, muito mais ambiciosa que a Al-Jihad. Da mesma maneira que dirigia várias empresas sob uma única tenda empresarial, Bin Laden procurou fundir todos os grupos terroristas islâmicos em um só consórcio multinacional, com treinamento comum, economias de escala e departamentos dedicados a tudo, do pessoal à formulação de políticas. O pupilo começara a superar o preceptor, e ambos sabiam disso.

Zawahiri também enfrentava a perspectiva de ser ofuscado pelo xeique cego e as atividades do Grupo Islâmico. Embora tivesse reunido um quadro de agentes capaz e dedicado, muitos deles instruídos e hábeis como Ali Mohammed, que transitava facilmente dos subúrbios do vale do Silício às ruas poeirentas de Cartum, a Al-Jihad não realizara nenhuma operação de sucesso. Enquanto isso, os seguidores do xeique cego se entregavam a uma violência sem paralelo, perpetrando assassinatos e pilhagens. Para enfraquecer o governo e incitar as massas à rebelião, optaram por atacar o turismo, a base da economia egípcia, por abrir o país à corrupção ocidental. O Grupo Islâmico iniciou uma guerra contra a polícia política egípcia, anunciando a meta de matar um policial por dia. Também visou a estrangeiros, cristãos e particularmente intelectuais, começando pelo disparo mortal, em 1992, contra Farag Foda, um colunista secular que sugerira, em seu último artigo, que os islamitas eram motivados menos pela política do que pela frustração sexual. O xeique cego também emitiu uma *fatwa* contra o escritor egípcio Naguib Mahfuz, ganhador do prêmio Nobel,[33] acusando-o de infiel, e em 1994 Mahfuz quase morreu vítima de uma punhalada. Havia uma ironia triste nesse ataque: foi Sayyid Qutb o descobridor de Mahfuz; mais tarde, quando Mahfuz ficou famoso, retribuiu o favor visitando Qutb na prisão. Agora a progênie de Qutb vinha atacando o círculo intelectual que ele próprio havia, até certo ponto, produzido.

Zawahiri considerava aquelas ações inúteis e causadoras do próprio fracasso. Em sua opinião, elas conseguiam apenas provocar a polícia política e reduzir a oportunidade de uma mudança total e imediata mediante um golpe militar, seu objetivo durante toda a vida. Na verdade, a repressão governamental contra os militantes após aqueles ataques quase eliminou as duas organizações no Egito.

Zawahiri impusera à Al-Jihad uma estrutura de células cegas, em que os membros de um grupo desconheciam as identidades ou atividades dos membros de outros grupos. Contudo, as autoridades egípcias por acaso capturaram o homem que sabia todos os nomes: o diretor de afiliação da organização. Seu computador continha um banco de dados com o endereço de cada membro, seus codinomes e esconderijos potenciais. Munida daquelas informações, a polícia política deteve centenas de suspeitos, acusando-os de sedição. A imprensa rotulou o grupo de "Vanguardas da Conquista",[34] mas tratava-se realmente de uma facção da Al-Jihad. Ainda que as provas contra eles fossem insuficientes, os padrões judiciais não eram muito rigorosos.[35]

"Os jornais do governo estavam eufóricos com a detenção de oitocentos membros do grupo Al-Jihad sem que um único tiro fosse disparado", contou Zawahiri, amargurado, em sua breve memória. Tudo que restou da organização que ele lutara para construir foram colônias dispersas em outros países: Inglaterra, Estados Unidos, Dinamarca, Iêmen e Albânia, entre outros. Ele percebeu que teria de tomar uma providência para manter coesos os fragmentos de sua organização. Para isso precisava de dinheiro.

Apesar da precariedade financeira da Al-Jihad, muitos dos membros restantes suspeitavam de Bin Laden e não pretendiam desviar esforços para fora do Egito. Além disso, estavam enfurecidos com a captura dos companheiros no Cairo e o julgamento teatral que tiveram. Queriam contra-atacar. Mesmo assim, em torno dessa época, a maioria dos membros da Al-Jihad passou para a folha de pagamentos da Al-Qaeda. Zawahiri via a aliança como um casamento de conveniência temporário. Mais tarde confidenciou a um de seus principais auxiliares que unir-se a Bin Laden havia sido "a única solução para manter viva a Al-Jihad no exterior".[36]

Zawahiri decerto não abandonara o sonho de capturar o Egito. Na verdade, o Sudão constituía o ponto de partida ideal para os ataques. A fronteira longa, isolada e quase totalmente desprotegida entre os dois países facilitava movimentos secretos. Antigas trilhas de caravanas proporcionavam rotas convenientes para contrabandear armas e explosivos em lombo de camelo para dentro do Egito.[37] E a cooperação ativa do serviço de inteligência do Sudão e de suas forças militares garantia um refúgio para Zawahiri e seus homens.

A Al-Jihad iniciou o ataque ao Egito com outro atentado contra a vida do ministro do Interior, Hassan al-Alfi, que vinha liderando a repressão aos militantes islamitas. Em agosto de 1993, uma motocicleta carregando uma bomba explodiu junto ao carro do ministro, matando o terrorista e seu cúmplice. "O ministro escapou da morte, mas quebrou o braço", observou Zawahiri, insatisfeito.[38]

Outro fracasso, mas agora significativo, porque com aquela ação Zawahiri inaugurou os ataques com homens-bomba, que se tornaram a marca registrada dos assassinatos da Al-Jihad e, depois, das "operações de martírio" da Al-Qaeda. A estratégia rompeu com o forte tabu religioso contra o suicídio. Embora o Hezbollah, organização xiita, tivesse empregado caminhões-bomba para atacar a embaixada americana e os alojamentos dos fuzileiros navais americanos em Beirute em 1983, ações desse tipo nunca haviam sido realizadas por um grupo sunita. Na Palestina, os ataques suicidas eram praticamente desconhecidos até meados da década de 1990, quando os Acordos de

Oslo começaram a esgarçar.* Zawahiri estivera no Irã para arrecadar dinheiro,[39] e enviara Ali Mohammed, entre outros, ao Líbano para treinar com o Hezbollah. Assim, é provável que a idéia de ataque suicida tenha vindo dessa fonte. Outra das inovações de Zawahiri foi gravar os votos de martírio do homem-bomba na véspera da missão. Zawahiri distribuía fitas cassete com a voz do mártir justificando sua decisão de sacrificar a própria vida.[40]

Em novembro, durante os prolongados julgamentos da Al-Jihad, Zawahiri tentou matar o primeiro-ministro do Egito, Atef Sidqi. Um carro-bomba explodiu quando o ministro passava por uma escola de meninas no Cairo. O ministro, em seu carro blindado, saiu ileso, mas a explosão feriu 21 pessoas e matou uma aluna, Shayma Abdel-Halim, esmagada por uma porta arremessada pelo deslocamento de ar. Sua morte enfureceu os egípcios, que já tinham visto mais de 240 pessoas serem mortas pelo Grupo Islâmico nos dois anos anteriores. Ainda que aquela fosse a única vítima da Al-Jihad, a morte da pequena Shayma mexeu com as emoções do povo como nada antes. Enquanto seu caixão era carregado pela ruas do Cairo, as pessoas bradavam: "O terrorismo é o inimigo de Deus!".[41]

Zawahiri ficou chocado com a fúria popular. "A morte não intencional dessa criança inocente nos encheu de dor, mas estávamos indefesos e tínhamos de combater o governo", ele escreveu em suas memórias.[42] Ofereceu-se para pagar uma "indenização" sangrenta** à família da menina. O governo egípcio prendeu outros 280 seguidores de Zawahiri, dos quais seis acabaram condenados à morte. Zawahiri escreveu: "Aquilo significou que eles queriam que minha filha, com dois anos na época, e as filhas de outros companheiros ficassem órfãs. Quem clamou por nossas filhas ou se importou com elas?".[43]

---

* Em 6 de abril de 1994, o primeiro homem-bomba palestino explodiu um ônibus em Afula, Israel.
** Em inglês, *blood money*: dinheiro pago pelo assassino aos parentes da vítima, como forma de indenização. (N. E.)

10. Paraíso perdido

Rapazes de muitos países chegavam à empoeirada e obscura Fazenda Soba, dez quilômetros ao sul de Cartum. Bin Laden recebia-os, e depois os trainees da Al-Qaeda começavam o curso de terrorismo. As motivações variavam, mas tinham em comum a crença de que o islã — puro e primitivo, não mitigado pela modernidade nem comprometido pela política — curaria as feridas que o socialismo ou o nacionalismo árabe não conseguiram curar. Eram revoltados, mas impotentes em seus próprios países. Não se viam como terroristas, mas como revolucionários que, à semelhança de todos os homens dessa estirpe ao longo da história, haviam sido impelidos à ação pela simples necessidade humana de justiça. Alguns tinham experimentado a repressão brutal; outros apenas se sentiam atraídos pelo caos sangrento. Desde o princípio da Al-Qaeda, havia reformadores e havia niilistas. A dinâmica entre eles era irreconciliável e autodestrutiva, mas os eventos progrediam tão rápido que era quase impossível distinguir os filósofos dos sociopatas. Eles estavam unidos pela personalidade carismática de Osama bin Laden, que continha ambas as tendências, idealismo e niilismo, numa combinação potente.

Dada a diversidade dos trainees e de suas causas, a tarefa principal de Bin Laden consistia em direcioná-los contra um inimigo comum. Ele desenvolvera uma idéia fixa sobre os Estados Unidos, que explicava para cada turma nova de recrutas da Al-Qaeda. Os Estados Unidos pareciam tão poderosos, ele dizia, mas na verdade eram fracos e covardes. Vejam o Vietnã, vejam o Líbano. Sempre que soldados começam a voltar para casa em sacos de cadáveres, os americanos entram em pânico e recuam. Um país assim precisa apenas se confrontar com dois ou três golpes violentos para fugir apavorado, como sempre faz. Com toda a sua riqueza e recursos, os Estados Unidos carecem de convicção. Não conseguem enfrentar guerreiros da fé que não temem a morte. Os navios de guerra no golfo recuarão para os oceanos, os bombardeiros desaparecerão das bases árabes, as tropas no Chifre da África voltarão correndo à terra natal.

O homem que acalentava esses sentimentos nunca estivera nos Estados Unidos, mas gostava de se cercar de pessoas — como Abu Rida al-Suri, Wa'el Julaidan, Ali Mohammed — que tinham vivido lá. Eles reforçavam a América empanturrada e degenerada de sua imaginação. Bin Laden mal conseguia esperar para cravar uma lança no coração da última superpotência. Viu sua primeira oportunidade na Somália.

Nos meses triunfantes após a derrota de Saddam Hussein, a Somália surgiu como o teste inicial da nova ordem mundial dos Estados Unidos. A ONU vinha supervisionando o esforço internacional para acabar com a fome somaliana, que já ceifara 350 mil vidas.[1] Como na Guerra do Golfo, uma coalizão internacional se agrupou sob o guarda-chuva da ONU, com apoio americano. Desta feita, porém, não se enfrentava nenhum grande exército iraquiano, nem guarda republicana, nem divisões blindadas, apenas bandos desorganizados com metralhadoras e RPGs. Mas a ameaça que representavam ficou evidente em uma emboscada que matou 24 soldados paquistaneses.

Bin Laden afirmou que enviara 250 homens à Somália para lutar contra tropas americanas.[2] De acordo com a inteligência sudanesa, o número real de combatentes da Al-Qaeda era apenas um punhado de gatos-pingados.[3] Os guerrilheiros da Al-Qaeda forneceram treinamento e procuraram se encaixar na anárquica guerra de clãs que se alastrava dentro do quadro de fome causado pelas hostilidades. Os homens da Al-Qaeda pouco impressionaram seus hospedeiros. Por exemplo, os árabes construíram um carro-bomba para atacar a ONU, mas a bomba falhou. "Os somalianos nos trataram mal", reclamou um deles. "Tentamos convencê-los de que éramos mensageiros de pessoas importantes, mas eles não acreditaram. Devido à falta de liderança ali, decidimos nos retirar."[4]

Uma noite, em Mogadishu, um grupo de combatentes da Al-Qaeda viu dois helicópteros americanos serem derrubados. Os tiros dos americanos atingiram a casa ao lado de onde os homens estavam entrincheirados. Temendo ser capturados pelos americanos, eles deixaram a Somália no dia seguinte. A derrubada daqueles dois helicópteros americanos em outubro de 1993, porém, tornou-se o divisor de águas naquela guerra. Membros enfurecidos de tribos somalianas arrastaram em triunfo, pelas ruas de Mogadishu, os corpos da tripulação morta, uma visão que levou o presidente Bill Clinton a retirar rapidamente todos os soldados americanos do país. A análise de Bin Laden do caráter americano se mostrara correta.

Embora seus próprios homens tivessem fugido, Bin Laden atribuiu à Al-Qaeda a derrubada dos helicópteros na Somália e a profanação dos corpos dos soldados americanos. Sua influência aumentou graças às investidas bem-sucedidas de rebeldes — como no Afeganistão e na Somália — que pouco tinham a ver com ele. Ele simplesmente se apropriou daquelas vitórias como suas, vangloriando-se na Al-Jazira:

> Pelos relatos que recebemos de nossos irmãos que participaram da *jihad* na Somália, soubemos que eles viram a fraqueza, a fragilidade e a covardia das tropas americanas. Somente dezoito soldados americanos foram mortos. Mesmo assim, eles fugiram para o coração das trevas, frustrados após criar tanta comoção sobre a nova ordem mundial.[5]

Bin Laden atraiu diferentes grupos nacionalistas para baixo do seu guarda-chuva, oferecendo armas e treinamento. Contava com instrutores com anos de experiência em combate. O agente duplo de Zawahiri, Ali Mohammed, ministrou um curso de vigilância, valendo-se das técnicas aprendidas com as forças especiais americanas[6] (o próprio Bin Laden participou como aluno do primeiro curso de Mohammed). As armas vieram dos depósitos das tropas de *mujahidin* restantes em Tora Bora, que Bin Laden conseguiu contrabandear para o Sudão. Bin Laden também fornecia o capital para a revolução. Deve ter sido gratificante observar quanto ele conseguia realizar com tão pouco.

Na Argélia, em 1992, um golpe militar impediu a eleição em que um partido islamita, o Frente Islâmica de Salvação (FIS), era o favorito. No ano seguinte, Bin Laden enviou Qari el-Said, um argelino do conselho *shura* da Al-Qaeda, para se encontrar com alguns dos líderes rebeldes que haviam se refugiado nas montanhas.[7] Naquela época, os islamitas argelinos vinham tentando pressionar o governo militar, muito malvisto, a negociar com eles. O emissário da Al-Qaeda levou consigo 40 mil dólares do dinheiro de Bin Laden. Ele alertou os líderes islamitas de que estavam travando a *jihad* meramente por política, e não por Deus, o que constituía pecado. Não havia lugar para compromisso com um governo ímpio, ele informou. A guerra total era a única solução. "Aquele simples argumento nos destruiu", lembrou Abdullah Anas, que fazia parte da resistência. Aqueles que eram, como Anas, favoráveis ao diálogo com o governo foram postos de lado por outros afegãos árabes de seu meio que haviam sido doutrinados na filosofia *takfir*.

Os guerrilheiros jovens, pobres e predominantemente urbanos atraídos pela revolta argelina aglutinaram-se sob o estandarte do Grupo Islâmico Armado (GIA). Nos cinco anos seguintes, eles encharcaram o país em sangue. A escalada seguiu um caminho *takfiri* previsível. Os islamitas começaram matando não-muçulmanos, concentrando-se em sacerdotes e freiras, diplomatas, feministas, médicos e homens de negócios. De acordo com a lógica do GIA, democracia e islã eram incompatíveis. Logo, qualquer pessoa com título de eleitor estava contra o islã e merecia a morte. A justificativa foi estendida a quem trabalhasse em estabelecimentos aliados ao governo, como escolas públicas. Somente em dois meses de 1994, trinta professores e diretores foram mortos, e 538 escolas, incendiadas.[8] Mas os terroristas do GIA não vinham matando apenas professores e democratas. Aldeias inteiras foram dizimadas em massacres na calada da noite. Essas atrocidades foram celebradas no semanário do GIA, *Al-Ansar*, publicado em Londres, que ostentava manchetes como GRAÇAS A DEUS, CORTAMOS DUZENTAS GARGANTAS HOJE! e NOSSO IRMÃO DECAPITOU O PAI POR AMOR A ALÁ.[9] A loucura religiosa culminou com uma declaração condenando toda a população da Argélia. Um comunicado do GIA formulou a equação em termos incisivos: "Não há neutralidade na guerra que estamos travando. Com exceção daqueles que nos apóiam, todos os demais são apóstatas e merecem morrer". Essa formulação estava tentadoramente disponível aos que viam o conflito em termos apocalípticos.

Até Bin Laden recuou — se não devido à violência propriamente dita, ao menos pela repulsa internacional ao projeto islamita. Ele buscava criar uma "imagem melhor da *jihad*".[10] Quando alguns dos líderes do GIA foram a Cartum implorar por mais fundos, cometeram a temeridade de criticá-lo por ser "flexível demais" com os democratas, o que o fazia parecer "fraco".[11] Bin Laden enfureceu-se e retirou todo o seu apoio. Seus 40 mil dólares, porém, já haviam ajudado a criar uma catástrofe. Mais de 100 mil pessoas morreriam na guerra civil argelina.[12]

No final de 1993, correu em Cartum o boato de que um general sudanês havia obtido urânio no mercado negro. Bin Laden já estava interessado em adquirir armas mais poderosas, compatíveis com sua visão ampliada da Al-Qaeda como organização terrorista internacional. Ele vinha trabalhando com o governo para desenvolver agentes químicos utilizáveis contra os rebeldes cristãos ao sul e contrabandeando armas do Afeganistão em aviões cargueiros da Sudan Airways.[13] Comprou um jato militar americano, um T-39, especificamente para transportar mais Stingers. Assim, como seria natural, entusiasmou-se ao ouvir falar do urânio. Enviou Jamal al-Fadl para negociar o preço.[14]

Segundo seu próprio relato, Fadl foi a terceira pessoa a jurar fidelidade à Al-Qaeda, o que lhe valia um lugar especial nas afeições de Bin Laden. Atleta esguio e ágil, Fadl jogava no meio-de-campo no time de futebol de Bin Laden. Vivia sorrindo, e sua gargalhada contagiante pegava as pessoas de surpresa. Como muitos do círculo íntimo da Al-Qaeda, saíra dos Estados Unidos para engajar-se na *jihad*, tendo trabalhado no escritório do Birô de Serviços na Atlantic Avenue, no Brooklyn. Como Fadl era sudanês e conhecia o mercado imobiliário local, Bin Laden confiou-lhe o dinheiro para comprar as terras que sediariam as fazendas e casas da Al-Qaeda antes da mudança da organização para Cartum.

O general sudanês pediu 1,5 milhão de dólares pelo urânio, além de uma comissão.[15] Mostrou um cilindro com 76 centímetros de comprimento e cerca de quinze centímetros de diâmetro e alguns documentos atestando que o tubo viera da África do Sul. Bin Laden ficou satisfeito com a informação e pagou a Fadl 10 mil dólares por sua participação na transação. Descobriu mais tarde que o tubo continha uma substância chamada mercúrio vermelho[16] — também conhecido como cinábrio —, fisicamente parecido com óxido de urânio, embora quimicamente diferente. O mercúrio vermelho vem sendo usado em golpes nucleares há mais de 25 anos. Apesar daquela lição dispendiosa, Bin Laden continuou a busca por urânio enriquecido, ou por ogivas nucleares russas supostamente disponíveis nas ruínas da União Soviética.[17]

Àquela altura, no início da década de 1990, Bin Laden ainda vinha refinando o conceito da Al-Qaeda. Era apenas um entre seus vários empreendimentos, mas oferecia uma base de poder potencialmente extraordinária. Suas ações, tal como a incursão na Somália, eram pequenas e arriscadas. Mas com armas suficientemente poderosas — armas nucleares ou químicas, por exemplo — a Al-Qaeda poderia alterar o curso dos acontecimentos humanos.

Em 1994, a vida de Bin Laden atingira um pináculo. Os dois primeiros anos no Sudão haviam sido plenos de prazer e boa sorte. Suas esposas e famílias viviam juntas em seu casarão; os negócios se expandiam; a Al-Qaeda ganhava energia e impulso — mas também despertava alarme. Embora a maioria dos órgãos de inteligência ocidentais ainda ignorasse Bin Laden ou simplesmente não percebesse a escala de seu empreendimento, os sauditas e os egípcios haviam tomado conhecimento das atividades no Sudão. Porém a Al-Qaeda mostrava-se difícil de penetrar. A lealdade, a afinidade e o fanatismo constituíam barreiras formidáveis contra intrusos curiosos.

Às sextas-feiras, Bin Laden costumava rezar na mesquita Ansar al-Sunnah,[18] do outro lado do Nilo, no subúrbio de Omdurman, uma mesquita *wahhabi* freqüentada por sauditas. Em 4 de fevereiro, um pequeno grupo de rapazes *takfiri*, armados com Kalashnikovs e liderados por um líbio chamado Mohammed Abdullah al-Khilaifi, ousadamente invadiu dois postos de polícia, matando dois policiais e confiscando armas e munição. Khilaifi e dois companheiros dirigiram-se então à mesquita, logo depois da oração do pôr-do-sol. Dispararam indiscriminadamente contra a multidão, matando dezesseis pessoas de uma só vez e ferindo cerca de vinte outras. Os assassinos se esconderam atrás do aeroporto. No dia seguinte, rodando de carro por Cartum à procura de novos alvos, dispararam contra um policial na rua e contra alguns funcionários de Bin Laden no escritório da Wadi al-Aqiq, no centro da cidade. Selvagens e indisciplinados, parecia claro que estavam em busca de Bin Laden para matá-lo.

Às cinco da tarde, quando costumava abrir seu salão para visitas, Bin Laden estava discutindo com o filho mais velho, Abdullah. Desde a infância, Abdullah sofria de asma,[19] e a vida em Peshawar e Cartum havia sido difícil para ele. Aos dezesseis anos, preferia estar com os amigos e primos em Jidá, do outro lado da faixa delgada do mar Vermelho. Abdullah era, afinal, membro de um clã riquíssimo, e em Jidá podia curtir a casa de praia da família, os iates, as festas, os carros, enfim, todos os luxos que o pai abominava. Além disso, temia que o ensino domiciliar do pai o deixasse atrasado em relação aos colegas — de fato, os filhos de Bin Laden com a primeira esposa mal sabiam ler. Osama acreditava que sua família já vivia confortável demais no Sudão, e queria tornar suas vidas ainda mais austeras, não menos.

Enquanto pai e filho conversavam na casa de Bin Laden, as visitas começaram a chegar ao seu escritório, do outro lado da rua. "Naquele momento, ouvi o som de tiros vindo da direção da casa de hóspedes", recordou Bin Laden. "Depois vários tiros foram disparados contra a residência."[20] Ele apanhou a pistola que carregava no bolso do manto e entregou outra arma a Abdullah.

Os assassinos tinham ido de carro até a rua entre as duas casas de Bin Laden e imediatamente abriram fogo. Khilaifi e seus dois companheiros pensaram que Bin Laden estivesse recebendo visitas no escritório. "Eles miraram no lugar onde eu costumava me sentar", disse Bin Laden.[21] Ele e Abdullah, junto com policiais sudaneses que patrulhavam a área, dispararam contra os atacantes. Três das visitas de Bin Laden foram atingidas, bem como vários policiais. Khilaifi ficou ferido, e seus dois companheiros foram mortos.

Bin Laden culpou indiretamente os "regimes de nossa região árabe" pelos ataques.[22] Quando seu velho amigo Jamal Khashoggi indagou o que queria dizer com aquilo, Bin Laden apontou para a inteligência egípcia.[23] A CIA acreditou que os sauditas estivessem por trás do atentado.[24] O chefe da inteligência de Turki, Saeed Badeeb, disse: "Nós nunca tentamos assassiná-lo. Só queríamos sossegá-lo".

Aquela tentativa de assassinato ofereceu a Zawahiri uma oportunidade de ouro de aumentar sua influência sobre Bin Laden. Zawahiri incumbiu seu homem de confiança, Ali Mohammed, de investigar os assassinos. Mohammed descobriu que Khilaifi era um líbio que havia treinado no Líbano e depois viajara a Peshawar, em 1988. Lá se juntou aos *mujahidin* e conheceu Bin Laden. Mas ele também caíra sob a influência dos *takfiri*. Khilaifi era um sociopata que usava essa filosofia para justificar o assassinato de quem quer que ele rotulasse de infiel. Aquilo não diferia, exceto na escala menos ambiciosa, do empreendimento de Zawahiri e Bin Laden. *Takfir* era uma arma que podia explodir no rosto de qualquer um.

Zawahiri arranjou para que Ali Mohammed treinasse os guarda-costas de Bin Laden e certificou-se de que fossem em grande parte egípcios — apertando ainda mais o laço de influência que ele lançara em torno do saudita. Quanto a Bin Laden, concluiu, sombrio, que o idílio sudanês chegara ao fim. Os piqueniques no Nilo, as caminhadas meditativas à mesquita, as corridas de cavalos às sextas-feiras — tudo aquilo fazia parte do passado. Ele viajava em comboios agora, sempre carregando o Kalikov AK-74 ganho no campo de batalha.

A vida em casa também mudou para Bin Laden. Por mais rigoroso que fosse com os filhos, mostrava-se surpreendentemente permissivo com as carreiras das esposas. Umm Hamza, a professora de psicologia infantil, e Umm Khaled, que lecionava gramática árabe, mantiveram seus empregos universitários e se deslocavam habitualmente à Arábia Saudita durante os anos no Sudão.[25] Umm Hamza vivia no térreo da casa de Cartum, onde dava palestras a mulheres sobre os ensinamentos do islã.

Para Umm Abdullah, porém, a vida em Cartum não foi tão recompensadora. Dois de seus filhos, Abdullah e Omar, detestavam as privações e perigos impostos pelo pai. E havia o problema constante de cuidar de Abdul Rahman, o filho retardado, sendo ainda mais difícil lidar com seus surtos emocionais na casa lotada.

A quarta esposa, Umm Ali, pediu o divórcio. Bin Laden esperava aquilo. "Não nos entendemos bem desde o princípio", ele confessou a Jamal Khalifa.[26] Quando Osama e Jamal, ainda na época da universidade, decidiram tornar-se polígamos, haviam prometido que jamais tomariam a iniciativa de pedir o divórcio, pois que isso contrariava seu código moral. Em vez de casar-se com montes de mulheres, como fizera seu pai, Bin Laden procurou cumprir o mandamento corânico de tratar igualmente as quatro esposas. Por isso teve de esperar que a própria Umm Ali fizesse o pedido, acabando com anos de relacionamento infeliz.

De acordo com a lei islâmica, crianças até sete anos permanecem com a mãe; depois dessa idade, as filhas ficam com o pai. Os filhos com mais de sete anos podem escolher com quem ficar. O filho mais velho, Ali, de oito anos, decidiu permanecer com a mãe. Umm Ali pegou os três filhos e voltou a viver com sua família em Meca. As filhas se mantiveram com ela, mesmo depois que cresceram.

Bin Laden valorizava a lealdade. De fato, todos à sua volta haviam formalmente jurado fidelidade a ele. Vivia como um senhor feudal, controlando o destino de centenas de pessoas. A traição, até então, era praticamente desconhecida em seus domínios. A súbita deserção de vários membros da família representou uma perda dilacerante para um homem que se considerava um modelo dos valores familiares islâmicos. As virtudes espartanas que impusera aos filhos fizeram que alguns se voltassem contra o pai. Mesmo assim ele não se opôs à partida deles.

Bin Laden também sentia falta do lar. As únicas vezes que viu a mãe ou outros membros da família foram quando a corte saudita os enviou a Cartum para exigir que ele voltasse. O rei Fahd estava fora de si com aquela exibição permanente de deslealdade. A Argélia e o Iêmen vinham pressionando fortemente os sauditas a pôr um freio naquele homem que viam como a causa das insurreições em seus países. Foi o Egito, porém, que enfim forçou o reino a optar entre o filho pródigo e o prosseguimento das boas relações com aquele aliado poderoso.[27] Os egípcios estavam fartos da violência que transbordava do Sudão, e acusaram repetidamente Bin Laden de estar por trás dela. Finalmente, em 5 de março de 1994, Fahd decidiu pessoalmente cassar a cidadania saudita de Bin Laden.[28]

A Arábia Saudita é uma nação íntima, com famílias grandes e tribos complexamente entrelaçadas. Ser expulso do país equivalia a ser banido daquelas relações intricadas tão próprias da identidade saudita. A cidadania é um bem guardado com zelo, raramente concedido a estrangeiros, e o fato de a família Bin Laden, de origem iemenita, ser membro efetivo da sociedade saudita indicava a posição honrada — mas vulnerável — que ocupava. Logo depois de o rei cancelar a cidadania de Bin Laden, Bakr bin Laden, irmão mais velho de Osama, condenou-o publicamente, voltando as costas da família para ele. Muitos compatriotas de Bin Laden situam o momento de sua radicalização total no anúncio da decisão do rei. Um emissário viajou até o Sudão para dar formalmente a notícia e exigiu o passaporte de Bin Laden, que o atirou no homem: "Pegue-o, se é que dependo dele para alguma coisa!", ele declarou.[29]

Amargurado e crítico, Bin Laden autorizou seus representantes a abrir um escritório em Londres. (Ele cogitou em pedir asilo à Grã-Bretanha,[30] mas, ao saber daquela possibilidade, o ministro do Interior britânico imediatamente proibiu sua entrada no país.) O escritório, denominado Comitê do Conselho e Reforma, foi dirigido pelo saudita Khaled al-Fawwaz e dois membros egípcios da Al-Jihad. Eles enviaram centenas de faxes a sauditas proeminentes, que se espantaram com as denúncias abertas de Bin Laden da corrupção real e dos acordos clandestinos da família com o clero islâmico. Esses despachos causaram sensação na época, quando já ardia a febre por reformas. Bin Laden publicou uma carta aberta ao xeique Bin Baz, chefe dos ulemás sauditas, denunciando sua *fatwa* que autorizava a família real a manter forças americanas na terra santa e prender sábios islâmicos dissidentes.

"Ponha esse homem de joelhos", ordenou o rei saudita ao príncipe Turki. Planos de assassinato foram aventados, mas os sauditas não eram bons assassinos, nem Turki tinha disposição para aventuras tão arriscadas. Em vez disso, o Ministério do Interior ordenou que a família Bin Laden cortasse relações com Osama e desapropriou sua participação na empresa — cerca de 7 milhões de dólares.[31] Por mais previsíveis que fossem tais medidas, Bin Laden foi pego de surpresa. Dependia do estipêndio mensal que a companhia lhe pagava — na verdade, sua única fonte de renda.[32]

Sua carreira como homem de negócios foi um tremendo fracasso. Ele começara a vida no Sudão distribuindo dinheiro:[33] por exemplo, emprestando moeda forte ao governo para comprar trigo quando uma escassez grave provocou filas para comprar pão; ajudando a construir as instalações de rádio e televisão sudanesas; e ocasionalmente bancando as importações de petróleo da nação quando o governo estava sem dinheiro. Num país tão pobre assim, a fortuna modesta de Bin Laden constituía quase uma segunda economia. Mas ele não se dava ao trabalho de gerir suas empresas nem de supervisionar seus investimentos. Embora dotado de um escritório com fax e computador, raramente se detinha ali, preferindo dedicar-se aos projetos agrícolas durante o dia e receber dignitários e *mujahidin* em seus salões noturnos.

Ele enterrara grande parte de seu dinheiro em empreendimentos dos quais pouco entendia. Seus negócios agora incluíam máquinas trituradoras de rochas,[34] inseticidas, produção de sopa, curtume de couro — dezenas de projetos díspares. Ele abriu contas em bancos em Cartum, Londres, Malásia, Hong Kong e Dubai, cada uma em nome de um membro diferente da Al-Qaeda, dificultando o rastreamento pelos órgãos de inteligência, mas também quase impossibilitando a gestão. Entregava-se a projetos sem muita reflexão. Quando um de seus auxiliares achou que seria um bom investimento importar bicicletas baratas do Azerbaijão para o Sudão, onde ninguém anda de bicicleta, bastou que três gerentes da Al-Qaeda assinassem um formulário para que Bin Laden entrasse no ramo.

Aqueles empreendimentos extremamente diversificados estavam agrupados de modo arbitrário sob várias entidades corporativas. Desde o princípio, os homens que supervisionavam os negócios de Bin Laden perceberam que haveria problemas adiante. Numa reunião com Osama em 1992, Jamal al-Fadl e Abu Rida al-Suri perguntaram se suas empresas realmente precisavam ganhar dinheiro. "Os negócios estão muito ruins no Sudão", eles alertaram.[35] A inflação superava os 150%, e a moeda sudanesa vivia se desvalorizando em relação ao dólar, solapando todo o conglomerado. "Nossa agenda é maior do que os negócios", respondeu Bin Laden com indiferença — uma afirmação que sufocou qualquer prática gerencial responsável. Quando a dotação saudita de Bin Laden foi subitamente cortada, ele teve de enfrentar uma torrente de déficits, sem nenhuma fonte de renda confiável. "Havia cinco empresas diferentes, e nada funcionava", disse Abu Rida, o principal consultor empresarial de Bin Laden. "Todas elas davam prejuízo. Não dá para gerir um negócio por controle remoto."

A crise estourou no final de 1994. Bin Laden informou aos membros da Al-Qaeda que teria de reduzir seus salários porque "perdi todo o meu dinheiro".[36] Quando L'Houssaine Kherchtou, um de seus pilotos, mencionou que precisava ir ao Quênia renovar o brevê, obtido após três anos de estudo na folha de pagamentos da Al-Qaeda, Bin Laden respondeu: "Esqueça". Poucos meses depois, a esposa grávida de Kherchtou precisou fazer uma cesariana, e ele pediu ao tesoureiro da Al-Qaeda quinhentos dólares para a operação. "Não temos dinheiro", informou o tesoureiro. "Não podemos dar nada."

De repente, Kherchtou se sentiu dispensável. A camaradagem que unia os homens da Al-Qaeda repousava na segurança financeira que Bin Laden oferecia. Seus companheiros sempre o viram como um bilionário,[37] uma fonte inesgotável de riqueza, e ele nunca procurou corrigir essa impressão. Agora, o contraste entre aquela imagem exagerada dos recursos de Bin Laden e a nova realidade empobrecida fazia que alguns deles começassem a procurar outros rumos.

Jamal al-Fadl, um dos homens mais populares e confiáveis de Bin Laden, estava descontente com a escala diferencial de pagamento, que favorecia sauditas e egípcios. Quando Bin Laden não quis lhe dar um aumento, o secretário sudanês meteu a mão no dinheiro. Usou-o para comprar vários lotes de terra e um carro. Nos círculos estreitos de Cartum, tal surto de afluência foi rapidamente notado. Quando questionado, Fadl admitiu ter pego 110 mil dólares. "Não me importo com o dinheiro, eu me importo com você, que é uma das melhores pessoas na Al-Qaeda", disse Osama. "Se precisava de dinheiro, deveria nos pedir." Bin Laden citou outros membros da organização que haviam ganhado um carro ou uma casa nova quando pediram ajuda. "Você não fez isso", ele reclamou. "Simplesmente roubou o dinheiro."

Fadl implorou que Bin Laden o perdoasse, mas ele respondeu que aquilo só ocorreria "quando você trouxer todo o dinheiro de volta".

Fadl considerou a oferta, mas depois desapareceu. Seria o primeiro traidor da Al-Qaeda. Ofereceu-se para vender sua história a diferentes agências de inteligência do Oriente Médio e até aos israelenses. Acabou achando um comprador ao adentrar a embaixada americana na Eritréia, em junho de 1996. Em troca de quase 1 milhão de dólares, aceitou testemunhar para o governo.[38] Enquanto estava sob custódia protetora, ganhou o prêmio da loteria de Nova Jersey.[39]

A África sangrava em meados da década de 1990. Guerras civis e entre países, na Libéria, Angola, Serra Leoa, Congo, Nigéria, Ruanda, Burundi e Zimbábue, ceifaram milhões de vidas. Para Bin Laden, os conflitos representavam uma oportunidade de expandir a influência da Al-Qaeda. Ele enviou Ali Mohammed a Nairóbi, capital do Quênia, para inspecionar alvos americanos, britânicos, franceses e israelenses, escolhidos devido ao envolvimento com a Operação Restaurar a Esperança na Somália, ainda em andamento na época.

Ali Mohammed perambulou por Nairóbi fazendo-se de turista. Entre os alvos possíveis, cogitou no Centro Cultural Francês e no Norfolk Hotel, de propriedade britânica e um dos grandes artefatos do período colonial. A embaixada israelense estava fortificada demais, e o escritório da companhia aérea israelense El Al num centro comercial local estava cercado por seguranças.

A embaixada americana destacou-se como um alvo rico e vulnerável. Não havia obstáculo para quem vinha pela estrada, seria fácil um carro-bomba aproximar-se o suficiente para causar um grande estrago. Mohammed carregava duas câmeras,[40] uma pendurada no pescoço, como cabe a um turista, e outra, uma Olympus minúscula, que segurou na mão. Durante quatro ou cinco dias, passou pelo prédio tirando fotos em diferentes horários do dia, observando os padrões do tráfego e a troca dos guardas de segurança. Localizou as câmeras do circuito fechado de televisão e calculou seu alcance. Ele próprio revelou as fotos e depois escondeu-as sob uma pilha de outras fotos, de modo que não se destacassem. Traçou um plano de ataque, que gravou num Apple PowerBook 140; depois voltou a Cartum para fazer uma apresentação a Osama.

"Bin Laden observou a foto da embaixada americana e indicou onde um caminhão poderia atingi-la com um homem-bomba", Mohammed acabou testemunhando.[41] Mas, quando a comunidade internacional se retirou da Somália e aquele país miserável mergulhou de volta numa desesperança da qual ainda não se recuperou, a Al-Qaeda perdeu sua desculpa esfarrapada para atacar a embaixada em Nairóbi. Mas o plano não foi esquecido, foi apenas arquivado temporariamente.

Em 1995, Bin Laden começou a mudar de idéia sobre sua vida. Lutava para manter os negócios funcionando e evitar a desintegração da organização. Não podia mais se dar ao luxo de ser um diletante, mas não estava disposto a se desfazer de seus projetos deficitários e sentia-se paralisado pela circunstância desagradável e até então desconhecida de estar falido. Ansiava também pelo que lhe era familiar. "Estou cansado", confessou a um de seus seguidores. "Sinto falta da vida em Medina. Só Deus sabe como estou nostálgico."[42]

A Al-Qaeda até ali não dera em nada. Era mais um de seus entusiasmos irresistíveis, sem liderança nem rumo claro. O tesoureiro da Al-Qaeda, Medani al-Tayeb, que se casara com a sobrinha de Osama, vinha insistindo que Bin Laden se reconciliasse com o rei para melhorar a péssima situação financeira da organização.[43] O governo saudita enviou várias delegações para vê-lo em Cartum.[44] Segundo Bin Laden, o governo ofereceu a devolução de seu passaporte e dinheiro, contanto que "eu declare na mídia que o rei é um bom muçulmano". Os sauditas teriam ainda oferecido 2 bilhões de riais (533 milhões de dólares) à sua família desde que ele abandonasse a *jihad*. Ele ficou dividido entre a postura moralmente correta contra o rei e a súbita necessidade de recursos para manter viva a Al-Qaeda. Quando Bin Laden rejeitou a oferta, Tayeb desertou, causando pânico entre os outros membros da organização ao voltar à Arábia Saudita. Houve quem atribuísse sua surpreendente deserção a algum tipo de encantamento mágico.

Bin Laden também gostaria de voltar para casa, mas sua aversão ao rei Fahd era tanta que jamais conseguiria chamá-lo de "bom muçulmano". Durante essa época, sonhou que estava em Medina, onde ouvia o som de uma grande celebração. Olhava sobre um muro de barro e via que o príncipe Abdullah vinha chegando. "O sonho significa que Abdullah será rei", ele contou depois a Abu Rida. "Será um alívio para o povo, e o deixará feliz. Se Abdullah virar rei, aí sim eu voltarei."[45]

Mas Abdullah ainda era o príncipe herdeiro. Bin Laden escreveu a ele uma carta cautelosa e conciliatória, tentando sondá-lo.[46] Ficou sabendo que o governo saudita consentia em seu retorno desde que ele prometesse abandonar a *jihad*;[47] do contrário seria preso ou posto em prisão domiciliar.

A família soube de seu desejo de voltar para casa e recorreu a um velho amigo, o jornalista Jamal Khashoggi, que cobrira as ações de Bin Laden no Afeganistão. Khashoggi ficou incumbido de conseguir uma entrevista com Osama na qual ele renunciaria à violência, sinalizando publicamente ao governo que aceitava suas condições.

Bin Laden recebeu o amigo com alegria. Khashoggi o visitara várias vezes em Cartum. Antes, quando Osama iniciava a campanha pela imprensa contra o governo saudita, Khashoggi achou-o cercado de jovens dissidentes sauditas, que lhe forneciam clippings jornalísticos sempre que ele queria demonstrar algum fato. Desta vez não houve artigos. Bin Laden estava desanimado e introspectivo, e manteve a arma automática por perto. Jantaram no terraço ao lado da casa, junto ao jardim. Estavam lá alguns sauditas, um sudanês e Abu Hajer, o iraquiano. Comeram em torno das nove horas, quando a temperatura ficou suportável. Empregados sudaneses estenderam um forro plástico no chão e serviram uma travessa de arroz e cordeiro, ao estilo saudita.

Khashoggi explicou sua missão, e em termos claros e inequívocos Bin Laden condenou o recurso à violência dentro do reino. Khashoggi apanhou o gravador. "Por que você não grava isso?", pediu.

"Vamos deixar para amanhã à noite", respondeu Bin Laden.

No dia seguinte, Osama levou Khashoggi para visitar seu laboratório de genética, onde passou horas discursando sobre o dever dos muçulmanos de adquirir tecnologia para melhorar a vida. Por exemplo, os holandeses têm o monopólio sobre as melhores inflorescências de banana. Por que os muçulmanos não podem se dedicar à horticultura com o mesmo nível de sofisticação? Ali, naquele laboratório, Bin Laden vinha tentando desenvolver sementes de alta qualidade apropriadas ao Sudão. Ele também falou de outra grande rodovia que estava em vias de construir. Parecia totalmente envolvido em seus projetos: eufórico, contente, pacífico, mas com saudade de casa.

Até que, no jantar, Bin Laden inesperadamente passou a se vangloriar da Al-Qaeda. Disse estar convencido de que os americanos poderiam facilmente ser expulsos da península Arábica. Deu o exemplo do Iêmen. "Nós os atingimos em Áden, e eles partiram", afirmou orgulhoso. "Nós os atingimos na Somália, e eles partiram de novo."

"Osama, isso é muito perigoso", respondeu Jamal. "É como se você estivesse declarando guerra. Dará aos americanos o direito de caçar você."

Bin Laden limitou-se a sorrir.

De novo, Khashoggi apanhou o gravador. De novo, o amigo recusou-se a gravar.

Na noite seguinte, Khashoggi veio jantar pela última vez. Sentaram-se novamente no chão do terraço. Saborearam exatamente a mesma refeição simples das noites anteriores: arroz com cordeiro. Bin Laden às vezes comia com uma colher, mas preferia usar os dedos da mão direita, por estar de acordo com a *Suna* — que relata o modo de vida do profeta. Contou sobre a saudade que sentia de Medina e como gostaria de voltar e fixar-se lá. Khashoggi respondeu que tudo o que ele precisava fazer era gravar o que já dissera em particular: que renunciava ao emprego da violência.

Foi aí que alguém se aproximou de Bin Laden e sussurrou-lhe algo ao ouvido. Osama levantou-se e foi até o jardim. Na penumbra, Khashoggi pôde divisar dois ou três homens conversando baixo com sotaque egípcio. Cinco minutos depois, Bin Laden voltou, e Khashoggi repetiu a proposta.

"O que ganharei em troca?", perguntou Bin Laden.

Khashoggi foi pego de surpresa. Osama jamais agira como um político antes, negociando vantagens pessoais. "Não sei", admitiu o jornalista. "Não estou representando o governo. Apenas diga alguma coisa, quebre o gelo! Talvez haja uma reação positiva. Não se esqueça de que você fez declarações bem desagradáveis sobre o reino."

Bin Laden sorriu. "Sim, mas um lance como este tem de ser calculado." Ele aventou uma série de incentivos possíveis: o pleno perdão para si, um cronograma de retirada completa das forças americanas da península.

Khashoggi teve a sensação de que o amigo estava perdendo a noção da realidade. Bin Laden pôs-se a falar com carinho do Sudão, citando as grandes oportunidades de investimentos que havia ali. Perguntou a Khashoggi sobre alguns amigos comuns e sugeriu que viessem investigar as perspectivas agrícolas. Seria um prazer ciceroneá-los.

"Osama, qualquer saudita teria medo de ser visto com você em público", disse Jamal. "Por que não consegue enxergar isso?"

Bin Laden simplesmente deu o mesmo velho sorriso que Khashoggi estava acostumado a ver. Parecia não perceber o que havia feito ou o que se tornara aos olhos de seus compatriotas.

Exasperado, Khashoggi informou a Bin Laden que partiria no dia seguinte. Se Osama quisesse dar a entrevista, que telefonasse para ele no Hilton.

Bin Laden jamais telefonou.

11. O Príncipe das Trevas

Numa manhã de domingo em fevereiro de 1995, Richard A. Clarke, coordenador nacional de contraterrorismo da Casa Branca, foi ao seu escritório a fim de examinar informações chegadas por telégrafo no fim de semana. Um dos relatórios observava que Ramzi Yousef, suspeito de planejar o ataque a bomba ao World Trade Center dois anos antes, havia sido localizado em Islamabad. Clarke imediatamente telefonou à sede do FBI, embora por experiência própria soubesse que raramente se encontrava alguém lá aos domingos. Um homem cuja voz não era familiar atendeu. "O'Neill", ele rosnou.[1]

"Quem é você?", perguntou Clarke.

"Sou John O'Neill", respondeu o homem. "Quem é você, porra?"

O'Neill acabara de ser nomeado chefe da seção de contraterrorismo do FBI. Havia sido transferido do escritório de Chicago. Após dirigir a noite inteira, foi direto ao quartel-general naquela manhã de domingo, com bagagem e tudo. Sozinho no imenso J. Edgar Hoover Building, exceto pelos seguranças, O'Neill deveria começar a trabalhar na terça-feira seguinte. Clarke informou que Ramzi Yousef, o terrorista mais procurado pelo FBI, fora localizado a 14,5 mil quilômetros de distância. Cabia agora a O'Neill reunir uma equipe para trazer o suspeito de volta a Nova York, onde havia sido indiciado pelo ataque terrorista ao World Trade Center e por uma conspiração para detonar bombas em aviões americanos.

O'Neill desceu o corredor vazio e abriu o Strategic Information and Operations Center (SIOC). A sala sem janelas está preparada para videoconferências seguras com a Casa Branca, o Departamento de Estado e outros ramos do FBI. É o centro nervoso do birô, aberto apenas durante as emergências. O'Neill começou a dar telefonemas. Só deixaria o quartel-general do FBI três dias depois.

Uma "captura" — como o FBI denomina o rapto legal de suspeitos em terras estrangeiras — constitui um procedimento complexo e demorado, geralmente planejado com meses de antecedência. O'Neill precisaria de um avião para trazer o suspeito aos Estados Unidos. Devido à recompensa de 2 milhões de dólares oferecida pela cabeça de Yousef, o FBI recebera uma torrente de informações falsas quanto ao seu paradeiro. Assim, uma das primeiras preocupações de O'Neill foi certificar-se de que aquele era o homem certo. Ele ia precisar de um especialista em impressões digitais, incumbido de verificar se o suspeito era, de fato, Ramzi Yousef. Precisaria também de um médico para cuidar de Yousef caso ele se ferisse ou sofresse algum distúrbio desconhecido que requeresse tratamento. Teria de pressionar o Departamento de Estado para obter permissão do governo paquistanês para a captura imediata de Yousef. Em circunstâncias normais, seria solicitado ao país hospedeiro que detivesse o suspeito até que os papéis da extradição tivessem sido assinados e o FBI pudesse prender o homem. Não havia tempo para isso. Yousef planejava pegar um ônibus até Peshawar em poucas horas. Se não fosse rapidamente detido, logo transporia o desfiladeiro de Khyber e estaria fora de alcance, no Afeganistão.

Pouco a pouco a sala se encheu de agentes em trajes informais de fim de semana ou roupa fina de ir à igreja. Um contingente do escritório de Nova York veio de avião. Seriam eles os incumbidos de prender Yousef se ele fosse capturado, já que havia sido indiciado naquele distrito.

Para muitos agentes na sala, O'Neill era um rosto desconhecido, e sem dúvida estranhavam estar subitamente recebendo ordens de um homem que nunca tinham visto antes. Mas a maioria já ouvira falar nele. Em uma cultura que favorece o anonimato discreto, O'Neill era uma figura memorável. Dono de uma beleza sombria, cabelos esticados para trás, olhos negros cintilantes e um maxilar grande e redondo, O'Neill falava duro com um sotaque de Nova Jersey que muitos adoravam imitar. Ingressara no FBI na época de J. Edgar Hoover, e em toda a sua carreira tivera algo dos agentes secretos dos velhos tempos. Usava um anel grosso no dedo mindinho e carregava uma pistola automática nove milímetros amarrada no tornozelo. Apreciava um Chivas Regal com água e uma fatia de limão, junto com um bom charuto. Seus modos eram diretos e irreverentes, mas polia as unhas e vestia-se sempre de maneira impecável, até sofisticada: ternos pretos com duas fileiras de botões, meias pretas semitransparentes e mocassins brilhantes tão macios como sapatilhas de balé — um "guarda-roupa de cabaré", como um de seus colegas definiu.[2]

Ele quisera trabalhar no FBI desde garoto, quando assistia a Efrem Zimbalist, Jr. no papel do convencional inspetor Lewis Erskine no seriado da TV *The F.B.I.* Conseguiu um emprego de datiloscopista no birô assim que concluiu o ensino médio em Atlantic City, Nova Jersey, e depois cursou a American University e um programa de mestrado em medicina legal na George Washington University trabalhando como guia turístico no quartel-general do FBI. Em 1976, tornou-se agente em tempo integral no escritório do FBI em Baltimore, e em 1991 foi nomeado agente especial auxiliar encarregado do escritório de Chicago. Recebeu vários apelidos — "Satã", "Príncipe das Trevas" — em seus dias de Chicago, que descreviam sua impetuosidade, suas poucas horas de sono, e o medo que costumava inspirar nos colegas de trabalho. O horário pouco significava para ele: mantinha as persianas fechadas em seu escritório e parecia viver numa noite eterna.

No SIOC, O'Neill ficou caminhando pela sala com um telefone em cada ouvido, coordenando a equipe de captura em uma linha e providenciando um transporte da força aérea na outra. Como o Paquistão não permitiria que um avião militar americano pousasse em seu solo, O'Neill mandou que a força aérea pintasse o jato com cores civis — imediatamente![3] Exigiu também que, se Yousef fosse capturado, o avião fosse reabastecido na volta em pleno vôo, temendo que Yousef pudesse pedir asilo político durante a escala em outro país. O'Neill estava extrapolando sua autoridade, mas era arrojado e dominador por natureza. (O Pentágono mais tarde enviou uma conta de 12 milhões de dólares pelo reabastecimento em pleno vôo e a pintura do avião.[4] A conta não foi paga.)

Ao se espalhar a notícia da localização de Yousef, a procuradora-geral Janet Reno e o diretor do FBI Louis Freeh foram até o SIOC. Muitas operações críticas haviam sido conduzidas naquela sala, mas nenhuma tão urgente e complexa. A política de capturas fora instituída apenas recentemente mediante uma ordem executiva que estendia o alcance do FBI para além das fronteiras dos Estados Unidos, transformando-o num órgão de polícia internacional. Na prática, porém, o birô ainda estava aprendendo: não apenas a operar em ambientes estrangeiros, mas também a abrir caminho através dos órgãos governamentais americanos no exterior, que muitas vezes precisavam ser intimidados ou apaziguados. Tal diplomacia normalmente requer negociações longas. Mas não havia tempo para conversa. Se Yousef escapasse, poucos duvidavam de que ele tentaria realizar seu projeto de explodir aeronaves americanas ou mesmo lançar um avião na sede da CIA, conforme havia planejado.

O'Neill conseguiu colocar a equipe da captura no avião, mas ainda precisava arrumar uma equipe de seqüestro. Havia apenas um agente do FBI no Paquistão que poderia ser obrigado a fazer o serviço. O'Neill localizou vários agentes da Drug Enforcement Administration [agência antidrogas americana] e do State Department Bureau of Diplomatic Security que também estavam no país. Eles aliciaram alguns soldados paquistaneses e correram ao motel para agarrar Yousef antes que ele pegasse o ônibus.

No dia 7 de fevereiro, às nove e meia da manhã, horário do Paquistão, os agentes entraram na hospedaria Su-Casa,[5] em Islamabad, e bateram à porta do quarto 16. O sonolento Yousef foi imediatamente atirado ao chão e algemado. Momentos depois, a notícia alcançou os agentes eufóricos no quartel-general do FBI.

Naquele período de três dias em que permaneceu no SIOC, John O'Neill fez 43 anos. Enfim levou sua bagagem ao apartamento novo. Era terça-feira, seu primeiro dia oficial no serviço.

Em Washington, O'Neill tornou-se parte de um grupo coeso de peritos em terrorismo formado em torno de Dick Clarke. Na teia de órgãos federais preocupados com o terrorismo, Clarke era a aranha. Tudo que tocasse na teia acabava atraindo sua atenção. Foi o primeiro coordenador de contraterrorismo do National Security Council, cargo que cavou para si com a força poderosa de sua personalidade. Os membros daquele círculo íntimo, conhecido como Counterterrorism Security Group (CSG), vinham principalmente da CIA, do National Security Council e dos escalões superiores do Departamento de Defesa, Departamento de Justiça e Departamento de Estado. Reuniam-se todas as semanas na Sala de Situação [gabinete de acompanhamento e gestão de crises] da Casa Branca.

O FBI sempre havia sido um membro problemático do CSG. Seus representantes tendiam a ser reticentes e pouco prestativos, tratando todas as informações como provas potenciais que não podiam ser cedidas, existisse ou não um processo penal. O'Neill era diferente. Ele cultivava a camaradagem com os colegas de outros órgãos, em vez de fechar as persianas burocráticas. Segundo a experiência de Clarke, a maioria dos policiais federais era estúpida e lerda. Quando tivessem ascendido aos escalões superiores da administração, já estariam no nível máximo de remuneração, contando os dias para a aposentadoria. Nesse cenário insípido, O'Neill se destacava: carismático, improvisador, direto e intrigantemente complicado.

Clarke e O'Neill eram ambos lutadores implacáveis, fazendo inimigos facilmente. Mas cada um reconhecia no outro qualidades úteis. Clarke sempre cultivara aliados-chave que o protegiam de mudanças no governo e o municiavam com informações privilegiadas. Depois de mais de duas décadas no governo — começando como trainee em administração no Pentágono em 1973 —, possuía pupilos espalhados por toda a colina do Capitólio. Brilhante mas solitário, morava sozinho numa casa de tábuas azul em Arlington, Virgínia, com azaléias circundando a varanda dianteira e uma bandeira americana hasteada no segundo andar. Dizia frases enfáticas e assertivas que não admitiam contestação. Ambicioso e impaciente, dispunha de pouco tempo para a vida fora do escritório no terceiro andar do Old Executive Office Building, com vista para a ala oeste da Casa Branca. Raramente alguém o interessava como rival. Podia pôr no bolso burocratas competitivos só por esporte, pois jogava aquele jogo melhor que quase todos.

Embora fosse astuto e terrível, Clarke também era socialmente desajeitado, tendendo a não olhar para as pessoas ao falar com elas. Tinha a palidez do ruivo — agora com cabelos grisalhos — e o sorriso tenso e impróprio do hiper-realista. Reconheceu O'Neill como alguém que compartilhava sua obsessão com a ameaça do terrorismo numa época em que poucos em Washington a levavam a sério. Tinham em comum o ressentimento do marginalizado que escapou das expectativas limitadas de sua criação. O'Neill ainda mantinha fortes vestígios das ruas de Jersey, que Clarke, filho de uma enfermeira e um operário de fábrica, valorizava. E como Clarke, O'Neill via o que estava por trás da paródia política.

Os dois homens batalharam para definir linhas claras de responsabilidade entre os órgãos de inteligência, que possuíam um longo histórico de guerra burocrática selvagem. Em 1995, seus esforços resultaram numa diretiva presidencial concedendo ao FBI a autoridade máxima na investigação e prevenção de atos de terrorismo onde quer que os interesses ou cidadãos americanos estivessem ameaçados. Após o atentado a bomba em Oklahoma, em abril daquele ano, O'Neill formou uma seção separada para o terrorismo doméstico, enquanto se concentrava na reformulação e expansão do ramo estrangeiro. Organizou uma troca de representantes entre seu escritório e o centro de contraterrorismo da CIA, malgrado a resistência de ambas as organizações.

Para agentes mais jovens que davam o que ele exigia, a saber, fidelidade absoluta, tornou-se uma espécie de conselheiro. Nos feudos do FBI, O'Neill era um padrinho poderoso. Costumava abraçar os funcionários e dizer que os adorava, e demonstrava isso na prática quando algum de seus homens enfrentava dificuldades financeiras ou de saúde. Por outro lado, podia ser brutal, não apenas com subordinados, mas também com os superiores, quando não correspondiam às suas expectativas. Muitos que começaram odiando-o viraram seus seguidores mais dedicados, "Filhos de John", como ainda se chamam no FBI.[6] Outros calavam a boca e se afastavam dele. Os que tentavam acompanhar seu ritmo acabavam se indagando o que mais estariam dispostos a sacrificar: o casamento, a família, a vida particular, tudo que não fosse o FBI. Eram sacrifícios que O'Neill também fizera muito tempo antes.

A permanência de O'Neill no FBI coincidiu com a internacionalização do crime e da imposição da lei. Desde 1984, o FBI dispunha de autoridade para investigar crimes contra americanos no exterior, mas havia sido tolhido por falta de conexão com órgãos policiais estrangeiros. O'Neill cultivava o hábito de entreter cada policial ou agente secreto estrangeiro que entrasse em sua órbita. Chamava aquilo de "serviço noturno". Na opinião de Clarke, O'Neill era como um chefe de distrito eleitoral irlandês, que governava através de amizades atreladas, dívidas e obrigações. Vivia ao telefone, fazendo favores e massageando contatos, criando uma rede pessoal que facilitaria as atribuições internacionais do FBI. Em um ano, O'Neill tornou-se talvez o policial mais conhecido do mundo. Ele também se tornaria o homem mais identificado com a caça a Osama bin Laden.

Poucas pessoas na inteligência ou na polícia americana, incluindo O'Neill, possuíam alguma experiência com o islã ou alguma compreensão dos ressentimentos que já haviam provocado o ataque ao World Trade Center e outras conspirações contra os Estados Unidos. Na verdade, numa nação tão heterogênea como a americana, a liderança do FBI era incrivelmente limitada em sua variedade. O birô era dirigido por católicos irlandeses e italianos. A origem de muitos agentes, em particular nos escalões superiores, era monotonamente repetitiva, como a de O'Neill: moços de Nova Jersey, ou Filadélfia, ou Boston. Chamavam-se pelos apelidos de meninos — Tommy, Danny, Mickey — adquiridos quando eram coroinhas nas igrejas ou jogavam hóquei para a Holy Cross. Intensamente patrióticos, desde crianças haviam sido treinados a não questionar a hierarquia.

A cultura do FBI se desenvolvera nas décadas de combate à Máfia, organização criada por pessoas de origem bem semelhante. O FBI conhecia seu inimigo então, mas em relação à nova ameaça a ignorância era profunda. Os islamitas radicais vinham de lugares que poucos agentes tinham visitado ou mesmo ouvido falar. Falavam uma língua que quase ninguém no FBI entendia. Até pronunciar os nomes dos suspeitos ou informantes constituía um desafio. Difícil acreditar, naquela época, que pessoas tão distantes e exóticas representassem uma ameaça real. Reinava no FBI a sensação de que, por serem tão diferentes, não eram inimigos tão estimulantes.

O que distinguiu O'Neill desde cedo em seu novo posto foi o reconhecimento de que a natureza do terrorismo mudara, tornando-se global e assassina. No passado recente, o terror nos Estados Unidos havia sido um produto predominantemente doméstico, produzido por associações clandestinas como a Ku Klux Klan, os Panteras Negras ou a Liga de Defesa Judaica. O FBI enfrentara elementos estrangeiros antes em solo americano, em especial as Fuerzas Armadas de Liberación Nacional (FALN), um grupo pró-independência de Porto Rico que realizou cerca de 150 atos terroristas em território americano na década de 1970 e início da de 1980. Mas as mortes nesses ataques eram acidentais, ou ao menos irrelevantes. A percepção de O'Neill, compartilhada por poucos, era que os islamitas radicais tinham uma visão dramática mais ampla, que incluía o assassinato em larga escala. Ele foi um dos primeiros a reconhecer o escopo do empreendimento islamita e sua presença ativa dentro dos Estados Unidos. Foi O'Neill quem percebeu que o homem por trás daquela rede mundial era um dissidente saudita reservado, residente no Sudão, com o sonho de destruir os Estados Unidos e o Ocidente. Desde cedo na carreira de O'Neill de chefe do contraterrorismo do FBI, seu interesse por Bin Laden transformou-se em tamanha obsessão que os colegas começaram a questionar sua capacidade de julgamento.

O'Neill se distinguia de Bin Laden por várias camadas de cultura e crença, mas se dedicou a tentar entender aquele novo inimigo no espelho obscuro da natureza humana. Embora fossem homens bem diferentes, O'Neill e Bin Laden eram oponentes à altura um do outro: ambiciosos, imaginativos, implacáveis e ávidos por destruir o adversário e tudo que ele representava.

Do outro lado daquele espelho, Bin Laden via os Estados Unidos como algo diferente de um país comum ou mesmo de uma superpotência. Via seu país como a vanguarda de uma cruzada global, por parte de cristãos e judeus, para esmagar o ressurgimento islâmico. Embora possa não ter lido o tratado de Samuel P. Huntington de 1993 sobre o "choque de civilizações", apossou-se da idéia e se referiria a ela mais tarde em entrevistas, dizendo ser seu dever promover esse choque. A história avançava em ondas longas e lentas, ele acreditava, e aquele embate vinha perdurando desde a fundação do islã. "Esta batalha não é entre a Al-Qaeda e os Estados Unidos", Bin Laden mais tarde explicaria. "É a batalha dos muçulmanos contra os cruzados globais."[7] Em outras palavras, tratava-se de uma guerra teológica, e a redenção da humanidade estava em jogo.

Em agosto de 1995, Bin Laden rompeu de forma decisiva com sua terra natal. No que intitulou um "manifesto franco", Bin Laden atacou diretamente o rei Fahd em um de seus comentários por fax. Tratou-se de uma resposta ostensiva à reformulação do gabinete saudita na semana anterior, que, como a maioria dos eventos no reino, pretendia dar a impressão de reforma sem nenhuma mudança real. Em um preâmbulo extenso, Bin Laden expôs um argumento legalístico, baseado no Alcorão e em comentários de sábios islâmicos, de que o próprio rei era um infiel. A influência *takfir* é clara, embora parte de seu argumento seja obscura e irreal. Por exemplo, Bin Laden citou o artigo 9 do estatuto do Conselho de Cooperação do Golfo, criado para resolver conflitos comerciais entre países árabes no golfo Pérsico. O artigo 9 reza que o conselho seguirá as regras de sua constituição, o direito e normas internacionais e os princípios da lei islâmica. "Que desrespeito à religião de Alá!", exclamou Bin Laden. "Puseram a lei islâmica lá no final."

Mas muitos dos pontos da diatribe de Bin Laden já constituíam a crença de um grande número de sauditas, ecoando as reivindicações de reformistas islâmicos numa petição bem mais polida que resultara na prisão de vários clérigos proeminentes. "A razão principal por que lhe escrevo esta carta não é sua opressão do povo e seus direitos", começou Bin Laden. "Não é seu insulto à dignidade de nossa nação, a profanação de seus santuários e a apropriação de sua riqueza." Bin Laden apontou a crise econômica que se seguira à Guerra do Golfo, a "inflação insana", a superlotação das salas de aula e a disseminação do desemprego. "Como pode pedir às pessoas que economizem energia quando todos podem ver seus palácios encantadores iluminados noite e dia?", ele reclamou. "Não temos o direito de lhe perguntar, ó rei, para onde foi todo o dinheiro? Nem precisa responder — sabemos quantas propinas e comissões foram parar no seu bolso."

Voltou-se então para a presença irritante de tropas americanas no reino. "É injusto deixar o país transformar-se em uma colônia americana com soldados americanos — seus pés imundos andando por toda parte — pelo único objetivo de proteger seu trono e proteger os recursos petrolíferos para o consumo deles próprios", ele escreveu. "Não podemos deixar esses cruzados imundos e infiéis permanecerem na terra santa."

A tolerância do rei a leis feitas pelos homens e à presença de tropas infiéis provava a Bin Laden que o monarca era um apóstata que precisava ser derrubado. "Você trouxe ao nosso povo as duas piores calamidades: blasfêmia e pobreza", ele escreveu. "O melhor que tem a fazer é apresentar sua renúncia."

Pode-se imaginar o choque que aquela carta causou no povo saudita, e mais ainda no rei. Numa sociedade onde ninguém podia falar livremente, o trovão da linguagem de Bin Laden sacudiu e excitou seus compatriotas emudecidos. Mas ele não preconizou a revolução. Se bem que acusasse vários príncipes proeminentes de corrupção e incompetência, não estava pedindo a derrubada da família real. Tirante a abdicação do rei, não propôs nenhuma solução aos problemas citados. De propósito, não fez referência ao príncipe herdeiro Abdullah, o próximo na linha de sucessão. Apesar do tom incendiário do documento, foi essencialmente modesto em sua ambição. Bin Laden mostrou-se um reformador fiel, com pouco a oferecer em termos de idéias políticas úteis. Seu fervor insurrecional dirigia-se aos Estados Unidos, e não à sua terra natal.

Muitos sauditas compartilhavam de sua hostilidade à prolongada presença americana no reino, especialmente após a famosa promessa de Dick Cheney de que eles partiriam. De maneira ostensiva, as tropas permaneceram em ação para fazer cumprir o bloqueio aéreo imposto pela ONU ao Iraque. Em 1992, porém, e certamente em 1993, novos acordos de base na região permitiriam uma retirada americana sem comprometer a missão.[8] Mas as bases sauditas eram convenientes e bem equipadas, e parecia não haver necessidade premente de partir.

Na semana seguinte à carta insultuosa de Bin Laden ao rei, o príncipe Naif anunciou a execução de Abdullah al-Hudhaif. Hudhaif, um afegão árabe, não havia sido condenado à pena de morte, mas a trinta anos de prisão por borrifar ácido no rosto de um policial com reputação de torturador. Os sauditas vinham agora sendo assessorados pelo ex-ministro do Interior egípcio, que liderara uma repressão brutal aos dissidentes em seu próprio país.[9] Havia uma sensação geral no reino de que as apostas haviam aumentado, e de que aquela execução sumária representava uma mensagem a Bin Laden e seus seguidores. Os companheiros afegãos árabes de Hudhaif, por sua vez, vinham clamando por vingança contra o regime.

No centro de Riad, Arábia Saudita, na rua Telateen, em frente ao restaurante Steak House, a guarda nacional saudita mantinha um centro de comunicações. A missão da guarda era proteger a família real e manter a ordem. Como esses objetivos também eram importantes para os Estados Unidos, um acordo entre os dois países estabelecia que o exército americano, junto com a Vinnell Corporation, um fornecedor militar americano, treinaria a guarda no monitoramento e vigilância de cidadãos sauditas.

Pouco antes do meio-dia de 13 de novembro de 1995, o coronel Albert M. Bleakley, engenheiro que vivera três anos no reino, saiu do centro de comunicações da guarda nacional em direção ao seu automóvel, estacionado na rua. De súbito, um vento quente atirou-o vários metros para trás. Quando conseguiu se erguer, viu uma fila de carros pegando fogo, incluindo os restos de seu Chevrolet Yukon destruído. "Por que meu carro explodiria?", ele se perguntou. "Não há bombas aqui."[10]

Os assassinos haviam estacionado uma caminhonete com 45 quilos de explosivo Semtex diante do prédio de três andares, agora destruído e pegando fogo. Bleakley cambaleou para dentro das ruínas. Sangrava no pescoço e sentia um zumbido nos ouvidos devido à explosão ensurdecedora. Três homens mortos jaziam no bar, esmagados por uma parede de concreto. Quatro outras pessoas morreram e sessenta se feriram. Do total de mortos, cinco eram americanos.

O governo saudita reagiu prendendo afegãos árabes, e obteve confissões, sob tortura, de quatro homens.[11] Três dos quatro suspeitos haviam combatido no Afeganistão, e um lutara também na Bósnia. O suposto líder do grupo, Muslih al-Shamrani, recebera treinamento no campo Faruk da Al-Qaeda, no Afeganistão.[12] Os homens leram suas confissões quase idênticas na televisão saudita,[13] admitindo ter sido influenciados pela leitura dos discursos de Bin Laden e de outros dissidentes importantes. Depois foram enforcados em praça pública.

Embora Bin Laden jamais tenha admitido publicamente ter autorizado o ataque ou treinado os homens que o perpetraram, chamou-os de "heróis"[14] e afirmou que estavam respondendo à sua *fatwa* conclamando à *jihad* contra os ocupantes americanos.[15] "Eles esfregaram a desgraça e a submissão na cara de sua nação", disse Bin Laden, observando ainda o fato de que o número de tropas americanas no reino foi reduzido em conseqüência do atentado — outra prova da verdade de sua análise da fraqueza americana.

As execuções sumárias eliminaram a oportunidade de descobrir mais a fundo as ligações entre a Al-Qaeda e os criminosos. O próprio Bin Laden confidenciou em particular ao editor de *Al-Quds al-Arabi* que havia ativado uma célula dormente de veteranos afegãos quando o governo saudita não reagiu ao seu protesto contra as tropas americanas em solo árabe. John O'Neill suspeitou que os homens executados nada tinham a ver com o crime. Ele enviara vários agentes para tentar interrogar os suspeitos, mas estes haviam sido executados antes que os americanos tivessem a chance de falar com eles. Qualquer que fosse a ligação real da Al-Qaeda com o ocorrido, o príncipe Turki mais tarde descreveria o atentado contra a guarda nacional como o "primeiro ataque terrorista" de Bin Laden.[16]

12. Os meninos espiões

Hosni Mubarak, o presidente egípcio, é um homem atarracado e sem pescoço, lábio inferior pesado que se projeta para a frente quando fala, bochechas carnudas, pálpebras espessas sobre os olhos, como um busto de argila inacabado. Tinha 67 anos em 1995, mas tingia os cabelos ondulados de preto brilhante, e os cartazes com seu retrato no Cairo mostravam um homem vinte anos mais novo — a imutabilidade era o aspecto mais óbvio de seu governo. Estivera ao lado de Anwar al-Sadat na plataforma de revista das tropas quando os assassinos atacaram, e ao assumir a presidência declarou estado de emergência, vigente ainda catorze anos depois. Seus esforços iniciais de liberalização do processo político resultaram nas vitórias da Sociedade dos Irmãos Muçulmanos e, depois, na campanha de terror dos islamitas radicais na década de 1990. Mubarak mostrou-se tão impiedoso quanto os insurgentes, mas a violência ainda não atingira o clímax.

Em abril, o serviço secreto egípcio soube que Zawahiri encabeçara uma reunião da Al-Jihad, em Cartum, que incluiu membros importantes do rival Grupo Islâmico: um acontecimento preocupante.[1] Consoante os relatos, as duas organizações vinham colaborando para reiniciar as atividades terroristas no Egito, sendo auxiliadas pelo governo sudanês, que as vinha suprindo de armas e documentos falsos. Mas àquela altura não havia informações de como atacariam, nem onde.

A grande revolução islâmica de Hassan al-Turabi havia malogrado, incapaz de se estender além do Sudão. O Egito era, sem dúvida, o alvo derradeiro, mas Mubarak governava o país com mão de ferro. Zawahiri e os conspiradores calculavam que a eliminação do presidente criaria um vácuo de poder, abrindo caminho para que, nas eleições parlamentares, os movimentos islamitas assumissem o controle.

Mubarak voaria para Adis Abeba em 26 de junho para uma reunião da Organização da Unidade Africana. Os radicais egípcios vinham antevendo essa ocasião havia mais de um ano, e enviaram membros da célula encarregada de assassiná-lo para a capital etíope. Alguns se casaram com mulheres locais e passaram a fazer parte da comunidade.[2]

Colaborando com os assassinos do Grupo Islâmico, o serviço secreto sudanês contrabandeou armas para sua embaixada na Etiópia.[3] O líder da conspiração foi Mustafá Hamza, um membro egípcio graduado da Al-Qaeda e comandante do ramo militar do Grupo Islâmico. Em uma fazenda ao norte de Cartum, Zawahiri deu uma palestra motivadora aos nove terroristas que realizariam o ataque,[4] seguindo depois para a Etiópia a fim de inspecionar o local do atentado.

O plano era estacionar dois carros na estrada do aeroporto, o único caminho para a capital. Quando a limusine de Mubarak se aproximasse do primeiro carro, os assassinos atacariam com armas automáticas e granadas lançadas por foguete. Se Mubarak escapasse da primeira armadilha, outro carro estaria aguardando mais adiante na estrada.[5]

O avião de Mubarak chegou uma hora mais cedo, mas a demora em reunir seu séquito e guarda-costas deu tempo aos assassinos de chegar ao local.[6] A limusine apareceu, os atiradores abriram fogo, mas o lança-granadas falhou.[7] Dois dos guarda-costas etíopes de Mubarak foram mortos no embate, bem como cinco terroristas. Mubarak provavelmente salvou a própria vida ao ordenar que o motorista retornasse ao aeroporto, evitando assim a segunda emboscada.[8]

Três dos atacantes foram capturados, e um fugiu de volta para o Sudão. A polícia etíope logo desvendou a trama, revelando a cumplicidade do governo sudanês. O atentado fracassado levou a uma votação unânime nas Nações Unidas pela imposição de sanções econômicas rigorosas ao Sudão. O representante sudanês negou as acusações, mas a delegação sudanesa já era malvista, tendo sido implicada, apenas dois anos antes, numa conspiração para explodir a sede na ONU, como parte do plano do xeique cego de destruir os marcos de Nova York. A comunidade internacional estava farta da revolução de Turabi, mas ele conseguiu piorar ainda mais as coisas elogiando a tentativa de assassinato de Mubarak. "Os filhos do profeta Moisés, os muçulmanos, ergueram-se contra ele, frustraram seus planos e o enviaram de volta ao seu país", disse.[9] Quanto às suas relações futuras com o presidente egípcio, Turabi observou: "Achei o homem muito aquém do meu nível de pensamento e das minhas visões, e estúpido demais para entender meus pronunciamentos."

O ajuste de contas não tardaria, como todos sabiam.

A polícia política de Mubarak vasculhou o Egito, das favelas do Cairo às aldeias de tijolos de barro do Nilo superior, a fim de destruir o movimento islâmico radical. Casas foram queimadas.[10] Suspeitos desapareceram. Às vezes, uma mãe era arrastada até a rua e despida, e seus filhos eram avisados de que ela seria estuprada se o irmão deles não estivesse ali da próxima vez. Mubarak instituiu uma lei antiterrorismo que tornou crime até a simples expressão de simpatia pelos movimentos terroristas. Cinco novas prisões foram construídas para abrigar os milhares de suspeitos detidos, muitos dos quais nunca foram indiciados.[11]

Para lidar com Zawahiri, agentes da inteligência egípcia conceberam um plano diabólico.[12] Atraíram um menino de treze anos chamado Ahmed a um apartamento, prometendo suco e vídeos. Ahmed era filho de Mohammed Sharraf, um conhecido fundamentalista egípcio e membro graduado da Al-Jihad.[13] O menino foi drogado e sodomizado; ao acordar, mostraram-lhe fotografias das relações homossexuais e ameaçaram mostrá-las ao pai. Para o menino, as conseqüências daquela revelação seriam insuportáveis. "O pai poderia até matá-lo", admitiu uma fonte próxima de Zawahiri.[14]

O serviço de inteligência egípcio forçou-o a recrutar outro menino, Mus'ab, cujo pai, Abu al-Faraj, também estava na Al-Jihad e prestava serviços de tesoureiro à Al-Qaeda. Mus'ab sofreu a mesma iniciação humilhante com drogas e abuso sexual, sendo forçado a se voltar contra sua família. Os agentes ensinaram os meninos a plantar microfones em casa e fotografar documentos. Várias detenções resultaram das informações fornecidas pelos meninos espiões.

Os agentes egípcios decidiram então usar os meninos para matar Zawahiri. Mus'ab recebeu uma bomba para esconder dentro do prédio de apartamentos de cinco andares onde a família de Zawahiri morava. Mas Zawahiri não estava lá, e a inteligência sudanesa descobriu a bomba. O outro menino, Ahmed, estava no hospital, com malária. Ainda não haviam descoberto que era espião. Seu médico, Zawahiri, visitava-o diariamente. Os agentes egípcios souberam por Ahmed o horário da visita do médico. No dia seguinte, uma equipe de assassinos ficou à espreita, mas por algum motivo Zawahiri não apareceu.

No entanto, surgiu uma oportunidade ainda melhor: o serviço secreto egípcio ficou sabendo de uma reunião do conselho *shura* da Al-Jihad. Um agente entregou a Mus'ab uma pasta-bomba, instruindo-o a deixá-la no escritório onde Zawahiri e seus companheiros se reuniriam. Entretanto, quando o menino saltou do carro do agente, a inteligência sudanesa e a segurança da Al-Jihad o aguardavam. O agente egípcio fugiu em disparada, abandonando o menino à própria sorte.

A Al-Jihad e a inteligência sudanesa discutiram sobre quem ficaria com a guarda de Mus'ab. Então Zawahiri foi autorizado a interrogar o menino, prometendo devolvê-lo ileso. Logo deteve também seu jovem paciente, Ahmed. Então Zawahiri reuniu um tribunal da *sharia*.

Muitos membros da Al-Jihad e da Al-Qaeda se opuseram ao julgamento dos meninos, alegando ser contra o islã. Em resposta, Zawahiri fez que ficassem nus para verificar se haviam atingido a puberdade. Constatou que haviam. Os meninos, indefesos, confessaram tudo. O tribunal condenou-os por sodomia, traição e tentativa de homicídio.

Zawahiri mandou fuzilar os meninos. Para garantir que seu recado fosse dado, filmou em vídeo a confissão e a execução dos garotos, distribuindo as fitas como um exemplo a traidores potenciais da organização.

Turabi e seu pessoal, quando souberam do pelotão de fuzilamento, se indignaram. O governo sudanês acusou a Al-Jihad de comportar-se como um "Estado dentro do Estado"[15] e ordenou que Zawahiri e sua organização deixassem imediatamente o país. Nem sequer tiveram tempo de arrumar as malas. "Tudo que fizemos foi aplicar a *sharia* divina", queixou-se Zawahiri. "Se não a aplicarmos a nós mesmos, como poderemos aplicá-la aos outros?"

A Al-Jihad se dispersou, principalmente pelo Afeganistão, Jordânia e Sudão. Muitos membros deixaram a organização, escandalizados com a execução a sangue-frio de dois meninos. Nas mãos de Zawahiri, a Al-Jihad se fragmentara em facções raivosas e apátridas. Menos de cem membros restaram na organização,[16] e muitos dos homens ainda tentavam retirar família e pertences de Cartum. "Esta é uma época ruim", admitiu Zawahiri no Iêmen, onde se refugiou.[17] Confidenciou a alguns colegas que vinha desenvolvendo uma úlcera.

Seus seguidores, desiludidos, costumavam refletir sobre a declaração, durante os anos de prisão, do major Essam al-Qamari, depois traído por Zawahiri, de que faltava a este alguma qualidade vital. Foi Qamari quem lhe disse: "Qualquer que seja o grupo de que você participe, não poderá ser o líder". Aquelas palavras soavam agora como uma profecia.

Restavam a Zawahiri poucos recursos fora o apoio de Bin Laden. Estava determinado a contra-atacar rapidamente as autoridades egípcias a fim de salvar a própria reputação e manter intacto o restante da organização. Seus pontos de vista haviam sofrido uma forte mudança em relação aos do jovem que rejeitava a revolução por ser sangrenta demais. Agora ele acreditava que só a violência era capaz de modificar a história. Atacando o inimigo, criaria uma realidade nova. Sua estratégia: forçar o regime egípcio a se tornar ainda mais repressivo, até ser odiado pelo povo. Nisso ele teve sucesso. Mas o povo egípcio não se voltou para ele nem para o seu movimento. Apenas ficou mais miserável, mais desiludido, assustado e desesperado. No jogo iniciado por Zawahiri, porém, a vingança era essencial; na verdade, era o próprio jogo.

As ações iniciais costumam definir o rumo dos eventos futuros. Em 19 de novembro de 1995, data do 18º aniversário da viagem de Anwar al-Sadat a Jerusalém, os homens de Zawahiri explodiram uma bomba na embaixada egípcia em Islamabad, Paquistão.[18] Embora o ataque fosse uma operação da Al-Jihad, acabaria se tornando o protótipo de atentados futuros da Al-Qaeda, em termos do alvo e do meio de destruição. Um dos homens de Zawahiri, conhecido como Abu Khabab, um motorista de táxi[19] egípcio que estudara química e se tornara técnico em explosivos, criou um bomba nova e poderosa. Dois homens aproximaram-se da embaixada. Um deles carregava uma pasta Samsonite cheia de armas, e atirou granadas para repelir os guardas de segurança. Uma caminhonete abarrotada com 113 quilos de explosivo arremeteu contra o complexo. O motorista detonou a bomba. A embaixada ruiu. Muitos outros prédios num raio de oitocentos metros sofreram fortes danos. Dezesseis pessoas morreram, sem contar os dois homens-bomba, e sessenta ficaram feridas.

Esse assassinato em massa foi o primeiro sucesso da Al-Jihad sob a administração de Zawahiri. "A bomba arruinou o prédio da embaixada, numa mensagem clara e eloqüente", escreveu Zawahiri em suas memórias. Mas Bin Laden não aprovara a operação, nem ficara satisfeito com ela. O Paquistão ainda oferecia a melhor rota para o Afeganistão, e até então fornecera abrigo a muitos afegãos árabes que não tinham aonde ir após a guerra. O governo deteve cerca de duzentos deles e os trancafiou num salão de casamento em Peshawar,[20] enquanto aguardavam a deportação para o país de origem. As autoridades se surpreenderam quando Bin Laden apareceu no salão oferecendo aos detidos passagens aéreas para o Sudão. Subitamente ele passou a dispor de um dedicado grupo de terroristas, agora dependentes dele, mas leais a Zawahiri.

Zawahiri também se indispôs com muitos de seus seguidores remanescentes, alarmados com a morte de inocentes e o emprego de homens-bomba. Essas questões sempre assolariam as discussões sobre a moralidade da *jihad* global. Ao responder às objeções, Zawahiri criou o arcabouço teórico para justificar o atentado de Islamabad e outros ataques semelhantes da Al-Qaeda que se seguiram.

Ele explicou que não havia inocentes dentro da embaixada.[21] Todos que ali trabalhavam, dos diplomatas aos guardas, apoiavam o regime egípcio, que detivera milhares de fundamentalistas e impedira o islã de dominar. Quem desempenhava as tarefas do governo devia arcar com a responsabilidade por seus crimes. Nenhum muçulmano genuíno poderia trabalhar para tal regime. Nisso, Zawahiri repetia a visão *takfir* levada ao extremo lógico na Argélia. Ele admitia a possibilidade de vítimas inocentes terem também morrido — crianças, fiéis verdadeiros —, mas os muçulmanos são fracos e enfrentam um inimigo poderoso. Diante de tal emergência, as regras contra o assassinato de inocentes deviam ser relaxadas.

A questão do suicídio era ainda mais problemática. Não há respaldo teológico para uma ação desse tipo no islã; ela é expressamente proibida. "Não cometereis suicídio", afirma o Alcorão. A *Hadith*, que inclui o conjunto de ditos do profeta, está repleta de passagens em que Maomé condena a ação. A punição específica do suicídio é arder no inferno e repetir para sempre o ato de morrer através do mesmo instrumento do suicídio. Mesmo quando um de seus guerreiros mais valentes se feriu gravemente em batalha e se atirou sobre a própria espada para aliviar o sofrimento, Maomé declarou que ele estava condenado. "Um homem pode fazer obras do povo do fogo quando na verdade pertence ao povo do paraíso, e pode fazer obras do povo do paraíso quando na verdade pertence ao povo do fogo", observou o profeta.[22] "Em verdade, [as recompensas por] as obras são decididas pelos últimos atos."

Em sua defesa do atentado, Zawahiri teve de superar esse tabu profundo. Os terroristas responsáveis pela operação de Islamabad, segundo ele, representavam "uma geração de *mujahidin* que decidiu sacrificar a si e suas posses pela causa de Deus. Daí o caminho de morte e martírio constituir uma arma de que os tiranos e seus auxiliares, que adoram o próprio salário e não Deus, não dispõem."[23] Comparou-os aos mártires do cristianismo primitivo. O único exemplo que podia indicar na tradição islâmica era o de um grupo de muçulmanos dos primórdios da religião, capturados por "idólatras" e forçados a escolher entre rejeitar a religião ou ser mortos pelos captores. Eles preferiram se tornar mártires de sua crença.

Tratou-se, argumentou Zawahiri, de uma opção suicida. Os demais muçulmanos não os condenaram na época, porque estavam agindo pela glória de Deus e pelo bem maior do islã. Logo, quem oferece a vida em prol da fé verdadeira — como os homens-bomba em Islamabad — não deve ser considerado suicida passível de punição no inferno, mas um mártir heróico cujo sacrifício desprendido lhe valerá uma recompensa extraordinária no paraíso.

Com tal sofisma, Zawahiri inverteu a linguagem do profeta e abriu as portas para o assassinato universal.

"Lembra-se daquele sujeito, o Bin Laden?", perguntou Hassan al-Turabi ao filho no início de 1996.[24]

"Claro", respondeu Issam. "Somos colegas de cocheira."

"Algumas pessoas no meu partido querem se livrar dele", disse o pai. Quando Issam voltou a ver Bin Laden, surpreendeu-se com sua aparência deprimida. Zawahiri e a Al-Jihad haviam sido expulsos, privando a organização de Bin Laden do núcleo egípcio. Bin Laden estava enfraquecido com a perda. O personagem relaxado e brincalhão que Issam conhecera não existia mais. Rumores circulavam por Cartum de que Bin Laden seria "o próximo Carlos". O governo sudanês permitira que agentes secretos franceses seqüestrassem Carlos, o Chacal, durante uma cirurgia no testículo direito.[25] Agora a inteligência sudanesa vinha espalhando o boato de que os franceses pretendiam dar um destino semelhante a Bin Laden[26] — na intenção, sem dúvida, de afugentá-lo do país.

Sem os egípcios, Bin Laden estava isolado e inseguro. Não havia em quem confiar. Sabia que algo poderia acontecer com ele. Já vinha procurando outro refúgio, para alguma eventualidade.

"Você não deve deixar o Sudão", Issam aconselhou ao amigo. "Se você partir, quem vai cuidar dos seus investimentos?" Bin Laden não tinha resposta.

Issam sentiu pena de Bin Laden. Sabia quão implacável a política sudanesa podia ser, especialmente para um estrangeiro ingênuo com muito a perder. "Eu adorava aquele homem na época", contou Issam, "devido às muitas idéias que vejo nele. Não havia hipocrisia em seu caráter. Nenhuma divergência entre suas palavras e ações. Infelizmente, seu QI não era assim tão alto."

A catástrofe que os líderes islamitas radicais do Sudão atraíram sobre si enfim se tornou incisivamente aparente. A cumplicidade do governo com conspirações terroristas contra Nova York e a tentativa de assassinato de Mubarak resultaram em sanções internacionais que entraram em vigor em abril de 1996. Àquela altura, a embaixada americana em Cartum já havia transferido seu pessoal americano, bem como a unidade local da CIA, para o Quênia. Aquilo fez parte de uma retirada geral da comunidade diplomática. O Sudão vinha sendo empurrado para a geladeira, e seus líderes lutavam para encontrar uma saída.

Em sua última noite no Sudão, o embaixador americano, Timothy Carney, jantou com o vice-presidente sudanês, Ali Othman Taha. Discutiram o que o Sudão poderia fazer para melhorar a própria reputação. Enviar Osama bin Laden de volta à Arábia Saudita foi uma das sugestões de Carney. Ele já havia falado com uma alta autoridade saudita, que garantira que Bin Laden poderia voltar ao reino "caso pedisse desculpas".[27]

Um mês depois, o ministro da Defesa sudanês, o general-de-divisão Elfatih Erwa, encontrou-se com Carney e agentes secretos da CIA num quarto de hotel em Rosslyn, Virgínia. Erwa comunicou o desejo de seu governo de ser retirado da lista do Departamento de Estado de países patrocinadores do terrorismo. Pediu uma relação por escrito de medidas que satisfariam o governo americano. A CIA respondeu com um memorando propondo, entre outras coisas, que o Sudão fornecesse os nomes de todos os *mujahidin* trazidos por Bin Laden ao país, junto com os números dos passaportes e as datas de viagem. Em reuniões posteriores, os americanos pressionaram os representantes sudaneses a expulsar Bin Laden. Erwa respondeu que seria melhor ele permanecer no Sudão, onde o governo poderia vigiá-lo. No entanto, se os Estados Unidos quisessem levantar acusações contra Bin Laden, ele disse: "Estamos prontos para entregá-lo a vocês".[28]

O governo Clinton ainda via Bin Laden como um ricaço incômodo, e não uma ameaça mortal. Seu nome surgira como financiador do terrorismo principalmente devido ao apoio ao xeique cego. Havia um consenso de que ele precisava ser afastado de seu refúgio no Sudão, porque o país estava infestado de terroristas islâmicos, e eles eram bem mais perigosos com dinheiro do que sem. No entanto, não houve um debate real das conseqüências de sua expulsão. Nem fazia sentido forçar o Sudão a entregá-lo às autoridades americanas, devido à falta de provas de que tivesse prejudicado cidadãos americanos. As autoridades do governo acalentaram, por um breve período, a fantasia de que os sauditas aceitariam seu filho desgarrado para depois simplesmente decapitá-lo.[29] O presidente do Sudão, Omar al-Bashir, foi ao reino na *hajj* e, durante a estadia, encontrou-se com o príncipe herdeiro Abdullah. Bashir ofereceu-se para entregar Bin Laden se os sauditas garantissem que não o prenderiam nem processariam.[30] O príncipe herdeiro rejeitou aquelas condições. O governo egípcio, que considerava Bin Laden responsável por financiar a tentativa de assassinato de Mubarak, também pressionou os sauditas a entregá-lo à justiça. Desta vez, foi o príncipe Turki quem se opôs. Não havia prova concreta de que Osama estivesse envolvido na operação, ele alegou. Ahmed Badeeb, o auxiliar de Turki, admitiu em particular aos egípcios: "Forneçam a prova, e nós o seqüestraremos".[31] Mas os sauditas deixaram claro a todos que estavam lavando as mãos no caso de Bin Laden. Ele ainda não era um homem procurado, mas certamente era alguém indesejável.

Os americanos continuaram pressionando o governo sudanês. "Convide-o a sair do país", disseram ao general Erwa. "Só não o deixe ir à Somália."[32]

"Ele irá ao Afeganistão", advertiu Erwa.

"Deixe-o ir", os americanos responderam.

Hassan al-Turabi e Bin Laden discutiram acaloradamente até altas horas da noite por três dias seguidos.[33] Bin Laden afirmou que, depois de tudo que investira no país, o governo não tinha o direito de expulsá-lo. Ele não cometera nenhum crime contra o Sudão, e nenhum outro lugar do mundo estava disposto a recebê-lo. Turabi respondeu que Bin Laden tinha apenas duas opções: partir, ou permanecer e ficar de bico calado. Bin Laden disse que não podia ficar calado enquanto jovens islamitas eram presos injustamente na Arábia Saudita. Acabou concordando em partir.

Mas para onde ir? Já não tinha o passaporte saudita, que lhe dava acesso a qualquer lugar do mundo. Agora viajava como um homem de negócios sudanês um tanto notório e suposto patrocinador do terrorismo. Alguns membros da Al-Jihad ofereceram-se para providenciar uma operação plástica e depois contrabandeá-lo para o Egito, mas Zawahiri, que estaria escondido na Bulgária, foi contra. Ele sempre sustentara que o Egito era transparente demais, faltando-lhe os refúgios naturais — cavernas, montanhas — onde uma revolução pudesse ser tramada. A Somália era uma possibilidade, mas a disposição hostil da população local com relação aos árabes tornava o país muito pouco confiável.

Conforme os sudaneses haviam advertido, o Afeganistão foi o destino mais óbvio — talvez o único. Turabi fez o favor de telefonar ao embaixador sudanês no Afeganistão para facilitar o retorno de Bin Laden.[34] Depois os governantes do Sudão se reuniram para repartir os investimentos de Osama no país.

O governo ainda lhe devia dinheiro pela estrada de 725 quilômetros de Cartum até Porto Sudão, que custara 20 milhões de dólares. Bin Laden concordara em aceitar o curtume, que o governo avaliou em 5 milhões de dólares, como parte do pagamento, mas agora sofria a afronta de ter de revendê-lo ao governo por apenas uma fração desse valor. Ele liquidou seus outros negócios o mais rápido possível, esperando recuperar parte da fortuna, mas foi forçado a praticamente distribuir quase tudo que possuía. O governo confiscou seu equipamento pesado: os Caterpillar, rolos compressores e guindastes que constituíam os ativos principais de sua empreiteira e valiam, sozinhos, cerca de 12 milhões de dólares.[35] As vastas áreas que ele cultivara com tanta esperança e prazer foram arrebatadas por quase nada. Vendeu os cavalos a Issam por algumas centenas de dólares. O prejuízo líquido, admitiu depois com pesar, superou os 160 milhões de dólares.* O partido islamita de Turabi, concluiu Bin Laden, era "uma mescla de religião e crime organizado".[36]

A partida iminente do líder deixou a Al-Qaeda em pânico. Alguns membros foram convidados a juntar-se a Bin Laden no Afeganistão no futuro; outros foram informados de que a organização não poderia mais sustentá-los. Cada um recebeu um cheque de 2400 dólares[37] e uma passagem de avião para casa.

Tendo espoliado Bin Laden de grande parte de sua riqueza, o governo sudanês teve a consideração de alugar para ele um antigo jato soviético Tupolev.[38] Saif al-Adl, que mais tarde se tornaria o chefe militar da Al-Qaeda, sentou-se no banco do co-piloto, segurando um mapa para orientar o piloto russo, que não falava árabe e em quem eles não confiavam. Dois dos filhos mais jovens de Osama, Saad e Omar, estavam com ele,[39] além de uma dupla de guarda-costas. Bin Laden partiu em 18 de maio de 1996. Sua família estava espalhada e falida. A organização que ele construíra, em pandarecos. Ele culpou os Estados Unidos pela reviravolta terrível que levara àquele estado de coisas.[40]

---

* Bin Laden contou a Abdel Bari Atwan que conseguiu recuperar cerca de 10% de seu investimento depois que o governo do Sudão propôs pagar-lhe em cereais e gado, que ele pôde revender a outros países (Atwan, *Secret history*, p. 52). Mohammed Loay Baizid contou que Bin Laden investiu só 20 milhões de dólares no Sudão, e que provavelmente deixou o país com cerca de 50 mil dólares. Hassabullah Omer, responsável pelo arquivo do serviço de inteligência sudanês sobre a Al-Qaeda, situa o investimento total de Bin Laden em 30 milhões de dólares e afirma que ele deixou o país "sem nada".

13. Hégira

O Sudão ficara para trás. Bin Laden sobrevoou o mar brilhante e estreito, e logo Jidá e Meca passaram embaixo, e a escarpa de Al-Sarawat, e depois o grande deserto amarelo, marcado apenas pelas estradas construídas por seu pai. Tinha 38 anos. Havia sido famoso, um herói, mas agora se tornara um refugiado, proibido de aterrissar no próprio país. Seu avião reabasteceu-se nos Emirados Árabes Unidos, onde Bin Laden foi saudado brevemente por emissários do governo que podem ter lhe dado dinheiro.[1] Havia sido rico a vida toda, mas enterrara o dinheiro em investimentos ruins, que foram, de qualquer modo, praticamente roubados dele. Agora aceitava a caridade dos que lembravam seu nome.

Voou por sobre os superpetroleiros sendo abastecidos nas docas junto às gigantescas refinarias ao longo dos portos do golfo Pérsico, a fonte de tanta riqueza e tantos problemas. Para além do Irã estende-se o deserto branco ao sul do Afeganistão, e depois Kandahar, cercada das ruínas de seus canais de irrigação e pomares de romãs. Agora restavam apenas campos de papoulas, o último recurso que valia a pena cultivar no país devastado por vinte anos de guerra. A selvageria dos soviéticos fora esquecida na convulsão da guerra civil. A autoridade sucumbira em toda parte. As estradas foram entregues a bandoleiros que exigiam pedágio e, às vezes, quando o dinheiro era insuficiente, raptavam crianças.² Tribos combatiam entre si, chefes guerreiros lutavam uns contra os outros. Traficantes de drogas e a máfia dos transportes dominavam a economia estéril. As cidades haviam sido tão duramente atingidas que se desintegraram em pilhas de tijolos e pedras. Postes de eletricidade, cheios de furos após duas décadas de bombardeios e há muito tempo sem nenhum fio, pontilhavam à beira das estradas qual lembranças fantasmagóricas de uma época em que o Afeganistão dava o primeiro passo rumo à modernidade. Milhões e milhões de minas terrestres infestavam o campo, tendo mutilado 4% da população, de acordo com uma pesquisa da ONU,³ e inutilizado grande parte da terra arável.

Quando Bin Laden sobrevoou Cabul, a capital se encontrava outra vez sitiada, agora pelo Talibã. O movimento havia surgido em 1994 como um pequeno grupo de estudantes, a maioria órfãos criados nos campos de refugiados,[4] indignados com o caos e a depravação do governo dos *mujahidin*. Os libertadores da guerra contra os soviéticos haviam se revelado governantes mais bárbaros que seus inimigos. Incitado à ação pela miséria que a vitória trouxera ao Afeganistão, o Talibã ascendeu com rapidez estonteante. Graças ao apoio da inteligência paquistanesa, transformou-se de uma milícia populista em um exército de guerrilheiros poderoso e com grande mobilidade, prestes a consolidar sua vertiginosa subida ao poder lançando foguetes da periferia de Cabul sobre as ruínas da cidade.

No vale próximo, na base das montanhas Hindu Kush, ficava Jalalabad. Bin Laden pousou no mesmo aeroporto que sitiara em 1989. Foi saudado por três antigos comandantes *mujahidin*,[5] e então instalou-se num velho alojamento rio acima que servira de posto militar soviético. Algumas semanas depois, mudou-se novamente, para uma fazenda dilapidada oito quilômetros ao sul de Jalalabad. O proprietário era um de seus antigos patrocinadores, Younis Khalis, chefe guerreiro idoso[6] com um fraco por noivas adolescentes.[7]

O Afeganistão é um país grande e acidentado, dividido de leste a oeste pelas montanhas Hindu Kush. A população se compõe de quatro grupos étnicos principais e numerosas tribos que falam dialetos variados. Um país difícil de governar mesmo em tempo de paz, embora a paz fosse uma lembrança tão distante que muitos afegãos jamais a haviam experimentado. O desejo de ordem era tamanho que quase qualquer poder forte e estabilizador seria bem-vindo.

Os talibãs rapidamente capturaram nove das trinta províncias do Afeganistão. O presidente Burhanuddin Rabbani tentou negociar com eles, mas eles simplesmente exigiram sua renúncia. O ardiloso e experiente comandante Ahmed Shah Massoud conseguiu expulsar os jovens insurgentes do sul de Cabul e anular seu avanço em algumas outras províncias. Após observarem a anarquia acarretada pelo governo dos *mujahidin* e concluírem que o Talibã oferecia a melhor chance de impor a ordem, a Arábia Saudita e o Paquistão ajudaram a reerguer as forças talibãs, fornecendo treinamento, armas e veículos — principalmente utilitários Datsun com tração nas quatro rodas e metralhadoras pesadas, canhões, armas antiaéreas ou lança-foguetes com vários canos sobre plataformas. Os talibãs avançavam céleres, em enxames, compensando em rapidez e ousadia o que lhes faltava em organização e disciplina. Contrataram pilotos e comandantes do antigo regime comunista como mercenários.[8] Os líderes da oposição reconheceram o desenrolar dos eventos e aproveitaram a oportunidade para encher os bolsos com propinas dos talibãs. Jalalabad, que resistira aos *mujahidin* durante meses, de repente se rendeu a quatro talibãs num jipe.[9] O Talibã controlava agora a entrada do desfiladeiro de Khyber. E acabou se vendo responsável por um refugiado famoso.

Os talibãs não haviam convidado Bin Laden a voltar ao Afeganistão, nem tinham nenhuma obrigação para com ele. Enviaram uma mensagem ao governo saudita perguntando o que fazer. A resposta: ficar com ele e mantê-lo calado. Assim, Bin Laden passou para o controle de um eremita político, o mulá Mohammed Omar, que pouco tempo antes se autodeclarara "o governante de todos os muçulmanos".

O mulá Omar havia perdido o olho direito numa explosão de bomba de artilharia na batalha de Jalalabad, em 1989, que também lhe desfigurara o queixo e a testa.[10] Magro mas alto e de constituição robusta, tinha fama de ser exímio atirador,[11] tendo destruído muitos tanques soviéticos durante a guerra no Afeganistão. Ao contrário da maioria dos *mujahidin* afegãos, falava um árabe sofrível,[12] e passou a freqüentar as palestras do xeique Abdullah Azzam. Devoção, modéstia e coragem eram os aspectos principais de sua personalidade. Passava quase despercebido nas palestras de Azzam, exceto pelo sorriso tímido ocasional sob a barba preta cerrada e o conhecimento que tinha do Alcorão e da *Hadith*. Havia estudado jurisprudência islâmica no Paquistão.

Depois que os soviéticos se retiraram do Afeganistão, Omar regressou para ensinar numa madrassa (escola religiosa em regime de internato) de uma pequena aldeia perto de Kandahar. A luta, porém, não se encerrou, nem mesmo com a queda final do governo comunista, derrubado pelos *mujahidin* em abril de 1992. A violência não respeitava limites. Tribos em guerra e bandidos perambulavam pelo interior. Ódios étnicos ancestrais combinaram-se com brados de vingança de parte a parte na escalada da selvageria. Um comandante local orquestrou o estupro sucessivo de vários meninos. Tais indecências eram comuns. "A corrupção e a desintegração moral haviam tomado conta do país", afirmou Omar mais tarde. "Mortes, saques e violência haviam se tornado a norma. Ninguém jamais imaginara que a situação pudesse se deteriorar tanto. Ninguém acreditava tampouco que pudesse melhorar."[13]

Naquele momento desesperado, Omar teve uma visão. O profeta lhe apareceu e ordenou àquele simples mulá de aldeia que pacificasse seu país. Com o destemor do total empenho religioso, Omar tomou emprestado uma motocicleta e começou a visitar alunos de outras madrassas na província. Os estudantes (a palavra em pachto é *talibã*) concordaram que alguma coisa tinha de ser feita, mas poucos estavam dispostos a deixar os estudos e juntar-se a Omar naquela empreitada arriscada. Ele acabou reunindo 53 dos mais corajosos. Seu antigo comandante na guerra contra os soviéticos, Haji Bashar, humilde diante da visão que Omar tivera do profeta,[14] ajudou a coletar dinheiro e armas e doou pessoalmente dois carros e um caminhão. Logo, com cerca de duzentos adeptos, os talibãs assumiram a administração do distrito de Maiwand, na província de Kandahar. O comandante local se rendeu, junto com 2500 homens,[15] um suprimento grande de armas, alguns helicópteros e veículos blindados, e seis aviões de caça MiG-21. Desesperados por restabelecer a ordem, muitos afegãos acorreram aos talibãs, que se apresentaram como servos fervorosos e incorruptíveis de Deus.

Três correntes, fluindo pelo Afeganistão com rapidez extraordinária, alimentaram o Talibã. Uma foi o apoio material — dinheiro e armas — da Arábia Saudita e do Paquistão. Alguns dos talibãs haviam sido alunos da escola vocacional que Ahmed Badeeb, chefe do estado-maior do príncipe Turki, fundara durante a guerra.[16] Desse modo, desde o início houve uma ligação estreita entre a inteligência saudita e os jovens insurgentes.

A segunda corrente advinha das madrassas ao longo da fronteira com o Paquistão, como aquela criada por Ahmed Badeeb, lotadas com os filhos de refugiados afegãos. Tais escolas eram extremamente necessárias, porque o Paquistão, com uma das taxas de analfabetismo mais altas do mundo, não criara um sistema de ensino público que instruísse adequadamente seus próprios filhos, e menos ainda os 3 milhões de refugiados afegãos que fugiram para o Paquistão após a invasão soviética.[17] (Havia um número igual de refugiados no Irã.) As madrassas costumavam ser custeadas por instituições de caridade da Arábia Saudita e de outros países do golfo, que canalizavam o dinheiro através de partidos religiosos locais. Como resultado, muitos dos santuários sufistas nativos foram fechados e transformados em escolas que ensinavam a doutrina *wahhabi*.[18] Naturalmente, as madrassas criaram um eleitorado poderoso para os partidos *wahhabi* locais, já que, além de fornecer hospedagem e alimentação gratuitas, pagavam um estipêndio mensal — uma fonte de sustento vital para as famílias de muitos alunos.[19]

Aqueles rapazes haviam crescido num mundo exclusivamente masculino, separados de suas famílias por longos períodos. As tradições, costumes e folclore de seu país eram coisas distantes para eles. Estigmatizados como pedintes e maricas,[20] sofriam assédio de homens que viviam isolados das mulheres. Entrincheirados nos estudos, que se concentravam rigidamente no Alcorão, na *sharia* e na glorificação da *jihad*, os estudantes imaginavam uma sociedade islâmica perfeita, enquanto a ilegalidade e a barbárie grassavam à sua volta. Viviam à sombra dos pais e irmãos mais velhos, que haviam derrotado a pujante superpotência, e estavam ávidos por alcançar a glória também. Sempre que o exército talibã necessitava de reforços, as madrassas de Peshawar e das Áreas Tribais simplesmente interrompiam as aulas, e os alunos iam à guerra, louvando a Deus nos ônibus em que atravessavam a fronteira. Seis meses depois da rendição de Kandahar, o Talibã contava com 12 mil combatentes,[21] e duplicou esse contingente nos seis meses seguintes.

A terceira corrente era o ópio. Imediatamente depois de capturar Kandahar, os talibãs consolidaram seu controle sobre a província de Helmand, centro da produção de ópio. Sob o Talibã, o Afeganistão tornou-se o maior produtor de ópio do mundo. Os contrabandistas e os barões das drogas dependiam dos talibãs para manter as estradas livres de bandidos. Em troca, pagavam uma taxa de 10%, que se tornou importante fonte de renda para o Talibã.[22]

Em Kandahar, existe um santuário que abriga o que se acredita ser o manto do profeta Maomé. O traje antigo é removido de sua caixa de prata apenas durante períodos de catástrofe — a última vez havia sido durante uma epidemia de cólera, setenta anos antes. Em 4 de abril de 1996, Omar levou o manto do profeta a uma mesquita no centro da cidade. Tendo anunciado pelo rádio que exibiria a relíquia em público, subiu ao telhado da mesquita e, por trinta minutos, desfilou com as mãos nas mangas do manto, enquanto uma multidão em delírio aclamava-o como Amir-ul-Momineen, o líder dos fiéis. Algumas pessoas desmaiaram; outras atiravam chapéus e turbantes para cima, esperando que roçassem no traje sagrado.

É claro que o sonho dos islamitas em toda parte era ver sua religião reunificada sob o governo de um único indivíduo justo. Reis e sultões haviam se candidatado ao papel, mas nenhum se envolvera no manto do profeta como aquele obscuro mulá — um gesto ao mesmo tempo acintoso e eletrizante. Omar adquiriu a autoridade política de que precisava para travar a guerra. Mais do que isso, a ação prometia, simbolicamente, que o Talibã, como força moral, conquistaria o Afeganistão e depois se estenderia por todo o mundo islâmico.

Ao chegar a Jalalabad, as famílias de Bin Laden e alguns de seus seguidores depararam com alojamentos rudimentares: tendas para as esposas,[23] com latrinas e fossas de drenagem, dentro de uma área cercada com arame farpado. Quando o inverno chegou, Bin Laden obteve uma moradia nova para suas famílias numa ex-fazenda coletiva soviética,[24] que chamou de Najm al-Jihad (estrela da guerra santa).[25] Os homens dormiam por perto, na antiga caverna de armazenamento de munições que Bin Laden escavara em Tora Bora.[26] Ele equipou a caverna principal com um arsenal de Kalashnikovs, uma biblioteca teológica, um arquivo de recortes de jornais e alguns colchões espalhados sobre caixotes de granadas de mão.

Osama voltou aos negócios, abriu um pequeno comércio de mel,[27] mas faltava ao Afeganistão infra-estrutura comercial, de modo que ele não podia fazer muita coisa. As três esposas que permaneceram com ele estavam acostumadas às adversidades, que Bin Laden aceitava naturalmente. Ele já não matava um cordeiro todo dia para servir aos convidados. Agora, raramente comia carne, preferindo viver de tâmaras, leite, iogurte e pão ázimo. A eletricidade só funcionava três horas por dia,[28] e, na ausência de serviço telefônico internacional,[29] as esposas viviam completamente isoladas de suas famílias na Síria e na Arábia Saudita. Bin Laden tinha um telefone por satélite, mas o usava pouco, temendo que os americanos estivessem monitorando as chamadas.[30] Suspeitava de dispositivos mecânicos em geral, até dos relógios, que acreditava que podiam ser usados para vigiá-lo.[31]

Mas ele estava mais preocupado com os talibãs. Não tinha a menor idéia de quem eram. Apreensivos, os membros das tribos da região norte do Afeganistão espalharam rumores de que o Talibã era um exército enorme de comunistas. Quando dois dos patrocinadores dos *mujahidin*, o governador Mehmoud e Maulvi Saznoor, foram mortos numa emboscada logo depois da queda de Jalalabad,[32] Bin Laden deu lições de tiro às suas esposas.[33]

Os talibãs, porém, sabiam alguma coisa sobre Bin Laden, e estavam igualmente preocupados com ele. "Não queremos que ações subversivas sejam lançadas daqui contra quaisquer outros países", declarou o ministro das Informações talibã em exercício. "Em áreas sob o controle talibã, não há terroristas."[34] Mas tinham ouvido falar dos milhões que Bin Laden injetara no Sudão, e acharam que ainda fosse um filantropo islâmico abastado. Esperavam empregar seu dinheiro e conhecimento para reconstruir o país devastado. O mulá Omar também estava atento à promessa que fizera, sem dúvida apoiada por milhões de riais sauditas, de manter seu hóspede em silêncio e longe de problemas.

Depois da queda de Jalalabad, os talibãs enfim entraram em Cabul. Os jovens combatentes vitoriosos irromperam no complexo da ONU, onde Najibullah, o antigo presidente do Afeganistão da era comunista, se refugiara desde a queda de seu governo, quatro anos antes. Ele e o irmão foram espancados e torturados, castrados, arrastados por um jipe, fuzilados e depois dependurados num poste de trânsito no centro de Cabul.[35] Encheram suas bocas de cigarros e seus bolsos de dinheiro. Não havia muito a lastimar sobre um homem que iniciara a carreira como torturador da polícia secreta, mas o desrespeito imediato aos protocolos internacionais, a selvageria gratuita, a mutilação do corpo — proibida pelo islã — e a ausência de qualquer tribunal de justiça armaram o cenário para o carnaval de tirania religiosa que caracterizou a era talibã. O príncipe Turki logo apareceu em Cabul para cumprimentá-los pela vitória. Durante todo o reinado talibã, somente três países — Arábia Saudita, Paquistão e Emirados Árabes Unidos — reconheceram o governo afegão.

"As mulheres não devem sair de suas residências", ordenou o novo governo.[36] As mulheres constituíram um alvo especial, como seria de esperar de

Sayyid Qutb, educador e autor do livro Marcos – que inspirou o movimento islâmico radical –, mostra um de seus livros (provavelmente Justiça social no islã*) ao presidente do Colorado State College of Education, dr. William Ross.*

Vista aérea de Greeley, Colorado, na década de 1940. "A pequena cidade de Greeley, onde resido agora, é tão bonita que é fácil imaginar que estamos no paraíso", escreveu Qutb. Mas ele também viu o lado mais sombrio dos Estados Unidos.

Qutb no julgamento, em torno de 1965. Ele foi enforcado em 1966. "Graças a Deus", ele declarou quando sua sentença de morte foi anunciada, "realizei a jihad durante quinze anos, até merecer este martírio."

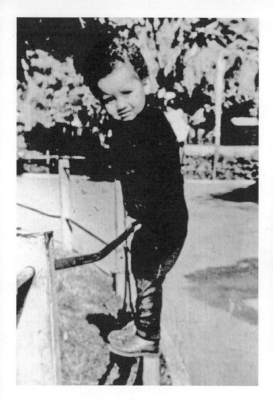

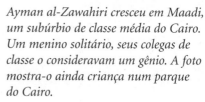

Ayman al-Zawahiri cresceu em Maadi, um subúrbio de classe média do Cairo. Um menino solitário, seus colegas de classe o consideravam um gênio. A foto mostra-o ainda criança num parque do Cairo.

Zawahiri em idade escolar, à direita, e como estudante de medicina na Universidade do Cairo, abaixo.

Foto inferior da página ao lado: *Ayman al-Zawahiri foi o réu número 113 dentre 302 acusados de ajudar ou planejar o assassinato, em outubro de 1981, de Anwar al-Sadat. Tornou-se porta-voz dos réus devido ao seu inglês mais fluente. Ele é visto aqui discursando para a imprensa mundial em dezembro de 1982. Muitos culpam a tortura de prisioneiros nas prisões egípcias pela selvageria do movimento islâmico: "Eles nos chutaram, eles nos espancaram, eles nos bateram com fios elétricos! Eles nos aplicaram choques elétricos! E usaram cães ferozes!".*

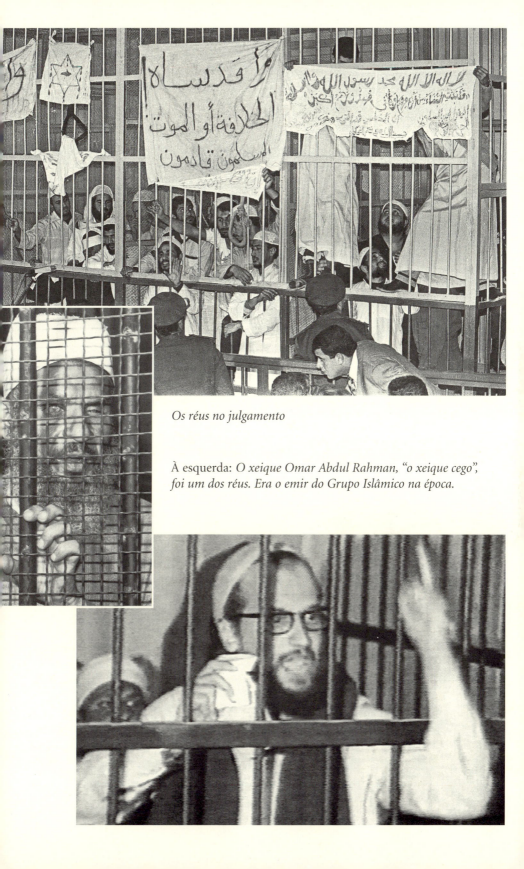

Os réus no julgamento

À esquerda: O xeique Omar Abdul Rahman, "o xeique cego", foi um dos réus. Era o emir do Grupo Islâmico na época.

À esquerda: *Mohammed bin Laden chegou à Arábia Saudita em 1931 como um trabalhador iemenita sem um tostão furado e acabou se tornando o empreiteiro favorito do rei e o construtor de grande parte da infra-estrutura do reino moderno. Ele gesticula aqui para o príncipe Talal bin Abdul Aziz durante uma visita à restauração da Grande Mesquita de Meca, em torno de 1950.*

À direita: *Mohammed bin Laden e o rei Faisal. Durante a construção da estrada para Taif, o rei Faisal costumava ir ao local das obras para examinar o andamento e indagar sobre os estouros de orçamento. Quando a estrada ficou pronta, o reino estava enfim unificado, e Mohammed bin Laden se tornara um herói nacional.*

À esquerda: *A restauração da Grande Mesquita levou vinte anos. Durante a* hajj *consegue acomodar 1 milhão de fiéis.*

Jamal Khalifa, o amigo de faculdade de Bin Laden e, mais tarde, seu cunhado, mudou-se para a casa de Bin Laden com a primeira esposa. A amizade rompeu-se devido a divergências em torno da criação de uma legião pan-árabe no Afeganistão, a predecessora da Al-Qaeda.

Osama mudou-se para esta casa em Jidá com sua mãe, depois que Mohammed bin Laden se divorciou dela.

A segunda casa de Osama bin Laden em Jidá, um prédio de apartamentos com quatro unidades, que ele adquiriu depois de se tornar polígamo.

Foto inferior da página ao lado: *Juhayman al-Oteibi, o líder do ataque à mesquita em 1979, um divisor de águas na história da Arábia Saudita. As exigências dos insurgentes prenunciaram os planos de Bin Laden. Quando Oteibi implorou por perdão após sua captura, o príncipe Turki, chefe do serviço de inteligência saudita, respondeu: "Peça perdão a Deus!".*

Abdullah Azzam, que emitiu uma fatwa em 1984 convocando os muçulmanos em toda parte a "se juntarem à caravana" da jihad no Afeganistão. Ele e Bin Laden criaram o Birô de Serviços em Peshawar para facilitar o recrutamento de árabes para aquela guerra.

Bin Laden em uma caverna em Jalalabad em 1988, mais ou menos a época em que ele criou a Al-Qaeda

Abaixo: *Azzam no vale do Panjshir, em 1988, aonde viajou para se encontrar com Ahmed Shah Massoud, o maior dos comandantes afegãos na guerra contra a invasão soviética. Massoud está sentado ao lado de Azzam, abraçando o filho deste, Ibrahim. Pouco após essa visita, Azzam e dois de seus filhos, inclusive Ibrahim, foram assassinados num ataque a bomba nunca esclarecido.*

O general Hamid Gul, que dirigiu o serviço de inteligência do Paquistão durante a jihad *afegã*. Os Estados Unidos e a Arábia Saudita canalizaram centenas de milhões de dólares à resistência através da inteligência paquistanesa, que foi em grande parte responsável pela criação do Talibã quando os soviéticos deixaram o Afeganistão.

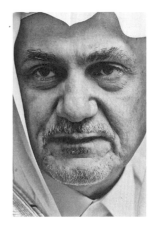

À direita: O príncipe Turki al-Faisal, chefe da inteligência saudita, ficou incumbido do arquivo do Afeganistão e colaborou com Bin Laden. Mais tarde, negociou com o mulá Mohammed Omar, o líder dos talibãs, mas saiu de mãos abanando.

O príncipe Turki após a ocupação soviética, negociando entre os mujahidin em guerra. À extrema esquerda, ao lado de Burhanuddin Rabbani, encontra-se o chefe do partido político de Ahmed Shah Massoud. O primeiro-ministro paquistanês Nawaz Sherif está sentado à direita.

O World Trade Center visto de Nova Jersey, onde os seguidores do xeique Omar Abdul Rahman tramaram a derrubada das torres.

Ramzi Yousef foi o cérebro do primeiro atentado a bomba contra o World Trade Center. Foi sua imaginação sombria que deu forma à política ambiciosa da Al-Qaeda.

Hassan al-Turabi, o ideólogo loquaz e provocador que organizou o golpe islamita no Sudão e convidou Bin Laden a investir no país. "Bin Laden odiava Turabi", um amigo confidenciou. "Considerava-o um Maquiavel." Bin Laden chegou ao Sudão como um homem rico; partiu com pouco mais que seu guarda-roupa.

Durante a permanência de Bin Laden no Sudão, o rei da Arábia Saudita cassou sua cidadania e enviou um emissário para recolher seu passaporte. Bin Laden atirou-o no homem. "Pegue-o, se é que dependo dele para alguma coisa!", ele declarou.

De manhã, Bin Laden caminhava até a mesquita, acompanhado de seguidores, e se demorava para estudar com os homens santos, muitas vezes tomando o café-da-manhã com eles antes de ir ao escritório.

Osama bin Laden retornou ao Afeganistão em 1996. Costumava carregar um Kalikov AK-74 que ganhara na jihad contra os soviéticos.

Foto superior da página ao lado: Zawahiri e Bin Laden concedendo uma entrevista coletiva à imprensa no Afeganistão, em maio de 1998. Naquele país, os destinos de Bin Laden e Zawahiri se entrelaçaram irrevogavelmente, e a Al-Qaeda e a Al-Jihad acabaram se fundindo em uma única organização terrorista.

Combatentes talibãs rumo ao front para lutar contra a Aliança do Norte, em 2001. O Talibã emergiu do caos do governo dos mujahidin em 1994 e rapidamente consolidou seu controle do Afeganistão. De início, Bin Laden e seus seguidores não tinham idéia de quem eram — circulavam rumores de que fossem comunistas.

O palácio de Dar-ul-Aman, Cabul, que ficou em meio ao fogo cruzado durante a guerra civil após a retirada soviética. Depois de 25 anos de guerra contínua, grande parte do Afeganistão ficou em ruínas.

Acima: *As ruínas da embaixada americana em Nairóbi, Quênia, palco de um atentado a bomba em 7 de agosto de 1998 — o primeiro ataque terrorista documentado da Al-Qaeda. O atentado matou 213 pessoas e feriu milhares. Mais de 150 pessoas ficaram cegas devido aos estilhaços de vidro.*

À direita: *A embaixada americana em Dar es Salaam, Tanzânia, sofreu um atentado a bomba nove minutos depois, matando onze e ferindo 85.*

À esquerda: *O governo Clinton reagiu destruindo vários campos de treinamento da Al-Qaeda no Afeganistão e a fábrica de produtos farmacêuticos Al-Shifa, em Cartum, retratada aqui. Um vigia noturno foi morto na fábrica, e mais tarde se constatou que esta nada tinha a ver com a produção de armas químicas ou biológicas.*

O USS Cole após o ataque suicida de dois agentes da Al-Qaeda em um barco pesqueiro, em outubro de 2000. O ataque quase afundou um dos navios mais invulneráveis da marinha dos Estados Unidos. Dezessete marinheiros morreram. "O destróier representava a capital do Ocidente", afirmou Bin Laden, "e o barquinho representava Maomé."

Michael Scheuer, criador da Alec Station, unidade virtual da CIA dedicada a Osama bin Laden. Ele e John O'Neill, do FBI, foram rivais ferrenhos.

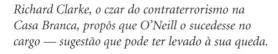

Richard Clarke, o czar do contraterrorismo na Casa Branca, propôs que O'Neill o sucedesse no cargo — sugestão que pode ter levado à sua queda.

Valerie James viu John O'Neill em um bar de Chicago em 1991 e ofereceu-lhe um drinque porque "ele tinha os olhos mais irresistíveis" que ela já vira. O'Neill estava casado na época, fato que omitia das várias mulheres que cortejava.

Enquanto namorava Valerie em Chicago, O'Neill propôs um "relacionamento exclusivo" com Mary Lynn Stevens, em Washington.

Em Washington, O'Neill também acabou se envolvendo com Anna DiBattista. "Aquele sujeito jamais se casará com você", alertou-a o sacerdote da igreja que ela freqüentava.

John O'Neill despediu-se de Daniel Coleman e dos colegas de equipe num café por ocasião de sua saída do FBI, em 22 de agosto de 2001. No dia seguinte, começou a trabalhar no World Trade Center.

Acima: *Após obter, de suspeitos da Al-Qaeda no Iêmen, os nomes dos seqüestradores, Ali Soufan (à esquerda, com o agente especial George Crouch) viajou para o Afeganistão. Aqui se encontra nas ruínas do que foi o esconderijo de Bin Laden em Cabul.*

O funeral de O'Neill foi a catástrofe da coincidência que ele sempre temera. Aqui sua mãe, Dorothy, e sua esposa, Christine, deixam a igreja de St. Nicholas of Tolentine, em Atlantic City. Cerca de mil pessoas compareceram à cerimônia.

As ruínas do World Trade Center arderam por cem dias. O corpo de John O'Neill foi encontrado dez dias após o ataque de 11 de setembro.

homens com tão pouca experiência em companhia delas. "Se as mulheres saírem às ruas com roupas da moda, ornamentais, apertadas e charmosas para se exibir", continuava o decreto, "serão amaldiçoadas pela *sharia* islâmica e não terão nenhuma esperança de ir para o céu." O trabalho feminino e o ensino às mulheres foram proibidos, destruindo o sistema de saúde, o serviço público e acabando com a educação primária. Quarenta por cento dos médicos, metade dos funcionários públicos e sete de cada dez professores eram mulheres. Sob o Talibã, muitas delas se tornariam mendigas.

Os talibãs também voltaram a atenção para os prazeres corriqueiros. Proibiram as crianças de soltar pipas e também as corridas de cachorros. Pombos treinados foram sacrificados. De acordo com o código penal talibã, "coisas impuras" foram proibidas, uma categoria abrangente que incluía:

> carne de porco, toucinho, banha de porco, qualquer coisa feita de cabelos humanos, antenas parabólicas, cinema, qualquer equipamento que produzisse o prazer da música, mesas de bilhar, xadrez, máscaras, álcool, fitas cassete, computadores, videocassetes, televisores, qualquer coisa que propagasse o sexo e contivesse música, vinho, lagosta, esmalte de unhas, fogos de artifício, estátuas, revistas de corte e costura, fotos, cartões de Natal.[37]

Os ditadores da moda exigiam que a barba dos homens fosse maior que sua mão aberta. Os infratores ficavam na prisão até a barba crescer. Um homem com cabelos longos "tipo Beatles" tinha de raspar a cabeça. Se uma mulher saísse de casa sem véu, "sua casa será marcada, e seu marido, punido", decretava o código penal talibã.[38] Os animais do zoológico — os que não foram roubados nos governos anteriores — foram sacrificados ou deixados sem comida. Um talibã fanático, quiçá louco, saltou para dentro da jaula de um urso e cortou fora seu nariz, achando que a "barba" do animal não era comprida o suficiente. Outro combatente, intoxicado pelos acontecimentos e por seu próprio poder, adentrou a cova do leão e bradou: "Eu sou o leão agora!". O leão o matou. Outro soldado talibã atirou uma granada na cova, cegando o animal. O urso sem nariz e o leão cego, além de dois lobos, foram os únicos animais que sobreviveram ao regime talibã.[39]

"Atire a razão aos cães", dizia um cartaz afixado na parede do escritório da polícia religiosa, treinada pelos sauditas. "Ela fede a corrupção."[40] O povo afegão, contudo, exausto da guerra, no início aceitou a imposição daquela ordem custosa.

Enquanto Bin Laden fixava residência em Jalalabad, seu amigo e chefe militar Abu Ubaydah supervisionava a célula da Al-Qaeda no leste da África, criada dois anos antes. O ex-policial egípcio era uma figura reverenciada na organização. Sua coragem era lendária. Lutara com Bin Laden na guerra contra os soviéticos, desde a batalha da Cova do Leão até o cerco a Jalalabad. Dizia-se que se Zawahiri havia conquistado o cérebro de Bin Laden, Abu Ubaydah conquistara seu coração. Como o emissário de maior confiança de Osama muitas vezes servia de mediador entre a Al-Qaeda e a Al-Jihad. Ele treinou *mujahidin* na Bósnia, Chechênia, Caxemira e Tajiquistão, atraindo recrutas valorosos para os acampamentos da Al-Qaeda. No Quênia, assumira uma nova identidade e desposara uma nativa, afirmando estar se dedicando à mineração, quando na verdade preparava o primeiro grande ataque da Al-Qaeda contra os Estados Unidos.

Em 21 de maio, três dias depois de Bin Laden trocar o Sudão pelo Afeganistão, Abu Ubaydah e seu cunhado queniano, Ashif Mohammed Juma, viajavam numa cabine de segunda classe de uma barcaça lotada no lago Vitória, rumo à Tanzânia.[41] Um dos tanques de lastro estava vazio, e na madrugada a barcaça emborcou em águas revoltas. Juma conseguiu sair pela porta da cabine até o corredor, mas os outros cinco passageiros, apertados no minúsculo compartimento, ficaram presos. A porta estava agora acima deles, e a água jorrava por um portal aberto. Passageiros gritavam, bagagens e colchões caindo sobre eles, e se agarravam uns aos outros na tentativa de alcançar a porta, a única saída. Juma segurou a mão de Abu Ubaydah e estava puxando-o para fora da cabine, mas de repente a porta se soltou da dobradiça, e o chefe militar da Al-Qaeda foi arrastado de volta à cabine pelos companheiros condenados.

Aquele foi o nadir da carreira de Bin Laden.
Abu Ubaydah não foi sua única perda. Outros, como Abu Hajer, optaram por não o seguir de volta ao Afeganistão. O saudita estava isolado, desprovido de sua riqueza outrora tão grande, dependendo da hospitalidade de um

poder desconhecido, mas não se sentia alquebrado nem subjugado. Vivia em dois níveis, o existencial e o sagrado. O vôo até Jalalabad e a desgraça de sua situação devem ter dado a impressão, em um nível, de um exílio desesperador. Mas, em termos espirituais, recapitulavam um momento crítico da vida do profeta, quando, em 622, marginalizado e ridicularizado, viu-se expulso de Meca e se refugiou em Medina. A hégira, ou fuga, como o evento se chama, foi um divisor de águas tão significativo que inicia o calendário islâmico. A hégira transformou Maomé e seus seguidores desmoralizados. Em poucos anos, sua religião nascente rompeu os limites de Medina e espalhou-se da Espanha à China, numa eclosão ofuscante de conversão e conquista.

Desde a infância, Bin Laden conscientemente tomara como modelo certos aspectos da vida do profeta, optando por jejuar nos dias em que ele jejuava, trajar roupas semelhantes às que ele teria trajado, e até se sentar para comer na mesma postura que a tradição atribui a Maomé. Embora nada disso seja incomum para um muçulmano rigoroso, Bin Laden instintivamente fazia referência ao profeta e sua época como o modelo de sua própria vida e época. A história intermediária pouco significava para ele. Naturalmente, ele procuraria consolação no exemplo do profeta durante seu próprio período de derrota e recuo. Entretanto, era também esperto o suficiente para reconhecer o poder simbólico da própria hégira e sua utilidade como um meio de inspirar seus seguidores e acenar a outros muçulmanos para que aderissem à retirada sagrada. Osama brilhantemente redimensionou o desastre que se abatera sobre ele e seu movimento, evocando imagens bastante significativas para muitos muçulmanos e praticamente invisíveis para aqueles não familiarizados com a religião.

O Afeganistão já estava marcado por milagres, as mortes de mártires e a derrota da superpotência. Bin Laden chamava aquele país agora de Khorasan, referindo-se ao império muçulmano antigo que abrangeu grande parte da Ásia Central. Seus adeptos adotaram nomes alusivos aos companheiros do profeta ou a guerreiros famosos dos primórdios do islã. Segundo uma passagem polêmica da *Hadith*, nos últimos dias, os exércitos do islã desfraldarão estandartes negros (como a bandeira do Talibã) e sairão do Khorasan. Usarão nomes de guerra alusivos às suas cidades, prática seguida pela legião da Al-Qaeda. Todas essas referências pretendiam fazer uma associação com a grandeza do passado e lembrar os muçulmanos da perda devastadora que haviam sofrido.

O símbolo-chave da hégira de Bin Laden, porém, foi a caverna. Foi numa caverna em Meca que o profeta viu pela primeira vez o anjo Gabriel, que na ocasião lhe revelou: "És um mensageiro de Deus". De novo, em Medina, quando os inimigos o perseguiam, Maomé se protegeu numa caverna magicamente oculta por uma teia de aranha. A arte islâmica está plena de imagens de estalactites, em referência ao santuário e também ao encontro com o divino que as cavernas proporcionaram ao profeta. Para Bin Laden, a caverna representava o último lugar puro. Só se retirando da sociedade — e do tempo, da história, da modernidade, da corrupção, do Ocidente sufocante — ele poderia pretender falar em nome da religião verdadeira. Um produto da genialidade de Bin Laden como relações-públicas foi a opção de explorar a presença das cavernas de munição de Tora Bora para se identificar com o profeta nas mentes de muitos muçulmanos que ansiavam pela purificação da sociedade islâmica e a restauração do domínio desfrutado no passado.

No plano existencial, Osama estava marginalizado, fora do jogo; mas, dentro da crisálida mítica que tecera em torno de si, vinha se transformando no representante de todos os muçulmanos perseguidos e humilhados. Sua vida e os símbolos dos quais se investia corporificavam, de forma poderosa, a sensação geral de expropriação que caracterizava o mundo muçulmano moderno. Em seu próprio exílio miserável, ele absorveu a miséria dos companheiros de fé; sua perda habilitava-o a falar por eles; sua vingança consagraria o sofrimento deles. O remédio que ele propunha: declarar guerra aos Estados Unidos.

"Vocês não ignoram a injustiça, a repressão e a agressão que se abateram sobre os muçulmanos em decorrência da aliança de judeus, cristãos e seus agentes, a ponto de o sangue muçulmano ter se tornado o sangue mais barato do mundo e seu dinheiro e riqueza serem saqueados pelos inimigos", dizia Bin Laden em 23 de agosto de 1996, em sua "Declaração de guerra contra os americanos que ocupam a terra dos dois lugares sagrados".[42] A última afronta — "uma das piores catástrofes a acometer os muçulmanos desde a morte do profeta" — foi a presença de tropas americanas e da coalizão na Arábia Saudita. O propósito de seu tratado foi "abordar, elaborar e discutir meios de retificar o que atingiu o mundo islâmico em geral e a terra das duas mesquitas sagradas em particular".

"Todos estão se queixando de tudo", observou Bin Laden, assumindo a voz do homem muçulmano nas ruas. "As pessoas têm estado muito preocupadas com questões de sobrevivência. O declínio econômico, preços altos, dívidas gigantes e prisões lotadas são o assunto geral das conversas." Quanto à Arábia Saudita, "todos concordam que o país está avançando rumo a um abismo profundo". Os poucos sauditas corajosos que confrontaram o regime exigindo mudanças foram desprezados; enquanto isso, a dívida da guerra levou o Estado a criar impostos. "As pessoas se perguntam: será que nosso país é realmente o maior exportador de petróleo? Elas se sentem atormentadas por Deus por terem se calado sobre as injustiças do regime."

Ele então provocou o secretário da Defesa americano, William Perry, chamando-o pelo nome: "Ó William, amanhã saberás quais jovens estão enfrentando teus irmãos desgarrados. [...] Aterrorizar-vos, enquanto carregais armas em nossa terra, constitui uma obrigação legítima e moral".

Osama estava tão longe de poder cumprir aquelas ameaças que se poderia concluir que ficara totalmente louco. Na verdade, o homem na caverna adentrara uma realidade distinta, profundamente ligada aos acordes míticos da identidade muçulmana e, de fato, voltada a qualquer um cuja cultura estivesse ameaçada pela modernidade, pela impureza e pela perda da tradição. Ao declarar guerra aos Estados Unidos de uma caverna no Afeganistão, Bin Laden assumiu o papel de um primitivo indômito e impoluto opondo-se ao poder terrível do Golias secular, científico e tecnológico. Em suma, estava combatendo a própria modernidade.

Tudo bem que Osama bin Laden, o magnata da construção civil, tivesse aberto a caverna com maquinário pesado e a guarnecesse de computadores e aparelhos de comunicação avançados. A postura do primitivo era sedutora e poderosa, sobretudo para pessoas desapontadas com a modernidade. Mas a mente que entendia esse simbolismo e como ele podia ser manipulado era extremamente sofisticada e moderna.

Logo depois de estabelecer o acampamento em Tora Bora, Bin Laden concordou em receber um visitante chamado Khaled Sheikh Mohammed. Osama o conhecera ligeiramente durante a *jihad* anti-soviética, quando Mohammed trabalhou como secretário de Sayyaf, seu antigo patrocinador,[43] e também para Abdullah Azzam. Um fato bem mais importante: Khaled Sheikh Mohammed também era tio de Ramzi Yousef, autor do ataque a bomba contra o World Trade Center em 1993. Agora Yousef estava preso, e seu tio, foragido.

Com exceção do ódio aos Estados Unidos, Khaled Sheikh Mohammed e Osama bin Laden quase nada tinham em comum. Mohammed era baixo e atarracado, devoto mas com pouca formação religiosa,[44] ator e brincalhão, beberrão e mulherengo. Enquanto Bin Laden era provinciano e odiava viajar, especialmente para o Ocidente, Mohammed era um *globe-trotter* com fluência em vários idiomas, inclusive o inglês, aperfeiçoado enquanto estudava engenharia mecânica na Agricultural and Technical State University, uma faculdade predominantemente de negros em Greensboro, Carolina do Norte.

Em Tora Bora, Mohammed informou Bin Laden sobre sua vida desde a *jihad* anti-soviética. Inspirado pelo ataque de Ramzi Yousef ao World Trade Center, juntara-se ao seu sobrinho durante um mês, nas Filipinas, em 1994.[45] Eles tramaram um plano extraordinário de detonar bombas em doze jatos americanos sobre o Pacífico. Chamaram-no de Operação "Bojinka" — uma palavra absurda que Mohammed aprendera ao combater no Afeganistão.[46] Ramzi Yousef, o exímio criador de bombas, aperfeiçoara um pequeno dispositivo de nitroglicerina indetectável pela segurança dos aeroportos. Testou-o num vôo de Manila a Tóquio. Yousef desembarcou em Cebu, uma cidade nas ilhas centrais do arquipélago das Filipinas. O passageiro que ficou em sua poltrona foi Haruki Ikegami, um engenheiro japonês de 24 anos.[47] Duas horas depois, a bomba sob o assento de Ikegami detonou, destroçando-o e quase derrubando a aeronave. O ataque que Yousef e Mohammed vinham planejando levaria o tráfego aéreo internacional à paralisia completa.

Embora alegue não ter conhecido Yousef pessoalmente,[48] Bin Laden enviara um mensageiro a Manila para pedir a ele que lhe fizesse o favor de assassinar o presidente Bill Clinton quando este viesse a Manila, em novembro de 1994.[49] Yousef e seus companheiros mapearam o trajeto do presidente e enviaram a Bin Laden diagramas e esboços dos pontos de ataque possíveis.[50] Mas Yousef acabou concluindo que a segurança seria forte demais. Pensaram então em matar o papa João Paulo II quando ele visitasse a cidade, no mês seguinte[51] — chegando ao ponto de conseguir batinas —, porém esse plano também não deu em nada. A polícia de Manila tomou conhecimento do grupo depois que substâncias químicas em seu apartamento pegaram fogo; Yousef fugiu, deixando para trás o computador com todos os planos criptografados no disco rígido.

Mas os planos ainda estavam na cabeça de Khaled Sheikh Mohammed. Ele procurou Bin Laden com uma série de esquemas de ataques futuros contra os Estados Unidos, inclusive um que exigiria o treinamento de pilotos para lançar aviões contra prédios.[52] Bin Laden mostrou-se evasivo, embora tenha pedido formalmente a Mohammed que aderisse à Al-Qaeda e trouxesse sua família ao Afeganistão. Mohammed educadamente recusou a oferta. Mas a semente do 11 de setembro havia sido plantada.

14. Pondo a mão na massa

Em 25 de junho de 1996, John O'Neill organizou um retiro particular para agentes do FBI e da CIA, no centro de treinamento do FBI em Quantico, Virgínia. Foram servidos hambúrgueres e cachorros-quentes, e O'Neill chegou a levar o pessoal da CIA para o campo de tiro, já que raramente tinham a oportunidade de atirar. Foi um dia muito agradável. O'Neill saiu para jogar uma rodada de golfe no campo de Quantico. De repente, os bipes de todo mundo soaram.

Ocorrera uma explosão catastrófica na Arábia Saudita, no complexo de alojamento militar das torres Khobar, em Dhahran.[1] O prédio servia de moradia para a 4404ª Esquadrilha de Socorro Aéreo, que vinha monitorando a zona de bloqueio aéreo no Iraque. Dezenove soldados americanos haviam morrido, e quase quatrocentas pessoas se feriram. O'Neill reuniu uma equipe de mais de cem agentes, pessoal de apoio e membros de diferentes órgãos policiais; no dia seguinte, a equipe embarcou num avião de transporte de tropas da força aérea rumo à Arábia Saudita. Algumas semanas depois, o próprio O'Neill juntou-se a eles, além do diretor do FBI, Louis Freeh.

Esguio e sério, Freeh tinha um temperamento em muitos aspectos diferente do de O'Neill. Orgulhava-se de ser pai de família, costumava deixar o escritório às seis para ficar em casa com a esposa e os filhos. Ao contrário de O'Neill, fascinado por engenhocas e sempre levando no bolso a última palavra em matéria de telefone celular ou agenda eletrônica, Freeh se entediava com a tecnologia. Uma de suas primeiras ações ao assumir o cargo, em 1993, foi desfazer-se do computador em sua escrivaninha. O FBI já estava tecnologicamente defasado antes da chegada de Freeh, mas, quando ele partiu, nem as igrejas aceitariam seus computadores ultrapassados mesmo como doação. Como a maioria de seus agentes homens, Freeh tinha preferência por ternos baratos e sapatos surrados, contrastando com os ternos Burberry e mocassins Bruno Magli de seu subordinado O'Neill.

Já havia anoitecido quando os dois homens, junto com uma pequena equipe executiva, chegaram a Dhahran. O local do desastre era uma vasta cratera, com 26 metros de largura e onze metros de profundidade, iluminada por lâmpadas em suportes altos. Em torno, automóveis carbonizados e jipes Humvee capotados. Pairando sobre os escombros, as ruínas do complexo de alojamento. A bomba era muito mais forte que o carro-bomba que destruíra o centro de treinamento da guarda nacional saudita no ano anterior, e ainda mais poderosa que os explosivos que mataram 168 pessoas em Oklahoma em 1995. O'Neill percorreu os escombros, abraçando agentes exaustos que peneiravam areia em busca de indícios e recolhiam meticulosamente objetos pessoais. Partes de corpos ainda jaziam na areia, indicadas por círculos de tinta vermelha. Sob uma lona ali perto, investigadores reencaixavam aos poucos os fragmentos do caminhão que carregara a bomba.

Os agentes no local foram atrapalhados pelos obstáculos que os investigadores sauditas puseram em seu caminho. Não estavam autorizados a entrevistar testemunhas ou interrogar suspeitos. Nem sequer podiam deixar o local do atentado. Na opinião dos agentes, os sauditas vinham obstruindo as investigações por não querer expor a existência de oposição interna no reino. Os agentes, com pouca experiência no Oriente Médio, rapidamente chegaram à conclusão de que a família real saudita estava se agarrando desesperadamente ao poder.

Freeh no início teve esperança de que os sauditas cooperariam, mas O'Neill foi ficando cada vez mais frustrado à medida que as reuniões a altas horas da noite descambavam num mar de superficialidades. Ao voarem de volta para casa, após uma das várias viagens que fizeram juntos ao reino, Freeh mostrou-se otimista: "Não foi uma ótima viagem? Acho que vão mesmo nos ajudar".[2]

O'Neill respondeu: "Você deve estar brincando. Eles não forneceram nada. Só choveram no molhado".

Pelo resto do vôo, Freeh recusou-se a falar com ele. Mas, reconhecendo a paixão e os talentos de O'Neill, enviou-o de volta à Arábia Saudita para continuar pressionando por cooperação. O'Neill encontrou-se com o príncipe Naif e outras autoridades. Eles ouviram, relutantes, seus apelos. Os serviços secretos no mundo inteiro são organizações desconfiadas e isoladas, pouco propensas a compartilhar informações, o que O'Neill compreendia. Estava acostumado a arrancar o que podia com seu charme e persistência, mas os sauditas pareciam imunes à sua corte. Eram bem mais reservados do que qualquer organização policial com que já trabalhara. Os americanos se enfureceram ao descobrir que, alguns meses antes, as autoridades sauditas haviam interceptado um carro do Líbano repleto de explosivos com destino a Khobar. Fora Naif que decidira não informar-lhes.[3]

Além da reserva culturalmente arraigada, os sauditas tinham motivos legais para ser cautelosos ao lidar com os americanos. Como o reino é governado pela lei da *sharia*, os juízes clericais têm total liberdade para desconsiderar quaisquer provas que não lhes interessem, como material fornecido por órgãos estrangeiros. Os sauditas estavam preocupados com a possibilidade de que o envolvimento do FBI deslegitimasse o caso. O'Neill obteve um acordo que permitiu aos agentes do FBI entrevistar suspeitos através de um vidro espelhado, o que lhes garantia o acesso à investigação e ao mesmo tempo preservava a aparência de separação em que os sauditas insistiam.

Mas, quando os indícios começaram a apontar para terroristas apoiados pelo Irã como os autores mais prováveis do atentado, os sauditas relutaram em prosseguir a investigação. Ficaram preocupados com a possível reação americana caso o Irã fosse implicado, o que logo aconteceu. A própria investigação saudita apontou para uma seção do Hezbollah dentro do reino. Sanções econômicas e diplomáticas contra o Irã pareciam improváveis, porque os europeus não concordariam. "Talvez vocês não tenham opção", disse um dos sauditas a O'Neill. "Se for uma reação militar, o que vocês bombardearão? Vão atacar com bombas nucleares? Arrasar as instalações militares? Destruir as refinarias de petróleo? E para conseguir o quê? Somos vizinhos deles. Vocês estão a 10 mil quilômetros de distância."[4]

O'Neill percebeu que, na nova era do FBI globalizado, solucionar o caso era uma coisa, mas obter justiça eram outros quinhentos.

* * *

O'Neill sonhava em sair de Washington e "pôr a mão na massa".[5] Queria voltar a supervisionar casos. Em janeiro de 1997, tornou-se agente especial encarregado da divisão de segurança nacional em Nova York, o maior e mais prestigioso escritório de campo do FBI. Ao chegar, despejou quatro caixas de fichas Rolodex sobre a escrivaninha da nova secretária, Lorraine di Taranto. Depois entregou-lhe uma lista de todos com quem gostaria de se encontrar: o prefeito, o comissário de polícia, os subcomissários de polícia, os chefes dos órgãos federais, e líderes religiosos e étnicos em todos os cinco distritos. Em seis meses, havia ticado todos os nomes da lista.

Àquela altura, parecia que O'Neill tinha morado em Nova York a vida inteira. A cidade era um palco enorme onde ele tentava desempenhar seu pequeno papel. Apareceu ao lado de John Cardinal O'Connor, arcebispo de Nova York, nos degraus da catedral de St. Patrick durante a parada do dia daquele santo. Orou com imãs no Brooklyn. Figuras dos esportes e astros do cinema, como Robert de Niro, o consultavam e chamavam de amigo. "John, você mantém a cidade cheia de energia", observou um de seus colegas após uma longa noite em que parecia que todos haviam se inclinado na direção de O'Neill. Ele respondeu: "De que adianta ser o xerife se você não pode agir como tal?".[6]

O'Neill estava agora encarregado do contraterrorismo e da contra-inteligência numa cidade cheia de emigrantes, espiões e diplomatas escusos. O esquadrão específico responsável pelo Oriente Médio chamava-se, no linguajar burocrático reservado, I-49. Seu pessoal passava a maior parte do tempo cobrindo os sudaneses, egípcios e israelenses, todos eles recrutando ativamente em Nova York.

A maioria dos membros do esquadrão eram nativos de Nova York que haviam permanecido perto de casa. Entre eles estava Louis Napoli, um detetive da polícia nova-iorquina designado para o I-49 através da Joint Terrorism Task Force [Força-tarefa Conjunta de Terrorismo]. Napoli continuava morando na mesma casa do Brooklyn onde crescera. Os irmãos Anticev, John e Mike, também do Brooklyn, eram filhos de imigrantes croatas. Richard Karniewicz era um filho de imigrantes poloneses do Brooklyn que tocava polcas no acordeom. Jack Cloonan cresceu em Waltham, Massachusetts, e não era apenas seu sotaque que o distinguia: na universidade especializou-se em inglês e latim, e ingressou no FBI em 1972, no dia do falecimento de seu diretor, J. Edgar Hoover. Carl Summerlin era um soldado negro da força pública do estado de Nova York e ex-campeão de tênis. Kevin Cruise graduara-se por West Point e havia sido capitão do 82º Batalhão Aerotransportado. Mary Deborah Doran era filha de um agente do FBI. Ela trabalhara para o Conselho de Relações Exteriores antes de ir à Irlanda do Norte fazer pós-graduação em história irlandesa. O supervisor do grupo, Tom Lang, um irlandês direto, irreverente e irritadiço do Queens, conhecia O'Neill do tempo em que ambos trabalharam como guias turísticos no quartel-general. Alguns membros do esquadrão, como Lang e os irmãos Anticev, já lidavam com terrorismo havia anos. Outros, como Debbie Doran, eram novatos no esquadrão; ela entrara no FBI em 1996, e foi designada para Nova York no mês em que O'Neill assumiu a chefia. Aquele esquadrão logo ficaria bem maior, mas o núcleo foram aqueles sete agentes, um soldado da força pública estadual e um detetive da polícia municipal. O outro membro do esquadrão era Dan Coleman, designado para a Alec Station e que vinha trabalhando sozinho no caso Bin Laden.

Quando O'Neill chegou, porém, a maior parte do esquadrão I-49 havia sido desviada para investigar a queda do vôo 800 da TWA, ocorrido ao largo da costa de Long Island em julho de 1996.[7] Dezenas de testemunhas relataram ter visto uma chama ascendente que culminou com a explosão em pleno ar. Aquele parecia ser um dos piores atos de terrorismo da história americana, e o FBI mobilizou todos os seus impressionantes recursos para solucionar o crime o mais rápido possível. O atentado às torres Khobar e as investigações sobre o vôo 800 da TWA vinham absorvendo todo o pessoal de que dispunha o FBI, sem nenhuma solução em vista.

De início, os investigadores acreditaram que o avião tivesse sofrido um atentado a bomba ou sido derrubado com um míssil, em retaliação, pelos seguidores do xeique Omar Abdul Rahman, que estava sendo julgado em Nova York naquela época. Mas após três meses chegaram à conclusão de que a aeronave sofrera uma estranha falha mecânica. O caso se tornara, em grande parte, um problema de relações públicas: em face dos depoimentos incisivos de testemunhas oculares, o FBI simplesmente não sabia como convencer um público cético de suas conclusões. Agentes aturdidos continuavam vasculhando os destroços do avião, que havia sido remontado, pedaço por pedaço, num hangar em Long Island.

O'Neill precisava de seu esquadrão de volta. Junto com o Departamento de Defesa, ele calculou a altitude do TWA 800 e sua distância em relação à praia no momento da explosão. Demonstrou que o aparelho estava fora do alcance de um míssil Stinger — na época, a explicação mais provável para o rastro de fumaça notado pelas testemunhas. O'Neill aventou a hipótese de que a chama pudesse ter sido causada pela ignição de combustível vazando do avião, e persuadiu a CIA a preparar uma simulação em vídeo desse cenário, que acabou revelando uma semelhança impressionante com os relatos das testemunhas. Agora ele poderia se dedicar ao caso Bin Laden.

O nome Alec Station é uma homenagem ao filho adotivo coreano de Michael Scheuer, o equivalente temperamental de O'Neill na CIA.[8] Pela primeira vez, o birô e a agência vinham trabalhando conjuntamente no mesmo projeto, uma parceria inédita, mas complicada. Na opinião de Scheuer, o FBI simplesmente queria infiltrar um espião dentro da Alec Station a fim de roubar o máximo de informações possível. Contudo, Scheuer relutantemente passou a respeitar Dan Coleman, o primeiro homem do FBI a ser designado para a sua área. Coleman era obeso e relaxado, bigode espesso e cabelos que se recusavam a permanecer penteados. Irritadiço como um porco-espinho (os colegas do FBI o chamavam pelas costas de "Papai Noel Zangado"), não exibia aquela arrogância machista do FBI que Scheuer tanto desprezava. Teria sido fácil descartar Coleman como mais um burocrata bobalhão, não fossem sua inteligência e decência, justamente as qualidades que Scheuer mais admirava. Mas havia um conflito institucional fundamental que a amizade não podia sanar: a missão de Coleman, como agente do FBI, era reunir provas visando à condenação de Bin Laden por um crime. Scheuer, agente da CIA, desde cedo chegara à conclusão de que a melhor estratégia para lidar com Bin Laden seria simplesmente matá-lo.

Embora Coleman relatasse zelosamente as suas descobertas aos superiores do FBI, a única pessoa realmente interessada nelas era O'Neill, que ele conhecera numa das reuniões de Dick Clarke na Casa Branca. O'Neill estava fascinado pelo dissidente saudita numa época em que muito poucas pessoas, inclusive no FBI, sabiam quem era Osama bin Laden. Depois, alguns meses antes de O'Neill chegar a Nova York, Coleman havia interrogado Jamal al-Fadl, o desertor da Al-Qaeda, que revelou a existência da organização terrorista e suas ambições globais. Nas várias semanas gastas com Fadl num esconderijo na Alemanha, aprendendo sobre a estrutura do grupo e as personalidades de seus líderes, Coleman chegara à conclusão de que os Estados Unidos enfrentavam uma ameaça nova e profunda. Contudo, seus informes chamavam pouca atenção fora de um círculo reduzido de promotores e uns poucos interessados na agência e no birô — especialmente Scheuer e O'Neill.

Embora fossem os dois principais responsáveis por deter Bin Laden e a Al-Qaeda, Scheuer e O'Neill sentiam uma forte aversão um pelo outro — emoção que refletia o antagonismo arraigado entre as organizações que representavam. Desde o início, a reação da inteligência americana ao desafio apresentado pela Al-Qaeda foi tolhida pela péssima relação pessoal e a guerra institucional exemplificadas por ambos. Coleman ficava no fogo cruzado entre aqueles dois indivíduos cabeçudos, tempestuosos e talentosos, que viviam brigando por causa de Bin Laden — com quem nenhuma das duas organizações realmente se importava.

Em seu cubículo na Alec Station, Dan Coleman continuou investigando as pistas surgidas nas entrevistas com Fadl. Examinou transcrições de conversas telefônicas grampeadas, relacionadas aos negócios de Bin Laden em Cartum. Um telefone que recebera muitas chamadas pertencia ao ex-secretário de Bin Laden, Wadih el-Hage, em Nairóbi, Quênia. Quase todas as conversas de Hage haviam sido traduzidas do árabe, mas outras eram em inglês, especialmente quando conversava com a esposa americana. Às vezes, fazia tentativas toscas de falar em código, que sua mulher obstinadamente se recusava a entender.

"Mande dez papéis verdes, oquei?", Hage pediu numa conversa.[9]

"Dez papéis vermelhos?", ela perguntou.

"Verdes."

"Você quer dizer dinheiro", ela concluiu.

"Muito obrigado", ele agradeceu com sarcasmo.

Coleman interessou-se por Hage, que parecia, apesar de sua inabilidade para a espionagem, ser um pai atencioso e um marido amoroso. Sempre que estava ausente, telefonava para os filhos e pedia à mulher que não os deixasse ver televisão demais. Dirigia ostensivamente uma organização de caridade chamada Help Africa People, mas ganhava a vida como negociante de jóias.

A CIA achou que Hage poderia ser recrutado como agente. Ao examinar as transcrições, Coleman concluiu que ele dificilmente mudaria de lado, mas concordou em ir para o Quênia, achando que ao menos poderia encontrar alguns indícios que confirmassem a existência daquela organização descrita por Fadl, a Al-Qaeda.

Em agosto de 1997, Coleman e dois agentes da CIA apareceram na casa de Hage, em Nairóbi, com um mandado de busca e um policial queniano nervoso carregando um AK-47. A casa ficava atrás de um muro alto de blocos de concreto de cinzas, coberto de cacos de vidro, e era vigiada por um pastor alemão esquelético preso por uma corda. A esposa americana de Hage, April Brightsky Ray, e seus seis filhos estavam lá,[10] junto com a mãe de April, Marion Brown. Ambas as mulheres, convertidas ao islamismo, usavam *hijab*.

Estranho vê-las em carne e osso após tê-las estudado a tamanha distância. Coleman classificou as mulheres na mesma categoria das esposas de mafiosos: cientes, de uma forma geral, de que ações ilegais vinham sendo cometidas, mas legalmente não cúmplices.[11] April era uma mulher pesada, com o rosto redondo, agradável. Informou que o marido estava fora do país a negócios (na verdade, no Afeganistão, conversando com Bin Laden), mas voltaria naquela noite. Coleman mostrou o mandado para procurar o que alegou serem documentos roubados.

O lugar era imundo e infestado de moscas. Um dos filhos tinha febre alta. Enquanto os agentes conversavam com April em outro aposento, Marion Brown observava atentamente Coleman revistar as gavetas e armários da casa.

"Aceita um café?", perguntou Marion.[12]

Coleman deu uma olhada na cozinha e declinou.

"Faz muito bem, porque eu poderia estar tentando envenenar você", ela observou.

Havia papéis e cadernos empilhados por toda parte, contas de gás de oito anos antes, e cartões de visita de banqueiros, advogados, agentes de viagem e exterminadores. Na prateleira superior do armário do quarto, Coleman encontrou um computador Apple PowerBook.

Wadih el-Hage voltou naquele mesmo dia. Esguio e barbado, com o braço direito atrofiado, Hage nascera no Líbano, mas adquirira a cidadania americana através da mulher. Convertera-se do cristianismo ao islamismo, e tinha suas próprias idéias sobre recrutamento: quando chegou ao encontro com os agentes, carregava tratados religiosos, e passou a noite tentando convencer Coleman e os homens da CIA a aceitar o islã.

Naquela noite em Nairóbi, entretanto, um dos agentes da CIA conseguiu recuperar vários documentos deletados no disco rígido do PowerBook que comprovavam muitas das afirmações de Jamal al-Fadl sobre a existência da Al-Qaeda e seus intentos terroristas. Mas faltavam dados mais objetivos para um processo penal contra Bin Laden.

Coleman e os homens da CIA percorreram os documentos, reconstituindo as viagens de Hage. Ele comprara algumas armas para Bin Laden na Europa Oriental e parecia estar fazendo viagens freqüentes à Tanzânia. A Al-Qaeda vinha tramando alguma coisa, mas não estava claro o quê. De qualquer modo, certamente seria uma operação de poucos recursos, e a descoberta do aparelho em Nairóbi com certeza a abortara.

15. Pão e água

O mulá Omar enviou uma delegação a Tora Bora para saudar Bin Laden e saber mais sobre ele. A declaração de guerra de Osama e a subseqüente tempestade na mídia internacional haviam chocado e dividido os talibãs. Alguns deles observaram que, para começo de conversa, não haviam convidado Bin Laden para ir ao Afeganistão, portanto não se sentiam obrigados a proteger um homem que vinha pondo em risco suas relações com outros países. Na época o Talibã não tinha divergências com os Estados Unidos, que nominalmente vinham encorajando sua influência estabilizadora no país. Ademais, os ataques de Bin Laden à família real saudita constituíam uma violação direta da promessa do mulá Omar ao príncipe Turki de manter seu hóspede sob controle.

Por outro lado, os talibãs tinham esperança de que Bin Laden pudesse ajudar a reconstruir a infra-estrutura destruída do Afeganistão e gerar empregos para reanimar a economia morta. Eles o adulavam, dizendo que se consideravam como os partidários do profeta quando este se refugiou em Medina.[1] Enfatizavam que, contanto que não atacasse o patrocinador do Talibã, a Arábia Saudita, nem falasse à imprensa, Bin Laden seria bem-vindo e contaria com a proteção deles. Em troca, Osama apoiava incondicionalmente o governo dos talibãs,[2] embora logo tenha traído a confiança deles.

Em março de 1997, uma equipe de televisão da CNN foi conduzida às montanhas gélidas acima de Jalalabad, até uma cabana de barro forrada com cobertores, para se encontrar com Osama bin Laden.[3] Desde a chegada ao Afeganistão, o saudita exilado já havia falado com repórteres dos jornais sediados em Londres *The Independent* e *Al-Quds al-Arabi*, mas aquela foi sua primeira entrevista concedida à televisão. Peter Bergen, o produtor, observou que Bin Laden parecia doente. Entrou no aposento apoiado numa bengala e tossiu de leve durante toda a entrevista.

É possível que, até então, Bin Laden jamais tivesse matado um americano ou qualquer outra pessoa, exceto no campo de batalha. As ações em Áden, Somália, Riad e Dhahran podem ter sido inspiradas em suas palavras, mas nunca ficou demonstrado que ele comandou os terroristas que as perpetraram. Embora Ramzi Yousef tenha treinado num acampamento da Al-Qaeda, Bin Laden não teve ligação com o atentado a bomba ao World Trade Center em 1993. Osama contou a Abdel Bari Atwan, editor palestino baseado em Londres, que a Al-Qaeda foi responsável pela emboscada às forças americanas em Mogadício, em 1993, pelo ataque a bomba ao centro de treinamento da guarda nacional saudita em Riad, em 1995, e pelo ataque a bomba às torres Khobar, em 1996, mas não há indícios que comprovem tais afirmações. Estava cercado por homens como Zawahiri, que tinham as mãos bem sujas de sangue, e apoiava suas ações no Egito. Ele era, como a CIA o caracterizou na época, um financiador de terroristas, embora um financiador sem muito dinheiro. A declaração de guerra aos Estados Unidos, porém, revelou-se uma propaganda fascinante sua e de sua causa — e irresistível para um homem cuja sorte havia sido tão espezinhada. É claro que seus anfitriões talibãs proibiam tal publicidade, mas, uma vez que atraiu a atenção mundial, Bin Laden não permitiria que ninguém a desviasse dele.

Peter Arnett, o repórter da CNN, começou pedindo a Osama que declarasse sua crítica à família real saudita. Ele respondeu que ela era subserviente aos Estados Unidos, "e isso, com base na *sharia*, exclui o regime da comunidade religiosa". Em outras palavras, estava declarando *takfir* contra a família real, afirmando que não deviam mais ser considerados muçulmanos e, portanto, podiam ser mortos.

Arnett então perguntou que tipo de sociedade ele criaria se o movimento islâmico tomasse o poder na Arábia Saudita. A resposta exata de Bin Laden foi:

Estamos confiantes, com a permissão de Deus, que seja louvado e glorificado, em que os muçulmanos sairão vitoriosos na península Arábica, e a religião de Deus, que seja louvado e glorificado, prevalecerá nessa península. É um grande orgulho e uma grande esperança que a revelação a Maomé, que a paz esteja com ele, sirva de base ao governo. Quando costumávamos seguir a revelação a Maomé, que a paz esteja com ele, vivíamos em grande felicidade e grande dignidade, a Deus cabe o mérito e o louvor.

O notável nesta resposta, repleta, como de hábito, de expressões ritualísticas, é a ausência de qualquer plano político real, afora a imposição da *sharia*, que na verdade já vigorava na Arábia Saudita. A felicidade e a dignidade que Bin Laden invocava residiam do outro lado da história, numa época anterior aos conceitos de nação e Estado. O movimento islâmico radical nunca teve uma idéia clara de governo, nem muito interesse nisso, como o Talibã conclusivamente demonstraria. A purificação era o objetivo; e sempre que a pureza é o principal, o terror ronda.

Bin Laden citou o apoio americano a Israel como a primeira causa de sua declaração de guerra, seguido da presença de tropas americanas na Arábia. Acrescentou que civis americanos também deveriam deixar a terra santa islâmica, porque ele não poderia garantir sua segurança.

Na passagem mais reveladora da entrevista, Arnett perguntou se, caso os Estados Unidos concordassem com sua exigência de que deixassem a Arábia, ele revogaria sua *jihad*. "A reação foi o resultado da política americana agressiva em todo o mundo muçulmano, não apenas na península Arábica", respondeu Bin Laden. Portanto, os Estados Unidos tinham de desistir de qualquer tipo de intervenção contra muçulmanos "no mundo inteiro". Bin Laden já falava como representante da nação islâmica, um califa em potencial. "Os Estados Unidos atualmente criaram uma dupla medida, chamando de terrorista quem reage à sua injustiça", ele se queixou. "Querem ocupar nossos países, roubar nossos recursos, impor-nos agentes para nos governar [...] e querem que concordemos com tudo isso. Se nos recusamos, eles dizem: 'Vocês são terroristas.'"

Dessa vez, o mulá Omar enviou um helicóptero a Jalalabad e convocou Bin Laden a Kandahar.[4] Não estava claro se Osama se mostraria um aliado ou um rival. Em ambos os casos, Omar não podia se dar ao luxo de deixá-lo em Jalalabad, na outra extremidade do país, numa área que o Talibã só controlava marginalmente. O saudita falador obviamente teria de ser contido ou expulso.

Os dois homens encontraram-se no aeroporto de Kandahar. Omar contou a Bin Laden que o serviço de inteligência dos talibãs afirmava ter descoberto uma conspiração de alguns mercenários tribais para seqüestrá-lo.[5] Fosse ou não verdadeira, a história acabou fornecendo a desculpa ao mulá Omar para ordenar a Bin Laden que evacuasse seu pessoal de Jalalabad e se mudasse para Kandahar, onde os talibãs poderiam ficar de olho nele. Omar pessoalmente lhe ofereceu proteção, mas disse que as entrevistas teriam de parar. Bin Laden respondeu que já decidira congelar a campanha na mídia.

Três dias depois, despachou de avião para Kandahar todos os membros de sua família e partidários, e seguiu de carro. De novo, todo o seu movimento havia sido desenraizado; de novo, adeptos desanimados se afastaram. Omar deu a Bin Laden e à Al-Qaeda a opção de ocupar um complexo residencial construído para os trabalhadores da companhia elétrica, com toda a infra-estrutura necessária, ou um complexo agrícola abandonado chamado Fazendas Tarnak, sem infra-estrutura nenhuma, nem mesmo água corrente. Bin Laden escolheu a fazenda dilapidada. "Queremos uma vida simples", explicou.[6]

Atrás dos muros de três metros do complexo erguiam-se cerca de oitenta estruturas de tijolos de barro ou concreto, incluindo dormitórios, uma pequena mesquita, depósitos e um prédio administrativo de seis andares caindo aos pedaços.[7] As três esposas de Bin Laden ficaram apinhadas num complexo murado onde viveram, de acordo com um dos guarda-costas de Osama, "em perfeita harmonia".[8] Do lado de fora do muro, os talibãs estacionaram dois tanques T-55 soviéticos.[9]

Como sempre, Bin Laden extraiu forças da privação e parecia ignorar o peso daquelas circunstâncias sobre os demais. Quando um jihadista iemenita, Abu Jandal, dirigiu-se ao chefe reclamando que não havia nada para os homens comerem, Bin Laden respondeu: "Meu filho Jandal, ainda não alcançamos uma condição como a dos companheiros do profeta, que amarravam pedras ao redor da cintura. O mensageiro de Alá usava duas pedras!".

"Aqueles homens eram fortes em sua fé, e Deus queria testá-los", Abu Jandal protestou. "Mas nós somos pecadores, e Deus não nos testaria."

Bin Laden riu.

As refeições geralmente não passavam de pão bolorento e água do poço. Bin Laden mergulhava o pão duro na água e dizia: "Deus seja louvado. Estamos comendo, mas há milhões de outras pessoas que gostariam de ter algo assim para comer".[10] Havia poucos recursos para comprar provisões. Um dos árabes foi até Bin Laden pedir dinheiro para uma viagem de emergência ao exterior. Osama entrou na casa, apanhou todo o dinheiro que conseguiu encontrar e apareceu com cerca de cem dólares. Percebendo que o chefe estava esvaziando o tesouro, Abu Jandal reclamou: "Por que não deixou uma parte do dinheiro para nós? Quem permanece aqui merece mais do que quem está partindo". Bin Laden respondeu: "Não se preocupe. Nosso sustento virá até nós". Mas nos cinco dias seguintes não havia nada para comer no acampamento, exceto as romãs ainda verdes que cresciam em torno da casa de Bin Laden. "Comíamos romãs verdes com pão três vezes ao dia", recordou Abu Jandal.

Depois que deixou o Sudão, em 1996, Zawahiri tornou-se um fantasma. Agentes da inteligência egípcia rastrearam-no até a Suíça[11] e Sarajevo. Supostamente pediu asilo à Bulgária,[12] mas um jornal egípcio também informou que ele vivia luxuosamente numa mansão suíça, perto da fronteira francesa, e que possuía 30 milhões de dólares numa conta secreta. Ao mesmo tempo, Zawahiri editava nominalmente o jornal da Al-Jihad, *Al-Mujahidin*, com escritório em Copenhague.[13] Nem o serviço secreto suíço nem o dinamarquês sabem se Zawahiri esteve realmente nesses países naquela época. Um passaporte falso usado por ele mostra que viajou para a Malásia, Taiwan, Cingapura e Hong Kong.[14] Foi visto na Holanda falando sobre a criação de um canal de televisão por satélite.[15] Dizia-se apoiado por árabes ricos que queriam fornecer uma alternativa fundamentalista à rede Al-Jazira, recém-criada no Qatar. O plano de Zawahiri era transmitir dez horas por dia para a Europa e o Oriente Médio, com apresentadores apenas do sexo masculino, mas ele jamais o concretizou.

Zawahiri também viajou para a Chechênia, onde esperava estabelecer uma base principal nova para a Al-Jihad. "As condições ali eram excelentes", escreveu num memorando aos companheiros.[16] Os russos haviam começado a se retirar da Chechênia no início daquele ano, após obter um cessar-fogo com a região rebelde, predominantemente muçulmana. Para os islamitas, a Chechênia oferecia a oportunidade de criar uma república islâmica no Cáucaso, de onde poderiam travar a *jihad* através da Ásia Central. "Se os chechenos e outros *mujahidin* caucasianos atingirem a costa do mar Cáspio, rico em petróleo, a única coisa que os separará do Afeganistão será o Estado neutro do Turcomenistão", observou Zawahiri em suas memórias.[17] "Isso formará um cinturão islâmico *mujahid* ao sul da Rússia, ligado a leste com o Paquistão, que está transbordando de movimentos *mujahidin* na Caxemira." Assim, o califado começaria a se recriar. O mundo que ele vislumbrava parecia estar bem ali, ao alcance da mão.

Às quatro da madrugada de 1º de dezembro de 1996, Zawahiri transpôs a fronteira russa num utilitário com dois de seus auxiliares próximos: Mahmoud Hisham al-Hennawi e Ahmed Salama Mabruk, chefe da célula da Al-Jihad no Azerbaijão. Viajando sem vistos, foram detidos numa barreira na estrada e levados ao serviço de segurança federal, que os acusou de entrar no país ilegalmente. Zawahiri levava quatro passaportes, cada um de um país diferente e com um nome diferente.[18] Os russos não conseguiram descobrir sua identidade real. Encontraram 6400 dólares em dinheiro, alguns outros documentos falsificados, inclusive diplomas de graduação do "sr. Amin", da faculdade de medicina da Universidade do Cairo, vários livros-textos de medicina e um laptop, fax e telefone celular por satélite. No julgamento, Zawahiri fingiu ser um mercador sudanês. Alegou que não percebera ter cruzado a fronteira ilegalmente e sustentou que fora à Rússia "para pesquisar o preço do chumbo, remédios e outros produtos". O juiz condenou Zawahiri e seus companheiros a seis meses de prisão. Eles já haviam quase cumprido a pena na época do julgamento, e algumas semanas depois foram levados à fronteira do Azerbaijão e mandados embora. "Deus cegou-os para nossas identidades", vangloriou-se Zawahiri num relato dessa viagem a seus partidários, irritados e preocupados com sua ausência.[19]

Aquele vexame teve uma conseqüência profunda. Com ainda mais desertores entre seus partidários e nenhuma fonte de renda, não restou a Zawahiri outra escolha senão juntar-se a Bin Laden em Kandahar. Ambos viam uma vantagem na união de forças. A Al-Qaeda e a Al-Jihad estavam muito reduzidas em relação aos dias de apogeu no Sudão. Porém, o serviço de inteligência paquistanês persuadira o Talibã a devolver os acampamentos da Al-Qaeda, em Khost e outros lugares, ao controle de Bin Laden, a fim de treinar militantes para a luta na Caxemira. Com a inteligência do Paquistão subsidiando o custo, os campos de treinamento haviam se tornado uma fonte de renda importante.[20] Além disso, Bin Laden ainda conseguia atrair alguns de seus doadores dos dias da *jihad* soviética. Assim, a renda, embora modesta, permitia adquirir alguns veículos caros para o mulá Omar e seus principais comandantes, tornando Bin Laden mais bem-vindo.[21] Apesar da situação financeira ainda precária, Zawahiri acreditava que seu destino seria melhor com Bin Laden do que sem ele.

Muitos dos egípcios se reagruparam no Afeganistão, incluindo Abu Hafs, nomeado chefe militar da Al-Qaeda após o afogamento de Abu Ubaydah. A Al-Qaeda só pôde fornecer um estipêndio de cem dólares mensais,[22] metade do que pagava no Sudão. Os líderes do Grupo Islâmico chegaram, bem como alguns outros islamitas do Paquistão e de Bangladesh. De início, reuniram-se em Jalalabad, no mesmo complexo que abrigava as famílias da Al-Qaeda — cerca de 250 pessoas ao todo[23] —, e a maioria seguiu Bin Laden quando ele se mudou para Kandahar. Ficaram desanimados com a esqualidez, a comida terrível, a água insalubre e especialmente a falta de infra-estrutura. A hepatite e a malária eram epidêmicas. "Este lugar é pior que uma tumba", escreveu um dos egípcios para a família.[24] Zawahiri, líder dos egípcios, acabou se juntando a eles.

Como não havia mais vida escolar no Afeganistão, as crianças passavam muito tempo juntas. Zaynab Ahmed Khadr, cidadã canadense e a filha obstinada de um dos partidários mais proeminentes de Zawahiri, aborreceu-se quando sua família deixou Peshawar, onde tinham vivido com conforto durante quinze dos seus dezoito anos. O Afeganistão ficava logo ali, do outro lado da cadeia escarpada de montanhas que bloqueava o pôr-do-sol, mas parecia ancorado em outro século. Embora já se cobrisse completamente, trajando até luvas e *niqab* no rosto, detestava a burca, que as mulheres afegãs eram forçadas a usar. Seus pais prometeram que ela seria feliz naquele país, onde se praticava o verdadeiro islamismo, e que logo encontraria novas amigas para substituir as colegas de escola com as quais crescera. Zaynab, contrariada, declarou que não queria fazer amizades.

Dois dias depois, a mãe informou que iam se encontrar com os Bin Laden. "Não quero me encontrar com *ninguém*!", retrucou a menina em tom de desafio.

"Se você não se comportar, nem sonhe em voltar para Peshawar", respondeu o pai, impaciente.

Apesar da cena, as filhas de Bin Laden acabaram se tornando algumas das melhores amigas de Zaynab. Fátima, a mais velha, com catorze anos em 1997, era filha de Umm Abdullah, e Khadija, com treze, era filha de Umm Khaled. (Fátima era o nome de uma das filhas do profeta, e Khadija, o nome de sua primeira esposa.) A diferença de idade entre Zaynab e as meninas Bin Laden foi algo que ela simplesmente aceitou, já que viviam numa comunidade tão pequena.

As três esposas de Bin Laden e seus filhos moravam em casas separadas dentro do complexo. Todas as crianças da Al-Qaeda vestiam farrapos, e o esforço para manter o mínimo de limpeza não surtia efeito. Zaynab observou que as casas de Bin Laden eram limpas e nitidamente diferentes entre si. Umm Abdullah, embora tivesse pouca instrução, era divertida e bondosa, e adorava decoração. As casas das outras esposas eram arrumadas e muito limpas, mas a sua era, além de tudo, bonita. Havia flores e cartazes, e álbuns de colorir para os filhos menores. Sua filha Fátima tinha de se dedicar à faxina, observou Zaynab, porque a mãe "não fora educada para trabalhar".

Fátima era divertida, mas um pouco lerda. Ela confidenciou a Zaynab que jamais se casaria com nenhum dos homens próximos do pai, porque "ele seria procurado no mundo todo".

"Seu crime seria se casar com você, Fátima", observou Zaynab.

"É mesmo."

Zaynab não estava brincando. No mundo em que as moças viviam, o casamento representava uma união de famílias, e não apenas de indivíduos. Zaynab teve a impressão de que Fátima esquecera quem era. (É claro que Fátima não pôde escolher o marido; o homem com quem acabou se casando — um dos seguidores de Bin Laden — seria morto quatro anos depois na evacuação de Kandahar.)

A vida era bem diferente na casa de Umm Khaled, mais tranquila e organizada. Ao contrário de Umm Abdullah, Umm Khaled fez uma tentativa de educar as três filhas e o filho. Uma escola particular para meninos árabes foi aberta no complexo, mas as meninas estudavam em casa. Umm Khaled, com doutorado na matéria, ajudou Zaynab a estudar gramática árabe, e muitas vezes preparava o jantar junto com as meninas. Bin Laden ensinou matemática e ciências às filhas, dedicando diariamente algum tempo a elas. Às vezes, submetia-as a testes para verificar se estavam progredindo.

A filha mais velha de Umm Khaled, Khadija, gostava de história e biografias. Embora na opinião de Zaynab nenhuma das crianças fosse bem instruída, ela achava Khadija "muito, muito brilhante".

Umm Hamza tinha apenas um filho — um menino —, mas, na opinião de Zaynab, comparada com as outras esposas, "Umm Hamza era a melhor". Era também a mais velha, tinha sete anos mais que o marido. Sua visão era fraca, e a constituição, frágil. Sofria abortos constantes. Como uma mulher saudita de família abastada e distinta, exibia um ar majestoso, mas se dedicava profundamente à causa. Quando Bin Laden propôs o casamento, a família de Umm Hamza sentiu-se ofendidíssima, porque ela seria sua segunda esposa, mas ela concordou porque queria casar-se com um verdadeiro *mujahid*. Umm Hamza era muito popular na comunidade da Al-Qaeda. As outras mulheres se sentiam à vontade para procurá-la, e ela conversava com todas e dava importância aos seus problemas. "Sabíamos que as coisas podiam degringolar à nossa volta e ficávamos deprimidas", contou Zaynab. "Ela mantinha todo mundo de pé."

Bin Laden também dependia dela. Embora procurasse tratar igualmente suas esposas, como ordena o Alcorão, todos sabiam que Umm Hamza era a favorita. Não era bonita, mas sensível e dedicada. Sua casa, sempre a mais asseada. Havia uma cama e uma arca contendo todas as suas roupas. Ela deixava sempre um *kameez* (o manto afegão típico) limpo atrás da porta, pronto para Bin Laden. No banheiro, numa pequena prateleira, um vidro de perfume para ela e outro para o marido.

Umm Abdullah sentia muito ciúme daquele relacionamento. Embora fosse a primeira na hierarquia das esposas e mãe de onze dos filhos de Bin Laden, também era a mais nova e a menos instruída. A beleza constituía sua única vantagem, e ela fazia de tudo para se manter atraente. Sempre que outras mulheres viajavam, especialmente a países ocidentais, Umm Abdullah lhes entregava uma lista de compras com cosméticos e lingerie de marcas famosas, preferindo produtos americanos que ninguém mais ali pensaria em comprar. As mulheres de Bin Laden viviam dentro de um pequeno pátio interno no complexo maior, e Umm Abdullah costumava vestir trajes de *jogging* e correr em torno do perímetro para manter a forma. "Ela vivia brigando com Osama", recorda a amiga Maha Elsamneh. "Eu dizia a ela que aquele homem poderia ser levado embora num piscar de olhos. Você devia curti-lo enquanto estão juntos. Não o maltrate tanto sempre que está por perto."

As meninas pregavam peças infantis umas nas outras. Certa ocasião, Fátima, não querendo que Zaynab voltasse para casa, persuadiu a irmã mais nova, Iman, a esconder os sapatos e o véu da amiga até o toque de recolher, de modo que ela teve de passar a noite lá.

Os filhos de Bin Laden não consideravam o pai tão devoto e intransigente como era visto pelo resto da comunidade. Quando Fátima pediu emprestadas várias fitas cassete, Zaynab avisou: "Eu empresto com uma condição. Seu pai não pode ouvi-las, porque alguns homens são muito rigorosos".

"Meu pai não vai destruí-las", protestou Fátima. "Ele não é tão severo assim. Só finge ser diante dos homens."

"Ele realmente ouve música?", perguntou Zaynab, surpresa.

"Sim, ele não liga."

Refletindo seu amor por cavalos, Bin Laden mantinha uma biblioteca sobre o assunto na casa de Umm Khaled, e até tolerava álbuns de colorir e calendários com figuras de cavalos, embora ninguém mais na comunidade permitisse retratos nas paredes. Zaynab concluiu: "O xeique era bem liberal".

Os filhos mais velhos de Bin Laden costumavam ficar com o pai por perto em Tora Bora. Entre os adolescentes, o tédio e o risco de vida mesclavam-se de uma forma estranha e instável. Ao contrário das meninas, os meninos tinham a oportunidade de ir à escola, mas não faziam muito mais do que memorizar o Alcorão o dia inteiro. Bin Laden deixava os filhos menores jogarem videogame, por falta de outras distrações.[25] Os meninos eram bem agitados e tendiam a um comportamento temerário para fugir da monotonia. Um dos irmãos mais novos de Zaynab, Abdul Rahman, ficou amigo do filho de Bin Laden de mesmo nome. Eram os dois únicos meninos no complexo cujos pais tinham condições de adquirir um cavalo para eles. Às vezes, em vez de montar, incitavam os animais a lutar entre si. O cavalo de Abdul Rahman Bin Laden era um árabe fogoso, mas quando Abdul Rahman Khadr trouxe um cavalo mais forte que quase matou o árabe, o menino Bin Laden carregou sua arma com uma bala, apontou-a para Khadr e ameaçou atirar se ele não refreasse o cavalo. Assassinatos e lesões corporais estavam sempre no ar.

À tarde, os meninos costumavam jogar vôlei, e Osama às vezes entrava no jogo. Aparentemente gozava de excelente saúde. Certa vez, comprou um cavalo dos talibãs, que afirmaram tê-lo capturado de Ahmed Shah Massoud. Era um grande garanhão dourado com três faixas brancas nas patas. Ninguém conseguia montá-lo até Bin Laden saltar sobre suas costas e sair a galope. Vinte minutos depois, voltava ao complexo com o cavalo totalmente sob controle.

Os homens tão temidos e menosprezados no resto do mundo não pareciam tão aterrorizantes assim em seus próprios lares, onde brincavam ruidosamente com os filhos e os ajudavam no dever de casa. Zaynab lembrou uma ocasião em que sua família estava na casa dos Zawahiri, em Kandahar, e o pai chegou carregando uma metralhadora. Quando ele estava subindo a escada, o irmão de dez anos de Zaynab agarrou as pernas de Zawahiri, querendo ver a arma. "Abdul Karim, espere até chegarmos ao quarto!", respondeu Zawahiri. O menino não quis esperar: continuou implorando e tentando agarrar a arma. Zawahiri enfim cedeu e deixou-o examinar a metralhadora. Aquele momento de ternura impressionou Zaynab e os outros. "Olhem só esse homem... e o pintam como um monstro!", ela exclamou.

As quatro filhas de Zawahiri eram brilhantes, desembaraçadas e bonitas, particularmente Nabila. Ao completar doze anos, ela se tornou alvo de um interesse crescente entre as mães casamenteiras da comunidade. Mohammed, o único filho dos Zawahiri, também era muito atraente, o xodó das irmãs mais velhas. À medida que crescia, porém, naturalmente começou a passar mais tempo com os homens e colegas de turma. Naquele ambiente rude, um rapaz tão delicado e educado acabaria sofrendo agressões e chacotas. Preferiu então ficar em casa e ajudar a mãe.

As filhas de Zawahiri muitas vezes se juntavam para jogos ou exercícios. A mãe, Azza, gostava de promover pequenas festas, embora houvesse pouco a oferecer aos hóspedes — às vezes, nada além de macarrão e tomates. Quando Zaynab visitou os Zawahiri no noivado da segunda filha, Umayma, as meninas não pararam de conversar durante o café, o almoço e o jantar. Tarde da noite, ainda cantavam, fazendo tanto barulho que nem ouviram quando o dr. Ayman bateu na porta pedindo silêncio. "Pensei em como esse sujeito apavora o mundo inteiro, mas nem sequer grita conosco. Para nós, esses homens são bons e gentis."

Apesar dos hábitos modestos, a mulher de Zawahiri insistia em preservar certa elegância. Azza costurava as próprias roupas, preferindo o estilo clássico. Conseguiu alguns moldes do Irã, e aprendeu sozinha persa suficiente para entender as instruções. Também costurava camisolas para arrecadar dinheiro, doando parte da renda a vários projetos necessários. Ela e as filhas transformavam papéis de bombons em guirlandas de flores, que penduravam na parede, e dispunham pedras num arranjo agradável diante da humilde cabana de barro.

Em 1997, Azza teve uma surpresa. Estava grávida novamente, uma década após o nascimento da última filha. O bebê nasceu no inverno, bem abaixo do peso normal. O dr. Ayman percebeu imediatamente que sua quinta filha sofria de síndrome de Down. Azza, já onerada com a responsabilidade de cuidar de uma família grande em circunstâncias extraordinárias, aceitou também aquele encargo novo. Chamaram o bebê de Aisha. Todos a adoravam, mas Azza era a única capaz de atender às suas necessidades.[26]

Recordando a amizade com os filhos de Bin Laden e Zawahiri, Zaynab observou que as famílias "tinham seus altos e baixos, mas eram crianças totalmente normais. Tiveram uma infância bem normal."

Em julho de 1997, dois meses depois de voltar do Afeganistão, Zawahiri enfureceu-se com um acontecimento no Egito que ameaçava solapar seu movimento. O advogado islamita Montassir al-Zayyat intermediara um acordo entre o Grupo Islâmico e o governo egípcio. A iniciativa antiviolência, como se chamou, surgira nas mesmas prisões onde Zayyat e Zawahiri tinham estado presos juntos dezesseis anos antes.[27] Com 20 mil islamitas nas prisões egípcias,[28] e milhares de outros tendo sido mortos pelas forças de segurança, o movimento fundamentalista paralisara, e estava claro para os líderes do Grupo Islâmico que, sem a renúncia à violência, jamais veriam a luz do dia.

Depois de declarada a iniciativa, o xeique Omar Abdul Rahman acrescentou seu imprimátur de sua cela na prisão nos Estados Unidos. Embora negasse que um acordo tivesse sido selado, o governo libertou 2 mil membros do Grupo Islâmico durante o ano seguinte.[29] Muitos membros veteranos da própria Al-Jihad de Zawahiri aderiram ao movimento de reconciliação com o regime.

De início, Zawahiri ficou sozinho em sua discordância. "A tradução política dessa iniciativa é rendição", reclamou, furioso. "Em qual batalha um combatente é forçado a encerrar sua luta e instigação, aceitar o cativeiro e entregar seus homens e armas — em troca de nada?"[30] O bombardeio de cartas sobre essa questão entre Zawahiri e outros islamitas ao editor de um jornal árabe em Londres acabou sendo chamado de "Guerra dos Faxes". Zawahiri declarou que entendia o sofrimento dos líderes aprisionados, mas "se era para parar agora, por que começamos?"

A posição de Zawahiri dividiu os islamitas egípcios entre aqueles que ainda estavam no país, que queriam a paz, e aqueles fora do Egito, contrários à reconciliação. Zawahiri conseguiu a adesão de Mustafá Hamza, o novo emir do rival Grupo Islâmico, e de seu líder militar, Rifai Ahmed Taha, ambos no Afeganistão. (Quanto à participação do xeique cego na iniciativa, ele pode tê-la considerado como ficha de barganha com os americanos, dos quais esperava obter a liberdade.[31] Quando mais tarde ficou claro que não obteria, retratou-se, retirando o apoio.) Os exilados egípcios decidiram justificar o uso contínuo da violência mediante um ataque único e transformador.

O atentado pode ter visado a uma representação de *Aída*, ópera de Verdi sobre o Egito antigo, encenada em outubro de 1997 diante do templo da Rainha Hatshepsut, na margem oeste do Nilo, perto de Luxor. A ruína esplêndida é um dos grandes artefatos do Novo Reino. Suzanne Mubarak, a esposa do presidente, recepcionou os convidados na noite de gala da estréia.

A estratégia do Grupo Islâmico foi atacar o turismo, a força vital da economia egípcia e principal fonte de divisas estrangeiras, a fim de provocar no governo reações repressivas impopulares. A Al-Jihad sempre rejeitara essa abordagem por considerá-la contraproducente. Mas com a presença de tantos VIPs e autoridades do governo, incluindo o próprio presidente, o espetáculo também fornecia a oportunidade de realizar o objetivo da organização islamita de decapitar o governo. Só que a presença de 3 mil guardas de segurança[32] de início desanimou os atacantes.

Em 17 de novembro de 1997, a ruína gloriosa montava guarda na areia marrom-amarelada do deserto do sul, como vinha fazendo havia 35 séculos — muito antes de Jesus ou Maomé, ou mesmo Abraão, o pai das grandes religiões monoteístas. O calor do verão diminuíra, marcando o início da alta temporada, e centenas de turistas percorriam a área, alguns em grupos, com guias egípcios, outros tirando fotos e fazendo compras nos quiosques.

Seis rapazes trajando uniformes pretos de policial e carregando bolsas de vinil adentraram a área do templo pouco antes das nove da manhã. Um deles atirou num guarda, e depois todos amarraram faixas vermelhas na cabeça, identificando-se como membros do Grupo Islâmico.[33] Dois dos atacantes permaneceram no portão para enfrentar a polícia, que não chegou. Os outros homens percorreram os terraços do templo, derrubando turistas com tiros nas pernas e depois dando o golpe de misericórdia na cabeça. Paravam para mutilar alguns corpos com facão de açougueiro. Um japonês idoso foi eviscerado. Um panfleto foi encontrado mais tarde enfiado no corpo, dizendo: NÃO AOS TURISTAS NO EGITO.[34] Trazia esta assinatura: ESQUADRÃO DO CAOS E DESTRUIÇÃO DE OMAR ABDUL RAHMAN — GAMA'A AL-ISLAMIYYA, O GRUPO ISLÂMICO.

Acuados dentro do templo, agachando-se atrás de colunatas de calcário, os turistas tentavam se esconder, mas não havia saída. Tratava-se da armadilha perfeita. Os gritos das vítimas eram respondidos com brados de "*Allahu akbar!*", enquanto os atacantes recarregavam as armas. A matança prosseguiu durante 45 minutos, até o chão ficar empapado de sangue. Entre os mortos estavam uma criança britânica de cinco anos e quatro casais japoneses em lua-de-mel.[35] As paredes ornamentadas ficaram salpicadas de pedaços de cérebros e tufos de cabelos.

Concluído o serviço, os atacantes seqüestraram um ônibus, procurando mais turistas para matar, mas acabaram topando com uma barreira da polícia. No tiroteio que se seguiu, um dos atacantes foi ferido. Seus companheiros o mataram, depois fugiram para os morros, perseguidos por guias de turismo e aldeões em lambretas e lombo de burros, armados com pouco mais que pás e pedras.

Os corpos dos atacantes foram encontrados mais tarde em uma caverna, dispostos em círculo. A imprensa egípcia especulou que haviam sido assassinados pelo bando de aldeões indignados, mas o mais provável é que tenham cometido um suicídio ritualístico. Um dos homens trazia um bilhete no bolso, pedindo desculpas por não ter realizado antes aquela operação.

Morreram no incidente 58 turistas e quatro egípcios, além dos atacantes. Foi o pior ato de terrorismo da história do Egito moderno. A maioria das vítimas — 35 delas — era suíça; outras vinham do Japão, Alemanha, Reino Unido, França, Bulgária e Colômbia. Dezessete turistas e nove egípcios ficaram feridos. Uma mulher suíça teve o pai decapitado diante de seus olhos.

No dia seguinte, o Grupo Islâmico reivindicou a autoria do ataque. Rifai Taha declarou que os atacantes deveriam ter capturado reféns a fim de libertar os líderes islamitas presos,[36] mas a matança sistemática contradiz essa afirmação. A morte dos assassinos revelou a influência de Zawahiri. Até então, o Grupo Islâmico jamais se envolvera em ações suicidas. A polícia federal suíça mais tarde descobriu que Bin Laden financiara a operação.[37]

O Egito estava chocado. Revoltada e envergonhada, a população decididamente se voltou contra os islamitas, que subitamente começaram a emitir retratações e lançar as acusações de praxe. Da prisão, o xeique cego culpou os israelenses, afirmando que o Mossad realizara o massacre. Zawahiri culpou a polícia egípcia, que acusou de realizar a matança, mas também considerou as vítimas responsáveis por terem ido ao país. "O povo egípcio considera a presença desses turistas estrangeiros uma agressão contra os muçulmanos e o Egito", ele afirmou. "Os jovens estão dizendo que este é o nosso país, e não um local de diversão e prazer, especialmente para vocês."[38]

Luxor se revelou o divisor de águas na campanha contraterrorista no Egito. O que quer que seja que os estrategistas do Afeganistão tenham imaginado que adviria daquele ataque colossal, as conseqüências acabaram se voltando contra eles. O apoio que tinham evaporou, e sem o consentimento da população não havia onde se esconder. Nos cinco anos pré-Luxor, grupos terroristas islamitas no Egito haviam matado mais de 1200 pessoas, na maioria estrangeiros. Após Luxor, os ataques de islamitas simplesmente cessaram. "Achamos que nunca mais ouviríamos falar deles", observou um defensor dos direitos humanos do Cairo.[39]

Talvez em seu isolamento em Kandahar os líderes jihadistas, especialmente os egípcios, não tivessem idéia da natureza de sua derrota. Estavam presos a uma lógica criada por eles próprios. Falavam principalmente entre si, fortalecendo suas opiniões com versículos selecionados do Alcorão e lições da *Hadith* que faziam seu destino parecer inevitável. Viviam num país tão brutalizado pela violência sem fim que o horror de Luxor não deve ter parecido tão terrível. Na verdade, a revolução talibã os inspirara a se tornarem ainda mais sangrentos e intransigentes. Entretanto, imediatamente depois de Luxor, num período de introspecção, os líderes analisaram seu apuro e prescreveram uma estratégia para o triunfo do islã e a vitória final contra os infiéis.

O ponto principal do diagnóstico foi que a nação islâmica estava na miséria devido à liderança ilegítima.[40] Os jihadistas se perguntaram, então, quem era o responsável por aquela situação.[41] Apontaram para o que denominaram a aliança judaico-cristã surgida após o Acordo Sykes-Picot, de 1916, em que Grã-Bretanha e França partilharam as terras árabes, e a Declaração Balfour, do ano seguinte, que defendeu a criação de uma pátria judaica na Palestina. Logo depois, o Império Otomano entrou em colapso, e com ele o califado islâmico. Tudo isso foi visto como uma campanha permanente da aliança judaico-cristã para sufocar o islã, recorrendo a ferramentas como as Nações Unidas, governantes árabes submissos, corporações multinacionais, canais por satélite e agências humanitárias internacionais.

Grupos islamitas radicais já haviam surgido no passado, mas fracassaram devido à desunião e à falta de um plano claro. Em janeiro de 1998, Zawahiri começou a redigir a minuta de uma declaração formal que uniria, sob uma única bandeira, todos os diferentes grupos de *mujahidin* que haviam se reunido no Afeganistão.[42] Ela afastaria o movimento dos conflitos regionais, voltando-o para uma *jihad* islâmica global contra os Estados Unidos.

A linguagem era ponderada e concisa, em comparação com a declaração de guerra de Bin Laden de dois anos antes. Zawahiri citou três motivos de ressentimento em relação aos americanos. Primeiro, a presença prolongada de tropas americanas na Arábia Saudita sete anos após o fim da Guerra do Golfo. "Se algumas pessoas debateram antes o fato da ocupação, todas as pessoas na península agora o reconhecem", ele observou. Segundo, a intenção americana de destruir o Iraque, como provava a morte de, segundo ele, mais de 1 milhão de civis. Terceiro, o objetivo americano de apoiar Israel incapacitando os Estados árabes, cuja fraqueza e desunião são a única garantia de sobrevivência do Estado judaico.

Tudo aquilo representava uma "guerra contra Deus, seu mensageiro e os muçulmanos". Portanto, os membros da coalizão estavam emitindo uma *fatwa*: "A decisão de matar os americanos e seus aliados — civis e militares — constitui um dever individual de cada muçulmano capaz de fazê-lo em qualquer país onde seja possível fazê-lo".

Em 23 de fevereiro, o *Al-Quds al-Arabi* em Londres publicou o texto da *fatwa* da nova coalizão, que se denominou Frente Islâmica Internacional para a Jihad Contra Judeus e Cruzados. Foi assinada por Bin Laden, individualmente; Zawahiri, como líder da Al-Jihad; Rifai Taha, como líder do Grupo Islâmico; xeique Mir Hamzah, secretário do Jamiat-ul-Ulemá do Paquistão; e Fazlul

Rahman, líder do Movimento Jihad em Bangladesh. O nome Al-Qaeda não foi usado. Sua existência ainda era um segredo guardado a sete chaves.

Fora do Afeganistão, membros do Grupo Islâmico receberam a declaração com descrédito. Após a catástrofe de Luxor, ficaram estarrecidos ao se descobrir parte de uma coalizão sem ter sido consultados. Taha foi forçado a retirar seu nome da *fatwa*, e se justificou aos colegas do Grupo Islâmico dizendo, sem convencer, que apenas lhe fora solicitado pelo telefone que aderisse a uma declaração de apoio ao povo iraquiano.[43]

A Al-Jihad também estava em polvorosa. Zawahiri convocou um encontro de partidários no Afeganistão para explicar a nova organização global. Os membros o acusaram de se afastar do objetivo básico de assumir o poder no Egito, e protestaram contra o fato de o movimento estar sendo atraído para a guerra monumental de Osama bin Laden contra os Estados Unidos. Alguns reclamaram da personalidade de Bin Laden, alegando que ele tinha um "passado sombrio"[44] e não era portanto confiável como líder da nova coalizão. Zawahiri respondeu aos ataques contra Bin Laden por e-mail: "Se o contratante [Bin Laden] fez no passado promessas que não cumpriu, agora o homem mudou. [...] Mesmo atualmente, quase tudo que desfrutamos advém de Deus primeiro e depois dele".[45] Seu apego a Bin Laden agora era total. Sem o dinheiro de Osama, por mais escasso que tivesse se tornado, não havia Al-Jihad.

No final, Zawahiri ameaçou renunciar se os membros não aprovassem suas ações.[46] A organização estava tão destroçada devido às prisões e deserções, e tão perto da falência, que as únicas saídas eram seguir Zawahiri ou abandonar a Al-Jihad. Muitos membros optaram por esta última, entre eles o próprio irmão de Zawahiri, Mohammed, que também era seu comandante militar.[47] Os dois irmãos estavam juntos desde os tempos da clandestinidade. Às vezes, divergiam um do outro: certa ocasião, Ayman denunciou Mohammed diante dos colegas por má gestão das parcas finanças do grupo. Mas Mohammed era popular, e como vice-emir administrava a organização sempre que Ayman se ausentava em viagens demoradas ou períodos na prisão. Todavia, a aliança com Bin Laden era demais para Mohammed. Sua deserção foi um golpe chocante.

Diversos membros do Grupo Islâmico tentaram fazer que o xeique cego fosse nomeado emir da nova Frente Islâmica, mas a proposta foi rejeitada, já que o xeique Omar estava preso nos Estados Unidos. Bin Laden se cansara das lutas intestinas entre as facções egípcias. Informou aos dois grupos que suas operações no Egito eram ineficazes e caras demais, e que estava na hora de "voltarem suas armas" contra os Estados Unidos e Israel. O assistente de Zawahiri, Ahmed al-Najjar, mais tarde contou aos investigadores egípcios: "Eu próprio ouvi Bin Laden dizer que nosso alvo principal agora se limita a um Estado, os Estados Unidos, e envolve uma guerra de guerrilhas contra todos os interesses americanos, não apenas na região árabe, mas também ao redor do mundo".[48]

16. "Agora a coisa começa"

A sorte da Al-Qaeda começou a melhorar após a *fatwa* da coalizão para matar americanos onde quer que pudessem ser encontrados. Até então, o nome de Bin Laden e sua causa eram desconhecidos fora da Arábia Saudita e do Sudão, mas as notícias da *fatwa* entusiasmaram uma nova geração de combatentes. Alguns vinham das madrassas do Paquistão, outros das ruas do Cairo ou de Tânger. O chamado também foi ouvido em enclaves muçulmanos no Ocidente. Em março de 1998, apenas um mês após a divulgação da *fatwa*, Ahmed Ressam chegou de Montreal. Ladrão insignificante de origem argelina que mais tarde seria detido por tentar explodir o aeroporto internacional de Los Angeles, Ressam foi um dos cerca de trinta argelinos do campo de Khaldan, a porta de entrada para recrutas da Al-Qaeda no Afeganistão. Naquele mesmo mês, chegou Zacarias Moussaoui, cidadão francês de descendência marroquina que residia em Londres. Ele mais tarde assumiria a culpa por planejar um ataque aos Estados Unidos. Rapazes do Iêmen, Arábia Saudita, Suécia, Turquia e Chechênia foram para Khaldan,[1] e cada nacionalidade possuía seu próprio emir. Criaram células que pudessem depois transplantar aos países de origem ou adotados. Alguns foram lutar na Caxemira e na Chechênia. Muitos lutaram pelo Talibã.

A publicidade era a moeda que Bin Laden vinha gastando, substituindo a riqueza pela fama, e esta o recompensava com recrutas e doações. Apesar da promessa que fizera ao mulá Omar de permanecer em silêncio, à *fatwa* sucedeu-se uma série de entrevistas suas à imprensa, algumas coletivas, primeiro com um grupo de catorze jornalistas paquistaneses, que foram conduzidos em círculos durante dois dias antes de chegar ao campo da Al-Qaeda, a apenas poucos quilômetros do ponto de partida. Ficaram esperando Bin Laden aparecer. De repente, fogo de artilharia e granadas lançadas por foguetes soaram para anunciar a chegada de Osama num comboio de quatro caminhonetes, acompanhado de guarda-costas com os rostos cobertos. Um cão corria assustado, procurando um abrigo, e escorregou para trás de uma árvore.

O evento pareceu aos repórteres paquistaneses encenado e caricatural.[2] Eles não estavam interessados na declaração de guerra de Bin Laden aos Estados Unidos, que aparentava ser um truque publicitário absurdo. A Índia acabara de testar um dispositivo nuclear, e eles queriam que Bin Laden declarasse a *jihad* contra aquele país. Frustrado, Bin Laden tentou trazer os jornalistas de volta à sua agenda. "Vamos falar de problemas reais", pediu.[3]

> "O terrorismo pode ser louvável e pode ser repreensível", filosofou Bin Laden em resposta a uma pergunta combinada de um de seus seguidores.[4] "Amedrontar uma pessoa inocente e aterrorizá-la é censurável e injusto, e aterrorizar injustamente as pessoas não é correto. Por outro lado, aterrorizar opressores e criminosos e ladrões e assaltantes é necessário para a segurança das pessoas e a proteção de suas propriedades. [...] O terrorismo que praticamos é do tipo louvável.

Após a entrevista formal, Rahimullah Yusufzai, o repórter do *News* de Islamabad, chamou Bin Laden de lado e pediu que falasse um pouco sobre sua vida. Por exemplo, quantas mulheres e filhos tinha?

"Perdi a conta", respondeu Bin Laden, rindo.

"Mas você deve saber ao menos quantas esposas tem", Yusufzai insistiu.

"Acho que tenho três esposas, mas perdi a conta dos filhos", disse Bin Laden.

Yusufzai perguntou então quanto dinheiro ele tinha. Bin Laden pôs a mão no coração e sorriu. "Sou rico aqui", respondeu. E continuou se esquivando das perguntas pessoais.

Assim que voltou a Peshawar, Yusufzai recebeu um telefonema furioso do mulá Omar: "Bin Laden dá uma entrevista coletiva à imprensa anunciando a *jihad* e nem me avisa?", exclamou. "Só pode haver um governante no Afeganistão: ou eu ou Bin Laden."

Essas entrevistas sempre prejudicavam a voz de Bin Laden, embora ele bebesse quantidades generosas de chá e água. No dia seguinte, acordava afônico,[5] comunicando-se por gestos, devido à inflamação das cordas vocais. Seu guarda-costas alegou ser o efeito retardado de uma arma química soviética, mas alguns dos repórteres concluíram que ele devia estar sofrendo de doença renal[6] — a origem de uma lenda persistente, mas nunca comprovada.

Dois dias depois de falar com a imprensa paquistanesa, Bin Laden recebeu o repórter John Miller e uma equipe da rede de televisão ABC News. Antes, o irreprimível correspondente americano havia se sentado no chão de uma cabana com Zawahiri e explicado as necessidades de sua equipe. "Doutor, precisamos de tomadas de Bin Laden percorrendo os campos, interagindo com os homens, observando seu treinamento ou o que for, para que tenhamos algum filme em cima do qual possamos narrar sua história", explicou Miller. Zawahiri assentiu com a cabeça. "Você precisa de uma fonte B", ele disse, usando o termo técnico para esse tipo de cobertura. Ele riu e continuou: "Senhor Miller, você tem de entender que isto não é como o seu Sam Donaldson caminhando com o presidente americano no Rose Garden. O senhor Bin Laden é um *homem muito importante*".

Nesse mesmo instante, ocorreu a Miller que Zawahiri pudesse ser o poder real por trás da Al-Qaeda, até que o próprio Bin Laden chegou, com a mesma fuzilaria encenada e impressionante de antes. Ao som dos grilos do lado de fora da cabana de barro, Miller perguntou a Bin Laden se sua *fatwa* visava a todos os americanos, ou apenas aos militares. "Ao longo da história, os Estados Unidos não souberam diferenciar entre militares e civis, homens e mulheres, adultos e crianças", respondeu Bin Laden calmamente. Lançou olhares tímidos, com seus olhos grandes e escuros, para o americano, como se temesse ofendê-lo. "Prevemos um futuro negro para os Estados Unidos. Em vez de permanecerem estados unidos, acabarão como estados separados" — como a antiga União Soviética. Bin Laden usava um turbante branco e uma jaqueta militar verde. Pendurado na parede atrás de sua cabeça, um grande mapa da África, uma pista que passou despercebida.

"Você é como a versão do Oriente Médio de Teddy Roosevelt",* Miller concluiu.

Durante a entrevista, muitos dos seguidores de Bin Laden amontoaram-se na cabana, entre eles dois sauditas, Mohammed al-'Owhali e "Jihad Ali" Azzam,[7] que vinham se preparando para a primeira grande operação da Al-Qaeda, programada para ocorrer no mês seguinte. Depois que a equipe de Miller encerrou a filmagem, os técnicos de Bin Laden apagaram os rostos dos sauditas do vídeo antes de entregá-lo aos americanos.[8]

Em determinado momento, na entrevista, Miller perguntou sobre Wali Khan Amin Shah, que havia sido detido em Manila. "As autoridades americanas acreditam que ele trabalhava para você, financiado por você, abrindo campos de treinamento ali, e que parte desse plano seria [...] o assassinato ou tentativa de assassinato do presidente Clinton durante sua viagem a Manila", disse Miller. Wali Khan era "um amigo íntimo", respondeu Bin Laden com brandura. "Quanto à sua afirmação de que trabalha para mim, nada tenho a dizer. Estamos todos juntos nisto."

O fato de Khan estar sob custódia americana era considerado um segredo absoluto, mas alguém tinha passado a informação para Miller. Algumas pessoas no FBI e o Ministério Público americano ficaram enfurecidos quando o nome de Khan foi mencionado diretamente a Bin Laden na televisão. Eles sabiam que John O'Neill era amigo de Christopher Isham, produtor jornalístico da ABC News; os dois costumavam beber juntos no Elaine's. Patrick Fitzgerald, promotor-assistente do distrito sul de Nova York, de tão enfurecido, ameaçou indiciar O'Neill. Tanto Isham como Miller negaram que O'Neill fosse sua fonte e se dispuseram a passar pelo detector de mentiras para prová-lo. Fitzgerald voltou atrás, mas a alegação de que O'Neill conversava negligentemente com repórteres permaneceu como uma mancha em sua reputação. O fato de as investigações de alguns jornalistas sobre Bin Laden serem mais criativas do que as da comunidade de inteligência americana não ajudou nada.

* Alusão a Theodore Roosevelt, presidente americano no início do século XX, que se notabilizou pela política externa do *big stick*, o grande porrete. (N. T.)

* * *

A verdade era que a CIA não tinha ninguém infiltrado na Al-Qaeda nem na segurança talibã que cercava Bin Laden. A agência mantinha algum contato com uns poucos membros das tribos afegãs — um trunfo remanescente da *jihad* contra os soviéticos. Na Alec Station, Mike Scheuer propôs usá-los para seqüestrar Bin Laden.[9] Os afegãos entrariam num canal de drenagem sob a cerca dos fundos das Fazendas Tarnak. Outro grupo de afegãos se esgueiraria pelo portão da frente, matando com pistolas equipadas com silenciador quem surgisse pela frente. Quando encontrado, Bin Laden seria escondido numa caverna a uns cinqüenta quilômetros de distância. Se os seqüestradores fossem pegos, não haveria impressões digitais americanas. Se não fossem, entregariam Bin Laden aos americanos cerca de um mês depois, quando os grupos de busca já tivessem desistido.

A CIA havia equipado o que parecia ser um contêiner comercial que caberia no compartimento de carga de uma versão civil de um avião C-130. Dentro do contêiner, uma cadeira de dentista com imobilizadores modelados para um homem bem alto (a CIA estimava que Bin Laden tivesse 1,96 metro de altura); o contêiner incluiria também um médico, com uma variedade de equipamentos médicos, inclusive uma máquina de diálise caso Bin Laden sofresse mesmo de problemas renais. A agência chegara a construir uma pista de pouso num rancho particular perto de El Paso, Texas, para treinar aterrissagens noturnas sem luzes, com os pilotos usando óculos de visão noturna.

O plano de Scheuer era entregar Bin Laden ao Egito, onde poderia ser rudemente interrogado e depois discretamente morto. John O'Neill criticou, furioso, essa idéia. Ele era um homem da lei, não um matador. Queria ver Bin Laden preso e julgado nos Estados Unidos. Expôs seu ponto de vista a Janet Reno, procuradora-geral americana, que concordou em entregar Bin Laden ao FBI caso ele fosse realmente capturado. Logo Dan Coleman se viu em El Paso, ensaiando seu papel de condutor do preso. O avião aterrissaria, a porta de carga abriria, e o contêiner com o terrorista algemado seria carregado no compartimento de carga. Coleman entraria no contêiner e encontraria Osama bin Laden amarrado à cadeira de dentista. Leria então para ele os seus direitos.

Mas para isso precisava de um indiciamento. Um grande júri federal em Nova York vinha examinando as provas enquanto o treinamento prosseguia.

Um dos documentos encontrados por Coleman no computador de Wadih el-Hage, em Nairóbi, fazia uma associação tênue entre a Al-Qaeda e a morte de soldados americanos na Somália, e acabou se tornando a base do indiciamento penal de Bin Laden em Nova York, em junho de 1998. Aquelas acusações específicas contra ele foram, mais tarde, retiradas, e nenhum depoimento em julgamentos subseqüentes de terroristas conseguiu provar que a Al-Qaeda ou Bin Laden fossem responsáveis pelo assassinato de americanos — ou de qualquer outra pessoa — antes de agosto daquele ano. Se Bin Laden tivesse sido capturado naquela época, dificilmente teria sido condenado.

A divergência entre O'Neill, do FBI, e Scheuer, da CIA, somada à relutância do National Security Council em endossar um possível fracasso constrangedor e sangrento, paralisou o plano. Em desespero, George Tenet, diretor do escritório central da CIA, voou para o reino duas vezes, em maio de 1998, para suplicar a ajuda dos sauditas. De acordo com Scheuer, o príncipe herdeiro Abdullah deixou claro que, se os sauditas conseguissem obter Bin Laden dos talibãs, a inteligência americana "não poderia deixar vazar nem uma palavra sobre isso".

Os sauditas tinham suas próprias preocupações quanto a Bin Laden. O príncipe Turki ficara sabendo que ele tentara contrabandear armas para seus adeptos dentro do reino, para atacar postos de polícia. Os sauditas repetidamente reclamaram ao Talibã da interferência de Bin Laden nos assuntos internos da Arábia, mas em vão. Enfim, em junho de 1998, o rei convocou Turki e ordenou: "Dê um jeito nisso".[10]

Turki voou para o aeroporto de Kandahar, sobrevoando diretamente as Fazendas Tarnak, que pareciam uma fortaleza. Até então, ele jamais encontrara o mulá Omar. O príncipe foi levado a uma hospedaria decrépita, a antiga casa de um mercador rico, vestígio de uma cidade outrora grandiosa. O mulá Omar avançou, claudicante, para cumprimentá-lo. O líder caolho parecia magro e pálido, tinha a barba comprida, e algum tipo de enfermidade em uma das mãos, que mantinha apertada no peito. Ferimentos de guerra e outras afecções eram mais do que comuns no Afeganistão: a maioria dos governadores e membros do ministério talibã exibia graves mutilações e deficiências, sendo raro numa reunião de homens um conjunto completo de pernas, braços e olhos. Turki apertou a mão do mulá Omar e sentou-se diante dele no chão do salão. Atrás de Omar, portas francesas davam para um terraço semicircular e, além dele, um pátio empoeirado e estéril.

Mesmo durante um encontro cerimonioso e importante como aquele, reinava uma atmosfera desconcertante de caos. O aposento estava lotado de pessoas jovens e velhas entrando à vontade. Turki ficou grato ao menos pelo ar-condicionado, que mitigava o calor sufocante do verão afegão.

O príncipe levara consigo o xeique Abdullah Turki, um renomado sábio islâmico e ex-ministro de Dotações Religiosas, fonte lucrativa de contribuições para o Talibã. Além de servir de lembrete do apoio saudita, a presença abalizada do xeique Abdullah resolveria instantaneamente quaisquer questões religiosas ou legais que pudessem surgir quanto à posição de Bin Laden. Lembrando ao mulá Omar sua promessa de impedir que Osama lançasse qualquer tipo de ataque contra o reino, Turki pediu-lhe então que entregasse o terrorista, que inconvenientemente deixara a cidade durante a visita do saudita.[11]

O mulá Omar mostrou-se totalmente surpreso: "Não posso simplesmente entregá-lo a você para ser posto num avião", reclamou. "Afinal, nós oferecemos abrigo a ele".

O príncipe Turki ficou pasmo com aquela reviravolta. O mulá Omar então instruiu-o sobre o código tribal pachtum, que, segundo ele, era muito rigoroso quanto à traição contra hóspedes.

O xeique Abdullah Turki exprimiu a opinião de que, se um hóspede rompe com sua palavra, como Bin Laden fizera repetidas vezes, concedendo entrevistas coletivas à imprensa, tal ação absolve o anfitrião que o protege. O líder talibã não se convenceu.

Achando que Omar precisava de um acordo para salvar as aparências, o príncipe Turki sugeriu que ambos criassem um comitê que explorasse formas de entregar formalmente Bin Laden. Depois o príncipe Turki e seu séquito se levantaram para partir. Ao fazê-lo, Turki perguntou especificamente: "Concorda em princípio em nos entregar Bin Laden?".[12]

O mulá Omar respondeu que sim.

Após a reunião, consta que a Arábia Saudita teria enviado quatrocentas caminhonetes com tração nas quatro rodas e outros auxílios financeiros ao Talibã como pagamento adiantado por Bin Laden.[13] Seis semanas depois, o dinheiro e as caminhonetes ajudaram os talibãs a retomar Mazar-e-Sharif, bastião da resistência de uma minoria xiita falante de persa, os hazaras. Entre os combatentes talibãs estavam centenas de árabes enviados por Bin Laden.[14] Propinas bem direcionadas deixaram uma força de apenas 1500 soldados hazaras guardando a cidade, e eles foram mortos rapidamente. Uma vez dentro da cidade indefesa, os talibãs continuaram estuprando e matando por dois dias, atirando indiscriminadamente em qualquer coisa que se mexesse, depois cortando gargantas e chutando os testículos dos homens mortos. Os corpos sem vida foram deixados aos cães selvagens durante seis dias, até que os sobreviventes fossem autorizados a enterrá-los. Os que fugiram a pé da cidade foram bombardeados pela força aérea talibã. Centenas de outros foram enfiados em contêineres de carga e assados vivos sob o sol do deserto. A ONU estimou o total de vítimas da carnificina entre 5 mil e 6 mil pessoas, entre as quais dez diplomatas iranianos e um jornalista, que os talibãs prenderam e fuzilaram no subsolo do consulado iraniano. Quatrocentas mulheres foram transformadas em concubinas.

Mas o massacre de Mazar foi logo ofuscado por outras tragédias longe dali.

Após a formação da Frente Islâmica, os órgãos de inteligência americanos aumentaram o interesse por Zawahiri e sua organização, a Al-Jihad, ainda separada da Al-Qaeda, mas estreitamente aliada. Em julho de 1998, agentes da CIA seqüestraram Ahmed Salama Mabruk e outro membro da Al-Jihad diante de um restaurante em Baku, Azerbaijão.[15] Mabruk era o confidente político mais próximo de Zawahiri. Os agentes clonaram seu laptop, que continha organogramas da Al-Qaeda e uma lista de membros da Al-Jihad na Europa: "a Pedra de Roseta da Al-Qaeda", nas palavras de Daniel Coleman, mas a CIA se recusou a entregá-lo ao FBI.

Tratou-se de um impasse burocrático característico e inútil, do tipo que vinha, desde o princípio, prejudicando os esforços contraterroristas das duas organizações, agravado pelo espírito vingativo que vários altos funcionários da CIA, inclusive Scheuer, sentiam em relação a O'Neill. Supervalorizando as informações em seu próprio benefício, a CIA era um buraco negro de onde nada saía, a não ser que extraído por uma força maior que a gravidade — e a agência reconhecia em O'Neill essa força. Ele *usaria* as informações — para um indiciamento, um julgamento público — fazendo que deixassem de ser secretas, deixassem de ser do âmbito da inteligência. Seriam evidências, seriam notícia, tornando-se inúteis no que dizia respeito à CIA. A agência tratava a exposição de qualquer informação secreta como uma derrota, e nada mais natural que se apegasse ao computador de Mabruk como se fosse as jóias da coroa. Aquelas informações quentes eram difíceis de conseguir, e, uma vez adquiridas, era ainda mais difícil agir com base nelas. Devido a décadas de cortes nos recursos humanos da área de inteligência, havia apenas 2 mil agentes verdadeiros — espiões — na CIA para cobrir o mundo inteiro.

O'Neill ficou tão aborrecido que enviou um agente ao Azerbaijão para solicitar ao presidente daquele país o computador verdadeiro. Quando sua manobra falhou, persuadiu Clinton a apelar pessoalmente ao presidente do Azerbaijão. O FBI acabou conseguindo o computador, mas a má vontade entre o birô e a agência prosseguiu, prejudicando ambos nas tentativas de pôr as mãos na rede da Al-Qaeda.

A CIA voltou-se contra outra célula da Al-Jihad, em Tirana, Albânia, criada por Mohammed al-Zawahiri no início da década de 1990. Agentes albaneses, sob a supervisão da CIA, seqüestraram cinco membros da célula, vendaram seus olhos, interrogaram-nos por vários dias e depois enviaram os membros egípcios ao Cairo. Ali foram torturados[16] e julgados com mais de cem outros suspeitos de terrorismo. As torturas produziram 20 mil páginas de confissões. Ambos os irmãos Zawahiri foram condenados à morte *in absentia*.

Em 6 de agosto, um mês depois do estouro da célula albanesa, Zawahiri enviou a seguinte declaração ao jornal londrino *Al-Hayat*: "Estamos interessados em informar sucintamente aos americanos que sua mensagem foi recebida e que a resposta, que esperamos seja lida cuidadosamente por eles, está sendo preparada, porque, com a ajuda de Deus, nós a escreveremos na língua que eles entendem".

Apesar das ameaças, das aparições na mídia, dos clamores arrebatados pela *jihad*, a Al-Qaeda até então nada realizara. Havia planos grandiosos, e alegações de sucessos passados nos quais a organização participara pouco ou nada. Embora já existisse há dez anos, a Al-Qaeda continuava uma organização obscura e sem importância, não se comparando ao Hamas ou ao Hezbollah, por exemplo. Milhares de rapazes haviam treinado em campos da Al-Qaeda e retornado aos seus países de origem para criar o caos. Devido a esse treinamento, seriam considerados, pelos órgãos de inteligência, "ligados à Al-Qaeda". Mas a não ser que houvessem jurado fidelidade a Bin Laden, formalmente não faziam parte da organização. Havia menos membros verdadeiros da Al-Qaeda em Kandahar do que houvera em Cartum, porque Bin Laden já não conseguia sustentá-los. Os espetáculos pirotécnicos para os repórteres eram realizados com *mujahidin* de aluguel. Como os baiacus, que incham quando se sentem ameaçados, a Al-Qaeda e Bin Laden se mostravam maiores do que realmente eram. Mas uma nova Al-Qaeda estava prestes a fazer sua estréia.

Era 7 de agosto de 1998, dia em que começou a carnificina em Mazar-e-Sharif e aniversário da chegada das tropas americanas à Arábia Saudita, oito anos antes.

No Quênia, um egípcio que fazia bombas, chamado "Saleh"[17] — um dos homens de Zawahiri —, supervisionou a construção de dois enormes dispositivos explosivos. O primeiro, feito com novecentos quilos de TNT, nitrato de alumínio e pó de alumínio, foi enfiado em caixas ligadas a baterias e depois carregado em um caminhão Toyota marrom. Os dois sauditas que haviam aparecido na entrevista da ABC News, Mohammed al-'Owhali e Jihad Ali, conduziram o caminhão pelo centro de Nairóbi rumo à embaixada americana. Ao mesmo tempo, na Tanzânia, a segunda bomba de Saleh estava a caminho da embaixada americana em Dar es Salaam. Esta bomba tinha uma estrutura semelhante, só que Saleh adicionara alguns tubos de oxigênio e tambores de gasolina para aumentar o poder de fragmentação. O veículo que a conduziu foi um caminhão de gasolina dirigido por Ahmed Abdullah, egípcio cujo apelido era "Ahmed, o Alemão", devido aos cabelos claros. O ataque com as bombas estava programado para as 10h30 de sexta-feira, horário em que os muçulmanos devotos deveriam estar na mesquita.

O primeiro ataque terrorista documentado da Al-Qaeda já carregava a marca de suas ações futuras. A novidade de vários ataques suicidas simultâneos constituía uma estratégia nova e arriscada, devido à possibilidade maior de falha ou detecção. Se os atentados fossem bem-sucedidos, a Al-Qaeda atrairia a atenção mundial de modo incomparável. Os ataques estariam à altura da grandiosa e aparentemente lunática declaração de guerra de Bin Laden contra os Estados Unidos, e o suicídio dos atacantes forneceria cobertura moral suficiente para operações que visassem assassinar o maior número de pessoas possível. Nesse aspecto, a Al-Qaeda também foi incomum. A morte em grande escala constituía um objetivo em si mesmo. Não houve tentativa de poupar vidas inocentes, já que o conceito de inocência fora subtraído nos cálculos da organização. Embora o Alcorão proíba especificamente a morte de mulheres e crianças, um dos motivos da escolha da embaixada no Quênia foi que a morte da embaixatriz americana, Prudence Bushnell, atrairia mais publicidade.

Cada parte da operação traiu a inexperiência da Al-Qaeda. Quando Jihad Ali entrou com o caminhão no estacionamento dos fundos da embaixada, 'Owhali saltou para fora e atacou a guarita do guarda. Ele deveria forçar o guarda desarmado a subir a cancela, mas o guarda se recusou. 'Owhali deixara a pistola na jaqueta, no caminhão. Ele realizou uma parte de sua missão: atirar uma granada atordoante no pátio. O barulho chamou a atenção das pessoas dentro dos prédios. Uma das lições que Zawahiri aprendera no ataque à embaixada egípcia em Islamabad, três anos antes, foi que uma primeira explosão fazia as pessoas correrem até as janelas, e muitas eram decapitadas pelo vidro arremessado quando a bomba real explodia.

'Owhali viu-se abruptamente diante de uma escolha moral que acreditava fosse determinar seu destino eterno — pelo menos foi o que contou mais tarde a um agente do FBI. Ele esperava virar um mártir: a morte na operação garantiria imediatamente seu lugar no paraíso. Mas percebeu que a missão de lançar a granada atordoante já havia sido cumprida. Se continuasse avançando até a morte certa, aquilo seria suicídio, ele explicou, não martírio. A danação seria seu destino, e não a salvação. Tal é a ponte estreita entre céu e inferno. Para salvar a alma, 'Owhali deu meia-volta e correu, falhando na tarefa principal de subir a cancela para que o caminhão pudesse se aproximar do prédio.

'Owhali não chegou longe. A explosão o atirou na calçada, rasgando-lhe as roupas e lançando estilhaços de bomba nas suas costas. Quando conseguiu se erguer, no silêncio aterrador após a explosão, viu os resultados de sua obra.

A fachada da embaixada havia se rompido em grandes lajes de concreto. Pessoas mortas ainda estavam sentadas diante das escrivaninhas. A rua, coberta de alcatrão, estava em chamas, bem como um ônibus lotado. Ao lado, o Edifício Ufundi, onde ficava uma escola de secretariado queniana, havia desabado totalmente. Muitos ficaram presos sob os escombros, e logo seus gemidos se ergueram num coro de medo e dor que prosseguiria por dias, até serem resgatados ou silenciados pela morte. O resultado foram 213 mortos, incluindo doze americanos, e 4500 feridos, dos quais mais de 150 ficaram cegos devido aos estilhaços de vidro. As ruínas arderam durante dias.

Nove minutos depois, Ahmed, o Alemão entrou com seu caminhão no estacionamento da embaixada americana em Dar es Salaam e apertou o detonador conectado ao painel de instrumentos. Por acaso, entre ele e a embaixada havia um caminhão-tanque, que acabou sendo atirado a uma altura de três andares e foi parar na chancelaria da embaixada, mas impediu que o atacante chegasse perto o suficiente para derrubar o prédio. O número de vítimas ficou em onze mortos e 85 feridos, todos africanos.

Além do intuito óbvio de chamar a atenção para a existência da Al-Qaeda, o objetivo dos atentados a bomba parecia vago e confuso. A operação em Nairóbi recebeu depois o nome da Caaba Sagrada, em Meca; o ataque em Dar es Salaam foi chamado de Operação Al-Aqsa, nome da mesquita em Jerusalém. Nem a Caaba nem a mesquita tinham qualquer ligação óbvia com as embaixadas americanas na África. Bin Laden apresentou várias explicações para o ataque. Inicialmente disse que os locais haviam sido visados devido à "invasão" da Somália; depois descreveu um plano americano de partilhar o Sudão, segundo ele tramado na embaixada em Nairóbi. Ele também informou aos seus seguidores que o genocídio em Ruanda havia sido planejado dentro das duas embaixadas americanas.

Muçulmanos mundo afora receberam os atentados com horror e assombro. A morte de tantas pessoas, na maioria africanos, dos quais muitos eram muçulmanos, acabou despertando um furor. Bin Laden alegou que os ataques deram aos americanos uma amostra das atrocidades que os muçulmanos haviam sofrido. Mas, para a maioria do mundo e até alguns membros da Al-Qaeda, as agressões pareceram inúteis, atos ostentosos de assassinato em massa sem nenhum efeito concebível sobre a política americana, a não ser provocar uma reação maciça.

Mas essa, pelo que se pôde entender, era exatamente a intenção. Bin Laden queria induzir os Estados Unidos a entrar no Afeganistão, que já vinha sendo chamado de cemitério de impérios. O objetivo comum do terrorismo é atrair o oponente para reações repressivas catastróficas, e Bin Laden pegou os americanos num momento vulnerável e infeliz de sua história.

"Agora a coisa começa", disse o subprocurador-geral americano Pat Fitzgerald a Coleman quando chegou a notícia do atentado.[18] Eram 3h30 em Nova York quando Pat telefonou. Coleman pulou da cama e foi de carro imediatamente para Washington. Dois dias depois, a esposa encontrou-se com ele numa loja do fast-food Dairy Queen na rodovia I-95 para entregar seu remédio e uma muda de roupas. Ela sabia que o marido permaneceria no SIOC por um longo tempo.

O quartel-general do FBI entregou o caso dos atentados contra as embaixadas ao escritório de campo de Washington, que normalmente lida com investigações no exterior. O'Neill queria o controle de qualquer maneira. Nova York possuía um indiciamento confidencial de Bin Laden, dando ao escritório do FBI daquela cidade o direito de reivindicar o caso se o saudita de fato estivesse por trás dos ataques. Mas Bin Laden ainda era obscuro, mesmo nos escalões superiores do FBI, e o nome Al-Qaeda era quase desconhecido. Vários culpados possíveis vieram à baila, entre eles o Hezbollah e o Hamas. O'Neill teria de provar ao próprio birô que Bin Laden era a força motriz.

Ele trouxe então de outro esquadrão um jovem agente americano de origem libanesa chamado Ali Soufan. Soufan era o único agente do FBI em Nova York com domínio do árabe, e um dos oito que havia no país inteiro. Por iniciativa própria, ele estudara as *fatwas* e entrevistas de Bin Laden; assim, quando vários órgãos da imprensa receberam, no mesmo dia dos atentados, uma reivindicação de responsabilidade de um grupo do qual ninguém ouvira falar antes, Soufan imediatamente reconheceu Bin Laden como o autor. O linguajar era exatamente o mesmo de suas declarações anteriores. Graças a Soufan, O'Neill pôde enviar um teletipo aos quartéis-generais, ainda no mesmo dia dos atentados, delineando as incríveis semelhanças entre as declarações anteriores de Bin Laden e as exigências expressas na reivindicação sob pseudônimo.

Thomas Pickard, então chefe da divisão criminal no quartel-general, estava temporariamente à frente do FBI durante as férias do diretor Freeh. Ele rejeitou o pedido de O'Neill de dar ao escritório de Nova York o controle da investigação. Pickard queria mantê-la sob a supervisão do escritório de Washington, que ele chefiara no passado. O'Neill freneticamente recorreu a todos os contatos poderosos possíveis, inclusive a procuradora-geral Reno e seu amigo Dick Clarke. O birô acabou se dobrando à forte pressão que aquele subordinado conseguiu fazer, mas como castigo O'Neill não foi autorizado a ir ao Quênia supervisionar pessoalmente a investigação. As feridas deixadas por aquele conflito fratricida nunca cicatrizariam.

Apenas oito horas depois dos atentados, dezenas de investigadores do FBI estavam a caminho do Quênia. Quase quinhentos acabariam trabalhando nos dois casos da África, a maior mobilização da história do FBI. A caminho de Nairóbi,[19] o ônibus do aeroporto que transportava os agentes parou para deixar um membro da tribo Masai atravessar a estrada com seu gado. Os agentes observavam as ruas congestionadas, repletas de bicicletas e carroças puxadas a burro, cenas estonteantes, ao mesmo tempo bonitas, exóticas e de uma pobreza chocante. Muitos agentes não estavam familiarizados com o mundo fora dos Estados Unidos. Alguns nunca haviam recebido um passaporte até o dia da partida,[20] e ali estavam eles, a 14 490 quilômetros de distância. Conheciam muito pouco das leis e costumes dos países onde estavam trabalhando. Ansiosos e atentos, sabiam que agora eram também alvos prováveis da Al-Qaeda.

Stephen Gaudin, um homem atarracado de cabelos ruivos do North End de Boston, apanhou a metralhadora de coronha curta e a deixou no colo.[21] Até pouco tempo antes, sua carreira no FBI se desenrolara num escritório para duas pessoas, no norte do estado de Nova York, debruçado sobre um Dunkin' Donuts. Ele nunca ouvira falar da Al-Qaeda. Tinha sido levado até ali para fornecer proteção, mas ficou desconcertado com a enorme quantidade de pessoas ao redor da embaixada. Elas ultrapassavam de longe qualquer multidão que ele já tivesse visto. Nada lhe parecia familiar. Como proteger os outros agentes se não tinha a menor idéia do que estava acontecendo?

O ônibus deixou-os diante das ruínas fumegantes da embaixada. A escala da devastação era terrível. O interior do prédio estava totalmente destruído. A escola de secretariado, ao lado, completamente arrasada. Equipes de resgate cavavam os escombros com as próprias mãos, tentando alcançar os feridos. Steve Gaudin olhou embasbacado as ruínas e se perguntou: "Que diabo viemos fazer aqui?". O FBI jamais solucionara um atentado a bomba no exterior.

Uma das pessoas soterradas sob a escola de secretariado chamava-se Roselyn Wanjiku Mwangi — Rosie, como era conhecida por todos. A equipe de resgate conseguia ouvi-la falando com outra vítima cuja perna estava esmagada, tentando animá-la. Durante dois dias, a voz encorajadora de Rosie inspirou a equipe de resgate, que trabalhou incansavelmente. Enfim alcançaram o homem com a perna esmagada, e o retiraram cuidadosamente dos escombros. Prometeram a Rosie que a soltariam em menos de duas horas, mas quando enfim a alcançaram já era tarde demais. Sua morte foi um golpe lancinante para os trabalhadores exaustos.

Os atentados representaram um ataque audacioso à posição dos Estados Unidos no mundo. O nível de coordenação e sofisticação técnica necessário para realizar explosões quase simultâneas fora surpreendente, mas mais preocupante era a disposição da Al-Qaeda de aumentar o nível de violência. O FBI acabou descobrindo que cinco embaixadas americanas haviam sido visadas;[22] a sorte e um serviço secreto melhor salvaram as outras. Os investigadores ficaram pasmos quando descobriram que, quase um ano antes, um membro egípcio da Al-Qaeda adentrara a embaixada americana em Nairóbi e informara a CIA da conspiração. A agência descartara aquela informação por não a considerar confiável. Aquele não foi um incidente isolado. Durante toda a primavera, soara o rufar das ameaças e *fatwas* de Bin Laden, mas poucas tinham sido levadas a sério. Agora o resultado desse descaso era de uma evidência incisiva.

Três dias depois do o atentado, o chefe de Steve Gaudin, Pat D'Amuro, mandou-o checar uma pista. "Tem um sujeito num hotel nos arredores de Nairóbi", informou D'Amuro. "Ele não se enquadra."

"Só isso?", perguntou Gaudin. "Ele não se enquadra? O que significa?"

"Se não gosta, tenho cem outras pistas", respondeu D'Amuro.

Gaudin e alguns outros agentes foram até uma favela habitada em grande parte por refugiados somalianos. A caminhonete deles abriu caminho por uma multidão que os observava e parou diante de um hotel decrépito. "Aconteça o que acontecer, não saiam da caminhonete", avisou o colega queniano. "Detestam americanos aqui."

Enquanto os agentes aguardavam, nervosos, pela volta do policial queniano, um homem na multidão encostou-se na caminhonete, de costas para a janela. "Eu falei para não virem aqui", ele disse à meia-voz. "Vocês vão morrer."

Gaudin teve a impressão de que o homem era o informante. "Pode nos ajudar?", pediu.

"Ele não está aqui", o homem sussurrou. "Está em outro hotel."

No hotel seguinte, os agentes encontraram um homem que não se enquadrava: um árabe jovem, esguio, cheio de pontos na testa e curativos nas mãos, vazando sangue. Identificou-se como Khaled Saleem bin Rasheed, do Iêmen. Disse estar no país em busca de oportunidades de negócios — comercializava nozes — e que parara num banco perto da embaixada onde ocorrera o "acidente". Os únicos objetos em seu bolso eram oito notas de cem dólares novinhas em folha.

"Como você veio parar neste hotel?", perguntou o interrogador.

Bin Rasheed respondeu que, ao sair do hospital, um motorista de táxi o levara até ali, sabendo que ele não falava suaíli. Tratava-se de um lugar onde os árabes às vezes se hospedavam.

"Onde está o resto das suas coisas: roupas, documentos de identificação?"

"Perdi tudo na explosão", explicou Bin Rasheed. "Estas são as roupas que eu estava vestindo naquele dia."

Gaudin, enquanto ouvia o jovem árabe responder aos interrogadores americanos, achou a história plausível. Não cabia a ele fazer perguntas; agentes mais experientes cuidavam daquilo. Mesmo assim, Gaudin notou que as roupas de Bin Rasheed estavam bem mais alinhadas do que as suas próprias. Embora estivesse no país há uns poucos dias apenas, suas roupas ficaram amarrotadas e empoeiradas. No entanto, Bin Rasheed, que alegava ter perdido tudo num atentado catastrófico, parecia relativamente arrumado. Mas por que haveria de mentir sobre suas roupas?

Gaudin não conseguiu dormir naquela noite, com um pensamento improvável que não lhe saía da cabeça. Na manhã seguinte, quando a investigação recomeçou, ele pediu ao interrogador principal se podia fazer algumas perguntas ao suspeito. "Servi seis anos no exército", ele contou a Bin Rasheed. Disse que passara por um treinamento especializado em técnicas de contrainterrogatório no John F. Kennedy Special Warfare Center. Foi uma experiência brutal. Os soldados aprendiam o que os esperava caso caíssem prisioneiros. Eram espancados e intimidados; também aprendiam a contar uma mentira de modo convincente. "Acho que você passou pelo mesmo treinamento", Gaudin afirmou. "Ora, se você se lembra do seu treinamento, sabe que, ao mentir, deve contar uma única história, e que seja lógica. Mas você cometeu um erro. Disse uma coisa que foi ilógica."

Em vez de rir em sinal de descrença, Bin Rasheed puxou a cadeira para mais perto. "Onde fui ilógico?", perguntou.

"É aqui que sua história desmorona", respondeu Gaudin, que fitava os sapatos de Bin Rasheed, arranhados e imundos como os seus. "Você tem cortes nas duas mãos, mas nem uma gota de sangue no seu jeans verde. Na verdade, você está perfeitamente limpo."

"Os homens árabes são bem mais limpos que os americanos", respondeu Bin Rasheed.

"Vou acreditar nisso", disse Gaudin, ainda fitando seus sapatos. "E talvez você tenha um sabão mágico que remove o sangue da roupa."

"Sim."

"Você tem um corte nas costas também. De alguma maneira, um estilhaço de vidro caiu do prédio e entrou embaixo da sua camisa sem rasgá-la."

"Tudo é possível", respondeu Bin Rasheed.

"Vou acreditar nisso também. Aí você lava sua camisa ensangüentada com seu sabão mágico e ela fica como nova. Mas há duas coisas que não se lavam."

Bin Rasheed seguiu o olhar de Gaudin. "Claro, eu não lavo meus sapatos."

"Não", disse Gaudin, inclinando-se para a frente e pondo a mão sobre o joelho de Bin Rasheed. "Mas eu disse que há duas coisas que não se lavam, e foi aqui que você esqueceu seu treinamento." Gaudin levantou-se e pôs a mão no prórpio cinto, gasto e descolorido. "Não se lava um cinto! Olhe o seu. Está novinho! Levante e tire o cinto!"

Bin Rasheed levantou-se qual soldado obedecendo a uma ordem. Assim que retirou o cinto, todos no aposento notaram a etiqueta do preço.

Embora Bin Rasheed rapidamente recuperasse a pose, o interrogatório agora passara para um nível diferente. Gaudin chamou John Anticev, um dos membros da formação original do esquadrão I-49. Anticev tem um jeito calmo, mas seus olhos azuis são intensos como holofotes. Ele começou perguntando educadamente se Bin Rasheed tivera chance de orar. Isso levou a uma discussão sobre Sayyid Qutb, Abdullah Azzam e o xeique cego. Bin Rasheed relaxou. Parecia gostar da oportunidade de mostrar a um ocidental a importância daqueles homens. Conversaram até altas horas da noite.

"Só tem uma pessoa sobre a qual não conversamos", observou Anticev. "Osama bin Laden."

Bin Rasheed contraiu os olhos e parou de conversar. Um sorriso discreto apareceu no seu rosto.

Anticev, que estivera escutando como um aluno cativado, de repente enfiou caneta e papel na mão de Bin Rasheed. "Anote o primeiro telefone para onde você ligou após o atentado!"

De novo, Bin Rasheed obedeceu à ordem. Ele escreveu "967-1-200578", um número no Iêmen. Pertencia a um jihadista chamado Ahmed al-Hada.[23] Bin Rasheed ligara para o número antes e após o ataque[24] — assim como Bin Laden, os investigadores logo descobriram. Aquele telefone iemenita se mostraria uma das informações mais importantes já descobertas pelo FBI, permitindo aos investigadores mapear os elos da rede da Al-Qaeda no mundo inteiro.

Depois de fornecer o número, Bin Rasheed parou de cooperar. Gaudin e outros agentes resolveram deixá-lo em paz, para fazê-lo pensar que não era tão importante para eles. Enquanto isso, começaram a conferir a história. Foram ao hospital tentar descobrir o médico que tratara de seus ferimentos, mas, com quase 5 mil feridos no dia do ataque, dificilmente a equipe médica se lembraria de um rosto naquele mar de sangue e dor. Então um porteiro perguntou aos agentes se estavam atrás das balas e chaves que ele encontrara. Os objetos haviam sido deixados no peitoril da janela acima de uma cabine do banheiro. A chave correspondia ao modelo de caminhão usado no atentado.

No aeroporto, os agentes tiveram acesso ao cartão de desembarque de Bin Rasheed, que dava como seu endereço em Nairóbi o hotel onde tinha sido descoberto — a história do motorista de táxi que o levara até lá após o atentado era, portanto, mentira. Registros telefônicos conduziram a um casarão de onde havia sido feita uma ligação para o telefone de Hada, no Iêmen, meia hora antes do atentado. Quando a equipe de investigação chegou lá, seus cotonetes reagentes brilharam com resíduos de explosivo. Era ali que a bomba havia sido feita.

"Vai jogar a culpa em mim?", gritou Bin Rasheed, quando Gaudin o confrontou com as provas. "A culpa é sua, do seu país, por apoiar Israel!" Ele espumava. Gotículas de saliva pulavam de sua boca. Uma reviravolta espantosa em relação à conduta controlada que os investigadores haviam testemunhado nos dias anteriores. "Minha tribo vai matar você e toda a sua família!", ele prometeu.

Gaudin também estava zangado. O número de mortos vinha aumentando no decorrer da semana, à medida que pessoas gravemente feridas acabavam falecendo. "Por que essas pessoas tiveram de morrer?", ele perguntou. "Elas não tinham nada a ver com os Estados Unidos, nem com Israel e Palestina!"

Bin Rasheed não respondeu diretamente. Em vez disso, disse algo surpreendente: "Quero a promessa de que serei julgado nos Estados Unidos. Porque os Estados Unidos são o meu inimigo, não o Quênia. Obtenha essa promessa, que eu contarei tudinho a vocês".

Gaudin chamou Patrick Fitzgerald, promotor do distrito sul de Nova York, ao aposento. Fitzgerald redigiu um contrato prometendo que os investigadores fariam todo o possível para que o suspeito fosse extraditado para os Estados Unidos.

"Meu nome não é Khaled Saleem bin Rasheed", o suspeito então revelou. "Sou Mohammed al-'Owhali, e sou da Arábia Saudita."

Disse ter 21 anos, boa instrução e ser de uma importante família de mercadores. Tornara-se muito religioso na adolescência, ouvindo sermões em fitas cassete e lendo livros e revistas que glorificavam o martírio. Uma fita do xeique Safar al-Hawali sobre a "Promessa de Kissinger" — um plano atribuído ao ex-secretário de Estado americano Henry Kissinger de ocupar a península Arábica[25] — o afetara particularmente. Inflamado por aquela informação espúria, 'Owhali viajou ao Afeganistão para aderir à *jihad*.

Recebeu o treinamento básico no campo de Khaldan, aprendendo a manejar armas automáticas e explosivos. 'Owhali mostrou tão bom desempenho que Bin Laden concedeu-lhe uma audiência, aconselhando-o a obter mais instrução. 'Owhali passou a aprender técnicas de seqüestro de pessoas, aviões e ônibus, captura de prédios e coleta de informações. Bin Laden ficou de olho nele, prometendo que acabaria conseguindo uma missão.

Enquanto 'Owhali combatia ao lado dos talibãs, Jihad Ali procurou-o para informar que enfim haviam sido aprovados para uma operação de martírio, mas seria no Quênia. 'Owhali ficou desapontado. "Quero atacar *dentro* dos Estados Unidos", ele implorou. Seus instrutores informaram que os ataques às embaixadas seriam importantes porque desviariam a atenção dos Estados Unidos enquanto o ataque real estivesse sendo preparado.

"Temos um plano para atacar os Estados Unidos, mas ainda não estamos prontos", contou o suspeito a Gaudin e outros investigadores. "Precisamos atingir vocês fora do país em vários lugares para que não vejam o que está acontecendo lá dentro. O grande ataque virá. Não há nada que possam fazer para detê-lo."

Trabalhar para O'Neill às vezes dava a impressão de que se estava na Máfia. Os demais agentes observavam que o traje e a conduta de O'Neill, sem falar em seus antecedentes em Atlantic City, davam-lhe um aspecto mafioso. O primeiro diretor do FBI, J. Edgar Hoover, ficou tão preocupado com o jovem agente quando ele ingressou no birô, que o chamou para uma conversa particular e indagou sobre seus "contatos".²⁶ O único vínculo de O'Neill com a Máfia era que ele, assim como a organização criminosa, era produto de uma cultura baseada na fidelidade pessoal. Não hesitava em fazer ameaças de arruinar a carreira de agentes que atravessassem o seu caminho.²⁷

Após os atentados às embaixadas, O'Neill programou reuniões diárias às quatro horas da tarde, e costumava chegar até uma hora atrasado. Sua impontualidade crônica provocou muitos comentários furiosos entre os agentes casados, que tinham filhos para cuidar. O'Neill finalmente adentrava a sala de conferências, dava a volta na mesa e cumprimentava cada membro da equipe — outro ritual demorado.

Numa dessas ocasiões, Jack Cloonan, um membro do esquadrão I-49, beijou o enorme anel do FBI no dedo de O'Neill. "Obrigado, padrinho", ele disse.

"Vá se foder", rosnou O'Neill.

Dan Coleman certa vez explicava uma informação numa dessas reuniões quando O'Neill irrompeu. "Você não sabe do que está falando", ele disse ao homem que havia estudado Bin Laden e sua organização mais que qualquer um nos Estados Unidos, com a única exceção de Michael Scheuer.

"Ótimo", respondeu Coleman.

"Eu só estava brincando."

"Sabe de uma coisa? Sou apenas um zé-ninguém", disse Coleman, raivoso. "Você é o agente especial. Não posso me defender numa posição dessa."

No dia seguinte, O'Neill veio até a escrivaninha de Coleman pedir desculpas. "Eu não devia ter feito aquilo", ele disse.

Coleman aceitou o pedido de desculpas, mas aproveitou a oportunidade para passar um sermão em O'Neill sobre a responsabilidade de ser chefe. O'Neill escutou, depois observou: "Parece que você penteia os cabelos com uma granada de mão".

"Talvez eu devesse usar um pouco daquele óleo que você despeja nos cabelos", respondeu Coleman.

O'Neill riu e se afastou.

Depois daquele incidente, Coleman discretamente começou a estudar O'Neill. A chave, Coleman concluiu, era que "ele viera do nada". A mãe de O'Neill continuava dirigindo um táxi em Atlantic City durante o dia, e o pai conduzia o mesmo táxi à noite. O tio de O'Neill, um pianista, ajudou a sustentá-los quando os cassinos entraram em crise. O'Neill saiu de casa assim que pôde. No primeiro emprego, como guia turístico no quartel-general do FBI, carregava uma pasta quando ia para o trabalho — como se precisasse dela — e logo tentou exercer controle sobre os demais guias. Estes, ressentidos, o chamavam de "fedorento", porque ele vivia suando.

Coleman percebeu o abismo profundo entre o O'Neill público e o privado. Os ternos espalhafatosos e as unhas polidas escondiam um homem de origem humilde e posses modestas. Uma fachada que O'Neill mal conseguia sustentar com o salário que recebia do governo. Beligerante e depreciador às vezes, O'Neill também era ansioso e inseguro, colecionando uma penca de dívidas e precisando com freqüência que alguém o ajudasse a recuperar a confiança. Poucos sabiam quanto sua carreira era precária, sua vida privada fragmentada, seu espírito perturbado. Certa vez, numa reunião, quando um agente aborrecido com O'Neill começou a gritar, este saiu do aposento e se acalmou fazendo ligações do celular. "Você não pode fazer isso", Coleman explicou ao agente. "Diga que sente muito — que não pretendia desrespeitá-lo." O'Neill era emocionalmente dependente de respeito como qualquer gângster.

Mas também era capaz de gestos extravagantes e quase alarmantes de carinho, arrecadando dinheiro com toda a discrição para vítimas dos atentados que investigava[28] e assegurando pessoalmente que seus funcionários tivessem acesso aos melhores médicos da cidade em caso de doença. Um amigo de O'Neill em Washington submeteu-se certa vez a uma operação de ponte de safena durante uma nevasca.[29] O tráfego na cidade ficou paralisado, mas ao acordar o amigo encontrou O'Neill à sua cabeceira. Ele abrira caminho pelas ruas cobertas com 46 centímetros de neve. Toda manhã fazia questão de trazer, de um quiosque na rua, café e um folhado para sua secretária, e sempre lembrava os aniversários. Esses gestos, grandes e pequenos, refletiam seu próprio desejo de ser notado e cuidado.

Dez dias depois do ataque às embaixadas, Jack Cloonan recebeu um telefonema de um de seus contatos no Sudão informando que dois homens envolvidos no caso estavam em Cartum. Eles haviam alugado um apartamento com vista para a embaixada americana. Cloonan repassou a informação a O'Neill, que no dia seguinte telefonou para Dick Clarke no National Security Council. "Quero trabalhar com os sudaneses", pediu a Clarke. O'Neill sabia muito bem que o país constava da lista de terrorismo do Departamento de Estado, mas pelo menos estavam tendo um gesto de boa vontade.

"John, tem uma coisa que não posso lhe contar", disse Clarke ao telefone. Sugeriu que O'Neill fosse a Washington conversar com a procuradora-geral. Ela informou que trabalhar com os sudaneses estava fora de cogitação: em poucas horas, os Estados Unidos iriam bombardear aquele país em retaliação aos ataques às embaixadas no leste da África. Os mísseis já estavam rodando nos tubos, sendo preparados para o lançamento, em navios de guerra americanos estacionados no mar Vermelho.

O'Neill aterrissou em Washington no mesmo dia em que Monica Lewinsky, ex-estagiária da Casa Branca, declarou diante de um grande júri em Washington que prestara favores sexuais ao presidente dos Estados Unidos. Sua história seria um fator decisivo no processo de impeachment que se seguiu. Na mente dos islamitas e, de fato, na de muitos árabes, a relação entre o presidente e sua estagiária simbolizava perfeitamente a influência judaica nos Estados Unidos, e qualquer reação militar aos atentados tenderia a ser vista como uma desculpa para punir muçulmanos e desviar a atenção do escândalo. "Nada de guerra por Monica", dizia um cartaz visto em muitas ruas árabes. Mas a presidência de Clinton, enfraquecida, oferecia poucas opções.

A CIA suspeitava que Bin Laden estava desenvolvendo armas químicas no Sudão. A informação viera de Jamal al-Fadl,[30] antigo auxiliar de Bin Laden que agora testemunhava para o governo americano. Mas Fadl deixara o Sudão dois anos antes, mais ou menos na época em que Bin Laden fora expulso do país. A agência, desconfiando da sinceridade dos repetidos gestos de boa vontade do governo sudanês para com os Estados Unidos, com o único objetivo de ser retirado da lista negra do Departamento de Estado americano, contratou um espião de um país árabe a fim de obter uma amostra do solo de uma área próxima da Al-Shifa,[31] fábrica de produtos farmacêuticos suspeita de produzir armas químicas secretamente e que se acreditava pertencer em parte a Bin Laden. A amostra, obtida em junho de 1998, aparentemente mostrava traços de EMPTA, produto químico essencial na produção do poderoso gás nervoso VX. Na verdade, quase não tinha outras aplicações. Em 20 de agosto, com base nessa informação, o presidente Clinton autorizou o lançamento de treze mísseis de cruzeiro Tomahawk em Cartum como uma primeira parte da retaliação americana pelos atentados às embaixadas. A fábrica foi totalmente destruída.

Acabou se revelando que a fábrica produzia apenas remédios farmacêuticos e veterinários, e não armas químicas. Nenhum outro traço de EMPTA voltou a ser encontrado no local ou à sua volta. A presença do produto químico pode ter resultado da decomposição de um pesticida comercialmente disponível e muito usado na África, cujo princípio ativo é similar. Além disso, Bin Laden nada tinha a ver com a fábrica. Como resultado daquele ataque precipitado, o Sudão, um país pobre, perdeu uma de suas indústrias mais importantes — que empregava trezentas pessoas e produzia mais da metade dos remédios fabricados no país —, e um vigia noturno foi morto.

O Sudão deixou escapar os dois cúmplices dos ataques no leste da África, e eles nunca mais foram vistos. O'Neill e sua equipe perderam uma oportunidade de ouro de capturar gente de dentro da Al-Qaeda.

Ao mesmo tempo que ogivas explodiam no norte de Cartum, 66 mísseis de cruzeiro americanos voavam rumo a dois campos ao redor de Khost, Afeganistão, perto da fronteira com o Paquistão.

Na época, Zawahiri por acaso falou pelo telefone celular por satélite de Bin Laden com Rahimullah Yusufzai, um famoso repórter da BBC e do jornal paquistanês *News*. Zawahiri disse: "O senhor Bin Laden tem um recado. Ele diz: 'Não ataquei as embaixadas americanas no Quênia e na Tanzânia. Eu declarei a *jihad*, mas não estou envolvido.'"

A melhor maneira de a inteligência americana detectar os movimentos de Bin Laden e Zawahiri, naquele tempo, era rastreando seus telefones por satélite. Se aviões de vigilância tivessem sido posicionados na região, a ligação de Zawahiri para o repórter teria fornecido aos agentes a sua localização exata.[32] Mas o ataque foi tão rápido que houve pouco tempo de preparação. Mesmo assim, a inteligência americana sabia, em geral, onde Bin Laden e Zawahiri estavam escondidos, de modo que a ausência de aviões de vigilância antes do ataque é inexplicável. Se tivessem localizado Zawahiri antes do lançamento, sem dúvida ele teria sido morto no ataque. Por outro lado, preparar um míssil para ser lançado leva várias horas, e o tempo de vôo dos navios de guerra do mar Arábico através do Paquistão até o leste do Afeganistão ultrapassava duas horas. No momento em que Zawahiri pegou o celular, os mísseis provavelmente já estavam a caminho, era tarde demais.

Embora a NSA fosse capaz de monitorar chamadas no telefone por satélite, recusou-se a compartilhar os dados brutos com o FBI ou a CIA ou Dick Clarke, na Casa Branca.[33] Quando a CIA soube de um de seus funcionários, lotado na NSA, que telefones da Al-Qaeda vinham sendo monitorados, solicitou as transcrições. A NSA recusou-se a entregá-las. Em seu lugar, ofereceu resumos narrativos muitas vezes desatualizados. A CIA então recorreu ao seu próprio diretor de ciência e tecnologia para construir um dispositivo que monitorasse as transmissões de telefones por satélite daquela parte do Afeganistão. Eles só conseguiram receber um lado da conversa, mas, com base em uma das interceptações parciais, a CIA descobriu que Bin Laden e outros estariam em Khost.

A informação era quente e veio na hora certa. Bin Laden tomara a decisão de ir a Khost somente na noite anterior. Mas, quando ele e seus companheiros percorriam a estrada pela província de Vardak, por acaso pararam numa encruzilhada.

"Aonde vocês acham, amigos, que devemos ir?", Bin Laden perguntou. "Para Khost ou Cabul?"[34]

Seus guarda-costas e outros escolheram Cabul, onde poderiam visitar amigos.

"Então, com a ajuda de Deus, vamos para Cabul", resolveu Bin Laden — uma decisão que pode ter lhe poupado a vida.

Aos quinze anos, Abdul Rahman Khadr era o trainee mais jovem do campo Faruk, perto de Khost. Havia entre setenta e 120 homens treinando ali, ele estimou, e um número mais ou menos igual no campo Jihad Wal, bem próximo. Após a oração do pôr-do-sol, Abdul Rahman voltava andando do seu lavatório, carregando um balde, quando luzes brilhantes perfuraram o céu sobre sua cabeça. Ele atirou o balde de lado, mas antes que este atingisse o solo os mísseis começaram a explodir.

As vinte primeiras explosões ocorreram em Jihad Wal. Abdul Rahman mergulhou em busca de abrigo, enquanto a próxima onda se seguia, detonando tudo em volta. Erguendo o olhar, ele viu o ar pulsando com ondas explosivas. Quando a chuva de rochas e pedras amainou, caminhou entre as ruínas fumegantes para ver o que restara.

O prédio da administração estava destruído. Abdul Rahman concluiu que os instrutores deviam estar mortos. Mas então ouviu gritos, e caminhou até Jihad Wal, onde constatou que os instrutores haviam se encontrado para uma reunião. Surpreendentemente, estavam todos vivos. Nenhum dos líderes da Al-Qaeda fora atingido.

Havia cinco homens feridos, que Abdul Rahman carregou num utilitário. Apesar da pouca idade, sendo o único em condições de dirigir, conduziu-os às pressas ao hospital de Khost. Parou no meio do caminho para dar água a um dos feridos graves, e o homem morreu nos seus braços.

Abdul Rahman voltou ao campo para ajudar a enterrar os mortos. Um dos corpos, de tão mutilado, não tinha como ser identificado. "Pelo menos poderiam encontrar seus pés?", pediu Abdul Rahman.[35] Alguém descobriu um deles, e pela marca de nascença num dos dedos do pé, Abdul Rahman conseguiu identificar seu amigo, cidadão canadense de origem egípcia, como ele próprio. Havia mais quatro mortos, que eles enterraram enquanto aviões de vigilância sobrevoavam a área registrando os danos.

No linguajar grandiloqüente dos planejadores militares americanos, os ataques fracassados foram denominados Operação Alcance Infinito. Projetados como uma reação cirúrgica e proporcional aos atos terroristas — dois atentados, duas respostas decisivas —, os ataques com mísseis expuseram a imperfeição do serviço de inteligência americano e a futilidade do poder militar, que despejou cerca de 750 milhões de dólares em armamentos sobre dois dos países mais pobres do mundo.

De acordo com o general Hamid Gul, o antigo chefe do serviço de inteligência do Paquistão, mais da metade dos mísseis caíram em território paquistanês, matando dois cidadãos daquele país. Abdul Rahman Khadr enterrou apenas cinco homens no campo da Al-Qaeda, sem contar aquele que morreu em seus braços, mas ainda assim houve quem exagerasse os números. Sandy Berger, a assessora de segurança nacional de Clinton, afirmou que "entre vinte e trinta membros da Al-Qaeda foram mortos". O Talibã depois reclamou que 22 afegãos também haviam sido mortos e mais de cinqüenta ficaram gravemente feridos.[36] No entanto, o guarda-costas de Bin Laden observou o dano e concordou com a avaliação de Abdul Rahman. "Cada casa foi atingida por um míssil, mas o campo não foi inteiramente destruído", ele informou. "Eles atingiram a cozinha do campo, a mesquita e alguns banheiros. Seis homens foram mortos: um saudita, um egípcio, um uzbeque e três iemenitas."[37]

No entanto, os ataques tiveram outras conseqüências graves. Vários mísseis Tomahawk não detonaram. De acordo com fontes da inteligência russa, Bin Laden vendeu os mísseis não explodidos à China por mais de 10 milhões de dólares.[38] O Paquistão pode ter usado alguns dos que encontrou em seu território para projetar sua própria versão de um míssil de cruzeiro.

Mas o legado principal da Operação Alcance Infinito foi tornar Bin Laden uma figura simbólica da resistência, não apenas no mundo muçulmano, mas em toda parte onde os Estados Unidos, com o clamor de sua cultura narcisista e a presença aparatosa de suas forças militares, se tornaram indesejáveis. Quando a voz eufórica de Bin Laden soou, estrepitosa, numa transmissão de rádio — "Pela graça de Deus, estou vivo!" —, as forças do antiamericanismo encontraram seu defensor. Aqueles muçulmanos que discordaram do assassinato de inocentes nas embaixadas do leste da África recuaram diante do apoio popular àquele homem cujo desafio aos Estados Unidos parecia agora contar com a bênção divina. Mesmo no Quênia e na Tanzânia, os dois países mais afetados pelos ataques da Al-Qaeda, crianças podiam ser vistas trajando camisetas com a figura de Bin Laden.

No dia seguinte aos ataques de mísseis, Zawahiri voltou a ligar para Yusufzai: "Sobrevivemos ao ataque", ele informou. "Diga aos americanos que não temos medo de bombardeios, ameaças e atos de agressão. Sofremos e sobrevivemos aos bombardeios soviéticos por dez anos no Afeganistão, e estamos prontos para mais sacrifícios. A guerra só começou; os americanos que aguardem a resposta."[39]

17. O novo milênio

Dois dias depois do ataque de mísseis americanos, o mulá Omar deu um telefonema secreto ao Departamento de Estado dos Estados Unidos.[1] Tinha um conselho a dar. Os ataques só despertariam sentimentos antiamericanos no mundo islâmico e provocariam mais atos de terrorismo, ele disse. A melhor solução seria o presidente Clinton renunciar.

O imperturbável funcionário do Departamento de Estado que lidou com a chamada, Michael E. Malinowski, observou que havia indícios consideráveis de que Bin Laden estivera por trás dos atentados no leste da África. Malinowski acrescentou que entendia o código tribal que exigia que Omar abrigasse Bin Laden, mas o saudita estava se comportando como um convidado que atira nos vizinhos da janela do anfitrião. Enquanto Bin Laden permanecesse no Afeganistão, advertiu Malinowski, o país não receberia ajuda para a reconstrução. Se bem que a conversa nada resolvesse, foi o primeiro de muitos diálogos assim francos e informais entre os Estados Unidos e o Talibã.

O mulá Omar decerto percebeu estar diante de um problema. A declaração de guerra de Bin Laden contra os Estados Unidos dividira o Talibã. Havia aqueles que diziam que o país sempre fora amigo do Afeganistão. Portanto, por que transformá-lo num inimigo poderoso e desnecessário? Eles observavam que ninguém no círculo íntimo de Bin Laden, nem o próprio Osama, detinha autoridade religiosa para decretar qualquer *fatwa*, muito menos a *jihad*.

Outros achavam que os Estados Unidos haviam se transformado num inimigo do Afeganistão ao lançar os mísseis.

Omar estava furioso com o desafio de Bin Laden à sua autoridade,[2] mas o ataque americano contra solo afegão colocou-o num dilema. Se entregasse Bin Laden, pareceria que estava cedendo à pressão americana. Calculou que o Talibã não conseguiria sobreviver no poder se ele agisse assim.[3] Além disso, havia o acordo firmado com o príncipe Turki, que logo retornaria a Kandahar para deter Bin Laden e levá-lo de volta ao reino.

De novo, Omar convocou Bin Laden. "Derramei lágrimas", este mais tarde admitiu.

> Disse ao mulá Omar que partiríamos de seu país rumo ao vasto domínio de Deus, mas que deixaríamos os nossos filhos e esposas sob a sua proteção. Disse que procuraríamos uma terra que fosse um refúgio para nós. O mulá Omar respondeu que as coisas ainda não haviam atingido esse estágio.[4]

Bin Laden então fez um juramento de fidelidade pessoal, como aquele que os membros da Al-Qaeda prestavam a ele. Reconheceu Omar como o líder dos fiéis. "Nós o consideramos o nosso nobre emir", Bin Laden escreveu. "Convidamos todos os muçulmanos a lhe prestar ajuda e cooperação, de todas as maneiras possíveis."[5]

Com essa promessa no bolso, o mulá Omar mudou de atitude. Já não via Bin Laden como uma ameaça. Uma amizade desenvolveu-se entre eles. Dali em diante, quando outros membros do Talibã reclamavam do saudita, o mulá Omar se mostrava seu maior defensor. Costumavam ir pescar juntos numa represa a oeste de Kandahar.[6]

"Desta vez, por que *você* não vem comigo?", perguntou o príncipe Turki ao colega paquistanês, o general Naseem Rana, chefe do serviço de inteligência do Paquistão, em meados de setembro. "Assim, o mulá Omar verá que ambos estamos falando sério."[7]

Com base em investigações próprias, os paquistaneses haviam informado Turki de que Bin Laden estava por trás dos atentados às embaixadas e de que cidadãos sauditas haviam realizado o ataque em Nairóbi. Turki percebeu, desanimado, que estava negociando a entrega não mais de um mero dissidente, mas de um mestre do terrorismo. Com certeza, os dois aliados mais fortes do Talibã — Arábia Saudita e Paquistão — conseguiriam persuadir os afegãos a entregar aquele hóspede incômodo.

Turki e o general Rana foram à mesma hospedaria de Kandahar onde o mulá Omar havia recebido o príncipe saudita antes. Turki saudou o governante talibã, depois lembrou-o de sua promessa. Antes de responder, Omar se levantou abruptamente e deixou o aposento por cerca de vinte minutos. Turki ficou imaginando se ele estaria consultando seu conselho *shura* ou mesmo o próprio Bin Laden. Finalmente, o líder dos fiéis voltou e disse: "Deve ter havido um erro de tradução. Eu nunca afirmei que iríamos entregar Bin Laden".

"Mas, mulá Omar, eu não lhe pedi isso só uma vez", argumentou Turki, nervoso. Apontou para o principal assessor de Omar, na prática seu ministro do Exterior, o mulá Wakil Ahmed Muttawakil, e observou que ele tinha ido ao reino ainda no mês anterior para negociar a entrega. Como Omar podia negar aquilo?

A voz de Omar estava estridente, e ele começou a transpirar. Turki teve a impressão de que estaria sob efeito de drogas.[8] Omar gritou com o príncipe, dizendo que Bin Laden era "um homem honrado, um homem distinto" que só queria ver os americanos expulsos da Arábia. "Em vez de querer persegui-lo, você deveria pôr suas mãos sobre as nossas e a dele, e lutar contra os infiéis." Tachou a Arábia Saudita de "um país ocupado" e ficou tão agressivo que o tradutor hesitou.

"Para mim chega", respondeu Turki, furioso. "Mas lembre-se, mulá Omar: o que está fazendo agora vai prejudicar muito o povo afegão."

Turki e o general Rana voltaram ao aeroporto em silêncio, aturdidos. Particularmente irritante foi passar outra vez pelas Fazendas Tarnak, a cidadela dilapidada de Bin Laden. Daquele dia em diante, não apenas a reputação pessoal de Turki mas também a posição da Arábia Saudita no mundo se tornariam reféns do homem lá dentro.

Embora o ataque americano tivesse danificado os campos de treinamento afegãos, eles foram facilmente transferidos — desta vez para perto dos centros urbanos de Kandahar e Cabul.[9] Mas o ataque deixara um resíduo de paranóia, e os membros da comunidade da Al-Qaeda, sempre desconfiados de forasteiros, se voltaram uns contra os outros. Saif al-Adl, chefe da segurança de Bin Laden, estava convencido de que havia um traidor em seu campo. Afinal, Bin Laden e membros-chave do conselho *shura* estariam em Khost quando os mísseis foram lançados, não fosse a decisão de última hora de pegar a estrada para Cabul.

Bin Laden continuava se relacionando com os homens da mesma maneira informal, e qualquer um podia facilmente se aproximar dele. Certa ocasião, um sudanês chamado Abu al-Sha'tha se aproximou e se dirigiu rudemente a Bin Laden diante dos demais líderes. Abu Jandal, um dos homens de Osama, percebeu que o sudanês era um *takfiri* e ofereceu-se para ficar sentado entre ele e Bin Laden. "Não há necessidade", Osama o tranqüilizou, mas levou a mão à pistola enquanto conversavam.[10]

Quando o *takfiri* sudanês fez um movimento abrupto, Abu Jandal saltou sobre ele e prendeu suas mãos atrás das costas, sentando-se sobre o homem até imobilizá-lo. Bin Laden riu e disse: "Abu Jandal, deixe o homem em paz!".

Mas Bin Laden e seu segurança egípcio se impressionaram com a agilidade e força daquele seguidor leal. Bin Laden deu a Abu Jandal uma pistola, fazendo dele seu guarda-costas pessoal. Havia apenas duas balas na arma, para matar o próprio Bin Laden no caso de ele ser capturado. Abu Jandal tinha o cuidado de polir as balas toda noite, dizendo a si mesmo: "Estas são as balas do xeique Osama. Peço a Deus que não me deixe usá-las".

Após a humilhação do príncipe Turki pelo mulá Omar, tanto os talibãs como a segurança de Bin Laden ficaram tensos, aguardando uma reação saudita. Os talibãs capturaram um jovem uzbeque de Khost que agia de forma estranha. Chamava-se Siddiq Ahmed e crescera no reino como um expatriado. Admitiu que o príncipe Salman, o governador de Riad, o contratara para matar Bin Laden (o príncipe Salman nega). Em troca, o assassino receberia 2 milhões de riais e a cidadania saudita. "Você achou mesmo que conseguiria matar o xeique Osama bin Laden e escapar de catorze guardas altamente treinados e com armas automáticas?", perguntou Abu Jandal.[11] O rapaz tinha apenas dezoito anos, mas parecia uma criança. "Cometi um erro", ele bradou. Estava confuso e patético. Finalmente, Bin Laden acudiu: "Podem soltá-lo".

No início de fevereiro de 1999, Michael Scheuer conseguiu localizar Bin Laden outra vez. A CIA recebeu informações de que Osama estava acampando com um grupo de falcoeiros da família real dos Emirados Árabes Unidos no deserto ao sul de Kandahar. A dica veio do guarda-costas de um dos príncipes. Eles estavam caçando a abetarda-moura, uma ave em risco de extinção famosa por sua velocidade e inteligência, bem como por seu poder afrodisíaco. Os príncipes chegaram num avião C-130, carregando geradores, caminhões refrigerados, tendas sofisticadas com ar-condicionado, mastros altos para os equipamentos de comunicação e televisores e quase cinqüenta utilitários com tração nas quatro rodas, que deixariam de presente para os talibãs. Scheuer conseguiu ver o acampamento com nitidez em fotos de reconhecimento. Conseguiu até distinguir os falcões empoleirados. Mas não encontrou o acampamento menor de Bin Laden, que só podia estar por perto.

Sempre que Osama punha os pés no acampamento real, o guarda-costas dos Emirados informava seu agente americano no Paquistão, e a informação chegava à escrivaninha de Scheuer em uma hora. Espiões afegãos localizados num amplo círculo ao redor do acampamento confirmaram as idas e vindas do saudita.

Scheuer é alto e enrugado, usa óculos e tem uma barba castanha eriçada. Dá para imaginar seu retrato na parede de uma propriedade rural prussiana do século XIX. Compulsivo e exigente, dorme apenas poucas horas por noite. Coleman costumava observar nas folhas de ponto dos funcionários o registro de entrada de Scheuer: "2h30 a.m.", ou qualquer coisa semelhante. Costumava permanecer no serviço até as oito da noite. Católico devoto de um tipo que Coleman conhecia bem, Scheuer mantinha um distanciamento frio em relação ao trabalho que precisasse fazer. Apenas alguns meses antes, ele recebera informações de que Bin Laden passaria a noite na residência do governador em Kandahar. Quando propôs um ataque imediato de míssil de cruzeiro, os militares objetaram,[12] alegando que até trezentas pessoas poderiam morrer e uma mesquita próxima poderia ser danificada. Tais considerações enfureciam Scheuer.

Convencido de que a estada no acampamento de caça às abetardas era a melhor chance de todos os tempos de assassinar Bin Laden, Scheuer acompanhou o diretor da CIA, George Tenet, a um encontro com Dick Clarke na Casa Branca. De novo, o Pentágono estava preparando mísseis de cruzeiro — o meio de assassinato preferido dos Estados Unidos — para um ataque na manhã seguinte. Por coincidência, Clarke retornara recentemente dos Emirados, onde ajudara a negociar a venda de aviões de caça americanos no valor de 8 bilhões de dólares. Ele mantinha vínculos pessoais com a família real dos Emirados Árabes Unidos. Sem dúvida, a imagem de príncipes mortos espalhados pela areia veio à sua cabeça, bem como os fracassos da Operação Alcance Infinito. Além do mais, a CIA não pôde garantir que Bin Laden estivesse realmente no acampamento.

Clarke rejeitou a missão. Tenet também foi contra. Scheuer sentiu-se traído. As considerações que levaram os homens a se opor ao projeto pareciam insignificantes e mesquinhas, comparadas com a oportunidade de matar Bin Laden. "Não sou um sujeito de grandes conseqüências", admitiu Scheuer, e para prová-lo enviou uma série de e-mails magoados e recriminatórios. Nos corredores da CIA, comentava-se que ele sofrera um colapso nervoso, que a obsessão por Bin Laden acabara com ele. Enquanto isso, ele desacatou um alto funcionário do FBI na Alec Station, provocando um telefonema furioso do diretor Freeh para Tenet. Em maio, Scheuer foi afastado da chefia da Alec Station. "Você se queimou", disse seu chefe.[13]

Esperava-se que ele se aposentasse e aceitasse a medalha do serviço secreto que havia sido cunhada para ele. "Enfie esta medalha no seu traseiro", foi a reação de Scheuer. Ele apareceu no seu horário maluco habitual na segunda-feira e ocupou uma escrivaninha na biblioteca. Permaneceu ali mês após mês, sem nenhuma tarefa, aguardando que a CIA o procurasse quando estivesse pronta para matar, sem hesitar por causa de alguns príncipes mortos.

O escritório de O'Neill ficava no canto nordeste do 25º andar do edifício número 26 da Federal Plaza, em Nova York, com vista para o Empire State e o edifício da Chrysler, em uma janela, e para a ponte do Brooklyn, em outra. Ele fazia questão de que nenhum outro escritório do FBI se comparasse ao seu. Lustrou os móveis-padrão do governo, produzidos por presidiários, e acrescentou um sofá cor de alfazema. Sobre a mesa de café de mogno vermelho havia um livro sobre tulipas — *The flower that drives men wild* [*A flor que enlouquece os homens*] —, e ele encheu a sala de plantas e flores da estação. Mantinha dois computadores: o modelo antiquado e limitado fornecido pelo FBI e seu próprio PC de alta velocidade. No fundo, uma pequena televisão sintonizada o tempo todo na CNN. Em vez das fotos de família que costumam adornar paredes e escrivaninhas dos escritórios, O'Neill tinha reproduções de quadros de impressionistas franceses.

Poucas pessoas no FBI sabiam que ele tinha esposa e dois filhos (John Junior e Carol) em Nova Jersey, que não o acompanharam quando ele se mudou para Chicago, em 1991. Pouco depois de chegar a essa cidade, conheceu Valerie James, uma diretora comercial de modas divorciada e com dois filhos. Alta e bonita, olhar firme e voz ardente, ela viu O'Neill num bar e ofereceu-lhe um drinque porque "ele tinha os olhos mais irresistíveis" que ela já vira. Ficaram conversando até as cinco da madrugada.

O'Neill enviava flores a Valerie todas as sextas-feiras, o dia da semana em que se conheceram. Ele era um exímio dançarino e admitia ter estado no programa de TV *American Bandstand* quando adolescente. Sempre que Valerie precisava viajar a negócios, encontrava uma garrafa de vinho esperando por ela no quarto do hotel. "Tem certeza de que você não é casado?", ela perguntava.

Pouco antes da mudança de O'Neill para Washington, uma colega dele chamou Valerie para uma conversa particular, numa festa de Natal do FBI, e contou sobre a família de O'Neill em Nova Jersey. "Não é possível", disse Valerie. "Nós vamos nos casar. Ele pediu a minha mão ao meu pai."

Enquanto cortejava Valerie, O'Neill teve uma namorada em Washington, Mary Lynn Stevens, que trabalhava na Pentagon Federal Credit Union. Ele lhe propusera um relacionamento "exclusivo" dois anos antes, quando ela o visitou em Chicago na véspera do Ano-Novo. Mary Lynn descobriu sobre Valerie ao ouvir, por acaso, um recado na secretária eletrônica de O'Neill. Ela o colocou contra a parede, e ele ajoelhou-se aos seus pés, implorando perdão e prometendo nunca mais ver Valerie. Mas, quando Mary Lynn voltou para Washington, seu cabeleireiro, que era de Atlantic City, informou-a sobre a esposa de O'Neill. O'Neill explicou que ainda estava conversando com os advogados. Disse que não quisera prejudicar a relação com Mary Lynn revelando um casamento que já havia praticamente terminado, faltando apenas os últimos detalhes legais. A mesma coisa ele havia dito para Valerie James.

Pouco depois de chegar a Washington, ele conheceu outra mulher, Anna DiBattista, uma loura elegante que trabalhava na indústria bélica. Ela sabia desde o princípio que ele era casado — uma colega a informara —, mas O'Neill nunca deixou que tomasse conhecimento de suas outras mulheres. O sacerdote da igreja que ela freqüentava a alertou: "Aquele sujeito jamais se casará com você. Ele não vai conseguir a anulação". Até que um dia O'Neill contou que enfim obtivera a anulação, o que era mentira. "Sei quanto isso significa para você", ele disse. Com freqüência, passava parte da noite com Mary Lynn e o resto com Anna. "Acho que ele nunca ficou depois das cinco ou seis da manhã", disse Mary Lynn. "Nunca preparei o café para ele." Ao mesmo tempo, O'Neill manteve vivo o relacionamento com Valerie em Chicago. Todas as três mulheres tinham a impressão de que ele pretendia se casar com elas. Ele também vivia obcecado por uma mulher bonita e turbinada do Departamento de Justiça que era casada, fato que lhe causava um desespero sem fim.

De uma maneira estranha, seu drama doméstico multifacetado se comparava ao de sua caça, Osama bin Laden. Talvez se O'Neill vivesse numa cultura que permitisse vários casamentos, tivesse formado um harém. Mas, furtivo por natureza, cultivava segredos perigosos e mentiras inovadoras. É claro que sua profissão proporcionava a cobertura perfeita, pois ele sempre podia desaparecer por alguns dias em alguma missão "secreta".

Havia um lado seu que buscava o conforto de um relacionamento estável, que ele parecia mais próximo de encontrar com Valerie James. Quando O'Neill se mudou para Nova York, Val o acompanhou. Eles arranjaram um apartamento em Stuyvesant Town. Ele curtia tanto os dois filhos crescidos da namorada que os amigos achavam que eram filhos dele, e quando ela ganhou o primeiro neto O'Neill ficava em casa tomando conta do bebê para que Val pudesse ir trabalhar. Eles se adaptaram a uma rotina. Nas manhãs de terça-feira, deixavam as roupas na lavanderia e iam correr. Nas manhãs de sábado, O'Neill ia ao barbeiro cortar o cabelo e fazer a barba. Aos domingos, o casal visitava igrejas e às vezes explorava a cidade de bicicleta. Com freqüência, quando ele chegava tarde da noite, esgotado após entreter policiais da Venezuela ou do Uzbequistão, esgueirava-se para dentro da cama com um copo de leite e um prato de bolinhos de chocolate. Adorava distribuir doces no Halloween.

Mas havia uma inquietude nele que parecia gostar de atrair confusão. Em 1999, quando Anna DiBattista recebeu uma oferta de emprego em Nova York, mesmo ameaçando complicar sua vida ao máximo, O'Neill implorou que ela aceitasse. "Podemos nos casar!", ele prometeu. Mas quando Anna chegou O'Neill disse que, naquele momento, ela não poderia ir morar com ele. Alegou que uns "filólogos" estavam morando em seu apartamento.

Com cada mulher, ele vivia uma vida diferente. Conseguia manter seus círculos sociais separados, de modo que um grupo de amigos o conhecia com

Val, outro com Anna, e outro ainda com Mary Lynn. Levava-as a restaurantes diferentes e até a países diferentes nas férias. "Ele adorava jazz", disse Val. Com Anna, ouvia Andrea Bocelli. "Nossa canção favorita era 'Time to say goodbye'", ela recordou. Mary Lynn apresentou-o à ópera. "Ele veio de avião lá da Califórnia quando o chamei para a ópera *Mefistófeles*." Politicamente também se mostrava flexível, tendendo a se adaptar aos pontos de vista do companheiro do momento: democrata moderado com um, republicano moderado com outro.

Nos feriados, ia para casa em Nova Jersey visitar os pais e ver esposa e filhos. Embora estivesse separado de Christine havia vários anos, nunca se divorciou. Aos amigos que conheciam sua família explicava que aquilo era "uma coisa católica".[14] Continuou sustentando-os, e falava amiúde com os filhos pelo telefone. Mas Atlantic City era uma parte de sua vida que compartilhava com pouquíssima gente. Como suas mulheres sentiam que jamais poderiam confiar nele, não dava para oferecer o amor cego e a devoção que ele buscava. Ele permaneceu isolado por causa de seu fingimento compulsivo.

Inevitavelmente, a confusão tinha um preço. Ele esqueceu o palmtop no Yankee Stadium, com contatos policiais do mundo inteiro. Felizmente, a segurança do estádio o encontrou. Depois ele deixou o celular num táxi. No verão de 1999, ele e Valerie viajavam de carro para o litoral de Nova Jersey quando seu Buick enguiçou perto de Meadowlands. Seu automóvel do FBI por acaso estava estacionado por perto, num local secreto fora da sede. Assim, O'Neill trocou de carro, embora o birô proíba usar veículos oficiais para fins pessoais. Mesmo assim, a infração de O'Neill poderia ter passado despercebida se ele não deixasse Valerie entrar no prédio para ir à toalete. Ela nem tinha idéia de que lugar era aquele. Quando o FBI soube da infração, aparentemente por um agente ressentido que havia sido pego usando o local como oficina de automóveis, O'Neill foi advertido e descontado em quinze dias de salário.

Aquela era uma punição com que ele mal podia arcar. Sempre fora um anfitrião exibicionista, pagando todas as contas, chegando ao ponto de rasgar o dinheiro de outro agente que certa vez se ofereceu para rachar a despesa. Esses gestos o endividavam. Um agente que fazia sua declaração do imposto de renda notou a dívida do cartão de crédito de O'Neill e observou: "Xi, John, se o inimigo descobrir a sua situação vai tentar subornar você".[15] O'Neill também vinha pagando a hipoteca da casa da esposa[16] e sacando de seu fundo de aposentadoria e pegando dinheiro emprestado com amigos ricos,[17] que ficavam com notas promissórias que ele tinha de declarar. Qualquer um com tamanho endividamento normalmente acabaria sendo visto como um risco de segurança.

Um homem inseguro, enganador e potencialmente comprometedor. Também determinado, engenhoso e brilhante. Bem ou mal, era dele que os Estados Unidos agora dependiam para deter Osama bin Laden.

O Iraque era um aliado improvável na guerra da Al-Qaeda contra o Ocidente, mas houvera uma série de contatos entre o Iraque e a Al-Qaeda desde o final da primeira Guerra do Golfo. Saddam Hussein procurava aliados para salvar seu regime abalado, e os islamitas radicais ao menos compartilhavam de seu desejo de vingança. Em 1992, Hassan al-Turabi promoveu um encontro entre o serviço de inteligência iraquiano e a Al-Qaeda com o objetivo de criar uma "estratégia comum"[18] a fim de depor governos árabes pró-Ocidente. A delegação iraquiana encontrou-se com Bin Laden e adulou-o, afirmando que ele era o mádi das profecias, o salvador do islã.[19] Queriam que Bin Laden parasse de apoiar os insurgentes anti-Saddam.[20] Osama concordou, mas em troca solicitou armas e campos de treinamento dentro do Iraque. Naquele mesmo ano, Zawahiri viajou até Bagdá, onde se encontrou com o ditador iraquiano em pessoa.[21] Mas não há nenhum indício de que o Iraque tenha chegado a fornecer armas ou campos à Al-Qaeda. Em pouco tempo Bin Laden voltou a apoiar dissidentes iraquianos.

As conversações, porém, prosseguiram de forma intermitente. Quando Bin Laden emitiu sua *fatwa* contra os Estados Unidos, em 1998, agentes do serviço secreto iraquiano voaram até o Afeganistão a fim de discutir com Zawahiri a possibilidade de transferir a Al-Qaeda para o Iraque.[22] As relações de Bin Laden com o Talibã estavam estremecidas na época, e vários membros graduados da Al-Qaeda defendiam a busca de um novo refúgio. Bin Laden opôs-se à idéia, pois não queria dever favores ao tirano iraquiano.

Em setembro de 1999, Zawahiri voltou a Bagdá com um passaporte falso para participar do 9º Congresso do Povo Islâmico,[23] um consórcio internacional de clérigos e ativistas sob o patrocínio do governo iraquiano. Por coincidência, um jihadista jordaniano chamado Abu Musab al-Zarqawi chegou a Bagdá mais ou menos na mesma época. Zarqawi não era membro da Al-Qaeda, mas dirigia um campo de treinamento em Herat, Afeganistão. Via-se como um competidor de Bin Laden, mas mantinha vínculos estreitos com a Al-Jihad. O serviço secreto iraquiano pode ter auxiliado Zawahiri e Zarqawi a criar uma organização terrorista de fundamentalistas curdos chamada Ansar al-Islam, inspirando-se no patrocínio iraniano do Hezbollah.* (Zarqawi mais tarde se tornaria líder da insurgência da Al-Qaeda contra as forças americanas após a invasão do Iraque em 2003.)

Uma preocupação especial de O'Neill era que, com a virada do milênio, a Al-Qaeda aproveitasse o momento para dramatizar sua guerra contra os americanos. Tinha certeza de que terroristas islâmicos haviam criado uma cabeça-de-ponte nos Estados Unidos. Seu ponto de vista diferia totalmente daquele da direção do FBI. O diretor Freeh repetidamente enfatizou, em reuniões na Casa Branca, que a Al-Qaeda não representava nenhuma ameaça doméstica. Bin Laden só chegaria à lista dos mais procurados do FBI em junho de 1999.

O'Neill passara a sentir que havia um ritmo nos ataques da Al-Qaeda, e disse aos amigos: "Chegou a nossa vez". Aquela sensação foi muito forte na segunda metade de 1999. Ele sabia quanto o *timing* e os símbolos significavam para Bin Laden, e a virada do milênio apresentava uma oportunidade ímpar para um efeito teatral. O'Neill achava que o alvo seria algum elemento essencial da infra-estrutura: a água potável, a rede elétrica, talvez o sistema de transportes.[24] Mas as informações que davam respaldo a essa hipótese eram frustrantemente escassas.

Em dezembro, autoridades jordanianas detiveram dezesseis suspeitos de planejar ataques terroristas ao Hotel Radisson em Amã e a uma série de locais turísticos freqüentados por ocidentais. Descobriu-se que um dos conspiradores era Abu Musab al-Zarqawi, embora ele não tivesse sido capturado. Os jordanianos também encontraram um manual de treinamento da Al-Qaeda em seis volumes, em CD-ROM. A célula jordaniana incluía vários americanos de origem árabe.

---

* Estas suposições se baseiam em observações do ex-primeiro-ministro interino iraquiano Iyad Allawi, que alega ter descoberto as informações nos arquivos do serviço secreto iraquiano.

A CIA alertou para a possibilidade de diversos ataques dentro dos Estados Unidos, mas forneceu poucos detalhes.[25] Com a Federal Aviation Agency, a guarda de fronteira, a guarda nacional, o serviço secreto e cada delegacia e departamento de polícia do país em alerta máximo, ainda não havia sinais de ataque iminente. Os temores de um atentado terrorista foram abafados pela histeria geral com o bug do milênio: a preocupação generalizada com uma possível falha dos computadores devido à mudança do milênio no calendário, levando ao colapso do mundo tecnológico.

Então, em 14 de dezembro, uma policial de fronteira em Port Angeles, Washington, deteve um homem argelino, Ahmed Ressam, cuja evidente ansiedade despertou suspeitas. Ela pediu que ele saísse do carro. Outro guarda abriu o porta-malas e disse: "Ei, temos algum coisa aqui".[26] Um funcionário da alfândega agarrou Ressam pelas costas da jaqueta e o conduziu até a traseira do carro. Dentro do porta-malas havia quatro temporizadores, mais de 45 quilos de uréia e seis quilos de sulfato: os ingredientes de uma bomba como a de Oklahoma.

Ressam escapuliu, deixando a jaqueta nas mãos do funcionário da alfândega. Os guardas correram atrás e o capturaram quatro quarteirões à frente, tentando entrar à força num carro parado no sinal.

Descobriu-se que o alvo de Ressam era o aeroporto internacional de Los Angeles. Com todas as precauções que haviam sido tomadas, não fosse o olho clínico daquela policial de fronteira sobre o nervosismo de Ressam, o milênio poderia ter começado com uma grande catástrofe. Mas a sorte escolheu um caminho diferente.

Ressam não era realmente um agente da Al-Qaeda, embora tivesse aprendido a construir bombas em um dos acampamentos de Bin Laden no Afeganistão. Tratava-se de um terrorista freelance navegando sob a bandeira da Al-Qaeda, do tipo que proliferaria depois do 11 de setembro. Na verdade um ladrão com pouca formação religiosa, Ressam poderia ser chamado de um precursor. Treinado e fortalecido pela Al-Qaeda, formara sua própria célula improvisada em Montreal, Canadá. Telefonara para o Afeganistão antes do ataque para saber se Bin Laden gostaria de ser considerado o autor do atentado, mas não recebera resposta.

John O'Neill estava certo de que Ressam tinha cúmplices nos Estados Unidos. Quem seriam? Onde estariam? Pressentiu o tiquetaque de uma contagem regressiva até o Ano-Novo, quando um ataque da Al-Qaeda seria mais visível.

Na bagunça dos bolsos de Ressam, as autoridades do estado de Washington encontraram uma tira de papel com um nome, Ghani, além de vários números de telefone. Um deles tinha o código de área 318, mas quando Jack Cloonan ligou para lá uma criança de Monroe, Louisiana, atendeu. Cloonan olhou de novo o papel. Talvez o código de área fosse 718, ele achou. Ao checar, constatou que o número pertencia a Abdul Ghani Meskini, um argelino que morava no Brooklyn.

O'Neill supervisionou a vigilância policial da residência de Meskini do posto de comando do FBI no Brooklyn. Um grampo telefônico captou uma ligação de Meskini para a Argélia, na qual ele falou sobre Ressam e outros terroristas suspeitos de Montreal. Em 30 de dezembro, O'Neill prendeu Meskini sob a acusação de conspiração e vários outros suspeitos por violação das leis de imigração. Tanto Meskini como Ressam acabariam colaborando com o governo americano como testemunhas.

Naquela gelada véspera de Ano-Novo, O'Neill esteve com 2 milhões de pessoas na Times Square.[27] À meia-noite, falou com Clarke na Casa Branca para informar que estava sob a bola gigante, enquanto os sinos anunciavam o novo milênio. "Se eles fizerem alguma coisa em Nova York, vai ser aqui", ele disse a Clarke. "Por isso estou aqui."[28]

Após as prisões da virada do milênio, O'Neill concluiu que a Al-Qaeda possuía células dormentes ocultas nos Estados Unidos. Os vínculos entre as células canadenses e jordanianas apontavam para o seu país. Porém, mesmo após os ataques às embaixadas americanas e a tentativa de lançar uma bomba no aeroporto de Los Angeles, a direção do FBI continuava vendo a Al-Qaeda como uma ameaça distante e controlável. Dale Watson, diretor-assistente da divisão de contraterrorismo, foi uma exceção. O'Neill e Watson encontraram-se com Dick Clarke nos meses seguintes para criar um plano estratégico denominado Millennium After-Action Review, que especificou uma série de mudanças de política a fim de extirpar as células da Al-Qaeda. Elas incluíam aumentar o número de equipes da Joint Terrorism Task Force pelo país, designar mais agentes da receita federal e serviço de imigração e naturalização para monitorar o fluxo de dinheiro e pessoal, e criar um processo agilizado para analisar informações obtidas através de grampos telefônicos. Mas essas mudanças não foram suficientes para vencer a indiferença burocrática que se abateu sobre Washington após a virada do milênio.

A Noite do Poder, perto do fim do ramadã, comemora a data em que o profeta Maomé começou a receber a palavra de Deus, na caverna do monte Hira.[29] Naquela data auspiciosa, 3 de janeiro, no ano 2000, cinco homens encerraram o jejum em Áden, Iêmen, e depois desceram até a praia. Viram algo estranhíssimo: um esquife de pesca de fibra de vidro afundado na arrebentação. Seus olhos se voltaram para o motor de popa Yamaha novo de 225 cavalos. Os homens conversaram sobre aquela aparição e concluíram tratar-se de um presente do céu. Devido ao seu estado de pureza ritual, acreditaram estar sendo recompensados por sua devoção. Assim, passaram a despojar o barco de tudo que pudessem apanhar, começando pelo motor de 270 quilos, que devia valer mais de 10 mil dólares. Quando soltaram o motor enorme, ele mergulhou na água salgada. Tiveram de rolá-lo até a praia, mas ele já havia se estragado.

Então um dos homens abriu a escotilha. Viu tijolos estranhos empilhados. Pensou que fosse haxixe, mas havia fios entre eles, e uma bateria. O homem soltou um dos tijolos e cheirou: um odor estranho e oleoso, bem diferente do cheiro de haxixe. Os homens concluíram que, fossem lá o que fossem, os tijolos deviam ser valiosos. Assim, formaram uma fila do barco até a praia e começaram a passar os tijolos de um para outro.

De repente, uma dupla de membros da Al-Qaeda num pequeno utilitário aproximou-se e perguntou o que os homens estavam fazendo com o barco deles. Mas, ao ver os iemenitas pegando os tijolos, fugiram alarmados.

Mais tarde, investigadores americanos descobririam que o esquife de fibra de vidro era para ter sido usado num ataque suicida contra um destróier americano, o USS *The Sullivans*, que estava reabastecendo no porto de Áden. Os agentes da Al-Qaeda que haviam sobrecarregado o barco com explosivos C-4 tinham removido os dispositivos de flutuação da embarcação, o que a fez afundar na areia macia assim que deslizou para fora do reboque. No fim eles conseguiram recuperar o barco com um guindaste marítimo, e logo ele estaria pronto para outra operação.

18. *Boom*

Os homens que iam treinar no Afeganistão na década de 1990 não eram fracassos sociais empobrecidos. Como grupo, assemelhavam-se aos "jovens egípcios exemplares" que formavam os grupos terroristas que Saad Eddin Ibrahim estudara no início da década de 1980. A maioria dos recrutas potenciais da Al-Qaeda vinha das classes média ou alta,[1] quase todos de famílias completas. Grande parte cursara a faculdade, com forte inclinação para as ciências naturais e a engenharia. Poucos vinham de escolas religiosas. Na verdade, um grande número havia estudado na Europa ou nos Estados Unidos e falava até cinco ou seis idiomas. Não exibiam sinais de distúrbio mental.[2] Nem sequer eram muito religiosos quando aderiram à *jihad*.

Suas histórias eram mais complicadas e diversificadas do que a de seus predecessores que lutaram contra os soviéticos. A geração anterior incluía muitos profissionais de classe média[3] — médicos, professores, contadores, imãs — que haviam viajado para o Afeganistão com a família. Os novos jihadistas tendiam a ser jovens solteiros,[4] mas entre eles havia também criminosos, cujas habilidades em falsificação, fraudes com cartões de crédito e tráfico de drogas se mostrariam úteis. O grupo anterior viera predominantemente da Arábia Saudita e do Egito; muitos dos novos recrutas provinham da Europa e da Argélia. Não havia praticamente ninguém do Sudão, Índia, Turquia, Bangladesh ou mesmo Afeganistão ou Paquistão. Na *jihad* contra os soviéticos, alguns muçulmanos xiitas haviam participado;[5] o posto avançado de Bin Laden de Maasada teve até um campo xiita. Esse novo grupo de jihadistas era inteiramente sunita. Seu objetivo imediato: preparar-se para o combate na Bósnia ou na Chechênia e, depois, retornar à própria terra natal e estabelecer governos islamitas. Entre 10 mil e 20 mil trainees passaram pelos campos afegãos de 1996 até sua destruição, em 2001.[6]

Os recrutas eram entrevistados sobre sua formação e habilidades especiais. As informações coletadas serviam para determinar o tipo de tarefa que caberia a cada um. Por exemplo, Hani Hanjour, um jovem saudita, declarou que havia estudado pilotagem nos Estados Unidos. Ele participaria da conspiração do 11 de setembro.

Além do treinamento físico árduo, os novos recrutas também eram doutrinados na visão de mundo da Al-Qaeda. As anotações de aula de alguns dos trainees explicitavam as metas utópicas da organização.[7]

1. Estabelecer o governo de Deus na Terra.
2. Atingir o martírio na causa de Deus.
3. Purificar as fileiras do islã dos elementos de depravação.

Essas três metas precisamente enunciadas comporiam o apelo da Al-Qaeda e suas limitações. Elas acenavam aos idealistas, que não paravam para perguntar como seria o governo de Deus nas mãos de homens cujo único objetivo político era purificar a religião. A morte, a meta pessoal, continuava sendo a principal atração para muitos dos recrutas.

Eles estudavam as operações do passado: as bem-sucedidas, como as bombas nas embaixadas, e as fracassadas, como o atentado contra a vida de Mubarak. Seu texto de apoio, um manual de 180 páginas, *Estudos militares sobre a jihad contra os tiranos*, incluía capítulos sobre falsificação, treinamento com armas, segurança e espionagem. "O confronto que preconizamos com os regimes apóstatas não conhece debates socráticos [...] ideais platônicos [...] nem diplomacia aristotélica", começa o manual. "Mas conhece o diálogo das balas, os ideais do assassinato, dos atentados a bomba e da destruição, e a diplomacia do canhão e da metralhadora."

O treinamento consistia em três estágios principais.[8] Os recrutas inexperientes passavam um período de quinze dias no campo de treinamento dos novatos, sendo levados à total exaustão, com apenas umas poucas horas de sono em algumas noites. Durante a segunda fase, que durava 45 dias, os recrutas recebiam treinamento militar básico de interpretação de mapas, trincheiras, navegação celeste e o manejo de uma variedade extraordinária de armas, incluindo metralhadoras leves, minas Claymore, morteiros, foguetes de ombro e mísseis antiaéreos. Os alvos eram sempre soldados ou veículos americanos, mas havia outros "inimigos do islã",[9] de acordo com as anotações manuscritas de um aluno da turma de ideologia da Al-Qaeda:

1. Hereges (os Mubaraks do mundo)
2. Xiitas
3. Estados Unidos
4. Israel

A diversidade de seus inimigos sempre assolaria a Al-Qaeda, especialmente à medida que atores novos com prioridades diferentes foram entrando em cena.

Os graduados da segunda fase podiam freqüentar um curso de guerra de guerrilhas, que também durava 45 dias. Havia campos de especialização em seqüestro e espionagem, e um curso de dez dias de assassinato. Um trainee da Al-Qaeda registrou em seu diário que havia aprendido a "atirar na personalidade e seu segurança de uma motocicleta"[10] num dia e a "atirar em dois alvos dentro de um carro, de cima, pela frente e por trás" no dia seguinte. Outro campo era especializado no preparo de bombas, e outro ainda, chamado Kamikaze,[11] estava reservado aos homens-bomba, que trajavam roupas especiais brancas ou cinza e moravam sozinhos, não falando com ninguém.

Uma biblioteca com um acervo considerável oferecia livros militares, inclusive *Revolta*, a autobiografia do terrorista e depois primeiro-ministro israelense Menachem Begin. Outro livro, sobre a criação da Força de Distribuição Rápida do Corpo de Fuzileiros Navais, incluía um cenário em que um petroleiro carregando gás natural liquefeito seria explodido no estreito de Ormuz, na foz do golfo Pérsico, levando a um aumento brutal do preço do petróleo. Os trainees ficaram cativados com essa idéia e passaram um bom tempo planejando como levar a cabo tal manobra. À noite, assistiam muitas vezes a *thrillers* de Hollywood, em busca de idéias. Os filmes de Arnold Schwarzenegger eram particularmente apreciados.[12]

Zawahiri tinha um pendor especial pela guerra biológica e química. Observou que "o poder destrutivo dessas armas não é inferior ao das armas nucleares".[13] Ele criou um programa, cujo codinome era Zabadi — "leite coalhado" —, para explorar técnicas não convencionais de assassinato em massa, examinando revistas médicas com o objetivo de pesquisar diversos venenos. "Apesar de perigosíssimos, só tomamos conhecimento quando o inimigo chamou nossa atenção para eles, expressando repetidamente sua preocupação com a facilidade com que podem ser produzidos", ele escreveu. Um de seus homens, Abu Khabab, criou um laboratório perto de Jalalabad, onde testou em cães um gás nervoso caseiro e filmou em vídeo a longa agonia dos animais. Com freqüência levavam mais de cinco horas para morrer.[14] Abu Khabab explicou aos seus trainees que os seres humanos eram bem mais suscetíveis, não possuindo anticorpos tão poderosos como os dos cães. Zawahiri abriu outro laboratório, perto de Kandahar, onde um homem de negócios malaio, Yazid Sufaat, passou meses tentando cultivar armas biológicas, particularmente antraz.[15] Sufaat era formado em química e ciência de laboratório pela California State University de Sacramento.

Bin Laden de início mostrou-se indiferente ao emprego de armas biológicas ou químicas, mas entrou em desacordo com Abu Hafs, líder dos extremistas no debate da Al-Qaeda sobre a ética e as conseqüências do uso indiscriminado daquelas substâncias. Seriam usadas em terras muçulmanas? Teriam por alvo a população civil? Os moderados argumentavam que qualquer arma de destruição em massa lançaria a opinião pública mundial contra a causa muçulmana e provocaria uma reação americana maciça contra o Afeganistão. Bin Laden preferia claramente as bombas nucleares,[16] mas elas suscitavam questões morais adicionais. Os extremistas observavam que os americanos já haviam lançado bombas nucleares duas vezes no Japão, e vinham então empregando no Iraque bombas contendo urânio esgotado. Se os Estados Unidos decidissem voltar a usar armas nucleares, quem protegeria os muçulmanos? A ONU? Os governantes árabes? Cabia à Al-Qaeda criar uma arma que imunizasse o mundo muçulmano contra o imperialismo ocidental.

O que os recrutas tendiam a ter em comum — além da urbanidade, dos antecedentes cosmopolitas, da educação, do domínio de idiomas e da informática — era a sensação de deslocamento. A maioria aderira à *jihad* fora do seu país de nascimento: argelinos vivendo em enclaves de expatriados na França, marroquinos na Espanha ou iemenitas na Arábia Saudita. Apesar de suas realizações, sua posição era inferior nas sociedades em que viviam. À semelhança de Sayyid Qutb, definiam-se como muçulmanos radicais enquanto residiam no Ocidente. O paquistanês em Londres constatava não ser autenticamente britânico nem autenticamente paquistanês. Essa sensação de marginalidade também acometia os libaneses no Kuwait e os egípcios no Brooklyn. Só, alienado e muitas vezes distante da família, o exilado recorria à mesquita, onde encontrava companheirismo e consolação da religião. O islamismo proporcionava o elemento da comunidade. Era mais que uma fé — era uma identidade.

Os imãs naturalmente respondiam à alienação e à raiva que levavam aqueles homens a procurar um lar espiritual. Um número desproporcional de novas mesquitas em comunidades de imigrantes havia sido financiado pela Arábia Saudita e provido de fundamentalistas *wahhabi*, dos quais muitos pregavam as glórias da *jihad*. Incitados pela retórica e pela lenda da vitória contra os soviéticos, os rapazes, geralmente em grupos pequenos, acabavam decidindo ir ao Afeganistão.

Foi o que aconteceu com quatro jovens em Hamburgo.[17]

A cidade mais próspera da Alemanha, com mais milionários per capita do que qualquer outra área metropolitana da Europa, Hamburgo constituía, em 1999, um baluarte libertário burguês. A cidade gostava de se imaginar como mais britânica que alemã: altiva mas polida, aristocrata mas multicultural. Tornara-se um destino popular para estudantes estrangeiros e refugiados políticos, com cerca de 200 mil muçulmanos entre eles.[18] Mohammed Atta chegou no outono de 1992 e matriculou-se no curso de pós-graduação em planejamento urbano na Universidade Técnica de Hamburgo-Harburg. Estudantes estrangeiros na Alemanha podiam permanecer o tempo que quisessem, não pagavam pela instrução e podiam viajar por toda a União Européia.

As cicatrizes da história eram facilmente detectáveis, não apenas na parte reconstruída da Cidade Antiga, mas também nas leis do país e no caráter do povo alemão. A nova Alemanha tivera o cuidado de inscrever a tolerância em sua constituição, incluindo a política de asilo a refugiados políticos mais generosa do mundo. Grupos reconhecidamente terroristas tinham permissão de operar legalmente, arrecadando dinheiro e arregimentando recrutas — mas só se fossem terroristas estrangeiros, não locais. Nem sequer era contra a lei planejar uma operação terrorista, contanto que o ataque ocorresse fora do país. Naturalmente, muitos extremistas se aproveitaram daquele porto seguro.

Além das barreiras constitucionais que impediam a investigação de grupos radicais, havia cautelas internas também. O país sofrera, no passado, de xenofobia, racismo e um excesso de poder policial; qualquer ação que evocasse tais fantasmas constituía tabu. A polícia federal preferia concentrar esforços em extremistas de direita nativos, prestando pouca atenção aos grupos estrangeiros. A Alemanha temia a si mesma, mais que aos outros. O pacto velado dos alemães com os extremistas estrangeiros dentro do país era que, se os próprios alemães não fossem atacados, eles seriam deixados em paz. Ao rejeitar seu próprio passado extremista, a Alemanha inadvertidamente tornou-se hospedeira de um novo movimento totalitário.

Os islamitas radicais pouco tinham em comum com o empreendimento nazista. Embora viessem a ser acusados de um culto fascista, o ressentimento que ardia dentro da mesquita de Al-Quds, onde Atta e seus amigos se reuniam, não fora desenvolvido em uma agenda política clara. Mas como os nazistas, surgidos da vergonha da derrota, os islamitas radicais compartilhavam uma determinação fanática de chegar ao topo da história, após terem sido pisados durante tantas gerações.

Embora Atta tivesse apenas idéias vagamente socialistas de governo, ele e seu círculo preencheram o espaço político sombrio deixado pelos nazistas. Um dos amigos de Atta, Munir al-Motassadeq, referia-se a Hitler como "um homem bom".[19] O próprio Atta muitas vezes afirmou que os judeus controlavam a mídia, bancos, jornais e a política de seu quartel-general mundial em Nova York. Além disso, estava convencido de que os judeus haviam planejado as guerras na Bósnia, Kosovo e Chechênia como uma forma de deter o islã. Acreditava que Monica Lewinsky fosse uma agente judia enviada para solapar Clinton, que se tornara simpático demais à causa palestina.

A extrema rigidez de caráter que todos detectavam em Atta constituía um traço nazista, sem dúvida reforçado pela necessidade de resistir às tentações daquela cidade generosa. O jovem planejador urbano deve ter admirado a limpeza e eficiência de Hamburgo, tão diametralmente oposta ao Cairo em que ele crescera. Mas as qualidades condenáveis que Sayyid Qutb detectara nos Estados Unidos — seu materialismo, licenciosidade e falsidade espiritual

— eram também espetacularmente visíveis em Hamburgo, com seus cassinos clangorosos, prostitutas em vitrines e catedrais magníficas mas vazias.

Durante a Segunda Guerra Mundial, Hamburgo foi um grande centro de construção naval. O *Bismarck* foi construído ali, bem como a frota de submarinos alemães. Naturalmente, tornou-se um alvo prioritário dos bombardeios dos aliados. Em julho de 1943, a Operação Gomorra — a destruição de Hamburgo — foi o bombardeio aéreo mais intenso da história até então. Mas o resultado foi bem além da destruição de fábricas e do porto. Os incêndios provocados pelos ataques noite e dia mataram 45 mil pessoas em uma campanha deliberada para aterrorizar a população. A maioria dos trabalhadores dos estaleiros ocupava conjuntos residenciais na outra margem do rio Elba, e os bombardeios dos aliados foram particularmente fortes ali. Atta morava num apartamento em 54 Marienstrasse, um prédio reconstruído, numa rua quase totalmente destruída pelos bombardeios aterrorizantes.

Atta era um perfeccionista. No trabalho, um desenhista habilidoso, mas pouco criativo. Fisicamente, sua conduta traía uma qualidade feminina: "elegante" e "delicado",[20] sua orientação sexual — por mais inexpressiva que fosse — era difícil de definir. Os olhos negros, embora alertas e inteligentes, traíam pouca emoção. "Tive dificuldade em distinguir entre sua íris e a pupila, o que lhe dava um aspecto muito, muito assustador", recordou uma de suas colegas.[21] "Ele tinha o hábito incomum de fazer uma pergunta e depois, enquanto ouvia a resposta, ficar pressionando os lábios."

Em 11 de abril de 1996, aos 27 anos, Atta assinou um testamento padronizado que recebeu da mesquita de Al-Quds.[22] Foi o dia em que Israel atacou o Líbano na Operação Vinhas da Ira. De acordo com um dos amigos, Atta ficou furioso,[23] e ao preencher o testamento durante o ataque oferecia a própria vida em resposta.

Ainda que os sentimentos no testamento representassem os princípios de sua comunidade de fé, Atta constantemente demonstrava ter aversão a mulheres, que em sua mente se assemelhavam aos judeus no poder e na corrupção. O testamento determinava: "Nenhuma mulher grávida nem infiéis devem participar do meu funeral ou visitar meu túmulo. Nenhuma mulher deve me pedir perdão. Quem lavar meu corpo deve usar luvas para não tocar nos meus genitais". O ódio que essa declaração dirige às mulheres e seu horror ao contato sexual convidam a pensar que a opção de Atta pelo terrorismo resultou de sua sexualidade conflituosa tanto quanto do choque de civilizações.

* * *

Mohammed Atta, Ramzi bin al-Shibh, Marwan al-Shehhi e Ziad Jarrah, os quatro amigos de Hamburgo, chegaram ao campo de Khaldan em novembro de 1999, para um curso de treinamento preliminar. Era um momento propício.

Nos três anos desde que Khaled Sheikh Mohammed propusera suas "operações com aviões" a Bin Laden na caverna de Tora Bora,[24] a Al-Qaeda vinha pesquisando um plano para atingir a pátria americana. Mohammed imaginou duas ondas de aviões seqüestrados, cinco da costa leste e cinco da Ásia. Nove desses aviões seriam lançados contra alvos selecionados, como a CIA, o FBI e as usinas nucleares. O próprio Khaled Sheikh Mohammed pilotaria o último avião. Ele mataria todos os homens a bordo, depois faria uma proclamação condenando a política americana no Oriente Médio, e finalmente aterrissaria e libertaria mulheres e crianças.

Bin Laden rejeitou essa arrogância final, mas na primavera de 1999 convocou Mohammed de volta a Kandahar e deu o sinal verde para pôr o plano em operação.[25]

Alguns meses depois, Bin Laden, Khaled Sheikh Mohammed e Abu Hafs reuniram-se em Kandahar para escolher alvos potenciais. Os três homens eram os únicos envolvidos.[26] Seu objetivo não se limitava a infligir um dano simbólico. Bin Laden imaginava que os Estados Unidos — como entidade política — pudessem ser realmente destruídos. "Os Estados Unidos são uma grande potência com um poderio militar tremendo e economia diversificada", ele admitiu mais tarde. "Mas tudo isso se ergue sobre uma base instável que pode ser atacada, especialmente em seus pontos fracos mais óbvios. Se atingidos em um centésimo desses pontos, se Deus quiser, eles desmoronarão, definharão e renunciarão à liderança mundial."[27] Inevitavelmente, ele acreditava, a confederação de estados que formava o país se dissolveria.

Nada mais natural, então, que Bin Laden quisesse atingir a Casa Branca e o Capitólio. Ele também incluiu o Pentágono na lista. Se conseguisse destruir a sede do governo americano e o quartel-general das forças militares, o desmembramento do país não pareceria tão fantasioso. Khaled Sheikh Mohammed citou o World Trade Center, que seu sobrinho Ramzi Yousef não conseguira derrubar no atentado de seis anos antes. A torre da Sears em Chicago[28] e a torre da Biblioteca (agora denominada torre do U.S. Bank) em Los Angeles também foram aventadas. Bin Laden decidiu que o ataque às cidades americanas da costa oeste poderia aguardar.

Faltava dinheiro para os trabalhos, mas não faltavam candidatos a mártir. Enquanto o plano visava apenas explodir aviões em pleno vôo, não havia necessidade de pilotos treinados, mas quando o conceito evoluiu e atingiu o brilho de seu projeto definitivo, ficou claro que a operação com aviões requereria um grupo disciplinado, com habilidades que poderiam levar anos para ser desenvolvidas.

Bin Laden designou quatro de seus homens mais confiáveis para aquela operação. No entanto, nenhum dos quatro sabia pilotar, nem falava inglês, uma exigência para tirar brevê de piloto. Além disso, não tinham nenhuma experiência de viver no Ocidente. Mohammed tentou instruí-los. Ensinou frases em inglês e coletou folhetos de escolas de pilotagem nos Estados Unidos. Eles utilizaram simuladores de vôo em computador e assistiram a filmes de Hollywood sobre seqüestros, mas o abismo entre as habilidades dos homens envolvidos e a grandeza da missão deve ter sido desanimador.

Nawaf al-Hazmi foi um daqueles homens.[29] Ele fora para o Afeganistão em 1993, aos dezessete anos. De constituição robusta, exibia um sorriso rápido e bonito. O pai era um merceeiro abastado de Meca. Seu amigo de infância Khaled al-Mihdhar também provinha de uma família proeminente de Meca.[30] Seguindo o exemplo de Bin Laden, aqueles dois moços sauditas ricos haviam lutado juntos na Bósnia e, depois, com o Talibã contra a Aliança do Norte — o grupo vago de *mujahidin* e ex-partidários do governo afegão liderado por Ahmed Shah Massoud. Embora tivesse cidadania saudita, Mihdhar era do Iêmen. Casou-se com Hoda al-Hada, a irmã de um de seus companheiros de armas iemenitas, e tiveram duas filhas. Na verdade, foi o telefone da família dela que o FBI descobriu na investigação dos atentados às embaixadas, e que se mostraria tão importante na compreensão do alcance da Al-Qaeda. Os movimentos daqueles dois homens, Hazmi e Mihdhar, forneceram à inteligência americana uma esperança mais realista de descobrir a conspiração do 11 de setembro.

Devido à cidadania saudita, Hazmi e Mihdhar obtiveram facilmente vistos americanos. Nem sequer precisaram solicitá-los pessoalmente. Para os outros dois seqüestradores de avião potenciais, ambos iemenitas, a situação era diferente. As autoridades de imigração acreditavam que iemenitas eram muito mais inclinados a desaparecer no submundo depois que chegavam aos Estados Unidos, de modo que seus pedidos de visto costumavam ser negados. Frustrado com a incapacidade de infiltrar todos os seus homens nos Estados Unidos, Bin Laden enviou-os ao sudeste da Ásia, para estudarem a possibilidade de realizar o plano de Khaled Sheikh Mohammed de explodir aviões americanos em pleno vôo. Àquela altura, o plano grandioso de atacar a pátria americana parecia ter sido arquivado.

Foi nesse momento que Mohammed Atta e seus amigos apareceram pela primeira vez no Afeganistão. Chegaram no decorrer de um período de duas semanas, no fim de novembro, quando as folhas das árvores caíam e o ramadã estava prestes a começar.[31] Abu Hafs imediatamente os identificou: homens com instrução técnica e domínio do inglês variando do rudimentar ao fluente. Não era preciso ensinar-lhes como viver no Ocidente. Os vistos não constituiriam problema. Precisavam apenas aprender a pilotar e estar dispostos a morrer.

Quando Bin al-Shibh chegou, Atta, Jarrah e Shehhi contaram a ele que haviam sido escolhidos para uma missão secreta, não revelada.[32] Os quatro foram convidados para um banquete de ramadã com o próprio Bin Laden. Discutiram o Talibã, e Bin Laden indagou sobre as condições dos muçulmanos vivendo na Europa. Depois informou que iriam ser mártires.

Suas instruções: deviam voltar à Alemanha e inscrever-se em escolas de pilotagem nos Estados Unidos.

Havia agora duas equipes separadas na operação com os aviões — que se transformava rapidamente —, e cada uma conduziria um grande ataque. A célula de Hamburgo declarou que seus passaportes tinham sido perdidos ou roubados, para ocultar a viagem ao Afeganistão. Nesse ínterim, os quatro homens originalmente selecionados para a operação com os aviões viajaram para Kuala Lumpur. Além de Khaled al-Mihdhar e Nawaf al-Hazmi, havia os dois iemenitas: Abu Bara e Tewfiq bin Attash, que adotara o codinome "Khallad".

Khallad foi outra figura esquiva, mas altamente importante, na Al-Qaeda. Usava uma prótese de metal no lugar da perna direita perdida no combate contra a Aliança do Norte, de Ahmed Shah Massoud. Embora nascido no Iêmen, cresceu na Arábia Saudita, e conhecia Bin Laden desde criança. Participara dos atentados às embaixadas e da tentativa fracassada de explodir o USS *The Sullivans* no porto de Áden, e seria o cérebro por trás do ataque ao USS *Cole* dez meses depois.

No final de 1999, Khallad telefonou para Mihdhar, convocando-o para uma reunião em Kuala Lumpur. Seria a única vez que membros das duas equipes estariam juntos. A NSA captou uma conversa do telefone do sogro de Mihdhar, Ahmed al-Hada, no Iêmen — aquele usado pela Al-Qaeda como central de mensagens —, na qual se mencionou a reunião vindoura na Malásia, além do nome completo de Khaled al-Mihdhar e os prenomes de dois outros participantes: Nawaf e Salem. Pelo mesmo telefone, a NSA obteve informações de que o sobrenome de Nawaf era Hazmi, embora a agência não checasse seu próprio banco de dados. "Alguma coisa nefasta pode estar em andamento", informou a NSA, mas não aprofundou a investigação.[33]

A CIA, porém, já dispunha dos nomes de Mihdhar e Hazmi.[34] Saeed Badeeb, o principal analista do príncipe Turki na inteligência saudita, já havia alertado os colegas americanos, numa das reuniões mensais em Riad, de que eram membros da Al-Qaeda. Munida desse conhecimento, a CIA arrombou o quarto de hotel de Mihdhar em Dubai, onde ele parara a caminho da Malásia. Os agentes americanos fotografaram seu passaporte e em seguida o transmitiram por fax à Alec Station. O passaporte trazia a informação crucial de que Mihdhar dispunha de um visto americano para várias entradas, que expiraria em abril. A Alec Station notificou diferentes serviços de inteligência ao redor do mundo, dizendo: "Precisamos continuar o esforço de identificar esses viajantes e suas atividades [...] para descobrir se representam alguma ameaça real".[35] O mesmo telegrama dizia que o FBI havia sido alertado sobre a reunião da Malásia e que o birô recebera cópias dos documentos de viagem de Mihdhar. Mas isso não era verdade, como depois se revelou.

A CIA solicitou às autoridades malaias que mantivessem sob vigilância a reunião de Kuala Lumpur, ocorrida em 5 de janeiro num condomínio fechado em um resort com vista para um campo de golfe projetado por Jack Nicklaus. O condomínio era de propriedade de Yazid Sufaat, o homem de negócios malaio que trabalhara com Zawahiri no cultivo de esporos de antraz. A reunião não foi gravada, perdendo-se assim uma oportunidade de ouro de descobrir as conspirações que culminaram nos ataques ao USS *Cole* e do 11 de setembro. Sem a vigilância incansável de Mike Scheuer, a Alec Station perdera o pique. Ele continuava sentado na biblioteca, esperando ser convocado.

Naquele mesmo dia, chegou um telegrama do serviço secreto em Riad para a Alec Station sobre o visto americano de Mihdhar. Um dos agentes do FBI designados para a Alec, Doug Miller, leu o telegrama e redigiu um memorando pedindo permissão para avisar o FBI da reunião na Malásia e da possibilidade de que um ou mais dos terroristas estivessem viajando em breve para os Estados Unidos. Tal permissão era obrigatória para a transmissão de informações de uma organização para a outra. Miller recebeu como resposta: "Isso não é assunto para o FBI".[36] Miller repetiu a tentativa na semana seguinte, consultando Tom Wilshire, subchefe da CIA escalado para o quartel-general do FBI. A função ostensiva de Wilshire era facilitar a passagem de informações da agência para o birô. Miller enviou-lhe o memorando que havia redigido com a pergunta: "O não é definitivo, ou devo reformular meu pedido de alguma maneira?".[37] Wilshire nunca respondeu. Depois daquilo, Miller acabou esquecendo o assunto.

A Agência Especial, serviço secreto malaio, fotografou cerca de uma dúzia de membros da Al-Qaeda entrando no condomínio e freqüentando cibercafés. Em 8 de janeiro, a Agência Especial notificou o chefe da unidade da CIA na Tailândia de que três dos homens da reunião — Mihdhar, Hazmi e Khallad — voariam para Bangkok. Ali, de fato, Khallad se encontraria com os terroristas que atacariam o USS *Cole*. Mas a CIA não avisou a ninguém que os homens deveriam ser seguidos. Tampouco a agência notificou o Departamento de Estado para incluir o nome de Mihdhar na lista de observação de terroristas, de modo que fosse detido ou posto sob vigilância caso entrasse nos Estados Unidos.

Três meses depois, a CIA soube que Hazmi havia voado para Los Angeles em 15 de janeiro de 2000. Se tivesse checado a lista de passageiros, teria observado que Mihdhar viajava com ele. A agência não informou ao FBI nem ao Departamento de Estado que pelo menos um membro conhecido da Al-Qaeda estava no país.

Por que a CIA — sabendo que Mihdhar e Hazmi eram membros da Al-Qaeda, que tinham visto de entrada nos Estados Unidos e que pelo menos um deles havia chegado em solo americano — negaria essas informações aos demais órgãos do governo? Como sempre, a CIA temia que processos judiciais resultantes de informações específicas pudessem comprometer suas relações com serviços estrangeiros, mas havia salvaguardas para proteger informações confidenciais, e o FBI trabalhava rotineiramente com a CIA em operações semelhantes. A experiência da CIA com John O'Neill, porém, era de que ele exigiria o controle total sobre qualquer caso que envolvesse uma investigação do FBI. Muitos na CIA — não apenas o marginalizado Scheuer — odiavam O'Neill e consideravam o FBI descuidado e confuso demais para lhe confiar informações reservadas. Desse modo, a CIA pode ter decidido esconder a informação a fim de manter O'Neill fora do caso. Vários subordinados de O'Neill acreditam firmemente nessa teoria.

Pode ter havido outros motivos para a CIA sonegar informações que era obrigada a fornecer ao FBI. Alguns outros membros do esquadrão I-49 mais tarde passariam a achar que a CIA estava protegendo Mihdhar e Hazmi na esperança de recrutá-los. A CIA estava desesperada por uma fonte dentro da Al-Qaeda. Ela não conseguira de jeito nenhum penetrar no círculo íntimo ou mesmo colocar um parceiro colaborador nos campos de treinamento, normalmente abertos a quem quer que aparecesse. Mihdhar e Hazmi devem ter parecido oportunidades atraentes. Entretanto, uma vez dentro dos Estados Unidos, estavam sob a alçada do FBI. A CIA não detinha autoridade legal para operar dentro do país, embora na prática o FBI muitas vezes flagrasse a agência realizando operações furtivas em território americano — sobretudo em Nova York, com tantas delegações estrangeiras presentes. Em várias ocasiões, O'Neill reclamou com o chefe da unidade da CIA em Nova York de manobras descobertas pelo esquadrão I-49. Também é possível, como suspeitam alguns investigadores do FBI, que a CIA tivesse se aliado à inteligência saudita para contornar aquela restrição. É claro que também é ilegal serviços de inteligência estrangeiros operarem nos Estados Unidos, mas eles o fazem rotineiramente.

Essas são apenas teorias sobre a falta de comunicação, por parte da CIA, de informações vitais ao FBI, talvez mais explicável pelo fato de que a agência vinha se afogando numa enxurrada de ameaças e advertências.[38] A Alec Station começara com doze funcionários em 1996,[39] número que crescera para cerca de 25 quando ocorreu a reunião na Malásia. Havia mais uns trinta analistas no centro de contraterrorismo que lidavam com todas as formas de terrorismo mundo afora, mas a Al-Qaeda não constituía sua responsabilidade principal. Os analistas da Alec Station eram um grupo novo, com cerca de três anos de experiência em média. Na maioria mulheres, prejudicadas pela cultura masculina que cercava a divisão do Oriente Próximo da CIA. Aquelas jovens analistas eram as principais encarregadas de impedir um ataque terrorista contra os Estados Unidos, uma carga tão pesada que passaram a ser vistas na CIA como fanáticas — apelidadas por alguns de "a Família Manson",[40] em alusão a Charles Manson, o psicopata assassino condenado.* Mas elas vinham soando um alarme ao qual a geração mais velha de funcionários públicos não deu atenção.

A atmosfera dentro da Alec Station estava envenenada pela atitude dos analistas da CIA, que consideravam O'Neill responsável pelo afastamento de Michael Scheuer, o dinâmico líder da Alec desde a sua criação. Apenas alguns meses antes, o veterano agente do FBI designado para a Alec solicitara autorização para liberar informações da CIA ao birô, e a briga em torno dessa questão chegara até Freeh e Tenet, os respectivos chefes das duas instituições. Scheuer foi forçado a afastar-se do cargo, mas o agente do FBI que recebeu aquela autorização descobriu que estava com câncer e precisou se afastar a apenas alguns dias da reunião da Malásia. Nenhum dos três agentes do FBI restantes na Alec era veterano o suficiente para liberar informações, dependendo assim da autorização da CIA para enviar telegramas sigilosos. A situação perdurou até julho de 2000, quando um agente mais antigo, Charles E. Frahm, foi designado para a Alec. Ele nunca vira nenhum memorando ou telegrama nem ouvira qualquer discussão sobre a sonegação de informações ao FBI. Quando mais tarde veio a saber da reunião na Malásia, concluiu que o fato de essa informação não ter sido transmitida ao FBI fora um erro, explicado pela enxurrada de ameaças durante a virada do milênio.

Muitos acontecimentos críticos ocorreram nesse ínterim.

Quando Mihdhar e Hazmi chegaram a Los Angeles, em 15 de janeiro de 2000, deveriam se matricular numa escola de pilotagem. Devem ter se sentido aturdidos por causa de sua missão. Mesmo encontrar um local de moradia teria representado um desafio formidável, já que nenhum dos dois falava inglês. Logo depois da chegada, porém, travaram conhecimento com Omar Bayoumi,[41] estudante de 42 anos que raramente assistia às aulas e recebia salário de

---

* Charles Manson, líder da comunidade Família Manson, foi condenado à prisão perpétua nos Estados Unidos por vários assassinatos com requintes de crueldade, entre eles o de Sharon Tate, esposa do diretor de cinema Roman Polanski, em 1969. (N. E.)

uma empreiteira que trabalhava para o governo saudita. Ele chamara a atenção do escritório local do FBI em 1998, devido às suspeitas do síndico do condomínio de apartamentos onde morava. Uma das fontes do birô em San Diego afirmou que Bayoumi era um agente do governo saudita, mas aquilo pouco significava para os investigadores do FBI, já que a Arábia Saudita era vista como um aliado leal. De qualquer modo, os agentes receberam ordens do supervisor de suspender a investigação, pois este temia que o caso Bayoumi interferisse numa grande operação de contraterrorismo então em andamento.

Como contou mais tarde aos investigadores, Bayoumi chegara de carro vindo de San Diego, em 1º de fevereiro de 2000, a fim de resolver certos assuntos ligados ao visto no consulado saudita. De lá, foi direto almoçar num restaurante *halal** próximo, onde ouviu árabe do golfo sendo falado. Conversou rapidamente com Mihdhar e Hazmi, que reclamaram que vinham tendo dificuldades em Los Angeles, e então convidou-os para ir a San Diego. Três dias depois, eles apareceram. Deixou que permanecessem no seu apartamento, depois procurou uma moradia para eles do outro lado da rua e emprestou dinheiro para os dois primeiros meses de aluguel. Ele organizou uma festa para apresentá-los aos demais membros da comunidade muçulmana.

Se Bayoumi foi enviado para supervisionar os dois homens, quem o enviou? Talvez ele fosse o contato deles da Al-Qaeda. Eles certamente precisavam de alguém que os ajudasse. O fato de Bayoumi ir diretamente do consulado saudita para o restaurante, porém, sugere a alguns investigadores que os dois futuros seqüestradores de avião já estavam sob a vigilância das autoridades sauditas, que sabiam que eles eram membros da Al-Qaeda. A CIA é o único órgão do governo americano que sabia quem eram Hazmi e Mihdhar e que eles estavam nos Estados Unidos. A agência rastreara Mihdhar e Hazmi de Kuala Lumpur a Bangkok, e de lá a Los Angeles. Talvez tenha chegado à conclusão de que a inteligência saudita teria mais chances de recrutar aqueles homens para os americanos. Além disso, aquilo não deixaria marcas da agência na operação.

Essa é a visão de alguns investigadores amargurados do FBI, que se perguntam por que jamais foram informados da existência, dentro dos Estados Unidos, de membros da Al-Qaeda. Mihdhar e Hazmi chegaram dezenove meses antes do atentado do 11 de setembro. O FBI dispunha de toda a autori-

---

* Que segue as prescrições dietéticas da religião muçulmana. (N. T.)

dade necessária para investigar aqueles homens e descobrir o que estavam tramando, mas, como a CIA deixou de divulgar a presença de dois membros ativos da Al-Qaeda, os seqüestradores de avião ficaram livres para desenvolver sua conspiração até que fosse tarde demais para detê-los.

O chefe do escritório de Nova York, Lewis Schiliro, aposentou-se logo depois da virada do milênio, e O'Neill precisava desesperadamente daquele posto. Devido ao tamanho e importância do escritório de Nova York, ele seria um diretor-assistente do FBI, cargo que ocupou temporariamente enquanto o birô avaliava os dois candidatos ao posto: O'Neill e Barry Mawn, o chefe do escritório de Boston. Mawn tinha mais experiência, e O'Neill tinha mais inimigos. Além disso, o histórico de O'Neill, que havia sido impecável, agora estava manchado pelo incidente em que deixara Valerie James usar a toalete do prédio fora da sede. Thomas Pickard, o diretor adjunto do birô, teria dito a O'Neill que sua carreira estava encerrada.[42] O cargo foi para Mawn.

Mawn ainda se sentia magoado com a campanha que O'Neill empreendera contra ele quando os dois se encontraram por acaso num seminário na academia do FBI em Quantico. Logo depois do anúncio da decisão, Mawn ouviu alguém bater à sua porta e, ao abri-la, encontrou O'Neill segurando duas cervejas. "Entendo que você seja um irlandês", O'Neill explicou.

Preocupado com a perspectiva de trabalharem juntos, Mawn explicou a O'Neill que precisaria no seu escritório de gente fiel a ele. "Não estou certo de que possa contar com você", declarou abertamente, oferecendo-se para procurar outro cargo para O'Neill, possivelmente no escritório de Nova Jersey.

O'Neill pediu para ficar em Nova York por "razões de família". Prometeu que, se Mawn o mantivesse, "serei mais fiel a você que seu melhor amigo".

"Você vai ter de me provar isso", Mawn alertou.

O'Neill concordou. "A única coisa que peço em troca é que você me apóie", disse.

Mawn aceitou a barganha, mas logo percebeu que apoiar O'Neill seria uma tarefa em tempo integral.

Há uma história que o pessoal do contraterrorismo costuma contar sobre a rendição de Ramzi Yousef. Após ser capturado no Paquistão, ele foi levado de avião para o aeroporto Stewart, em Newburgh, Nova York, e daí transferido para um helicóptero do FBI para a viagem até o Metropolitan Correctional Center, ao lado da Federal Plaza, no sul de Manhattan. "Dois sujeitos enormes o arrastaram para fora do avião, algemado e vendado", lembrou Schiliro.

Depois que o helicóptero subiu e estávamos sobrevoando o rio Hudson, um dos caras da SWAT perguntou: "Podemos tirar a venda dele?". Yousef precisou de um minuto para focalizar os olhos. Por ironia, o helicóptero passava pelo World Trade Center. O cara da SWAT cutuca Yousef e observa: "Olha só, continua de pé". E Yousef responde: "Não continuaria se tivéssemos arranjado mais dinheiro".

Por continuar de pé, porém, o World Trade Center havia se tornado um símbolo do sucesso da Joint Terrorism Task Force, coalizão entre FBI, CIA, departamento de polícia de Nova York, autoridade portuária e vários outros órgãos regionais e federais. Em setembro de 2000, a força-tarefa resolveu celebrar seu vigésimo aniversário ali, no famoso restaurante panorâmico Windows on the World. Alguns integrantes da força-tarefa pareciam um tanto deslocados dentro do smoking, mas aquela era uma noite em homenagem a eles. O prefeito Rudy Giuliani, ex-promotor federal do distrito sul de Nova York, estava presente, bem como Mary Jo White, sua sucessora no cargo federal. Ela elogiou a força-tarefa por "seu histórico quase perfeito de investigações bem-sucedidas e condenações", que incluíam Yousef e seis outros envolvidos no atentado ao World Trade Center, bem como o xeique Omar Abdul Rahman e nove de seus seguidores, que haviam planejado assassinar autoridades e explodir marcos da cidade de Nova York. O pessoal no salão vira o mundo do terrorismo evoluir dos dias relativamente inocentes dos nacionalistas croatas e cubanos anticastristas, mais interessados em publicidade que em terrorismo, para o deplorável mundo novo do assassinato em massa deliberado.

A noite estava nublada, e as nuvens encobriam a vista do 106º andar da torre. O'Neill parecia à vontade ao caminhar pelo salão, embora alguns possam ter estranhado que Mary Jo White tenha omitido seu nome da lista de funcionários do FBI que ela resolveu elogiar. Mark Rossini, o novo representante do I-49 na Alec Station, estava ali; ele acabara de noivar e apresentou a noiva ao chefe, um homem que idolatrava. Rossini era um dos Filhos de John. Estudara tudo sobre O'Neill, inclusive sua preferência em termos de charutos e restaurantes, e chegava a se trajar como ele. Mas não tinha a menor idéia de que a carreira de seu conselheiro havia se complicado ainda mais devido a um incômodo incidente ocorrido dois meses antes.

O'Neill havia comparecido a uma conferência pré-aposentadoria compulsória em Orlando, em julho daquele ano. Não tinha a menor intenção de se aposentar e ficou contrariado por ser forçado a comparecer, mas, já que estava na Flórida, pediu que Valerie James fosse até lá para passarem o fim de semana em Miami.

Durante a conferência, O'Neill recebeu um recado pelo pager e deixou o salão para telefonar. Ao voltar, alguns minutos depois, os demais agentes haviam se ausentado para o almoço. Sua pasta não estava mais no lugar em que ele havia deixado. O'Neill primeiro chamou a polícia local, depois Mawn. Admitiu que a pasta continha alguns e-mails confidenciais e um documento altamente secreto, o Annual Field Office Report [AFOR, ou, em português, Relatório Anual de Campo], contendo uma análise em tópicos de todas as operações de segurança nacional em Nova York. Tanto o diretor do FBI como o procurador-geral teriam de ser notificados.

"É horrível", comentou O'Neill com Valerie ao voltar para o salão. Ele estava pálido.

A polícia encontrou a pasta algumas horas depois em outro hotel. Uma caneta Montblanc havia sido roubada, além de um cortador de charutos de prata e um isqueiro caro. Os papéis estavam intactos, e uma análise de impressões digitais logo constatou que não haviam sido manuseados, mas aquele fora mais um erro imperdoável num momento vulnerável de sua carreira.

Ainda que O'Neill tivesse registrado imediatamente o furto e nenhuma das informações tivesse sido comprometida, o Departamento de Justiça ordenou que se abrisse um inquérito criminal. Mawn achou aquilo um absurdo. Ele recomendaria uma repreensão oral ou, na pior hipótese, uma carta de censura. As pessoas levavam trabalho para casa o tempo todo, ele observou, só que nunca antes havia sido furtado. Sentiu-se culpado porque vinha pressionando O'Neill a completar seu AFOR, e O'Neill estava fazendo justamente o que ele pedira.

Apesar da competição pela chefia de Nova York, Mawn se tornara o defensor mais ferrenho de O'Neill. Mawn reconhecia que a excelência era inimiga de qualquer burocracia, e que uma personalidade forte era essencial no combate à rivalidade entre os órgãos e ao ciúme departamental, que solapavam a força de vontade até dos melhores funcionários. Era justamente esse tipo de pessoa que precisava ser protegido e encorajado. Somente assim, com um líder poderoso e visionário, uma burocracia sem entusiasmo como o FBI conseguiria realizar alguma coisa notável. O'Neill era esse tipo de líder. Ele transformara o escritório de Nova York no ramo mais eficaz do FBI, mas aquilo lhe custara caro, como Mawn aos poucos veio a perceber. Os inimigos que O'Neill acumulara em sua luta polarizadora contra a burocracia estavam doidos para destruí-lo, e agora ele fornecera um pretexto.

A Al-Qaeda desenvolvera uma filosofia gerencial que chamava de "centralização da decisão e descentralização da execução".[43] Bin Laden decidia quanto aos alvos, selecionava os líderes e fornecia ao menos parte do financiamento. Depois daquilo, o planejamento da operação e o método de ataque ficavam a cargo dos homens responsáveis por sua realização.

Essa abordagem funcionara bem nos atentados às embaixadas, mas as operações programadas para a virada do milênio descarrilharam. Uma delas fora um fiasco risível: a tentativa de atacar o USS *The Sullivans* no final do ramadã,[44] quando o esquife de fibra de vidro que deveria atacar o destróier afundou, de forma vergonhosa, no porto de Áden.

A intenção original era atacar um petroleiro na costa do Iêmen. Bin Laden, como era típico dele, incitou os planejadores a ser mais ambiciosos. Queria que afundassem uma belonave americana. Ante o fracasso da operação, Bin Laden exigiu a substituição dos dois terroristas suicidas. O supervisor local daquela operação, Abdul Rahim al-Nashiri, discordou veementemente de Bin Laden. Argumentou que um dos terroristas havia se ferido no ataque de mísseis de cruzeiro aos campos de treinamento da Al-Qaeda, e que seria injusto tirar dele a oportunidade de atingir um navio americano que podia perfeitamente ter participado daquele ataque. Além disso, a equipe treinara junta por um ano e meio, e Nashiri havia construído uma bomba nova e sofisticada, com cargas moldadas que concentrariam a força da explosão em uma só direção.[45] Tudo estava pronto para o próximo navio de guerra americano que chegasse ao porto iemenita.

Bin Laden cedeu e deixou seu supervisor manter o controle da operação. Ele também divulgou um vídeo no qual ameaçava os Estados Unidos de outro ataque. Como na entrevista com a ABC News antes dos atentados às embaixadas, incluiu uma pista provocadora: desta vez, usou uma típica adaga iemenita curva no cinto. Ao seu lado, Zawahiri declarou: "Chega de palavras. É hora de passar para a ação".[46]

Áden está encarapitada na encosta de um antigo vulcão, cujo cone desmoronado forma um dos melhores portos de águas profundas do mundo.[47] O nome deriva da crença de ser esse o local do Jardim do Éden. Também é considerado o lugar de onde Noé partiu em sua arca e onde Caim e Abel estão enterrados. Mergulhada na lenda e na antigüidade, a cidade conheceu a prosperidade na era britânica, encerrada em 1967, quando o país se dividiu e a República Democrática Popular do Iêmen iniciou sua instável experiência com o socialismo secular. As linhas de fratura continuavam evidentes em 1994, depois que a guerra terminara e o país se reunificara. Após décadas de violência e instabilidade, Áden estava bem longe do porto cosmopolita de outrora.

Fundeado junto a uma bóia de abastecimento estava o USS *Cole*, um destróier com mísseis guiados de 1 bilhão de dólares. Valendo-se de uma tecnologia de invisibilidade avançada, a reluzente belonave foi projetada para ser menos visível ao radar, embora se destacasse no porto de Áden: mais de 150 metros de comprimento, deslocando 8300 toneladas, sua antena girante esquadrinhando os céus em busca de qualquer ameaça previsível. O *Cole* era um dos navios mais resistentes da marinha americana, com setenta toneladas de blindagem protegendo os espaços vitais; proteção passiva contra ataques químicos, biológicos ou nucleares; e um casco capaz de suportar uma explosão de 3,6 toneladas por centímetro quadrado. Além dos mísseis de cruzeiro Tomahawk, lançados na Operação Alcance Infinito, o *Cole* transportava mísseis antinavios e antiaéreos, um canhão de quase treze centímetros e o Phalanx Close-In Weapons System, que dispara cinqüenta projéteis de vinte milímetros por segundo. A rede de computadores e radares do navio, denominada AEGIS, era capaz de rastrear simultaneamente centenas de mísseis ou aviões a mais de trezentos quilômetros de distância. O *Cole* foi projetado de forma admirável para combater a marinha soviética.[48]

Em 12 de outubro de 2000, às 11h15, quando o *Cole* se preparava para zarpar, um barco de pesca de fibra de vidro aproximou-se de sua presa gigantesca. Alguns marinheiros montavam guarda, mas muitos estavam na coberta ou aguardando na fila do almoço. Dois homens pararam o pequeno esquife a meia-nau, sorriram e acenaram, depois ficaram em posição de sentido. O simbolismo e a assimetria daquele momento eram exatamente o que Bin Laden tinha sonhado. "O destróier representava o capital do Ocidente", ele disse, "e o barquinho representava Maomé."

A onda de choque da enorme explosão no porto fez até carros capotarem na orla. A três quilômetros de distância, as pessoas pensaram que fosse um terremoto. Num táxi na cidade, o choque abalou Fahd al-Quso, membro da equipe de apoio da Al-Qaeda que estava atrasado. Ele deveria ter filmado o ataque em vídeo, mas adormeceu e não ouviu a campainha do telefone, que o avisaria para que preparasse a câmera.

Uma bola de fogo elevou-se da linha-d'água e engoliu um marinheiro que se debruçara no parapeito para ver o que os homens do barquinho queriam. A explosão abriu um buraco de doze metros por doze no lado de bombordo do navio, destroçando os marinheiros que aguardavam o almoço. Dezessete deles morreram e 39 ficaram feridos. Vários marinheiros nadaram através do buraco da explosão para escapar das chamas. O grande e moderno vaso de guerra jazia ferido, qual animal estripado.

Horas depois do ataque ao *Cole*, Barry Mawn telefonou para o quartel-general e solicitou ao escritório de Nova York que assumisse o controle da investigação. "Foi a Al-Qaeda", ele informou a Tom Pickard. Queria que O'Neill fosse o comandante em cena.

Como fizera durante as investigações do atentado às embaixadas, Pickard discordou, alegando não haver provas do envolvimento da Al-Qaeda. Ele pretendia enviar o pessoal do escritório de campo de Washington. Mawn passou por cima dele, apelando da decisão para Louis Freeh, que imediatamente concordou que aquele era um caso para Nova York. Mas a idéia de enviar O'Neill era controversa.

"John é o cara", Mawn insistiu. Não havia mais ninguém com a experiência e o empenho de O'Neill.

A resposta que ouviu foi: "Se a coisa não der certo, é o seu que está na reta".

"Deixa comigo", respondeu Mawn.

O'Neill ficou eufórico. Aquela seria sua melhor chance de acabar com o empreendimento criminoso da Al-Qaeda, e talvez sua última oportunidade de salvar a carreira. "É agora ou nunca", disse a um amigo em Washington.

O'Neill aprendera muitas lições desde o primeiro dia no emprego, em Washington, cinco anos antes, quando comandou a captura de Ramzi Yousef. Uma das lições foi estocar suprimentos em paletes na base aérea Andrews para que uma equipe de resposta rápida estivesse preparada para partir a qualquer momento. Pouco mais de 24 horas após a explosão, O'Neill e cerca de sessenta agentes do FBI e pessoal de apoio estavam no ar.

Tiveram de parar primeiro na Alemanha para aguardar a autorização das autoridades do Iêmen, que continuavam afirmando que a explosão fora acidental. Por coincidência, muitos dos marinheiros feridos estavam também na Alemanha, tendo sido transportados de avião para o Landstuhl Regional Medical Center, o maior hospital americano fora dos Estados Unidos. O'Neill levou seus investigadores direto à enfermaria onde os marinheiros recebiam tratamento. Enquanto os técnicos em bombas efetuavam a varredura dos cabelos e roupas das vítimas em busca de resíduos, O'Neill percorreu a enfermaria com um investigador naval, conversando com os marinheiros feridos: rapazes e moças muito jovens, a maioria recém-saída da adolescência, alguns mutilados, outros horrivelmente queimados. Uma das moças, a suboficial Kathy Lopez, estava completamente coberta de curativos, mas sinalizou insistentemente que queria falar. Uma enfermeira encostou o ouvido nos lábios da marinheira para ouvir as palavras que ela sussurrava. Ela disse: "Peguem esses caras".

Assim que Ali Soufan, o jovem agente falante de árabe que fora recentemente designado para o esquadrão I-49, entrou no avião com destino ao Iêmen, O'Neill lhe contou que ele era o agente do caso USS Cole — a maior atribuição de sua carreira.

Soufan era um falante à base de cafeína, na voz um toque do Líbano, o país onde nasceu. Ele sabia como era viver na anarquia e no caos, ver cidades destruídas. Sua família fugira para os Estados Unidos durante a guerra civil, e ele adorava aquele país por lhe permitir sonhar. Em retribuição, os Estados Unidos o adotaram. Sua experiência opunha-se frontalmente à dos muçulmanos alienados do Ocidente que se voltaram para o islamismo em busca de uma identidade. Ele nunca fora vítima de preconceito pessoal por ser árabe ou muçulmano. Pelo contrário, fora eleito presidente do seu grêmio estudantil e recebera vários prêmios acadêmicos. Após obter o mestrado em relações internacionais na Villanova University, planejava obter um doutorado em Cambridge. Mas ele desenvolvera um fascínio pela constituição americana e, como muitos cidadãos naturalizados, sentia-se em dívida pela vida nova que lhe fora concedida. Quando estava na iminência de começar a carreira acadêmica, resolveu — "de brincadeira" — enviar o currículo para o FBI. Achava que as chances de um acadêmico americano muçulmano de origem árabe ser contratado pelo birô eram risivelmente remotas, mas fora atraído pela aura do FBI, e obviamente alguma coisa dentro dele pedia para ser salvo da sala de aula. Ao fazer as malas para a Inglaterra, eis que a resposta chegou: apresente-se na academia do FBI em duas semanas.

O'Neill o convocara para o esquadrão devido ao seu domínio de idiomas, mas logo passou a valorizar a iniciativa, imaginação e coragem de Soufan. Quando o avião aterrissou em Áden, os agentes, ao olharem para fora, depararam com um destacamento das forças especiais iemenitas, trajando uniformes amarelos com velhos capacetes russos, cada soldado apontando um AK-47 para o avião. A equipe de resgate de reféns que fora enviada junto para proteger os investigadores, nervosa, imediatamente reagiu disparando seus M4 e pistolas. Soufan percebeu que todos acabariam vítimas de um banho de sangue na pista do aeroporto se ele não agisse rapidamente.

Ele abriu a porta do avião. Um homem entre os uniformes amarelos segurava um *walkie-talkie*. Soufan caminhou direto até dele, levando uma garrafa d'água, enquanto as armas o seguiam. Fazia cerca de 43 graus lá fora. Atrás de suas armas, os soldados iemenitas estavam derretendo.

"Você parece estar com sede", disse Soufan em árabe ao soldado com o *walkie-talkie*, entregando-lhe a garrafa d'água.

"É água americana?", o soldado quis saber.

Soufan garantiu que era; além disso, disse ao homem, tinha água americana para todos os outros também. Eles a trataram como uma mercadoria tão preciosa que alguns nem beberam.

Com esse gesto simples de amizade, os soldados abaixaram as armas, e Soufan adquiriu o controle do aeroporto.

O'Neill ficou um tanto intrigado ao ver os soldados batendo continência ao desembarcar. "Eu disse a eles que você é um general", confessou Soufan.

Uma das primeiras coisas que O'Neill observou foi um cartaz do "Bin Ladin Group International", subsidiária do Saudi Binladin Group que obtivera um contrato para reconstruir o aeroporto, danificado na guerra civil de 1994. Um pequeno lembrete de que estavam jogando no campo do adversário.

O'Neill já despendera algum tempo estudando o país. Estava lendo um livro de Tim Mackintosh-Smith intitulado *Yemen: The unknown Arabia* [Iêmen: A Arábia desconhecida]. Descobriu que Sanaa, a capital, se considerava a cidade mais antiga do mundo e que Hadramaut, o nome da terra natal de Bin Laden, significava "a morte chegou". Ele sublinhou esses fatos com sua esferográfica Montblanc, traço firme e reto, como costumava fazer quando lia. Estava determinado a não ser derrotado pelo exotismo.

Porém acabou descobrindo que o verdadeiro adversário seria sua própria embaixatriz, Barbara Bodine. Ela havia negociado pessoalmente os acordos entre os Estados Unidos e o Iêmen, dois anos antes, que permitiam aos navios de guerra americanos reabastecer no porto de Áden. Aquilo agora parecia um tremendo erro de cálculo. Eles se encontraram às seis da manhã, no dia em que O'Neill chegou. Com seu sotaque de Nova Jersey, ele observou que estava ansioso por trabalhar com ela no "Iêimen".

"Iêmen", ela o corrigiu friamente.

Da perspectiva de O'Neill, o Iêmen estava repleto de jihadistas, e ainda sentia os efeitos da guerra civil. "O Iêmen é um país com 18 milhões de cidadãos e *50 milhões* de metralhadoras", ele mais tarde informou. Tiroteios constituíam uma distração freqüente. A temperatura costumava atingir os cinqüenta graus, e escorpiões eram tão comuns quanto moscas. Além do mais, o Iêmen pululava de espiões bem equipados com dispositivos de escuta. Uma das maiores células da Al-Jihad de Zawahiri funcionava ali, e muitos veteranos haviam lutado com Bin Laden no Afeganistão. Quando o restante de sua equipe chegou, O'Neill avisou: "Este pode ser o ambiente mais hostil em que o FBI já operou".

Bodine, porém, via o Iêmen como um aliado promissor dos americanos numa parte do mundo turbulenta, mas estrategicamente crucial. O país era uma democracia nascente, bem mais tolerante que os vizinhos. Permitia até o voto das mulheres. Ao contrário de O'Neill, a embaixatriz tinha bastante experiência de trabalhar em locais perigosos. Durante a invasão e ocupação iraquiana do Kuwait, ela servira como subchefe de missão e permanecera durante o cerco de 137 dias à embaixada americana por tropas iraquianas, até que todos os americanos fossem evacuados. Além disso, Barbara Bodine era tão contundente e durona como John O'Neill.

Bodine achou que tivesse um trato com O'Neill de ele trazer uma equipe de no máximo cinqüenta pessoas. Ficou furiosa quando muito mais investigadores e pessoal de apoio chegaram. Em sua cabeça, era o mesmo que um avião militar com "trezentas pessoas fortemente armadas" chegar para conquistar a cidade americana de Des Moines (a versão de O'Neill, confirmada por outros agentes e reportagens, era que havia apenas 150 pessoas no seu grupo, e não trezentas.) Ela pediu a O'Neill que levasse em conta o ambiente diplomático delicado em que estava entrando. Ele respondeu que estava ali para investigar um crime, não para fazer diplomacia. Aquele era o tipo de resposta que Bodine passara a esperar em seus contatos com o FBI. "Havia o estilo do FBI, e ponto final", ela concluíra. "O'Neill não era singular. Era simplesmente extremo."

O objetivo da embaixatriz era preservar as delicadas relações entre os Estados Unidos e o Iêmen, que ela se esforçara por melhorar. Embora seja compreensível que o Departamento de Estado e o FBI tivessem agendas diferentes, naquele caso Bodine recebera instruções claras da secretária de Estado de garantir a segurança dos investigadores americanos e ajudá-los na investigação.[49] Aquela deveria ter sido a sua prioridade máxima, e não preservar as relações com o governo do Iêmen. Em vez disso, ela vivia agindo para diminuir a "área de cobertura" do FBI, reduzindo o número de agentes e privando-os das armas pesadas, alegando fazê-lo para a própria segurança deles. Enquanto isso, na televisão local, todas as noites oradores no parlamento iemenita pregavam abertamente a *jihad* contra os Estados Unidos.

Bodine ordenou que a equipe do FBI inteira se transferisse para o Hotel Áden, já lotado com outros militares e funcionários públicos americanos. Os investigadores de O'Neill tiveram de ocupar cada quarto em grupos de três ou quatro. "Quarenta e cinco agentes do FBI dormiram em esteiras no pavimento do salão de baile do hotel", informou O'Neill. Ele montou um centro de comando no oitavo andar do hotel. Cinqüenta fuzileiros navais protegiam o corredor, cheio de sacos de areia. Lá fora, o hotel estava cercado de ninhos de metralhadora operados por tropas iemenitas. Não estava bem claro qual era o seu propósito, além de garantir que os americanos ficassem confinados no hotel. "Éramos prisioneiros", lembrou um dos agentes.

No início da manhã após sua chegada, O'Neill foi de lancha até o *Cole*, que estava adernando no porto a novecentos metros da costa. A recuperação dos corpos ainda estava em andamento, e havia cadáveres enfileirados no convés, envolvidos em bandeiras americanas. Abaixo, massas de carne se misturavam ao emaranhado de fios e metal de um navio que parecia tão invulnerável. Pelo buraco da explosão, O'Neill pôde ver mergulhadores em busca de corpos, e mais ao fundo a cidade rochosa abraçando o porto como um teatro antigo.

O marinheiro encarregado do reabastecimento do navio informou aos investigadores que normalmente a embarcação levava seis horas para receber os 900 mil litros de combustível necessários. O processo já durava 45 minutos quando a bomba explodiu. Ele achou que o tubo de gasolina tivesse explodido, desligando imediatamente a conexão. Então uma nuvem de líquido negro subitamente cobriu o navio. Não era oleosa. Eram os resíduos da bomba.

O'Neill passou grande parte do tempo convencendo as autoridades iemenitas da Organização de Segurança Política (OSP) — o equivalente ao FBI no país — a cooperar com a investigação. Estava consciente da necessidade de criar processos que sobrevivessem aos padrões de justiça americanos. Portanto, seus agentes teriam de estar presentes aos interrogatórios das autoridades locais para assegurar aos tribunais americanos que nenhum dos suspeitos havia sofrido tortura. Ele também procurou reunir testemunhas oculares locais da explosão. Tanto a OSP como Bodine resistiram a esses pedidos. "Você quer que um punhado de irlandeses-americanos de um metro e noventa vá de porta em porta?", Bodine perguntou a O'Neill. "E me desculpe, mas quantos de seus camaradas falam árabe?"

Na verdade, havia apenas meia dúzia de falantes de árabe no contingente do FBI, e a língua representava uma fonte constante de mal-entendidos. O'Neill manteve Ali Soufan ao seu lado na maior parte do tempo. Certa vez, quando conversava com um coronel obstrucionista da inteligência iemenita, O'Neill exclamou, frustrado: "Meu Deus, isto é como arrancar dentes!". Quando o tradutor pessoal do coronel repetiu a observação em árabe, o coronel se levantou, visivelmente zangado. "Que foi que eu disse?", O'Neill perguntou a Soufan. Este respondeu que o tradutor dissera ao coronel: "Se você não responder às minhas perguntas, vou arrancar seus dentes!".

As autoridades iemenitas, compreensivelmente, sentiam-se pressionadas e tratadas de forma injusta. Em troca dos dados que O'Neill vinha solicitando, queriam acesso a quaisquer informações coletadas pelo FBI fora do país, que por razões legais O'Neill não podia fornecer. Os iemenitas enfim apresentaram um vídeo de uma câmera de segurança da zona portuária, mas parecia ter sido editado para eliminar o momento crucial da explosão. Quando O'Neill expressou sua frustração a Washington, o presidente Clinton enviou uma carta ao presidente Ali Abdullah Saleh, que surtiu pouco efeito. O FBI estava convencido de que os terroristas haviam sido informados da chegada do *Cole* e queria expandir a investigação para incluir um membro da própria família do presidente e um coronel da OSP. Havia pouco interesse por parte das autoridades do Iêmen em investigar aquelas pistas.

O'Neill passara toda a sua carreira romantizando a polícia de outros países. Passara a acreditar que os "guardinhas" — como os chamava — formavam uma fraternidade universal. No entanto, alguns de seus pedidos de indícios desconcertavam os detetives locais, não familiarizados com as avançadas técnicas forenses que fazem a fama do FBI. Procedimentos elementares, como impressões digitais, eram raramente empregados. Eles não entendiam, por exemplo, por que O'Neill estava solicitando o chapéu usado por um dos conspiradores, que pretendia examinar em busca de vestígios de DNA. Mesmo o lodo do porto, que continha resíduos da bomba e fragmentos do esquife de pesca de fibra de vidro, ficou inacessível até o FBI pagar ao governo iemenita 1 milhão de dólares para dragá-lo. Os escombros foram carregados em balsas e enviados a Dubai para exame.

A sociedade iemenita dava grande importância ao status, e como Soufan promovera O'Neill a "general", um de seus interlocutores foi o general Hamoud Naji, chefe da segurança presidencial. O general Naji enfim concordou em levá-los ao local de onde os terroristas haviam partido com o barco. A polícia descobrira um menino de doze anos, chamado Hani, que estava pescando no píer quando os terroristas descarregaram o esquife. Um dos homens pagara a ele cem riais iemenitas — cerca de sessenta centavos de dólar — para que tomasse conta da caminhonete Nissan e do reboque do barco, mas não retornara. A polícia detivera Hani para garantir que não desaparecesse, e depois trancafiou também o pai do menino para que cuidasse dele. "Se é assim que tratam as testemunhas que cooperam", observou O'Neill, "imagine como tratam as mais difíceis."

O'Neill também viu o esconderijo onde os terroristas se alojaram. Estava limpo e arrumado. No quarto principal, um tapete de orações voltado para o norte, para Meca. A pia do banheiro estava cheia de pêlos que os terroristas haviam raspado antes de enfrentar a morte. Os investigadores assumiram um ar grave, imaginando a cena das abluções rituais e as orações finais.

Mas a cooperação ainda estava tardando. "Esta investigação atingiu uma rocha", admitiu o general Naji. "Nós, árabes, somos muito teimosos."

Ali Soufan brincou com ele, dizendo: "Você está lidando com outro árabe, e também sou teimoso".

Quando Soufan traduziu aquela conversa, O'Neill afirmou que os árabes não se comparavam aos irlandeses naquele quesito. Contou uma história sobre o clã O'Neill na Irlanda, segundo ele com a reputação de serem os homens mais fortes do país. Todo ano, realizava-se uma corrida de barcos até uma pedra gigante no meio de um lago, e os O'Neill sempre ganhavam. Numa dessas ocasiões, certa vez, outro clã remava mais rápido e liderava a corrida, e parecia que tocariam na pedra primeiro. "Foi então que meu bisavô pegou a espada", contou O'Neill, "cortou a própria mão e atirou-a na rocha. Conhece algum caso que se compare a este?"

Soufan e o general se entreolharam. "Somos teimosos", disse Soufan, "mas não somos malucos."

Um dos problemas enfrentados pelos investigadores era o risco que o *Cole* corria de afundar. Engenheiros navais tentaram desesperadamente impedir essa afronta. Enfim um imenso navio norueguês de salvamento, semi-submersível, com um convés médio projetado para mergulhar na água e erguer plataformas de petróleo, chegou para recolher a belonave avariada e rebocá-la na longa viagem de volta para casa. O sistema de alto-falantes irradiou o hino americano, enquanto o *Cole* era carregado para fora do porto, seguido desafiadoramente de "American bad ass", da banda Kid Rock.

As ameaças percebidas eram tão numerosas, que os agentes muitas vezes dormiam com as roupas no corpo e as armas ao lado. Um mecânico informou aos investigadores que uma caminhonete semelhante a uma que fora comprada pelos terroristas havia sido levada à sua oficina para que ele instalasse placas de metal nela de modo que permitisse direcionar a força de uma explosão.

Certamente o alvo mais tentador para uma bomba desse tipo seria o hotel onde os agentes estavam hospedados.

Bodine achava aqueles temores exagerados. Os agentes desconfiavam de todos, ela observou, inclusive dos funcionários do hotel. Ela assegurou a O'Neill que os tiros ouvidos com freqüência fora do hotel provavelmente não visavam aos investigadores, não passando do barulho de festas de casamento. Até que, certa noite, quando O'Neill conduzia uma reunião, ouviram-se tiros bem perto do hotel. A equipe de resgate de reféns tomou posição. De novo, Soufan aventurou-se lá fora para conversar com as tropas iemenitas estacionadas na rua.

"Ei, Ali!", gritou O'Neill. "Tome cuidado!" Ele descera correndo as escadas do hotel para se assegurar de que Soufan estava usando o colete à prova de balas. A frustração, a tensão e o perigo, além da intimidade forçada pela situação, haviam aproximado os dois homens. O'Neill começara a descrever Soufan como sua "arma secreta". Para os iemenitas, se referia a ele simplesmente como "meu filho".

Atiradores apontavam as armas para Soufan quando ele saiu. O oficial iemenita estacionado ali assegurou que tudo estava "oquei".

"Se tudo está oquei, por que não há carros na rua?", perguntou Soufan.

O oficial respondeu que devia estar havendo um casamento por perto. Soufan olhou em volta e percebeu o hotel cercado de homens com trajes tradicionais, alguns em jipes, carregando armas. Eram civis, não soldados. Soufan lembrou-se do levante tribal na Somália, que resultou em soldados americanos mortos e arrastados pelas ruas de Mogadício. Aquilo podia acontecer bem ali, naquele exato momento, ele pensou.

O'Neill ordenou que fuzileiros navais americanos bloqueassem, com dois veículos blindados, a rua diante do hotel. A noite decorreu sem maiores incidentes, mas no dia seguinte O'Neill transferiu sua equipe para o USS *Duluth*, estacionado na baía de Áden. Ele teve de obter permissão do governo iemenita para voar de volta à costa. O piloto do helicóptero precisou fazer manobras evasivas depois que o aparelho foi detectado pelo radar de um míssil SA-7. O'Neill enviou a maioria dos investigadores para casa. Ele, Soufan e quatro outros agentes voltaram ao hotel, agora praticamente vazio devido às ameaças de bomba.

As relações entre Bodine e O'Neill se deterioraram a ponto de Barry Mawn ter de voar até o Iêmen para avaliar a situação. "Ficou claro que ela simplesmente não ia com a cara dele", observou Mawn, mas o que Bodine contou foi que O'Neill não conseguia aturar os iemenitas. Nos dez dias seguintes, Mawn conversou com membros da equipe do FBI e oficiais do exército americano. Toda noite, nos contatos com as autoridades do Iêmen, acompanhava O'Neill e observava sua interação com os colegas iemenitas. As reuniões invariavelmente acabavam tarde, com O'Neill lisonjeando, pressionando, encantando, entretendo, fazendo todo o possível para que o processo avançasse. Numa daquelas noites, O'Neill reclamou ao general Ghalib Qamish, da OSP, que precisava de fotografias dos suspeitos presos pelos iemenitas. A discussão arrastou-se madrugada adentro, com o general Qamish explicando polidamente que o FBI era dispensável naquele caso, e O'Neill descrevendo pacientemente a gravidade da situação. Mawn quase não conseguia mais manter os olhos abertos. Mas na noite seguinte o general anunciou: "Eu trouxe as fotos".

O'Neill agradeceu, depois implorou pelo direito de entrevistar os suspeitos cara a cara, em vez de entregar as perguntas aos interrogadores iemenitas. Foi uma negociação tortuosa e aparentemente interminável, mas na visão de Mawn conduzida com respeito e até afeição mútua. O general Qamish referia-se a O'Neill como "irmão John". Quando Mawn chegou, informou ao diretor que O'Neill vinha realizando um trabalho magistral, acrescentando que Bodine era sua "única detratora". Ele disse a mesma coisa para Bodine antes de partir. Informou a ela que não chamaria O'Neill de volta aos Estados Unidos. É claro que a decisão de despachar O'Neill cabia em primeiro lugar a Mawn. Mas ele talvez não quisesse considerar o ponto de vista de Bodine. De qualquer modo, os embaixadores têm a palavra final sobre quais americanos são autorizados a permanecer num país estrangeiro, e O'Neill não estava na lista.

No final de outubro, os iemenitas prenderam Fahd al-Quso, o câmera da Al-Qaeda que, por dormir demais, falhara na missão de filmar o atentado. Quso admitiu que ele e um dos homens-bomba haviam entregado 5 mil dólares a Khallad — o perneta idealizador do ataque ao *Cole* — em Bangkok. Disse que o dinheiro serviria para Khallad adquirir uma prótese nova. A transcrição da conversa foi repassada para o FBI um mês depois.

Soufan lembrou do nome Khallad, que ouvira de uma fonte que havia recrutado no Afeganistão. A fonte descrevera um combatente com perna de metal que era o emir de uma hospedaria em Kandahar — o "menino de recados" de Bin Laden, assim ela o chamara.[50] Soufan e O'Neill enviaram a foto do passaporte de Khallad por fax para a fonte afegã, que fez uma identificação positiva. Aquele foi o primeiro vínculo real entre o ataque ao *Cole* e a Al-Qaeda. Soufan ficou intrigado com a saída de dinheiro do Iêmen às vésperas de uma grande operação. Haveria outra operação em andamento, que ele ignorava? Soufan enviou à CIA a foto de Khallad, pedindo informações sobre ele e perguntando se teria ocorrido uma reunião da Al-Qaeda na região.[51] A agência não respondeu ao seu pedido, tão claramente formulado. A sonegação de informações, por parte da CIA, sobre o cérebro da explosão do *Cole* e a reunião na Malásia, quando diretamente questionada pelo FBI, caracterizou obstrução da justiça na investigação sobre a morte de dezessete marinheiros americanos. Conseqüências bem mais trágicas, porém, ainda pairavam no horizonte.

Um mês depois do início da investigação do caso *Cole*, o diretor-assistente do FBI Dale Watson informou ao *Washington Post*: "A cooperação sustentada" com os iemenitas "permitira ao FBI reduzir ainda mais sua presença no país. [...] O FBI logo poderá trazer de volta o veterano comandante em cena, John O'Neill". Aquilo pareceu uma submissão pública às queixas de Bodine. No mesmo dia, o primeiro-ministro iemenita informou ao *Post* que não fora descoberta nenhuma ligação entre os atacantes do *Cole* e a Al-Qaeda.

O'Neill voltou para casa às vésperas do Dia de Ação de Graças. Valerie James ficou chocada ao vê-lo: ele perdera onze quilos. Afirmou que sentia estar travando a batalha do contraterrorismo sozinho, sem nenhuma ajuda do próprio governo, e temia que, sem ele, a investigação paralisasse. De fato, segundo Barry Mawn, a cooperação iemenita diminuiu muito depois que O'Neill deixou o país. Preocupado com as ameaças constantes aos investigadores do FBI que ainda estavam no Iêmen, O'Neill tentou voltar em janeiro de 2001, mas Bodine negou seu pedido. Enquanto isso, os investigadores americanos, sentindo-se cada vez mais vulneráveis, recuaram para dentro dos limites da embaixada americana em Sanaa.

Soufan enfim foi autorizado a entrevistar Fahd al-Quso, o câmera dorminhoco, que era pequeno e arrogante, com uma barba rala que ficava puxando o tempo todo. Antes do início da entrevista, um coronel da OSP entrou no aposento e beijou Quso nas duas bochechas: um sinal explícito de que Quso estava protegido. De fato, sempre que parecia óbvio que Quso estava prestes a fazer uma revelação importante, o coronel iemenita insistia em interromper a sessão para as refeições ou orações.

Depois de alguns dias, porém, Soufan conseguiu fazer que Quso admitisse ter se encontrado com Khallad e um dos atacantes do *Cole* em Bangkok, onde ficaram no Hotel Washington. Quso confessou que sua missão tinha sido entregar 36 mil dólares retirados de fundos da Al-Qaeda, e não os 5 mil que mencionara antes, e que o dinheiro também não se destinava à perna nova de Khallad. Agora parece evidente que o dinheiro serviu para comprar passagens aéreas de primeira classe para Mihdhar e Hazmi, dois dos seqüestradores do 11 de setembro, e sustentá-los quando chegaram a Los Angeles, alguns dias depois, o que teria ficado óbvio se a CIA tivesse informado o birô sobre os dois membros da Al-Qaeda.

Os agentes do FBI examinaram registros telefônicos a fim de checar a história de Quso. Descobriram ligações entre o Hotel Washington, em Bangkok, e a casa de Quso no Iêmen. Observaram também que havia ligações para ambos os lugares de um telefone público na Malásia. Esse telefone por acaso ficava bem em frente ao condomínio onde a reunião havia ocorrido. Quso contara a Soufan que originalmente deveria ter encontrado Khallad em Kuala Lumpur ou Cingapura — ele pareceu confundir as duas cidades. De novo, Soufan enviou um teletipo oficial à CIA, junto com uma foto do passaporte de Khallad. Estes telefones fazem algum sentido? Existe alguma ligação com a Malásia? Qualquer vínculo com Khallad? De novo, a agência nada tinha a dizer.

Se a CIA tivesse respondido a Soufan, dando-lhe as informações solicitadas, o FBI teria sabido da reunião da Malásia e da ligação entre Mihdhar e Hazmi. O birô teria descoberto o que a CIA já sabia — que membros da Al-Qaeda estavam nos Estados Unidos há mais de um ano. Por já existir um indiciamento de Bin Laden em Nova York, e Mihdhar e Hazmi serem seus parceiros, o FBI estava autorizado de antemão a seguir os suspeitos, gravar as conversas em seu apartamento, interceptar suas comunicações, clonar seu computador, investigar seus contatos — passos essenciais que poderiam ter impedido o 11 de setembro.

Em junho de 2001, as autoridades iemenitas prenderam oito homens acusados de participar de uma conspiração para explodir a embaixada americana no Iêmen, onde Soufan e o restante dos investigadores do FBI haviam se refugiado. Novas ameaças ao FBI se seguiram, e Freeh, agindo por recomendação de O'Neill, acabou retirando toda a equipe do país.

O ataque ao *Cole* havia sido uma grande vitória para Bin Laden. Os campos da Al-Qaeda no Afeganistão ficaram lotados de novos recrutas, e doadores dos estados do Golfo chegavam carregando maletas cheias de petrodólares,[52] como nos dias de glória da *jihad* afegã. Ao menos havia dinheiro para distribuir. A liderança talibã, ainda dividida quanto à presença de Bin Laden no país, ficou mais complacente quando o dinheiro apareceu, apesar da ameaça de sanções e represálias. Bin Laden separou seus líderes principais — enviando Abu Hafs para outro local em Kandahar e Zawahiri para Cabul —, de modo que a reação americana prevista não matasse toda a liderança da Al-Qaeda de uma só vez.[53]

Mas não houve reação americana. O país estava em meio a uma eleição presidencial, e Clinton vinha tentando entrar com brilho na história assegurando um tratado de paz entre Israel e Palestina. A explosão do *Cole* ocorrera justamente quando as conversações começavam a descarrilhar. Clinton sustenta que, apesar do momento político inoportuno, seu governo chegou perto de lançar outro ataque de míssil contra Bin Laden naquele outubro,[54] mas no último momento a CIA recomendou o cancelamento, porque sua presença no local não era cem por cento certa.

Bin Laden estava zangado e desapontado. Ele esperava atrair os Estados Unidos para a mesma armadilha em que os soviéticos tinham caído: o Afeganistão.[55] Sua estratégia: atacar constantemente até que as forças americanas invadissem o país. Aí os *mujahidin* cairiam como enxames em cima deles e os sangrariam, até que todo o império americano desmoronasse, mortalmente ferido. Aquilo acontecera com a Grã-Bretanha e a União Soviética. Tinha certeza de que ocorreria com os Estados Unidos. A declaração de guerra, o ataque às embaixadas americanas, e agora a explosão do *Cole* não haviam sido suficientes, porém, para provocar uma retaliação maciça. Ele teria de fazer uma afronta esmagadora.

Alguém poderia perguntar, a esta altura, se o 11 de setembro ou alguma tragédia semelhante teria condições de ocorrer sem a direção de Bin Laden. A resposta é certamente não. De fato, as placas tectônicas da história vinham se movimentando, promovendo um período de conflito entre o Ocidente e o mundo muçulmano árabe. Contudo, o carisma e a visão de uns poucos indivíduos moldaram a natureza daquela peleja. A insurreição salafista internacional poderia ter ocorrido sem os textos de Sayyid Qutb ou a convocação de Abdullah Azzam à *jihad*, mas então a Al-Qaeda não existiria. A Al-Qaeda dependia de uma conjunção singular de personalidades, em particular os egípcios: Zawahiri, Abu Ubaydah, Saif al-Adl e Abu Hafs, todos manifestando os pensamentos de Qutb, seu pai intelectual. Mas, sem Bin Laden, os egípcios se limitavam à Al-Jihad. Seus objetivos eram paroquiais. Numa época em que proliferavam os movimentos islamitas, todos concentrados em objetivos nacionalistas, Bin Laden teve a visão de criar um corpo internacional de jihadistas. Foi sua liderança que manteve coesa uma organização que falira e fora lançada no exílio. Foi a tenacidade de Bin Laden que o deixou surdo às considerações morais que se seguiram ao assassinato de tantas pessoas e indiferente aos fracassos sucessivos que teriam destruído os sonhos da maioria dos homens. Todas essas eram qualidades que se podem atribuir ao líder de uma seita ou a um louco. Mas havia também um talento artístico envolvido, não só para obter o efeito espetacular, mas também para conquistar a imaginação dos homens cuja vida Bin Laden requeria.

19. O grande casamento

Eventos sociais eram raros na comunidade da Al-Qaeda, mas Bin Laden estava disposto a comemorar. Ele arranjou um casamento entre seu filho Mohammed, de dezessete anos, e Khadija, de catorze anos, filha de Abu Hafs.[1] Menina calada e iletrada, as mulheres se perguntavam o que ela e Mohammed teriam para conversar. Só conseguiam imaginar as surpresas que a aguardavam na noite de núpcias, já que questões sexuais raramente eram discutidas, muito menos com crianças.

Para a festa, Bin Laden ocupou um grande salão — um antigo cinema no subúrbio de Kandahar que havia sido destruído pelo Talibã — para acomodar os quinhentos homens convidados. (As mulheres ficaram numa instalação separada com a jovem noiva.) Ele abriu as festividades recitando um longo poema, desculpando-se por não ser de sua própria autoria, mas sim de seu escritor de discursos. "Não sou, como a maioria de nossos irmãos sabe, um guerreiro da palavra", disse com modéstia. O poema incluía um tributo ao ataque ao *Cole*:

> *Um destróier até os valentes podem temer,*
> *Inspira horror no porto e em alto-mar,*
> *Transpõe as ondas ladeado de arrogância, altivez e falso poder,*
> *Rumo à ruína avança lentamente, envolto em enorme ilusão,*
> *Aguarda-o um barquinho, balançando nas ondas.*[2]

Duas câmeras de TV registraram o evento, mas Bin Laden não ficou satisfeito com o resultado — sabendo que o poema seria exibido nos canais por satélite árabes e num vídeo de recrutamento da Al-Qaeda —, por isso mandou que trouxessem as câmeras novamente na manhã seguinte para gravar a declamação pela segunda vez. Ele até colocou alguns partidários à sua frente para aplaudirem, como se ainda houvesse centenas no salão, em vez de apenas um punhado de repórteres e operadores de câmera. Sua preocupação com a imagem levou-o a pedir a um dos repórteres, que havia tirado uma foto digital, que tirasse outra, porque seu pescoço estava "gordo demais". Ele havia tingido a barba para cobrir os fios grisalhos, mas não conseguira disfarçar as olheiras, que traíam a ansiedade e a falta de sono, agora suas companheiras constantes.[3]

Hamza, de doze anos, o filho único da esposa favorita de Bin Laden, também leu um poema no casamento. Cílios negros e compridos, rosto fino como o do pai, trajava turbante branco e colete de camuflagem. "Que crime cometemos para sermos forçados a deixar nosso país?", perguntou o menino, solene, com uma serenidade impressionante. "Combateremos os *kafr* para sempre!"

"*Allahu akhbar!*", urraram os homens em resposta. Depois puseram-se a cantar:

Nossos homens estão revoltados, nossos homens estão revoltados.
Só recuperaremos a nossa terra natal
E nossa vergonha só será apagada pelo
Sangue e fogo.
A luta prossegue.
A luta prossegue.[4]

Após a oração da tarde, serviu-se a refeição: carne, arroz e suco de tomate. Uma extravagância rara para Bin Laden. Alguns dos comensais acharam a comida um tanto primitiva, porém, e o padrasto de Osama notou algo em forma de larva se contorcendo no seu copo d'água.

"Come! Come!", gritavam os conviva, enquanto descascavam laranjas para o jovem noivo. "Ele tem uma longa noite pela frente!" Os homens observaram como o sorriso tímido do filho se assemelhava ao do pai. Eles dançaram e cantaram mais canções e ergueram o moço e o aplaudiram. Depois, puseram-no num carro e o enviaram ao complexo residencial da família para a primeira noite da vida de casado.

* * *

Alguns meses depois da posse de George W. Bush, Dick Clarke encontrou-se com Condoleezza Rice, conselheira de segurança nacional da nova administração Bush, e pediu para ser transferido de cargo.[5] Desde o momento em que a nova equipe assumira a direção, ficara claro que o terrorismo deixara de ser prioridade. Quando Clarke a informou pela primeira vez, em janeiro, sobre a ameaça que Bin Laden e sua organização representavam para os Estados Unidos, Rice deu a impressão de nunca ter ouvido falar da Al-Qaeda. Ela depois reduziu a importância de seu cargo, coordenador nacional de contraterrorismo, de modo que ele passou a se reportar a auxiliares, não mais a chefes. Clarke insistiu em sua estratégia de ajudar Ahmed Shah Massoud e a Aliança do Norte na luta contra o Talibã e a Al-Qaeda, mas Rice objetou, afirmando que o governo precisava de uma estratégia mais ampla que incluísse outros oponentes pachtuns ao Talibã.[6] Só que seu planejamento arrastou-se por meses, sem muito empenho. "Talvez vocês precisem de alguém menos obsessivo", Clarke agora sugeriu, porém sua ironia passou despercebida para Rice e seu auxiliar, Stephen Hadley. Eles se surpreenderam e pediram que Clarke ficasse até outubro. Durante aquele período, disseram, ele deveria procurar "alguém parecido" para substituí-lo.

"Só tem um sujeito que daria conta do recado", disse Clarke.

O'Neill viu o cargo de Clarke como o lugar perfeito. A oferta chegou num período em que ele já estava se desesperando com a reação confusa do governo ao terrorismo e ficando preocupado com o futuro. Sempre acalentara duas aspirações: tornar-se diretor adjunto do FBI em Washington ou assumir o comando do escritório de Nova York. Freeh ia se aposentar em junho, de modo que algumas vagas se abririam no topo. Mas a investigação do incidente da pasta provavelmente impediria qualquer promoção no FBI. Como o novo czar antiterrorismo da nação, porém, estaria pessoalmente inocentado, e deve ter adorado a perspectiva de ter o FBI e a CIA subordinados a ele.

Por outro lado, estava com problemas financeiros, e na Casa Branca manteria o mesmo nível salarial do FBI. O inquérito do Departamento de Justiça havia sido um golpe devastador. Além das outras dívidas, devia agora ao advogado 80 mil dólares, mais do que ganhava em um ano.[7]

Ao longo do verão, Clarke cortejou O'Neill, que ficou angustiado, mas evitou se comprometer. Ele discutiu a respeito com vários amigos, e se alarmou ao pensar que o quartel-general do FBI poderia tomar conhecimento daquilo. Telefonou para Clarke num surto de ansiedade, dizendo que pessoas na CIA sabiam que ele vinha sendo cogitado. "Você tem de dizer a eles que não é verdade", implorou. Estava certo de que, se a agência soubesse, o birô acabaria descobrindo. Atendendo ao pedido, Clarke ligou a um amigo na CIA e disse que, a propósito, vinha procurando nomes para substituí-lo, já que O'Neill havia recusado — embora na verdade O'Neill ainda fosse candidato ao posto. O'Neill também falou com Mawn sobre a oferta de Clarke, dizendo que não queria que ele tomasse conhecimento através de fofocas, e declarou enfaticamente que não estava interessado no cargo.

O dinheiro teria sido uma barreira, mas O'Neill — agora um veterano do combate à burocracia — também percebeu a maneira implacável como alguns poderosos em Washington reagiriam à notícia de seu novo cargo. A oferta de Clarke, embora tentadora, também era perigosa.

Durante anos, Zawahiri lutara contra elementos dentro da Al-Jihad que se opunham ao seu relacionamento com Bin Laden. Desdenhava membros da Al-Jihad que o criticavam acomodados em posições confortáveis na Europa. Chamava-os de "combatentes revolucionários de sangue quente, agora frios como gelo depois de experimentar a vida de civilização e luxo".[8] Cada vez mais, muitos de seus antigos aliados, exaustos e desmoralizados por anos de reveses, vinham se tornando defensores da iniciativa dos líderes islamitas presos no Egito, que haviam declarado um cessar-fogo unilateral. Outros não suportavam mais as condições primitivas de vida no Afeganistão. No entanto, mesmo com a organização se desintegrando, Zawahiri rejeitava qualquer pensamento de negociar com o regime egípcio ou o Ocidente.

Num momento de raiva, chegou a renunciar ao posto de emir da Al-Jihad, mas sem ele a organização ficou totalmente à deriva. Vários meses depois, seu sucessor abandonou o cargo, e Zawahiri voltou à direção. Mas, de acordo com um depoimento no julgamento dos membros da célula albanesa, restavam apenas quarenta membros fora do Egito, e dentro do país o movimento havia sido erradicado. A Al-Jihad estava morrendo, e com ela o sonho que animara a imaginação de Zawahiri desde a adolescência. Ele perdera o Egito.

O fim chegou em junho de 2001, quando a Al-Qaeda absorveu a Al-Jihad, criando uma entidade formalmente chamada Qaeda al-Jihad. O nome refletia o fato de que os egípcios ainda constituíam o círculo íntimo: dos nove membros do conselho de liderança, só três não eram egípcios. Mas aquela era a organização de Bin Laden, não de Zawahiri.

Naturalmente, o predomínio de egípcios gerava discórdia, em especial entre os membros sauditas da Al-Qaeda. Bin Laden tentou aplacar os ânimos dos descontentes, explicando que poderia contar sempre com os egípcios, por não poderem voltar ao seu país sem ser presos. Como ele, eram homens sem pátria.

Bin Laden propôs a Zawahiri e aos egípcios uma tarefa específica. Queria que matassem Ahmed Shah Massoud.[9] O comandante da Aliança do Norte representava a única força digna de crédito que impedia o Talibã de consolidar totalmente o domínio sobre o Afeganistão. Esguio e arrojado, Massoud era um tático brilhante, disposto a ser tão implacável quanto o Talibã. Agora que o Talibã se aliara à Al-Qaeda, Dick Clarke e outros viam em Massoud a última chance de uma solução afegã ao problema de Bin Laden.

Massoud era um parceiro entusiástico. Ele próprio um islamita dedicado, sua esposa trajava a burca, e suas tropas haviam cometido mais de um massacre. Como os rivais, provavelmente sustentava sua milícia com o comércio de ópio. Mas falava um francês rudimentar, aprendido na escola de nível médio em Cabul, e era conhecido pelo amor à poesia persa, que o fazia parecer uma alternativa civilizada ao Talibã. Em fevereiro, fanáticos talibãs haviam percorrido o museu de Cabul com marretas, pulverizando o legado artístico do país. Em março, com tanques e armas antiaéreas, destruíram duas imagens colossais de Buda que, durante 1500 anos, se ergueram sobre a antiga estrada da Seda, na província de Bamiyan. A aprovação mundial de Massoud subia na mesma medida em que a dos talibãs caía.

Como reflexo do aumento de seu prestígio internacional, Massoud discursou para o Parlamento europeu em Estrasburgo, França, em abril de 2001. Falou sobre o perigo que a Al-Qaeda representava para o mundo. Revelou também às autoridades americanas que seu próprio serviço de inteligência soubera da intenção da Al-Qaeda de realizar contra os Estados Unidos um ato terrorista bem pior que a explosão das embaixadas americanas no leste da África.

Em julho, Zawahiri enviou-lhe uma carta num francês mal escrito dizendo-se do Centro de Observação Islâmica de Londres. Pedia permissão para dois jornalistas entrevistarem Massoud. A carta foi seguida de uma recomendação pessoal de Abdul Rasul Sayyaf. A permissão foi concedida.

Massoud não estava sozinho em suas advertências aos Estados Unidos. Além das conversas animadas que a NSA vinha captando sobre a preparação de um grande ataque ("espetacular", "outra Hiroshima"), os serviços de inteligência dos países árabes, com fontes humanas melhores, emitiram avisos terríveis. O presidente egípcio Hosni Mubarak avisou os Estados Unidos de que terroristas planejavam atacar o presidente Bush em Roma, "usando um avião cheio de explosivos",[10] quando estivesse a caminho da reunião de cúpula do G-8 em Gênova, no mês de julho. As autoridades italianas providenciaram plataformas antiaéreas para impedir o ataque. O ministro do Exterior talibã, Wakil Ahmed Muttawakil, confidenciou ao cônsul-geral americano em Peshawar e às Nações Unidas em Cabul que a Al-Qaeda vinha planejando um ataque devastador contra os Estados Unidos.[11] Ele temia que a retaliação americana destruísse seu país. Em torno da mesma época, a inteligência jordaniana ouviu por acaso o nome da operação, que repassou para Washington: O Grande Casamento.[12] Na cultura dos homens-bomba, o dia da morte do mártir é também o dia do seu casamento, quando ele encontra as virgens do paraíso.

Bin Laden resolveu ele próprio arranjar mais uma noiva, uma moça iemenita de quinze anos chamada Amal al-Sada.[13] Um de seus guarda-costas viajou até a cidade de Ibb, nas montanhas, para pagar à família da noiva 5 mil dólares. De acordo com Abu Jandal, o casamento foi uma festa esplêndida. "Canções e alegria se misturavam ao disparo de tiros para o ar."[14]

Embora o casamento aparentemente tenha sido um arranjo político entre Bin Laden e uma tribo iemenita importante, a fim de aumentar os recrutamentos da Al-Qaeda no Iêmen, as demais esposas ficaram contrariadas, e até a mãe o criticou.[15] Dois dos filhos de Bin Laden, Mohammed e Othman, confrontaram, raivosos, Abu Jandal: "Por que você traz ao nosso pai uma moça da nossa idade?", perguntaram. Abu Jandal alegou que nem sequer sabia que o dinheiro que levara ao Iêmen era para adquirir uma noiva. Ele pensou que fosse para uma operação de martírio.

Najwa, a primeira esposa de Bin Laden, partiu mais ou menos nessa época. Após 27 anos de casamento e onze filhos, decidiu voltar à Síria, levando consigo as filhas e o filho retardado, Abdul Rahman. O homem com quem ela havia se casado não era um *mujahid* nem um terrorista internacional, e sim um adolescente saudita rico. Como esposa de Bin Laden, era natural que esperasse uma vida de riqueza, viagens, alta sociedade, enfim, uma existência fácil tornada ainda mais confortável pelo séquito normal de serviçais, uma casa na praia, um iate, talvez um apartamento em Paris. Aquilo era o mínimo. Em vez disso, vivera uma vida de fuga, privações, muitas vezes de sordidez. Sacrificara muita coisa, mas agora estava livre.

Em 29 de maio de 2001, num tribunal federal em Manhattan, um corpo de jurados condenou quatro homens pelos atentados às embaixadas americanas no leste da África. Foi o coroamento de uma sucessão perfeita de 25 condenações de terroristas obtidas pelos promotores do distrito sul de Nova York, encabeçado por Mary Jo White, com seus assistentes Kenneth Karas e Patrick Fitzgerald. A luta contra os terroristas islâmicos começara em 1993, com o primeiro atentado ao World Trade Center. Oito anos depois, aquelas condenações eram praticamente as únicas vitórias de que os Estados Unidos podiam se vangloriar, baseadas em investigações minuciosas do escritório do FBI em Nova York, particularmente o esquadrão I-49.

O'Neill assistiu ao encerramento do julgamento e, após o veredicto, chamou Steve Gaudin de lado. Gaudin era o agente que havia interrogado Mohammed al-'Owhali, que lhe pedira para ser julgado nos Estados Unidos. O'Neill abraçou Gaudin e disse que tinha um presente para ele. "Vou mandar você para uma escola de idiomas em Vermont. Você vai aprender árabe."

Gaudin ficou atordoado só de pensar naquilo.

"Você sabe que a luta não acabou", continuou O'Neill. "O que foi mesmo que Al-'Owhali falou? Foi isto: 'Precisamos atingir vocês fora do país para que não vejam o que está acontecendo lá dentro.'"

O'Neill entendia que o modelo penal constituía apenas uma das formas de lidar com o terrorismo, e que tinha seus limites, especialmente quando o adversário era uma rede estrangeira sofisticada composta de ideólogos hábeis e motivados, dispostos a morrer. Mas O'Neill foi contra quando Dick Clarke lhe disse, durante as prisões da virada do milênio: "Nós vamos matar Bin Laden".[16] Embora a Al-Qaeda representasse, para os agentes da lei, um desafio bem maior que a Máfia ou qualquer organização criminosa, as alternativas — ataques militares, tentativas de assassinato pela CIA — só conseguiram engrandecer Bin Laden aos olhos dos admiradores. As 25 condenações, por outro lado, constituíam realizações genuínas e legítimas que demonstravam a credibilidade e integridade do sistema americano de justiça. Mas a rivalidade ciumenta entre os órgãos do governo e a falta de empenho do quartel-general do FBI restringiram a ação do esquadrão I-49 em Nova York, que ficara cego para o perigo que, pelo que se viu depois, já estava no país.

Ao final do julgamento dos atentados às embaixadas, quase todos os dezenove seqüestradores do 11 de setembro haviam se fixado nos Estados Unidos. Em torno dessa época, Tom Wilshire, representante da CIA na seção de terrorismo internacional do quartel-general do FBI, vinha estudando o relacionamento entre Khaled al-Mihdhar e Khallad, o cérebro perneta do atentado ao *Cole*. A CIA pensara, devido à semelhança de nomes, que pudessem ser a mesma pessoa, mas graças às investigações de Ali Soufan a agência agora sabia que Khallad fazia parte da equipe de segurança de Bin Laden. "Oquei. Isso é importante", observou Wilshire num e-mail aos seus supervisores no centro de contraterrorismo da CIA. "Este é um matador de primeiro time, que orquestrou o ataque ao *Cole* e possivelmente os atentados na África." Wilshire já sabia que Nawaf al-Hazmi estava nos Estados Unidos e que Hazmi e Mihdhar haviam viajado com Khallad. Ele também descobriu que Mihdhar possuía um visto americano. "Algo ruim definitivamente estava acontecendo", concluiu.[17] Wilshire pediu permissão para revelar aquela informação vital ao FBI. A agência nunca respondeu ao seu pedido.

Naquele verão, Wilshire solicitou que uma analista do FBI lotada no centro de contraterrorismo, Margarette Gillespie, examinasse o material sobre a reunião da Malásia "no seu tempo livre". Ela só começou a tarefa no final de julho. Wilshire não revelou o fato de que alguns dos participantes da reunião poderiam estar nos Estados Unidos. Na verdade, ele não transmitiu a premência embutida na sua mensagem. "Aquilo não significou nada para mim", ele diria mais tarde, embora tivesse conhecimento dos informes confidenciais de que a Al-Qaeda vinha planejando uma "Hiroshima" dentro dos Estados Unidos.

Mas Wilshire queria saber o que o FBI sabia. Ele forneceu a Dina Corsi, outra analista lotada no quartel-general do FBI, três fotos de vigilância da reunião da Malásia para mostrar a vários agentes do I-49. As fotos mostravam Mihdhar e Hazmi e um homem parecido com Quso. Wilshire não contou a Corsi por que as fotos haviam sido tiradas, mas disse que um dos homens se chamava Khaled al-Mihdhar. Enquanto isso, Maggie Gillespie pesquisou no banco de dados Intelink sobre a reunião da Malásia,[18] mas a agência não havia incluído nenhum informe sobre o visto de Mihdhar ou a chegada de Hazmi ao país. Havia a cobertura da NSA dos eventos que levaram à reunião da Malásia, mas o Intelink avisou que tal informação não podia ser compartilhada com investigadores criminais.

Em 11 de junho, outro supervisor da CIA, Clark Shannon, junto com Maggie Gillespie e Dina Corsi, foi a Nova York conversar com os agentes da investigação do *Cole*[19] — exceto Soufan, que estava fora do país. A reunião começou no meio da manhã, com os agentes do FBI de Nova York informando meticulosamente os outros sobre o andamento de sua investigação. Aquilo prosseguiu por três ou quatro horas. Finalmente, em torno das duas da tarde, Shannon, o supervisor da CIA, pediu que Corsi mostrasse as fotos aos colegas. Havia três fotos de vigilância de alta qualidade. Uma, tirada de um ângulo baixo, mostrava Mihdhar e Hazmi ao lado de uma árvore. O supervisor quis saber se os agentes reconheciam alguém, e se Quso estava em alguma daquelas fotos.

Os agentes do FBI do esquadrão I-49 perguntaram quem estava nas fotos, e quando e onde haviam sido tiradas. "Haveria mais fotografias?", um dos agentes perguntou. Shannon recusou-se a responder. Corsi prometeu que "nos dias e semanas seguintes" tentaria obter permissão para fornecer aquela informação. A reunião tornou-se acalorada; os participantes puseram-se a gritar uns com os outros. Os agentes do FBI sabiam que estavam diante de pistas dos crimes que vinham tentando solucionar, mas não conseguiram extrair nenhuma informação adicional de Shannon nem dos dois analistas do FBI — com exceção de um detalhe: Corsi acabou revelando o nome de Khaled al-Mihdhar.

Steve Bongardt, um ex-piloto da marinha graduado pela academia de Annapolis que estava no esquadrão I-49, pediu ao supervisor que, além do nome de Mihdhar, ele fornecesse uma data de nascimento ou número de passaporte. Um nome por si só não era suficiente para impedir sua entrada nos Estados Unidos. Bongardt acabara de voltar do Paquistão com uma lista de trinta nomes de membros da Al-Qaeda suspeitos e suas datas de nascimento, que repassara ao Departamento de Estado como precaução, para impedir a entrada deles no país. Aquele era o procedimento padrão, a primeira coisa que a maioria dos investigadores faria. Mas o supervisor da CIA negou-se a fornecer as informações adicionais.

Pode-se imaginar uma reunião diferente, em que o supervisor da CIA estivesse autorizado a revelar os detalhes vitais da viagem de Mihdhar aos Estados Unidos, seus vínculos com o telefone no Iêmen que era praticamente uma central telefônica da Al-Qaeda, sua associação com Hazmi, que também estava nos Estados Unidos, sua associação com a Al-Qaeda e com Khallad. As fotos sobre a mesa do escritório de Nova York continham não apenas as respostas ao planejamento do ataque ao *Cole*, mas também o fato terrível de que a Al-Qaeda estava dentro dos Estados Unidos, planejando atacar.

No entanto, havia uma quarta foto da reunião da Malásia que o supervisor da CIA não mostrou. Era uma foto de Khallad. Os investigadores do *Cole* com certeza sabiam quem era. Eles dispunham de um arquivo ativo sobre ele e já haviam conversado com um grande júri, preparando-se para indiciá-lo. Aquela quarta foto teria levado O'Neill a procurar Mary Margaret Graham, chefe do escritório de Nova York da CIA, localizado no World Trade Center, e exigir que a agência fornecesse todas as informações relacionadas a Khallad e seus parceiros. Todavia, ao sonegar a foto de Khallad ao lado dos futuros seqüestradores, a CIA bloqueou a investigação do FBI sobre o ataque ao *Cole* e permitiu o prosseguimento da conspiração que culminaria nos atentados do 11 de setembro.

Àquela altura, Mihdhar retornara ao Iêmen e, em seguida, fora à Arábia Saudita, onde supostamente teria arregimentado os demais seqüestradores para levar aos Estados Unidos. Dois dias depois da frustrante reunião entre o supervisor da CIA e o esquadrão I-49, Mihdhar recebeu um novo visto americano do consulado em Jidá. Como a CIA não fornecera seu nome ao Departamento de Estado para ser incluído na lista de observação, Mihdhar desembarcou tranqüilamente em Nova York no 4 de Julho, dia da Independência dos Estados Unidos.

A reunião de 11 de junho foi o auge de uma tendência estranha no governo americano de ocultar informações a quem mais precisa delas. Sempre existiram certas barreiras legais ao compartilhamento de informações. Por lei — Regra 6E das Regras Federais de Processo Penal —, as informações de depoimentos em grande júri são secretas. O FBI interpretou aquela regra como uma proibição absoluta de revelar qualquer material investigativo. Todas as manhãs, no computador sigiloso de Dick Clarke, havia pelo menos cem informes, da CIA, NSA e outros ramos da inteligência, mas o FBI nunca divulgava tais informações. A Regra 6E também impedia que os agentes conversassem sobre casos criminais com colegas que estivessem coletando informações — ainda que trabalhassem no mesmo esquadrão.

Mas até o segundo governo Clinton, informações derivadas de operações de inteligência, especialmente se pudessem envolver um crime, podiam ser fornecidas livremente a investigadores criminais. De fato, elas eram essenciais. Os agentes do prédio número 26 da Federal Plaza com freqüência subiam a uma sala altamente segura onde podiam ler transcrições da NSA e obter informações de representantes da CIA lotados ali. Tal cooperação ajudou a condenar o xeique Omar Abdul Rahman, por exemplo; os aparelhos de escuta introduzidos em seu apartamento durante a operação de coleta de informações mostraram que ele havia autorizado ataques terroristas em Nova York. Mas havia sempre a preocupação de que as operações de inteligência fossem comprometidas pela revelação de informações reservadas durante um julgamento.

O Departamento de Justiça promulgou uma política nova, em 1995, visando regulamentar a troca de informações entre agentes e promotores criminais, mas não entre os próprios agentes. O quartel-general do FBI interpretou mal a política, transformando-a em uma camisa-de-força para seus próprios investigadores. Eles foram avisados com severidade de que compartilhar informações com investigadores criminais poderia significar o fim da carreira de um agente. Um tribunal secreto em Washington, criado pelo Foreign Intelligence Surveillance Act [FISA, ou, em português, Lei de Fiscalização de Inteligência Externa] de 1978, tornou-se o árbitro de quais informações podiam ser compartilhadas — "atiradas por cima do muro", no linguajar do tribunal.[20] A confusão e a inércia burocráticas permitiram que a política aos poucos detivesse o fluxo de informações essenciais para o esquadrão de contraterrorismo I-49.

A CIA entusiasticamente institucionalizou a barreira que a separava do FBI. A fórmula usada pelo supervisor da CIA na reunião de 11 de junho para justificar a não-revelação aos agentes das identidades dos homens nas fotografias foi que a revelação poderia comprometer "fontes e métodos reservados". A fonte de suas informações sobre a reunião da Malásia era o telefone no Iêmen, tão fundamental no mapeamento da rede da Al-Qaeda, e pertencente a um partidário da Al-Qaeda, Ahmed al-Hada. O telefone de Hada era uma central de troca de informações da Al-Qaeda, um presente para os serviços de inteligência. Ironicamente, fora a investigação do FBI sobre os atentados às embaixadas — encabeçada pelo escritório de Nova York — que descobrira o telefone de Hada originalmente. Qualquer informação ligada à residência de Hada era crucial. A CIA sabia que um dos homens das fotografias da reunião da Malásia — Khaled al-Mihdhar — era genro de Hada, mas a agência também sonegou esse detalhe vital ao FBI.

A NSA, sem querer se dar ao trabalho de pedir permissão ao tribunal do FISA para distribuir informações essenciais, simplesmente restringiu sua distribuição. Por exemplo, em San Diego, Mihdhar fez oito ligações para o telefone de Hada a fim de conversar com a esposa, que acabara de dar à luz.[21] A NSA simplesmente deixou de distribuí-las. Um diagrama na parede do "curral" — o aglomerado de cubículos alojava o esquadrão I-49 — mostrava as ligações entre o telefone de Ahmed al-Hada e outros telefones ao redor do mundo, fornecendo um mapa do alcance internacional da Al-Qaeda. Se tivesse sido traçada uma linha da casa de Hada, no Iêmen, até o apartamento de Hazmi e Mihdhar, em San Diego, a presença da Al-Qaeda nos Estados Unidos teria ficado gritantemente óbvia.

O esquadrão I-49 reagiu às limitações de várias maneiras agressivas e criativas. Quando a NSA começou a negar interceptações do telefone por satélite de Bin Laden ao FBI e aos promotores do distrito sul, o esquadrão criou um plano para construir duas antenas, uma nas ilhas remotas de Palau, no Pacífico, e outra em Diego Garcia, no oceano Índico, para capturar o sinal do satélite. A NSA combateu esse plano, e enfim forneceu 114 transcrições para impedir a construção das antenas. Mas manteve um controle firme sobre outras interceptações. O esquadrão também construiu uma engenhosa cabine telefônica por satélite em Kandahar para ligações internacionais, esperando fornecer uma instalação conveniente para jihadistas desejosos de telefonar para casa. Os agentes, além de conseguirem ouvir as chamadas, recebiam, de uma câmera oculta na cabine, imagens em vídeo dos autores. Em Madagáscar, agentes do I-49 construíram uma antena a fim de interceptar as chamadas telefônicas de Khaled Sheikh Mohammed. Milhões de dólares e milhares de horas de trabalho foram consumidos na duplicação de informações de que o governo americano já dispunha, mas que se recusava a compartilhar.

Os agentes do I-49 estavam tão acostumados a ter negado o acesso a informações que compraram um CD de uma canção do Pink Floyd, "Another brick in the wall" [Outro tijolo no muro].[22] Sempre que recebiam a velha justificativa das "fontes e métodos reservados", aproximavam o fone do CD-player e apertavam play.

Em 5 de julho de 2001, Dick Clarke reuniu representantes de diversos órgãos domésticos — a Federal Aviation Administration, o serviço de imigração e naturalização, a guarda costeira, o FBI e o serviço secreto, entre outros — para emitir um alerta. "Algo realmente espetacular vai acontecer aqui, e vai ser logo", informou.

No mesmo dia, John O'Neill e Valerie James chegaram à Espanha,[23] onde ele havia sido convidado para dar uma palestra à Fundação da Polícia Espanhola. O'Neill decidiu tirar uns dias de férias para decidir o que fazer da vida. Embora o Departamento de Justiça tivesse arquivado o inquérito do incidente de sua pasta, o FBI vinha conduzindo uma investigação interna própria, mantendo a pressão sobre ele. Nesse ínterim, ele soubera que o *New York Times* vinha preparando uma matéria sobre o caso. Os repórteres, além de saber do material sigiloso da pasta, também tinham informações sobre o incidente anterior com Val na garagem secreta e sobre a dívida pessoal de O'Neill. Alguém no FBI ou no Departamento de Justiça deixara vazar essas informações, além de detalhes altamente reservados sobre o orçamento que O'Neill vinha preparando. O próprio material que fizera o Departamento de Justiça e o FBI investigarem O'Neill havia sido fornecido livremente aos repórteres para sabotar ainda mais sua carreira. O instante do vazamento parecia ter sido calculado para destruir suas chances de ser confirmado no cargo de Clarke no NSC, o que àquela altura já deixara de ser segredo.

Antes de partir para a Espanha, O'Neill se encontrara com Larry Silverstein, presidente da Silverstein Properties, que acabara de assumir a administração do World Trade Center. Silverstein ofereceu-lhe o cargo de chefe da segurança, recebendo mais que o dobro do salário que recebia do governo. Mas O'Neill não pôde dar a palavra final. Ele contou a Barry Mawn que não queria renunciar ao FBI com sua reputação ainda em questão. Prometeu a Silverstein uma resposta quando voltasse da Espanha. Tampouco havia rejeitado a oferta de Dick Clarke.

Ele, Val e o filho dela, Jay, passaram vários dias em Marbella, jogando golfe e lendo. Mark Rossini, que costumava servir de ligação entre o FBI e a polícia espanhola, fora junto como intérprete. Em 8 de julho, O'Neill acendeu um charuto na varanda do casarão onde estavam hospedados e disse a Rossini: "Cheguei ao V.P.I.".

Era o vigésimo aniversário do dia em que se tornara agente do FBI. Esse é o momento em que um agente pode se aposentar com remuneração integral e enfim dizer ao birô: "Vá para o Inferno".

O'Neill sorria, observou Rossini, mas seus olhos estavam tristes. Estava na iminência de tomar sua decisão. Rossini conseguiu ver que O'Neill se despedia do homem que havia sido, e do homem que poderia ter sido. Havia sonhos que jamais seriam realizados. Por exemplo, ele nunca pegaria Osama bin Laden.

Durante todo o tempo em que O'Neill permaneceu na Espanha, Mohammed Atta e Ramzi bin al-Shibh também estavam no país, numa pequena estância costeira chamada Salou, revisando os detalhes finais dos atentados do 11 de setembro.[24]

Da mesma forma que seu traje e jeito homenageavam o oponente tradicional do FBI, o mafioso, O'Neill também exibia uma afinidade com a mente terrorista. Seu herói era o nacionalista irlandês Michael Collins, líder martirizado do Sinn Fein e inventor da guerra de guerrilhas moderna, que (como O'Neill) havia sido traído por seu próprio povo. Embora como um agente do FBI agisse contra o Exército Republicano Irlandês, supervisionando várias operações de grande sucesso, O'Neill simpatizava com suas aspirações.[25] Ele obviamente percebia algo de si mesmo em Michael Collins. Mas nos últimos dez anos se vira envolvido num combate mortal contra o terrorista mais ousado da história, cujos objetivos o horrorizavam, mas cujo empenho e implacabilidade eram inigualáveis.

Após a investigação do *Cole* e o inquérito sobre a pasta, O'Neill sentiu sua reputação tão minada que o cargo no National Security Council estava agora fora de cogitação. A trajetória normal de um executivo aposentado do FBI é tornar-se um consultor de segurança, num emprego corporativo de salário alto, e nos últimos anos de carreira enfim fazer seu pé-de-meia. O'Neill se candidatara a vários cargos assim, mas aquele pelo qual decidiu depois de retornar da Espanha foi o do World Trade Center. Alguns dos amigos, inclusive Mark Rossini, congratularam-no, dizendo: "Pelo menos agora você estará seguro. Eles já tentaram explodir uma bomba lá". E O'Neill respondeu: "Eles tentarão de novo. Nunca vão parar de tentar atingir esses dois prédios". De novo, instintivamente se punha no centro do alvo. E talvez aquela decisão contivesse uma certa aceitação de seu destino.

Pode-se imaginar que a vida de O'Neill exemplificava, nas mentes dos radicais islâmicos, bem como de crentes de várias religiões, a depravação típica de seu país e seu tempo. Aquela foi uma época nos Estados Unidos em que, espiritualmente falando, as pessoas foram levadas a extremos. A moralidade confortável do centro havia se desintegrado, junto com as religiões tradicionais, que vinham definhando e se tornando irrelevantes. Enquanto isso, igrejas fundamentalistas em rápido crescimento transformavam a paisagem política. A decadência sexual do governo Clinton foi substituída pelo dogmatismo da direita religiosa. O'Neill, também, foi impelido da sordidez para a devoção extrema. Adúltero, mulherengo, mentiroso, egotista e materialista, ele adorava a celebridade e as grifes, e vivia além de suas possibilidades financeiras. Essas qualidades eram exatamente os estereótipos usados por Bin Laden para retratar os Estados Unidos. Mas agora O'Neill vinha buscando apoio espiritual.

Ele se afastara da Igreja católica quando conhecera Valerie. Ela era filha de um pregador fundamentalista de Chicago. O'Neill adorou os serviços religiosos apocalípticos, mas ao mesmo tempo vinha conduzindo uma sondagem nacional pelo FBI da violência dos manifestantes antiaborto. Tanto ele como Val perceberam o poder e o perigo das crenças fundamentalistas. Aquelas eram pessoas que iam a igrejas bem semelhantes às suas, que eram atraídas por experiências extáticas que as crenças mais tradicionais não conseguiam proporcionar. A diferença era que os manifestantes estavam dispostos a matar outros em nome de Deus. Quando O'Neill e Val se mudaram para Nova York, visitaram a imponente igreja Marble Collegiate, na Quinta Avenida, que havia sido o púlpito de Norman Vincent Peale e sua filosofia otimista de "pensamento positivo". Um porto seguro, mas O'Neill era instável demais para uma religião tão sóbria.

Após o incidente na garagem do FBI, O'Neill começou a ler a Bíblia todo dia. No Iêmen, mantinha uma Bíblia na mesa-de-cabeceira, junto com uma biografia recente de Michael Collins. Retornou ao catolicismo na primavera de 2001, assistindo à missa todas as manhãs. Contou a Val que um sacerdote o vinha aconselhando sobre o divórcio. Em agosto, sua esposa, Christine, assinou um acordo de partilha de bens, que garantiu a ela a custódia dos filhos e a casa em Linwood, Nova Jersey. Mas sua liberdade iminente parecia apenas aumentar a carga espiritual que O'Neill vinha carregando.

Ele comprou um livro intitulado *Brush up on your Bible!* [Atualize-se sobre a sua Bíblia!]. Como filha de um pregador, Val conhecia a Bíblia bem melhor que O'Neill, por mais que ele a estudasse. Eles se envolveram em discussões acaloradas sobre a salvação. Ele acreditava que uma alma se salvava pelas boas obras; Val achava que era apenas pela crença em Jesus Cristo. Ela sempre teve a sensação desagradável de que ele estava condenado.

Logo após a volta da Espanha, O'Neill topou com um livro infantil intitulado *The soul bird* [O pássaro da alma]. Val estava no banheiro se preparando para o trabalho quando O'Neill entrou a fim de ler para ela. Ela não prestou muita atenção. A história era sobre um pássaro que se empoleira, sobre um pé, dentro de nossa alma.

Este é o pássaro da alma.
Sente tudo que sentimos.

O'Neill, o sujeito durão, arma automática atada ao tornozelo, leu que o pássaro da alma corre cheio de dor quando alguém nos magoa, e depois enche-se de alegria quando somos abraçados. Então ele chegou na parte sobre as gavetas:

Quer saber de que é feito o pássaro da alma?
Bem, é mesmo muito simples: ele é feito de gavetas.
Essas gavetas não podem ser abertas de qualquer jeito — porque cada uma está trancada com sua própria chave especial!

Valerie foi pega de surpresa quando O'Neill desatou a chorar. Mas ele continuou lendo sobre as gavetas — uma para a felicidade, outra para a tristeza, uma para o ciúme, outra para o contentamento — até que, de repente, soluçava tão forte que não conseguiu terminar. Estava totalmente arrasado.

Imediatamente após o episódio, ele se enterrou em orações. Tinha alguns livros de orações, e marcava as favoritas com fitas ou recados adesivos. Sentia uma atração especial pelos Salmos, incluindo o número 142:

> No caminho em que ando
> ocultaram para mim uma armadilha.
> Olha para a direita e vê:
> ninguém mais me reconhece,
> nenhum lugar de refúgio,
> ninguém que olhe por mim!
>
> Eu grito a ti, Iahweh,
> e digo: Tu és meu refúgio,
> minha parte na terra dos vivos!
> Dá atenção ao meu clamor,
> pois já estou muito fraco.

Nas costas de um de seus breviários com capa de couro vermelho, prendeu um horário das orações católicas, e em 30 de julho começou a ticá-las obsessivamente. Constitui agora uma prática rara entre os católicos comuns orar quatro ou cinco vezes ao dia, como os muçulmanos, mas a antiga prática ainda está ativa entre membros do clero e crentes fervorosos. Talvez em seu culto O'Neill traçasse paralelos entre a igreja antiga e certos aspectos do islamismo moderno, já que o calendário da igreja está cheio de mártires e ideólogos severos que seriam vistos como extremistas religiosos hoje em dia. Ele começou essa disciplina no dia da festa de Pedro Crisólogo, o bispo de Ravena que proibiu as danças e perseguiu os hereges. O dia seguinte, 31 de julho, celebra Santo Inácio de Loyola, o indômito soldado espanhol fundador da ordem jesuíta. A visão daqueles santos de uma sociedade governada por Deus aproxima-se mais das idéias de Sayyid Qutb do que daquelas da maioria dos cristãos modernos.

Em seu horário, O'Neill marcou cada oração até o domingo 19 de agosto, dia em que enfim apareceu no *Times* o artigo sobre o incidente da pasta. Aí as marcas abruptamente cessaram.

"Os deveres desta religião são magníficos e difíceis", disse Bin Laden num discurso filmado em vídeo e mais tarde descoberto no computador de um membro da célula de Hamburgo. "Alguns deles são abomináveis."[26]

Bin Laden falou sobre o profeta, que alertou os árabes de que se tornariam fracos devido ao amor à vida e ao medo da luta. "Essa sensação de perda, essa miséria que se abateu sobre nós: tudo isso são provas de que abandonamos Deus e sua *jihad*", disse Bin Laden. "Deus impôs a inferioridade a vocês, e só a retirará quando retornarem à sua religião."

Lembrando a prescrição do profeta no leito de morte de que o islã deveria ser a única religião da Arábia, Bin Laden perguntou:

> Que resposta teremos para Deus no dia do julgamento? [...] A *ummah* atualmente se perdeu e se extraviou. Agora, dez anos decorreram desde que os americanos entraram na terra dos dois lugares sagrados. [...] Torna-se claro para nós que fugir à luta, combinado com o amor à existência terrena que enche os corações de muitos de nós, é a fonte desta miséria, desta humilhação e desta desonra.

Estas palavras atingiram o coração de dezenove rapazes, muitos dos quais com habilidades, talento e educação, vivendo confortavelmente no Ocidente. Entretanto, elas ainda ressoavam com a sensação de vergonha que Bin Laden cantou para eles:

> *O que queremos? O que queremos?*
> *Será que não queremos agradar a Deus?*
> *Nem queremos o paraíso?*

Ele os exortou a se tornarem mártires, a abrir mão de suas vidas promissoras pela glória maior que os aguardava.

Vejam, encontramo-nos na boca do leão há mais de vinte anos já, graças à misericórdia e ao favor de Deus: os mísseis Scud russos nos caçaram por mais de dez anos, e os mísseis Cruise americanos nos caçaram por mais dez anos. O crente sabe que a hora da morte não pode ser apressada nem adiada.

Então ele citou uma passagem da quarta surata do Alcorão, que repetiu três vezes no discurso — um sinal óbvio aos seqüestradores que estavam a caminho:

Onde quer que vos encontrardes, a morte vos alcançará,
ainda que vos guardeis em fortalezas inexpugnáveis.

O'Neill era uma figura imperfeita e polarizadora, mas não havia no birô ninguém mais forte e empenhado, ninguém mais capaz de ter reunido os fragmentos de indícios que a CIA vinha ocultando e ter conduzido uma caça nacional aos criminosos que teria detido os atentados do 11 de setembro. O FBI era uma burocracia tímida que abominava indivíduos poderosos. Era conhecido pelo tratamento brutal aos funcionários ambiciosos ou que combatessem o pensamento convencional. O'Neill estava certo sobre a ameaça da Al-Qaeda quando poucos queriam acreditar naquilo. Talvez, no frigir dos ovos, a capacidade de fazer inimigos sabotasse sua carreira, mas aqueles inimigos também ajudaram a Al-Qaeda a destruir o homem que teria feito a diferença. O escritório de Nova York já vinha perdendo foco, e sem O'Neill erros terríveis foram cometidos.

Enquanto O'Neill estava na Espanha, um agente do FBI em Phoenix, Kenneth Williams, enviou uma mensagem eletrônica alarmante ao quartel-general, à Alec Station e a vários agentes em Nova York.[27] "O propósito desta mensagem é alertar o FBI e Nova York para a possibilidade de um esforço coordenado por Osama bin Laden para enviar estudantes aos Estados Unidos a fim de cursarem universidades na área de aviação civil", dizia o memorando. Williams ainda alertou o quartel-general para a necessidade de fazer um registro de todas as escolas de pilotagem do país, entrevistar os professores e compilar uma lista de todos os estudantes árabes que pediram visto para aprender pilotagem.

Jack Cloonan foi um dos agentes de Nova York a ler o memorando, que foi impresso e distribuído. Ele fez uma bolinha de papel e atirou na parede. "Quem é que vai conduzir as 30 mil entrevistas?", perguntou ao supervisor em Phoenix. "Onde vamos arrumar a porra do tempo para isso?" Mas ele checou os diversos nomes árabes que o agente de Phoenix listara. Não descobriu nada. A CIA, que possui um escritório em Phoenix, também examinou os nomes e não fez nenhuma associação. Segundo o que depois se revelou, um estudante mencionado pelo agente de Phoenix havia feito amizade com Hani Hanjour, um dos supostos pilotos dos atentados do 11 de setembro, mas havia pouca chance de que uma investigação como aquela sugerida pelo agente tivesse revelado a conspiração. Pelo menos não por si só.

Então, em meados de agosto, uma escola de pilotagem de Minnesota entrou em contato com o escritório de campo local do FBI para expressar sua preocupação com um aluno, Zacarias Moussaoui.[28] Ele fizera perguntas suspeitas sobre os padrões de vôo em torno da cidade de Nova York e se as portas de uma cabine de pilotagem podiam ser abertas durante o vôo. O birô local rapidamente constatou que Moussaoui era um radical islâmico que estivera no Paquistão e provavelmente no Afeganistão. Os agentes acreditaram que pudesse ser um seqüestrador de avião suicida potencial. Por ser cidadão francês com visto vencido, o serviço de imigração e naturalização o prendeu. Os agentes do FBI que investigavam o caso pediram permissão ao quartel-general para examinar o laptop de Moussaoui, que foi negada porque os agentes não conseguiram apresentar um motivo plausível. Quando o supervisor de Minneapolis insistiu na questão com o quartel-general, a resposta que recebeu foi que estava tentando "pressionar" as pessoas. O supervisor respondeu, em tom desafiador, que estava "tentando impedir alguém de pegar um avião e atirá-lo contra o World Trade Center"— uma premonição estranha que indica como tais pensamentos vinham fervilhando no inconsciente daqueles que vinham lendo os informes ameaçadores.

Moussaoui provavelmente deveria participar de uma segunda onda de atentados da Al-Qaeda depois do 11 de setembro, mais provavelmente na costa oeste. Se os agentes de Minneapolis tivessem recebido permissão para investigar minuciosamente Moussaoui, teriam feito a associação com Ramzi bin al-Shibh, que vinha enviando dinheiro a ele. Moussaoui possuía uma carta de oferta de emprego da Infocus Tech, assinada por Yazid Sufaat.[29] Aquele nome nada significava para o FBI, já que a CIA manteve em segredo as informações sobre a reunião de Kuala Lumpur, ocorrida no condomínio de Sufaat. O birô não conseguiu associar o alerta de seu próprio escritório de Minneapolis com o de Kenneth Williams em Phoenix. De forma típica, escondeu a informação de Dick Clarke e da Casa Branca, de modo que ninguém tinha um quadro completo.

Em 22 de agosto, O'Neill escreveu um e-mail para Lou Gunn, que perdera o filho no *Cole*: "Hoje é meu último dia", informou.

> Em meus 31 anos de serviço ao governo, o momento de que mais me orgulho é aquele em que fui escolhido para liderar uma investigação do ataque ao USS *Cole*. Dei tudo de mim na investigação e acredito firmemente que um progresso significativo foi obtido. O que você e as famílias não sabem é que chorei com as suas perdas. [...] Manterei você e todas as famílias em minhas orações e continuarei acompanhando a investigação como civil. Deus abençoe você, seus entes queridos, as famílias, e Deus abençoe os Estados Unidos.[30]

O'Neill estava empacotando as suas coisas no escritório quando Ali Soufan entrou para se despedir. Soufan estava escalado para voltar ao Iêmen naquele mesmo dia. Na verdade, o último ato de O'Neill como agente do FBI seria assinar os papéis para enviar sua equipe de volta àquele país. Os dois homens atravessaram a rua em direção ao Joe's Diner. O'Neill pediu um sanduíche de presunto e queijo.

"Você não quer mudar seus costumes de infiel?", Soufan brincou, apontando para o presunto. "Desse jeito vai parar no inferno." Mas O'Neill não estava para brincadeira. Pediu a Soufan que o visitasse no World Trade Center quando voltasse. "Estarei mais abaixo nesta mesma rua", ele disse. Estranho O'Neill estar pedindo para ser lembrado.

Então Soufan confidenciou que ia se casar. Estava preocupado com a reação de O'Neill. No passado, sempre que falavam de mulheres, O'Neill dizia uma piadinha ou indicava de algum modo seu mal-estar em relação ao assunto. "Sabe por que custa tão caro obter o divórcio?", O'Neill certa vez lhe perguntou. "Porque vale todo esse dinheirão."

Desta vez, O'Neill pensou um pouco e observou: "Ela agüentou você todo esse tempo. Deve ser uma boa mulher".

No dia seguinte começou a trabalhar no World Trade Center.

Um dia depois que O'Neill se aposentou do birô, Maggie Gillespie, a analista do FBI na Alec Station que vinha examinando a cobertura da reunião da Malásia, notificou o serviço de imigração e naturalização,[31] o Departamento de Estado, a alfândega e o FBI, solicitando que pusessem Khaled al-Mihdhar e Nawaf al-Hazmi em suas listas de observação. Ela notara que ambos os homens haviam chegado a Los Angeles em janeiro de 2000, mais ou menos na época em que Ahmed Ressam planejara explodir o aeroporto de Los Angeles. Desde então, Mihdhar deixara o país e voltara. Gillespie repassou a informação à sua colega Dina Corsi, analista de inteligência no quartel-general do FBI.

Alarmada com a informação, Corsi enviou um e-mail ao supervisor do esquadrão I-49 intitulado "TI: Al-Qaeda". "TI" significa "terrorismo internacional". A mensagem ordenava que o esquadrão investigasse com urgência se Khaled al-Mihdhar ainda permanecia nos Estados Unidos. Havia pouca explicação de quem poderia ser, exceto que sua associação com a Al-Qaeda e o possível envolvimento com os terroristas do *Cole* o tornavam "um risco à segurança nacional". As ordens ao esquadrão eram "localizar Al-Mihdhar e descobrir seu contato e razões para estar nos Estados Unidos". Mas nenhum agente criminal poderia se envolver na busca, disse Corsi. Pelo que se soube depois, havia um único agente de inteligência no esquadrão, e era um novato.

Jack Cloonan era o supervisor temporário. Ele solicitou que agentes criminais realizassem a investigação. Devido ao indiciamento existente de Bin Laden, eles teriam muito mais liberdade e recursos para procurar quaisquer indivíduos ligados à Al-Qaeda. Corsi mandou um e-mail ao esquadrão dizendo:

Se Al-Mihdhar for localizado, a entrevista deverá ser conduzida por um agente da inteligência. Agentes criminais NÃO PODEM estar presentes à entrevista. [...] Se então as informações indicarem a existência de um crime federal grave, tais informações serão repassadas, sobre o muro, de acordo com os procedimentos apropriados, e entregues para uma investigação complementar.

Porém uma cópia do e-mail original de Corsi foi acidentalmente enviada para um agente criminal do esquadrão: Steve Bongardt, um investigador agressivo que havia cursado a United States Navy Fighter Weapons School [Escola de Armas de Luta da Marinha dos Estados Unidos], conhecida popularmente como Top Gun, quando era piloto de caça da marinha. Há mais de um ano ele vinha protestando contra os obstáculos cada vez maiores impostos aos investigadores criminais. "Mostre onde está escrito que não podemos dispor das informações", solicitara várias vezes ao quartel-general, mas é claro que aquilo era impossível, pois o "muro" era em grande parte uma questão de interpretação. Desde a reunião de 11 de junho, Bongardt vinha pressionando Corsi para fornecer as informações sobre os homens das fotos, inclusive Khaled al-Mihdhar. Quando o e-mail de Corsi apareceu no seu computador, Bongardt telefonou para ela. "Dina, você está de gozação comigo!", ele disse. "Mihdhar está no país?"

"Steve, você tem de deletar aquilo", ela ordenou, referindo-se ao e-mail. Disse que ele não tinha direito à informação. "Vamos fazer uma teleconferência sobre isso amanhã."

No dia seguinte, Corsi ligou pelo telefone seguro. Um supervisor da CIA na Alec Station também estava na linha. Informaram a Bongardt que ele teria de parar com as tentativas de encontrar Mihdhar. Explicaram como o "muro" os impedia de compartilhar outras informações. Bongardt repetiu suas queixas de que o muro era uma ficção burocrática que estava impedindo os agentes de realizar seu trabalho. "Se esse cara está no país, não é para visitar a porra da Disneylândia!", ele exclamou. Mas não só Corsi como também seu supervisor no birô repetiram as ordens de que ele parasse.

No dia seguinte, Bongardt enviou a Corsi um e-mail raivoso. "Seja lá qual for o desfecho disso — algum dia alguém vai morrer, com ou sem muro —, as pessoas não entenderão por que não somos mais eficazes e não mobilizamos todos os recursos disponíveis contra certos 'problemas'."

O agente de inteligência novato Rob Fuller recebeu a incumbência de localizar Mihdhar, assim como Hazmi, cujo nome estava associado ao de Mihdhar na lista de observação. Mihdhar escrevera em seu cartão de permanência, um mês antes, que ficaria no "Marriott de Nova York". O agente solitário foi em busca dos dois terroristas da Al-Qaeda nos nove Marriott existentes na cidade. Tinham ido embora havia muito tempo.

Em 30 de agosto, oito dias depois de O'Neill se aposentar, o príncipe Turki renunciou ao cargo de chefe da inteligência saudita. Era a primeira vez em décadas que um príncipe importante era posto de lado, supostamente devido à impaciência do príncipe herdeiro Abdullah com o fracasso de Turki na captura de Bin Laden.

Turki afirma que não foi despedido. "Deixei o cargo porque estava cansado", ele explica.[32] "Achei que talvez fosse necessário sangue novo." Ele se comparou a "uma fruta madura demais. Você sabe como ela começa a cheirar mal, a casca se solta, e ela deteriora. Portanto pedi para ser liberado."[33]

No momento em que O'Neill deixou o FBI, seu estado de espírito melhorou. As pessoas notavam como ele parecia leve sobre os pés pela primeira vez em meses, talvez anos. Ele falou em adquirir um Mercedes novo para substituir o velho Buick. Disse a Anna DiBattista que agora tinham dinheiro para se casar. Na noite de sábado, 8 de setembro, foi a um casamento no Plaza Hotel junto com Valerie James, e dançaram quase todas as músicas. "Sinto-me como se um peso enorme tivesse sido retirado de mim", contou ao antigo chefe, Lewis Schiliro, que estava no casamento.[34] Para outro amigo, com Val ouvindo, disse: "Vou comprar um anel para ela".

No dia seguinte, 9 de setembro, Ahmed Shah Massoud concordou em receber dois jornalistas da televisão árabe que havia nove dias esperavam em seu campo por uma entrevista.[35] Massoud era sem dúvida o maior dos comandantes afegãos, tendo suportado 25 anos de guerra contra os soviéticos, os comunistas afegãos, os *mujahidin* rivais e agora as forças combinadas do Talibã e da Al-Qaeda. A capacidade de sobrevivência de Massoud constituía um aspecto poderoso de sua fama. Era a melhor esperança de uma alternativa islamita moderada ao Talibã no Afeganistão.

Graças à carta forjada por Zawahiri, os dois falsos jornalistas foram admitidos no escritório de Massoud. A bateria recarregável do câmera estava repleta de explosivos. A bomba destroçou os assassinos, matou um intérprete e cravou dois pedaços de metal no coração de Massoud.

Quando Ali Soufan soube da notícia no Iêmen, disse a outro agente: "Bin Laden está apaziguando o Talibã. Agora o grande ataque está vindo".

Naquele dia, Bin Laden e Zawahiri compareceram ao velório do pai do ex-ministro do Interior do Talibã. Dois membros sauditas da Al-Qaeda abordaram o vice-ministro do Interior, mulá Mohammed Khaksar,[36] para informar que Massoud estava morto. A Aliança do Norte alegara que Massoud apenas se ferira. "Não, acredite, ele já era", os sauditas informaram ao ministro. Eles se vangloriaram de que Bin Laden dera a ordem de matar Massoud. Agora a Aliança do Norte estava sem líder, o último obstáculo ao controle total do país pelo Talibã fora removido por aquele favor tão importante.

Na segunda-feira, 10 de setembro, O'Neill telefonou para Robert Tucker, um amigo e executivo de uma empresa de segurança, e combinou um encontro naquela noite para conversarem sobre problemas de segurança do World Trade Center. Tucker encontrou-se com O'Neill no saguão da torre norte, e os dois homens subiram de elevador até o novo escritório de O'Neill, no 34º andar. O'Neill estava orgulhoso de seu domínio: sete prédios em 6,5 hectares de terra com 836 mil metros quadrados de espaço de escritórios. Subiram até o Windows on the World para um drinque, depois foram de carro sob um aguaceiro ao Elaine's para jantar com o amigo Jerry Hauer. O'Neill comeu bife e massa. Elaine Kaufman, a renomada decana do estabelecimento, lembrou que O'Neill bebericou um café com sorvete junto com a sobremesa. "Ele não era alcoólatra, como tantos deles", ela observou. Em torno da meia-noite, os três homens adentraram o China Club, uma casa noturna no centro. O'Neill contou aos amigos que algo importante ia acontecer. "Já passamos do prazo", voltou a dizer.[37]

Valerie James saíra para entreter clientes naquela noite. Era a Fashion Week, e como diretora de vendas de um estilista famoso ela estava sobrecarregada. O'Neill telefonara ao escritório dela mais cedo, prometendo chegar em casa no máximo às 22h30. Ela enfim foi para a cama uma hora depois. Acordou à 1h30, e ele ainda não estava em casa. Aborrecida, sentou-se ao computador e começou a jogar um jogo. John chegou em torno das quatro e sentou-se ao lado dela. "Você está jogando um jogo bobinho de paciência, *babe*", ele disse. Mas Valerie sentia-se menosprezada, e foram para a cama sem se falar. Na manhã seguinte, ela continuava fria. O'Neill entrou no banheiro e a abraçou. Ele disse: "Por favor, me perdoe". Ela se emocionou e respondeu: "Eu perdôo você". Ele se ofereceu para levá-la de carro ao trabalho e deixou-a às 8h13 no Flower District, onde ela tinha um compromisso. Depois rumou para o World Trade Center.

Bin Laden, Zawahiri e um grupo pequeno do círculo íntimo da Al-Qaeda dirigiram-se às montanhas sobre Khost, perto da Cova do Leão, onde tivera início a aventura afegã de Bin Laden.[38] Ele informou aos seus homens que algo grandioso iria acontecer, e logo muçulmanos do mundo inteiro se juntariam a eles no Afeganistão para derrotar a superpotência. Os homens levaram uma antena parabólica e aparelho de TV.

Antes do 11 de setembro, Bin Laden e seus seguidores haviam tido sonhos vívidos. Normalmente, após as orações da alvorada, se um membro da Al-Qaeda teve um sonho durante a noite, costumava contá-lo, e Bin Laden interpretava seu significado. Pessoas que nada sabiam da conspiração contavam sonhos de um avião chocando-se com um prédio alto. "Estávamos jogando uma partida de futebol. Nosso time contra os americanos", um homem contou a Bin Laden.[39] "Mas o estranho era que eu estava pensando por que Osama formou o time todo de pilotos. Aquilo era um jogo de futebol, ou um avião?" O porta-voz da Al-Qaeda, Suleiman Abu Ghaith, sonhou que estava vendo televisão com Bin Laden, que mostrava uma família egípcia na mesa de jantar e o filho mais velho dançando uma dança tradicional egípcia. Uma legenda passava na parte de baixo da tela: "Para vingar os filhos de Al-Aqsa [a mesquita em Jerusalém], Osama bin Laden realiza ataques contra os americanos". Quando ele descreveu o sonho a Bin Laden diante de cinqüenta outros homens, Bin Laden simplesmente disse: "Oquei, vou lhe contar depois". Mas então ele abruptamente proibiu qualquer conversa sobre sonhos,[40] especialmente aqueles de aviões voando de encontro a prédios, temendo que seus companheiros revelassem o plano. Bin Laden pessoalmente sonhava com os Estados Unidos em chamas, acreditando ser uma profecia.[41]

Steve Bongardt estava no seu cubículo no esquadrão I-49 lendo informações no computador. Havia um informe de que os campos da Al-Qaeda em Tora Bora vinham sendo revitalizados. "Coisa boa não é", ele pensou. Barry

Mawn estava no escritório quando ouviu um estrondo ensurdecedor. Olhou pela janela tarde demais para ver o avião passando, mais ou menos no nível da visão, mas ouviu a explosão. Pensou que um jato descendo o rio Hudson tivesse rompido a barreira do som. Um instante depois, sua secretária gritou, e Mawn correu para ver, da janela dela, o buraco em chamas no 92º andar da torre norte do World Trade Center, alguns quarteirões à frente. Mawn imediatamente reuniu seus funcionários. Disse à SWAT e às equipes de recuperação de evidências que precisavam ir ajudar a polícia e os bombeiros de Nova York. Pensando melhor, despachou também a força-tarefa antiterrorismo.

John P. O'Neill, Jr., um técnico em informática da emissora de cartões de crédito MBNA, em Delaware, estava a caminho de Nova York para instalar certo equipamento no escritório novo do pai. Da janela do trem, o filho de O'Neill viu fumaça saindo do World Trade Center. Ligou para o pai pelo celular. O'Neill informou que estava oquei. Disse que estava saindo para avaliar o dano.

O avião, carregando cerca de 34 mil litros de combustível de jato,[42] havia colidido 58 andares acima do escritório de O'Neill. Atingiu o nível do *concourse*. As pessoas não estavam em pânico, mas confusas. Havia uma bomba? Um terremoto? Nada fazia sentido. Água jorrava do teto, criando poças no chão de mármore. As janelas da catedral de dois andares estavam estilhaçadas, e uma brisa desconcertante agitava o saguão. Àquela altura, pessoas começaram a se atirar pelas janelas da torre norte, acima do combustível em chamas. Seus corpos, debatendo-se, caíram como granadas. A praça externa estava preparada para um concerto ao meio-dia, e pedaços de corpos pendiam sobre as cadeiras. Dezenas de sapatos estavam espalhados pelos ladrilhos. Havia uma creche no prédio, e O'Neill ajudou a conduzir as crianças para um lugar seguro do lado de fora.[43]

No Afeganistão, os membros da Al-Qaeda estavam encontrando dificuldade para receber o sinal do satélite. Um dos homens segurou a antena nas mãos, apontando-a para o céu, mas só recebeu estática. Finalmente, alguém sintonizou um rádio na transmissão em árabe da BBC. Um locutor terminava uma reportagem quando disse que havia uma notícia de última hora: um avião havia atingido o World Trade Center em Nova York! Os membros da Al-Qaeda, pensando que aquele seria o único ataque, deram gritos de alegria e se prostraram. Mas Bin Laden disse: "Esperem, esperem".[44]

Ali Soufan e um punhado de outros agentes estavam na embaixada americana no Iêmen. Barbara Bodine havia mudado de país, e o novo embaixador ainda não chegara. Soufan conversava com a noiva ao telefone quando ela contou que o World Trade Center havia sido atacado. Ele pediu permissão ao subchefe da missão para entrar no escritório do embaixador e ligar a TV. Assim que o fez, o segundo avião atingiu o World Trade Center.

Valerie James arrumava flores no escritório quando "os telefones começaram a tocar sem parar". Era um pouco depois das nove da manhã. Seus filhos estavam telefonando em pânico. Enfim O'Neill ligou. "Amor, quero que você saiba que estou oquei. Meu Deus, Val, é horrível. Tem pedaços de corpos por toda parte. Você está chorando?" Ela estava. Ele perguntou se ela sabia o que havia atingido o prédio. Ela respondeu que o filho achava que era um 747. Então ele disse: "Val, acho que meus empregadores estão mortos. Não posso perder este emprego".

"Eles vão precisar de você mais que nunca", ela disse.

No Afeganistão, Bin Laden também chorou e orou. A façanha de atingir as duas torres constituía um sinal poderoso do favor de Deus, mas havia mais coisa pela frente. Diante dos companheiros incrédulos, Bin Laden levantou três dedos.[45]

Às 9h25, Anna DiBattista, que ia de carro para Filadélfia a negócios, recebeu uma chamada de O'Neill. A ligação estava boa, mas depois piorou. O'Neill disse estar seguro do lado de fora. "Você está mesmo fora do prédio?", ela perguntou. O'Neill respondeu que a amava. Ela tinha certeza de que ele ia entrar de novo.

O céu sem nuvens encheu-se de uma fumaça preta espiralada e uma chuva de papéis — memorandos, fotos, documentos de transações com ações, apólices de seguro — que flutuaram quilômetros numa brisa sudeste suave, por sobre o East River, até o Brooklyn. Escombros foram lançados nas ruas do sul de Manhattan, já cobertas de corpos. Alguns deles haviam sido arremessados para fora do prédio quando os aviões bateram. Um homem saiu andando das torres carregando a perna de alguém. Pessoas que se atiraram pela janela caíram sobre vários bombeiros, matando-os instantaneamente.

O ar pulsava com o som das sirenes, à medida que quartéis de bombeiros e delegacias de polícia em toda a cidade se esvaziavam, enviando equipes de resgate, muitas direto para a morte. Steve Bongardt corria em direção às torres, contra um fluxo de pessoas disparado na direção oposta. Ele ouviu o estrondo da segunda colisão. "Tem um segundo avião!", alguém gritou. Bongardt pensou que tipo de avião seria, talvez um jatinho particular que perdera a rota. Depois, a três quarteirões das torres, viu um dos motores enormes, que havia atravessado a torre. Caiu sobre uma mulher, que ainda estava viva, contorcendo-se embaixo. Bongardt entendeu então que aquilo era obra de Bin Laden.

O'Neill entrou de novo na torre norte, onde o corpo de bombeiros organizara um posto de comando.[46] O saguão fedia a combustível de jato, que estava escoando até os poços dos elevadores, criando um fosso explosivo. Bombeiros fortemente carregados abriam caminho escadas acima. Estavam habituados a desastres, mas seus olhos mostravam espanto e incerteza. Enquanto isso, um fluxo lento de pessoas descia as escadas rolantes vindas do mezanino, como num sonho. Estavam molhadas e enlameadas. Algumas haviam descido dos andares superiores e estavam nuas e muito queimadas. A polícia direcionou-as aos túneis subterrâneos para não serem atingidas por pessoas saltando das janelas. Percorria o recinto um boato de que um terceiro avião estava vindo. De repente, um dos elevadores, que havia parado após o ataque, abriu a porta, expelindo uma dúzia de pessoas estupefatas que estavam presas desde o choque do primeiro avião e não tinham nenhuma idéia do que acontecera.

Wesley Wong, especialista em comunicações do FBI, saltou para dentro do saguão por uma das janelas arrebentadas, escapando por pouco do corpo em queda de um homem de meia-idade, calça azul e camisa branca. Wong e O'Neill se conheciam havia mais de vinte anos. Mesmo naquela confusão, O'Neill parecia calmo e elegante, trajando o terno preto usual com um lenço de bolso branco, apenas uma mancha de cinza nas costas indicando que seu mundo desmoronara. O'Neill perguntou a Wong se tinha alguma informação que pudesse divulgar, reconhecendo o fato de que agora era um forasteiro, sem intimidade com tais detalhes. "É verdade que o Pentágono foi atingido?", ele perguntou.[47] "Xi, John, sei lá", respondeu Wong. "Vou tentar descobrir." Mas então O'Neill teve problema com a recepção de seu celular e começou a se afastar. Ele disse: "Depois você me conta as novidades." Wong viu O'Neill pela última vez caminhando rumo ao túnel que levava à torre sul.

Às 9h38, o terceiro avião havia caído no quartel-general do poder militar americano e símbolo de sua força. Quando chegou a notícia do ataque ao

Pentágono, Bin Laden levantou quatro dedos aos seus seguidores espantados, mas o ataque final, contra o Capitólio, falharia.

Ali Soufan tentou falar com O'Neill do Iêmen, mas não conseguiu completar a ligação.

Steve Gaudin, recém-chegado do curso de idiomas em Vermont, apanhou um pedaço de avião na esquina das ruas Church e Vesey e pensou, frustrado: "Eu devia ter feito mais perguntas". A alguns metros dali, Barry Mawn caminhava no sentido oeste pela rua Vesey, rumo ao centro de comando de emergência da polícia. Viu um pé feminino na rua com uma meia rosa e tênis brancos. De repente, o solo tremeu. Olhou para cima e viu a torre sul desabando sobre si mesma, ganhando impulso e força, enquanto expelia uma grande nuvem cinza de concreto pulverizado, que se espalhou pelas torres de escritórios vizinhas numa cascata gigantesca. Soou como um trem expresso rugindo pela estação perseguido por um vento fortíssimo. Mawn, que sofria de hérnia de disco, capengou atrás de dois bombeiros que atravessaram correndo as janelas destroçadas do 7 World Trade. Havia seis ou sete homens espremidos atrás de uma só coluna no saguão. Um dos bombeiros gritou que se segurassem uns nos outros e não se soltassem. Naquele exato momento, escombros foram arremessados para dentro como uma bomba. Se os homens não estivessem atrás de uma coluna, teriam sido destroçados. As luzes se apagaram, e os homens ficaram sufocados com a poeira cáustica. Lá fora, tudo ardia.

A meia quadra dali, Debbie Doran e Abby Perkins, que estavam no esquadrão I-49, encontravam-se no subsolo de um prédio na esquina das ruas Church e Vesey. Lembraram-se de Rosie, a mulher que a equipe de resgate não conseguira salvar dos escombros do atentado em Nairóbi, em 1998. Ela morrera de desidratação. Agora eles próprios achavam que iam ser soterrados sob um prédio, e começaram a encher de água latas de lixo.

Dan Coleman estava no carro do FBI ao lado da St. Paul's Chapel, aguardando outro membro do esquadrão I-49, quando viu um tornado subindo pela Broadway. Era incompreensível. Seu colega passou correndo por ele, em direção ao norte. "Entra no carro!", Coleman gritou. Quatro policiais também saltaram para dentro da viatura. Um deles estava tendo um ataque cardíaco. Depois o negror da nuvem os engoliu. "Liga o ar-condicionado!", sugeriu um dos policiais, ofegante. Coleman ligou, e o carro se encheu de fumaça. Ele rapidamente desligou o ar.

Todos gritavam para que saísse dali, mas ele não conseguia enxergar nada. Deu marcha a ré, e quase entrou numa boca do metrô. Depois uma ambulância apareceu, e os policiais saltaram. Coleman abandonou o carro e foi à procura do restante de seu esquadrão.

Caminhou por dentro da nuvem contra o fluxo de pessoas em fuga, que mais pareciam fantasmas cobertos de cinzas, como se tivessem sido exumados. Ele também estava branco qual boneco de neve, e a poeira começava a endurecer, transformando seus cabelos em capacete. A poeira era uma mistura de concreto, asbesto, chumbo, fibra de vidro, papel, algodão, combustível de jato e restos orgânicos pulverizados das 2749 pessoas mortas nas torres.[48]

Valerie ouviu gritos na locadora de automóveis ao lado. Correu para ver a TV de tela grande. Ao ver a torre sul desabar, desabou também numa cadeira e declarou: "Meu Deus, John está morto".

20. Revelações

O FBI ordenou a Ali Soufan e ao resto da equipe no Iêmen que se retirassem dali imediatamente. Na manhã depois dos atentados do 11 de setembro, o chefe da unidade da CIA em Áden fez a gentileza de levá-los de carro ao aeroporto em Sanaa. Estava sentado no saguão com eles quando recebeu uma chamada no celular. Disse a Soufan: "Querem falar com você".

Um dos especialistas em comunicações do FBI desembalou o telefone por satélite e instalou a antena para que Soufan pudesse telefonar. Ao falar com Dina Corsi no quartel-general, ela mandou que ficasse no Iêmen. Ele não gostou. Queria voltar a Nova York e investigar o ataque aos Estados Unidos — *naquele momento*! "É sobre aquilo — o que aconteceu ontem", ela disse. "Quso é nossa única pista."

Ela não disse mais nada. Soufan mandou retirarem sua bagagem do avião, mas estava intrigado. O que Quso, o câmera dorminhoco do atentado ao *Cole*, tinha a ver com o 11 de setembro? Outro investigador, Robert McFadden, e alguns agentes da SWAT permaneceram com ele para dar segurança.

A ordem do quartel-general era identificar os seqüestradores de avião "por todos os meios possíveis", uma diretiva que Soufan nunca vira antes. Quando voltaram à embaixada, um fax chegou por uma linha segura com fotos dos suspeitos. Depois o chefe da CIA chamou Soufan de lado e entregou um envelope de papel manilha, contendo três fotos de vigilância e um informe completo sobre a reunião da Malásia — justamente o material que Soufan vinha pedindo e que a CIA lhe negara até então. O muro caíra. Quando Soufan percebeu que a agência e algumas pessoas no FBI sabiam havia mais de um ano e meio que dois dos seqüestradores estavam no país, correu ao banheiro com ânsia de vômito.

Uma das fotos mostrava um homem parecido com Quso. Soufan foi até o general Ghalib Qamish, diretor da Organização de Segurança Política, e pediu para ver novamente o prisioneiro Quso. "O que isso tem a ver com o *Cole?*", Qamish quis saber.

"Não estou falando sobre o *Cole*", respondeu Soufan. "O irmão John está desaparecido." Começou a dizer outra coisa, mas engasgou-se. Os olhos do general Qamish também estavam rasos d'água. Houve um longo silêncio repleto do enorme vazio da morte de O'Neill.

O general Qamish informou que o prisioneiro estava em Áden e que só havia um último vôo naquela tarde para a capital. Ligou para seus subordinados e pôs-se a gritar no telefone: "Quero que tragam Quso para cá de avião esta noite!". Os americanos quase conseguiam ouvir o bater dos calcanhares do outro lado. Depois o general ligou para o aeroporto e exigiu que o pusessem em contato com o piloto. "Você não decolará até que meu prisioneiro esteja a bordo", ordenou.

À meia-noite, Quso estava sentado na sala da Organização de Segurança Política. Mostrava-se petulante. "Só porque algo acontece em Nova York ou Washington, você não precisa falar comigo", ele disse. Soufan mostrou três fotos de vigilância, que incluíam os seqüestradores de avião Mihdhar e Hazmi, mas Quso negou que estivesse em qualquer uma delas.

No dia seguinte, a CIA enfim entregou a Soufan a quarta foto da reunião da Malásia, que até então ocultara. Quso relutantemente identificou a figura da foto como Khallad, embora Soufan já soubesse quem era. Ele era o cérebro do atentado ao *Cole*. A foto foi o primeiro vínculo entre a Al-Qaeda e o 11 de setembro.

Soufan interrogou Quso por três noites, depois escreveu relatórios e fez pesquisas o dia inteiro. Na quarta noite, Soufan sofreu um colapso por exaustão, sendo levado ao hospital. Na manhã seguinte, porém, estava de volta à sala da Organização de Segurança Política. Quso identificou Marwan al-Shehhi, o piloto do vôo 175 da United Airlines, que colidiu com a segunda torre.

Ele havia conhecido Shehhi numa hospedaria de Kandahar. Lembrou que Shehhi estivera doente durante o ramadã, e que o emir da hospedaria cuidara dele. O nome do emir era Abu Jandal. Por acaso, Abu Jandal também estava preso no Iêmen.

Um homem grande para os padrões iemenitas, poderoso, barba preta cheia, os meses de prisão o haviam abrandado. Soufan imediatamente o reconheceu como o guarda-costas de Bin Laden.

Abu Jandal fez cara feia para os americanos. "O que estes infiéis estão fazendo aqui?", perguntou. Pegou uma das cadeiras de plástico e virou-a, sentando-se de braços cruzados e de costas para os interrogadores.[1]

Depois de algum tempo, Soufan persuadiu Abu Jandal a postar-se de frente, mas mesmo assim este se recusou a encará-lo. Entretanto, Abu Jandal queria falar. Proferiu uma longa arenga contra os Estados Unidos num dialeto hijazi acelerado. Reclamou também do fato de jamais ter sido formalmente acusado. "Por que estou na prisão?", perguntou repetidamente.

"Por que ele está na prisão?", os americanos perguntaram aos colegas iemenitas durante um intervalo.

"Suspeita."

"Suspeita de quê?"

"Você sabe, *suspeita*", respondeu o oficial iemenita.

Soufan percebeu que o prisioneiro estava bem treinado em técnicas de contra-interrogatório, porque concordava facilmente com fatos já conhecidos por Soufan — que havia lutado na Bósnia, Somália e Afeganistão, por exemplo — e negava todo o resto. As respostas visavam fazer os interrogadores questionarem seus pressupostos. Abu Jandal retratou-se como um bom muçulmano que flertara com a *jihad* mas se desiludira. Não se considerava um assassino, mas um revolucionário que vinha tentando livrar o mundo do mal, que ele acreditava advir sobretudo dos Estados Unidos, um país sobre o qual não sabia praticamente nada.

Com o passar das noites, Abu Jandal foi se empolgando com o esporte do interrogatório. Aos trinta e poucos anos, era mais velho que a maioria dos jihadistas. Crescera em Jidá, a terra natal de Bin Laden, sendo versado em religião. Gostava de beber chá e dar lições aos americanos sobre a visão islamita radical da história. A sociabilidade era o seu ponto fraco. Soufan bajulou-o e envolveu-o num debate teológico. Dentro das diatribes de Abu Jandal, Soufan captou vários detalhes úteis: que se cansara das lutas, que se aborrecera com o fato de Bin Laden ter jurado *bayat* ao mulá Omar, que se preocupava com os dois filhos, dos quais um sofria de uma doença congênita. Soufan também notou que Abu Jandal recusava as bolachas que vinham com o café, admitindo ser diabético. Aquelas eram pequenas revelações que Soufan podia usar para fazê-lo identificar os seqüestradores de avião.

Na noite seguinte, os americanos trouxeram alguns wafers sem açúcar, cortesia que Abu Jandal agradeceu. Soufan também trouxe para ele uma história dos Estados Unidos em árabe.

Abu Jandal estava confuso com Soufan e o que ele representava: um muçulmano capaz de discutir religião com ele, que estava no FBI, que adorava os Estados Unidos. Rapidamente leu a história presenteada por Soufan e surpreendeu-se ao tomar conhecimento da Revolução Americana e da luta pertinaz contra a tirania entranhada na tradição americana. Sua visão de mundo baseava-se no pressuposto de que os Estados Unidos eram um poço de maldade no mundo.

Soufan, enquanto isso, tentava traçar as fronteiras da paisagem moral de Jandal. Perguntou sobre a maneira apropriada de travar a *jihad*. Abu Jandal entusiasticamente conversou sobre como um guerreiro deveria tratar o adversário na batalha. O Alcorão e a *Hadith* estão cheios de instruções sobre a condução honrosa da guerra.

Onde o Alcorão autoriza o atentado suicida? Soufan quis saber.

Abu Jandal respondeu que o inimigo contava com uma vantagem em armas, mas os homens-bomba igualavam o escore. "Eles são nossos mísseis", ele disse.

E quanto às mulheres e crianças? Soufan perguntou. Não deveriam ser protegidas? Citou os atentados contra as embaixadas americanas no leste da África. Recordou uma mulher num ônibus em frente à embaixada em Nairóbi, encontrada abraçada ao bebê, tentando protegê-lo das chamas. Ambos foram incinerados. Que pecado a mãe cometera? E como ficava a alma de seu filho?

"Deus os recompensará no além", respondeu Abu Jandal. Além disso, ele acrescentou, "você consegue imaginar quantas pessoas se juntaram a Bin Laden após os ataques das embaixadas? Centenas vieram pedindo para ser mártires."

Mas muitas das vítimas do leste da África, talvez a maioria, eram muçulmanos, observou Soufan. A discussão estava ficando acalorada. Várias vezes

Abu Jandal recorreu a citações de autoridades clericais ou suratas do Alcorão, mas constatou que Soufan era páreo duro em questões teológicas. Aí Abu Jandal afirmou que, como o atentado às embaixadas ocorrera numa sexta-feira, quando as vítimas deveriam estar na mesquita, elas não eram verdadeiros muçulmanos. Tratava-se da visão *takfir* usual, mas ao menos Abu Jandal soube onde as fronteiras morais eram traçadas.

Na quinta noite, Soufan atirou uma revista sobre a mesa entre eles. Havia fotografias dos aviões colidindo com as torres e o Pentágono, cenas vívidas de pessoas presas nas torres e se atirando de uma altura de cem andares. "Bin Laden fez isto", Soufan exclamou.

Abu Jandal ouvira falar dos ataques, mas não conhecia muitos detalhes. Examinou as fotos, surpreso. Disse parecer uma "produção de Hollywood", mas a escala da atrocidade visivelmente o chocou. Àquela altura acreditava-se em dezenas de milhares de baixas.

Além de Soufan e Abu Jandal, na pequena sala de interrogatório encontravam-se McFadden e dois investigadores iemenitas. Todos sentiam que Soufan estava fechando o cerco. Os americanos e as tropas aliadas vinham se preparando para entrar em guerra no Afeganistão, mas aguardavam informações sobre a estrutura da Al-Qaeda, o local dos esconderijos e os planos de fuga, que os agentes secretos americanos esperavam que Soufan e os outros investigadores pudessem fornecer.

Coincidentemente, havia um jornal iemenita local numa prateleira sob a mesa de café. Soufan mostrou-o a Abu Jandal. A manchete dizia: DUZENTAS ALMAS IEMENITAS PERECEM NO ATAQUE A NOVA YORK.

Abu Jandal leu a manchete e inspirou. "Que Deus nos ajude", murmurou.

Soufan perguntou que tipo de muçulmano faria tal coisa. Abu Jandal insistiu que os israelenses deviam ter realizado os ataques em Nova York e Washington, não Bin Laden. "O xeique não é tão maluco assim", ele disse.

Soufan pegou um livro contendo fotos de rosto de membros da Al-Qaeda conhecidos e vários retratos dos seqüestradores de avião. Pediu que Abu Jandal os identificasse. O iemenita folheou as fotos rapidamente e fechou o livro.

Soufan voltou a abrir o livro e pediu que ele colaborasse. "Alguns deles estão presos", ele disse, esperando que Abu Jandal não percebesse que os seqüestradores estavam todos mortos.

Abu Jandal parou por uma fração de segundo na foto de Marwan al-Shehhi antes que começasse a virar a página. "Você não me contou o que sabe sobre ele", Soufan observou. "Ramadã de 1999. Ele está doente. Você é seu emir e cuida dele."

Abu Jandal olhou para Soufan com ar de surpresa.

"Quando lhe faço uma pergunta, já sei a resposta", disse Soufan. "Se você é esperto, dirá a verdade."

Abu Jandal admitiu que conhecia Shehhi e informou seu codinome na Al-Qaeda: "Abdullah al-Sharqi". Fez o mesmo com Mohammed Atta, Khaled al-Mihdhar e quatro outros. Mas continuou insistindo que Bin Laden jamais cometeria tal ação. Foram os israelenses, ele sustentou.

"Sei com certeza que os sujeitos que fizeram isso eram da Al-Qaeda", afirmou Soufan. Pegou sete fotos do livro e espalhou-as sobre a mesa.

"Como é que você sabe?", perguntou Abu Jandal. "Quem lhe contou?"

"Você", respondeu Soufan. "Estes são os seqüestradores de avião. Você acabou de identificá-los."

Abu Jandal empalideceu. Cobriu o rosto com as mãos. "Me dê um momento", pediu.

Soufan saiu do aposento. Ao voltar, perguntou a Abu Jandal o que achava agora.

"Acho que o xeique enlouqueceu", ele disse. E então contou a Soufan tudo o que sabia.

Mark Rossini havia sido informado de que John O'Neill estava seguro, de modo que passou grande parte daquele dia e do próximo ligando para os amigos de O'Neill ao redor do mundo, assegurando que ele estava bem. Agora tinha de ligar de novo para cada um. Estava muito aborrecido com O'Neill. "Canalha maldito. Por que ele não saiu correndo?" Durante semanas, ao voltar para casa, Rossini ficava chorando no carro antes de entrar. Alguns agentes sofreram colapso nervoso. Alguns, como Dan Coleman, tiveram os pulmões permanentemente danificados devido à poeira inalada naquele dia.

O World Trade Center ardeu por cem dias. Durante todo aquele tempo, o fedor cáustico penetrou no escritório do FBI, uma lembrança dolorosa de seu fracasso em impedir o ataque e de quão perto estiveram da morte. Um agente dinâmico, Leonard Hatton, técnico em bombas, não sobreviveu. Ele trabalhara nos ataques às embaixadas e ao *Cole* com O'Neill, e morrera tentando salvar vítimas nas torres. Nos meses frenéticos e intermináveis após o 11 de setembro, os membros do esquadrão I-49 fizeram uma auto-análise de seu choque, dor e vergonha. Melhor do que ninguém no país, souberam do perigo enfrentado pelos Estados Unidos. No entanto, o esquadrão I-49 estivera praticamente sozinho em seus esforços. Desde os atentados às embaixadas, haviam trabalhado incessantemente, despendendo meses e até anos fora do país, muitos deles perdendo casamentos ou amizades devido às exigências da investigação. Estavam exaustos mesmo antes do 11 de setembro. Agora seu trauma era ampliado pelo estigma de não terem impedido a tragédia que sabiam ser iminente.

O rosto de O'Neill era um entre mil nos cartazes feitos à mão colados nas paredes do Port Authority e Grand Central Terminal e postes telefônicos por toda Manhattan. Contra toda expectativa, o irmão de Valerie, John McKillop, um paramédico de Chicago, jurou encontrar O'Neill. Ele e 25 de seus colegas foram de carro até Nova York, escoltados pela polícia, uma entre as muitas caravanas espontâneas de serviços de emergência que acorreram à cidade, vindas de todo o país. Era estranho ver forças militares nas ruas de uma cidade americana, com plataformas de artilharia protegendo pontes e prédios importantes. Os aeroportos foram fechados em todo o país, mas jatos militares voavam para lá e para cá qual marimbondos nervosos.

Quando McKillop chegou ao Marco Zero, ficou abismado com a imensa montanha de escombros em chamas. Equipes de resgate vinham cavando noite e dia, esperando encontrar sobreviventes, mas a visão tirou as esperanças de McKillop. "Meu único pensamento era: o que vou dizer à minha irmã?"

Muitos dos corpos das pessoas que morreram no World Trade Center nunca foram encontrados, mas em 21 de setembro resgatadores cavando os escombros perto da esquina das ruas Liberty e Greenwich acharam o corpo de um homem de terno azul. A carteira estava no bolso do peito. Era John.

Em muitos aspectos, os mortos do World Trade Center formavam uma espécie de parlamento universal, representando 62 países e quase todos os grupos étnicos e religiosos do mundo. Havia um corretor de ações ex-hippie, o capelão católico gay do corpo de bombeiros de Nova York, um jogador de hóquei japonês, um subchefe de cozinha equatoriano, um colecionador de bonecas Barbie, um calígrafo vegetariano, um contador palestino... As várias maneiras como se apegavam à vida corroboravam a prescrição corânica de que tirar uma só vida destrói o universo. A Al-Qaeda voltara os seus ataques contra os Estados Unidos, mas atingira toda a humanidade.

À medida que fragmentos e pedaços dos mortos foram sendo extraídos do local, iam sendo catalogados e identificados, muitas vezes através do DNA obtido pelas equipes de resgate de membros da família: por exemplo, fios de cabelos da escova de uma vítima. Cada parte de cada corpo recebeu o mesmo tratamento, com uma exceção: quando um dos mais de quatrocentos mortos dos serviços uniformizados era descoberto, seguia-se um protocolo especial,[2] concedido a O'Neill. Uma bandeira americana era enrolada no corpo, e o policial ou bombeiro de Nova York que estava cavando os escombros ficava em posição de sentido enquanto o corpo era levado à ambulância.

Quando garoto, em Atlantic City, John O'Neill havia sido coroinha na igreja St. Nicholas of Tolentine. Em 28 de setembro, mil pranteadores se reuniram em St. Nicholas para a despedida final. Muitos deles eram agentes, policiais e membros dos serviços de inteligência estrangeiros que haviam acompanhado O'Neill na guerra contra o terrorismo, muito antes de ela se tornar um brado de convocação. Nos dias nervosos depois dos ataques, as ruas ao redor da igreja foram bloqueadas com barricadas, e um helicóptero do exército sobrevoava o local.

Dick Clarke não havia derramado nem uma lágrima desde 11/9, mas, quando as gaitas de foles soaram e o caixão passou por ele, de repente sucumbiu. Lembrou sua última conversa com O'Neill, quando este recusara o cargo. "Veja o lado bom", O'Neill dissera. "Sempre que você vier a Nova York, poderá vir ao Windows on the World". Depois acrescentara: "Onde quer que formos parar, sempre seremos irmãos".

O funeral de O'Neill foi a catástrofe da coincidência que ele sempre temera. A esposa e os dois filhos, Valerie James e seus dois filhos, e Anna DiBattista encontraram-se pela primeira vez. Todos os segredos dele foram revelados de uma tacada só. Mas a redenção também esteve presente. Os maiores remorsos de O'Neill provinham de seu fracasso como pai. Em maio, recebera uma nova chance: fora presenteado com o primeiro neto. Paradoxalmente, O'Neill, que tinha sido tão carinhoso com o neto de Valerie, teve dificuldade de aceitar sua própria condição de avô, um lembrete de nossa mortalidade.

Ele levou dois meses até ir ver a criança. Mas, depois, o homem que sequer mantinha fotos da família no escritório pendurou a do neto na sua parede de troféus. "Você nasceu no maior país do mundo", O'Neill escreveu ao neto numa carta que seu filho, de coração partido, leu no serviço religioso do funeral.

> É bom conhecer os antecedentes étnicos de seus pais, amar e cultivar o folclore antigo. Mas nunca, nunca esqueça: você é um americano em primeiro lugar. E milhões de americanos antes de você lutaram por sua liberdade. A nação merece todo o nosso afeto. Apóia, defende e honra aqueles cujo dever é mantê-la segura.

Enquanto aguardavam que os *mujahidin* aparecessem em terras muçulmanas e acorressem ao Afeganistão, Bin Laden e Zawahiri comemoraram o sucesso da operação. "Eis os Estados Unidos atingidos por Deus em um de seus pontos mais frágeis", Bin Laden se vangloriou num vídeo pré-gravado, exibido na Al-Jazira em 7 de outubro, um dia depois que bombardeiros americanos e britânicos lançaram os primeiros ataques contra posições talibãs. "Seus maiores edifícios foram destruídos, graças a Deus. Eis os Estados Unidos, cheios de medo de norte a sul, de leste a oeste. Graças a Deus." Depois fez uma convocação. "Estes eventos dividiram o mundo inteiro em dois lados: o lado dos crentes e o lado dos infiéis. Que Deus mantenha vocês distantes destes últimos. Todo muçulmano tem de correr para tornar vitoriosa a sua religião. Os ventos da fé chegaram."

Uma noite, Bin Laden e Zawahiri estavam sentados numa hospedaria em Kandahar. Foram recebidos por um clérigo saudita paralítico chamado Khaled bin Uda bin Mohammed al-Harby. "Planejamos e fizemos cálculos", Bin Laden contou.

> Sentamo-nos e estimamos as baixas do inimigo. Calculamos os passageiros dos aviões: eles iam morrer. No tocante às torres, achamos que incluiriam as pessoas nos três ou quatro andares atingidos pelos aviões. Aquilo foi tudo que estimamos. Eu fui o mais otimista. Devido à natureza de minha profissão e trabalho [construção civil], calculei que o combustível do avião elevaria a temperatura do aço ao ponto em que se torna vermelho e quase perde as propriedades. Assim,

se o avião atingir o prédio aqui [ele fez um gesto com as mãos], a parte do prédio em cima desmoronará. Isso era o máximo que podíamos esperar.[3]

Muitas das famílias da Al-Qaeda haviam se retirado logo depois dos atentados. Maha Elsamneh, esposa do amigo de Zawahiri, Ahmed Khadr, empacotou algumas roupas e comida e levou os filhos a um orfanato em Lowgar, cinqüenta quilômetros ao sul de Cabul. Eles se esconderam ali por alguns meses. Havia um poço e banheiros internos. Em meados de novembro, duas noites depois da queda de Cabul, a família de Zawahiri apareceu na porta. Tinham um aspecto terrível: as crianças estavam descalças, e uma das filhas não se apresentava adequadamente coberta. A mulher de Zawahiri, Azza, estava gravemente doente. Ela explicou que haviam fugido primeiro para Khost, mas depois voltaram a Cabul a fim de apanhar alguns suprimentos. Foi aí que o bombardeio americano começou.

Em seu estado febril, Azza contou que nunca percebera quem seu marido realmente era. "Eu nunca soube que ele era um emir", ela disse. "Não posso acreditar."[4] Aquilo pareceu estranho a Maha, porque todos os outros sabiam.

Azza carregava a filha mais nova, Aisha, vítima da síndrome de Down, ainda de fraldas apesar de ter quatro anos. Ela temia que, se morresse, não haveria ninguém para cuidar de Aisha. A menina de olhos grandes parecia tão pequena e dependente.

Fazia muito frio, e, embora a guerra ainda se restringisse às cidades, os homens da Al-Qaeda preparavam a resistência em Tora Bora,[5] e suas famílias decidiram rumar para o Paquistão. Um comboio grande se formou, e fizeram uma viagem lenta pelas montanhas. Azza e seus filhos pararam em Gardez, na hospedaria de Jalaladin Haqqanni, funcionário do governo talibã, mas a família de Maha prosseguiu até Khost. Naquela noite houve duas explosões atroadoras, tão grandes que algumas crianças vomitaram e outras tiveram diarréia. Na manhã seguinte, um dos filhos de Maha foi ver os Zawahiri. Descobriu que a casa onde estavam havia sido atingida. O teto de cimento desabara, soterrando Azza. A equipe de resgate encontrou a pequena Aisha ferida, mas ainda viva, e a deixou lá fora numa cama enquanto tentava salvar Azza. Ela ainda estava viva, mas não queria ser desenterrada temendo que os homens vissem seu rosto. Até que seus gritos cessaram. Quando os homens da equipe de resgate enfim voltaram para cuidar da criança, descobriram que ela morrera congelada.

* * *

 Nas cavernas de Tora Bora, Bin Laden e Zawahiri visitaram os combatentes remanescentes da Al-Qaeda, exortando-os a defender suas posições e aguardar os americanos. Em vez disso, os combatentes da Al-Qaeda acabaram lutando contra afegãos nas duas primeiras semanas de dezembro, enquanto os americanos sobrevoavam a área em aviões B-52, portanto fora de alcance, lançando bombas Daisy Cutter nas cavernas. "Éramos cerca de trezentos *mujahidin*", contou Bin Laden. "Cavamos cem trincheiras espalhadas por uma área não superior a 2,6 quilômetros quadrados, uma trincheira para cada três irmãos, de modo a evitar as enormes perdas humanas resultantes do bombardeio."[6] Apesar desses preparativos, em 3 de dezembro, depois que bombardeiros americanos atingiram um complexo de cavernas, tropas terrestres afegãs descobriram mais de cem corpos, conseguindo identificar dezoito como oficiais importantes da Al-Qaeda.

 Bin Laden sentiu-se traído pelos muçulmanos que não aderiram a ele. Até o Talibã caiu fora. "Somente alguns poucos permaneceram firmes", ele reclamou. "O resto rendeu-se ou fugiu antes de enfrentar o inimigo."[7] Ele escreveu isso em 17 de dezembro. A breve batalha de Tora Bora estava terminada — uma derrota esmagadora para a Al-Qaeda, mas também para os Estados Unidos e seus aliados, que não conseguiram agarrar sua presa. Bin Laden e o resto dos combatentes da Al-Qaeda haviam fugido para o Paquistão, salvando suas vidas mas perdendo o Afeganistão. Bin Laden escolheu essa época para escrever o que chamou de seu desejo final.

 No testamento, Bin Laden tentou salvar seu legado. "Considero todos os muçulmanos, nesta época imensamente miserável, como meus parentes", ele escreveu. Assinalou os atentados às embaixadas no leste da África, a destruição do World Trade Center e o ataque ao Pentágono: haviam sido grandes vitórias. "Apesar dos reveses que Deus infligiu sobre nós, esses golpes dolorosos marcarão o início da eliminação dos Estados Unidos e do Ocidente infiel, após a passagem de dezenas de anos, se Deus quiser."

 Depois se dirigiu à própria família. "Minhas esposas, que Deus conceda suas bênçãos a vocês", ele escreveu. "Vocês souberam, desde o primeiro dia, que a estrada estava cercada de espinhos e minas. Vocês abriram mão dos prazeres da vida, de suas famílias, escolhendo a provação de viver ao meu lado".

Pediu que não pensassem em se casar de novo. "Meus filhos, perdoem-me por ter lhes dedicado tão pouco do meu tempo desde que escolhi o caminho da *jihad*. [...] Optei por um percurso perigoso, repleto de toda sorte de atribulações que perturbam a vida de uma pessoa. [...] Não fosse pela traição, eu teria triunfado." Ele então os aconselhou a não aderir à Al-Qaeda. "No que sigo o exemplo de Omar bin al-Khatab, o comandante dos fiéis, que instruiu o filho Abdullah a não assumir o califado após sua morte. Ele disse: 'Se é bom, já tivemos bastante; se não, o sofrimento de Omar foi suficiente'."

Em março de 2002, a Al-Qaeda se reagrupou nas montanhas perto de Khost, nas proximidades da Cova do Leão. Aviões teleguiados Predator percorriam os céus, e tropas americanas e afegãs, além de soldados do Canadá, Austrália, Dinamarca, França, Alemanha e Noruega, vinham vasculhando as montanhas numa operação chamada Anaconda. A luta havia se concentrado no vale de Shah-e-Kot, na escarpada extremidade leste do Afeganistão. Os chefes guerreiros regionais haviam sido subornados, as fronteiras tinham sido supostamente fechadas, e os combatentes da Al-Qaeda sofriam bombardeio constante. No entanto, um grupo de cavaleiros cavalgou, sem ser impedido, até o Paquistão.

Chegaram à aldeia de um líder de milícia local chamado Gula Jan, cuja barba comprida e o turbante preto poderiam identificar um simpatizante do Talibã. "Vi um homem pesado, mais velho, um árabe, com óculos escuros e um turbante branco", Jan contou quatro dias depois. "Estava vestido como um afegão, mas trajava um casaco bonito, e estava com dois outros árabes mascarados."[8] O homem de casaco bonito desmontou e começou a falar de forma educada e bem-humorada. Perguntou a Jan e um companheiro afegão sobre a localização das tropas americanas e da Aliança do Norte. "Temos medo de encontrá-las", ele disse. "Mostre-nos o caminho certo."

Enquanto os homens conversavam, Jan afastou-se para examinar um folheto atirado na área por aviões americanos. Mostrava uma fotografia de um homem com turbante branco e óculos. Rosto amplo e gordo, nariz forte e proeminente, lábios carnudos. A barba não aparada, grisalha nas têmporas, descia em listras leitosas sob o queixo. Na testa enorme, emoldurado pelas faixas do turbante, um calo escurecido se formara por muitas horas em prostração reverente. Os olhos refletiam o tipo de determinação que se esperaria de um médico, mas também mostravam uma medida de serenidade que parecia estranhamente inadequada num cartaz de "Procura-se". O folheto mencionava uma recompensa de 25 milhões de dólares pela cabeça de Zawahiri.

Jan retomou a conversa. O homem que ele agora acreditava ser Zawahiri disse: "Deus o abençoe e proteja dos inimigos do islã. Procure não dizer a eles de onde viemos nem para onde estamos indo".

Havia um número de telefone no folheto de "Procura-se", mas Gula Jan não tinha telefone. Zawahiri e os árabes mascarados desapareceram nas montanhas.

Personagens principais

Abu Hafs al-Masri: Ex-policial egípcio e membro da Al-Jihad que foi o comandante militar da Al-Qaeda após a morte de Abu Ubaydah. Seu nome real é Mohammed Atef. Um dos conselheiros mais próximos de Bin Laden, foi morto por um ataque aéreo americano em novembro de 2001.

Abu Hajer al-Iraqi: Antigo oficial e engenheiro elétrico iraquiano que aderiu à *jihad* no Afeganistão e se tornou um conselheiro íntimo de Bin Laden no Sudão. Embora sem formação teológica, foi o chefe do comitê da *fatwa* da Al-Qaeda e deu duas opiniões que justificavam a violência contra as forças americanas e a matança de inocentes. Atualmente numa prisão americana por apunhalar um agente penitenciário com um pente afiado. Seu nome verdadeiro é Mamduh Mahmud Salim.

Abu Jandal: Assim como Bin Laden, Abu Jandal é um cidadão saudita de origem iemenita. Em 2000, tornou-se o principal guarda-costas de Bin Laden no Afeganistão. Levou o dote ao Iêmen para conseguir a quinta esposa de Bin Laden. Capturado por autoridades iemenitas após o atentado ao USS *Cole*, tornou-se uma fonte importante para o FBI. Atualmente em liberdade, vive no Iêmen.

Abu Rida al-Suri: Homem de negócios de Damasco que emigrou para Kansas City e, em 1985, aderiu à *jihad* no Afeganistão. Supõe-se que seja o autor das anotações manuscritas da reunião de 11 de agosto de 1988 em que a organização da Al-Qaeda foi discutida abertamente pela primeira vez. Mais tarde, tornou-se amigo e consultor de negócios de Bin Laden em Cartum, onde vive até hoje e dirige uma fábrica de doces. Seu nome verdadeiro é Mohammed Loay Baizid.

Abu Ubaydah al-Banshiri: Antigo policial egípcio que ganhou fama no campo de batalha no Afeganistão antes de Zawahiri apresentá-lo a Bin Laden. Tornou-se o primeiro comandante militar da Al-Qaeda. Morreu num acidente de balsa no lago Vitória em maio de 1996. Seu nome verdadeiro é Amin Ali al-Rashidi.

Saif al-Adl: Comandante militar da Al-Qaeda desde 2002. Não se sabe seu nome verdadeiro. Pode ser Mohammed Ibrahim Makkawi, um ex-oficial militar egípcio. Acredita-se que esteja escondido no Irã.

Abdullah Anas: *Mujahid* argelino que combateu com Ahmed Shah Massoud e casou-se com a filha de Abdullah Azzam. Trabalhou no Birô de Serviços com Osama bin Laden e Jamal Khalifa. Talvez o maior guerreiro dentre os afegãos árabes. Seu nome real é Boudejema Bounoua. Atualmente vive em Londres, onde é imã na mesquita Finsbury Park.

John Anticev: Agente do esquadrão I-49 do FBI que obteve o número de telefone crucial no Iêmen pertencente a Ahmed al-Hada, que servia de central telefônica da Al-Qaeda.

Mohammed Atta: O líder egípcio da equipe de seqüestradores de avião do 11 de setembro; piloto do vôo 11 da American Airlines, que atingiu o World Trade Center.

Abdullah Azzam: Clérigo palestino carismático que fundou o Birô de Serviços em Peshawar em 1984. Sua *fatwa* convocando os muçulmanos a rechaçar a invasão soviética do Afeganistão iniciou o envolvimento árabe naquela guerra. Assassinado em 24 de novembro de 1989; o crime nunca foi solucionado.

Mahfuz Azzam: Tio da mãe de Ayman al-Zawahiri; o patriarca da família e antigo advogado e figura política importante no Cairo. Foi pupilo de Sayyid Qutb e, mais tarde, seu advogado. Vive ainda em Heluan, Egito.

Umayma Azzam: Mãe de Ayman al-Zawahiri. Vive ainda em Maadi, Egito.

Ahmed Badeeb: Antigo professor de Osama bin Laden na Escola Thagr, Badeeb tornou-se chefe do estado-maior do príncipe Turki. Após a *jihad* afegã, Badeeb passou a presidir o conselho de administração da United Press International. Agora é um homem de negócios em Jidá, e foi candidato derrotado nas primeiras eleições municipais do país, em 2005.

Saeed Badeeb: Diretor de análise do príncipe Turki e irmão de Ahmed Badeeb; agora aposentado, vive entre Jidá e Washington.

Hassan al-Banna: Fundador e guia supremo da Sociedade dos Irmãos Muçulmanos; foi assassinado por autoridades egípcias em 1949.

Khaled Batarfi: Vizinho e amigo de infância de Osama bin Laden em Jidá; agora editor do jornal *Al-Medina* e colunista freqüente do *Arab News*.

Ramzi bin al-Shibh: Membro da célula de Hamburgo que supervisionou a conspiração do 11 de setembro. Capturado em Karachi, Paquistão, em 11 de setembro de 2002, está agora sob custódia americana em local não divulgado.

Abdullah bin Laden: O filho mais velho de Osama, vive agora em Jidá e trabalha para uma divisão do Saudi Binladin Group.

Abdul Rahman bin Laden: Filho de Bin Laden e Umm Abdullah, nascido com um defeito congênito chamado hidrocefalia, que provocou danos mentais permanentes. Vive agora com a mãe na Síria.

Mohammed bin Laden: Criador do Saudi Binladin Group e pai da dinastia Bin Laden. Nascido em Rubat, na região do Hadramaut no Iêmen; quando jovem partiu do Iêmen para a Etiópia e prosseguiu até a Arábia em 1931. Morreu em 1967, aos 59 anos, num desastre aéreo no sul da Arábia Saudita.

Osama bin Laden: Nascido em Riad em janeiro de 1958; tornou-se um arrecadador de recursos para a *jihad* afegã após a invasão soviética em 1979; fundou a Al-Qaeda em 1988. Paradeiro ignorado.

Steven Bongardt: Agente do FBI e membro do esquadrão I-49, agora leciona na academia do FBI em Quantico, Virginia.

Richard A. Clarke: Ex-coordenador de contraterrorismo no National Security Council. Clarke aposentou-se do governo em 2003 e tornou-se autor do best-seller *Contra todos os inimigos*. É também o fundador da Good Harbor Consulting.

Jack Cloonan: Antigo membro do esquadrão I-49 que lidou com Jamal al-Fadl e Ali Mohammed. Agora é presidente da Clayton Consultants, uma empresa de gerenciamento de risco especializada em negociar seqüestros, e consultor da ABC News.

Daniel Coleman: Agente do FBI e membro do esquadrão I-49 que se tornou o representante do escritório de Nova York do FBI na Alec Station, unidade nova-iorquina da CIA, em 1996. Ali abriu o primeiro processo contra Bin Laden, em 1996, e seu interrogatório de Jamal al-Fadl expôs a rede da Al-Qaeda. Hoje aposentado pelo FBI, Coleman trabalha para a Harbinger, empresa que fornece treinamento a órgãos policiais, militares e de inteligência.

Essam Deraz: Cineasta egípcio e biógrafo de Bin Laden que cobriu os afegãos árabes em 1988. Atualmente vive no Cairo.

Anna DiBattista: Ex-namorada de John O'Neill; trabalha agora para a Marriott Corporation em Bethesda, Maryland.

Dr. Fadl: Líder titular da Al-Jihad durante a prisão de Zawahiri, e mais tarde no Afeganistão, até renunciar, em 1993 — supostamente para se tornar um pastor no Iêmen. Seu nome verdadeiro é Sayyid Imam al-Sharif, embora escreva sob o pseudônimo de dr. Abdul Aziz Bin Abdul Salam. Está preso no Egito.

Jamal al-Fadl: Secretário sudanês de Bin Laden em Cartum, que se tornou o primeiro desertor da Al-Qaeda, ao roubar 110 mil dólares e se entregar às autoridades americanas. Depôs no julgamento em Nova York de quatro membros da Al-Qaeda, no processo dos atentados às embaixadas, "United States *versus* Usama Bin Laden, *et al.*" Atualmente sob custódia do programa de proteção a testemunhas, vive em algum ponto dos Estados Unidos.

Turki al-Faisal: Nascido em 15 de fevereiro de 1945, o filho mais novo do rei Faisal bin Abdul Aziz. Educado basicamente na Lawrenceville School e na Georgetown University, embora tenha abandonado os estudos após a Guerra dos Seis Dias, em 1967. Tornou-se chefe do serviço de inteligência saudita, onde manteve o arquivo do Afeganistão durante a *jihad* contra os soviéticos. Serviu como embaixador saudita no Reino Unido antes de assumir o mesmo posto em Washington, onde reside agora.

Patrick Fitzgerald: Antigo promotor federal assistente do distrito sul de Nova York, envolvido no processo contra o xeique Omar Abdul Rahman e os terroristas do World Trade Center de 1993, e promotor público chefe no processo bem-sucedido contra os membros da Al-Qaeda envolvidos nos atentados de 1998 às embaixadas americanas no leste da África. Atualmente promotor federal do distrito norte de Illinois, é mais conhecido por sua investigação do caso Valerie Plame.

Louis Freeh: Diretor do FBI de 1993 a 2001; hoje vice-presidente e consultor jurídico geral da empresa de cartões de crédito MBNA, em Wilmington, Delaware.

Stephen Gaudin: Agente do FBI e membro do esquadrão I-49 que interrogou Mohammed al-'Owhali. Está agora no escritório de Boston do FBI.

Ahmed al-Hada: *Mujahid* iemenita que lutou no Afeganistão e, mais tarde, forneceu o telefone em Sanaa que se tornara a central telefônica da Al-Qaeda. Sua filha Hoda casou-se com Khaled al-Mihdhar. Atualmente preso no Iêmen.

Nawaf al-Hazmi: Terrorista que morreu aos 25 anos no vôo 77 da American Airlines, que se chocou contra o Pentágono no 11 de setembro. Saudita abastado que cresceu em Meca, Hazmi treinou em campos da Al-Qaeda no Afeganistão e combateu na Bósnia e na Chechênia antes de participar da conspiração do 11 de setembro. Compareceu à reunião de janeiro de 2000 na Malásia e ingressou nos Estados Unidos em 15 de janeiro de 2001.

Gulbuddin Hekmatyar: Comandante pachtum afegão durante a *jihad* anti-soviética, iniciador da guerra civil afegã em 1992. Refugiou-se no Irã depois que o Talibã tomou o poder, em 1996. Atualmente lidera uma insurreição contra o governo afegão, que o acusa de crimes de guerra.

Valerie James: Antiga namorada de John O'Neill; vive na cidade de Nova York, onde é presidente da Valerie James Showroom, Inc., que representa comercialmente diversos estilistas.

Wa'el Julaidan: Aliado íntimo de Abdullah Azzam no Birô de Serviços, em Peshawar. Nascido em Medina em 1958, estudou na University of Arizona. Tornou-se muito íntimo de Bin Laden. Mais tarde trabalhou para uma instituição de caridade saudita, a Liga Mundial Muçulmana, criada para ajudar refugiados afegãos. Vive agora em Jidá.

Zaynab Ahmed Khadr: Filha do amigo de Zawahiri Ahmed Saeed Khadr e de Maha Elsamneh, Zaynab cresceu em Peshawar e no Afeganistão com os filhos de Bin Laden e Zawahiri. Agora divorciada, vive com a mãe e os filhos no Canadá.

Jamal Khalifa: Nascido em 1º de setembro de 1956, em Medina, Khalifa tornou-se amigo de Bin Laden quando ambos ainda eram estudantes na Universidade Rei Abdul Aziz, em Jidá. Após graduar-se, Khalifa tornou-se professor de biologia em Medina, até decidir juntar-se à *jihad* no Afeganistão, em 1985. No ano seguinte, casou-se com a meia-irmã mais velha de Bin Laden, Sheikha. Em 1985, mudou-se para Manila para criar uma seção da International Islamic Relief Organization [ILRO, ou, em português, Organização Islâmica Internacional de Assistência Humanitária]. O FBI acredita que arrecadou dinheiro para o grupo terrorista de Abu Sayyaf nas Filipinas, mas ele nunca foi criminalmente acusado. Foi absolvido na Jordânia da acusação de envolvimento em diferentes conspirações terroristas. Agora é um homem de negócios e vive em Jidá.

Khallad: Cérebro do atentado ao USS *Cole*. Sua família é do Iêmen, mas ele cresceu na Arábia Saudita, onde conheceu Bin Laden. Aderiu à *jihad* no Afeganistão aos quinze anos, e acabou perdendo um pé numa batalha contra a Aliança do Norte. Passou a integrar a equipe de segurança da Al-Qaeda. Seu nome verdadeiro é Tewfiq bin Attash. Agora sob custódia americana.

Jamal Khashoggi: Jornalista saudita veterano e ex-membro da Sociedade dos Irmãos Muçulmanos que cobriu os afegãos árabes na *jihad* contra a ocupação soviética. Khashoggi serviu como emissário da família estendida de Bin Laden, que, durante o exílio de Osama no Sudão, tentava fazê-lo renunciar à violência e retornar ao reino. Após o 11 de setembro, Khashoggi distinguiu-se como um dos poucos sauditas que reconheceram a responsabilidade cultural que levou à tragédia. Mais tarde, foi nomeado editor do *Al-Watan*, o maior jornal diário do reino, mas acabou sendo despedido após publicar artigos e cartuns criticando o establishment religioso por apoiar a violência. Agora é consultor de mídia do príncipe Turki em Washington.

Ahmed Shah Massoud: Chefe guerreiro pachtum que foi o melhor estrategista da causa afegã. Após ajudar a expulsar os soviéticos do Afeganistão, em 1992 aderiu ao governo do presidente Burhanuddin Rabbani, como ministro da Defesa. Com o colapso do governo de Rabbani e o início da guerra civil afegã, Massoud passou a comandar a Aliança do Norte, um grupo de líderes *mujahidin* que se opuseram ao Talibã. Bin Laden fez que fosse assassinado em 9 de setembro de 2001.

Khaled al-Mihdhar: Membro de uma família eminente do Hadramaut cuja linhagem remonta ao profeta Maomé, Mihdhar cresceu em Meca. Casou-se com Hoda al-Hada, filha do *mujahid* cujo telefone em Sanaa se mostraria fundamental para a compreensão do alcance da Al-Qaeda. Mihdhar chegou aos Estados Unidos em janeiro de 2000; afastou-se por um período, supostamente para orientar os outros seqüestradores de avião vindos da Arábia Saudita; depois retornou aos Estados Unidos em 4 de julho de 2001. Morreu no choque do vôo 77 da American Airlines contra o Pentágono, em 11 de setembro de 2001. Tinha 26 anos.

Ali Mohammed: Agente duplo egípcio que aderiu à Al-Jihad enquanto servia no exército egípcio. Cumprindo a ordem de Zawahiri de penetrar na inteligência americana, trabalhou brevemente para a CIA em Hamburgo, Alemanha, antes de ingressar no Exército americano, onde foi designado para o John F. Kennedy Special Warfare Center and School. Os manuais que retirou furtivamente de lá tornaram-se a base do treinamento e táticas da Al-Qaeda. Mohammed fez o levantamento das embaixadas americanas no leste da África e treinou os guarda-costas de Bin Laden. Agora é testemunha cooperadora sob custódia americana, aguardando a sentença após reconhecer a culpa no caso dos atentados a bomba contra as embaixadas.

Khaled Sheikh Mohammed: O artífice dos ataques do 11 de setembro, Mohammed é tio de Ramzi Yousef, responsável pelo atentado ao World Trade Center em 1993. Mohammed cresceu no Kuwait, e depois bacharelou-se em engenharia mecânica pela Agricultural and Technical State University, na Carolina do Norte. Foi então para Peshawar, onde se tornou secretário de Abdul Rasul Sayyaf, chefe guerreiro afegão apoiado pelos sauditas. Encontrou-se com Bin Laden em 1996, quando apresentou uma série de planos de ataques aos Estados Unidos. Capturado no Paquistão em 2003, está sob custódia das autoridades americanas em local não revelado.

Zacarias Moussaoui: Agente marroquino francês da Al-Qaeda enviado aos Estados Unidos para participar de uma operação não especificada. Admitiu a culpa em seis acusações de conspiração e foi condenado à prisão perpétua em solitária numa prisão de segurança máxima.

Imad Mugniyah: Chefe do serviço de segurança do Hezbollah, planejou os ataques de homens-bomba de 1983 à embaixada americana e aos alojamentos do corpo de fuzileiros navais americano e de pára-quedistas franceses em Beirute, em 1983; encontrou-se com Zawahiri e Bin Laden no Sudão e forneceu treinamento à Al-Qaeda. Permanece sob proteção iraniana.

Hosni Mubarak: Presidente do Egito desde 1981.

Shukri Mustafá: Líder do movimento Takfir wa Hejira no Egito. Executado em 1978.

Wakil Ahmed Muttawakil: Ministro do Exterior talibã, que acabou se rendendo às forças americanas e depois aderiu ao governo de Hamid Karzai.

Gamal Abdul Nasser: Líder da revolução egípcia de 1952; nacionalista ferrenho que transformou a política no mundo árabe. Ele e Sayyid Qutb tinham visões radicalmente divergentes quanto ao futuro do Egito — divergência que acabou fazendo Nasser ordenar a execução de Qutb em 1966. Nasser morreu de ataque cardíaco quatro anos depois.

Azza Nowair: Esposa de Ayman al-Zawahiri. Morreu no ataque aéreo americano ao Afeganistão em novembro de 2001.

Mulá Mohammed Omar: Místico cego de um olho que fundou o Talibã em 1992 e essencialmente governou o Afeganistão de 1996 até a invasão das forças aliadas em 2001. Paradeiro ignorado.

John O'Neill: Natural de Atlantic City, Nova Jersey, O'Neill tornou-se agente especial do FBI em julho de 1976, lotado no escritório de Baltimore. Foi para o quartel-general do FBI em abril de 1987, onde supervisionou investigações de crimes de colarinho-branco. Em 1991, foi designado agente especial auxiliar, encarregado do escritório do FBI em Chicago. Em 1995, retornou ao quartel-general para chefiar a seção de contraterrorismo. Em 1º de janeiro de 1997, foi designado agente especial encarregado da divisão de segurança nacional do escritório do FBI em Nova York. Demitiu-se do FBI em 22 de agosto de 2001; no dia seguinte, começou a trabalhar como chefe de segurança do World Trade Center. Morreu aos 49 anos, vítima dos atentados do 11 de setembro.

Mohammed al-'Owhali: Terrorista condenado pelo atentado à embaixada americana em Nairóbi; hoje cumpre pena de prisão perpétua numa prisão americana.

Thomas Pickard: Diretor em exercício do FBI de 25 de junho a 4 de setembro de 2001. Aposentou-se dois meses depois.

Mohammed Qutb: Irmão de Sayyid Qutb. Igualmente escritor e pensador muito lido; refugiou-se com outros membros da Sociedade dos Irmãos Muçulmanos na Arábia Saudita após passar algum tempo em prisões egípcias. Tornou-se um orador popular em fóruns onde Bin Laden teve contato com seus ensinamentos. Vive até hoje em Meca.

Sayyid Qutb: Escritor e educador islamita, autor de *Marcos*, entre outras obras importantes. Nasser o condenou à morte na forca em 1966.

Burhanuddin Rabbani: Sábio islâmico que foi presidente do Afeganistão de 1992 a 1996, quando o Talibã assumiu o poder. Recuperou o cargo brevemente após a deposição do Talibã, mas entregou o poder ao governo interino de Hamid Karzai, em dezembro de 2001. Atualmente é deputado no parlamento afegão.

Xeique Omar Abdul Rahman: O "xeique cego" que liderou o Grupo Islâmico no Egito e foi o líder espiritual da Al-Jihad. Preso com Zawahiri e outros militantes egípcios após o assassinato de Anwar Sadat em 1981. Condenado por tramar a destruição de locais importantes de Nova York, cumpre agora pena de prisão perpétua numa prisão dos Estados Unidos.

Ahmed Ressam: Argelino que treinou em acampamentos da Al-Qaeda no Afeganistão; foi capturado em dezembro de 1999 ao tentar entrar nos Estados Unidos, vindo do Canadá, com uma carga de explosivos na mala do carro. Seu objetivo evidente era explodir o aeroporto de Los Angeles.

Mark Rossini: Antigo ator do Bronx que se tornou detetive particular antes de ingressar no FBI. Designado para o esquadrão I-49, substituiu Dan Coleman na Alec Station. É agora assessor especial do diretor adjunto no escritório de relações públicas do quartel-general do FBI.

Amal al-Sada: Quinta esposa de Osama bin Laden. Casaram-se em 2001, quando ela tinha quinze anos. Acredita-se que tiveram um filho. Vive agora com sua família no Iêmen.

Anwar al-Sadat: Ex-presidente do Egito, assassinado pela Al-Jihad em 1981.

Abdul Rasul Sayyaf: Líder guerreiro afegão que estudou para ser clérigo na Universidade al-Azhar do Cairo. Foi o defensor afegão de Bin Laden e o comandante favorito dos sauditas. É atualmente um líder político no Afeganistão.

Michael Scheuer: Veterano da CIA que fundou a Alec Station em 1996 e dirigiu-a até ser afastado do cargo, em 1999. Escreveu anonimamente, depois de se aposentar, as denúncias *Through our enemies' eyes* e *Orgulho imperial*.

Shafiq: *Mujahid* adolescente que salvou a vida de Bin Laden na batalha de Jalalabad.

Ali Soufan: Agente do FBI americano de origem libanesa que trabalhou no caso do atentado ao USS *Cole*. Seu interrogatório de Abu Jandal, no Iêmen, após o 11 de setembro, levou à identificação dos seqüestradores dos aviões. Trabalha agora como consultor de segurança para a Giuliani Partners, em Nova York.

Mary Lynn Stevens: Ex-namorada de John O'Neill, agora vice-presidente da Pentagon Federal Credit Union Foundation, organização que auxilia soldados e fuzileiros navais feridos no Iraque e Afeganistão.

Yazid Sufaat: Homem de negócios malaio que trabalhou com Zawahiri no Afeganistão para propagar esporos de antraz. A reunião de janeiro de 2000 entre os terroristas do USS *Cole* e os seqüestradores de avião do 11 de setembro ocorreu num condomínio de sua propriedade em Kuala Lumpur. Escreveu também uma carta de recomendação para Zacarias Moussaoui. Está preso na Malásia.

Medani al-Tayeb: Antigo tesoureiro da Al-Qaeda. Casou-se com a sobrinha de Bin Laden; perdeu uma perna no Afeganistão; deixou a Al-Qaeda no início da década de 1990 e voltou a viver em Jidá.

Hassan al-Turabi: Líder ideológico da revolução islâmica de 1989 no Sudão. Desde então várias vezes preso e libertado, vive agora em sua casa em Cartum.

Issam Eldin al-Turabi: Filho de Hassan al-Turabi e amigo de Bin Laden durante sua estada no Sudão, Issam é um homem de negócios e conhecido criador de cavalos em Cartum.

Umm Abdullah: Primeira esposa de Osama bin Laden, com quem se casou em 1974, aos catorze anos. Natural da Síria, é filha do primo de primeiro grau da mãe de Bin Laden. É mãe de onze de seus filhos. Seu nome de solteira é Najwa Ghanem. Vive atualmente na Síria.

Umm Ali: Esposa de Osama da família Gilaini de Meca. Deu-lhe três filhos. Pediu o divórcio em 1996 e hoje vive na Arábia Saudita.

Umm Hamza: Casou-se com Osama em 1982 e deu-lhe um filho. De uma família eminente de Jidá, possui doutorado em psicologia infantil. Acredita-se que esteja com Osama.

Umm Khaled: Da família Sharif de Medina, possui doutorado em gramática árabe e lecionou no Instituto de Educação da cidade. Ela e Osama têm três filhas e um filho. Acredita-se que esteja com Bin Laden.

Dr. Ahmed el-Wed: Médico argelino *takfiri* que trabalhou no hospital do Crescente Vermelho kuwaitiano em Peshawar com Zawahiri e o dr. Fadl; retornou à Argélia após a *jihad* para se tornar um dos fundadores do GIA.

Mary Jo White: Ex-promotora federal do distrito sul de Nova York.

Ramzi Yousef: Cérebro do atentado ao World Trade Center de 1993. O sobrinho de Khaled Sheikh Mohammed, Yousef nasceu no Kuwait em 1968; estudou engenharia elétrica no País de Gales. Criou conspirações elaboradas para assassinar o papa João Paulo II e o presidente Bill Clinton e para explodir onze aviões americanos ao mesmo tempo. Finalmente capturado no Paquistão em 1995, está numa prisão americana cumprindo pena de prisão perpétua mais 240 anos.

Dr. Ayman al-Zawahiri: Líder da Al-Jihad e líder ideológico da Al-Qaeda. Nascido no Cairo em 19 de junho de 1951, aos quinze anos Zawahiri criou uma célula para derrubar o governo egípcio. Preso após o assassinato de Sadat em 1981 e condenado por comércio ilegal de armas, foi libertado três anos depois; fugiu para a Arábia Saudita em 1985 e no ano seguinte mudou-se para Peshawar, onde ele e o dr. Fadl reconstruíram a Al-Jihad. Após o final da guerra contra a ocupação soviética, Zawahiri transferiu seu movimento para o Sudão, de onde moveu uma campanha contra o governo egípcio que resultou na destruição quase total de sua organização. Em 1996, mudou-se para o Afeganistão e engendrou uma fusão da Al-Jihad com a Al-Qaeda. É autor de vários livros, mais notadamente *Colheita amarga* e *Cavaleiros sob o estandarte do profeta*. Seu paradeiro é ignorado.

Hussein al-Zawahiri: O mais novo dos irmãos de Ayman, arquiteto, foi entregue pela CIA e o FBI ao Egito, onde foi interrogado e acabou sendo solto em agosto de 2000. Vive agora no Cairo.

Mohammed al-Zawahiri: Um dos irmãos mais novos de Ayman, tornou-se vice-emir da Al-Jihad. Arquiteto por formação, criou a célula da Al-Jihad na Albânia. Renunciou à organização em 1998. Consta que foi capturado por autoridades egípcias em Dubai em 2000 e depois executado na prisão.

Dr. Mohammed Rabie al-Zawahiri: Pai de Ayman al-Zawahiri, professor de farmacologia na Universidade Ain Shams; morreu em 1995.

Montassir al-Zayyat: Advogado islamita do Cairo que foi preso com Zawahiri. Acabou escrevendo uma biografia de Zawahiri, *Os caminhos da Al-Qaeda*.

Notas

Citações no texto não mencionadas nas notas derivam de entrevistas pessoais.

1. O MÁRTIR (PP. 19-45)

1. Sou especialmente grato a Mohammed Qutb pelas generosas recordações de seu irmão. Minha visão da vida de Qutb também foi moldada por comunicações com John Calvert e Gilles Kepel.
2. Al-Khaledi, *Sayyid Qutb: min al-milad*, p. 194.
3. Entrevista com Mohammed Qutb. Ele cita em particular Mahmud Fahmi Nugrashi Paxá, o primeiro-ministro egípcio.
4. Shepard, *Sayyid Qutb*, p. xv. Mohammed Qutb contou-me: "Por um período, ele se tornou mais secular".
5. Mohammed Qutb, comunicação pessoal.
6. Al-Khaledi, *Sayyid Qutb: min al-milad*, p. 139.
7. Qutb, "*Al-dhamir al-amrikani*".
8. John Calvert, "'Undutiful Boy'", p. 98.
9. Mohammed Qutb, comunicação pessoal.
10. Al-Khaledi, *Amrika min al-dakhil*, p. 27.
11. Al-Khaledi, *Sayyid Qutb: min al-milad*, p. 195. Mais tarde, Qutb alegaria que a mulher era uma agente da CIA enviada para seduzi-lo.
12. McCullough, *Truman*, p. 621.
13. Johnson, *Modern times* [*Tempos modernos*], p. 441.
14. White, *Here is New York* [*Aqui está Nova York*], p. 46.

15. Mohammed Qutb, comunicação pessoal.
16. Entrevista com Mohammed Qutb.
17. Sayyid Qutb, carta a Anwar el-Maadawi, em Al-Khaledi, *Sayyid Qutb: al-adib*, pp. 157-8.
18. *Ibid.*, pp. 195-6.
19. Manchester, *The glory and the dream*, p. 479.
20. Qutb, *À sombra do Alcorão*, 6:143. O Relatório Kinsey é chamado "McKenzie" na tradução inglesa.
21. Qutb, *Majallat al-kitab*, pp. 666-9.
22. Al-Khaledi, *Amrika min al-dakhil*, pp. 185-6.
23. Frady, *Billy Graham*, p. 236.
24. Oshinsky, *A conspiracy so immense*, p. 96.
25. *Ibid.*, p. 97.
26. Frady, *Billy Graham*, p. 237.
27. Shepard, *Sayyid Qutb*, p. 354.
28. Entrevista com Gamal al-Banna.
29. *Ibid.*, p. 34.
30. *Ibid.*, p. 51.
31. White, *Here is New York* [*Aqui está Nova York*], p. 54.
32. Calvert, "'Undutiful Boy'", p. 93.
33. *Ibid.*, p. 94.
34. Qutb, "Amrika allati ra'ayt" (b).
35. Sayyid Qutb, carta a Tewfiq al-Hakeem, em Al-Khaledi, *Amrika min al-dakhil*, p. 154.
36. Qutb, "Amrika allati ra'ayt" (c).
37. Qutb, "Amrika allati ra'ayt" (b).
38. Mohammed Qutb, comunicação pessoal. Qutb atribui a citação aos "próprios médicos" e diz: "Nós, os membros da família, ouvimos aquilo pessoalmente de meu irmão".
39. Albion Ross, "Moslem Brotherhood leader slain as he enters taxi in Cairo Street", *New York Times*, 13 de fevereiro de 1949.
40. Entrevista com Mohammed Qutb.
41. Mohammed Qutb, comunicação pessoal.
42. Azzam, "Martyr Sayyid Qutb".
43. Al-Khaledi, *Sayyid Qutb: al-adib*, p. 149.
44. Azzam, "Martyr Sayyid Qutb". O próprio Qutb escreve, porém, que só aderiu formalmente à irmandade em 1953. Qutb, *Limadah 'azdamunee*.
45. Entrevista com Michael Welsh, a fonte de muitas informações sobre a história de Greeley; entrevistas com Peggy A. Ford, Janet Waters, Ken McConnellogue, Jaime McClendon, Ibrahim Insari e Frank e Donna Lee Lakin.
46. Peggy A. Ford, comunicação pessoal.
47. Larson, *Shaping educational change*, p. 5.
48. *Ibid.*
49. Peggy A. Ford, comunicação pessoal.
50. Qutb, "Hamaim fi New York", p. 666.
51. Entrevista com Michael Welsh.

52. Al-Khaledi, *Amrika min al-dakhil*, p. 181.
53. Geffs, *Under ten flags*, pp. 156-7; entrevista com Michael Welsh.
54. Entrevista com Sa'eb Dajani.
55. Entrevista com Sa'eb Dajani.
56. Entrevista com Ibrahim Insari.
57. Al-Khaledi, *Amrika min al-dakhil*, p. 169.
58. Qutb, "Amrika allati ra'ayt" (b), pp. 1301-2.
59. Al-Khaledi, *Amrika min al-dakhil*, p. 194.
60. Entrevista com Ibrahim Insari.
61. Entrevista com Sa'eb Dajani.
62. Qutb, "Amrika allati ra'ayt" (b), p. 1301.
63. *Ibid.*, pp. 1301-6.
64. Al-Khaledi, *Amrika min al-dakhil*, p. 157.
65. Sayyid Qutb, carta a Tawfiq al-Hakim, em Al-Khaledi, *Amrika min al-dakhil*, pp. 196-7.
66. *Ibid.*, p. 39.
67. Abu-Rabi, *Intellectual origins*, p. 156; Berman, *Terror and liberalism*, pp. 87 e ss.
68. Entrevista com Mohammed Qutb; Al-Khaledi, *Sayyid Qutb: al-adib*, p. 152.
69. Rodenbeck, *Cairo*, p. 152.
70. Neil MacFarquhar, "Egyptian group patiently pursues dream of Islamic State", *New York Times*, 20 de janeiro de 2002.
71. Ibrahim, *Egypt Islam and democracy*, p. 36.
72. Entrevista com Saad Eddin Ibrahim.
73. Mitchell, *Society of the Muslim Brothers*, p. 32.
74. Abdel-Malek, *Egypt*, p. 34; Rodenbeck, *Cairo*, p. 155. Nutting, *Nasser*, p. 31 fornece a cifra alternativa de 43 policiais mortos e 72 feridos.
75. Abdel-Malek, *Egypt*, p. 35.
76. Entrevista com Fahmi Howeidi. Outras observações sobre o casarão de Qutb feitas durante uma visita a Heluan com Mahfuz Azzam.
77. Entrevista com Gamal al-Banna; Al-Khaledi, *Sayyid Qutb: al-shaheed*, pp. 140-1; Al-Khaledi, *Sayyid Qutb: al-adib*, p. 159. Membros dos Oficiais Livres que estavam na sociedade são listados em Abdel-Malek, *Egypt*, pp. 94, 210-1.
78. Sivan, *Radical Islam*, p. 73.
79. Mohammed Qutb, comunicação pessoal.
80. Al-Khaledi, *Sayyid Qutb: al-shaheed*, p. 142.
81. Entrevista com Olivier Roy; Roy, *Afghanistan*, pp. 37-9.
82. Heikal, *Autumn of fury*, p. 127.
83. *Ibid.*, p. 141.
84. <nasser.bibalex.org>.
85. *Ibid.*; as cifras variam de "dúzias" (Calvert, "'Undutiful Boy'", p. 101) a "7 mil" (Abdel-Malek, *Egypt*, p. 96).
86. Hannonen, "Egyptian Islamic discourse", p. 43.
87. Moussalli, *Radical Islamic fundamentalism*, p. 34. Al-Khaledi, *Sayyid Qutb: al-shaheed*, p. 145, também menciona o uso de cães durante a tortura de Sayyid Qutb.

88. Al-Khaledi, *Sayyid Qutb: al-shaheed*, p. 154.
89. Mitchell, *Society of the Muslim Brothers*, p. 152.
90. Mohammed Qutb, comunicação pessoal; Moussalli, *Radical Islamic fundamentalism*, pp. 34, 62 n.
91. Fouad Allam, entrevista pessoal.
92. Moussalli, *Radical Islamic fundamentalism*, p. 36.
93. Qutb, *Marcos*, pp. 5 e ss.
94. Al-Aroosi, *Muhakamat Sayyid Qutb*, pp. 80-2.
95. Entrevista com Fouad Allam; Al-Aroosi, *Muhakamat Sayyid Qutb*, p. 43.
96. Entrevista com Fouad Allam.
97. Al-Khaledi, *Sayyid Qutb: al-shaheed*, p. 154.
98. *Ibid.*, p. 156.
99. Entrevista com Mahfuz Azzam
100. Al-Khaledi, *Sayyid Qutb: al-shaheed*, p. 154.
101. Entrevista com Mahfuz Azzam.
102. Entrevista com Mohammed Qutb.

2. O SPORTING CLUB (PP. 46-74)

1. Grande parte da história e sociologia de Maadi resulta de entrevistas com Samir W. Raafat e de seu livro *Maadi*.
2. As informações sobre a família Zawahiri foram, em grande parte, extraídas de entrevistas e comunicações pessoais com Mahfuz Azzam e Omar Azzam.
3. Yunan Rizk, "Al-Azhar's 1934", semanário *Al-Ahram*, 13-19 de maio de 2004.
4. Entrevista com Khaled Abou el-Fadi.
5. Raafat, *Maadi*, p. 185.
6. Entrevista com Mahfuz Azzam.
7. Entrevista com Zaki Mohammed Zaki.
8. Entrevista com Mahfuz Azzam.
9. Entrevista com Omar Azzam
10. Al-Zawahiri, *Cavaleiros sob o estandarte do profeta*, parte 3.
11. Entrevista com Zaki Mohammed Zaki.
12. Al-Zawahiri, *Cavaleiros sob o estandarte do profeta*, parte 6.
13. Entrevista com Saad Eddin Ibrahim.
14. Chanaa Rostom, "Li awil mara shaqiqat al-Zawahiri tatahadithe" (Pela primeira vez a irmã de Zawahiri fala), *Akher Sa'a*, 24 de outubro de 2001.
15. Entrevista com Mahfuz Azzam e Omar Azzam.
16. Entrevista com Hisham Kassem.
17. Cooley, *Unholy wars*, p. 40.
18. Entrevista com Abdul Haleem Mandour.
19. Entrevista com Kamal Habib.
20. Entrevista com Essam Nowair.

21. Entrevista com Omar Azzam.
22. Al-Zawahiri, *Cavaleiros sob o estandarte do profeta*, parte 2.
23. Entrevista com Mahfuz Azzam.
24. Entrevista com Omar Azzam; Robert Marquand, "The tenets of terror", *Christian Science Monitor*, 18 de outubro de 2001.
25. Entrevista com Omar Azzam.
26. Entrevista com Mahmoun Fandy.
27. Al-Zawahiri, *Cavaleiros sob o estandarte do profeta*, parte 2.
28. Ibrahim, *Egypt Islam and democracy*, p. 30 n.
29. Aiatolá Ruhollah Khomeini, Discurso na Escola Teológica Feyziyeh, 24 de agosto de 1979, reproduzido em Rubin e Rubin, *Anti-American terrorism*, p. 34.
30. Taheri, *Holy terror*, pp. 226-7.
31. Abdelnasser, *Islamic movement*, p. 73.
32. Roy Mottahedeh, comunicação pessoal.
33. Guenena, "'Jihad' an 'Islamic alternative'", pp. 80-1.
34. Kepel, *Jihad*, p. 85.
35. Abdo, *No God but God*, p. 54.
36. Interrogatório de 1981 de Ayman al-Zawahiri.
37. Al-Zawahiri, *Cavaleiros sob o estandarte do profeta*, parte 5.
38. Entrevista com Yassir al-Sirri.
39. Interrogatório de 1981 de Ayman al-Zawahiri.
40. Entrevista com Montassir al-Zayyat.
41. Entrevista com Fouad Allam.
42. Entrevista com Omar Azzam.
43. Entrevista com Mahfuz Azzam.
44. Al-Zawahiri, *Cavaleiros sob o estandarte do profeta*, parte 11.
45. Entrevista com Kamal Habib.
46. Fouad Allam, que teria supervisionado a tortura pessoalmente, alega que nenhuma tortura ocorreu; é tudo lenda, ele afirma. Pode haver um fundo de verdade nisso; muitas das histórias contadas pelos prisioneiros são tão góticas que possuem um toque de fantasia, e certamente foram apregoadas aos repórteres para desacreditar o regime e aumentar o prestígio dos islamitas. Allam entregou-me um vídeo de 1982 do jovem Montassir al-Zayyat (que me contou ter sido repetidamente espancado e submetido a choques elétricos) saudando alegremente os novos prisioneiros na prisão de Torah e contando-lhes como vinha sendo bem tratado. "Me deram até este Alcorão", ele diz, mostrando um livro de bolso. Zayyat agora sustenta que fez essa declaração sob tortura, embora Kamal Habib, cujas mãos estão cheias de cicatrizes de queimaduras de cigarro, afirme que Zayyat nunca foi torturado. "É só uma coisa que ele diz para a mídia", ele me contou.

A questão é o que aconteceu com Zawahiri. "Quanto mais alto o seu status na organização, mais você era torturado", conta Habib. "Ayman conhecia uma série de oficiais e tinha algumas armas. Ele foi submetido a tortura pesada." Vários ex-prisioneiros me contaram que a forma mais comum de tortura era ter as mãos amarradas atrás e depois ser içado na ombreira da porta — pendendo, às vezes por horas, pelas mãos atrás das costas. Habib levou anos para se recuperar da sensação de entorpecimento nos braços. O próprio Zawahiri nunca fala sobre sua experiência, mas escreve: "O moinho brutal da tortura quebrou ossos, esfolou peles, abalou nervos e matou almas. Seus métodos eram baixos. Ele detinha mulheres, cometia abuso sexual, xingava os homens de nomes femininos, deixava os prisioneiros passarem fome, dava-lhes comida estragada, cortava a água e impedia visitas para humilhar os detentos (Al-Zawahiri, *Cavaleiros sob o estandarte do profeta*, parte 4). Pode-se imaginar que a humilhação foi ainda maior para um homem tão orgulhoso quanto o dr. Zawahiri.

A referência de Zawahiri aos "cães ferozes" como forma de tortura é uma alegação freqüente entre os ex-prisioneiros. Sayyid Qutb foi supostamente atacado por cães durante sua segunda detenção. Os cães são desprezados na cultura islâmica, de modo que tal punição é particularmente degradante.

47. Entrevista com Osama Rushdi.
48. *Ibid.*
49. Entrevista com Montassir al-Zayyat.
50. Ibrahim, *Egypt Islam and democracy*, p. 20.
51. *Ibid.*, p. 19.
52. Entrevista com Saad Eddin Ibrahim.
53. Entrevista com Mahfuz Azzam.
54. Heba al-Zawahiri, comunicação pessoal.
55. Entrevista com Osama Rushdi.

3. O FUNDADOR (PP. 75-100)

1. Entrevista com Ahmed Badeeb.
2. Zayyat, *The road to al-Qaeda* [*Os caminhos da Al-Qaeda*], p. 31.
3. *Ibid.*, p. 49.
4. *Tahta al-Mijhar* (Sob o microscópio), Al-Jazira, 20 de fevereiro de 2003.
5. Zayyat, "Islamic groups", parte 4, *Al-Hayat*, 12 de janeiro de 2005. Zayyat afirma que Zawahiri lhe forneceu essa informação, embora não tenha me contado isso quando conversamos em 2002. Naquela época, ele disse que Zawahiri e Bin Laden provavelmente se conheceram em 1986 em Peshawar. Essa informação nova, ele afirma, se baseia em conversas subseqüentes com Zawahiri. Mohammed Salaah, o correspondente do jornal *Al-Hayat* no Cairo, contou-me que, segundo suas fontes, Bin Laden e Zawahiri teriam se conhecido em 1985 em Jidá. Outros especulam que o primeiro encontro dos dois teria acontecido no Paquistão. Por exemplo, Jamal Ismail contou a Peter Bergen que o primeiro encontro de Zawahiri e Bin Laden foi em Peshawar em 1986. Bergen, *The Osama bin Laden I know*, p. 63.
6. Burton, *Personal narrative of a prilgrimage to Al-Madinah & Meccah*, 2:274.
7. Entrevista com um porta-voz anônimo da família Bin Laden.
8. Othman Milyabaree e Abdullah Hassanein, "Al-Isamee al-Kabeer Alathee Faqadathoo al-Bilad" (O grande *self-made man* que o país perdeu), *Okaz*, 7 de setembro de 1967.
9. Eric Watkins, comunicação pessoal.
10. Entrevista com o porta-voz da família Bin Laden.

11. Entrevista com Saleh M. Binladin.

12. Aburish, *The rise, corruption, and coming fall of the House of Saud*, p. 24. De acordo com Aburish: "Não menos de 400 mil pessoas foram mortas e feridas, pois os Ikhwan não tomavam prisioneiros, eles costumavam matar os vencidos. Bem mais de 1 milhão de habitantes dos territórios conquistados por Ibn Saud fugiram para outros países". A historiadora saudita Madawi al-Rasheed observa que é difícil dar crédito a essas cifras, já que não havia ninguém fazendo a contagem, mas ela escreve, numa comunicação pessoal: "A escala das atrocidades sauditas em nome da unificação do país é maciça". E acrescenta: "Os Ikhwan não passavam de uma força mercenária mobilizada por Ibn Saud para travar suas guerras e servir a seus propósitos pessoais. Uma vez realizado o serviço, ele os massacrou usando outros mercenários, desta vez a população sedentária do sul do Najd, outras tribos e a força aérea britânica, na época estacionada no Kuwait e no Iraque".

13. Schwartz, *Two faces of Islam*, pp. 69 e ss.

14. Khaled Abou el Fadi, "The ugly modern and the modern ugly", pp. 33-77.

15. Lacey, *The kingdom*, pp. 231 e ss.; Lippman, *Inside the mirage*, pp. 15 e ss.

16. Entrevista com Nawaf Obaid.

17. Entrevista com um porta-voz anônimo da família Bin Laden.

18. Entrevista com Jamal Khalifa. Um porta-voz da família Bin Laden contesta a história do soco da professora em Mohammed Bin Laden; segundo ele, Mohammed perdeu o olho em um acidente na Etiópia. Antes da adoção de óculos protetores, pedreiros e talhadores de pedras muitas vezes ficavam cegos com lascas de rocha ou argamassa. Acredito na história do soco, porque Khalifa ouviu-a da esposa, que conhecia o pai da professora. Outros irmãos de Bin Laden com quem falei admitem não ter nenhum conhecimento mais detalhado sobre a perda da visão do pai.

19. Entrevista com Saleh M. Binladin.

20. Entrevista com Michael M. Ameen Jr.

21. Thomas C. Barger, "Birth of a dream", *Saudi Aramco World* 35, nº 3 (maio-junho de 1984.)

22. Entrevista com o príncipe Turki al-Faisal. "A Aramco era realmente a única instituição que construía coisas", disse o príncipe Turki. "Quando o rei Abdul Aziz queria que alguma coisa fosse feita, solicitava à Aramco, ou pedia seu conselho. Foi assim que Bin Laden entrou em cena. Ele foi recomendado."

23. Othman Milyabaree e Abdullah Hassanein, "Al-Isamee al-Kabeer Alathee Faqadathoo al-Bilad" (O grande *self-made man* que o país perdeu), *Okaz*, 7 de setembro de 1967.

24. Entrevista com uma fonte saudita anônima.

25. Entrevista com Jamal Khalifa.

26. Entrevista com um porta-voz anônimo da família Bin Laden.

27. Mohammed Besalama, "Al-Sheikh Mohammed Awad bin Laden al-Mu'alem" (Xeique Mohammed Awad bin Laden, o professor), *Okaz*, 2 de junho de 1984.

28. Entrevista com Ali Soufan.

29. Entrevista com um porta-voz anônimo da família Bin Laden.

30. Fonte saudita anônima.

31. Mohammed Besalama, "Al-Sheikh Mohammed Awad Bin Laden al-Mu'alem" (Xeique Mohammed Awad bin Laden, o professor), *Okaz*, 2 de junho de 1984; entrevista com um porta-voz anônimo da família Bin Laden.

32. Mohammed Besalama, "Al-Sheikh Mohammed Awad Bin Laden al-Mu'alem" (Xeique Mohammed Awad bin Laden, o professor), *Okaz*, 2 de junho de 1984.
33. Mayer, "The house of Bin Laden".
34. Fonte saudita anônima. Um porta-voz da Caterpillar Corporation recusou-se a comentar.
35. Lippman, *Inside the mirage*, p. 49.
36. Entrevista com Khaled Batarfi.
37. Entrevista com o príncipe Talal bin Abdul Aziz.
38. Lacey, *The kingdom*, p. 302.
39. Entrevista com Michael M. Ameen Jr.
40. Aramco, *Binladen brothers for contracting and industry* (n. f., s. d.)
41. Cifras de Abbas, *Story of the great expansion*, pp. 363 e ss., e de um filme promocional do Saudi Binladin Group.
42. Lacey, *The kingdom*, p. 323.
43. Entrevista com uma fonte saudita anônima.
44. Lippman, *Inside the mirage*, p. 127. Ao mesmo tempo, o rei também tinha de aprovar pessoalmente toda decolagem e aterrissagem de aviões no reino.
45. Rachel Bronson, comunicação pessoal. De acordo com Bronson, os sauditas permitiram que os americanos construíssem uma base aérea em 1945, projetada para facilitar o movimento de tropas para o teatro do Pacífico durante a Segunda Guerra Mundial. A presença americana foi renegociada após a guerra, e os americanos conduziram uma pesquisa para avaliar as necessidades militares sauditas. Em 1953, os Estados Unidos e os sauditas assinaram o acordo que permite às forças americanas treinar unidades sauditas. Ele tem servido de base para toda a cooperação militar subseqüente.
46. Entrevista com Stanley Guess.
47. Wiktorowicz e Kaltner, "Killing in the name of Islam".
48. Champion, *The paradoxical kingdom*, pp. 49 e ss.; al-Rasheed, *A history of Saudi Arabia*, p. 66; Lacey, *The kingdom*, p. 188.
49. Entrevista com o príncipe Turki al-Faisal.
50. Porta-voz anônimo da família Bin Laden, comunicação pessoal.
51. Entrevista com Mahmoud Alim. De acordo com Ali Soufan, Osama bin Laden costumava contar a mesma história.
52. Porta-voz anônimo da família Bin Laden, comunicação pessoal.
53. Livreto do Saudi Binladin Group.
54. Entrevista com Khaled Batarfi.
55. Entrevista com Jamal Khalifa.
56. Entrevista com o príncipe Turki al-Faisal.
57. Othman Milyabaree e Abdullah Hassanein, "Al-Isamee al-Kabeer Alathee Faqadathoo al-Bilad" (O grande *self-made man* que o país perdeu), *Okaz*, 7 de setembro de 1967.
58. "Walidee Ramama Al-Aqsa Bilkhasara" (Meu pai restaurou a mesquita Al-Aqsa, com prejuízo), *Al-Umma al-Islamiyya*, 18 de outubro de 1991.
59. Entrevista com um porta-voz anônimo da família Bin Laden, que contou que nasceram 29 filhas e 25 filhos. National Commission on Terrorist Attacks Upon the United States, "The 9/11 Commission Report" (p. 55), estima o número total de filhos em 57.

60. Entrevista com um porta-voz anônimo da família Bin Laden.
61. Entrevista com um porta-voz anônimo da família Bin Laden.
62. Bin Ladin, *Inside the kingdom*, p. 69.
63. Scheuer, *Through our enemies' eyes*, p. 82.
64. "The 9/11 Commission Report", p. 55.
65. "Ashiqaa' Wa Shaqiqat Oola Zawjat Bin Laden Billathiqiya Khaifoon 'Alayha wa 'ala Atfaliha al 11 Fee Afghanistan" (Os irmãos e irmãs da primeira esposa de Bin Laden em Latáquia temem por ela e seus onze filhos no Afeganistão), *Al-Sharq al-Awsat*, 14 de novembro de 2001.
66. Entrevista com Khaled Batarfi.
67. Ali Taha e Emad Sara, "Al-Majellah Fee Qaryat Akhwal Osama bin Laden Fee Suria" (Al-Majellah na aldeia dos tios de Osama bin Laden na Síria), *Al-Majellah*, 8 de dezembro de 2001.
68. Joseph Bahout, comunicação pessoal. Se a própria Alia Ghanem era alawita é objeto de discussão. Ahmed Badeeb, um auxiliar do príncipe Turki quando este chefiava a inteligência saudita, contou que ela era alawita, o que foi confirmado pelo cunhado de Osama bin Laden, Jamal Khalifa, e seu amigo Jamal Khashoggi. A família negou — o que, é claro, podia ser dissimulação religiosa. Ahmed Zaidan contou que perguntou aos convidados do casamento do filho de Osama em Jalalabad, em 2001, se Alia era alawita, e recebeu uma resposta negativa. Wahib Ghanem, um alawita de Latáquia na década de 1940, foi um fundador do partido Baath. Entretanto, existem cristãos e muçulmanos sunitas de sobrenome Ghanem, especialmente no Líbano.
69. Nawaf Obaid informou que Alia foi realmente uma concubina, ponto reforçado por Carmen bin Ladin. Jamal Khashoggi diz: "O fato de ter dado à luz Osama significou que estavam casados, mas na época — a década de 1950 — era costume comprar concubinas, particularmente da seita alawita".
70. Entrevista com Jamal Khalifa.
71. Bin Laden diz: "Nasci no mês de ragab do ano 1377 da hégira". "Walidee Ramama Al-Aqsa Bilkhasara" (Meu pai restaurou a mesquita Al-Aqsa, com prejuízo), *Al-Umma al-Islamiyya*, 18 de outubro de 1991. Ele contou a Jamal Ismail: "Deus todo-poderoso concedeu-me a graça de nascer de pais muçulmanos na península Arábica, no bairro de Al-Malazz em Riad, no ano 1377 da hégira" — o que poderia ser 1957 ou 1958, dependendo do mês. Jamal Ismail, "Osama bin Laden: A destruição da base", apresentado por Salah Najm, Al-Jazira, 10 de junho de 1999. Bin Laden supostamente forneceu como data de nascimento 10 de março de 1957 durante aquela entrevista, mas aquilo não fez parte da transcrição. Além disso, os homens sauditas de sua idade costumam não saber a data real de nascimento, já que não se celebram os aniversários. As autoridades sauditas atribuíam arbitrariamente a vários homens a mesma data de nascimento para passaportes e outros documentos oficiais. Por exemplo, o amigo de Bin Laden Jamal Khalifa nasceu "oficialmente" em 1º de fevereiro de 1957. Por acaso, encontrei uma anotação no diário da família de que ele nasceu realmente em 1º de setembro de 1956. Os registros da família Bin Laden não fornecem uma data particular de seu nascimento.
72. "Walidee Ramama Al-Aqsa Bilkhasara" (Meu pai restaurou a mesquita Al-Aqsa, com prejuízo), *Al-Umma al-Islamiyya*, 18 de outubro de 1991.
73. Entrevista com Ali Soufan, que diz: "Seus irmãos me contaram que ele nunca viu o pai mais que três ou quatro vezes".

74. Entrevista com Jamal Khalifa.
75. Entrevista com uma fonte saudita anônima.
76. "Half-brother Will pay to defend Bin Laden", AP, 5 de julho de 2005. Yeslam Bin Laden disse ter medo do pai no canal por satélite Al-Arabiya, mas seus comentários foram mal interpretados em matéria da AP em língua inglesa, que relata que ele teria sido espancado.
77. "Walidee Ramama Al-Aqsa Bilkhasara" (Meu pai restaurou a mesquita Al-Aqsa, com prejuízo), *Al-Umma al-Islamiyya*, 18 de outubro de 1991.
78. Reeve, *The new jackals*, p. 159.
79. Salah Najm e Jamal Ismail, "Osama bin Laden: A destruição da base", Al-Jazira, 10 de junho de 1999.
80. Entrevista com um porta-voz anônimo da família Bin Laden.
81. Entrevista com Khaled Batarfi.
82. Entrevista com Jamal Khalifa.
83. Entrevista com Michael M. Ameen Jr.
84. Entrevista com o porta-voz da família Bin Laden. Bin Ladin, *Inside the kingdom*, p. 65.
85. Reeve, *The new jackals*, p. 159.
86. Mohammed Besalama, "Al-Sheikh Mohammed Awad bin Laden al-Mu'alem" (Xeique Mohammed Awad bin Laden, o professor), *Okaz*, 2 de junho de 1984.
87. Entrevista com uma fonte saudita anônima.
88. Entrevista com o príncipe Amr Mohammed al-Faisal.
89. Entrevista com Ahmed Badeeb. Os dois príncipes eram Abdul Aziz bin Mishal bin Abdul Aziz e Abdul Aziz bin Ahmed bin Abdul Rahman.
90. Brian Fyfield-Shayler, citado em "Meeting Osama bin Laden", PBS, 12 de janeiro de 2005.
91. Entrevistas com Tarik Ali Alireza e Ahmed Badeeb.
92. "Half-brother says Bin Laden is alive and well", <www.cnn.com/2002/world/meast/03/18/-osama.brother>, 19 de março de 2002.
93. Khaled Batarfi, "An interview with Osama bin Laden's mother", *The Mail on Sunday*, 23 de dezembro de 2001.
94. Entrevista com Khaled Batarfi.
95. Michael Slackman, "Bin Laden's mother tried to stop him, Syrian Kin say", *Chicago Tribune*, 13 de novembro de 2001.
96. Rahimullah Yusufzai, "Terror suspect: An interview with Osama bin Laden," <abcnews.go.com>, dezembro de 1998.
97. Entrevista com Khaled Batarfi.
98. "Walidee Ramama Al-Aqsa Bilkhasara" (Meu pai restaurou a mesquita Al-Aqsa, com prejuízo), *Al-Umma al-Islamiyya*, 18 de outubro de 1991.
99. Entrevista com Khaled Batarfi.
100. Bin Laden, *Inside the kingdom*, p. 160.
101. Entrevista com Jamal Khashoggi.
102. Entrevista com Jamal Khalifa, a fonte de grande parte das informações sobre a experiência de Bin Laden na universidade.
103. "Walidee Ramama Al-Aqsa Bilkhasara" (Meu pai restaurou a mesquita Al-Aqsa, com prejuízo), *Al-Umma al-Islamiyya*, 18 de outubro de 1991.

104. Entrevista com Jamal Khalifa.
105. Entrevistas com Khaled Batarfi, Jamal Khalifa e Mohammed Qutb.
106. Entrevista com Khaled Batarfi; Douglas Farah e Dana Priest, "Bin Laden son plays key role in Al-Qaeda", *Washington Post*, 14 de outubro de 2003.
107. Entrevista com Khaled Batarfi.
108. Entrevista com Jamal Khalifa.
109. *Ibid.*
110. Entrevista com Zaynab Ahmed Khadr, que tem um filho com uma deficiência semelhante. Ela discutiu o problema com a mãe de Abdul Rahman.
111. Entrevista com Zaynab Ahmed Khadr (que também forneceu as contagens dos filhos de Bin Laden) e com Maha Elsamneh.
112. Visita e entrevista com Jamal Khalifa.
113. Entrevista com Jamal Khalifa.
114. "Walidee Ramama Al-Aqsa Bilkhasara" (Meu pai restaurou a mesquita Al-Aqsa, com prejuízo), *Al-Umma al-Islamiyya*, 18 de outubro de 1991.
115. "The 9/11 Commission Report" (p. 55), com base no serviço de inteligência americano, situa a altura de Bin Laden em 1,95 metro. De acordo com Michael Scheuer, essa estimativa derivou de Essam Deraz, o primeiro biógrafo de Bin Laden, que me contou que Bin Laden tinha "mais de dois metros de altura, talvez 2,5 ou 2,4 metros". John Miller, que entrevistou Bin Laden para a rede de televisão ABC, descreveu-o como tendo 1,95 metro, mas o viu apenas uma vez. Ahmad Zaidan, o chefe do escritório da Al-Jazira em Islamabad que se encontrou com Bin Laden várias vezes, estima sua altura em 1,80 metro. Os amigos de Bin Laden, porém, não divergem muito sobre sua altura. Jamal Khashoggi contou-me que Bin Laden media "exatamente a minha altura" — 1,82 metro. O amigo de Bin Laden no Sudão, Issam Turabi, disse que Bin Laden media 1,83 ou 1,84 metro. Seu amigo de faculdade e companheiro de moradia, Jamal Khalifa, situa sua altura em 1,85 metro. Essa é a altura real do filho de Bin Laden Abdullah, que diz que seu pai mede uns cinco centímetros mais que ele. O amigo de Bin Laden Mohammed Loay Baizid também diz que Bin Laden tem cinco centímetro mais que ele, mas Baizid mede apenas 1,70 metro. Poderíamos teorizar sobre a grande disparidade de percepção. Incluo essa pesquisa apenas como um exemplo da frustração de um repórter ao tentar obter uma resposta a uma pergunta simples, dentre muitas com respostas conflitantes.

4. MUDANÇA (PP. 101-16)

1. Discurso do príncipe Turki al-Faisal no departamento de estudos árabes contemporâneos da Georgetown University, 3 de fevereiro de 2002.
2. "The Lawrence", anuário da Lawrenceville School, Nova Jersey, 4 de maio de 1962, p. 5.
3. Discurso do príncipe Turki al-Faisal no departamento de estudos árabes contemporâneos da Georgetown University, 3 de fevereiro de 2002.
4. Clinton, *My life* [*Minha vida*], p. 110.
5. Entrevista com o príncipe Turki al-Faisal.
6. Wright, "Kingdom of silence". Ela alcançou a dos Estados Unidos em 1981.

7. Wright, "Kingdom of silence"; entrevista com Berhan Hailu.
8. Al-Rasheed, *A history of Saudi Arabia*, p. 124; também, Teitelbaum, *Holier than thou*, pp. 17 e ss.
9. Lacey, *The kingdom*, p. 478. Grande parte deste relato vem de Lacey e de James Buchan, "The return of the Ikhwan", em Holden e Johns, *The house of Saud*, pp. 511-26.
10. Heikal, *Iran*, p. 197. Kechichian alega que nenhum dos milhares de peregrinos na mesquita naquele dia ouviu Qahtani "ou qualquer outro, por sinal" evocar o mádi. Kechichian, "Islamic revivalism", p. 15. Não encontrei nenhuma outra fonte apoiando esta afirmação.
11. Bin Ladin, *Inside the kingdom*, pp. 123-4.
12. AbuKhalil, *Bin Laden, Islam, and America's new "war on terrorism"*, p. 64.
13. Holden e Johns, *The house of Saud*, p. 517.
14. Al-Rasheed, *A history of Saudi Arabia*, p. 144; Lacey sugere duzentos, em *The kingdom*, p. 484; Aburish estima trezentos, em *The rise, corruption, and coming fall of the House of Saud*, p. 108. Fontes árabes estimam a cifra na ordem dos milhares. O capitão Paul Barril diz que eram 1500 insurgentes, em *Commando*, outubro-novembro de 2002.
15. Holden e Johns, *The house of Saud*, p. 520.
16. Mackey, *The Saudis*, p. 231.
17. Lacey, *The kingdom*, p. 484.
18. Entrevista com Jamal Khalifa.
19. Holden e Johns, *The house of Saud*, p. 525.
20. Entrevista com o príncipe Turki al-Faisal.
21. A história desse evento está cheia de versões contraditórias. Da Lage cita o capitão Paul Barril, que conduziu três policiais franceses até Meca, onde se "converteram" no ato ao islã, de modo que pudessem dirigir o ataque à Grande Mesquita. Olivier Da Lage, "Il y a quinze ans: La prise de la Grande Mosquée da La Mecque", *Le Monde*, 20-21 de novembro de 1994. Aburish alega que os rebeldes foram vencidos por pára-quedistas franceses, que realmente inundaram e eletrificaram as câmaras. Aburish, *The rise, corruption, and coming fall of the House of Saud*, p. 108.
Turki nega que os franceses tenham se convertido ou entrado em Meca. De Marenches também nega que os franceses tenham entrado em Meca. De Marenches e Ockrent, *The evil empire*, p. 112. Optei por dar crédito ao relato do capitão Barril com base na autoridade de uma fonte anônima do serviço de inteligência saudita.
22. Theroux, *Sandstorms*, p. 90.
23. Entrevista com Jamal Khalifa.
24. Burke, *Al-Qaeda*, p. 55.
25. Robert Fisk, "Anti-Soviet warrior puts his army on the road to peace", *The Independent*, 6 de dezembro de 1993.
26. "Walidee Ramama Al-Aqsa Bilkhasara" (Meu pai restaurou a mesquita Al-Aqsa, com prejuízo), *Al-Umma al-Islamiyya*, 18 de outubro de 1991.
27. *Ibid*.
28. Weaver, *A portrait of Egypt*, p. 180.
29. *Tahta al-Mijhar* (Sob o microscópio), Al-Jazira, 20 de fevereiro de 2003.
30. Abdullah bin Omar, "The striving sheik: Abdullah Azzam", *Nida 'ul Islam*, tradução inglesa de Mohammed Saeed, julho-setembro de 1996, <www.islam.org.au/articles/14/azzam.htm> (desativado).

31. Mohammed al-Shafey, "*Al-Sharq al-Awsat* interviews Umm Mohammed", *Al-Sharq al-Awsat*, 30 de abril de 2006.

32. *Tahta al-Mijhar* (Sob o microscópio), Al-Jazira, 20 de fevereiro de 2003.

33. Mohammed, *Al-Ansar al-Arab fi Afghanistan*, p. 37.

34. Vídeo de recrutamento sem título de Abdullah Azzam, 1988.

35. Entrevista com Jamal Khalifa.

36. Azzam, *The lofty mountain*, p. 150.

37. Entrevista com Jamal Khalifa.

38. Salah, *Waqai' Sanawat al-Jihad*.

39. Dr. Gehad Auda e dr. Ammar Ali Hassan, "Strategic papers: The globalization of the radical Islamic movement: The case of Egypt", <www.ahram.org.eg/acpss/eng/ahram/2004/7/5/-spap5.htm>.

40. Entrevista com Essam Deraz.

41. Mohammed Sadeeq, "The story of Saudi Afghans: They participated in jihad and violent fighting", *Al-Majellah*, 11 de maio de 1996.

42. Shadid, *Legacy of the prophet*, p. 83.

43. Osama bin Laden entrevistado pela Al-Jazira, 7 de outubro de 2001. Bin Laden situa esta conversa em 1979, quando, segundo ele, teria ido pela primeira vez ao Afeganistão.

44. Entrevista com Khaled Batarfi.

5. OS MILAGRES (PP. 117-40)

1. Cooley, *Unholy wars*, p. 19.

2. *Ibid.*, p. 232.

3. Entrevista com Abdullah Anas.

4. Jon Lee Anderson, "Letter from Kabul: The assassins", *The New Yorker*, 10 de junho de 2002.

5. Coll, *Ghost wars*, p. 83.

6. Mohammed, *Al-Ansar al-Arab fi Afghanistan*, p. 85.

7. Azzam, *The lofty mountain*, p. 150.

8. *Ibid.*

9. *Ibid.*

10. *Ibid.*, p. 88.

11. Bergen, *Holy war*, p. 56.

12. Mohammed, *Al-Ansar al-Arab fi Afghanistan*, p. 119.

13. Michael Scheuer, *Through our enemies' eyes*, p. 99; Mohammed, *Al-Ansar al-Arab fi Afghanistan*, p. 198.

14. Bernstein, *Out of the blue*, p. 45.

15. Entrevista com Ahmed Badeeb e Saeed Badeeb. De acordo com Saeed Badeeb, o governo saudita manteve o apoio até Bin Laden deixar o Afeganistão em 1989.

16. Comunicação particular com Marc Sageman, que era agente da CIA no Afeganistão na época.

17. Em outra parte, ele diz: "Nosso primeiro encontro deve ter ocorrido em torno de 1984". "And then mullah Omar screamed at me", *Der Spiegel*, novembro de 2004.

18. Clarke, *Against all enemies* [Contra todos os inimigos], p. 52.

19. Jason Burke, "The making of Bin Laden", parte 2, *Observer*, 28 de outubro de 2001.

20. Michael Scheuer, *Through our enemies' eyes*, p. 98.

21. Jason Burke, "The making of Bin Laden", part 2, *Observer*, 28 de outubro de 2001.

22. Fouda e Fielding, *Masterminds of terror*, p. 92; Cooley, *Unholy wars*, p. 238.

23. Burke, *Al-Qaeda*, p. 56.

24. Entrevista com Khaled Khawaja.

25. Entrevista com uma fonte anônima da Al-Qaeda.

26. Mohammed, *Al-Ansar al-Arab fi Afghanistan*, p. 177.

27. Entrevista com Zaynab Abdul Khadr.

28. Entrevista com Abdullah Anas. Milt Bearden, o chefe da unidade da CIA no Afeganistão na época, diz: "Calculamos que havia cerca de 2 mil afegãos árabes de cada vez, mais alguns milhares que faziam daquilo um Club Med" — ou seja, vinham para passar férias breves. "Em comparação, havia cerca de 250 mil afegãos em tempo integral ou parcial, e 125 mil soviéticos", diz Bearden.

29. Entrevista com Zayneb Ahmed Khadr.

30. Vídeo de recrutamento sem título de Abdullah Azzam, 1988.

31. Por exemplo, ver Abdullah Yusuf Azzam, "The signs of ar-Rahmaan in the jihad of the Afghan", <http://www.islamicawakening.com/viewarticle.php?articleid=877&>.

32. Abdullah Yusuf Azzam, "Abul-Mundhir ash-Shareef", <http://www.islamicawakening.com/print.php?articleid=30&>.

33. Entrevista com Mohammed Loay Baizid.

34. James R. Woolsey, "Defeating the oil weapon", *Commentary*, setembro de 2002. A cifra é para meados da década de 1990. Outras estatísticas foram extrapoladas com base no confiável "Arab Human Development Report 2002".

35. Osama bin Laden, "Mensagem ao povo iraquiano", Al-Jazira, 18 de outubro de 2003.

36. Mitchell, *Society of the Muslim Brothers*, p. 207.

37. Qutb, *Marcos*, pp. 58 e ss.; inclui outras citações de Qutb a seguir.

38. Este argumento é desenvolvido mais plenamente em Roxanne L. Euben, "Comparative political theory: An Islamic fundamentalist critique of rationalism", *Journal of Politics* 59, nº 1 (fevereiro de 1997), pp. 28-55.

39. Entrevista com Jamal Khashoggi.

40. Entrevista com Mohammed al-Hulwah.

41. Mohammed, *Al-Ansar al-Arab fi Afghanistan*, p. 178.

42. Isso de acordo com Essam Deraz, embora Mohammed Loay Baizid situe a data da mudança em 1988.

43. Entrevista com Marc Sageman.

44. Mohammed, *Al-Ansar al-Arab fi Afghanistan*, p. 185.

45. Jamal Ismail, "Osama bin Laden: The destruction of the base", Al-Jazira, 10 de junho de 1999.

46. Mohammed, *Al-Ansar al-Arab fi Afghanistan*, p. 241.

47. *Ibid.*, p. 233.
48. *Ibid.*, p. 216.
49. "Walidee Ramama Al-Aqsa Bilkhasara" (Meu pai restaurou a mesquita Al-Aqsa, com prejuízo), *Al-Umma al-Islamiyya*, 18 de outubro de 1991.
50. Entrevista com um porta-voz anônimo da família Bin Laden.
51. Entrevista com Essam Deraz.
52. Entrevistas com Bassim A. Alim e Mohammed Loay Baizid.
53. Mohammed, *Al-Ansar al-Arab fi Afghanistan*, p. 211.
54. Azzam, *The lofty mountain*, p. 23. O xeique Tamim jamais realizou seu martírio. Morreu no ano seguinte de ataque cardíaco num circuito de palestras em Orlando, Flórida.
55. Mohammed, *Al-Ansar al-Arab fi Afghanistan*, p. 261.
56. Abu Muhammed em Azzam, *The lofty mountain*, p. 97.
57. Mohammed, *Al-Ansar al-Arab fi Afghanistan*, p. 265.
58. Entrevista com Mohammed Loay Baizid.
59. Azzam, *The lofty mountain*, p. 109.
60. *Ibid.*, pp. 100 e ss., a fonte de grande parte deste relato, além de Mohammed, *Al-Ansar al-Arab fi Afghanistan*, pp. 310 e ss., e "Walidee Ramama Al-Aqsa Bilkhasara" (Meu pai restaurou a mesquita Al-Aqsa, com prejuízo), *Al-Umma al-Islamiyya*, 18 de outubro de 1991.
61. Mohammed, *Al-Ansar al-Arab fi Afghanistan*, p. 316.
62. Azzam, *The lofty mountain*, p. 30.
63. "Walidee Ramama Al-Aqsa Bilkhasara" (Meu pai restaurou a mesquita Al-Aqsa, com prejuízo), *Al-Umma al-Islamiyya*, 18 de outubro de 1991.
64. Mohammed, *Al-Ansar al-Arab fi Afghanistan*, p. 326.
65. Osama bin Laden em Azzam, *The lofty mountain*, pp. 112-3.
66. "Walidee Ramama Al-Aqsa Bilkhasara" (Meu pai restaurou a mesquita Al-Aqsa, com prejuízo), *Al-Umma al-Islamiyya*, 18 de outubro de 1991.
67. Robert Fisk, "The Saudi businessman who recruited mujahedin now uses them for large-scale building projects in Sudan", *The Independent*, 6 de dezembro de 1993.
68. Entrevista com Jamal Khashoggi, que também falou dos casos de malária e pneumonia de Bin Laden. Existe um vínculo entre pressão baixa e diabetes, daí alguns dizerem que Bin Laden recebia injeções de insulina. Bergen, *Holy war*, p. 57; também Hassan al-Binayyan, "Al-Qaeda man freed from riyadh jail reveals it all", *Arab News*, 26 de novembro de 2001. Porém Jamal Khalifa afirma que Bin Laden não era diabético.
69. Osama bin Laden em Azzam, *The lofty mountain*, p. 114. (A citação foi ligeiramente corrigida por motivos gramaticais que podem ter sido originados no processo de tradução.)
70. Entrevista com Mohammed Loay Baizid.

6. A BASE (PP. 141-65)

1. Entrevistas com Mohammed Sarwar e Rahimullah Yusufzai.
2. Entrevista com Marc Sageman. Sageman questiona a afirmação comum de que os comandantes vinham enriquecendo com o tráfico de heroína.

3. Entrevista com Rahimullah Yusufzai.
4. Entrevista com Jamal Ismail.
5. Documento não publicado da CIA, "Report on Mohammed al-Zawahiri" (sem data, sem autor).
6. Alguns membros da Al-Jihad acreditam que Zawahiri plagiou seu livro, que, segundo eles, teria sido realmente escrito por Sayyid Imame al-Sharif (também conhecido como dr. Fadl).
7. Entrevista com Kemal Helbawi.
8. Entrevista com Yasser al-Sirri; também Hamdi Rizq, "Confessions of those 'Returning from Albania' mark the end of the Egyptian 'Jihad Organization'", *Al-Wasat*, 19 de abril de 1999. Tradução inglesa do Foreign Broadcast Information Service [FBIS].
9. Entrevistas com Jamal Khashoggi e Osama Rushdi.
10. Entrevistas com Kamal Helbawy e Abdullah Anas.
11. Kepel, *Muslim extremism in Egypt*, pp. 73-8.
12. Entrevista com Khaled Abou el-Fadl.
13. Heikal, *Autumn of fury*, p. 251.
14. *Sahih Bukhari*, vol. 9, livro 83, nº 17.
15. Entrevista com Osama Rushdi.
16. Entrevista com Maha Elsamneh.
17. Chanaa Rostom, "Al-Zawahiri's latest victims", *Akher Sa'a*, 12 de dezembro de 2001.
18. Al-Zawahiri, *Cavaleiros sob o estandarte do profeta*, parte 2.
19. Anexo do documento "Tareek Osama", apresentado no processo "United States *versus* Enaam M. Arnaout".
20. Entrevistas com Jamal Khashoggi e Essam Deraz.
21. "Bin-Ladin associate interrogated", *Al-Sharq al-Awsat*, 24 de junho de 1999.
22. Entrevista com Essam Deraz.
23. Nabil Sharaf El Din, "Details on the man who carved the story of Bin Laden (Part III)", *Al-Watan*, 29 de setembro de 2001. Tradução inglesa do FBIS. De acordo com Abduh Zinah, "Report profiling five Egyptian terrorists on US most wanted list", *Al-Sharq al-Awsat*, 20 de dezembro de 2001, Makkawi foi para a Arábia Saudita em 1998, depois para o Afeganistão.
24. Entrevista com Montassir al-Zayyat, que era advogado de Makkawi.
25. Entrevistas com Kamal Habib e Mohammed Salah.
26. Entrevista com uma figura política anônima do Cairo. "Acredito que ele seja o verdadeiro pai do 11 de setembro", a fonte contou-me. Ela também descreveu Makkawi como "psicopata".
27. Existe uma controvérsia sobre se a figura da Al-Qaeda com esse nome e Mohammed Makkawi são o mesmo homem. Ele está assim identificado na acusação americana, mas Ali Soufan diz: "Não sabemos o nome real de Saif al-Adl, nem mesmo o serviço egípcio sabe quem ele é. Mas ele lutou contra os russos no Afeganistão". Nu'man bin Uthman, um islamita líbio que combateu no Afeganistão e alega conhecer Makkawi e Saif al-Adl, sustenta que são homens diferentes. Mohammed el-Shafey, "Libyan Islamist Bin Uthman discusses identity of Al-Qa'ida operative Saif al-Adl", *Al-Sharq al-Awsat*, 30 de maio de 2005. Por outro lado, o escritor jordaniano Fu'ad Husayn entrevistou recentemente Saif al-Adl e diz que ele é Makkawi. Fu'ad Husayn, "Al-Zarqawi [...] The second generation of Al-Qaeda, Part 2", *Al-Quds al-Arabi*, 16 de

junho de 2005. Tradução inglesa do FBIS. Jamal Ismail, que era repórter do jornal islamita em Peshawar durante a década de 1980, diz que Saif al-Adl não é Makkawi, mas outro egípcio que vive atualmente no Irã; Makkawi, diz Ismail, vive como refugiado na Europa.

28. Entrevista com Jamal Khalifa.
29. Entrevista com Mohammed Loay Baizid.
30. Entrevista com Abdullah Anas.
31. Gunaratna, *Inside Al-Qaeda* [*No interior da Al-Qaeda, rede global do terror*], p. 22.
32. Azzam, "The solid base".
33. Jamal Ismail, comunicação pessoal.
34. Abdel Bari Atwan em Bergen, *The Osama bin Laden I know*, p. 170.
35. Entrevista com Jamal Khashoggi. Observe-se que a Bósnia também estava ausente da lista de Bin Laden de alvos potenciais da *jihad*.
36. Entrevistas com Mohammed Loay Baizid (Abu Rida al-Suri) e Wa'el Julaidan através de um intermediário. Baizid alega que estava fora do país na época da reunião e que Abu Hajer mais tarde o informou a respeito. O tribunal em Chicago sustenta que as anotações manuscritas das reuniões são realmente de Baizid. Wa'el Julaidan, que esteve presente, contou-me através de um intermediário que Abdullah Azzam esteve lá também.
37. Anexo do documento "Tareek Osama", apresentado no processo "United States *versus* Enaam M. Arnaout". Minha tradução difere em vários aspectos daquela fornecida no tribunal.
38. Entrevista com Jamal Khalifa.
39. Anexo do documento "Tareek Osama", apresentado no processo "United States *versus* Enaam M. Arnaout".
40. Ahmad Zaydan, "The search for Al-Qaeda", *Tahta al-Mijhar* [Sob o microscópio], Al-Jazira, transcrição do FBIS, 10 de setembro de 2004.
41. Entrevista com Mohammed Loay Baizid.
42. Entrevista com Abdullah Anas.
43. *Ibid.*
44. *Ibid.*
45. *Ibid.*
46. Seu nome real é Ahmed Sayed Khadr. Entrevistas com Zaynab Ahmed Khadr, Maha Elsamneh e Mohammed Loay Baizid. Os detalhes do julgamento são de Wa'el Julaidan, que respondeu a perguntas através de um intermediário, e do documento "Tareek Osama", apresentado no processo "United States *versus* Enaam M. Arnaout".
47. "The story of the Arab Afghans from the time of arrival in Afghanistan until their departure with the Taliban", parte 5, *Al-Sharq al-Awsat*, 12 de dezembro de 2004.
48. Entrevista com Abdullah Anas.
49. Entrevista com Jamal Khalifa.
50. Cordovez e Harrison, *Out of Afghanistan*, p. 384.
51. Borovik, *The hidden war*, pp. 12-3.
52. William T. Vollmann, "Letter from Afghanistan: Across the divide", *The New Yorker*, 15 de maio de 2000.
53. Entrevista com o príncipe Turki al-Faisal.

54. Ismail Khan, "Crackdown against Arabs in Peshawar", *Islamabad the News*, 7 de abril de 1993.
55. De "Chats for the top of the world", nº 6, dos Harmony Documents.
56. Benjamin e Simon, *The age of sacred terror*, p. 101.
57. Entrevista com Jamal Khashoggi.
58. Raphaeli, "Ayman Muhammed Rab'i al-Zawahiri".
59. Entrevista com Osama Rushdi.
60. Bergen, *The Osama bin Laden I know*, p. 70.
61. O relato a seguir se baseia em várias entrevistas, mas estas incluem algumas histórias contraditórias que vale a pena observar. Marc Sageman, que era agente da CIA no Paquistão na época, contou que a guarnição de soldados afegãos — 450 homens — que guardava o aeroporto rapidamente se rendeu. Dado o ciúme e o clima de dissensão das facções *mujahidin*, decidiu-se que os prisioneiros seriam divididos entre elas. Os árabes obtiveram uma parcela de um nono: 49 homens. Os árabes os assassinaram, esquartejaram e puseram os pedaços em engradados. Eles então carregaram os caixotes num caminhão de suprimentos, que enviaram à cidade sitiada com um cartaz que dizia: ESTE É O DESTINO DOS APÓSTATAS. Àquela altura, a guerra sofreu uma mudança abrupta. As tropas afegãs dentro de Jalalabad pararam de negociar sua rendição e começaram a contra-atacar. Em poucos dias, a força aérea afegã expulsou os *mujahidin* do aeroporto, de volta às montanhas. Se este relato é verdadeiro, trata-se do primeiro sinal do apetite de Bin Laden pela carnificina. Olivier Roy, o grande acadêmico francês estudioso do Afeganistão, disse que ouviu basicamente o mesmo relato dos afegãos que estavam dentro da cidade sitiada. Mas nem Sageman nem Roy estiveram presentes na batalha. Essam Deraz, que esteve lá, assim como Ahmed Zaidan, que cobriu a batalha como repórter, negam que tal evento tenha chegado a ocorrer. A matança indiscriminada de prisioneiros era comum em ambos os lados naquela guerra.

Outra dúvida sobre a batalha de Jalalabad é se Bin Laden foi ferido. Michael Scheuer, então chefe de Alec Station, afirma que Bin Laden se feriu duas vezes na *jihad* contra a União Soviética: uma vez no pé, em Jaji, e outra vez no ombro, devido a um estilhaço de bomba. Essam Deraz, de novo, assim como Jamal Khalifa, afirma que Bin Laden nunca se feriu durante a guerra.

62. Yousaf e Adkin, *Afghanistan: The bear trap*, pp. 227-8.
63. Entrevista com Essam Deraz.
64. Entrevista com Abdullah Anas.
65. Entrevista com Jamal Khashoggi.
66. Entrevista com Essam Deraz.
67. Sou grato à dra. Jeanne Ryan, que me orientou sobre esses assuntos e forneceu o diagnóstico. Embora a CIA, entre outros, tenha especulado que Bin Laden sofre de doença renal, ele provavelmente já teria morrido sem diálises freqüentes, e os sintomas não são os mesmos que os descritos aqui. A dra. Ryan observa que pacientes com doença renal não toleram sal extra. Todos que conheceram bem Bin Laden sabiam que ele vivia recorrendo à sua bolsinha de sal. Um dos indicadores-chave da doença de Addison é o escurecimento da pele que acaba ocorrendo, perceptível nas aparições mais recentes de Bin Laden em vídeo.
68. Yousaf e Adkin, *Afghanistan: The bear trap*, p. 230.

69. Os detalhes desse episódio vêm de uma entrevista com Essam Deraz e de seu relato em Azzam, *The lofty mountain*, pp. 80 e ss.

70. Entrevistas com Abdullah Anas e Jamal Khalifa.

71. Entrevista com Abdullah Anas. Outros relatos situam esta cifra em até quinhentos. "The story of the Arab Afghans from the time of arrival in Afghanistan until their departure with the Taliban", parte 6, *Al-Sharq al-Awsat*, 13 de dezembro de 2004.

72. Entrevista com Abdullah Anas.

73. Hasin al-Banyan, "The oldest Arab Afghan talks to *Al-Sharq al-Awsat* about his career that finally landed him in prison in Saudi Arabia", *Al-Sharq al-Awsat*, 25 de novembro de 2001.

74. Gunaratna, *Inside Al-Qaeda* [*No interior da Al-Qaeda, rede global do terror*], p. 56.

75. Entrevista com Jack Cloonan.

76. Detalhes do contrato de emprego da Al-Qaeda podem ser encontrados nos Harmony Documents, obtidos de um banco de dados do Departamento de Defesa dos Estados Unidos, <http://www.ctc.usma.edu/aq_harmonylist.asp>.

77. *Ibid.*

78. Entrevista com Abdullah Anas.

79. "Saudi 'Afghan' talks about involvement with Al-Qa'ida, Bin Ladin", *Al-Sharq al-Awsat*, 25 de novembro de 2001.

80. Entrevista com Ahmed Badeeb.

81. *Tahta al-Mijhar* (Sob o microscópio), Al-Jazira, 20 de fevereiro de 2003.

82. Gunaratna, *Inside Al-Qaeda* [*No interior da Al-Qaeda, rede global do terror*], p. 23.

83. Entrevista com Osama Rushdi.

7. O RETORNO DO HERÓI (PP. 166-84)

1. Entrevista com o porta-voz da família Bin Laden. Jamal Khalifa, que está casado com uma das meias-irmãs de Bin Laden, contou-me que a parcela anual "não chega a 1 milhão de riais" — 266 mil dólares, cifra que foi confirmada pelo porta-voz da família Bin Laden. Aquela quantia é bem inferior até mesmo à cifra reduzida fornecida pela comissão do 11 de setembro, que afirma: "De 1970 a 1994, Bin Laden recebeu cerca de 1 milhão de dólares por ano — soma significativa, sem dúvida, mas não uma fortuna de 300 milhões de dólares utilizável para financiar a *jihad*". National Commission on Terrorist Attacks Upon the United States, "The 9/11 Commission Report", p. 170. Jamal Khashoggi contou que quando Bin Laden voltou do Afeganistão, informou aos irmãos que gastara sua parte da herança na *jihad*, e que eles o reembolsaram com o próprio dinheiro. Porém um porta-voz da família Bin Laden contesta essa versão.

2. Robert Fisk, "The Saudi businessman who recruited mujahedin now uses them for large-scale building projects in Sudan", *The Independent*, 6 de dezembro de 1993.

3. Entrevista com Monsour al-Njadan.

4. Simons, *Saudi Arabia*, p. 28.

5. Marie Colvin, "The squandering sheikhs", *The Sunday Times*, 29 de agosto de 1993.

6. David Leigh e David Pallister, "Murky shadows amid the Riviera Sunshine", *The Guardian*, 5 de março de 1999.

7. Entrevista com Mohammed al-Rasheed.
8. Entrevista com Frank Anderson.
9. Jamal Khashoggi, comunicação pessoal.
10. "Petição de Despina Sahini *versus* Turki Saeed ou Turki al-Faisal bin Abdulaziz al-Saud", Tribunal de Primeira Instância, Atenas, Grécia, 2 de fevereiro de 2003.
11. Coll, *Ghost wars*, p. 73.
12. Entrevista com Ahmed Badeeb.
13. *Ibid.*
14. Entrevista com Sami Angawi.
15. Simons, *Saudi Arabia*, p. 34.
16. Yamani, *To be a Saudi*, p. 63.
17. Dawood al-Shirian, "What is Saudi Arabia going to do?", *Al-Hayat*, 19 de maio de 2003.
18. Discurso de Osama bin Laden na mesquita da família Bin Laden em Jidá, abril de 1990, filmado por Essam Deraz.
19. Vídeo de Bin Laden, Al-Jazira, 29 de outubro de 2004.
20. <www.pbs.org/wgbh/pages/frontline/>.
21. Cf. Lippman, *Inside the mirage*.
22. Peterson, *Saudi Arabia and the illusion of security*, p. 46.
23. Discurso do príncipe Turki al-Faisal na Seton Hall University, 14 de outubro de 2003.
24. Aburish, *The rise, corruption, and coming fall of the House of Saud*, p. 169.
25. Entrevistas com Saeed Badeeb e Ahmed Badeeb.
26. Entrevista com Jamal Khashoggi.
27. Randal, *Osama: The making of a terrorist*, p. 100.
28. Entrevistas com Saeed Badeeb e Ahmed Badeeb.
29. O governo iemenita sustentou que "grupos iemenitas afegãos executaram diversas figuras socialistas e organizaram 158 operações [...] entre 1990 e 2004 respaldados por *fatwas* emitidas por Osama bin Laden. Citado em Scheuer, *Through our enemies' eyes*, p. 112.
30. Entrevista com Ahmed Badeeb.
31. Entrevista com Nawaf E. Obaid.
32. Professor William B. Quandt, comunicação pessoal.
33. Simons, *Saudi Arabia*, p. 214.
34. Osama bin Laden entrevistado por Peter L. Bergen e Peter Arnett, CNN, 10 de maio de 1997.
35. Amatzia Baram, "The Iraqi invasion of Kuwait", em *The Saddam Hussein reader*, organizado por Turi Munthe, p. 259.
36. De acordo com Leslie e Alexander Cockburn, "Royal mess", *The New Yorker*, 28 de novembro de 1994, os sauditas também vinham financiando pesquisas iraquianas de armas nucleares. Por outro lado, Richard A. Clarke afirma, em uma entrevista, que esse cenário é "totalmente inacreditável", já que um Saddam com armas nucleares constituía o maior temor da Arábia Saudita.
37. <www.kingfahdbinabdulaziz.com/main/1300.htm>.
38. "Biography of Usamah bin-Ladin written by brother *mujahid* with minor modifications", Islamic Observation Center, tradução inglesa do FBIS, 22 de abril de 2000.

39. Woodward, *The commanders* [*Os comandantes*], p. 248.
40. Esposito, *Unholy war*, p. 12.
41. Abir, *Saudi Arabia*, p. 174.
42. Mais tarde, matérias da imprensa questionaram a exatidão daquelas imagens, observando que fotos de satélites comerciais russos mostravam trechos de areia vazios ao longo da fronteira saudita. Scott Peterson, "In war, some facts less factual", *Christian Science Monitor*, 6 de setembro de 2002. Richard A. Clarke, em uma entrevista, afirma que as imagens que o general Schwarzkopf apresentou não eram da área de fronteira, mas da ocupação iraquiana do Kuwait.
43. Clarke, *Against all enemies* [*Contra todos os inimigos*], p. 58.
44. Entrevista com Richard A. Clarke.
45. Burke, *Al-Qaeda*, p. 124; também, Scheuer, *Through our enemies' eyes*, p. 114; processo "Thomas E. Burnett, Sr., *versus* Al Baraka Investment and Development Corporation, *et al.*", terceira petição emendada definitiva.
46. Al-Hammadi, "The inside story of Al-Qa'ida", parte 8, 26 de março de 2005.
47. Douglas Jehl, "Holy war lured Saudis as rulers looked away", *The New York Times*, 27 de dezembro de 2001.
48. Discurso do príncipe Turki al-Faisal no departamento de estudos árabes contemporâneos da Georgetown University, 3 de fevereiro de 2002.
49. Entrevista com Ahmed Badeeb e Hassan Yassin.
50. Abir, *Saudi Arabia*, p. 176.
51. Entrevista com Ahmed Badeeb.
52. Arnaud de Borchgrave, "Osama's Saudi moles", *The Washington Times*, 1º de agosto de 2003.
53. Jamal Khashoggi, "Osama offered to form army to challenge Saddam's Forces: Turki", *Arab News*, 7 de novembro de 2001.
54. Jamal Khashoggi, "Kingdom has a big role to play in Afghanistan", *Arab News*, 6 de novembro de 2001.
55. Lewis, *The crisis of Islam* [*A crise do islã: Guerra santa e terror profano*], pp. xxix-xxx.
56. Al-Hammadi, "The inside story of Al-Qa'ida", parte 8, 26 de março de 2005.
57. Al-Rasheed, *A history of Saudi Arabia*, p. 166.
58. Wright, "Kingdom of silence".
59. Al-Rasheed, *A history of Saudi Arabia*, p. 170; também, Champion, *The paradoxical kingdom*, pp. 218 e ss.; Abir, *Saudi Arabia*, pp. 186 e ss.
60. Champion, *The paradoxical kingdom*, p. 221.
61. Entrevista com Jamal Khashoggi.
62. Entrevista com Michael Scheuer, que conversou com Turki naquele período.
63. Stephen Engelberg, "One man and a global web of violence", *The New York Times*, 14 de janeiro de 2001.

8. PARAÍSO (PP. 185-98)

1. Entrevista com Steven Simon. Outras estimativas variam de 5 mil a 15 mil. Reeve, *The new jackals*, p. 3; também, Halliday, *Two hours that shook the world*, p. 166. Marc Sageman aler-

ta numa comunicação pessoal: "Eu próprio quis me concentrar nos números. O que descobri foi que ninguém os conhecia, nem mesmo como estimá-los. Até agora, todos os números são arbitrários, meros chutes".

2. Entrevista com Saeed Badeeb.
3. Entrevista com Hassan al-Turabi.
4. Depoimento de Jamal al-Fadl, "U.S. versus Usama Bin Laden, et al.".
5. Entrevista com Mohammed Loay Baizid.
6. Depoimento de Jamal al-Fadl, "U.S. versus Usama Bin Laden, et al.".
7. Entrevista com dr. Ghazi Salaheddin.
8. Entrevista com Zaynab Abdul Khadr.
9. Ahmad Zaydan, "The search for Al-Qaeda", Al-Jazira, 10 de setembro de 2004.
10. Entrevista com Ibrahim al-Sanoussi.
11. Entrevista com Jamal Khalifa.
12. Entrevista com Hassan al-Turabi.
13. Entrevista com Hassan al-Turabi.
14. Al-Nour Ahmed al-Nour, "His neighbor claims he does not speak much", *Al-Hayat*, 19 de novembro de 2001.
15. Entrevista com Issam Eldin Turabi.
16. Entrevista com Jack Cloonan.
17. "Part one of a series of reports on Bin Ladin's life in Sudan: Islamists celebrated arrival of 'great Islamic investor'", *Al-Quds al-Arabi*, 24 de novembro de 2001. Tradução inglesa do FBIS.
18. *Ibid.*
19. Processo "Thomas E. Burnett, Sr., versus Al Baraka Investment and Development Corporation, et al.", terceira petição emendada definitiva.
20. Entrevista com dr. Khaled Batarfi.
21. Bergen, *Holy war*, p. 81.
22. Burr, *Revolutionary Sudan*, p. 71.
23. "U.S. State Department fact sheet on Usama Bin Laden", 14 de agosto de 1996.
24. Entrevista com Bruce Hoffman.
25. Al-Hammadi, "The inside story of Al-Qa'ida", parte 9, 28 de março de 2005.
26. Entrevista com Dan Coleman.
27. Entrevista com Hassabullah Omer.
28. *Ibid.* O depoimento de Jamal al-Fadl ("U.S. versus Usama Bin Laden, et al.") é confuso, porque ele aparentemente junta o número de empregados das empresas de Bin Laden com o número real de pessoas que haviam formalmente jurado *bayat* a Bin Laden.
29. Burr, *Revolutionary Sudan*, p. 36.
30. Al-Nour Ahmed al-Nour, "His neighbor claims he does not speak much", *Al-Hayat*, 19 de novembro de 2001.
31. Entrevista com Ghazi Salah Eddin Atabani.
32. Entrevistas com Tom Corrigan, Daniel Coleman, Allan P. Haber, Jamal Khalifa e Mohammed Loay Baizid.
33. Interrogatório de Mamduh Mahmud Salim Ahmed, Munique, 17 de setembro de 1998.

34. Entrevista com Daniel Coleman.
35. Belloc, *The great heresies*, p. 85.
36. Al-Hammadi, "The inside story of Al-Qa'ida", parte 8, 26 de março de 2005.
37. *Ibid.*, parte 5, 23 de março de 2005.
38. Departamento de Estado americano, "Country reports on terrorism, 2004", abril de 2005.
39. Entrevista com Tim Niblock e Hassabullah Omer. Ken Silverstein, "Official pariah Sudan valuable to America's war on terrorism", *Los Angeles Times*, 29 de abril de 2005.
40. Douglas Farah e Dana Priest, "Bin Laden son plays key role in Al-Qaeda", *The Washington Post*, 14 de outubro de 2003.
41. Depoimento de Jamal al-Fadl, "U.S. *versus* Usama Bin Laden, *et al.*".

9. O VALE DO SILÍCIO (PP. 199-210)

1. Entrevista de Taysir Aluni com Osama bin Laden, Al-Jazira, outubro de 2001, tradução inglesa da CNN.
2. Kepel, *Jihad*, p. 301.
3. Entrevista com Tom Corrigan.
4. Kohlmann, *Al-Qaeda's jihad in Europe*, p. 26.
5. *Ibid.*, p. 185.
6. Entrevistas com Frank Pellegrino, David Kelley, Lewis Schiliro, James Kallstrom, Joe Cantemessa, Richard A. Clarke, Thomas Pickard, Pasquale "Pat" d'Amuro, Mark Rossini, Mary Galligan e Tom Corrigan.
7. Entrevista com Tom Corrigan.
8. Reeve, *The new jackals*, p. 43.
9. *Ibid.*, p. 147.
10. *Ibid.*, p. 12.
11. *Ibid.*, p. 15.
12. Existe uma grande divergência sobre a data exata da viagem de Zawahiri aos Estados Unidos, nem mesmo se sabe se houve mais de uma. Ali Mohammed, a fonte principal do FBI sobre essa questão, informou aos investigadores que Zawahiri viajou para o Brooklyn em 1988 em companhia de Abu Khaled al-Masri, que é um apelido de Mohammed Shawki Islambouli, o irmão do assassino de Anwar al-Sadat, que esteve no conselho *shura* da Al-Jihad. Quanto à viagem à Califórnia, Mohammed afirma que aconteceu em 1993, antes do ataque a bomba ao World Trade Center, ocorrido em 26 de fevereiro. O anfitrião de Zawahiri na Califórnia, o dr. Ali Zaki, porém, diz que encontrou Zawahiri uma vez, em 1989 ou 1990. Existe também um depoimento de Khaled Abu al-Dahab, outro membro da Al-Jihad que vivia na Califórnia. "Ayman al-Zawahiri foi aos Estados Unidos para arrecadar doações", informou Abu al-Dahab a um tribunal no Cairo em 1999. Abu al-Dahab situou a data da viagem de Zawahiri no final de 1994 ou 1995. Para esta narrativa, optei por aceitar a versão do FBI das datas das viagens.

De acordo com Dan Coleman, Zawahiri fez uma visita ao escritório do Birô de Serviços dos *mujahidin* no Brooklyn em 1988. O escritório, na Atlantic Avenue, era dirigido por um dos homens de Zawahiri na Al-Jihad, Mustafá Shalabi. Dois anos depois, Shalabi entrou em desacordo com o velho rival de Zawahiri, o xeique Omar Abdul Rahman, sobre dinheiro. O xeique cego queria usar os fundos arrecadados pelo centro para apoiar a *jihad* internacional. Shalabi queria o dinheiro para a rebelião islâmica no Egito. Ele se recusou a abrir mão do controle da conta. Em março de 1991, alguém entrou no apartamento de Shalabi, no Brooklyn, o espancou, estrangulou e apunhalou mais de trinta vezes — um assassinato que nunca foi desvendado.

13. Entrevista com Jack Cloonan.
14. Entrevista com Mark Rossini.
15. Benjamin e Simon, *The age of sacred terror*, p. 123.
16. Petição "U.S. *versus* Ali Mohamed".
17. Entrevista com Jack Cloonan.
18. Entrevista com Michael Scheuer.
19. Paul Quinn-Judge e Charles M. Sennott, "Figure cited in terrorism case said to enter US with CIA help", *Boston Globe*, 3 de fevereiro de 1995.
20. Peter Waldman, Gerald F. Seib, Jerry Markon e Christopher Cooper, "The infiltrator: Ali Mohamed served in the U.S. Army — and Bin Laden's Circle", *The Wall Street Journal*, 26 de novembro de 2001; Miller, Stone e Mitchell, *The cell*, p. 141.
21. Bergen, *Holy war*, p. 129.
22. Entrevista com Jack Cloonan.
23. Entrevista com Tom Corrigan.
24. Benjamin Weiser e James Risen, "The masking of a militant: A special report; A soldier's shadowy trail in U.S. and in the Mideast", *The New York Times*, 1º de dezembro de 1998.
25. "The story of the Arab Afghans from the time of arrival in Afghanistan Until their departure with the Taliban", parte 5, *Al-Sharq al-Awsat*, 12 de dezembro de 2004.
26. Entrevista com Jack Cloonan.
27. Entrevista com Jack Cloonan.
28. Entrevista com Jack Cloonan. O nome de Bin Laden e sua organização já começavam a ser conhecidos até na mídia. Há um artigo da France Presse, "Jordanian militants train in Afghanistan to confront regime", datado de 30 de maio de 1993, em que um "militante de 27 anos" admite ter sido "treinado pela Al-Ka'ida, uma organização secreta no Afeganistão financiada por Osama bin Laden, um abastado homem de negócios saudita, proprietário de uma construtora em Jidá".
29. Entrevista com Harlen L. Bell.
30. Entrevista com Daniel Coleman.
31. Confissões de Ahmed Ibrahim al-Sayed al-Najjar, processo "Retornados da Albânia", setembro de 1998.
32. Entrevista com Jack Cloonan.
33. Entrevista com Naguib Mahfuz.
34. Al-Zawahiri, *Cavaleiros sob o estandarte do profeta*, parte 6. Existe uma controvérsia sobre se Zawahiri estava no comando das Vanguardas. Vários artigos na imprensa descreveram as Vanguardas como um grupo dissidente, desgarrado da Al-Jihad, liderado por Ahmed Agazzi e Yasser el-Sirri. Porém, el-Sirri foi evasivo quando o questionei a respeito. "Em 1993 e 1994, muitos não concordavam com os acontecimentos no Egito", ele disse. "Mas Zawahiri tinha o

dinheiro. Este grupo não tinha." Mamdouh Ismail, um advogado islamita no Cairo, contou-me que "Vanguardas" foi um nome criado pela mídia; na verdade, as pessoas detidas eram, na maioria, membros da Al-Jihad — uma versão repetida por Hisham Kassem, um defensor dos direitos humanos e editor no Cairo, e Montassir al-Zayyat. "Não existe nada chamado 'Vanguardas da Conquista'", afirma Zayyat.

35. De acordo com Hisham Kassem, um editor do Cairo e militante pró-direitos humanos, as "Vanguardas foram acusadas de tentar derrubar o governo. Entre as provas estavam um taco de beisebol e um rifle de ar comprimido. Aqueles considerados perigosos você enforca; o resto recebe prisão perpétua. Foi tudo encenado".

36. Andrew Higgins e Christopher Cooper, "Cloak and dagger: A CIA-backed team used brutal means to crack terror cell", *The Wall Street Journal*, 20 de novembro de 2001.

37. Depoimento de Jamal al-Fadl, "U.S. *versus* Usama Bin Laden, *et al.*".

38. "*Al-Sharq al-Awsat* publishes extracts from Al-Jihad leader al-Zawahiri's new book", Tradução inglesa do FBIS, *Al-Sharq al-Awsat*, 2 de dezembro de 2001.

39. "Confessions from last leader of Al-Jihad organization", *Rose el-Youssef*, 2 de fevereiro de 1997. Tradução inglesa do FBIS.

40. Salah, *Waqai' Sanawat al-Jihad*.

41. "Egyptian mourners condemn terrorists", AP, 27 de novembro de 1993.

42. Ayman al-Zawahiri, "*Al-Sharq al-Awsat* publishes extracts from Al-Jihad leader al-Zawahiri's new book", *Al-Sharq al-Awsat*, 2 dezembro de 2001. Tradução inglesa do FBIS.

43. *Ibid.*

10. PARAÍSO PERDIDO (PP. 211-26)

1. Huband, *Warriors of the prophet*, p. 36.
2. Scheuer, *Through our enemies' eyes*, p. 136.
3. Entrevista com Hassabullah Omer. O depoimento de L'Houssaine Kherchtou menciona apenas um punhado de combatentes da Al-Qaeda, enviados à Somália por terem a pele escura e poderem passar por nativos. "U.S. *versus* Usama Bin Laden, *et al.*". O grau do envolvimento da Al-Qaeda na Somália continua obscuro. Mary Deborah Doran, que se concentrou na questão somaliana para o FBI, escreveu para mim: "Acho que não há dúvida de que a AQ desempenhou um papel na Somália, e acredito que a AQ teve um papel na morte de nossos soldados em outubro de 1993 — que ainda que não tenham sido eles a apertar o gatilho (algo que não saberemos até encontrarmos as pessoas que apertaram os gatilhos ou estavam por lá quando foram apertados), aquilo não teria acontecido sem eles."
4. Al-Hammadi, "The inside story of Al-Qa'ida", parte 2, 24 de março de 2005.
5. Entrevista de Taysir Aluni com Osama bin Laden, Al-Jazira, outubro de 2001.
6. Entrevista com Jack Cloonan.
7. Entrevista com Abdullah Anas.
8. Wiktorowicz, "The new global threat".
9. Entrevista com Abdullah Anas.

10. Evan Kohlmann, "The legacy of the Arab-Afghans: A case study" (tese avançada de política internacional, Georgetown University, 2001).

11. Entrevista com Abdullah Anas.

12. Kepel, *Jihad*, p. 254.

13. Depoimento de Jamal al-Fadl, "U.S. *versus* Usama Bin Laden, *et al*.".

14. Entrevistas com Jack Cloonan e Mark Rossini.

15. Depoimento de Jamal al-Fadl, "U.S. *versus* Usama Bin Laden, *et al*.". Mohammed Loay Baizid (Abu Rida al-Suri), o suposto comprador do "urânio" para Bin Laden, afirma que esse episódio nunca ocorreu. Sua afirmação tem o respaldo de Hassabullah Omer, que trabalhava na inteligência sudanesa na época. Ambos afirmam que rumores e fraudes semelhantes em Cartum na época podem ter sido a base do depoimento de Fadl.

16. Comunicação pessoal com Roy Schwitters.

17. Scheuer, *Through our enemies' eyes*, p. 125.

18. Os detalhes sobre a tentativa de assassinato vêm de Mohammed Ibrahim Naqd, "The first attempt to assassinate Bin Laden was attempted by a Libyan who was trained in Lebanon", *Al-Hayat*, 18 de novembro de 2001; e Ibrahim Hassan Ardi, "*Al-Watan* places the period the head of Al-Qaeda spent in Sudan", *Al-Watam*, 25 de outubro de 2001; "Ossama Bin-Ladin: Muslims who live in Europe are *kafirs*", *Rose al-Yousef*, 9 de dezembro de 1996; Al-Hammadi, "The inside story of Al-Qa'ida", parte 3, 21 de março de 2005; e de entrevistas com Issam al-Turabi, Sadiq el-Mahdi, Hassabullah Omer e Khaled Yusuf. Várias fontes afirmam que houve realmente duas tentativas de assassinato contra Bin Laden, segundo algumas versões com várias semanas de intervalo, mas esses relatos vêm do próprio Bin Laden, que conta os disparos contra a mesquita na noite anterior como um atentado à sua vida.

19. Entrevista com Jamal Khalifa. Alguns dos detalhes sobre Abdullah, o filho de Bin Laden, vêm de Al-Hammadi, "The inside story of Al-Qa'ida", parte 3, 21 de março de 2005.

20. "Ossama Bin-Ladin: Muslims who live in Europe are *kafirs*", *Rose al-Yousef*, 9 de dezembro de 1996.

21. *Ibid*.

22. Wright, "The man behind Bin Laden".

23. Entrevista com Jamal Khashoggi.

24. Entrevista com Michael Scheuer.

25. Entrevista com uma fonte sudanesa anônima.

26. Entrevista com Jamal Khalifa.

27. *Ibid*.

28. Entrevista com Saeed Badeeb.

29. "Walidee Ramama al-Aqsa Bilkhasara" (Meu pai restaurou a mesquita Al-Aqsa, com prejuízo), *Al-Umma al-Islamiyya*, 18 de outubro de 1991.

30. Daniel McGrory, "The day when Osama bin Laden applied for asylum — in Britain", *Times*, 29 de setembro de 2005.

31. Entrevista com um porta-voz da família Bin Laden.

32. Entrevista com Jamal Khalifa.

33. Entrevista com Hassabullah Omer.

34. Benjamin Weiser, "Ex-aide tells of plot to kill Bin Laden", *The New York Times*, 21 de fevereiro de 2001.
35. Depoimento de Jamal al-Fadl, "U.S. *versus* Usama Bin Laden, et al.". Entrevista com Mohammed Loay Baizid.
36. Depoimento de L'Houssaine Kherchtou, "U.S. *versus* Usama Bin Laden, et al.".
37. Depoimento de Jamal al-Fadl, U.S. *versus* Usama Bin Laden, et al.".
38. *Ibid*. As cifras reais foram 795,2 mil dólares do Programa de Proteção a Testemunhas e 151 mil dólares do FBI. Isso não inclui dinheiro que possa ter sido dado a Fadl pela CIA, a primeira agência a entrevistá-lo.
39. Entrevista com Jack Cloonan.
40. *Ibid*.
41. Petição "U.S. *versus* Ali Mohamed".
42. Hasin al-Banyan, "The oldest Arab Afghan talks to *Al-Sharq al-Awsat* about his career that finally landed him in prison in Saudi Arabia", Tradução inglesa do FBIS, *Al-Sharq al-Awsat*, 25 de novembro de 2001.
43. Entrevista com Jamal Khalifa.
44. Anônimo, *Through our enemies' eyes*, p. 146.
45. Entrevista com Mohammed Loay Baizid.
46. Entrevista com Jamal Khashoggi.
47. Entrevista com Ahmed Badeeb.

11. O PRÍNCIPE DAS TREVAS (PP. 227-38)

1. Entrevista com Richard A. Clarke.
2. Entrevista com Steven Simon.
3. Entrevista com o almirante Paul E. Busick.
4. Naftali, *Blind spot*, p. 242.
5. Reeve, *The new jackals*, p. 104.
6. Entrevista com Mark Rossini.
7. Entrevista de Taysir Aluni com Osama bin Laden, Al-Jazira, outubro de 2001.
8. Entrevista com Richard A. Clarke.
9. Alain Geresh, *From index on censorship*, <www.geocities.com/saudhouse_p/endofan.htm>, abril de 1996.
10. Kevin Dennehy, "Cape man relives close call with terrorist bombing while in Saudi Arabia", *Cape Cod Times*, 25 de outubro de 2001.
11. Um relato vivo da prisão e tortura dos afegãos árabes após o atentado a bomba de 1995 pode ser encontrado em Jerichow, *The Saudi file*, pp. 136-40.
12. Kohlmann, *Al-Qaida's Jihad in Europe*, p. 158.
13. Teitelbaum, *Holier than thou*, p. 76.
14. Scheuer, *Through our enemies' eyes*, p. 141.
15. Salah Najm e Jamal Ismail, "Osama bin Laden: The Destruction of the base", Al-Jazira, 10 de junho de 1999.
16. Discurso do príncipe Turki al-Faisal na Seton Hall University, 14 de outubro de 2003.

12. OS MENINOS ESPIÕES (PP. 239-49)

1. *Al-Ahram*, 5 de julho de 1995.
2. Entrevista com David Shinn.
3. Entrevista com Sadiq al-Mahdi.
4. *Al-Ahram*, 5 de julho de 1995.
5. Entrevista com Saeed Badeeb.
6. Entrevista com Hisham Kassem.
7. Entrevista com Mohammed el-Shafey.
8. Entrevista com Saeed Badeeb.
9. Petterson, *Inside Sudan*, p. 179.
10. Entrevista com Hisham Kassem.
11. Organizações pró-direitos humanos estimam o número de islamitas ainda encarcerados no Egito em 15 mil; segundo os islamitas, seriam 60 mil.
12. Entrevistas com Yassir el-Sirri, Montassir el-Zayyat e Hani el-Sibai.
13. Mohammed el-Shafey, "Al-Zawahiri's secret papers", parte 6, *Al-Sharq al-Awsat*, 18 de dezembro de 2002.
14. Entrevista com Yassir el-Sirri.
15. Mohammed el-Shafey, "Al-Zawahiri's secret papers", parte 6, *Al-Sharq al-Awsat*, 18 de dezembro de 2002.
16. Confissões de Ahmed Ibrahim al-Sayed al-Najjar, processo "Retornados da Albânia", setembro de 1998.
17. *Ibid.*
18. O relato do atentado a bomba contra a embaixada egípcia vem de Al-Hammadi, "The inside story of Al-Qa'ida", parte 9, 28 de março de 2005.
19. "Al-Qaeda, Usama Bin Laden's vehicle for action", documento não assinado da CIA, 12 de julho de 2001. O documento descreve Abu Khabab como um "motorista de limusine", o que no Oriente Médio costuma ser um eufemismo para chofer de táxi.
20. Entrevista com Ismail Khan.
21. Maha Azzam, "Al-Qaeda: The misunderstood *wahhabi* connection and the ideology of violence", *Royal Institute of International Affairs Briefing Paper* nº 1, fevereiro de 2003.
22. *Sahih Bukhari*, vol. 8, livro 77, nº 60.
23. Mohammed el-Shafey, "Al-Zawahiri's secret papers", parte 6, *Al-Sharq al-Awsat*, 18 de dezembro de 2002.
24. Entrevista com Issam al-Turabi.
25. Randal, *Osama*, p. 147.
26. Entrevista com Ghazi Salah Eddin Atabani.
27. Entrevista com Timothy Carney.
28. Entrevista com Elfatih Erwa. Tanto Richard A. Clarke, que era o coordenador americano de segurança, proteção à infra-estrutura e contraterrorismo na época, como seu substituto, Steven Simon, contestam a versão de que os sudaneses chegaram a oferecer formalmente Bin Laden aos Estados Unidos, mas nenhum dos dois estava na reunião, e parece claro que o diretor de segurança nacional na época, Sandy Berger, explorou a possibilidade de aceitar Bin

Laden. A comissão do 11 de setembro, porém, afirmou não ter encontrado "nenhum indício confiável" de que Erwa fizera a oferta. "The 9/11 Commission Report", p. 110.

29. Barton Gellman, "U.S. was foiled multiple times in efforts to capture Bin Laden or have him killed", *Washington Post*, 3 de outubro de 2001.

30. "Arabs and Muslims must break barriers, contact others: Turki", *Saudi Gazette*, 11 de novembro de 2002.

31. Entrevista com Ahmed Badeeb.

32. Entrevista com Ahmed Badeeb.

33. Al-Hammadi, "The inside story of Al-Qa'ida", parte 3, 21 de março de 2005.

34. Jason Burke, "The making of Bin Laden", parte 1, *Observer*, 28 de outubro de 2001.

35. Robert Block, "In the war against terrorism, Sudan struck a blow by fleecing Bin Laden", *The Wall Street Journal*, 3 de dezembro de 2001.

36. *Ibid.*

37. Depoimento de L'Houssaine Kherchtou, "U.S. *versus* Usama Bin Laden, *et al.*".

38. Entrevista com Jack Cloonan.

39. Al-Hammadi, "The inside story of Al-Qa'ida", parte 3, 21 de março de 2005.

40. Entrevista com Jamal Khashoggi.

13. HÉGIRA (PP. 250-63)

1. Entrevista com Ahmed Badeeb.

2. Entrevista com Rahimullah Yusufzai.

3. Tim Friend, "Millions of land mines hinder Afghan recovery", *USA Today*, 27 de novembro de 2001.

4. De acordo com Thomas Gouttierre, diretor do Centro de Estudos do Afeganistão da University of Nebraska-Omaha, 80% das forças talibãs eram órfãos da guerra soviética. Anna Mulrine, "Unveiled threat", *U.S. News and World Report*, 15 de outubro de 2001.

5. Burke, *Al-Qaeda*, p. 145.

6. Entrevista com Rahimullah Yusufzai.

7. Coll, *Ghost wars*, p. 327.

8. Telegrama confidencial da embaixada dos Estados Unidos em Islamabad, "Finally, a talkative Talib: Origins and membership of the religious students' movement", 20 de fevereiro de 1995.

9. Entrevista com um diplomata paquistanês anônimo.

10. Arnaud de Borchgrave, "Osama bin Laden — 'Null and void'", UPI, 14 de junho de 2001.

11. Ismail Khan, "Mojaddedi opposes elevation of Taliban's Omar", *Islamabad the News*, 6 de abril de 1996.

12. Entrevista com Farraj Ismail.

13. Zaidan, *Bin Laden Bila Qina*.

14. Telegrama confidencial da embaixada dos Estados Unidos em Islamabad, "Finally, a talkative Talib: Origins and membership of the religious students' movement", 20 de fevereiro de 1995.

15. Nojumi, *The rise of the taliban*, p. 118.
16. Coll, *Ghost wars*, pp. 294-5.
17. Entrevista com o príncipe Turki al-Faisal.
18. Juan Cole, comunicação pessoal.
19. Nojumi, *The rise of the taliban*, p. 119.
20. Lamb, *The sewing circles of heart*, p. 119.
21. Burke, *Al-Qaeda*, p. 113.
22. Nojumi, *The rise of the taliban*, p. 136.
23. Robert Fisk, "Small comfort in Bin-Ladin's dangerous exile", *The Independent*, 11 de julho de 1996.
24. Jason Burke, "The making of Bin Laden", parte 1, *Observer*, 28 de outubro de 2001.
25. "The story of the Arab Afghans from the time of arrival in Afghanistan until their departure with the Taliban", parte 3, *Al-Sharq al-Awsat*, 10 de dezembro de 2004.
26. Entrevista com Rahimullah Yusufzai.
27. Entrevista com Peter L. Bergen.
28. Mohammed el-Shafey, "Son of Al-Qai'da Financier: 'Lived next to Bin Ladin's family, who disliked electricity and called for austerity'", *Al-Sharq al-Awsat*, 16 de abril de 2004.
29. Robert Fisk, "Small comfort in Bin-Ladin's dangerous exile", *The Independent*, 11 de julho de 1996.
30. Na verdade, de acordo com Jack Cloonan, o serviço de inteligência americano só soube do telefone em 1997.
31. "Biography of Usamah Bin-Ladin written by brother *mujahid* with minor modifications", Islamic Observation Center, 22 de abril de 2000. Tradução inglesa do FBIS.
32. Burke, *Al-Qaeda*, p. 156.
33. "The story of the Arab Afghans from the time of arrival in afghanistan until their departure with the Taliban", parte 3, *Al-Sharq al-Awsat*, 10 de dezembro de 2004.
34. Tim McGirk, "Home away from home", *Time*, 16 de dezembro de 1996.
35. Rashid, *Taliban*, p. 49.
36. Do apêndice 1 de *ibid.*, pp. 217 e ss. Rashid reproduziu os decretos talibãs que haviam sido traduzidos da língua dari e repassou aos repórteres. Deixou a gramática e grafia como no original. As estatísticas de emprego feminino vêm de Anna Mulrine, "Unveiled threat", *U.S. News and World Report*, 15 de outubro de 2001.
37. Amy Waldman, "No TV, no chess, no kites: Taliban's code, from A to Z", *The New York Times*, 22 de novembro de 2001.
38. *Ibid.*
39. Entrevista com Bahram Rahman.
40. Burke, *Al-Qaeda*, p. 111.
41. Depoimento de Ashif Mohammed Juma, "U.S. *versus* Usama Bin Laden, *et al.*".
42. Osama bin Laden, "Declaração de guerra contra os americanos ocupando a terra dos dois lugares sagrados", *Al-Quds al-Arabi*, 23 de agosto de 1996.
43. Entrevista com Yosri Fouda.
44. Fouda e Fielding, *Masterminds of terror*, p. 116.
45. Entrevista com Frank Pellegrino.

46. "The 9/11 Commission Report", p. 488 n. Relatórios anteriores afirmaram erroneamente que o termo era uma palavra servo-croata para *big bang*.
47. Reeve, *The new jackals*, p. 79.
48. Entrevista com Jamal Khashoggi, que diz que Bin Laden "jurou" para ele que não conhecia Yousef. Entretanto, Yousef passou algum tempo em acampamentos e aparelhos da Al-Qaeda em 1989 e pode ter estado em Peshawar na mesma época em que Bin Laden vinha mediando a guerra civil no Afeganistão. Coll, *Ghost wars*, p. 249. Mohammed Saleh, o correspondente do *Al-Hayat* no Cairo, contou que Ramzi Yousef e Bin Laden se encontraram no Paquistão, mas não quis revelar a fonte dessa informação.
49. Reeve, *The new jackals*, p. 76.
50. Entrevista com Michael Scheuer.
51. Reeve, *The new jackals*, p. 86.
52. "The 9/11 Commission Report", p. 149.

14. PONDO A MÃO NA MASSA (PP. 264-72)

1. Entrevistas com John Lipka, Dale Watson, Jack Cloonan e uma autoridade política anônima em Riad; Freeh, *My FBI*, pp. 11 e ss. Kenneth M. Pollack, em comunicação pessoal, escreve: "Os sauditas concordaram plenamente com nossa conclusão de que o Irã estava por trás das torres Khobar. Nunca ouvi a menor alusão a que acreditassem que a Al-Qaeda fosse responsável. Entretanto, como haviam iniciado sua reaproximação com Teerã — especialmente após a eleição de Mohammad Khatami no Irã —, tivemos a forte impressão de que não queriam que chegássemos à mesma conclusão, temendo que quiséssemos lançar um ataque em retaliação contra os iranianos ou nos sentíssemos obrigados a tal. Richard A. Clarke e Steven Simon expressaram sentimentos semelhantes em entrevistas. A comissão do 11 de setembro, porém, deixa aberta a possibilidade de uma ligação entre o atentado às torres Khobar e a Al-Qaeda, afirmando que havia "indícios fortes mas indiretos" de que a organização "realmente desempenhou algum papel, ainda desconhecido". Douglas Jehl, "No Saudi payment to Qaeda is found", *The New York Times*, 19 de junho de 2004. Mas esses indícios não foram divulgados. De acordo com Michael Scheuer, a ligação foi feita num memorando preparado pela CIA e entregue à comissão.
2. Entrevista com Richard A. Clarke. Freeh, em comunicação pessoal, nega que a conversa tenha ocorrido. Mas O'Neill contou essa história a várias outras pessoas.
3. Entrevista com um ex-alto funcionário anônimo do Departamento de Estado americano.
4. Entrevista com Rihab Massoud.
5. Entrevista com John Lipka.
6. Entrevista com R. P. Eddy.
7. Entrevistas com Richard A. Clarke, Tom Corrigan e Tom Lang.
8. Entrevistas com Daniel Coleman e Michael Scheuer.
9. Documento de "U.S. *versus* Usama Bin Laden, *et al.*".
10. Audiência para fixar fiança, "U.S. *versus* Usama Bin Laden, *et al.*".

11. Entrevista com Daniel Coleman.
12. Entrevista com Daniel Coleman.

15. PÃO E ÁGUA (PP. 273-90)

1. Abdel Bari Atwan, "Interview with Saudi oppositionist Usmah Bin-Ladin", *Al-Quds al-Arabi*, 27 de novembro de 1996.
2. Burke, "The making of Bin Laden", parte 1, *Observer*, 28 de outubro de 2001.
3. Bergen, *Holy war*, pp. 17 e ss.
4. Al-Hammadi, "The inside story of Al-Qa'ida", parte 5, 23 de março de 2005.
5. "Walidee Ramama Al-Aqsa Bilkhasara" (Meu pai restaurou a mesquita Al-Aqsa, com prejuízo), *Al-Umma al-Islamiyya*, 18 de outubro de 1991.
6. Al-Hammadi, "The inside story of Al-Qa'ida", parte 5, 23 de março de 2005.
7. Coll, *Ghost wars*, p. 391.
8. Al-Hammadi, "The inside story of Al-Qa'ida", parte 6, 24 de março de 2005.
9. Clarke, *Against all enemies* [Contra todos os inimigos], p. 149.
10. Al-Hammadi, "The inside story of Al-Qa'ida", parte 6, 24 de março de 2005.
11. "Secrets of relations among al-Zawaheri, Ben Ladan, and Hezb ul-Tahrir in terrorist operations in Europe" [sic], *Al-Sharq al-Awsat*, 13 de outubro de 1995. Tradução inglesa do FBIS. Um dos auxiliares de Zawahiri depôs no Egito que tivera contatos telefônicos com Zawahiri em Genebra. Khalid Sharaf al-Din, "Surprises in the trial of the largest international fundamentalist organization in Egypt", *Al-Sharq al-Awsat*, 6 de março de 1999. Tradução inglesa do FBIS. A mansão suíça está em "Al-Jihad terrorist claims strong CIA-terrorist ties", *MENA*, 8 de setembro de 1996. Yassir al-Sirri, que estava próximo à Al-Jihad, sustentou em uma entrevista que Zawahiri nunca morou na Suíça, mas a prima de Zawahiri, Maha Azzam, afirma que morou sim.
12. Entrevista com Saeed Badeeb.
13. Entrevista com Jesper Stein; Michael Taarnby Jensen, comunicação pessoal.
14. Andrew Higgins e Alan Cullison, "Terrorist's odyssey: Saga of dr. Zawahri [sic] illuminates roots of Al-Qaeda terror", *The Wall Street Journal*, 2 de julho de 2002.
15. Wright, "The man behind Bin Laden", *The New Yorker*, 16 de setembro de 2002.
16. Andrew Higgins e Alan Cullison, "Terrorist's odyssey: saga of dr. Zawahri [sic] illuminates roots of Al-Qaeda terror", *The Wall Street Journal*, 2 de julho de 2002.
17. Al-Zawahiri, *Cavaleiros sob o estandarte do profeta*, parte 7.
18. C. J. Chivers e Steven Lee Myers, "Chechen rebels mainly driven by nationalism", *The New York Times*, 12 de setembro de 2004.
19. Andrew Higgins e Alan Cullison, "Terrorist's odyssey: saga of dr. Zawahri [sic] illuminates roots of Al-Qaeda terror", *The Wall Street Journal*, 2 de julho de 2002.
20. Benjamin e Simon, *The age of sacred terror*, p. 146.
21. Vahid Mojdeh, em Bergen, *The Osama bin Laden I know*, p. 164.
22. Confissões de Ahmed Ibrahim al-Sayed al-Najjar, processo "Retornados da Albânia", setembro de 1998.
23. Abdurrahman Khadr, em Bergen, *The Osama bin Laden I know*, p. 173.

24. Alan Cullison e Andrew Higgins, "Strained alliance: Inside Al-Qaeda's Afghan turmoil", *The Wall Street Journal*, 2 de agosto de 2002.
25. Abdel Bari Atwan, em Bergen, *The Osama bin Laden I know*, p. 170.
26. Entrevista com Maha Elsammeh.
27. Entrevista com Montassir al-Zayyat.
28. Weaver, *A portrait of Egypt*, p. 264. Weaver estima entre 7 mil e 8 mil o número de islamitas assassinados, p. 267.
29. Rubin, *Islamic fundamentalism*, p. 161.
30. Mohammed el-Shafey, "Al-Zawahiri's secret papers", parte 5, *Al-Sharq al-Awsat*, 17 de dezembro de 2002. Tradução inglesa do FBIS.
31. Entrevista com Hisham Kassem.
32. Weaver, *A portrait of Egypt*, p. 272.
33. Douglas Jehl, "70 die in attack at Egypt temple", *New York Times*, 18 de novembro de 1997.
34. Weaver, *A portrait of Egypt*, p. 259.
35. Alan Cowell, "At a Swiss airport, 36 dead, home from Luxor", *The New York Times*, 20 de novembro de 1997; também Douglas Jehl, "At ancient site along the Nile, modern horror", *The New York Times*, 19 de novembro de 1997.
36. Scheuer, *Through our enemies' eyes*, p. 199.
37. Jailan Halawi, "Bin Laden behind Luxor massacre?, *Al-Ahram Weekly*, 20-26 de maio de 1999.
38. Lawrence Wright, "The man behind Bin Laden", *The New Yorker*, 16 de setembro de 2002.
39. Entrevista com Hisham Kassem.
40. Fu'ad Husayn, "Al-Zarqawi [...] The second generation of Al-Qaeda", parte 14, *Al-Quds al-Arabi*, 13 de julho de 2005.
41. Al-Zawahiri, *Cavaleiros sob o estandarte do profeta*, parte 11.
42. Sumário de Kenneth M. Karas, "U.S. *versus* Usama Bin Laden, *et al*.".
43. Zayyat, *The road to Al-Qaeda* [*Os caminhos da Al-Qaeda*], p. 89.
44. Mohammed el-Shafey, "Al-Zawahiri's secret papers", parte 2, tradução inglesa do FBIS, *Al-Sharq al-Awsat*, 14 de dezembro de 2002.
45. Mohammed el-Shafey, "Al-Qaeda's secret e-mails", parte 2, tradução inglesa do FBIS, 13 de junho de 2005.
46. Zayyat, *The road to Al-Qaeda* [*Os caminhos da Al-Qaeda*], p. 109.
47. Entrevista com Hani al-Sibai.
48. Confissões de Ahmed Ibrahim al-Sayed al-Najjar, processo "Retornados da Albânia", setembro de 1998.

16. "AGORA A COISA COMEÇA" (PP. 291-316)

1. Burke, *Al-Qaeda*, p. 186.
2. Entrevista com Ismail Khan.

3. Entrevista com Rahimullah Yusufzai.
4. <www.pbs.org/frontline>.
5. Al-Hammadi, "The inside story of Al-Qa'ida", parte 6, 24 de março de 2005.
6. Entrevista com Rahimullah Yusufzai.
7. Depoimento de Stephen Gaudin, "U.S. *versus* Usama Bin Laden, *et al*.".
8. Miller, Stone e Mitchell, *The cell*, p. 192.
9. Entrevistas com Michael Scheuer, Dale Watson, Mark Rossini, Daniel Coleman e Richard A. Clarke.
10. Entrevista com o príncipe Turki al-Faisal.
11. Entrevista com Michael Scheuer.
12. O encontro com o mulá Omar é, em grande parte, um relato em primeira mão de Turki. Michael Scheuer afirma, com base na cobertura do encontro pela CIA, que Omar e Turki discutiram, com Omar supostamente dizendo: "Alteza, tenho apenas uma pergunta: Quando foi que a família real se tornou lacaia dos americanos?".
13. Rashid, *Taliban*, pp. 72-3.
14. *Ibid.*, p. 139.
15. Entrevistas com Daniel Coleman, Mark Rossini e Montassir al-Zayyat.
16. Entrevista com Hafez Abu-Saada.
17. Seu nome verdadeiro é Abdullah Ahmed Abdullah, também conhecido como Abu Mohammed el-Masri. Ele nunca foi capturado. Entrevista com Ali Soufan; também, depoimento de Stephen Gaudin, "U.S. *versus* Usama Bin Laden, *et al*.".
18. Entrevista com Daniel Coleman.
19. Entrevistas com Pasquale "Pat" d'Amuro, Stephen Gaudin, Mark Rossini e Kenneth Maxwell.
20. Entrevista com Ali Soufan.
21. Entrevista com Stephen Gaudin.
22. Entrevista com Mark Rossini.
23. Entrevistas com Pasquale "Pat" d'Amuro, Daniel Coleman e Ali Soufan.
24. Documento do FBI, "PENTBOM Major Case 182 AOT-IT", 5 de novembro de 2001.
25. Depoimento de Stephen Gaudin, "U.S. *versus* Usama Bin Laden, *et al*.".
26. Entrevista com Mary Lynn Stevens.
27. Entrevista com Grant Ashley.
28. Entrevista com Michael Rolince.
29. Entrevista com Paul Garmirian.
30. Entrevista com Mark Rossini.
31. Entrevista com Milt Bearden. Bearden acredita que o espião estrangeiro fosse egípcio ou tunisiano.
32. Entrevista com o almirante Bob Inman.
33. Entrevista com Michael Scheuer.
34. Al-Hammadi, "The inside story of Al-Qa'ida", parte 9, 28 de março de 2005.
35. Entrevista com Abdul Rahman Khadr.
36. Telegrama confidencial do Departamento de Estado americano, "Osama bin Laden: Taliban spokesman seeks new proposal for resolving Bin Laden problem", 28 de novembro de

1998. Fontes hospitalares e autoridades paquistanesas contaram onze mortos e 53 feridos. Ismail Khan, "Varying versions", *Islamabad the News*, 30 de agosto de 1998.

37. Al-Hammadi, "The inside story of Al-Qa'ida", parte 9, 28 de março de 2005.

38. Murad Ahmad, "Report cites russian 'documents' on Bin Ladin's past", *Al-Majellah*, 23 de dezembro de 2001.

39. Entrevista com Rahimullah Yusufzai.

17. O NOVO MILÊNIO (PP. 317-30)

1. Telegrama confidencial do Departamento de Estado americano, "Afghanistan: Taliban's mullah Omar's 8/22 contact with State Department", 22 de agosto de 1998.

2. Entrevista com Rahimullah Yusufzai.

3. Telegrama da embaixada americana em Islamabad, "SITREP 6: Pakistan/Afghanistan reaction to U.S. strikes", 25 de agosto de 1998.

4. Robert Fisk, "Bin Laden's secrets are revealed by Al-Jazira journalist", *The Independent*, 23 de outubro de 2002.

5. Burke, *Al-Qaeda*, p. 168.

6. Braun e Judy Pasternak, "Long before Sept. 11, Bin Laden aircraft flew under the radar", *Los Angeles Times*, 18 de novembro de 2001.

7. Entrevista com o príncipe Turki al-Faisal.

8. "*Spiegel* interview: 'And then mullah Omar screamed at me'", *Der Spiegel*, 8 de março de 2004. Tradução inglesa de Christopher Sultan.

9. Entrevista com Abdul Rahman Khadr.

10. Al-Hammadi, "The inside story of Al-Qa'ida", parte 6, 24 de março de 2005.

11. *Ibid.*

12. "The 9/11 Commission Report", p. 131.

13. Entrevista com Michael Scheuer.

14. Entrevista com Grant Ashley.

15. Entrevista com um agente anônimo do FBI.

16. Weiss, *The man who warned America*, p. 279.

17. Entrevista com Joe Cantemessa.

18. Scheuer, *Through our enemies' eyes*, p. 124.

19. Entrevista com Ahmed Badeeb.

20. "The 9/11 Commission Report", p. 61.

21. Jeffrey Goldberg, "The great terror", *The New Yorker*, 25 de março de 2002.

22. "The 9/11 Commission Report", p. 66.

23. "Iraq: former PM reveals secret service data on birth of Al-Qaeda in Iraq", *Aki*, 23 de maio de 2005.

24. Entrevista com Lewis Schiliro.

25. Declaração de Samuel R. Berger, *Joint Congressional Inquiry*, 19 de setembro de 2002.

26. Robert Draper, "The plot to blow up LAX", *GQ*, dezembro de 2001.

27. Entrevistas com Joseph Dunne e Mark Rossini.

28. Clarke, *Against all enemies* [*Contra todos os inimigos*], p. 214.
29. Entrevista com Robert McFadden.

18. BOOM (PP. 331-64)

1. Entrevista com Marc Sageman. Muitas das estatísticas derivam de seu importante estudo *Understanding terror networks*.
2. Sageman observa que "apenas quatro dos quatrocentos homens [de sua amostra] possuíam algum sinal de distúrbio. Isso está abaixo da taxa básica mundial para distúrbios do pensamento". Marc Sageman, "Understanding terror networks", *E-Notes*, Foreign Policy Research Institute, 1º de novembro de 2004.
3. Nick Fielding, "Osama's recruits well-schooled", *The Sunday Times*, 3 de abril de 2005.
4. Entrevista com Abdullah Anas.
5. Entrevista com Abdullah Anas.
6. "The 9/11 Commission Report", p. 66. Sageman estima pessoalmente que o número de recrutas durante esse período não superava 5 mil.
7. Bernstein, *Out of the blue*, p. 86.
8. Al-Hammadi, "The inside story of Al-Qa'ida", parte 5, 23 de março de 2005.
9. Entrevista com Ali Soufan.
10. David Rohde e C. J. Chivers, "Al-Qaeda's grocery lists and manuals of killing", *The New York Times*, 17 de março de 2002.
11. Abu Zayd, "After Ben Ladan's return to Afghanistan and revival of fundamentalist alliance", *Al-Watan al-Arabi*, 7 de junho de 1996.
12. Entrevista com Jack Cloonan. O filme do próprio autor, *Nova York sitiada*, também foi visto pelos membros da Al-Qaeda.
13. Alan Cullison e Andrew Higgins, "Computer in Kabul holds chilling memos", *The Wall Street Journal*, 31 de dezembro de 2001.
14. Documento sem data nem assinatura, "CIA report on the Zawahiri brothers".
15. "Is Al-Qaeda making anthrax?", CBS News, 9 de outubro de 2003; Eric Lipton, "Qaeda letters are said to show pre-9/11 anthrax plans", *The New York Times*, 21 de maio de 2005.
16. "The story of the Afghan Arabs", *Al-Sharq al-Awsat*, parte 1, 8 de dezembro de 2004.
17. Entrevistas com Georg Mascolo, Josef Joffe, Jochen Bittner, Manfred Murck e Cordula Meyer.
18. "The Hamburg connection", BBC News, 19 de agosto de 2005.
19. "The 9/11 Commission Report", p. 165.
20. John Crewdson, "From kind teacher to murderous zealot", *Chicago Tribune*, 11 de setembro de 2004.
21. Brian Ross, "Face to face with a terrorist", ABC News, 6 de junho de 2002.
22. Fouda e Fielding, *Masterminds of terror*, p. 82.
23. Nicholas Hellen, John Goetz, Ben Smalley e Jonathan Ungoed-Thomas, "God's warrior", *The Sunday Times*, 13 de janeiro de 2002.
24. *Ibid.*, p. 154.

25. "Substitution for the testimony of Khaled Sheikh Mohammed", "U.S. *versus* Moussaoui".
26. "The 9/11 Commission Report", p. 155.
27. "Bin Laden's sermon for the feast of the sacrifice", MEMRI Special Dispatch Series, nº 476, <www.memri.org>, 5 de março de 2003.
28. Paul Martin, "Chicago, L.A. towers were next targets", *The Washington Times*, 30 de março de 2004.
29. "Joint inquiry into intelligence community activities before and after the terrorist attacks of September 11, 2001", p. 131; e *Der Spiegel, Inside 9-11*, p. 16.
30. "Joint inquiry into intelligence community activities before and after the terrorist attacks of September 11, 2001", p. 131; entrevista com Ali Soufan; e Eric Watkins, comunicação pessoal.
31. Georg Mascolo, "Operation Holy Tuesday", *Der Spiegel*, 27 de outubro de 2003.
32. Entrevista com Ali Soufan.
33. "The 9/11 Commission Report", p. 353.
34. Entrevista com Saeed Badeeb.
35. "Three 9/11 hijackers: Identification, watchlisting, and tracking", *Staff Statement*, nº 2, p. 4, National Commission on Terrorist Attacks upon the United States.
36. Entrevista com Mark Rossini.
37. Miller está identificado como "Dwight" em "A review of the FBI's handling of intelligence information related to the September 11 attacks", Department of Justice, office of the inspector general, novembro de 2004, p. 233.
38. Entrevista com um funcionário anônimo da CIA, de Alec Station, que disse: "O verdadeiro milagre foi que houve apenas uma grande falha".
39. "The 9/11 Commission Report", p. 479.
40. Steve Coll, "A secret hunt unravels in Afghanistan", *The Washington Post*, 22 de fevereiro de 2004.
41. Michael Isikoff e Evan Thomas, "The Saudi money trail", *Newsweek*, 2 de dezembro de 2002; "The 9/11 Commission Report", pp. 215-8; "Joint inquiry into intelligence community activities before and after the terrorist attacks of September 11", 2001, pp. 172-4; "A review of the FBI's handling of intelligence information related to the September 11 attacks", Department of Justice, office of the inspector general, novembro de 2004, p. 325.
42. Entrevista com Jack Cloonan.
43. Al-Hammadi, "The inside story of Al-Qa'ida", parte 4, 22 de março de 2005.
44. "The 9/11 Commission Report", pp. 190-1.
45. Benjamin e Simon, *The age of sacred terror*, p. 323.
46. Bergen, *Holy war*, p. 186.
47. Entrevista com um ex-agente do FBI, anônimo.
48. Entrevistas com Barbara Bodine, Kenneth Maxwell, Thomas Pickard, Pasquale "Pat" d'Amuro, Jim Rhody, Tom Donlon, Ali Soufan, Kevin Giblin, Barry Mawn, David Kelley, Mark Rossini e Kevin Donovan; também John O'Neill, "The bombing of the USS *Cole*", palestra na 19ª Conferência Anual do Governo/Indústria sobre Terrorismo Global, Instabilidade Política e Crime Internacional, março de 2001; Graham, *Intelligence matters*, pp. 60-1; Bergen, *Holy war*, pp. 184-92; Weiss, *The man who warned America*, pp. 287-312; "The man who knew", <www.pbs.org>.

49. Entrevista com Michael Sheehan.
50. Entrevista com Ali Soufan.
51. De acordo com Soufan, "a CIA agiu pelas minhas costas", entrevistando sua fonte no Afeganistão, em dezembro de 2000. A CIA vinha compartilhando sua fonte naquela época, mas, de acordo com o protocolo, trouxe junto o adido legal do FBI de Islamabad. Naquela época, o agente da CIA fez que a fonte identificasse uma foto de vigilância de Khallad na reunião da Malásia. Isso permitiu à CIA afirmar corretamente que o FBI estava presente quando a foto foi mostrada. No entanto, a entrevista se realizou em árabe, língua que o adido do FBI não falava, de modo que ele não entendeu o que realmente estava acontecendo.
52. "The story of the Afghan Arabs", *Al-Sharq al-Awsat*, parte 4, 12 de dezembro de 2004.
53. "The 9/11 Commission Report", p. 191.
54. Clinton, *My life* [*Minha vida*], p. 925.
55. Entrevista com Ali Soufan.

19. O GRANDE CASAMENTO (PP. 365-95)

1. Entrevistas com Ahmed Zaidan, Jamal Khalifa e Maha Elsamneh; Zeidan, *Bin Laden Bila Qina*, pp. 109-58.
2. "Bin Laden verses honor *Cole* attack", Reuters, 2 de março de 2001.
3. Abdullah bin Osama bin Laden diz que seu pai dormia apenas duas ou três horas por noite. "Bin Laden's son defiant", BBC, 14 de outubro de 2001.
4. Documento do governo, "U.S. *versus* Moussaoui".
5. Entrevista com Richard A. Clarke; também Clarke, *Against all enemies* [*Contra todos os inimigos*], pp. 225-34. "The 9/11 Commission Report" afirma que Clarke contou a Rice que queria ser transferido em maio ou junho; ele me contou que queria em março.
6. Philip Shenon e Eric Schmitt, "Bush and Clinton aides grilled by panel", *The New York Times*, 24 de março de 2004.
7. Entrevista com Valerie James. O salário básico de O'Neill era 120 336 dólares anuais.
8. Mohammed el-Shafey, "UBL's aide Al-Zawahiri attacks Jihad members 'taking refuge in Europe'", *Al-Sharq al-Awsat*, 23 de abril de 2001. Tradução inglesa do FBIS.
9. Entrevista com Abdullah Anas; Kathy Gannon, "Osama ordered assassination", *Advertiser*, 16 de agosto de 2002; Jon Lee Anderson, "Letter from Cabul: The assassins", *The New Yorker*, 10 de junho de 2002; Burke, *Al-Qaeda*, p. 177; Mike Boettcher e Henry Schuster, "How much did Afghan leader know?", CNN, 6 de novembro de 2003; "The 9/11 Commission Report", p. 139; telegrama confidencial da Defense Intelligence Agency, "IIR [removido]/O assassinato de Massoud ligado ao ataque de 11 de setembro de 2001", 21 de novembro de 2001; Benjamin e Simon, *The age of sacred terror*, p. 338; Coll, *Ghost wars*, p. 568.
10. Sam Tannehaus, "The CIA's blind ambition", *Vanity Fair*, janeiro de 2002. Tannehaus informa que o ataque seria no G-8 em Gênova, mas Clarke conta que a informação envolvia um assassinato presidencial em Roma.
11. "Newspaper says U.S. ignored terror warning", Reuters, 7 de setembro de 2002.

12. John K. Cooley, "Other unheeded warnings before 9/11?", *Christian Science Monitor*, 23 de maio de 2002.

13. Entrevista com Ali Soufan.

14. Al-Hammadi, "The inside story of Al-Qa'ida", parte 6, 24 de março de 2005.

15. Entrevista com Ali Soufan.

16. Entrevista com Richard A. Clarke.

17. Dana Priest, "Panel says Bush saw repeated warnings", *The Washington Post*, 13 de abril de 2004.

18. Intelink é um sistema limitado disponível a outros serviços de inteligência. Ele teria mostrado a Gillespie apenas o que estava disponível à inteligência do FBI. Se ela tivesse pesquisado o sistema Hercules, o poderoso banco de dados da CIA que continha todos os telegramas e comunicações da NSA e estava disponível para ela, teria obtido um quadro completo do conhecimento por parte da agência de Mihdhar e Hazmi.

19. Entrevistas com Dina Corsi, Steven Bongardt, Ali Soufan e Mark Rossini. Miller, Stone e Mitchell, *The cell*, p. 305; declaração de Cofer Black, 20 de setembro de 2002, "Joint inquiry into intelligence community activities before and after the terrorist attacks of September 11, 2001". Dina Corsi contou que havia escrito os nomes de Mihdhar e Hazmi nas costas das fotografias, tornando-os assim disponíveis aos agentes criminais do esquadrão I-49, mas Bongardt diz que nunca os viu.

20. Entrevistas com Jack Cloonan, Ali Soufan, Pasquale "Pat" d'Amuro, Daniel Coleman, almirante Bob Inman; "The 9/11 Commission Report", pp. 78-80.

21. "The 9/11 Commission Report", p. 222.

22. Entrevista com Ali Soufan.

23. Entrevistas com Mark Rossini, Valerie James, Enrique García, Emiliano Burdiel Pascual e Teodoro Gómez Domínguez.

24. Entrevistas com José Maria Irujo, Keith Johnson e Ramón Pérez Maura; "Joint Congressional Inquiry", p. 139; Fouda e Fielding, *Masterminds of terror*, p. 137.

25. Entrevista com Dan Coleman.

26. "Rede des Scheich usamma Bin LADEN anläßlich des Fitr-Festes erster schawal 1420" (Discurso do xeique Osama bin Laden por ocasião da celebração de *fitr* do primeiro *schawal* de 1420), Documento de Motassadeq, tradução inglesa do Chester Rosson. Modifiquei parte da gramática e a linguagem pomposa, que foi traduzida do árabe para o alemão e desta língua para o inglês.

27. Entrevistas com Jack Cloonan, Mark Rossini e Daniel Coleman; Miller, Mitchell e Stone, *The cell*, p. 289; "Joint Congressional Inquiry", p. 20. No linguajar do FBI, uma "comunicação eletrônica" é um e-mail que requer uma resposta; não é um documento informal. Ela substituiu os teletipos como uma comunicação formal.

28. Entrevistas com Richard A. Clarke e Michael Rolince; "The 9/11 Commission Report", pp. 273-6.

29. "The 9/11 Commission Report", p. 151; "Entrepreneurs of terrorism", *Weekend Australian*, 24 de julho de 2004.

30. Weiss, *The man who warned America*, p. 350.

31. Entrevistas com Ali Soufan, Jack Cloonan, Mark Rossini e Daniel Coleman; Eleanor Hill, "The intelligence community's knowledge of the September 11 hijackers prior to September 11, 2001", Joint Inquiry Staff Statement, "Joint Congressional Inquiry", 20 de setembro de 2002.
32. Roula Khalaf, "Dinner with the FT: Turki al-Faisal", *Financial Times*, 1º de novembro de 2003.
33. Paul Mcgeough, "The puppeteer", *The Sydney Morning Herald*, 8 de outubro de 2002.
34. Weiss, *The man who warned America*, p. 359.
35. Jon Lee Anderson, "Letter from Kabul: The assassins", *The New Yorker*, 10 de junho de 2002.
36. Kathy Gannon, "Osama 'ordered assassination'", *Advertiser*, 17 de agosto de 2002.
37. Entrevistas com Jerome Hauer e Robert Tucker.
38. Entrevista com Ali Soufan.
39. Vídeo do jantar de Bin Laden com o xeique Ali Saeed al-Ghamdi.
40. Sageman, *Understanding terror networks*, p. 117.
41. Peter Finn, "Hamburg's cauldron of terror", *The Washington Post*, 11 de setembro de 2002.
42. *Der Spiegel, Inside 9-11*, p. 50.
43. Weiss, *The man who warned America*, p. 366.
44. Entrevista com Ali Soufan.
45. Mike Boettcher, "Detainees reveal Bin Laden's reactions to attacks", <cnn.com>, 10 de setembro de 2002.
46. Detalhes da cena interna vêm de entrevistas com Kurt Kjeldsen e Michael Hingson; o vídeo filmado por Jules e Gedeon Naudet; Murphy, *September 11*; Fink e Mathias, *Never forget*; e Smith, *Report from ground zero*.
47. Entrevista com Wesley Wong.
48. Anthony DePalma, "What happened to that cloud of dust?", *The New York Times*, 2 de novembro de 2005.

20. REVELAÇÕES (PP. 396-408)

1. Detalhes dos interrogatórios de Quso e Abu Jandal vêm de entrevistas com Ali Soufan e Robert McFadden.
2. Weiss, *The man who warned America*, p. 383.
3. John R. Bradley, "Definitive translation of 'Smoking gun' tape", <www.johnrbradley.com/-art_27.html> (desativado), 15 de julho de 2004. Tradução inglesa de Ali al-Ahmed.
4. Entrevista com Maha Elsamneh.
5. Smucker, *Al-Qaeda's great escape*, pp. 119-20.
6. Fita de áudio de Bin Laden: "Message to our Muslim brothers in Iraq", <bbcnews.com>, 12 de fevereiro de 2003.
7. "*Al-Majellah* obtains Bin Ladin's will", *Al-Majellah*, 27 de outubro de 1992. Tradução inglesa do FBIS.
8. Ilene R. Prusher, "Two top Al-Qaeda leaders spotted", *Christian Science Monitor*, 26 de março de 2002.

Bibliografia

Abbas, Hamid. *Story of the great expansion*. Jidá: Saudi Bin Ladin Group [sic], 1996.
Abdel-Malek, Anouar. *Egypt: Military society*. Tradução inglesa de Charles Lam Markmann. Nova York: Random House, 1968.
Abdelnasser, Walid Mahmoud. *The Islamic movement in Egypt: Perceptions of international relations, 1967-81*. Londres: Kegan Paul International, 1994.
Abdo, Geneive. *No God but God: Egypt and the triumph of Islam*. Oxford: Oxford University Press, 2000.
Abdullah, Isam. "*Al-Majellah* Tuhawir Shahid Ayan Arabi ala Hisar Kandahar" [Entrevistas de *Al-Majellah* com uma testemunha árabe do cerco a Kandahar]. Tradução inglesa de May Ibrahim. *Al-Majellah*, 3 de dezembro de 2001.
Abir, Mordechai. *Saudi Arabia: Government, society, and the Gulf crisis*. Nova York: Routledge, 1993.
Abou El Fadl, Khaled. "The ugly modern and the modern ugly: Reclaiming the beautiful in Islam". Em *Progressive Muslims: On justice, gender, and pluralism*, organizado por Omid Safi. Oxford: Oneworld Publications, 2003.
____. et al. *The place of tolerance in Islam*. Boston: Beacon Press, 2002.
AbuKhalil, As'ad. *Bin Laden, Islam, and America's new "war on terrorism"*. Nova York: Seven Stories, 2002.
Abu-Rabi, Ibrahim M. *Intellectual origins of Islamic resurgence in the modern Arab world*. Albany: State University of New York Press, 1996.
Aburish, Saïd K. *The rise, corruption, and coming fall of the House of Saud*. Nova York: St. Martin's, 1996.
Ajami, Fouad. *The Arab predicament: Arab political thought and practice since 1967*. Cambridge: Cambridge University Press, 1981.

Ajami, Fouad. *The dream palace of the Arabs: A generation's odyssey*. Nova York: Pantheon Books, 1998.

Algar, Hamid. *Wahhabism: A critical essay*. Nova York: Islamic Publications International, 2002.

Amin, Mohamed. *The beauty of Makkah and Madinah*. Nairóbi: Camerapix Publishers International, 1999.

"Amreeka Tantaqim wa Bin Laden Yuhadid" [As desforras americanas e as ameaças de Bin Laden]. Tradução inglesa de Dina Ibrahim. *Akhbar al-Hawadith*, 11 de outubro de 2001, nº 497.

Anas, Abdullah. *Wiladat al-Afghan al-Arab: Seerat Abdulla Anas bayna masood wa Abdulla Azzam* [O nascimento dos afegãos árabes: As memórias de Abdullah Anas: Entre Masood e Abdullah Azzam]. Beirute: Dar al-Saqee, 2002.

"Aqdam al-Afghan al-Arab Yatahadath lilSharq al-Awsat 'an Maseeratihi alatee Awsalat'hoo fee al-Nihayya ila al-Sijn fee al-Saudia" [O mais velho dos afegãos árabes fala a *Al-Sharq al-Awsat* sobre o caminho que acabou levando-o à prisão na Arábia Saudita]. Tradução inglesa de Amjad M. Abu Nseir. *Al-Sharq al-Awsat*, 25 de novembro de 2001.

Armstrong, Karen. *Muhammad: A biography of the prophet*. Nova York: Harper-Collins, 1992.

Al-Aroosi, Mahmoud Kamel. *Muhakamat Sayyid Qutb*. Tradução inglesa de Nidal Daraiseh. Cairo: Matba'at al-Jamhooriya al-Hadeetha, 1995.

Asaad, Khalid Khalil. *Mukatil Min Mecca* [Um guerreiro que veio de Meca]. Tradução inglesa de Nidal Daraiseh. Londres: al-I'lam, 2001.

Atwan, Abdel Bari. *The secret history of al-Qa'ida*. Londres: Saqi, 2006.

"Ayna Thahaba Qatalat al-Sadat?" [Onde foram parar os assassinos de Sadat?]. Tradução inglesa de Mandi Fahmy. *Akhir Sa'ah* [Última Hora], 24 de outubro de 2001, pp. 36-9.

Azzam, Abdullah. *The lofty mountain*. Londres: Azzam Publications, 2003.

———. "Martyr Sayyid Qutb: A giant of Islamic thought". <www.azzam.com> (desativado).

———. "Al-Qaeda" [A base sólida]. *Al-Jihad*, abril de 1988, nº 41.

Badeeb, Saeed M. *The Saudi-Egyptian conflict over North Yemen, 1962-1970*. Boulder, Col.: Westview, 1986.

Baer, Robert. *Sleeping with the devil*. Nova York: Crown Publishers, 2003.

Bahmanyar, Mir. *Afghanistan cave complexes, 1979-2004*. Oxford: Osprey Publishing Group, 2004.

Baker, Raymond William. *Islam without fear: Egypt and the new Islamists*. Cambridge: Harvard University Press, 2003.

Bamford, James. *A pretext for war: 9/11, Iraq, and the abuse of America's intelligence agencies*. Nova York: Doubleday, 2004.

Bearden, Milt e James Risen. *The main enemy: The inside story of the CIA's final showdown with the KGB*. Nova York: Random House, 2003.

Bell, J. Bower. *Murders on the Nile*. San Francisco: Encounter Books, 2003.

Belloc, Hilaire. *The great heresies*. Manassas, Va.: Trinity Communications, 1987.

Benjamin, Daniel e Steven Simon. *The age of sacred terror*. Nova York: Random House, 2003.

Bergen, Peter L. *Holy war: Inside the secret world of Osama bin Laden*. Nova York: Free Press, 2001.

———. *The Osama bin Laden I know: An oral history of Al-Qaeda's leader*. Nova York: Free Press, 2006.

Berman, Paul. *Terror and liberalism*. Nova York: Norton, 2003.

Bernstein, Richard. *Out of the blue: The story of September 11, 2001, from jihad to ground zero*. Nova York: Times Books, 2002.

Bin Ladin, Carmen. *Inside the Kingdom: My life in Saudi Arabia*. Nova York: Warner Books, 2004.

Blum, Howard. *The eve of destruction: The untold story of the Yom Kippur war*. Nova York: HarperCollins, 2003.

Borovik, Artyom. *The hidden war: A Russian journalist's account of the Soviet war in Afghanistan*. Nova York: Grove Press, 1990.

Brogan, Daniel. "Al-Qaeda's Greeley roots". *5280* (junho-julho 2003): pp. 158-65.

Burke, Jason. *Al-Qaeda: Casting a shadow of terror*. Londres: I. B. Taurus, 2003.

Burr, J. Millard e Robert O. Collins. *Revolutionary Sudan: Hasan al-Turabi and the Islamist state, 1989-2000*. Leiden: Brill, 2003.

Burton, Richard F. *Personal narrative of a pilgrimage to al-Madina and Meccah. Vols. 1 e 2*. Organizado por Isabel Burton. Nova York: Dover, 1964.

Calvert, John. "'The world is an undutiful boy!': Sayyid Qutb's American experience". *Islam and Christian-Muslim relations* 11, nº 1 (2000).

Campbell, Kurt M. e Michèle A. Flournoy. *To prevail: An American strategy for the campaign against terrorism*. Washington: Center for Strategic and International Studies, 2001.

Carré, Oliver. *Mysticism and politics: A critical reading of Fi Zilal al-Qur'an by Sayyid Qutb (1906-1966)*. Tradução do francês para o inglês por Carol Artigues e revisão por W. Shepart. Leiden: Brill, 2003.

Champion, Daryl. *The paradoxical Kingdom: Saudi Arabia and the momentum of reform*. Nova York: Columbia University Press, 2002.

Clarke, Richard A. *Against all enemies: Inside America's war on terror*. Nova York: Free Press, 2004 [*Contra todos os inimigos*. São Paulo: Francis, 2004].

Clinton, Bill. *My Life*. Nova York: Knopf, 2004 [*Minha vida*. São Paulo: Globo, 2004].

Coll, Steve. *Ghost wars: The secret history of the CIA, Afghanistan, and Bin Laden, from the Soviet invasion to September 10, 2001*. Nova York: Penguin, 2004.

Cooley, John K. *Unholy wars*. Londres: Pluto Press, 2000.

Corbin, Jane. *Al-Qaeda: In search of the terror network that threatens the world*. Nova York: Thunder's Mouth Press/ Nation Books, 2002.

Cordovez, Diego e Selig S. Harrison. *Out of Afghanistan: The inside story of the Soviet withdrawal*. Nova York: Oxford University Press, 1995.

"Country reports on terrorism 2004". [Não consta o nome da cidade]: U.S. Department of State, 2005.

Crile, George. *Charlie Wilson's war: The extraordinary story of the largest covert operation in history*. Nova York: Atlantic Monthly Press, 2003.

Der Spiegel (repórteres, escritores e editores). *Inside 9-11: What really happened*. Tradução inglesa de Paul De Angelis e Elisabeth Koestner. Nova York: St. Martin's, 2001.

Esposito, John. *Unholy war: Terror in the name of Islam*. Oxford: Oxford University Press, 2002.

Euben, Roxanne L. *Enemy in the mirror: Islamic fundamentalism and the limits of modern rationalism*. Princeton, N.J.: Princeton University Press, 1999.

Fandy, Mamoun. *Saudi Arabia and the politics of dissent*. Londres: Palgrave, 2001.

Feininger, Andreas. *New York in the forties*. Nova York: Dover, 1978.
Fernea, Elizabeth Warnock e Robert A. Fernea. *The Arab world: Forty years of change*. Nova York: Doubleday, 1997.
Fink, Mitchell e Lois Mathias. *Never forget: An oral history of September 11, 2001*. Nova York: HarperCollins, 2002.
Fouda, Yosri e Nick Fielding. *Masterminds of terror: The truth behind the most devastating terrorist attack the world has ever seen*. Nova York: Arcade, 2003.
Frady, Marshall. *Billy Graham: A parable of American righteousness*. Boston: Little, Brown, 1979.
Freeh, Louis J., com Howard Means. *My FBI: Bringing down the Mafia, investigating Bill Clinton, and fighting the war on terror*. Nova York: St. Martin's, 2005.
Friedman, Thomas L. *From Beirut to Jerusalem*. Nova York: Doubleday, 1989.
Geffs, Mary L. *Under ten flags: A history of Weld County, Colorado*. Greeley: McVey Printery, 1938.
Gold, Dore. *Hatred's kingdom*. Washington: Regnery Publishing, 2003.
Goldschmidt, Arthur Jr. *Biographical dictionary of modern Egypt*. Cairo: American University in Cairo Press, 2000.
Graham, Bob, com Jeff Nussbaum. *Intelligence matters: The CIA, the FBI, Saudi Arabia, and the failure of America's war on terror*. Nova York: Random House, 2004.
Griffin, Michael. *Reaping the whirwind: The Taliban movement in Afghanistan*. Londres: Pluto Press, 2001.
Guenena, Nemat. "The 'Jihad': An 'Islamic Alternative' in Egypt". Tese de mestrado, American University in Cairo Press, 1985.
Gunaratna, Rohan. *Inside Al-Qaeda: Global network of terror*. Londres: Hurst, 2002 [*No interior da Al-Qaeda, rede global do terror*. Lisboa: Relógio d'Água, 2004].
Habeeb, Kamal Saeed. *Al-Haraka al-Islamiyya min al-Muqwajaha ila al-Muraja'a* [O movimento islâmico do confronto à reforma]. Tradução inglesa de Mandi Fahmy. Cairo: Maktabat Madbooly, 2002.
Halliday, Fred. *Two hours that shook the world*. Londres: Saqi, 2002.
Al-Hammadi, Khalid. "The inside story of Al-Qa'ida, as told by Abu-Jandal (Nasir al-Bahri), Bin Ladin's personal guard". Tradução inglesa do FBIS. *Al-Quds al-Arabi*.
Hamza, Khaled. "Al-Doctor — al-Khaleefa al-Muntathar: Qisat Ayman al-Zawahiri min al-Tafawuq fee al-Tib li-Qiadat Tantheemat Irhabiyya" [O médico — o califa esperado: A história de Ayman al-Zawahiri da excelência na medicina à liderança de grupos terroristas]. Tradução inglesa de Mandi Fahmy. *Akhir Sa'ah* (Última Hora), outubro de 2001, nº 3495, pp. 8-9.
Hannonen, Sanna. "Egyptian Islamist Discourse: On political and social thought of Hasan al-Banna (1906-1949) and Sayyid Qutb (1906-1966)". Tese de mestrado, Universidade de Helsinque, 1999.
Harmony Documents. Banco de dados do Departamento de Defesa americano. <www.ctc.usma.edu/aq_harmonylist.asp>.
Heikal, Mohammed. *Autumn of fury: The assassination of Sadat*. Nova York: Random House, 1983.
_____. *Iran: The untold story*. Nova York: Pantheon, 1982.

Holden, David e Richard Johns. *The house of Saud: The rise and rule of the most powerful dinasty in the Arab world*. Nova York: Holt, Rinehart, and Winston, 1981.
Hourani, Albert. *A history of the Arab peoples*. Cambridge: Belknap Press of Harvard University Press, 2002.
Huband, Mark. *Warriors of the prophet: The struggle for Islam*. Boulder: Westview, 1998.
Ibrahim, Saad Eddin. *Egypt Islam and democracy: Critical essays*. Cairo: American University in Cairo Press, 1996.
Ismail, Faraj. "Fee Awal Hadeeth Lahoo Ba'd al-Harb: Ayman Zawahiri Yatahadath LilMajalla 'an Ikhtifa Bin Laden wa Qisat al-Khiana wa al-Huroob min Afghanistan!" [Em sua primeira entrevista após a guerra: Ayman Zawahiri fala a *Al-Majalla* sobre o desaparecimento de Bin Laden, a história da traição e a fuga do Afeganistão]. Tradução inglesa de Mandi Fahmy. *Al-Majalla*, dezembro de 2001, nº 1140, pp. 12-3.
Ismail, Jamal Abdul Latif. "Bin Laden wa al-Jazeera wa... Anaa" [Bin Laden, a Al-Jazira e... eu]. Tradução inglesa de Amjad M. Abu Nseir. Londres: Islamic Observation Centre, 2001.
Jacquard, Roland. *In the name of Osama bin Laden: Global terrorism and the Bin Laden brotherhood*. Tradução inglesa de George Holoch. Durham: Duke University Press, 2002.
Jerichow, Anders. *The Saudi file: People, power, politics*. Nova York: St. Martin's, 1998.
Johnson, Paul. *Modern times*. Nova York: Harper and Row, 1983 [*Tempos modernos*. Rio de Janeiro, Bibliex Cooperativa, 1994].
Joint inquiry into intelligence community activities before and after the terrorist attacks of September 11, 2001: Report of the U.S. Senate select committee on intelligence and U.S. House permanent select committee on intelligence. Washington, dezembro de 2002.
Jordán, Javier. *Profetas del miedo: Aproximación al terrorismo islamista*. Pamplona: EUNSA, 2004.
Kechichian, Joseph A. "Islamic revivalism and change in Saudi Arábia". *The Muslim World* 80, nº 1 (janeiro de 1990): 1-16.
Kepel, Gilles. *Jihad: The trail of political Islam*. Tradução inglesa de Anthony F. Roberts. Cambridge: Belknap Press of Harvard University Press, 2002.
_____. *Muslim extremism in Egypt: The prophet and pharaoh*. Berkeley: University of California Press, 1993.
Al-Khaledi, Salah Abdel Fatah. *Amrika min al-dakhil bi minzar Sayyid Qutb* [Os Estados Unidos do ponto de vista de Sayyid Qutb]. 2ª ed. Tradução inglesa de Nidal Daraiseh. Jidá: Dar al-Minara, 1986.
_____. *Sayyid Qutb: al-adib, al-naqid, wa-al-da'iyah al-mujahid, wa-al-mufakkir al mufassir al-rai'id* [Sayyid Qutb: O acadêmico, o crítico, o pregador, o guerreiro, o esclarecedor, o pioneiro]. Tradução inglesa de Nidal Daraiseh. Damasco: Dar al-Qalam, 2000.
_____. *Sayyid Qutb: al-shaheed al-hay* [Sayyid Qutb: O mártir vivo]. Tradução inglesa de Nidal Dariseh. Amã: Maktabat al-Aqsa, 1981.
_____. *Sayyid Qutb: min al-milad ila al-istishihad* [Sayyid Qutb: Do nascimento ao martírio]. Tradução inglesa de Nidal Daraiseh. Damasco: Dar al-Qalam, 1991.
Kinsey, Alfred C., et al. *Sexual behavior in the human male*. Filadélfia: W. B. Saunders, 1948.
Kohlmann, Evan F. *Al-Qaida's jihad in Europe: The Afghan-Bosnian network*. Oxford: Berg, 2004.
Lacey, Robert. *The Kingdom: Saudi Arabia and the House of Sa'ud*. Nova York: Harcourt Brace Jovanovich, 1981.

Lamb, Christina. *The sewing circles of heart: My Afghan years*. Londres: Flamingo, 2003.
Larson, Robert W. *Shaping educational change: The first century of the University of Northern Colorado at Greeley*. Boulder: Colorado Associated University Press, 1989.
Lawrence, T.E. *Seven pillars of wisdom*. Nova York: Doubleday, 1926.
Lewis, Bernard. *The crisis of Islam: Holy war and unholy terror*. Nova York: Modern Library, 2003 [*A crise do islã: Guerra santa e terror profano*. Rio de Janeiro: Jorge Zahar, 2004].
Lippman, Thomas W. *Inside the mirage: America's fragile partnership with Saudi Arabia*. Boulder, Col.: Westview, 2004.
Long, David E. *The kingdom of Saudi Arabia*. Gainesville: University Press of Florida, 1997.
"Looking for Answers". *Frontline*. <www.pbs.org/frontline>.
Mackey, Sandra. *The Saudis: Inside the desert kingdom*. Nova York: Norton, 2002.
Mackintosh-Smith, Tim. *Yemen: The unknown Arabia*. Woodstock: Overlook Press, 2000.
Manchester, William. *The glory and the dream*. Boston: Little, Brown, 1974.
Mansfield, Peter. *The Arabs*. Londres: Penguin Books, 1992.
De Marenches, [Alexandre], entrevistado por Christine Ockrent. *The evil empire: The Third World War now*. Tradução inglesa de Simon Lee e Jonathan Marks. Londres: Sidgwick and Jackson, 1988.
Matar, 'Ala. "Matha Ba'd al-Mawaqif al-Jadeeda Liqada al-Gama'a al-Islamiyya?" [O que acontece depois das novas posições da liderança do Grupo Islâmico?]. Tradução inglesa de Mandi Fahmy. *Akhir Sa'ah*, fevereiro de 2002, nº 3512, pp. 30-1.
McCullough, David. *Truman*. Nova York: Simon and Schuster, 1992.
Mayer, Jane. "The house of Bin Laden". *The New Yorker*, 12 de novembro de 2001.
Miller, John e Michael Stone, com Chris Mitchell. *The cell: Inside the 9/11 Plot, and why the FBI and CIA failed to stop it*. Nova York: Hyperion, 2002.
"Min Ayman ila Walidataho" [De Ayman para sua mãe]. Tradução inglesa de Mandi Fahmy. *Al-Wasat*, 21 de fevereiro de 1994.
Mitchell, Richard P. *The society of the Muslim Brothers*. Nova York: Oxford University Press, 1993.
Mohammed, Basil. *Al-Ansar al-Arab fi Afganistan*. [Trechos do registro das tropas árabes no Afeganistão]. Sem indicação de tradutor. Jidá: House of Learning, 1991.
Moore, Robin. *The hunt for Bin Laden: Task Force Dagger*. Nova York: Random House, 2003.
Morris, Benny. *The road to Jerusalem: Glubb Pasha, Palestine, and the Jews*. Londres: I.B. Taurus, 2002.
Moussalli, Ahmad S. *Radical Islamic fundamentalism: The ideological and political discourse of Sayyid Qutb*. Beirute: American University of Beirut, 1992.
Mubarak, Hisham. *Al-Irhabiyoon Qadimoon! Dirasa Muqarana Bayna Mawqif al-khwan al-Muslimoon wa Gama'at al-Gihad min Qadiat al-Unf 1938-1994* [Os terroristas estão chegando: Um estudo comparativo das posições da Sociedade dos Irmãos Muçulmanos e dos Grupos Jihad sobre a violência, 1938-1994]. Tradução inglesa de Mandi Fahmy. Cairo, 1995.
Munthe, Turi. *The Saddam Hussein reader*. Nova York: Thunder's Mouth Press, 2002.
Murphy, Dean E. *September 11: An oral history*. Nova York: Doubleday, 2002.
Naftali, Timothy. *Blind spot: The secret history of American counterterrorism*. Nova York: Basic Books, 2005.

Naguib, Sameh Khairy. "The political ideology of the *jihad* movement". Tese de mestrado, American University in Cairo, 1994.

Najm, Salah e Jamal Ismail. "Osama bin Laden: Tadmeer al-Qaeda" [Osama bin Laden: A destruição da base]. Tradução inglesa de Dina Ibrahim. Al-Jazira, 10 de junho de 1999.

Nasr, Seyyed Hossein. *Islam: Religion, history, and civilization*. San Francisco: HarperSanFrancisco, 2003.

Nasser, Khaled. "Zawjat Bin Laden Tatahadath LilMajalla: Qisataho ma' Taliban wa Marath al-Kila wa Um Awad" [Esposa de Bin Laden fala a *Al-Majalla*: A história de Bin Laden com o Talibã, a doença renal e Um Awad]. Tradução inglesa de Dina Ibrahim. *Al-Majalla*, março de 2002, nº 1152, pp. 16-9.

National Commission on Terrorist Attacks Upon the United States. "The 9/11 Commision Report". Nova York: Norton, 2004.

Nielsen, Jorgen. *Muslims in Western Europe*. Edimburgo: Edinburgh University Press, 1992.

Nojumi, Neamatollah. *The rise of the Taliban in Afghanistan: Mass mobilization, civil war, and the future of the region*. Nova York: Palgrave, 2002.

Nutting, Antony. *Nasser*. Nova York: Dutton, 1972.

Obaid, Nawaf E. *The oil kingdom at 100: Petroleum policymaking in Saudi Arabia*. Washington: Washington Institute for Near East Policy, 2000.

Oshinsky, David M. *A conspiracy so immense: The world of Joe McCarthy*. Nova York: Macmillan, 1983.

Pesce, Angelo. *Jiddah: Portrait of an Arabian city*. Napoli: Falcon Press, 1977.

_____. *Taif: The summer capital of Saudi Arabia*. Jidá: Immel Publishing, 1984.

Peterson, J.E. *Saudi Arabia and the illusion of security*. Nova York: International Institute for Strategic Studies/Oxford University Press, 2002.

Petterson, Donald. *Inside Sudan: Political Islam, conflict, and catastrophe*. Boulder, Col.: Westview, 1999.

Posner, Gerald. *Why America slept: The failure to prevent 9/11*. Nova York: Random House, 2003.

Qutb, Sayyid. *A child from the village*. Tradução inglesa, organização e introdução de John Calvert e William E. Shephard. Syracuse. Nova York: Syracuse University Press, 2004.

_____. "Al-dhamir al-amrikani wa qadiat filistin". Tradução inglesa de Reham al-Sherif. *Al-Resala* 2 (21 de outubro de 1946): pp. 16-9.

_____. "Amrika allati ra'ayt: fi mizan al-insaniyya". Tradução inglesa de Reham al-Sherif. *Al-Resala* 957 (novembro de 1951 [a]: pp. 1245-6.

_____. "Amrika allati ra'ayt: fi mizan al-insaniyya". Tradução inglesa de Reham al-Sherif. *Al-Resala* 959 (novembro de 1951 [b]): pp. 1301-6.

_____. "Amrika allati ra'ayt: fi mizan al-insaniyya". Tradução inglesa de Reham al-Sherif. *Al-Resala* 961 (novembro de 1951 [c]): pp. 1357-60.

_____. "Hamaim fi New York". Tradução inglesa de Dina Ibrahim. *Majallat al-kitab* 8 (dezembro de 1949): pp. 666-9.

_____. *À sombra do Alcorão*. Tradução inglesa de Adil Salahi. Vol. 6. Leicester: Islamic Foundation, 2002.

_____. *Limadah 'azdamunee* [Por que vão me executar?]. Tradução inglesa de Amjad M. Abu Nseir. <www.hanein.net/modules.php?name=News&file=article&sid=162>.

Qutb, Sayyid. *Marcos.* Indianapolis, Ind.: American Trust Publications, 1990.

Raafat, Samir W. *Maadi 1904-1962*: Society and history in a Cairo suburb. Cairo: Palm Press, 1994.

Raphaeli, Nimrod. "Ayman Muhammed Rab'i al-Zawahiri: Inquiry and Analysis". Middle East Media Research Institute. MEMRI.org, 26 de novembro de 2001.

Randal, Jonathan. *Osama: The making of a terrorist.* Nova York: Knopf, 2004.

Al-Rasheed, Madawi. *A history of Saudi Arabia.* Cambridge: Cambridge University Press, 2002.

Rashid, Ahmed. *Taliban: The story of the Afghan warlords.* Londres: Pan Books, 2000.

_____. *Jihad: The rise of militant Islam in Central Asia.* New Haven: Yale University Press, 2002.

Raymond, André. *Cairo.* Cambridge: Harvard University Press, 2000.

Reed, Betsy (org.). *Nothing sacred: Women respond to religious fundamentalism and terror.* Nova York: Thunder's Mouth Press/Nation Books, 2002.

Reeve, Simon. *The new jackals: Ramzi Yousef, Osama bin Laden, and the future of terrorism.* Boston: Northeastern University Press, 1999.

Rodenbeck, Max. *Cairo: The city victorious.* Nova York: Knopf, 1999.

Roy, Olivier. *Afghanistan: From holy war to civil war.* Princeton, N. J.: Darwin Press, 1995.

Rubin, Barry. *Islamic fundamentalism in Egyptian politics.* Londres: Palgrave Macmillan, 2002.

_____. (org.). *Revolutionaries and reformers: Contemporary Islamist movements in the Middle East.* Albany: State University of New York Press, 2003.

Rubin, Barry e Judith Colp Rubin. *Anti-American terrorism and the Middle East: A documentary reader.* Oxford: Oxford University Press, 2002.

Sachar, Howard M. *A history of Israel: From the rise of Zionism to our time.* Nova York: Knopf, 1996.

Sageman, Marc. *Understanding terror networks.* Filadélfia: University of Pennsylvania Press, 2004.

Salaah, Muhammad. "Al-Ahkam Fee Qadiat Sidqee Tasdur Ghadan al-Khamees" [O veredicto do caso Salah será anunciado amanhã, quinta-feira]. Tradução inglesa de May Ibrahim. *Al-Hayat*, 15 de março de 1994.

_____. *Waqai' Sanawat al-Jihad: Rihlat al-Afghan al-Arab* [Os anos da jihad: A jornada dos afegãos árabes]. Tradução inglesa de Mandi Fahmy. Cairo: Khuloud Publishing, 2001.

Scheuer, Michael. *Through our enemies' eyes: Osama bin Laden, radical Islam, and the future of America.* Washington: Brassey's, 2002.

Schwartz, Stephen. *The two faces of Islam: The house of Sa'ud from tradition to terror.* Nova York: Doubleday, 2002.

Shadid, Anthony. *Legacy of the prophet: Despots, democrats, and the new politics of Islam.* Boulder, Col.: Westview, 2002.

Al-Shathilee, Faruk. "Juthoor al-Irhab" [As raízes do terrorismo]. Tradução inglesa de May Ibrahim. *Akhbar al-Hawadath*, 22 de outubro de 1998, nº 342, pp. 34-5.

Shepard, William E. *Sayyid Qutb and Islamic activism: A translation and critical analysis of* Justiça social no islã. Leiden: Brill, 1996.

Simons, Geoff. *Saudi Arabia: The shape of a client feudalism.* Nova York: St. Martin's, 1998.

Sivan, Emmanuel. *Radical Islam: Medical technology and modern politics.* New Haver, Conn.: Yale University Press, 1985.

Smith, Dennis. *Report from Ground Zero*. Nova York: Viking, 2002.
Smucker, Philip. *Al-Qaeda's great escape: The military and the media on terror's trail*. Washington: Brassey's, 2004.
Taheri, Amir. *Holy terror*. Londres: Adler and Adler, 1987.
Tanner, Stephen. *Afghanistan: A military history from Alexander the Great to the fall of the Taliban*. Nova York: Da Capo Press, 2002.
Al-Tareeq ila 11 september [O caminho até o 11 de setembro]. Documentário em duas séries do programa *Siree Lilghaya* [*Altamente Secreto*]. Tradução inglesa de Dina Ibrahim. Al-Jazeera Satellite Channel, 11 de setembro de 2002.
Teitelbaum, Joshua. *Holier than thou: Saudi Arabia's Islamic opposition*. Washington: Washington Institute for Near East Policy, 2000.
Theroux, Paul. *The pillars of Hercules: A grand tour of the Mediterranean*. Nova York: Putnam, 1995.
Theroux, Peter. *Sandstorms: Days and nights in Arabia*. Nova York: Norton, 1990.
"Thomas E. Burnett, Sr. v. al-Baraka Investment and Development Corporation, *et al.*", terceira petição emendada definitiva. Caso nº 1:02CV01616 (JR) U.S. District Court for the District of Columbia, 22 de novembro de 2002.
The two holy mosques. Riad: National Offset Printing Press, 1994.
Unger, Craig. *House of Bush, House of Saud*. Nova York: Scribner, 2004.
United Nations Development Programme. Regional Bureau for Arab States. "Arab human development report 2002: Creating opportunities for future generations." 2002.
Wathaaiq Hizb al-Sharee'a [Documentos do partido Al-Sharee'a]. Tradução inglesa de Dina Ibrahim. Cairo: Markaz Yafa Lildirasat wa al-Abhath, 2000.
Weaver, Mary Anne. *A portrait of Egypt: A journey through the world of militant Islam*. Nova York: Farrar, Straus, and Giroux, 1999.
Weiss, Murray. *The man who warned America: The life and death of John O'Neill, the FBI's embattled counterterror warrior*. Nova York: Regan Books, 2003.
White, E. B. *Here is New York*. Nova York: Little Bookroom, 1999 [*Aqui está Nova York*. Rio de Janeiro: José Olympio, 2002].
Wiktorowicz, Quintan. "The new global threat: transnational Salafis and *jihad*". *Middle East Policy* 8, nº 4 (dezembro de 2001).
_____. e John Kaltner. "Killing in the name of Islam: Al-Qaeda's justification for September 11". *Middle East Policy Council Journal* 10, nº 2 (verão de 2003).
Woodward, Bob. *The commanders*. Nova York: Touchstone, 1991 [*Os comandantes*. Rio de janeiro: Rocco, 1991].
Wright, Lawrence. "The counterterrorist". *The New Yorker*, 14 de janeiro de 2002.
_____. "Kingdom of silence". *The New Yorker*, 5 de janeiro de 2004.
_____. "The man behind Bin Laden". *The New Yorker*, 16 de setembro de 2002.
Yamani, Hani A. Z. *To be a Saudi*. Londres: Janus, 1997.
Yousaf, Mohammad e Mark Adkin, *The bear trap: Afghanistan's untold story*. Londres: Leo Cooper, 1992.
Zaidan, Muwafak Ahmad. *Bin Laden Bila Qina'* [Bin Laden desmascarado]. Tradução inglesa de Nidal Daraiseh. Beirute: Al-Sharika al-Alamiyya Lilkitab, 2003.

Zaidan, Muwafak Ahmad. "Al-Natiq Alrasmee bi Ism Tala'I al-fath Ya'tarif BiMuhawalat Ightiyyal Ghali" [Porta-voz oficial do Fatah admite que o grupo tentou assassinar Ghali]. Tradução inglesa de Dina Ibrahim. *Al-Hayat*, 15 de maio de 1994, nº 1135, p. 6.

Zaki, Muhammad Zaki. "Al-Zawahiri Kana Zameelee Fee al-Madrasa" [Al-Zawahiri foi meu colega de classe na escola]. Tradução inglesa de Mandi Fahmy. *Akhir Sa'ah*, outubro de 2001, n° 3495, pp. 10-2.

Zarie, Mohammed. *In defense of prisoners' rights: HRCAP reports from 1997 to 2000*. Cairo: Human Rights Center for the Assistance of Prisoners, 1997.

Al-Zawahiri, Ayman. *Fursan Taht Rayah al-Nabi* [*Cavaleiros sob o estandarte do profeta*]. Tradução inglesa de Amjad M. Abu Nseir. Casablanca: Dar-al-Najaah al-Jadeedah, 2001.

_____. *Al-Hasad al-Murr: al-Ikhwan al-Muslimonn Fee Sitoon* [*Colheita amarga: A Sociedade dos Irmãos Muçulmanos em sessenta anos*]. Tradução inglesa de Mandi Fahmy. Dar al-Bayariq. Sem cidade, sem data.

_____. *Cavaleiros sob o estandarte do profeta*. Tradução inglesa do FBIS. *Al-Sharq al-Awsat*, 2-12 de dezembro de 2001.

"Al-Zawahiri Yarud 'Ala Bush Bibayan Khasa bihee Filisteen" [Al-Zawahiri responde a Bush com uma declaração específica sobre a Palestina]. Tradução inglesa de Amjad M. Abu Nseir. Al-Jazeera Satellite Channel. <www.aljazeera.net/news/asia/2001/11/11-10-3.htm>.

Al-Zayyat, Montassir. *Al-Jamaat al-Islamiyya: Nathra Dakhiliyah* [Grupos islâmicos: Uma visão interna]. Tradução inglesa de Amjad M. Abu Nseir. *Al-Hayat*, 10-14 de janeiro de 2005.

_____. *Ayman al-Zawahiri Kama 'Araftahoo* [Ayman al-Zawahiri como o conheci]. Tradução inglesa de Amjad M. Abu Nseir. Cairo: Dar Misr al-Mahroosa, 2002.

_____. *The road to Al-Qaeda: The story of Bin Laden's right-hand man*. Londres: Pluto Press, 2004 [*Os caminhos da Al-Qaeda*. Maricá, RJ: Outras Palavras, 2005].

Entrevistas do autor

Nicholas Abbott
Abdelaziz Osman Abdelaziz
Tourabi Abdellah
Genieve Abdo
Khaled S. Abu Rashid
Hafez Abu Saada
Victor Abu Said
Asma Afsaruddin
Iftikhar Ahmad
Ali al-Ahmed
Reem Akkad
Abu Ala-Mady
Alaweed bin Talal
Mohammed Alawwan
Hamid Algar
Mirza Ali
Mohammed Jasim el-Ali
Bassim A. Alim
Mohammed Alim
Tariq Ali Alireza
Fouad Allam
Jeff Allen
Graham Allison
Rogelio Alonzo

Abdel Monem Said Aly
Faiza Salah Ambah
Michael Ameen Jr.
Abdullah Anas
Frank Anderson
Lars Erslev Anderson
Sami Angawi
John M. Anticev
Michael Anticev
R. Scott Appleby
Gustavo de Aristegui
Grant Ashley
Saad Asswailim
Ghazi Salah Eddin Atabani
Abdel Bari Atwan
Gerald L. Auerbach
Juan Avilés
Mohammed Saleem al-Awa
Mohsin al-Awaji
Mohammed al-Awwam
Hussein al-Aydi
Javed Aziz
Sahar Aziz
Talal bin Abdul Aziz

Mahfuz Azzam
Maha Azzam
Omar Mahfuz Azzam
Nadia ba-Ashen
Yahia Hussein Babiker
Ahmed M. Badeeb
Saeed Badeeb
Robert Baer
Omar Bagour
Faisel Bajaber
Ramesh Balon
Gamal al-Banna
Shmuel Bar
Tom Barfield
Michael Barrett
Hassan Basweid
Khaled Batarfi
Faisal Batewil
Mohammed Loay Baizid
Milt Bearden
Waquih Bector
Mohammed bin Nasser Belfas
Harlen L. Bell
Daniel Benjamin
Robert Bentley
Peter L. Bergen
Sandy Berger
James Bernazzani, Jr.
Khaled al-Berri
Abdullah M. Binladen
Saleh M. Binladen
Mohammed A. bin Mahfooz
Sultan bin Salman
Alaweed bin Talal
Ghazi Faisal Binzagr
Jochen Bittner
Robert Blitzer
Philip Bobbitt
Waguih Boctor
Barbara Bodine
Steven A. Bongardt
Arnaud de Borchgrave
Theron Bouman

H. Braxton
Jean-Charles Brisard
Peter T. R. Brooks
Rachel Bronson
Jean-Louis Bruguière
Ihsan Ali bu-Hulaiga
Paul Busick
Malik A. Ruiz Callejas
Robert Callus
John Calvert
Greg Campbell
Antonio Cañizares
Vincent Cannistraro
Joseph Cantemessa
Yigal Carmon
Timothy Carney
Jacobo Teijelo Casanova
Sharon Chadha
David Chambers
Robert Chambers
Gary Chapman
Françoise Chipaux
Frank Cilluffo
Richard A. Clarke
Jack Cloonan
Ray Close
Charles Cogan
Daniel J. Coleman
Denis Collins
Elizabeth O. Colton
John Cooley
Thomas F. Corrigan
Dina Corsi
Juan Cotino
Roger Cressey
Dominik Cziesche
Pasquale d'Amuro
Saeb Dajani
Thomas G. Donlon
Essam Deraz
Aida Self el-Dawla
Sarah al-Deeb
Agustín Diaz

Anna DiBattista
Tom Dillon
Teodoro Gómez Domínguez
Kevin Donovan
Joseph Doorley
Mary Deborah Doran
Eleanor Doumato
Joshua L. Dratel
Abdel Aziz al-Dukheil
Carson Dunbar
Charles Dunbar
Joseph Dunne
Elizabeth Durkee
Jack Eckenroad
Mohamed Salah Eddin
R. P. Eddy
Mohamed al-Edrisi
Paul Eedle
Abdel Wahhab el-Efêndi
Michael E. Elsner
Steven Emerson
Javier Jordán Enamorado
Elfatih Erwa
Emilio Lamo de Espinosa
Essam el-Eryan
John Esposito
Khaled Abou el-Fadl
Abdulaziz H. Fahad
Mandi Fahmy
Amr Mohamed al-Faisal
Reem al-Faisal
Saud al-Faisal
Turki al-Faisal
Mahmoun Fandy
Saad al-Faqih
Juan Avilés Farré
Jamil Farsi
Najla Fathi
Haizam Amirah Fernández
Elizabeth Fernia
Robert Fernia
Al Finch
Walid A. Fitaihi

Patrick Fitzgerald
Peggy A. Ford
Yosri Fouda
Wyche Fowler
Charles E. Frahm
Stephen Franklin
Louis J. Freeh
Alan Fry
Graham Fuller
Abdel Moneim Abdel Futuh
Neal Gallagher
Mary E. Galligan
Kathy Gannon
Antonio Maldonado García
Benigno Pendás García
Enrique García
Mike Garcia
Paul Garmirian
Diego López Garrido
Baltazar Garzón
Stephen J. Gaudin
F. Gregory Gause III
Fawaz Gerges
Hussein Abdel Ghani
Kevin P. Giblin
Hao Gilbertson
Heather Gregg
Klaus Grünewald
Stanley Guess
Hosnya Guindy
Hamid Gul
Rohan Gunaratna
Lou Gunn
Allan P. Haber
Kamal al-Sayyid Habib
Herb Haddad
Deborah Hadwell
Sayeed Abdul Hafez
Mohammed M. Hafez
Ali el-Haj
Lisa Gordon Haggerty
Abdul Rahman Haggog
Berhan Hailu

Yousef A. al-Hamdan
Khaled al-Hammadi
Andrew Hammond
Hussein Haqqani
Hassan al-Harithi
Mamdouh al-Harithi
Mohamed Haroun
Elias Harfouche
Peter Harrigan
Tom Hartwell
Saad Hasaballah
Khalid Hassan
Janullah Hashimzada
Bradreldin Hassan
Hamza al-Hassan
Sulaiman al-Hatlan
Suliman Hathout
Hassan Hatrash
Jerome Hauer
Thomas Hegghammer
Kamal Helbawy
Clement Henry
Neil Herman
Ibrahim Hilal
Michael Hingson
Frank Hodgkins
Bruce Hoffman
Tariq al-Homayed
Ibrahim Hooper
Fahmi Howeidi
Steven Hughes
Mohammed I. al-Hulwah
Malik Hussein
Len Hutton
Hussein Ibish
Abdul Wahhab Ibrahim
Dina Ibrahim
Saad Eddin Ibrahim
Bob Inman
Ibrahim Insari
José María Irujo
Christopher Isham
Farraj Ismail

Jamal Ismail
Mamdouh Ismail
Mahnaz Ispahani
Edward Jajko
Ali A. Jalali
Kevin James
Valerie James
Edward Jeep
Josef Joffe
Chris Johnson
Keith Johnson
Rocio Millán Johnson
Robert Jordan
Adl al-Jubair
Nail al-Jubair
James K. Kallstrom
Salah Abd al-Kareem
Hisham Kassem
Mahmoud Kassem
Theodore Kattouf
Rita Katz
Elaine Kaufman
Joseph Kechichian
David Kelley
Gilles Kepel
Abdul Rahman Khadr
Zaynab Ahmed Khadr
Jamal Khalifa
Ashraf Khalil
Imran Khan
Ismail Khan
Javed Aziz Khan
Jamal Ahmad Khashoggi
Khalid Khawaja
Mohammed al-Khereiji
Ramzi Khouri
Kathryn Kilgore
Daniel Kimmage
Judith Kipper
Kirk Kjeldsen
Bernard Kleinman
Bassma Kodmani
Evan Kohlmann

Michael Kortan
May Kutbi
Ben Kuth
Robert Lacey
Stéphane Lacroix
Donna Lee Lakin
Frank Lakin
Salah Lamei
Ted Landreth
Thomas F. Lang
Mohamed abd al-Latif
Fernando Lázaro
Rodney Leibowitz
Eric Lewis
Richard Lind
James Lindley
John Lipka
John J. Liguori
David Long
Bernabe López García
Douglas MacEachin
Petros Machas
Dittmar Machele
Khaled al-Maeena
Naguib Mahfuz
Wissal al-Mahdi
Saddiq al-Mahdi
Abdulaziz I. al-Mana
Abd al-Haleem Mandour
Jay C. Manning
Manuela Marín
Saad M. Mariq
Jonathan Marshall
Bobby Martin
Georg Mascolo
Rihab M. Massoud
Barry Mawn
Kenneth J. Maxwell
Ernest May
Andrew McCarthy
Pete McCloskey Jr.
Ken McConnellogue
Janet McElligot

Robert McFadden
John McKillop
Jaime McLendon
Frances Meade
Richard A Meade
Dominic Medley
Amin el-Mehdi
Roel Meijer
Moneir Mahmoud Aly el-Messery
Cordula Meyer
John J. Miller
Marty Miller
John Mintz
Hamid Mir
Mustafá al-Mirabet
Hafez al-Mirazi
Assaf Moghadem
Mohammed el-Affi Mohammed
Rustam Shah Mohmand
Abdul Mohsin Mosallam
Rashid al-Mubarek
Ursulla Mueller
Manfred Murck
Kim Murphy
Richard Murphy
Virginia Murr
Ali al-Musa
Izzud-din Omar Musa
Khaled Musa
Mustapha el-M'Rabet
Ibrahim Nafie
Timothy Naftali
Hani Nagshabandi
Adil Najam
Luis A. Napoli
Octavia E. Nasr
Dona Abdel Nasser
Sami Saleh Nawar
Hisham Nazer
Sanna Negus
Soraya Sarhaddi Nelson
Salameh Nematt
Petter Nesser

Tim Niblock
Monsour al-Njadan
Yusuf Mohammed Noorwali
M. Arif Noorzai
Essam Noweira
Ayman Nur
Christine O'Neill
J. P. O'Neill
Hugh O'Rourke
Nawaf Obaid
Mohammed S. al-Odadi
Hassabullah Omer
Fathi Osman
George Pagoulatis
Emiliano Burdiel Pascual
Reuven Paz
Ami Pedahzur
Gareth Peirce
Francis J. Pellegrino
Benigno Pendas
Ramón Pérez-Maura
Thomas J. Pickard
William Ryan Plunkett
Javier Pogalan
Josh Pollack
Florentino Portero
Joachim Preuss
Jim Quilty
Mohammed Qutb
Khaled Rabah
Samir Rafaat
Nimrod Rafaeli
Abdullah Omar Abdul Rahman
Ahmed Abdul Rahman
Bahran Rahman
Osama Rajkhan
David C. Rapoport
Madawi al-Rasheed
Abdel Rahman al-Rashid
Mohamed Rashid
Diaa Rashwan
Ross Reiss
Jim Rhody

Hamid bin Ahmed al-Rifai
Lawrence K. Robinson
Jorge Rodríguez
Michael A. Rolince
Ken Rosenthal
James J. Rossini
Mark T. Rossini
Jim Roth
Olivier Roy
Michael Rubin
William Rugh
Usama Rushdi
Jeanne Ryan
Hafez Abu Saada
Mahmoud Sabit
Abdul Rahman al-Saeed
Marc Sageman
Muhammed Salaah
Salama Ahmed Salama
Ali Salem
Ysura Salim
Mohammed Salmawy
Maha Elsamneh
Bob Sama
Mujahid M. al-Sawwaf
Mohammed Sayed Tayib
Michael Scheuer
Lewis Schiliro
Abdallah Schleifer
Yoram Schweitzer
Deborah Scroggins
Abdul Aziz al-Sebail
Mohammed el-Shafey
Restum Shah
Rafiq Shaheed
Emad Eldeen Shahin
Mohammed Ali Al al-Shaikh
Said al-Shaikh
Ron Shapiro
Mohammed A. al-Sharif
Michael Seehan
Abdullah al-Shehri
Virginia Sherry

Aziz Shihab
Myrna Shinbaum
David Shinn
Ekram Shinwari
Allen Shivers
Hussein Shobokshi
Mohammed Shoukany
Mahmoud Shukri
Asma Siddiki
Mazhar Siddiqi
Sabahat Siddiqi
Hani al-Siba'iy
Steven Simon
Yassir el-Sirri
Marvin Smilon
Philip Smucker
Ibrahim al-Sonousi
Ali H. Soufan
Jesper Stein
Guido Steinberg
Jessica Stern
Mary Lynn Stevens
Raymond Stock
Dominic Streatfeild
Abdullah Subhi
Ghassan al-Sulaiman
Gamal Sultan
Joseph Szlavik Jr.
Michael Taarnby
Nahed M. Taher
Azzam Tamimi
Lorraine di Taranto
Mohamed Saeed Tayeb
Jacobo Teijello
Joshua Teitelbaum
Peter Theroux
Omar Toor
Aldo J. Tos
Owais Towhid
Greg Treverton
Robert Tucker

Matthew Tueller
Hassan al-Turabi
Issam Eldin al-Turabi
Thomas Twetten
Abu Ubeida
Joe Valiquette
Reuben Vélez
Lorenzo Vidino
Bob Walsh
Janet Waters
Eric Watkins
Dale Watson
William F. Wechsler
Gabriel Weimann
Benjamin Weiser
Michael Welsh
Jeff Wharton
John V. Whitbeck
Mary Jo White
Wayne White
Robert Whithead
Larry Whittington
Quintan Wiktorowicz
Gina Abercrombie-Winstanley
Kelly Wojda
Wesley Wong
Hani Yamani
Mai Yamani
Hassan Yassin
Yehia J. Yehia
Khaled Yusuf
Rahimullah Yusufzai
Mark Zaid
Ali Zaki
Ezzat Zaki
Zaki Mohammed Zaki
Heba al-Zawahiri
Montasser al-Zayat
Ahmad Muaffaq Zaidan
Mohammed Zohair
Aboud al-Zumar

Agradecimentos e notas sobre as fontes

Mentiras e farsas são sempre um problema para um jornalista que está tentando desenvolver uma narrativa confiável, e em um projeto que depende tanto de entrevistas com jihadistas e agentes secretos, o leitor deve supor que existe um risco em confiar demais nessas fontes. Para complicar ainda mais as coisas, os conhecimentos iniciais sobre o tema da Al-Qaeda e as personalidades que a povoam foram muitas vezes irrelevantes e enganadores. A imprensa árabe, essencial a um cronista das vidas de Zawahiri e Bin Laden, é controlada por governos autocráticos na região. Também não se pode confiar demais em depoimentos sob juramento de testemunhas que já se mostraram desonestas, mentirosas e agentes duplos. Como, então, o autor escolhe qual versão contar dentre tantos relatos conflitantes e pouco confiáveis?

Felizmente, nos cinco anos transcorridos desde os atentados de 11 de setembro, apareceram alguns documentos úteis que constituem referência para jornalistas em busca de dados sólidos. Particularmente úteis são a "Tareek Osama" [A história de Osama], uma coletânea de memorandos, cartas e bilhetes obtida de um computador da Al-Qaeda capturado na Bósnia e utilizada como prova no processo "United States versus Enaam Arnout"; uma série de e-mails e outras correspondências que o repórter do *The Wall Street Journal* Alan Cullison por acaso adquiriu ao comprar o que depois se descobriu ser um computador roubado da Al-Qaeda em Cabul; e os importantes documentos oficiais da Al-Qaeda, inclusive sua constituição e estatutos, muitos dos quais coletados pelo Departamento de Defesa dos Estados Unidos após a guerra no Afeganistão e que formam os chamados Harmony Documents. Esses itens fornecem uma base sólida de informações confiáveis que podem ajudar a testar a fidedignidade de outras fontes.

No entanto, mesmo esses materiais valiosos podem ser enganadores. Por exemplo, as anotações manuscritas em "Tareek Osama" que registram a reunião crítica de 11 de agosto de 1988, quando o termo Al-Qaeda veio à tona pela primeira vez, fornecem um vislumbre do que parece ser o momento de criação. Como tal, trata-se de uma cena essencial de minha narrativa. Entretanto, a tradução inglesa fornecida ao tribunal é confusa. "*I see that we should think in the origin of the idea we came for from the beginning*", diz essa tradução no início. "*All this to start a new fruit from below zero.*" Uma tradução inglesa melhor desta passagem seria: "*We should focus on the idea that brought us here in the first place. All this to start a new project from scratch.*" [Deveríamos nos concentrar na idéia que nos trouxe aqui originalmente. Tudo isso para começar um projeto novo do zero.] De acordo com o documento, o secretário que registrou essas anotações foi o amigo de Bin Laden Abu Rida al-Suri (Mohammed Loay Baizid), mas quando o entrevistei em Cartum ele disse que nem sequer esteve no Afeganistão ou Paquistão em 1988. Não sei se a afirmação é verdadeira, mas seu nome consta do documento. Wa'el Julaidan, que se recusou a conversar comigo cara a cara, esteve nessa reunião, mas concordou em responder às minhas perguntas através de um intermediário. Ele forneceu a surpreendente informação de que foi Abdullah Azzam que a convocou originalmente; também me deu os nomes dos participantes e descreveu uma votação realizada no final da reunião sobre a formação da Al-Qaeda. Nada disso consta dos documentos do tribunal. Medani al-Tayeb, que foi o tesoureiro da Al-Qaeda, contou-me através de um intermediário que a organização estava formada antes da reunião de 11 de agosto — ele já aderira em maio —, de modo que a votação parece ter formalizado a criação de uma organização que já existia clandestinamente. Acredito que o autor possa começar a entender a natureza nebulosa do mundo onde a Al-Qaeda opera e os meios imperfeitos que às vezes empreguei a fim de obter informações.

De forma semelhante, tive de fazer concessões ao abordar coisas que acredito verdadeiras, mas não posso provar. Um exemplo perfeito foi a revelação do príncipe Turki à Associated Press, em 17 de outubro de 2003, de que, como chefe da inteligência saudita, havia fornecido pessoalmente os nomes de dois dos futuros seqüestradores de avião do 11 de setembro, Nawaf al-Hazmi e Khaled al-Mihdhar, à CIA, no final de 1999 ou início de 2000. "O que contamos a eles foi que essas pessoas estavam em nossa lista de observação devido às atividades anteriores da Al-Qaeda, tanto nos atentados às embaixadas como em tentativas de contrabandear armas ao reino em 1997", afirmou Turki na época. Isso explicaria o interesse súbito da CIA por aqueles homens, em torno da data da reunião na Malásia entre os seqüestradores de avião e os terroristas do USS Cole. A CIA rejeitou, furiosa, os comentários de Turki; e o embaixador saudita nos Estados Unidos, o príncipe Bandar bin Sultan, esclareceu a afirmação de seu primo dizendo que "nenhum documento" sobre os seqüestradores de avião fora enviado pela Arábia Saudita ao serviço secreto americano. Na época, Turki insistiu em sua afirmação, sustentando que havia repassado a informação, ao menos oralmente. Tive a confirmação dessa alegação por parte de Nawaf Obaid, um consultor de segurança do governo saudita, que contou que os nomes dos futuros seqüestradores de avião foram fornecidos ao chefe da unidade da CIA em Riad. Agora, porém, Turki, que substituiu Bandar na embaixada saudita em Washington, afirma que, após examinar suas anotações, constatou que estava errado; ele próprio nunca forneceu informações sobre nenhum seqüestrador de avião aos americanos. Devido à sua negação clara, removi do texto essa versão da história. Eu a cito aqui para esclarecer eventuais dúvidas dos leitores que conhecem o episódio, e também para reconhecer as contracorrentes da política e diplomacia, que às vezes, e de maneira frustrante, lançam a história real, qualquer que seja ela, para fora do alcance.

A reportagem deste livro exigiu a checagem constante de centenas de fontes umas em relação às outras, e é nessa investigação cruzada que a verdade aproximada — os fatos mais confiáveis — pode ser encontrada. Podemos chamá-la de reportagem horizontal, já que leva em conta as visões de todos os participantes que se dispuseram a falar. Embora a lista seja longa, com certeza não está completa. Existem pessoas-chave na comunidade de inteligência americana, particularmente na CIA, que não quiseram nenhum contato comigo. Além disso, muitas das melhores fontes da Al-Qaeda estão sob custódia das autoridades americanas, não apenas secretamente, mas também em prisões dos Estados Unidos, onde são mantidas distantes de qualquer contato com a imprensa, apesar de meus apelos aos policiais e juízes durante os julgamentos. Uma história completa da Al-Qaeda só poderá ser contada quando tiverem permissão para falar.

Há outro eixo de reportagem, vertical, mais relacionado à compreensão do que aos fatos simplesmente. Algumas das pessoas deste livro foram entrevistadas exaustivamente por mim dezenas de vezes. As conversas mais proveitosas sempre surgem depois que um grau de confiança se desenvolveu entre o jornalista e sua fonte. Esse relacionamento é problemático, já que confiança e amizade andam juntas. O conhecimento é sedutor; o repórter quer saber, e quanto mais sabe, mais interessante se torna para a fonte. Poucas forças na natureza humana são mais poderosas que o desejo de ser compreendido; o jornalismo não poderia existir sem ele. Mas a intimidade resultante do compartilhamento de segredos e do desabafo de sentimentos profundos sugere um grau recíproco de proteção amigável que um repórter nem sempre pode oferecer. Pelo uso explícito de um gravador e anotações extensas, tento lembrar a mim mesmo e a meu interlocutor que existe uma terceira pessoa no recinto: o futuro leitor.

Esforcei-me por minimizar as fontes anônimas. Como leitor, muitas vezes questiono a confiabilidade de informações sem fonte, de modo que procurei o mais possível revelar o nome dos meus informantes. Algumas fontes costumam iniciar uma entrevista dizendo que é extra-oficial, mas podem mais tarde aprovar citações ou informações específicas quando solicitadas. Itens que continuam não associados a indivíduos ou documentos específicos representam informações vitais que tive boas razões para aceitar como verdadeiras.

Este livro surge com uma dívida enorme pela generosidade de centenas de pessoas. Embora eu não possa jamais retribuir sua gentileza, espero que sintam que estive à altura de sua confiança.

Sayyid Qutb pode ter se sentido muito mal em Greeley, Colorado, mas ele não teve a sorte de conhecer Peggy A. Ford, coordenadora de arquivos e pesquisa do City of Greeley Museum, ou Janet Waters, chefe dos serviços de arquivo da Biblioteca James A. Michener da University of Northern Colorado, que se colocaram à disposição, e também a seus valiosos arquivos. Ken McConnellogue, vice-presidente de promoção universitária da mesma instituição, gentilmente forneceu informações de contexto vitais; e Michael Welsh, um professor de história, conduziu-me pelo campus e pela cidade, proporcionando-me um passeio tão prazeroso e informativo que parti invejando seus alunos.

Correspondentes estrangeiros dependem de "mediadores" que os orientem por culturas que mal entendem. Os mediadores marcam encontros, traduzem e muitas vezes fornecem um contexto que um estrangeiro jamais perceberia por si mesmo. No Cairo, fui especialmente abençoado pela companhia agradável de Mandi Fahmy, bem como Rola Mahmoud e Jailan Zayan. Samir Rafaat foi um guia precioso sobre a infância em Maadi do dr. Ayman al-Zawahiri. Sou profundamente grato a Mahfuz Azzam e Omar Azzam pela paciência e pelas respostas gentis às minhas perguntas incessantes. Gamal al-Banna e Essam el-Eryan forneceram informações valiosas a respeito da Sociedade dos Irmãos Muçulmanos, e Kamal Habib foi altamente esclarecedor quanto às origens da Al-Jihad. Mamdouh Ismail, Gamal Sultan e Montassir al-Zayyat foram informantes indispensáveis sobre os movimentos islâmicos, e Fouad Allam ajudou-me a entender a reação do governo aos desafios representados por essas organizações. Abdallah Schleifer foi uma fonte de muitas informações e diversão, além de ser um cozinheiro surpreendente. Saad Eddin Ibrahim, recém-saído da prisão e ainda sofrendo os efeitos desse suplício, foi gentil o suficiente para me dar acesso a suas preciosas pesquisas. Por sua amizade e hospitalidade, agradeço particularmente a Jan e Safwat Montassir, Sanna Hannonen Negus, dr. Abdul Wahhab Ibrahim e Aida el-Bermawy, Raymond Stock, Jim Pingle e Samia el-Bermawy, Essam Deraz, Ali Salem e meu antigo professor dr. Yehia el-Ezabi.

Passei mais de um ano, depois dos atentados do 11 de setembro, tentando obter um visto do Reino da Arábia Saudita. Finalmente, percebendo que não o conseguiria como repórter, aceitei um emprego de "conselheiro" de jovens repórteres da *Saudi Gazette* em Jidá, a terra natal de Bin Laden. Esse feliz estratagema proporcionou-me uma compreensão da sociedade saudita que eu jamais adquiriria do ponto de observação distante do jornalista. Por isso, devo agradecer ao dr Ahmed al-Yousef, o editor-chefe; dr. Mohammed Shoukany, o editor que me convidou para sua redação em primeiro lugar; e meus colegas Iftikar Ahmed, Ramesh Balon, Ramzi Khouri e Mazhar Siddiqi. Meus maiores mestres, porém, foram meus repórteres: Faisal Bajaber, Hassan Basweid, Najla Fathi, Mamdouh al-Harithi, Hassan Hatrash, Mohammed Zoheb Patel, Mahmoud Shukri e Sabahat Siddiqi. Sou muito grato aos espíritos generosos de Faiza Ambah, Elizabeth O. Colton, dr. Khaled Batarfi, Berhan Hailu, Peter Harrigan, Jamal Khalifa, Jamal Khashoggi, Khaled al-Maeena, dr. Abdullah al-Shehri, Hussein Shobokshi e Gina Abercrombie-Winstanley, que tornaram produtivas e agradáveis as minhas viagens ao reino.

No Paquistão, aproveitei descaradamente as experiências dos meus colegas na cobertura da *jihad*. Agradeço a Kathy Gannon, da Associated Press, Françoise Chipaux, do *Le Monde*, Jamal Ismail, da televisão de Abu Dhabi, Ismail Khan, do *Dawn*, Rahimullah Yusufzai, do *News of Islamabad*, e Ahmed Muaffaq Zaidan, da Al-Jazira. Mahnaz Ispahani forneceu um sumário muito útil sobre o país e algumas fontes valiosas também. Apesar da vasta diferença entre nossas visões de mundo, Khaled Khawaja fez de tudo para que eu entendesse sua perspectiva. Sou particularmente grato a Zaynab Ahmed Khadr por compartilhar suas lembranças íntimas da vida na comunidade da Al-Qaeda durante nossas muitas conversas no Paquistão e no Canadá. Bahram Rahman guiou-me pelo Afeganistão, e sua companhia foi sempre prazerosa. Acho que ainda devo a Dominic Medley um drinque no Hotel Mustafá.

Issam Eldin al-Turabi foi um anfitrião bem divertido e esclarecedor durante minhas várias viagens ao Sudão. Sou também grato a Mohammed Loay Baizid por me confiar suas recordações, e a Hassabullah Omer por discutir abertamente o dilema representado por Bin Laden para a inteligência sudanesa.

Georg Mascolo e sua equipe investigativa da *Der Spiegel* realizaram um trabalho de primeira descobrindo a vida secreta da célula de Hamburgo. Georg cedeu-me uma de suas melhores repórteres, Cordula Meyer, para ser minha guia durante a permanência em Hamburgo, e dependi de suas informações para meu perfil dos seqüestradores na Alemanha. Sou também grato ao dr. Guido Steinberg, de Berlim, o ex-chefe de contraterrorismo do escritório do chanceler, cuja experiência em terrorismo ajudou a moldar minha compreensão. Na Espanha, fui auxiliado por Rocio Millán Johnson, um repórter empreendedor e de espírito maravilhoso. Sou também grato a Emilio Lamo de Espinosa; e Haizam Amirah Fernández, do Real Instituto Elcano. Gustavo de Aristegui foi uma companhia intelectual desafiadora durante a minha estada em Madri. Juan Cotino, Enrique García, Emiliano Burdiel Pascual e Teodoro Gómez Domínguez, da polícia nacional, foram extremamente obsequiosos. Também quero agradecer aos meus colegas Fernando Lázaro, do *El Mundo*, José María Irujo, do *El País*, Ramón Pérez-Maura, do *ABC*, e especialmente Keith Johnson, do *The Wall Street Journal*, cada um dos quais generosamente me ajudou com fontes e informações.

A primeira vez que fui entrevistar Gilles Kepel, professor de estudos do Oriente Médio do Instituto de Estudos Políticos, em Paris, ele me pediu que desse uma aula à sua turma. Aquilo se mostrou a melhor introdução a um homem cujo trabalho revolucionário sobre o islamismo no Egito moldou a visão desse movimento. Seus alunos são um reflexo poderoso e duradouro de sua influência. Sou também muito grato à hospitalidade de meu ex-editor na *The New Yorker*, Lee Aitken, e aos amigos Christopher e Carol Dickey, que tornaram minhas viagens a Paris bem mais agradáveis do que teriam sido sem a sua maravilhosa companhia. Olivier Roy, um grande erudito, teve a gentileza de compartilhar seus pensamentos comigo em várias ocasiões; e o corajoso juiz do contraterrorismo Jean-Louis Bruguière revelou-me sua compreensão singular da Al-Qaeda.

Londres constitui uma parada especial para qualquer repórter interessado em islamismo e *jihad*. Algumas de minhas melhores fontes receberam asilo político, e conversaram de bom grado comigo, embora sua situação estivesse ameaçada de mudar a qualquer momento. Sou particularmente grato a Yassir el-Sirri, Osama Rushdi e Hani el-Siba'iy. Abdullah Anas e Kemal Helbawi foram grandes amigos durante minhas visitas e deram contribuições importantes à minha compreensão da experiência afegã árabe. Alan Fry, da Scotland Yard, compartilhou comigo a perspectiva do contraterrorismo britânico. Yosri Fouda, o célebre repórter da Al-Jazira, foi uma companhia bem-vinda em várias noites memoráveis. Abdul Rahman al-Rashid, o ex-editor de *Al-Sharq al-Awsat*, foi um informante generoso, e seu sucessor no cargo, Tariq al-Homayed, demonstrou grande afinidade de espírito desde nosso primeiro encontro em Jidá. Gostaria de prestar um tributo especial a Mohammed el-Shafey, um grande repórter que cobriu o terrorismo e o islã radical durante anos no *Al-Sharq al-Awsat*. Agradeço imensamente a ele pela gentileza.

Tenho uma dívida especial para com Richard A. Clarke, que foi um professor muito paciente sobre os costumes de Washington. No FBI, sempre reconhecerei a franqueza dos membros do esquadrão I-49, especialmente Jack Cloonan, Daniel Coleman, Mark Rossini e Ali Soufan, que entrevistei inúmeras vezes. Sem eles, simplesmente não haveria livro. Pasquale d'Amuro garantiu que o escritório de Nova York permanecesse aberto para mim, e sou muito grato por sua confiança. Joe Valiquette e Jim Margolin ajudaram a obter entrevistas que, com freqüência, se estendiam bem além do fim do expediente. No quartel-general, gostaria de agradecer a John Miller, Michael Kortan e Angela Bell, que foram muito úteis em marcar entrevistas e fornecer informações. Michael Scheuer foi um guia franco sobre a cultura da Alec Station e da CIA. Seus conhecimentos sobre Bin Laden e a Al-Qaeda são inigualáveis. Outras pessoas da comunidade de inteligência americana que não posso citar também foram extremamente prestativas.

Três mulheres — Anna DiBattista, Valerie James e Mary Lynn Stevens — compartilharam suas lembranças muitas vezes dolorosas de John O'Neill, e tive o privilégio de me confiarem seus relatos.

Os idiomas naturalmente representaram uma barreira, de modo que gostaria de agradecer aos tradutores que contratei no mundo inteiro. Do árabe: minha antiga auxiliar Dina Ibrahim foi absolutamente valiosa, não só por suas hábeis traduções; também a irmã de Dina, May, e às vezes a mãe delas, Aida; meu instrutor de árabe, Amjad M. Abu Nseir; Jilan Kamel; Nidal Daraiseh, outro auxiliar valioso; e Reham al-Sharif no Cairo. Do alemão: Ralf Jaeger e Chester Rosson. Do francês e do italiano: Caroline Wright. Do espanhol: Rocio Millán Johnson, Frank Hodgkins e o major Edward Jeep.

Partes deste livro apareceram na *The New Yorker*. Na verdade, este projeto começou em 11 de setembro de 2001, quando pedi ao editor, David Remnick, para trabalhar neste tema. Desde então me beneficiei da rigorosa assessoria editorial da revista. Jeffrey Frank, Charles Michener e Daniel Zalewski forneceram artigos que contribuíram para o produto final. Sou sempre grato aos checadores da *The New Yorker*, meu departamento favorito na revista, supervisionado por Peter Canby. Os checadores que me ajudaram neste projeto foram Gita Daneshjoo, Boris Fishman, Jacob Goldstein, Marina Harss, Austin Kelley, Nandi Rodrigo, Andy Young e particularmente Nana Asfour, que também serviu como tradutora do árabe em várias entrevistas importantes. Tenho uma grande dívida para com Natasha Lunn, a editora de fotografia da revista, que reuniu muitas das imagens incluídas neste livro.

Inúmeras pessoas me ajudaram a obter vistos ou entrar em contato com pessoas das quais eu jamais conseguiria me aproximar por conta própria. Janet McElligot e Milt Bearden foram extremamente gentis nesse aspecto. Além de ajudar a formar as idéias para este livro, Elizabeth Fernea foi quem encontrou o emprego que citei na Arábia Saudita. Sua contribuição transparece em todo o livro.

Existe um pequeno grupo de acadêmicos independentes cujo trabalho sobre terrorismo vem auxiliando muito os jornalistas, e quero agradecer a Rita Katz e ao Instituto SITE, Steven Emerson e Lorenzo Vidino, do Investigative Project, e Evan F. Kohlmann, por disponibilizarem materiais de suas coleções. Sou também grato a Michael Elsner, do escritório de advocacia Motley Rice, que generosamente me permitiu consultar seu arquivo impressionante. Karen Greenburg e a equipe do centro de direito e segurança da New York University School of Law proporcionaram um laboratório de testes para muitas das idéias exploradas neste livro.

Tenho a sorte de fazer parte de uma comunidade virtual, Gulf 2000, criada por Gary Sick, professor adjunto de assuntos internacionais e ex-diretor do Middle East Institute na Columbia University. G2K, como os membros a denominam, mostrou-se um recurso absolutamente valioso de conhecimentos e idéias compartilhadas.

Os jornalistas contam uns com os outros mesmo quando estão competindo. Além dos colegas já mencionados, gostaria particularmente de registrar o auxílio do analista de terrorismo da CNN, Peter L. Bergen, John Burnett, da National Public Radio, Chris Isham, da ABC News, Stephen Franklin, do *Chicago Tribune*, Jonathan Ledgard, da *The Economist*, e Philip Smucker, da *Time*, que me ajudaram com sua experiência mais ampla e muitos contatos valiosos. São almas corajosas e amigos estimados.

Kirk Kjeldsen, que naquele 11 de setembro era repórter da revista *Waters*, por acaso se atrasou para uma reunião no World Trade Center naquela manhã, e por adormecer no metrô sobreviveu para me contar sua história, que fez parte da agora famosa edição preta da *The New Yorker*, de 24 de setembro de 2001. Kirk também me fez o favor, como colega, de comparecer à cerimônia em memória de John O'Neill e entrevistar alguns dos amigos e colegas de trabalho de O'Neill naquela ocasião.

Will Haber prestou-me um auxílio valioso, bem como Mona Abdel-Halim, que se tornou uma caixa de ressonância confiável. Jan McInroy tem sido meu copidesque preferido há vários anos, e sempre conto com seu julgamento. Dependo especialmente de Nora Ankrum, que me ajudou a organizar a massa de informações em catorze caixas de cartões de anotações. Sua presença alegre atenuou essa tarefa às vezes intimidante.

Tenho uma dívida especial para com Stephen Harrigan e Gregory Curtis, caros amigos, que leram o livro em sua forma mais bruta e deram sugestões utilíssimas. Foi Steve quem originalmente sugeriu que eu escrevesse este livro. Peter Bergen, Rachel Bronson, John Calvert, Steve Coll, Mary Deborah Doran, Thomas Hegghammer, Michael Rolince, Marc Sageman e Michael Welsh leram o livro ou partes dele, beneficiando-me com seus conhecimentos. Os erros que permanecem no livro são de minha responsabilidade, mas foram reduzidos graças à generosidade desses leitores pacientes.

Minha amiga e agente, Wendy Weil, fez campanha por este projeto; felizmente, Ann Close, que editou três de meus livros anteriores, juntou-se de novo a mim neste. Sou grato por ter minha equipe outra vez reunida! Minha esposa, Roberta, apoiou minha decisão de escrever este livro, embora isso significasse a nossa separação durante grande parte dos quase cinco anos que levei para concluí-lo. Estou muito feliz por estar de volta em casa.

Índice remissivo

À sombra do Alcorão (Qutb), 42, 96, 418
ABC News, 293, 294, 300, 350, 411, 452
Abdel-Halim, Shayma, 210
Abdu, Mohammed, 207
Abdul Aziz, rei da Arábia Saudita, 78, 79, 80, 81, 85, 106, 169, 423
Abdul Rahman, xeique Omar (o "xeique cego"), 72, 112, 195, 200, 202, 206, 207, 208, 241, 247, 268, 284, 285, 307, 347, 375, 411, 414, 440; como líder do Grupo Islâmico, 71; desacordos táticos com Zawahiri, 72; e assassinato de Sadat, 72; *fatwas* emitidas, 71, 72, 200, 208; patrocinadores de, 72; pedido de asilo nos Estados Unidos, 200; preso nos Estados Unidos, 284, 287, 289; recrutamento por, 200; rivalidade com Zawahiri, 159
Abdullah, Ahmed (Ahmed, o Alemão), 300, 301, 450
Abdullah, rei da Arábia Saudita, 115, 177, 178, 224, 236, 247, 296, 388
Abu Abdul Rahman *ver* Rahman, Abu Abdul
Abu Hafs al-Masri (Mohammed Atef), 132, 149, 152, 163, 279, 334, 338, 340, 363, 364, 365, 409

Abu Hajer al-Iraqi (Mamduh Mahmud Salim), 134, 152, 153, 193, 195, 196, 197, 198, 225, 258, 409, 433
Abu Jandal, 276, 277, 320, 370, 398, 399, 400, 401, 409, 415, 456
Abu Khabab, 243, 334, 444
Abu Rida al-Suri (Mohammed Loay Baizid), 129, 135, 153, 155, 212, 221, 224, 409, 433, 442
Abu Ubaydah al-Banshiri (Amin Ali al-Rashidi), 132, 136, 138, 139, 149, 152, 155, 163, 258, 279, 364, 409
Adham, xeique Kamal, 102
al-Adl, Saif, 150, 249, 320, 364, 410, 432, 433
al-Adnani, xeique Tamim, 133, 134, 135, 136, 137, 138, 156, 157, 431
aeroporto internacional de Los Angeles, 291, 328
Afeganistão, 14, 59, 61, 76, 112, 113, 114, 115, 116, 117, 118, 120, 121, 124, 125, 128, 129, 130, 132, 136, 139, 140, 145, 147, 150, 151, 153, 155, 156, 157, 158, 159, 162, 163, 164, 168, 172, 183, 184, 185, 186, 187, 190, 193, 194, 201, 205, 206, 213, 215, 224, 228,

485

237, 243, 244, 248, 249, 251, 252, 253, 255, 256, 258, 259, 261, 262, 263, 271, 273, 274, 278, 279, 284, 285, 287, 288, 289, 291, 293, 296, 309, 313, 314, 316, 317, 326, 327, 328, 331, 334, 335, 340, 354, 360, 363, 368, 369, 384, 390, 391, 392, 398, 400, 407, 409, 410, 411, 412, 413, 414, 415, 416, 425, 429, 430, 432, 434, 435, 440, 445, 447, 454; ataques americanos à Al-Qaeda, 302, 404, 405, 406, 407; base e operações da Al-Qaeda, 279, 280, 281, 282, 283, 339, 340, 406, 407; comércio de ópio, 60, 254; fuga de Bin Laden, 248, 249; guerra civil, 250, 251, 252, 388; *jihad* anti-soviética, 14, 60, 76, 112, 113, 114, 120, 121, 122, 123, 124, 125, 127, 128, 129, 130, 131, 132, 133, 134, 135, 136, 137, 138, 139, 193, 317; ocupação soviética, 14, 61, 112, 113, 114, 115, 117, 118, 149, 158, 179, 252; refugiados, 59

afegãos árabes, 123, 124, 126, 128, 149, 153, 154, 155, 156, 167, 194, 214, 237, 244, 410, 411, 412, 430, 443

Ahmed, o Alemão *ver* Abdullah, Ahmed

Ahmed, Siddiq, 320

Alcorão, 20, 40, 51, 56, 57, 58, 63, 93, 95, 103, 105, 106, 107, 113, 126, 127, 137, 144, 161, 170, 186, 193, 204, 207, 234, 245, 252, 254, 281, 282, 287, 301, 383, 399, 400, 421

Alec Station, 13, 14, 16, 268, 269, 270, 295, 322, 341, 342, 343, 344, 347, 383, 386, 387, 411, 415, 434, 453

Alemanha, 14, 15, 176, 270, 286, 335, 336, 340, 352, 407, 413

al-Alfi, Hassan, 209

Ali, quarto califa, 143

Aliança do Norte, 339, 340, 367, 369, 389, 407, 412, 413

Allam, Fouad, 68, 420, 421

Al-Ansar (jornal do GIA), 214, 429, 430, 431

Anas, Abdullah, 123, 150, 156, 164, 214, 410, 429, 430, 432, 433, 434, 435, 441, 442, 452, 454

Ansar al-Islam, 327

Anticev, John, 267, 307, 410

Anticev, Mike, 267

Al-Aqsa, mesquita, 89

Arábia Saudita, 48, 117, 164, 256, 273, 291, 309, 331, 335; ameaça do Iraque, 176, 177; apoio à Sociedade dos Irmãos Muçulmanos, 44; apoio financeiro ao mundo islâmico, 170, 335; apoio mundial ao islã, 170; ascensão do radicalismo, 125; ataques da Al-Qaeda, 236, 237; atentado às torres Khobar, 264, 265, 266; controle da mídia pelo governo, 178; cooperação com serviço secreto americano, 169, 178, 296; criação do terceiro Estado, 77; departamento de inteligência, 91, 164, 296; desenvolvimento desigual, 85; economia, 79, 170, 234; estimativa da população, 176; financiamento da *jihad*, 122; forças armadas, 107, 110, 179, 236, 424; gastos militares e forças armadas, 107, 110, 176; geografia, 86; Hijaz, 77, 85; imagem pública da família real, 167, 168; intolerância à variedade de pontos de vista sobre o islã, 79, 93; isolamento político no mundo árabe, 178, 319; lei *sharia*, 266, 275; luta pelo poder e reformas, 181, 234, 265; Najd, 78, 90; não-muçulmanos nas forças de defesa, 179, 180; números do censo, 175, 176; oposição às reformas de Fahd, 234; pedido ao Talibã que entregasse Bin Laden, 318, 319; petróleo e riqueza petrolífera, 81, 171, 173, 175, 234, 260; posição internacional, 178, 319; predomínio do wahhabismo, 76; presença militar americana, 14, 84, 176, 177, 178, 179, 180, 181, 192, 235, 236, 237, 288, 300; pressionada para lidar com Bin Laden, 247; primeiro Estado, 78; proibição às mulheres de dirigir, 181; refugiados kuwaitianos, 182; relações com o Iêmen do Sul, 174; relações dos Estados Unidos com, 173, 178, 296, 345; religião na vida diária, 94, 170, 171; restrições aos vôos, 84; retorno de jihadistas afegãos, 185; segundo Estado, 78; sucesso da família Bin Laden, 79, 80, 81, 82, 83, 84, 85, 86; tensão entre poder

real e religioso, 78; transformação da infra-estrutura, 80, 81, 85, 86; treinamento das forças armadas pelos Estados Unidos, 84, 236, 424; valor da cidadania, 219; vínculos com o Talibã, 296, 318
Arafat, Yasser, 151, 152
Aramco, 79, 80, 81, 423, 424
Aref, Abdul Salam, 44
Argélia, 49, 114, 144, 163, 196, 214, 219, 244, 329, 331, 416
armas químicas, 16, 177, 179, 312, 313
Arnett, Peter, 274, 275, 436
Atef, Khadija, 365, 366
Atef, Mohammed *ver* Abu Hafs al-Masri
Atta, Mohammed, 335, 338, 340, 378, 401, 410
al-Attas, Mohammed, 89
Attash, Tewfiq bin *ver* Khallad
Atwan, Abdel Bari, 249, 274, 433, 448, 449
Azerbaijão, 221, 278, 298, 299
Azzam, "Jihad Ali", 294, 300, 301, 309
Azzam, Abdul Wahhab, 48
Azzam, Abdulah, 112, 114, 119, 120, 122, 123, 128, 129, 134, 136, 152, 156, 157, 158, 252, 262, 307, 364, 410, 412, 428, 429, 430, 433; arrecadação de recursos nos Estados Unidos, 203; assassinato, 164, 165; como obstáculo ao círculo íntimo egípcio, 155, 156, 157, 158; futuro da *jihad* e, 151, 152; recrutamento para a *jihad*, 124, 125; rivalidade com Zawahiri, 150, 151
Azzam, Ibrahim, 165
Azzam, Mahfuz, 50, 51, 55, 410, 419, 420, 421, 422
Azzam, Mohammed, 165
Azzam, Omar, 66
Azzam, Umayma (mãe de Ayman al-Zawahiri), 48, 50, 410

Badeeb, Ahmed, 91, 94, 118, 122, 165, 175, 247, 253, 410, 422, 425, 426, 429, 435, 436, 437, 443, 445, 451
Badeeb, Saeed, 217, 341, 410, 429, 436, 438, 442, 444, 448, 453
Bahareth, xeique Mohammed Saleh, 90

Baizid, Mohammed Loay *ver* Abu Rida al-Suri
Bandar Bin Sultan, príncipe da Arábia Saudita, 173
al-Banna, Hassan, 28, 38, 127, 410
Bangladesh, 279, 289, 331
Bashar, Haji, 253
al-Bashir, Omar Hassan, 186
Batarfi, Khaled, 90, 410
Bayoumi, Omar, 344
Bechtel, 80, 81, 173
Beirute, 92, 196, 209, 413
Bergen, Peter, 274, 422
Berger, Sandy, 315, 444
Bin Baz, Abdul Aziz, 107, 121
Bin Laden, Abdul Rahman, 97, 218, 282, 371
Bin Laden, Abdullah, 96, 217, 218, 410, 427
Bin Laden, Ali, 219
Bin Laden, Bakr, 220
Bin Laden, Carmen, 94, 425
Bin Laden, Fátima, 280, 282
Bin Laden, Hamza, 366
Bin Laden, Iman, 282
Bin Laden, Khadija, 280
Bin Laden, Khaled, 98
Bin Laden, Mahrous, 111
Bin Laden, Mohammed (filho), 365, 366, 370
Bin Laden, Mohammed Bin Awahd, 79, 80, 81, 83, 84, 87, 88, 89, 91, 102, 110, 175, 410, 423; analfabetismo, 80; antecedentes, 77, 79; divórcios, 87, 88; esposas, 87, 88; filhos, 87, 88, 89, 90, 99; hábitos de trabalho e reputação, 77, 79, 80, 81, 86; idolatrado por Osama, 77; morte, 90; personalidade e aspecto, 80, 87, 88; sucesso nos negócios, 79, 80, 81, 82, 83, 84, 85, 86; vínculos com família real saudita, 80, 82, 83, 102
Bin Laden, Omar, 218, 249
Bin Laden, Osama, 94, 109, 111, 118, 129, 186, 189, 197, 287, 288, 289, 307, 422, 434, 447; "manifesto franco", 234; adesão à Sociedade dos Irmãos Muçulmanos, 94; administração da imagem, 215, 366; adoção de imagem primitiva, 260, 261; aliança e relação de Zawahiri com, 76, 148, 149, 150,

151, 161, 217, 278, 288, 368; análise dos Estados Unidos, 211, 212, 213, 379; apoio popular, 316; apreensão dos bens, 220; aquisição de mísseis Tomahawk, 316; ataques liderados por, 129, 130, 134, 135; atribuições para o 11 de setembro, 338, 340; busca da privação, 93, 276; busca por urânio, 215; cassação da cidadania saudita, 220; cassação do passaporte, 220; como anticomunista, 174, 175; como emir, 159; como figura simbólica da resistência, 316; condenação pela família, 219; conservadorismo inicial quanto ao sexo, 92; consulta à inteligência saudita, 165; cooperação entre sauditas e talibãs em relação a, 296, 297; cortejado pelo Sudão, 186, 187; cumplicidade saudita, 173; declaração de guerra contra os Estados Unidos, 14, 273, 300; defesa da Cova do Leão, 136, 137, 138, 139; denúncia da família real saudita, 219, 226, 235, 273, 274; dependência dos afegãos árabes, 244; desejo de voltar para casa, 222, 223, 224, 226; despertar religioso e político, 91, 92, 94; devolução do passaporte, 183; divórcio dos pais, 89; e a guerra civil afegã, 183, 184; e a *jihad* anti-soviética, 14, 76, 111, 112, 113, 114, 115, 118, 119, 120, 121, 122, 123; e apoio americano no Afeganistão, 173; e ataques terroristas no Paquistão, 244; e empresa da família, 94, 98, 99; e invasão iraquiana do Kuwait, 178, 179; e martírio, 127; e rompimento com Khallad, 131, 132; educação, 91, 94, 95, 99; egípcios no círculo íntimo de, 132, 150, 161, 162, 175, 176, 177, 178, 217, 226, 320; em Najm al-Jihad, 255; encontro com Khaled Sheikh Mohammed, 261, 262; encontro de 'Owhali com, 309; entrevistas, 273, 274, 275, 291, 292, 293, 294, 297, 299; entrevistas coletivas à imprensa, 291, 292, 293, 294; esposas, 94, 97, 98, 217, 218, 255, 276, 279, 280, 281, 292, 324, 366, 370; esposas *ver também esposas específicas* (Umm Abdullah, Umm Ali, Umm Hamza, Umm Khaled e Amal al-Sada); financiamento da guerrilha iemenita; aliança e relacionamento de Zawahiri com, 19; Estados Unidos vistos como inimigos, 148, 171, 172, 173, 211, 212, 234, 292, 293; estilo gerencial, 191; exército particular, 162, 166, 179; exigência de reformas na Arábia Saudita, 235; expulsão do Sudão, 246, 247, 248, 249; fama e posição na Arábia Saudita, 166, 171, 173, 175; *fatwas* emitidas, 14, 260, 261, 273, 300; filhos, 97, 98, 189, 216, 217, 218, 280, 281, 282, 292; filosofia do terrorismo, 292; finanças e riqueza, 250, 276, 278, 292, 299, 435; financiamento do xeique Omar Abdul Rahman, 200; foco de O'Neill em, 234, 269, 378; fracassos empresariais, 220, 221, 222; fundamental para a formação da Al-Qaeda, 364; fusão dos grupos islamitas sob, 207, 213; futuro da *jihad* imaginado por, 130, 131; generosidade com amigos, 97; guarda-costas, 217, 249, 292, 320, 398; guerrilha iemenita financiada por, 175; identificação com o profeta, 259; imagística da caverna e táticas, 133, 144, 259, 261; infância e adolescência, 76, 87, 88, 89, 90, 91, 92, 94; influência de Azzam, 112, 113, 114; influência de Qutb, 96; informações dos Estados Unidos sobre, 13, 14, 15, 16, 165, 205, 268, 303, 305, 320, 321; interesse por cavalos, 188, 189, 282; interesses agrários, 95, 96, 111, 191, 225; interesses atléticos, 91, 95, 282; interpretação de sonhos, 390; investimentos sudaneses, 188, 190, 191, 249, 256, 269; invocação das Cruzadas, 14, 234; juramento de fidelidade ao mulá Omar, 317, 398; lembrança de M. bin Laden, 77, 80, 86, 87, 88, 89, 98; liderança jihadista assumida por, 156, 157; mãe *ver* Ghanem, Alia; melhoria do perfil internacional, 291; mito autocriado, 183, 260, 275; monitoramento do 11 de setembro, 391, 392, 404; na liderança da *jihad* anti-soviética, 120, 121, 122, 123, 129, 130, 131,

488

132, 133, 134, 135, 136, 137, 138, 139; no Paquistão, 183, 406; no Reino Unido, 97; objetivos, 151; ódio a Fahd, 224; oferecido aos Estados Unidos pelo Sudão, 247, 444; perda de seguidores, 258; personalidade e aspecto, 90, 95, 99, 123, 171, 179, 188, 189, 245, 246, 427; planos da CIA para neutralizar, 269, 294, 295, 321; posição melhor da Al-Qaeda, 216, 364; posição no círculo social, 93; prática da poligamia, 97, 98; preocupações com Azzam, 165; pressão global para os sauditas o deterem, 219; processo penal contra, 15, 272, 295, 303, 362; publicidade como moeda para, 291, 292; raiva da família real saudita para com, 175, 176, 177; recrutamento para a *jihad*, 48, 122, 364; recusa saudita de lidar com, 247; reformulação da hégira, 258, 259; relações com o Iraque, 177, 326, 327; relações dos talibãs com, 255, 275, 276, 317, 318, 326, 363, 389; relações iniciais com a família, 90, 92; retirada do apoio à Argélia, 215; riqueza petrolífera vista como ocidentalização, 194; riscos corridos, 93, 94, 95; rivalidades, 134, 187, 188, 196; saúde, 137, 138, 159, 160, 161, 184, 282, 292, 294, 295, 431, 434, 435; sobre a tecnologia, 225; sobre a violência na Arábia Saudita, 225, 226, 237; sobre as tropas da coalizão, 182; sobre o futuro da *jihad* após o Afeganistão, 153; sobre os deveres religiosos, 382, 383; sonho com a península islâmica, 179; suspeitas dos islamitas contra, 288; telefones por satélite, 313, 376; tentativa de apoio ao clero contra a família real, 180; tentativa saudita de reconciliação, 224; tentativas de assassinar Clinton, 262; tentativas de assassinato, 184, 216, 217, 313, 314, 319, 320, 442; tentativas de reconciliação com a família, 224, 226; testamento e legado final, 406; valorização da fidelidade, 218; vida diária no Sudão, 187, 188, 189, 190, 191, 215, 216, 217, 218; vínculos com A. Q. Khan, 294; visita dos príncipes dos Emirados Árabes Unidos, 320, 321; *ver também* Afeganistão; Al-Qaeda
Bin Laden, Othman, 370
Bin Laden, Saad, 249
Bin Laden, Salem, 108, 109
Bin Laden, Sheikha, 115
Bin Rasheed, Khaled Saleem *ver* al-'Owhali, Mohammed
Bin Suleiman, xeique Abdullah, 80
Birô de Serviços (Maktab al-Khadamat), 122, 123, 155, 157, 193, 203, 215, 410, 412, 439
Bleakley, Albert M., 236, 237
Bodine, Barbara, 354, 355, 356, 359, 360, 361, 392, 453
Bongardt, Steven, 374, 387, 390, 392, 393, 411, 455
Bósnia, 151, 186, 237, 258, 332, 336, 339, 398, 412, 433
Brigada dos Estrangeiros, 124, 129
Brown, Marion, 271
Bulgária, 248, 277, 286
Bush, George H. W., 182
Bush, George W., 367, 370
Bushnell, Prudence, 301

Cairo, Egito, 21, 22, 23, 53, 60
campos de treinamento, 16, 123, 128, 205, 279, 294, 319, 326, 343, 349
Canadá, 200, 328, 407, 412, 414
capturas, 229, 230, 346, 352
Carney, Timothy, 246, 247, 444
Casa Branca, 179, 227, 228, 231, 269, 312, 314, 321, 327, 329, 338, 367, 385
Cavaleiros sob o estandarte do profeta (Zawahiri), 59, 416, 420, 421, 422, 432, 440, 448, 449
Caxemira, 151, 152, 186, 258, 278, 291
Chalhub, Michel *ver* Sharif, Omar
Chechênia, 186, 258, 277, 291, 332, 336, 412
Cheney, Dick, 178, 236
China, 25, 128, 176, 259, 316, 389
CIA (Central Intelligence Agency), 13, 29, 110, 118, 155, 202, 205, 217, 232, 246, 264, 269, 298, 342, 343, 347, 372; advertências contra o terrorismo, 328; colaboração de Turki,

169, 179; cooperação saudita, 341, 343; falta de informações sobre a Al-Qaeda, 295, 342; penetração em células islamitas, 203; planos para neutralizar Bin Laden, 269, 295, 321; rejeição de advertências de atentados a embaixadas, 305; sonegação de informações, 374, 383, 396, 397; *ver também* Alec Station; serviço secreto americano
Clark, Tom, 26, 373
Clarke, Richard A., 227, 230, 231, 232, 269, 303, 311, 312, 314, 321, 322, 329, 367, 368, 369, 372, 375, 377, 378, 385, 403, 411, 430, 436, 437, 439, 443, 444, 447, 448, 450, 452, 454, 455
Clinton, Bill, 102, 202, 213, 247, 262, 294, 299, 312, 315, 317, 336, 357, 363, 375, 379, 416, 427, 454
Cloonan, Jack, 267, 310, 311, 329, 384, 386, 411, 435, 438, 440, 441, 442, 443, 445, 446, 447, 452, 453, 455, 456
CNN, entrevista de Bin Laden, 273, 274, 275
Cole, USS, 341, 342, 372, 385, 386, 396, 402; atentado ao, 350, 351; investigação do atentado, 351, 352, 353, 354, 355, 356, 357, 358, 359, 360, 361, 362, 379; poema de Bin Laden sobre, 365; reparos, 358; retaliação americana pelo atentado, 363
Coleman, Daniel, 13, 14, 15, 16, 268, 269, 270, 271, 272, 295, 296, 298, 302, 310, 311, 321, 394, 395, 401, 411, 415, 438, 439, 440, 447, 448, 450, 455, 456
Collins, Michael, 378, 379, 380
Colorado State College of Education, 29, 32
comunismo, comunistas, 14, 25, 26, 27, 41, 70, 115, 121, 148, 152, 175, 176, 183, 196, 198, 200, 256, 388
Congresso do Povo Islâmico, 326
Conselho de Cooperação do Golfo, 235
Cordilheira de Al-Sarawat, 83, 85, 250
corpo de engenheiros americano, 173, 176
Corsi, Dina, 373, 386, 387, 396, 455
Cova do Leão, 131, 133, 134, 135, 136, 137, 138, 139, 140, 148, 149, 153, 163, 258, 390, 407

cristãos coptas, 65, 72
cristianismo, 20, 26, 28, 53, 65, 72, 88, 180, 188, 194, 208, 215, 234, 245, 260, 271, 382, 425
Cruise, Kevin, 268
Cruzadas, 15, 194

D'Amuro, Pasquale, "Pat", 305
Dar al-Ulum, escola, 28
Dar es Salaam, Tanzânia, 300, 301, 302
Dawa al-Jihad, Universidade de, 123
Departamento de Estado americano, 204, 228, 230, 247, 317, 355; listas de observação de terroristas, 312, 342, 374, 386; *ver também* Pentágono
Departamento de Justiça americano, 230, 324, 348, 367, 375, 377
Deraz, Essam, 148, 149, 150, 160, 161, 411, 427, 429, 430, 431, 432, 434, 436
al-Dhahabi, xeique Mohammed, 144
Dhahran, 79, 81, 133, 264, 265, 274
Di Taranto, Lorraine, 267
DiBattista, Anna, 323, 324, 388, 392, 403, 411
Dinamarca, 208, 407
Doran, Mary Deborah, 268, 394, 441

Egito, 143, 144, 145, 146, 197, 208, 241, 274, 331, 368, 440; acordo entre governo e islamitas, 284; ataques terroristas, 285, 286; derrotas frente a Israel, 21, 37, 54, 64, 65; desejo de vingança de Zawahiri contra o, 243; direitos das mulheres, 63; foco da Al-Jihad no, 64, 208, 209, 239, 289, 368; humor político, 54; indignação popular contra o terrorismo, 210, 286, 287; indústria do turismo, 285, 286; influência comunista, 26; luta ideológica da revolução, 41; meninos espiões, 241, 242; movimento islâmico e radicalização política, 29, 37, 44, 53, 54, 55, 56, 239, 290; ocupação britânica, 20, 37, 47; pressão para os sauditas deterem Bin Laden, 220; prisão de membros da Al-Jihad, 209; prisioneiros políticos, 73; radicalização das universidades, 54, 55; re-

sidência de Shah no, 62; resistência anti-británica, 38, 39; revolução no, 39, 40, 41, 42, 43, 44, 51; secularização, 29, 47, 53; sobreposição do movimento islâmico com o fascismo, 53
El-Hage, Wadih, 270, 271, 296
El-Said, Qari, 214
Elsamneh, Maha, 282, 405, 412, 427, 432, 433, 454, 456
El-Wed, Ahmed, 143, 157, 416
Emirados Árabes Unidos, 197, 250, 256, 321, 322
Eritréia, 151, 222
Erwa, Elfatih, 247, 248, 444, 445
Espanha, 87, 128, 151, 259, 335, 377, 378, 379, 380, 383
Estados Unidos, 22, 23, 24, 26, 27, 31, 36, 108, 152, 164, 171, 176, 208, 289; alcance da atividade islamita, 233; alertas de ataques nos, 326, 327, 328, 329, 369, 370; anticomunismo, 25; apoio a Israel, 20, 21, 171, 275, 308; apoio à *jihad* anti-soviética, 193, 317; ataque à Al-Qaeda no Afeganistão, 302, 404, 405, 406, 407; capitalismo, 26; células terroristas e arrecadação de recursos, 125, 200, 201, 202, 439; como nação de imigrantes, 20; declaração de guerra de Bin Laden aos, 14, 260, 261, 273, 300; escolas de pilotagem, 332, 340, 345, 383; impacto do Relatório Kinsey, 24; influência no golfo Pérsico, 192; materialismo, 26, 36; oferta do Sudão de entrega de Bin Laden, 247, 444; presença militar na Arábia Saudita, 14, 84, 176, 177, 178, 179, 180, 181, 192, 234, 235, 236, 237, 288; primeiro ataque islâmico, 201; relações com o Iêmen, 354, 355; sauditas como aliados, 173, 345; serviço secreto *ver* serviço secreto americano; terrorismo doméstico, 232, 233, 265, 326, 327, 328, 329; treinamento de tropas sauditas, 84, 236, 424; vigilância saudita da Al-Qaeda nos, 345; vistos como ameaça pelos islamitas, 148, 171, 172, 173, 198, 211, 212, 233, 234, 292, 293

Etiópia, 77, 191, 240, 410, 423
Exército americano, membros da Al-Qaeda no, 204

al-Fadl, Jamal, 15, 187, 215, 221, 222, 269, 272, 312, 411, 438, 439, 441, 442, 443
Fahd, rei da Arábia Saudita, 102, 105, 167, 175, 176, 177, 192, 219, 224, 234
Faisal, rei da Arábia Saudita, 77, 84, 86, 90, 91, 101, 102, 104, 105, 110, 117, 169, 176, 411, 423, 424, 426, 427, 428, 433, 436, 437, 443, 446, 450, 451, 456
Faruk, campo, 163, 237, 314
Faruk, mesquita, 56
Faruk, rei do Egito, 20, 37, 39
fatwas, 14, 15, 72, 107, 120, 121, 124, 129, 151, 156, 180, 181, 193, 198, 200, 208, 220, 237, 288, 289, 291, 292, 293, 303, 305, 317, 326, 409, 410, 436
Fazendas Tarnak *ver* Kandahar
al-Fawwaz, Khaled, 220
FBI (Federal Bureau of Investigation), 13, 200, 205, 294, 301, 347; Annual Field Office Report [AFOR], 348; autoridade, 342; cultura interna, 232, 233; desinteresse inicial pela Al-Qaeda, 15, 16; divisão I-49, 267, 268, 307, 310, 343, 347, 352, 371, 373, 374, 376, 386, 390, 394; evacuação do Iêmen, 357; investigação do atentado ao USS *Cole*, 352, 353, 354, 355, 356, 357, 358, 359, 360, 361, 362; investigações dos atentados às embaixadas, 303, 304, 305, 306, 307, 308, 309, 339; liderança tacanha, 232; ligação com polícias estrangeiras, 232; lista dos mais procurados, 327; seção de contraterrorismo, 227, 228, 229, 230, 231, 232, 233; tecnologia desatualizada, 264; *ver também* Alec Station; serviço secreto americano
Federal Aviation Administration (FAA), 328, 377
Filipinas, 77, 99, 151, 152, 262, 412; *ver também* Manila
Fitzgerald, Patrick, 15, 294, 302, 308, 371, 411

491

Foda, Farag, 208
Foreign Intelligence Surveillance Act (FISA), 375, 376
Frahm, Charles E., 344
França, 84, 176, 286, 288, 335, 369, 407
Freeh, Louis, 229, 264, 265, 266, 303, 322, 327, 344, 351, 363, 367, 411, 447
Frente Islâmica Internacional para a Jihad Contra Judeus e Cruzados, 288, 289; formação, 298
Frente Islâmica de Salvação, 214
Fuller, Rob, 387

Galal, Nabila, 146
Al-Gama'a Al-Islamiyya ver Grupo Islâmico
Gandhi, Mahatma, invocado por Bin Laden, 172
Gaudin, Stephen, 304, 305, 306, 307, 308, 309, 371, 394, 412, 450
Ghanem, Alia, 87, 88, 89, 425
Ghanem, Leila, 92
Ghanem, Najwa ver Umm Abdullah
Gillespie, Margarette, 372, 373, 386, 455
Giuliani, Rudy, 347, 415
Golan, colinas de, 52, 54
Grã-Bretanha, 208, 288, 335, 363; negociação de Nasser com, 41; ocupação do Egito, 20, 37, 38, 39, 47; venda de armas à Arábia Saudita, 176
Graham, Mary Margaret, 374
Grande Mesquita, Meca, 83, 105, 106, 107, 109, 168, 171, 182, 428
Greeley, Colorado, 29, 30, 31, 32, 33, 35, 46, 418
Gromov, Boris V., 158
Grupo Islâmico (Al-Gama'a Al-Islamiyya), 69, 159, 195, 207, 210, 240, 279; formação e estrutura, 55; liderada pelo xeique Omar Abdul Rahman, 71; operações, 207, 284, 285, 286; oposição à *fatwa* global antiamericana, 288, 289; táticas, 72
Grupo Islâmico Armado (GIA), 214

guarda nacional, Arábia Saudita, 106, 107, 108, 177, 178, 236, 237, 238, 265, 274, 328
Guerra do Golfo (1991), 14, 212, 235, 288, 326
Guerra dos Seis Dias, 52, 102, 411
Gul, Hamid, 315
Gunn, Lou, 385

al-Hada, Ahmed, 307, 341, 376, 410, 412
al-Hada, Hoda, 339, 413
Hadley, Stephen, 367
Hadramaut, 77, 90, 175, 354, 410, 413
hajj, 76, 79, 83, 89, 105, 108, 120, 247
Hamas, 151, 195, 299, 303
Hamburgo, 203, 335, 336, 337, 338, 340, 382, 410, 413
Hamza, Mustafá, 240, 285
Hamzah, xeique Mir, 288
Hanjour, Hani, 332, 384
Haqqanni, Jalaladin, 405
Al-Harby, Khaled bin Uda bin Mohammed, 404
Hatton, Leonard, 402
Hauer, Jerome, "Jerry", 389, 456
al-Hawali, xeique Safar, 309
Al-Hayat (jornal), 299, 422, 436, 438, 442, 447
Hayatabad, Paquistão, 124, 146, 163
al-Hazmi, Nawaf, 339, 340, 372, 386, 412
Hekmatyar, Gulbuddin, 118, 129, 135, 164, 165, 183, 412
Heluan, Egito, 21, 22, 39, 44, 410, 419
al-Hennawi, Mahmoud Hisham, 278
Heyworth-Dunne, James, 29
Hezbollah, 196, 203, 209, 210, 266, 299, 303, 327, 413
Al-Hijira (empreiteira), 190
Hijaz ver Arábia Saudita
Hoover, J. Edgar, 25, 176, 227, 228, 268, 309
al-Hudhaif, Abdullah, 236
Hudaybi, Hassan, 96
Hussein Sidki, mesquita, 50
Hussein, rei da Jordânia, 49
Hussein, Saddam, 177, 178, 182, 193, 212, 326, 436

Ibn Abdul Wahhab, Mohammed, 78
Ibn al-Nafis, clínica, 74, 75
Ibn Tamiyyah, 197, 198, 207
Ibn Thabit, Hassan, 131
Ibrahim, profeta, 83
Ibrahim, Saad Eddin, 73, 331, 419, 420, 422
Iêmen, 48, 85, 90, 104, 184, 192, 197, 206, 208, 219, 225, 243, 291, 305, 307, 308, 330, 339, 349; atentado de 1992, 16; atentado ao USS *Cole*, 350, 351, 352, 353, 354, 355, 356, 357, 358, 359, 360, 361, 362; células no, 354, 376; relações sauditas com, 174
Ikegami, Haruki, 262
Al-Ikhwan al-Muslimin (revista), 41
Ikhwan, 77, 78, 106, 423, 428
Imam, Sayyid, 142, 411
Império Otomano, 54, 288
imposição da lei, internacionalização, 232, 266, 372
inocentes, morte de, 197, 198, 244, 300
Intelink, 373, 455
Irã, 62, 63, 117, 158, 174, 177, 183, 193, 196, 197, 210, 250, 254, 266, 283, 410, 412, 447
Iraque, 44, 117, 176, 179, 236, 264, 423; capacidade militar, 179; comunicações da Al-Qaeda com, 326; embaixada americana no, 355; insurreição no, 326; invasão do Kuwait, 177, 178, 179, 180, 181, 355; na Guerra dos Seis Dias, 52; operações americanas no, 288; predominância xiita, 62
Isham, Christopher, 294
islã, 55, 83, 95, 144; aumento do anti-semitismo no, 53; como conforto para muçulmanos expatriados, 335; como sistema de vida "completo", 26, 31, 37, 95; conflitos ideológicos internos, 43, 62, 63, 96; consolidação da Arábia sob o, 85; cristianismo como rival, 194; cultura americana vista como ameaça, 195; defesa do tradicionalismo, 43, 53; disseminação, 259; divórcio no, 63, 87, 218; e modernidade *versus*, 37, 43, 195; horários das orações, 381; incompreensão pelos Estados Unidos, 233; intolerância saudita à variedade de pontos de vista sobre o, 79, 93; jurisprudência, 170; materialismo *versus*, 26; proibição de presságios funestos, 162; *sharia* vista como ultrapassada por modernistas, 63; suicídio como tabu, 209, 244, 245, 399; usos políticos, 29; visto por Banna como dominante, 38; *ver também* islamismo, movimento islâmico; *ramos e tradições específicos*
al-Islambouli, Khaled, 65, 203
islamismo, movimento islâmico: ascensão, 54; ataque aos cristãos coptas, 71, 72; divisão ideológica, 285; divisão tática, 57, 63, 72; e vitória de Israel na Guerra dos Seis Dias, 52; governo secular como alvo, 38, 50, 67; idéias de Qutb no núcleo do, 22, 26, 37, 43, 51; imposição da *sharia* como objetivo, 63; incompreensão pelo FBI, 233; influência do xeique Omar Abdul Rahman, 71; *jihad* permanente, 127; mudança de objetivos regionais para globais, 288; no Egito, 29, 37, 43, 44, 53, 54, 55; núcleo dividido, 69; origens, 20; repressão egípcia, 285; repulsa internacional às táticas dos argelinos, 214; ressentimento contra os Estados Unidos, 288, 289; Sociedade dos Irmãos Muçulmanos e raízes do, 38; sucesso do recrutamento, 73; tentativas de aliança de Saddam com, 326; unificado pela visão de Bin Laden, 364; vínculos de Sadat com, 54, 55
Ismail, Jamal, 422, 425, 426, 430, 432, 433, 443
Israel, 121, 151, 152, 195, 222, 287, 290, 337, 363; apoio americano, 21, 172, 275, 308; ataque contra (1973), 54, 64, 65; criação, 21, 53, 288; predomínio militar, 21, 37, 52, 53; tratado de paz de Sadat com, 63, 66; vitória na Guerra dos Seis Dias, 52, 102
Itihad-e-Islami (União Islâmica), 118

jahiliyya (período antes de Maomé), 40, 43, 53, 113, 127, 128
Jaji, Afeganistão, 119, 120, 130, 131, 136, 434

493

Jalalabad, Afeganistão, 127, 159, 160, 162, 163, 164, 165, 251, 252, 255, 256, 258, 259, 273, 275, 276, 279, 334, 415, 425, 434
Jamaat al-Jihad *ver* Al-Jihad
James, Jay, 378
James, Valerie, 323, 324, 325, 346, 348, 361, 377, 379, 381, 388, 389, 392, 395, 402, 403, 411, 412, 454, 455
Jamiat-ul-Ulemá do Paquistão, 288
Jan, Gula, 407, 408
Jarrah, Ziad, 338, 340
Al-Jazira, 213, 277, 404, 422, 425, 426, 427, 428, 429, 430, 433, 435, 436, 438, 439, 441, 443, 451
Jidá, Arábia Saudita, 74, 82, 146, 217, 250; chegada de M. bin Laden, 77, 79; encontro de Zawahiri e bin Laden em, 75, 76; mudança da família Bin Laden para, 81
Al-Jihad, 132, 142, 143, 144, 146, 159, 187, 195, 197, 202, 220, 239, 241, 248, 258, 277, 284, 288, 327, 354, 364, 439, 440; apoio à revolução iraniana, 63; assassinatos de Sadat, 65, 66, 69; conselho *shura*, 242; finanças, 206, 208, 288; foco no Egito, 64, 207, 208, 209, 239, 288, 368; formação e estrutura, 57, 64, 76, 206, 207, 208, 368; informações dos Estados Unidos sobre, 298; julgamento e execução de meninos, 242, 243; operações da CIA contra, 298; operações e táticas, 65, 66, 69, 72, 207, 208, 243; repressão de Sadat, 65; rompimento tático da Sociedade dos Irmãos Muçulmanos com, 57, 63; suspeitas contra Bin Laden, 208, 368
jihad, 127, 254; "inimigo distante" *versus* "inimigo próximo", 53; anti-soviética, 14, 60, 76, 111, 112, 113, 114, 115, 118, 119, 120, 121, 122, 123, 124, 125, 127, 128, 129, 130, 131, 132, 133, 134, 135, 136, 137, 138, 139, 193, 317; apelo de Qutb pela *jihad* anti-britânica, 41; como dever para com Deus, 78; como luta interna *versus* guerra santa, 93; conflitos sobre a condução e definição, 151, 152, 244; *fatwas* exigidas pela, 72; morte de inocentes, 244; *ver também fatwas*
Jihad Islâmica *ver* Al-Jihad
Jihad Wal, 129, 314, 315
Jizan, Arábia Saudita, 77, 94
João Paulo II, papa, 202, 262, 416
Joint Terrorism Task Force, 267, 329, 347
Jordânia, 49, 52, 85, 112, 243, 412
judeus, 21, 23, 34, 46, 53, 55, 70, 148, 172, 180, 196, 200, 201, 234, 260, 336, 337
Julaidan, Wa'el, 152, 157, 158, 212, 412, 433
Juma, Ashif Mohammed, 258, 446
Justiça social no Islã (Qutb), 29

Kalthum, Umm, 81, 92, 171
Kamikaze, campo, 333
Kandahar, Afeganistão, 250, 253, 254, 275, 276, 278, 279, 280, 283, 287, 296, 300, 318, 319, 321, 334, 338, 361, 363, 365, 377, 398, 404; *ver também* Afeganistão
Karas, Kenneth, 15, 371, 449
Karim, Abdul Basit Mahmoud Abdul *ver* Yousef, Ramzi
Karniewicz, Richard, 267
Khadr, Abdul Karim, 283
Khadr, Abdul Rahman, 282, 314
Khadr, Ahmed Sayed, 405, 433
Khadr, Zaynab Ahmed, 279, 280, 281, 282, 283, 412, 427, 433
Khaksar, mulá Mohammed, 389
Khaldan, campo de, 291, 309, 338
Khaled, rei da Arábia Saudita, 105, 106, 107, 111
Khalifa, Jamal, 95, 96, 97, 106, 112, 115, 122, 131, 162, 218, 410, 412, 423, 424, 425, 426, 427, 428, 429, 431, 433, 434, 435, 438, 442, 443, 454
Khalis, Younis, 251
Khallad, 340, 341, 342, 360, 361, 362, 372, 374, 397, 412, 454
Khan, Wali *ver* Shah, Wali Khan Amin
Khashoggi, Jamal, 76, 94, 217, 224, 225, 226, 412, 425, 426, 427, 430, 431, 432, 433, 434, 435, 436, 437, 442, 443, 445, 447

al-Khatab, Abdullah, 407
Kherchtou, L'Houssaine, 221, 222, 441, 443, 445
al-Khilaifi, Mohammed Abdullah, 216
Khobar, torres, 264, 266, 268, 274, 447
Khomeini, aiatolá Ruhollah, 62, 421
Khost, Afeganistão, 135, 163, 278, 313, 314, 315, 320, 390, 405, 407
Khozam, palácio, 80
Kosovo, 186, 336
Kuwait, 117, 142, 143, 164, 177, 178, 179, 180, 182, 201, 335, 355, 413, 416, 423, 436, 437

Lahore, Paquistão, 119
Lang, Tom, 268, 447
Lewinsky, Monica, 312, 336
Líbano, 91, 173, 196, 197, 210, 212, 217, 266, 271, 337, 352, 425
Lopez, Kathy, 352
Luxor, Egito, 285, 287, 289, 449

Maadi, Egito, 46, 47, 48, 49, 50, 52, 56, 57, 61, 64, 66, 68, 75, 410, 420
Maasada, campo de treinamento *ver* Cova do Leão
Mabruk, Ahmed Salama, 278, 298, 299
mádi ("aquele que guia"), 105, 106, 109, 326, 428
madrassas, 253, 254, 291
Máfia, 233, 309, 372
Mahfuz, Naguib, 208, 440
Mahir, Ahmed, 51
Makkawi, Mohammed Ibrahim, 149, 150, 410, 432, 433
Malásia, 221, 277, 341, 342, 343, 344, 361, 362, 372, 373, 374, 376, 386, 397, 412, 415, 454
Malinowski, Michael E., 317
Manila, Filipinas, 202, 262, 294, 412
Maomé (Mohammed), profeta, 40, 43, 53, 62, 70, 85, 96, 245, 254, 259, 260, 275, 285, 330, 351, 413
Marco Zero, 402
Marcos (Ma'alim fi al-Tariq) (Qutb), 43, 44, 96, 414, 420, 430

Marenches, conde Claude Alexandre de, 110, 428
martírio, 44, 73, 115, 124, 125, 126, 129, 134, 137, 185, 209, 210, 245, 301, 309, 332, 371, 431
marxismo, marxistas, 20, 43, 56, 65, 194
Masjid al-Nur, 144
Massoud, Ahmed Shah, 156, 164, 183, 252, 283, 339, 340, 367, 369, 388, 410, 413
Mawn, Barry, 346, 348, 349, 351, 352, 359, 360, 361, 368, 378, 390, 391, 394, 453
Mazar-e-Sharif, 297, 300
McClendon, Jaime, 32, 418
McFadden, Robert, 396, 400, 452, 456
McKillop, John, 402
Meca, 83, 86, 120, 180, 250, 259; captura da Grande Mesquita em 1979, 105, 106, 107, 108, 109, 110, 111
Medina, 53, 75, 79, 81, 88, 98, 106, 107, 119, 132, 162, 167, 180, 223, 224, 225, 259, 260, 273, 410, 412, 416
Meeker, Nathan, 30, 31, 46
mercúrio vermelho, 216
Meskini, Abdul Ghani, 329
mesquita do Profeta, Medina, 81, 83, 88, 119, 167
al-Mihdhar, Khaled, 339, 340, 341, 372, 373, 376, 386, 387, 401, 412, 413
Millennium After-Action Review, 329
Miller, Doug, 342
Miller, John, 293, 427
Ministério do Interior da Arábia Saudita, 170, 220
Ministério do Interior egípcio, 67, 68
Ministério Público americano, 15, 294
modernidade, 17, 37, 63, 80, 103, 107, 109, 111, 113, 195, 211, 251, 260, 261
Mohammed bin Laden Company, 80, 89
Mohammed, Ali Abdelsoud, 197, 203, 206, 207, 210, 212, 213, 217, 218, 222, 223, 411, 413, 439
Mohammed, Khaled Sheikh, 261, 262, 263, 338, 340, 377, 413, 416, 453
Mohammed, príncipe da Arábia Saudita, 167

mongóis, 197, 198
al-Motassadeq, Munir, 336
Moussaoui, Zacarias, 291, 384, 385, 413, 415, 453, 454
Mövenpick Hotel, 197
Movimento Jihad, Bangladesh, 289
Mubarak, Hosni, 200, 239, 240, 241; operações antiislamitas, 66, 67, 239, 241; tentativa de assassinato, 240, 246, 247, 332
Mubarak, Suzanne, 285
Mugniyah, Imad, 196, 413
al-Muhasibi, Al-Harith, 207
Al-Mujahidin (jornal), 277
mujahidin, 60, 113, 118, 119, 120, 130, 218, 252, 434; conflitos internos, 164, 183; romantização pelos Estados Unidos, 194
mulheres, 21, 28, 33, 337; garantia dos direitos no Egito, 63; igualdade sob o islã, 188; na Arábia Saudita, 169, 181; sob o governo Talibã, 256, 257; traje islâmico tradicional, 56, 58, 63
mundo árabe: domínio militar israelense como humilhação, 21, 37, 52, 53; horror ante os atentados a embaixadas, 301, 316; visão da *jihad* anti-soviética, 60; visões dos Estados Unidos, 20, 21, 36
"Mundo é um menino ingrato!, O" (Qutb), 34
música, 20, 28, 30, 33, 35, 39, 58, 92, 126, 171, 188, 189, 257, 282
muttawa, 168, 169, 170
Muttawakil, Wakil Ahmed, 319, 370, 414
Mwangi, Roselyn Wanjiku, 304

Nações Unidas, 13, 14, 23, 26, 34, 65, 182, 183, 192, 200, 240, 288, 370
Naif, príncipe da Arábia Saudita, 170, 176, 178, 181, 183, 236, 266
Najibullah, 256
al-Najjar, Ahmed, 290, 440, 444, 448, 449
Najm al-Jihad, Fazenda, 255
Napoli, Louis, 267
al-Nashiri, Abdul Rahim, 349
Nasser, Gamal Abdul, 39, 40, 41, 42, 43, 44, 52; como alvo islamita, 40, 41, 53, 71; morte, 53, 71; negociação de tratado com os britânicos, 40; Qutb e, 39, 40, 44; tentativa de assassinato, 41; visto como ameaça pela Arábia Saudita, 44
National Commission on Terrorist Attacks Upon the United States, 424, 435, 453
National Security Agency (NSA), 14, 314, 341, 370, 373, 375, 376, 455
National Security Council (NSC), 230, 296, 311, 379, 411
New York Times, 28, 377, 418, 419, 437, 440, 443, 446, 447, 448, 449, 452, 454, 456
News (Islamabad), 292
Nova York, N. Y., 13, 15, 19, 22, 23, 27, 30, 31, 169, 200, 202, 227, 228, 241, 246, 267, 268, 269, 294, 295, 296, 302, 303, 304, 308, 322, 324, 329, 336, 343, 346, 347, 348, 349, 351, 362, 367, 371, 372, 373, 374, 375, 376, 380, 383, 384, 387, 391; *ver também* 11 de setembro de 2001, ataques terroristas; World Trade Center, 19
Nowair, Essam, 58, 146
Al-Nur, mesquita, 206

O'Neill, Carol, 323
O'Neill, Christine, 325, 380
O'Neill, John, 227, 228, 229, 230, 231, 232, 233, 237, 269, 294, 298, 322, 367, 368, 371, 374; antecedentes, 310; aposentadoria do FBI, 378, 385; Clarke como aliado, 230, 231; compreensão da mente terrorista, 378; compreensão da mudança da natureza do terrorismo, 233, 383; críticas e repreensões, 325, 347; durante atentados do 11 de setembro, 391, 392, 393, 395; e o atentado às torres Khobar, 264, 265, 266; falta de cooperação saudita com, 266; foco em Bin Laden, 233, 269, 295, 377; funeral, 403; inquérito do Departamento de Justiça sobre, 347, 377; investigação do USS *Cole*, 351, 352, 353, 354, 355, 356, 357, 358, 359, 360, 361, 378, 385; investigação dos atentados às embaixadas, 303, 304, 305, 306, 307, 308, 309, 310; morte, 395, 397, 401;

no escritório de Nova York, 266, 267, 268; personalidade e aparência, 228, 229, 311; pontos de vista religiosos e filosóficos, 379; preocupações com a virada do milênio, 327, 328, 329, 330; previsão do ataque aos Estados Unidos, 327, 328, 329; problemas financeiros, 325; reconhecimento da ameaça da Al-Qaeda, 383; relacionamentos amorosos, 322, 323, 324, 325, 346; reputação e hábitos de trabalho, 228, 229, 232, 266, 309, 310, 311, 346, 347, 378; Scheuer e, 269, 343
O'Neill, John, Jr., 323, 391
Obaid, Nawaf, 423, 425, 436
Oklahoma, atentado a bomba, 232, 265, 328
Omã, 117, 163
Omã, califa, 167, 188
Omar, califa, 180
Omar, mulá Mohammed, 252, 253, 273, 279, 292; autoridade política adquirida por, 255; criação do Talibã, 253, 254; encontro de Turki com, 296, 297, 318, 319, 320; relações de Bin Laden com, 256, 275, 276, 293, 317, 318, 319
Omer, Hassabullah, 249, 438, 441, 442
11 de setembro de 2001, ataques terroristas, 67, 85, 363, 374, 391, 392, 393, 394, 395; alvos visados, 338; busca e resgate de corpos, 402; financiamento, 362; investigação da inteligência americana, 396, 397, 398, 399, 400, 401; planejamento pela Al-Qaeda, 262, 263, 338, 339, 340, 341, 342, 378, 390
OPEP, 196
Operação "Bojinka", 262
Operação Al-Aqsa, 302
Operação Alcance Infinito, 315, 316, 322, 350
Operação Anaconda, 407
Operação Caaba Sagrada, 302
"operação com os aviões" *ver* 11 de setembro de 2001, ataques terroristas
Operação Gomorra, 337
Operação Restaurar a Esperança, 197, 223
Operação Vinhas da Ira, 337
ópio, 59, 254, 369

Organização Abu Nidal, 196
Organização de Segurança Política (OSP), Iêmen, 356, 357, 360, 361, 397
al-Oteibi, Juhayman, 106
al-'Owhali, Mohammed, 294, 300, 309, 371, 412, 414

Palestina, palestinos, 21, 32, 38, 91, 151, 171, 172, 178, 180, 195, 196, 201, 209, 288, 308, 363
Paquistão, 48, 59, 60, 66, 108, 112, 117, 118, 122, 130, 186, 229, 256, 278, 291, 331, 346, 374; ataques terroristas, 243, 244; atentado à embaixada egípcia, 243, 244; Bin Laden no, 183, 406; como aliado do Talibã, 252, 253, 254, 318; FBI no, 229, 230; refugiados afegãos, 59; Zawahiri no, 142, 143, 146, 147, 148, 407; *ver também* Peshawar, Islamabad
Pentágono, 229, 231, 321, 338, 393, 400, 406, 412, 413
Perkins, Abby, 394
Perry, William, 14, 261
Peshawar, Paquistão, 112, 118, 164, 228, 279, 370; como base da *jihad* anti-soviética, 113, 122, 141, 142; dinheiro canalizado através de, 155
petróleo, riqueza petrolífera, 79, 82, 103, 104, 109, 117, 126, 167, 171, 174, 175, 177, 178, 194, 196, 220, 261, 266, 278, 333, 358
Pickard, Thomas, 303, 346, 351, 414, 439, 453
poligamia, 98, 218
Ponte da Amizade, 158
Porto Sudão, 190, 248
Pregadores, não juízes (Hudaybi), 96

Al-Qadurat (empresa de importação), 191
Al-Qaeda, 143, 146, 147, 241, 258, 259; aceitação da morte de inocentes, 196, 198, 300; agentes nos Estados Unidos, 326, 328, 342, 362, 363, 373; apoio e absorção da Al-Jihad, 209, 369; ataque dos Estados Unidos no Afeganistão à, 302, 405, 406, 407; atenta-

497

dos às embaixadas, 243, 302, 314, 318, 340, 349; atentado ao USS *Cole* como vitória, 363; campos de treinamento *ver* campos de treinamento, *campos específicos*; cerco de Taif invocado pela, 85; círculo íntimo egípcio, 148, 215, 278, 279, 364, 369; comitê da *fatwa*, 193; como exército particular, 198; como desafio à lei, 372; como um dentre vários empreendimentos de Bin Laden, 216; comunicações do Iraque com, 326; conselho *shura*, 213, 319; contra as tropas dos Estados Unidos no golfo Pérsico, 192, 196, 349; crescimento e perfil público, 16, 154, 215, 216, 289, 291, 292, 299; criação de mitologias, 140, 259, 260; culto da morte no núcleo, 126; decisão de Bin Laden de sair, 191; depoimento de Al-Fadl sobre, 16; desacordos táticos, 334; diversidade de inimigos, 333; e guerra de guerrilhas iemenita, 175; empregada nas empresas de Bin Laden, 191; envolvimento na Somália, 441; Estados Unidos vistos como ameaça principal, 192, 193, 211, 212; estrutura e administração, 16, 163, 212, 213, 237, 319, 349, 400; evolução, 154, 155, 190, 193, 198, 364; falta de informações dos Estados Unidos sobre, 295, 304; fanatismo, 16; finanças, 221, 224, 249, 276, 278, 299; inexperiência com operações, 300; informações dos Estados Unidos sobre, 16, 205, 221, 270, 298, 303; introspecção após Luxor, 287; manual de estratégia, 204; mapa da rede, 16, 376; membros: benefícios e exigências, 154, 163; métodos e ferramentas modernas, 16; perda de seguidores, 276; perfil internacional, 299; pesquisa de armas químicas, 215, 313, 333, 334; planejamento e monitoração do 11 de setembro, 263, 338, 339, 340, 391, 392; planos de ataques nos Estados Unidos, 338, 369; preferida pelos sauditas em relação à Sociedade dos Irmãos Muçulmanos, 156; primeiro atentado documentado, 299, 300; programa Zabadi, 333, 334; reunificação de

sunitas e xiitas, 196; tentativas de assassinato de Mubarak, 240; terroristas *freelances* e, 328; torres Khobar e, 447; traidores da, 16, 221; treinamento e recrutamento, 16, 163, 192, 193, 331, 332, 333, 334, 335; vida diária na base afegã, 280, 281, 282, 283; vigilância saudita, nos Estados Unidos, da, 345; vínculos com o atentado ao USS *Cole*, 361; vínculos iranianos, 197; vínculos sudaneses, 187, 215; vista inicialmente como ameaça controlável pela inteligência americana, 16, 329; votos de fidelidade, 318
al-Qahtani, Mohammed Abdullah, 106, 109
al-Qamari, Essam, 64, 66, 67, 243
Qamish, Ghalib, 360, 397
Al-Quds al-Arabi (jornal), 237, 274, 288, 432, 438, 446, 448, 449
Al-Quds, mesquita, 336, 337
Quênia, 221, 246, 258, 270, 271; atentado à embaixada americana, 222, 300, 301, 305, 316, 329, 371, 399, 406; investigação do FBI no, 303, 304, 305, 306, 307, 308, 309, 339, 401
al-Quso, Fahd, 351, 360, 361
Qutb, Fátima, 21
Qutb, Hamida, 45
Qutb, Mohammed, 96
Qutb, Sayyid, 19, 20, 21, 22, 23, 24, 25, 26, 27, 28, 29, 30, 31, 33, 34, 36, 37, 38, 39, 40, 41, 42, 43, 44, 51, 95, 96, 113, 127, 128, 143, 145, 151, 208, 307, 335, 364, 422; aceitação do martírio, 44, 51; antecedentes e deliberações religiosas, 20, 21, 22; anticomunismo, 25, 26; aparência e personalidade, 19, 36, 51; Banna como rival intelectual, 28; busca do renascimento do islã, 42, 43; defesa da *jihad* antibritânica, 40; defesa do governo islâmico, 40, 41, 42, 43; e o movimento islâmico egípcio, 39, 40, 41, 42, 43, 44; fundamentalismo islâmico baseado em idéias de, 22, 26, 37, 43; julgamento e execução, 44, 51; mulheres e, 21, 28, 33; Nasser e, 39, 40, 44; nos Esta-

dos Unidos, 19, 21, 22, 23, 24, 25, 26, 27, 28, 29, 30, 31, 33, 34, 36; política inicial, 19, 20, 26; prisão e tortura, 40, 41, 42, 43, 67, 68; radicalizado por viagem aos Estados Unidos, 36; saúde fraca, 41, 42; textos da prisão, 43, 54; vida de estudante em Greeley, 33; visão da civilização ocidental como dominadora, 20; visões políticas sombrias, 42

Rabbani, Burhanuddin, 118, 252, 413, 414
racismo, 23, 32, 336
Rahman, Abu Abdul, 157, 158
Rahman, Fazlul, 288
Rahman, xeique Omar Abdul *ver* Abdul Rahman, xeique Omar (o "xeique cego")
Rainha Hatshepsut, templo da, 285
ramadã, 54, 87, 119, 120, 137, 138, 154, 330, 340, 349, 398
al-Rashidi, Amin Ali *ver* Abu Ubaydah al-Banshiri
relações americanas com, 354, 355
Reno, Janet, 229, 295
Ressam, Ahmed, 291, 328, 386, 414
Reza Pahlevi, Mohammed, xá do Irã, 62
Riad, Arábia Saudita, 48, 77, 81, 82, 88, 168, 169, 171, 176, 181, 182, 189, 236, 274, 320, 341, 342, 411, 425, 447
Rice, Condoleezza, 367
Ross, William, 34
Rossini, Mark, 347, 378, 379, 401, 415, 439, 440, 442, 443, 450, 451, 453, 455, 456
Rushdi, Osama, 142, 422, 432, 434, 435

al-Sada, Amal, esposa de Bin Laden, 370
al-Sadat, Anwar, 42, 44, 144, 243, 439; ações antiislamitas, 63, 65, 72; assassinato, 65, 66, 239; convida o xá ao Egito, 62; falsa promessa de seguir a *sharia*, 63; ordem de prisão de dissidentes, 65; paz com os islamitas, 54, 55; tratado de paz com Israel, 63; vínculos com a Sociedade dos Irmãos Muçulmanos, 39, 54
al-Sadat, Jihan, 63

Sageman, Marc, 429, 430, 431, 434, 437, 452, 456
salafista, islamismo, 56, 57, 78, 112, 145, 148, 156, 195, 207, 364
Saleh, Ali Abdullah, 175, 357
Salim, Mamduh *ver* Abu Hajer al-Iraqi
Salman, príncipe da Arábia Saudita, 169, 320
Sanchez, Linda, 204
Al-Saud, família, ligação da família Bin Laden com, 82, 83, 104
Saud, rei da Arábia Saudita, 84, 105, 110
Saudi Binladin Group, 83, 94, 99, 114, 133, 166, 179, 187, 354, 410, 424
Sayyaf, Abdul Rasul, 118, 119, 123, 130, 131, 132, 135, 138, 139, 149, 261, 370, 412, 413, 415
Saznoor, Maulvi, 256
Scheuer, Michael, 269, 270, 295, 296, 298, 310, 320, 321, 322, 341, 343, 344, 415, 425, 427, 429, 430, 434, 436, 437, 440, 441, 442, 443, 447, 449, 450, 451
Schiliro, Lewis, 202, 346, 347, 388, 439, 451
Schleifer, Abdallah, 55, 56, 57, 58, 60, 61, 74
Schwarzkopf, Norman, 178, 179, 437
Segunda Guerra Mundial, 20, 46, 53, 337, 424
serviço de imigração e naturalização, 329, 377, 384, 386
serviço de inteligência do Paquistão, 117, 118, 123, 155, 164, 315
serviço secreto americano: conflitos entre órgãos, 294, 295, 298, 313, 341, 342, 343, 344, 345, 373, 375, 386, 387; cooperação saudita, 169, 178, 296; cooperação sudanesa, 247, 312; fracassos, 200, 201, 205, 269, 298, 341, 342, 343, 369, 372, 373, 374, 375, 376; Guerra Fria, 14; investigação do 11 de setembro, 396, 397, 398, 399, 400, 401; *ver também órgãos específicos*
sexo, 21, 24, 103, 257, 277
Shafiq, 162, 415
al-Shaffei, Hussein, 51
Shah, Wali Khan Amin, 132, 294
al-Shamrani, Muslih, 237
sharia, 40, 63, 73, 128, 145, 181, 188, 195, 242, 243, 254, 257, 266, 274, 275

499

Sharif, Nawaz, 183
Sharif, Omar (Michel Chalhub), 49
al-Sharqi, Abdullah *ver* al-Shehhi, Marwan
Sharraf, Ahmed, 241, 242
Sharraf, Mohammed, 241
al-Sha'tha, Abu, 320
al-Shehhi, Marwan, 338, 397, 401
Shepheard's Hotel, 39, 60
al-Shibh, Ramzi Bin, 338, 340, 378, 384, 410
Al-Shifa, fábrica de produtos farmacêuticos, 312
Sidqi, Atef, 210
Simon, Steven, 437, 443, 444, 447
Síria, 52, 54, 87, 92, 94, 96, 180, 255, 371, 410, 415, 425
Sociedade do Crescente Vermelho, 59, 61
Sociedade dos Irmãos Muçulmanos (Al-Ikhwan al-Muslimin), 28, 106, 122, 127, 128, 142, 151, 156, 171; ações do governo egípcio contra, 38; aparato secreto, 38, 39, 41, 44; apoio saudita, 44; clínicas administradas pela, 59; como professores em escolas sauditas, 91, 95, 96; derrubada de Faruk, 39; detenção, 41, 42; disseminação do islamismo politizado, 95; divisão tática em relação à Al-Jihad, 57, 63; estrutura, 38, 56; estrutura de assistência social, 38, 59; greve na prisão egípcia, 42; guia supremo, 96; na clandestinidade na Arábia Saudita, 94; núcleo, 38; radicalização dos membros mais jovens, 54; raízes do movimento islâmico, 38; resistência contra a ocupação britânica, 38; tentativa de assassinato de Nasser, 41; vínculos de Sadat com, 39
Somália, 151, 197, 216, 223, 225, 302, 398, 441; derrubada dos helicópteros americanos, 16, 212, 213, 274; fome, 192, 212; vínculo da Al-Qaeda, 296
Soufan, Ali, 303, 372, 373, 385, 389, 394, 432, 453; na investigação do 11 de setembro, 396, 397, 398, 399, 400, 401; na investigação do USS *Cole*, 352, 353, 356, 357, 358, 360, 361, 362

Stevens, Mary Lynn, 323, 415, 450
Strategic Information and Operations Center (SIOC), 228, 229, 230, 303
al-Subayil, xeique Mohammed, 105
Sudão, 192, 205, 209, 213, 219, 240, 243, 278, 291, 302, 331, 444; cooperação com serviço secreto americano, 246, 311, 312; corridas de cavalos, 189; corte a Bin Laden, 186, 187; cumplicidade no ataque a Mubarak, 240; e independência da Al-Jihad, 207; economia, 190, 220, 312; expulsão da Al-Jihad, 243, 246; expulsão de Bin Laden, 246, 247, 248, 249; expulsão de Zawahiri, 277; guerra civil, 186, 190, 191; investimentos de Bin Laden no, 188, 190, 191, 248; movimentos salafistas, 195; na lista de Estados patrocinadores do terrorismo, 247; oferta de entrega de Bin Laden aos Estados Unidos, 246, 444; população cristã, 188, 191; remoção da embaixada dos Estados Unidos, 246; rumores de armas químicas no, 312; sanções da ONU, 240; terroristas no, 196; vida de Bin Laden no, 187, 188, 189, 190, 191, 215, 216, 217, 218
Sufaat, Yazid, 334, 341, 385, 415
sufismo, 207
suicídio, homens-bomba, 196, 197, 244, 245, 286, 300, 349, 370; como tabu no islamismo, 209, 245
Sultan, príncipe da Arábia Saudita, 107, 108, 179
Summerlin, Carl, 268
sunitas, 62, 183, 188, 196, 209, 332, 425

Taha, Ali Othman, 246
Taha, Rifai Ahmed, 285, 286, 288
Taif, Arábia Saudita, 85, 86, 87, 110, 119, 166
takfir, 42, 143, 144, 145, 151, 163, 185, 214, 234, 244, 274, 400
Takfir wa Hijira (Excomunhão e Retirada), 143, 144
Talal, príncipe da Arábia Saudita, 81, 82, 424
Talibã, 251, 252, 253, 254, 256, 257, 273, 275, 276, 278, 291, 297, 315, 317, 318, 319, 339,

340, 365, 367, 369, 388, 389, 407, 412, 413, 414; aceitação afegã, 251, 252, 253, 259; apoio paquistanês, 251, 252, 253, 318; apoio saudita, 252, 253; código de conduta imposto, 256, 257; divisão em relação a Bin Laden, 317, 318, 363; e ataque americano ao Afeganistão, 404; formação, 253; reconhecimento como governo legítimo, 256; relações de Bin Laden com, 255, 256, 326, 405; retirada do apoio a Bin Laden, 406; vínculos sauditas, 296
Tanzânia, 258, 272; atentado à embaixada americana, 300, 301, 305, 313, 316, 329, 371, 399, 406
al-Tayeb, Medani, 154, 224, 415
Tenet, George, 296, 321, 322, 344
Al-Thagr, escola, 91
The 9/11 Commission Report", 427, 435
The Sullivans, USS, 330, 341, 349
Al-Thimar al-Mubaraka (empresa agrícola de Bin Laden), 191
Tora Bora, Afeganistão, 15, 130, 213, 255, 260, 261, 262, 273, 282, 338, 390, 405, 406
tortura: de Qutb, 42, 67, 68; empregada pela Unidade de Inteligência 75, 67, 68, 70, 73, 75; intensidade religiosa em reação à, 73
Tucker, Robert, 389, 456
al-Turabi, Hassan, 186, 187, 190, 240, 241, 242, 245, 248, 326, 415, 438; forma de islamismo adotada por, 187, 188; rivalidade com Bin Laden, 187, 188, 196
al-Turabi, Issam, 188, 189, 190, 191, 245, 246, 249, 415, 427, 438, 442, 444
turismo, 208, 285, 286
Turki, príncipe da Arábia Saudita: conflito com o clero, 169; dinheiro de Bin Laden para a *jihad*, 122; e ataque à Grande Mesquita, 105, 106, 107, 108, 109, 110, 111; e guerra civil afegã, 183, 184; educação, 101, 102; encontros com o Talibã, 296, 318, 319, 320; encontros de Bin Laden com, 174, 179; estilo de vida, 168, 169; no Ministério das Relações Exteriores, 102; personalidade e aparência, 101; Saddam visto como ameaça, 179; trabalho com a CIA, 169, 179
Turki, xeique Abdullah, 297
Turquia, 76, 93, 144, 291, 331
TWA, queda do vôo 800, 37, 268, 269
Twitchell, Karl, 79

Umm Abdullah (Ghanem, Najwa), esposa de Bin Laden, 218, 280, 281, 410, 415
Umm Ali, esposa de Bin Laden, 98, 218, 219, 415
Umm Hamza, esposa de Bin Laden, 98, 218, 281, 415
Umm Khaled, esposa de Bin Laden, 218, 280, 281, 282, 416
União Soviética, 61, 115, 117, 129, 152, 155, 172, 182, 198, 201, 203, 216, 293, 363, 434; *jihad* afegã contra, 14, 60, 76, 112, 113, 114, 115, 118, 119, 120, 121, 122, 123, 124, 125, 127, 128, 129, 130, 131, 132, 133, 134, 135, 136, 137, 138, 139, 193, 317; ocupação do Afeganistão, 15, 61, 112, 113, 114, 115, 117, 118, 149, 158, 179, 252; retirada do Afeganistão, 129, 155, 158, 179, 252
Unidade de Inteligência 75, 70, 74
United Airlines, vôo 175, 397
Universidade Al-Azhar, 415
Universidade do Cairo, 38, 48, 54, 57, 75, 278
Universidade Islâmica Internacional, 113
Universidade Rei Abdul Aziz, 95, 98, 112, 412
urânio, 215, 334, 442

"Vanguardas da Conquista", 208; *ver também* Al-Jihad
Vinnell Corporation, 236

Wadi al-Aqiq, 188, 216
Wahhabismo, 77, 78, 103, 104, 105, 118, 166, 170, 188, 197, 216, 254, 335, 444; crenças básicas, 76, 78, 79; intolerância por outras formas de islamismo, 79; na Arábia Saudita, 169, 170; poder dominante da Arábia Saudita, 76, 77, 78; rejeição do nome

pelos sauditas, 78; religião de Estado saudita, 78, 79
Washington, 27, 29, 30, 101, 117, 179, 230, 231, 267, 302, 303, 311, 312, 323, 328, 329, 330, 351, 352, 357, 361, 362, 367, 368, 370, 375, 397, 400, 410, 411, 413, 427, 437, 439, 445, 453, 455, 456
Watson, Dale, 329, 361, 447, 450
White, Mary Jo, 347, 371, 416
Williams, Kenneth, 35, 383, 385
Wilshire, Tom, 342, 372, 373
Wong, Wesley, 393, 456
World Trade Center, 199, 200, 347, 374; atentado de 1993, 201, 202, 227, 233, 262, 274, 371, 374, 375; escolhido como alvo para o 11 de setembro, 338, 406; escritórios do FBI no, 401; O'Neill como chefe de segurança do, 378, 385, 389; *ver também* 11 de setembro de 2001, ataques terroristas

xiitas, 62, 87, 170, 188, 196, 209, 297, 332

Yousef, Ramzi, 201, 202, 227, 262, 274, 338, 447; captura, 228, 229, 230, 346, 352
Yusufzai, Rahimullah, 126, 292, 313, 316, 426, 431, 432, 445, 446, 450, 451

Zabadi, programa, 334
Zaidan, Ahmed, 425, 427, 434, 445, 454
Zaki, Ali, 206, 439
Zaki, Salim, 38
al-Zarqawi, Abu Musab, 326, 327, 432, 449
al-Zawahiri, Abu Musab, 326, 327
al-Zawahiri, Aisha, 284, 405
al-Zawahiri, Ayman, 46, 47, 48, 49, 50, 51, 52, 53, 54, 55, 56, 57, 58, 59, 60, 61, 63, 65, 66, 67, 68, 69, 70, 71, 72, 73, 74, 112, 114, 132, 142, 144, 145, 146, 148, 149, 157, 163, 165, 184, 186, 195, 197, 239, 241, 248, 258, 274, 287, 293, 299, 301, 313, 316, 341, 363, 364, 388, 421, 422, 439, 440; aliança e encontros com Bin Laden, 76, 147, 148, 149, 150, 151, 160, 161, 217, 278, 288, 368; alienação dos seguidores, 243; antecedentes e infância, 48, 49, 50, 51, 71; aumento da visibilidade, 298; captura de Qamari, 68; células islamitas desenvolvidas por, 52, 54, 64, 75, 207, 208; como poder real da Al-Qaeda, 293; corte e casamento, 57, 58; durante a *jihad* anti-soviética, 59, 60, 76; e assassinato de Sadat, 65, 66, 67, 68, 69, 70, 71, 72, 73; e conflitos dentro da Al-Jihad, 56, 72, 242, 243; e iniciativa antiviolência egípcia, 284; evolução do ativismo, 54, 67, 73; expulsão do Sudão, 277; filhos, 283; fuga do Egito, 74, 75, 76; influência de Mahfuz Azzam, 50, 51; interrogatório e tortura pela Unidade de Inteligência 75, 67, 68, 70, 74, 75; no Paquistão, 142, 143, 145, 146, 147, 148; nomes de guerra, 202, 206; ofuscado por Bin Laden, 206, 207; personalidade e aparência, 50, 51, 75, 408; pontos de vista conservadores em relação às mulheres, 57, 58; prática e reputação médica, 59, 60, 61, 64, 65, 73, 75, 160; preocupações com ataque aos Estados Unidos, 147; prisão na Rússia, 277, 278; racionalização de operações suicidas, 244, 245; recrutamento por, 59, 64, 73, 148; redação de declaração de unidade, 288, 289; renúncia à Al-Jihad, 368; reputação como devoto, 49; rivalidades, 151, 159; tentativa de se vingar do Egito, 243; tentativas de assassinato, 241, 242; viagens ao Iraque, 326; viagens aos Estados Unidos, 202, 206; *ver também* Al-Jihad
al-Zawahiri, Azza, 57, 58, 146, 283, 405
al-Zawahiri, Fátima, 146
al-Zawahiri, Heba, 48, 75
al-Zawahiri, Hussein, 48, 66, 69
al-Zawahiri, Kashif, 47
al-Zawahiri, Khadija, 147
al-Zawahiri, Mohammed (filho de Ayman), 147
al-Zawahiri, Mohammed (irmão de Ayman), 48, 51, 69, 75, 142, 283, 289, 299

al-Zawahiri, Mohammed al-Ahmadi, 48
al-Zawahiri, Mohammed Rabie (pai de Ayman), 47, 48, 49, 50, 416
al-Zawahiri, Nabila, 283
al-Zawahiri, Umayma (filha de Ayman), 146, 283

al-Zawahiri, Umnya, 48
Zawya, mesquita, 68
al-Zayyat, Montassir, 67, 71, 75, 284, 416, 421, 422, 432, 441, 449, 450
Zent, John, 205, 206
al-Zumar, Aboud, 64, 66

Créditos das imagens

Organizado por página para maior clareza; no encarte real as páginas não estão numeradas.

Agradecemos às seguintes instituições pela permissão de reproduzir as fotografias:

p. 1: Sayyid Qutb com o presidente do Colorado State College: Michener Library, University of Northern Colorado. Vista aérea de Greeley, Colorado: Greeley Museum. Qutb no julgamento: Al-Ahram.

p. 2: Zawahiri quando criança: família Azzam, AFP/HO/*Al-Hayat*. Zawahiri na faculdade de medicina: família Azzam, AFP/Getty.

p. 3: Prisioneiros no julgamento: AP. Xeique Omar Abdul Rahman: Aladin Abdel/Reuters/Corbis. Zawahiri no julgamento: Getty.

p. 4: Mohammed bin Laden com príncipe Talal na Grande Mesquita: cortesia do príncipe Talal. Mohammed bin Laden e rei Faisal: cortesia do Saudi Binladin Group. Grande Mesquita: Abbas/Magnum. Juhayman al Oteibi: cortesia da embaixada saudita.

p. 5: Jamal Khalifa: coleção do autor. Primeira casa de Osama bin Laden em Jidá: coleção do autor. Segunda casa de Osama bin Laden em Jidá: coleção do autor.

p. 6: Abdullah Azzam: cortesia de Abdullah Anas. Osama bin Laden quando jovem: EPA/Corbis. Azzam e Massoud: cortesia de Abdullah Anas.

p. 7: General Hamid Gul: coleção do autor. Príncipe Turki: Corbis. Príncipe Turki negociando entre os *mujahidin* em guerra: cortesia de Jamal Khashoggi.

p. 8: World Trade Center: Getty. Ramzi Yousef: cortesia do FBI.

p. 9: Hassan al-Turabi: coleção do autor. Osama bin Laden: cortesia de Scott MacLeod. Mesquita de Osama bin Laden: coleção do autor.

p. 10: Osama bin Laden com arma: AFP/Getty. Combatentes talibãs sobre um tanque: Sayed Salahuddin/Reuters/Corbis.

p. 11: Bin Laden e Zawahiri na entrevista coletiva à imprensa: CNN via Getty. Ruínas do palácio de Dar-ul-Aman: coleção do autor.

p. 12: Ruínas da embaixada americana em Nairóbi, Quênia: Reuters. Ruínas da embaixada americana na Tanzânia: cortesia do FBI. Ruínas da fábrica de produtos farmacêuticos: coleção do autor.

p. 13: USS *Cole*: Getty. Michael Scheuer: AP. Richard Clarke: AP.

p. 14: Valerie James e John O'Neill: cortesia de Valerie James. Mary Lynn Stevens e John O'Neill: cortesia de Mary Lynn Stevens. Anna DiBattista e John O'Neill: cortesia de Anna DiBattista.

p. 15: John O'Neill e Daniel Coleman: cortesia de Daniel Coleman. Ruínas do esconderijo de Bin Laden no Afeganistão: cortesia do FBI. Mãe e esposa de John O'Neill no seu funeral: AP.

p. 16: Ruínas do World Trade Center: Hale Gurland/Contact Press Images.

1ª EDIÇÃO [2007] 2ª reimpressão

ESTA OBRA FOI COMPOSTA PELO ACQUA ESTÚDIO EM MINION E IMPRESSA
EM OFSETE PELA RR DONNELLEY MOORE SOBRE PAPEL PÓLEN SOFT DA SUZANO
PAPEL E CELULOSE PARA A EDITORA SCHWARCZ EM MAIO DE 2007